# Das römische Reich zur Zeit Caesars

Schematische Darstellung der Unternehmungen Caesars 49-45 v. Chr.

Eberhard Horst
Caesar

Eberhard Horst

# Caesar

Eine Biographie

Claassen

Gedruckt auf chlorfrei gebleichtem, säurefreiem Papier

Die Deutsche Bibliothek – CIP-Einheitsaufnahme

**Horst, Eberhard:**
Caesar : eine Biographie / Eberhard Horst. – Neuausg. –
Hildesheim : Claassen, 1996
Früher u.d.T.: Horst Eberhard: Julius Caesar
ISBN 3-546-00099-4

Neuausgabe 1996

Gesetzt aus der Times, Linotype
Papier: M. Salzer's Söhne, A-St. Pölten
Druck und Bindung durch Gerstenberg Druck GmbH,
Hildesheim
Printed in Germany
ISBN 3-546-00099-4

# Inhaltsverzeichnis

*Da Caesars Unternehmungen gut abliefen, hat er zahlreichere und längere Dankfeste als jemals irgendeiner erlangt.* Sueton

*Wir sind zu human geworden, als daß uns die Triumphe des Caesar nicht widerstehen sollten.* Goethe 1824

*Er ist vielleicht der einzige unter den Gewaltigen des Herrn, welcher im Großen wie im Kleinen nie nach Neigung oder Laune, sondern ohne Ausnahme nach seiner Regentenpflicht gehandelt hat und der, wenn er auf sein Leben zurücksah, wohl falsche Regungen zu bedauern, aber keinen Fehltritt der Leidenschaft zu bereuen fand ... Ein Römer im tiefsten Kern seines Wesens ... ist Caesar der ganze und vollständige Mann.* Mommsen 1856

*Ein Mensch wie Mommsens Caesar hat überhaupt niemals existiert.* Eduard Meyer 1918

*Da er die Kraft hat, bedarf er nicht der Güte. Er ist weder verzeihend noch offen oder großzügig, denn ein Mann, der zu groß ist, um irgend etwas übelzunehmen, hat nichts zu verzeihen.*
G. B. Shaw 1898

*Großer Feldherr zur rechten Zeit, abgehärtet, rasch, tätig, unerschöpflich in Plänen. Dann wieder mild und gütig, bezaubernd mit Freunden, versöhnlich mit Feinden, höflich gegen alle, bis zuletzt fruchtbar an Entwürfen, die er ohne Zweifel ausgeführt hätte bis hinein in den Frost des Alters.*
Charles-Augustin Sainte-Beuve 1861

*Zwischen Beschimpfung und Verherrlichung aber bewegen sich die, die den Zauber seiner Person, die Bewunderung für einen Teil seiner Maßnahmen, den Abscheu vor dem übrigen, aber vor allem die Beklemmung gekannt haben bei der Erkenntnis, wie groß der Einfluß der Macht auf diesen Menschen war, der trotz allem einer der größten Römer war.* Willem den Boer 1957

# Erster Teil

# Rom um die Jahrhundertwende

# 1 Geboren in der Subura

Kein Stern stand über dem siebenhügeligen Rom, die Geburt des Gaius Julius Caesar anzuzeigen. Kein Wunderzeichen, keine Weissagung verkündeten, daß die »Natur schwanger gehe mit einem König für das römische Volk«. Vergebens sucht man nach einem Spruch der Sibylle, der in dem Neugeborenen den künftigen Welt- und Friedensherrscher preist. Kein Dichter widmet dem am 13. Juli des Jahres 100 v. Chr. in der römischen Subura geborenen Knaben seine lyrisch-prophetischen Verse: *Iam nova progenies caelo demittitur alto* – Schon kommt ein neuer Erbe vom Himmel herab.

Solche Orakelsprüche und Verse gelten dem siebenunddreißig Jahre später geborenen Octavius, der als Caesar-Erbe und Imperator Augustus den Namen seines Adoptivvaters übernehmen wird. Offensichtlich gab die Geburt des ersten Caesar, des Gaius Julius, keinen Anlaß zu poetischen Träumen oder vielversprechenden Prophezeiungen. Nichts deutete darauf hin, daß der Name Caesars, weitergetragen von Augustus und den nachfolgenden römischen Caesaren, zum Titel des höchsten Herrscheramtes im Abendland werden würde, des Kaisers. Wie hier »der Name eines Menschen zum Zeichen für einen politischen Begriff wird«, weiterwirkend über zwei Jahrtausende, das allein schon gibt der Person Caesars einen einzigartigen Rang. Aber der Anfang war eher bescheiden. Dieser karge Befund würde kaum eine wesentliche Änderung erfahren, wenn die verlorenen Beschreibungen von Caesars Abstammung und Jugend der Biographen Sueton und Plutarch überliefert wären.

Die nüchternen Umstände seiner Geburt wirken fast schon als Vorwegnahme dessen, was Caesars ganzes Leben prägte. Sein Lebensstil, sein Handeln, Kriegführen, Regieren, seine Geschäfte, die hohe Kunst seiner Reden und seiner Geschichtsschreibung in den Commentarien, alles war bestimmt von kühler Kalkulation. Sowenig schöne Verheißungen nach Erfüllung drängen, sowenig bewegen Träume oder Emotionen dieses Leben, dem vielmehr ein »energisch logisches Naturell« den Antrieb gibt, die Fähigkeit des raschen Erkennens und konsequenten Handelns, dies allerdings in eine Höhe gesteigert, für die es keinen anderen Begriff mehr gibt als den der Genialität.

Nordöstlich des Forums, wo heute die verkehrsreiche Via Cavour die Innenstadt durchschneidet, lag die Subura, dichtbewohnt und jederzeit vom Alltagslärm erfüllt. Die Nähe zum Forum, dem Zentrum des öffentlichen Lebens, ließ die Bewohner unmittelbar Anteil nehmen an den Ereignissen, die Rom bewegten. Aber nicht gerade die vornehmsten Familien wohnten in den hohen Mietshäusern der Subura. Daß Caesars Geburtshaus in diesem plebejischen Viertel stand, kennzeichnet die Situation seiner Familie.

Obwohl väterlicherseits dem patrizischen Uradel angehörend, spielten die Julier im politischen Leben Roms eine untergeordnete, ihrem Stand unangemessene Rolle. Nicht einer der julisch-caesarischen Vorfahren hatte die Würde des Consulats erlangt, jenes jährlich wechselnd von zwei Männern getragenen höchsten Staatsamtes Roms. Nur wer einmal in dieses Amt berufen war oder wer einen Consul zu seinen Ahnen zählte, gehörte zum inneren Kreis der Nobilität und der im römischen Senat herrschenden Oberschicht. Kaum mehr als ein Dutzend führender Adelsfamilien wachte mit Argusaugen über die ererbten senatorischen Vorrechte. Höchst selten gelang einem *homo novus*, einem neuen Mann, der Sprung in diese mißtrauisch abgeschirmte, geschlossene Gruppe, die alle Macht Roms in Händen hielt.

Es ist zu vermuten, daß die Julier angesichts der mitunter rüden und mit aller Raffinesse betriebenen Familienpolitik in der Vergangenheit weniger vom Glück begünstigt gewesen waren als ihre Adelsgenossen. Der Vater des Gaius Julius war zwar, als der Junge acht Jahre zählte, für ein Jahr zum Praetor berufen worden, zu einem der Vorsitzenden von Zivil- und Strafgerichten, aber das war für einen Mann seines Standes nicht außergewöhnlich. Der Zugang zum Kreis der in Rom und über Rom hinaus Macht ausübenden Senatoren blieb ihm versperrt.

Das ist darum erstaunlich, weil die Julier ihre Herkunft auf keinen Geringeren als Iulus, den Sohn des legendären Aeneas, zurückführten. Nach der Mythe war Aeneas aus seiner zerstörten Vaterstadt Troja geflohen, eine von den Göttern verheißene neue Stadt zu suchen. Nach langen Irrfahrten landete Aeneas an der Küste Italiens, und seine Nachkommen gründeten Rom. Da nun Aeneas als Sohn der göttlichen Venus (griech. Aphrodite) galt, berief sich die *gens Iulii*, das Geschlecht der Julier, auf seine Abstammung von den »unsterblichen Göttern«.

Am Beginn seines politischen Aufstiegs wird Gaius Julius Caesar die mythische Herkunft seiner Vaterfamilie in öffentlicher Rede hervorheben und sehr geschickt seinen eigenen Plänen nutzbar machen. Im gleichen Zusammenhang wird Caesar eine zweite ehrenvolle Ahnenreihe nennen, die Marcier, die einen der ersten sagenhaften Könige von Rom stellten und seitdem den Beinamen *rex*, König, trugen. Caesars Großvater väterlicherseits hatte eine Marcia aus dem Geschlecht der Marcier geheiratet. Doch die von Caesar später so stolz hervorgeholte »königliche« und »göttliche« Herkunft blieb vor ihm für die Julier bedeutungs- und folgenlos. Der Alltag im Haus der Julier verlief ohne den einer solchen Genealogie angemessenen Glanz.

In der damals wie heute heißesten Jahreszeit kam der junge Gaius Julius zur Welt. In den Sommermonaten lag über der zwischen den grünen Stadthügeln eingebetteten Subura meist eine stickige, schwere Heißluft. Man kann sich vorstellen, daß die aristokratische Familie das Wohnen in diesem Viertel der Handwerker und kleinen Leute als Plage empfand. Doch immerhin bewohnten die Julier ein eigenes Haus mit Innenhof, erfrischenden Brunnen und gepflegtem Garten, und es gab ausreichendes Dienstpersonal für die täglichen Arbeiten.

Es war üblich, dem ältesten Sohn einer römischen Familie den Namen des Vaters zu geben. So wurde der Neugeborene genannt, wie schon vor ihm sein Vater und sein Großvater hießen: Gaius Julius Caesar.

Die Römer pflegten ihrem Vornamen und dem Namen des Geschlechts einen dritten Namen zuzufügen, der in der Regel die engere Familienzugehörigkeit bezeichnete. Wann und auf welche Weise die Familie den Beinamen Caesar einführte, ist nicht eindeutig festzustellen. »Die besten Gelehrten und Kenner nehmen an, der erste Träger habe diesen Namen erhalten, weil er in der Schlacht einen Elefanten getötet hatte, der in der Sprache der Karthager *caesar* hieß.« Diese Erklärung eines römischen Historikers der Kaiserzeit scheint glaubhaft zu sein, denn Caesar selbst ließ nicht nur Münzen mit dem Kopf der Venus prägen, sondern auch solche mit einem Elefanten und der Unterschrift CAESAR. Wenn ein Vorfahre Caesars einen karthagischen Elefanten getötet haben sollte, dann wäre das während des Ersten Punischen Krieges gewesen, um das Jahr 250 v. Chr.

Sowenig wir von der Geburt und Kindheit im julischen Hause wissen, eines läßt sich mit Gewißheit sagen: dem Neugeborenen galt die Hoffnung der Familie. Er blieb der einzige Sohn neben zwei Schwestern, die nach römischer Sitte noch im Mädchenalter mit achtbaren, aber keineswegs bedeutenden Männern verheiratet wurden. Der Schwager Marcus Atius Balbus stammte zwar aus einer alten Senatorenfamilie – später, während Caesars erstem Consulat, gehörte er jenem Zwanzigmännerrat an, dem die Durchführung von Caesars Agrargesetz oblag, die Verteilung von Staatsland an kinderreiche Bürger –, aber vermutlich hätte kein Geschichtsschreiber seinen Namen überliefert, wäre er nicht der Gatte von Caesars Schwester Julia und der Großvater des Augustus gewesen.

Mit der Geburt eines Kindes und seiner Aufnahme in die Familie verbanden sich althergebrachte rituelle Bräuche. Nach dem ersten Bad legte die Hebamme das Neugeborene auf den Boden, damit der Vater durch die Geste des Aufnehmens das Kind anerkenne. (Verweigerte der Vater diese Geste, galt das Kind als verstoßen.) Weihegaben für die Schutzgötter standen bereit. Am neunten Tag, dem Tag der Reinigung, erhielt der Sohn seinen Namen. Um seinen Hals hängte man eine goldene Kapsel mit einem Amulett, das vor dem bösen Blick schützen sollte. Auf solche Riten werden die traditionsbewußten Julier geachtet haben. Vor allem Caesars Mutter Aurelia galt ja als eine der vorbildlichen römischen Matronen.

Von der Mutter Aurelia ging aus, was der kleine Gaius Julius an Hoffnung und familiärem Ehrgeiz zu tragen hatte. Sie bestimmte den Weg des Kindes und des heranwachsenden Knaben. Aurelia stammte aus einer alten, angesehenen Familie. Ihr Vater und ihr Großvater hatten für die Jahre 119 bzw. 144 die Consulatswürde erlangt. Ihre drei Vettern Gaius, Marcus und Lucius Aurelius Cotta waren bereits einflußreiche Senatoren, als Caesar seine ersten politischen Auftritte vorbereitete. Noch vor Caesar erreichten sie in den Jahren 75, 74 und 65 das höchste Staatsamt, das Consulat.

Aurelias Rolle in Caesars politischer Karriere ist ein Beispiel für die vielfältigen Wirkungsmöglichkeiten der Frau in den Kreisen des römischen Adels. Dieser erstaunliche Einfluß, zumal in der spätrepublikanischen Zeit, erklärt sich aus dem römischen Herrschaftsgefüge, das auf den aristokratischen Familien basierte. Familienabsprachen, Bündnisse der Familien durch Heirat, Begünstigungen von Verwandten hielten das Gefüge der Nobilität zusammen. Über diese Familienpolitik, die sich konsequent in der personellen Struktur des Senats und der Magistrate auswirkte, wuchs der Einfluß der Frauen, obwohl sie keine öffentlichen Ämter bekleideten. Politische Ehen waren an der Tagesordnung. Auch Caesar, dessen zahlreiche Liebesabenteuer später in Rom zum Stadtgespräch werden sollten, wußte sehr wohl Liebe und Politik zu verknüpfen. Nicht wenige seiner intimen Verbindungen lassen die Absicht erkennen, mit der Gunst der Frauen auch deren politischen Einfluß zu gewinnen.

Doch zunächst erfreute sich der Heranwachsende der Gunst seiner vortrefflichen Mutter Aurelia. »Wie allen denen, die in der Jugend der volle Glanz der Frauenliebe umstrahlt hat, blieb ein Schimmer davon unvergänglich auf ihm ruhen«, schrieb der Historiker Mommsen. Aurelias Bedeutung für den Sohn wuchs noch, da Caesars Vater starb, als der Junge fünfzehn Jahre alt war. Aber auch ohne den frühen und offenbar überraschenden Tod des Vaters im Jahre 85 in Pisa, vermutlich auf einer Amtsreise, bleibt dessen Erscheinungsbild merkwürdig blaß neben der stärkeren Persönlichkeit der Mutter. Tacitus rühmt ihre fraulichen Eigenschaften, ihre erzieherische Sorgfalt. Er stellt Aurelia neben die vorbildhafte Mutter der Gracchen, ein ungewöhnliches Lob. Über den Vater findet sich nichts Vergleichbares.

Wie wuchs der Knabe heran? Spielte er mit anderen Kindern, lief er mit ihnen durch die engen Gassen der Subura zum nahen Forum, wenn Feste gefeiert oder heimkehrende Krieger empfangen wurden? Wir sind auf Vermutungen angewiesen, auf das, was im Alltag eines römischen Patrizierkindes üblich war. Die Kinderspiele aller Zeiten gleichen sich. Für das römische Kind gab es

Ballspiele und Reifenschlagen, das Blindekuhspiel, das Murmelspiel mit Nüssen, das Reiten auf Steckenpferden oder auf dem Rücken eines anderen Jungen. Man ahmte die Erwachsenen nach, besonders in den beliebten Gladiatoren- und Kriegsspielen.

Der Sechs- oder Siebenjährige wird zum erstenmal mit dem Griffel in ein Wachstäfelchen geritzt haben. Unter der Obhut der Mutter, vielleicht mit der Hilfe eines Sklaven, lernte er das Schreiben, Lesen, das einfache Rechnen mit Hilfe verschiebbarer Steinkügelchen. Die Mutter lehrte ihn, die Götter zu ehren und die Gesetze zu achten. Und sie wird ihren kleinen Sohn angeleitet haben, wie es sich für einen jungen Römer ziemte, Mäßigkeit zu üben und anderen in edler Gesinnung zu begegnen.

Überliefert ist der Name des *grammaticus* Marcus Antonius Gnipho, der den Schüler Gaius Julius etwa vom zehnten Lebensjahr an unterrichtete. Der seinerzeit hochgeschätzte Lehrer, ein gebürtiger Gallier, verdankte seine Bildung der alexandrinischen Rhetorenschule. Er galt als einer der besten Kenner der griechischen und römischen Literatur. Auch das Erlernen der griechischen Sprache und Literatur gehörte ja zur Bildungspflicht eines Patriziersohnes. Als Grundlage diente Homers »Odyssee«, die zunächst in der lateinischen Übersetzung des Livius Andronicus, dann im Original gelesen wurde. Am Anfang hatte der Lehrer auf das gepflegte Sprechen des Schülers zu achten. An Hand des gelesenen Textes vermittelte er, nun wahrhaftig ein *grammaticus*, die formalen Regeln: Grammatik, Syntax und die Eigenheiten des Stils. Weiterhin wurden Fragen zur Geschichte, Philosophie, zum moralischen Verhalten erörtert. Zum Lernpensum gehörten das Auswendiglernen kleiner Texte, das Aufsatzschreiben und erste Einübungen in die Redekunst. So lernte der junge Caesar, an Homer das eigene Schreiben und Denken zu erproben.

Für die Gewißheit, daß Marcus Antonius Gnipho in Caesar einen hochbegabten Schüler hatte, gibt es keine stichhaltigeren Beweise als Caesars frühe dichterische Versuche, seine Leistungen als Rhetor und Schriftsteller, sein intellektuelles Vermögen, seine selbst von Cicero als ebenbürtig empfundene Bildung. Mit präzisem Gedächtnis zitierte er griechische und altrömische Autoren. Sueton berichtet von einigen Jugendwerken Caesars, einem »Lob des Herkules«, einem Trauerspiel »Oedipus« und einer Sammlung von Verssprüchen. Die Titel lassen vermuten, daß die sehr früh geschriebenen Dichtungen aus den Lektüreübungen mit dem *grammaticus* hervorgingen. Interessant, weil er den jungen Caesar kennzeichnet, ist ein anderer Hinweis. Demnach ließ Augustus die Dichtungen kurzerhand der Öffentlichkeit entziehen, weil er zumindest einige Verse für allzu frech und provozierend hielt. Offenbar glaubte Augustus, diese Jugendwerke könnten dem Andenken seines Vorgängers schaden.

Gewiß fiel dem begabten Schüler das Lernen nicht schwer. Aber ob er ein Musterschüler war? In welchem Fach glänzte er, in welchem versagte er oder empfand er Langeweile? Wurde er gezüchtigt, wenn er Pflichten vernachlässigte oder sich undiszipliniert verhielt? Ob er nicht doch gelegentlich seinen Eigensinn behauptete und einfach hinauslief, um mit anderen Jungen zu spielen und seinen Liebhabereien nachzugehen? Wir wissen es nicht. Wir kennen nur den Namen des Lehrers, der vielleicht drei Jahre lang im julischen Hause ein- und ausging, und wir kennen die übliche Lehr- und Erziehungspraxis. Und auf diese Praxis bezogen läßt Caesars spätere geistige und körperliche Entwicklung bestimmte Rückschlüsse zu.

Körperlich war er von zarter, mittelgroßer Statur, schlank, aber mit vollem, meist blassem Gesicht, das von dem breiten Mund und lebhaften schwarzen Augen beherrscht wurde. Trotz seiner Zartheit verfügte er über eine ungewöhnliche Zähigkeit und körperliche Ausdauer, war er seinen Soldaten Vorbild im Ertragen von Hitze und Kälte, im Waffenlauf und Fechten, im Reiten und Schwimmen. Wer dermaßen leistungsfähig seinen Körper beherrschte, mußte von Jugend an in den einschlägigen Disziplinen trainiert sein. Wie die jungen Römer seines Standes wird Caesar auf dem Marsfeld und im Vaterhaus, durch einen Sklaven angeleitet, sein Pflichtpensum zur körperlichen Ertüchtigung geleistet haben.

Im julischen Hause zog man keinen Stubenhocker auf, keinen verwöhnten Erben. Soweit überhaupt Rückschlüsse möglich sind, deutet alles auf eine nach römischem Muster strenge Erziehung. Das gebot schon der familiäre Ehrgeiz, der auf den jungen Gaius Julius übertragen wurde. War es nicht natürlich, wenn die Julier auf den einzigen Erben ihre ganze Hoffnung setzten? Sollte nicht einem Julier der bisher versagte Aufstieg in den engeren Kreis der herrschenden Nobilität gelingen? Die Sterne standen gut wie nie zuvor. Dafür gab es zur Zeit der Geburt und Kindheit des Gaius Julius einen sehr irdischen Grund, der wiederum einer Frau oder, richtiger gesagt, einem Ehebündnis zu verdanken war.

Caesars junge Tante, die Vaterschwester Julia, hatte einen Mann namens Gaius Marius geheiratet. Auch diese Ehe kennzeichnete die Situation der Julier, denn Marius stammte aus einer unbedeutenden, einfachen Familie, die in einem arpinatischen Dorf, etwa hundert Kilometer vor Rom, lebte. Der Vater bewirtschaftete ein kleineres Landgut. Für den ehrgeizigen Marius, der sich bereits in den spanischen Kriegen Lorbeeren erworben hatte und Offizier geworden war, gab es keinen anderen Weg zu römischen Amtsehren als die Einheirat in eine Adelsfamilie. Nur so konnte er sich gegenüber der herrschenden Nobilität qualifizieren. Die Julier billigten die nicht standesgemäße Heirat, offenbar überzeugt, die Karriere des tüchtigen und tatkräftigen Marius würde auch der julischen Familie Nutzen bringen. Tatsächlich wurde Marius, der *homo novus* aus der Provinz, wenn auch nicht ohne Widerstände und robustes Nachhelfen, für das Jahr 107 zum Consul gewählt, ein für die römischen Herrschaftsverhältnisse erstaunlicher Aufstieg, ein Durchbruch, der nur aus der ungewöhnlichen Persönlichkeit des Marius zu erklären ist.

Marius war ein ungeschliffener, vierschrötiger Mann, dessen Manieren und Bildung schwerlich dem hohen Amt gewachsen waren. Aber das gemeine Volk liebte in ihm den derben, uneigennützigen, ehrlichen und tüchtigen Standesgenossen, der dem Adel zeigte, wie ein Mann des Volkes dachte und handelte. Der Senatsnobilität wiederum wurde Marius aufgrund seiner außergewöhnlichen militärischen Fähigkeiten nahezu unentbehrlich.

Er bewährte sich als Kriegsmann und General zunächst in Nordafrika, wo er den Aufstand des Numidierkönigs Jugurtha niederschlug. Als die germanischen Cimbern und Teutonen über die Alpen nach Oberitalien drängten, nachdem sie schon einem römischen Heer eine vernichtende Niederlage bereitet hatten, rief man wieder nach dem sieggewohnten General. Unmittelbar vor der Geburt Caesars feierte Marius seine größten Triumphe. In einer blutigen Schlacht bei Aquae Sextiae (Aix-en-Provence) besiegte er im Jahre 102 v. Chr. die Teutonen, im folgenden Jahr die Cimbern in der Ebene von Vercellae zwischen den Flüssen Po und Sesia. Die Römer, befreit von der Sorge um das weitere Vordringen der Germanen, bereiteten dem Sieger einen triumphalen Empfang. Sie ehrten ihn als Retter und »Vater des Vaterlandes«. Auf seine Verdienste gestützt, erlangte Marius für das Jahr 100 v. Chr., im Geburtsjahr Caesars, zum sechstenmal das Consulatsamt. Das war in der Geschichte Roms einzigartig.

So wird begreiflich, daß sich dem Kind Gaius Julius durch die verwandtschaftliche Gunst der Tante Julia und ihres berühmten Mannes große Möglichkeiten eröffneten. Allerdings blieb die enge verwandtschaftliche Beziehung zu Marius nicht ohne Folgen für die politische Ausrichtung des heranwachsenden Jungen. Durch Marius wurde Caesars politische Grundhaltung vorbestimmt.

## 2 Römische Krisen und Revolten

Niemand wächst voraussetzungslos heran. Die Bedingungen, die aus der Umwelt, aus den gesellschaftlichen und politischen Verhältnissen der Zeit hervorgehen, sind von entscheidender prägender Kraft. Im Spielraum zwischen Anpassung und Widerstand entfaltet sich das angeborene individuelle Vermögen, erweist es seine Stärke. Sobald Caesar in das Licht der Öffentlichkeit trat, bekundete er einen bis zum Trotz ausgeprägten Eigenwillen, eine persönliche Festigkeit und Widerstandskraft, die ihm zeitlebens erhalten blieben und die nicht selten, zumal in den jungen Jahren, schockierende Wirkungen auslösten. Aber auch Caesar konnte nicht abschütteln, was vorgegeben war. Allein schon der das Kind und den heranwachsenden Gaius Julius umgebende Einfluß des Marius bestimmte geradezu schicksalhaft Caesars politischen Weg.

Für den Römer der republikanischen Zeit unterschied sich die politische Betätigung wesentlich von dem, was wir heute darunter verstehen. Es gab keine festgeschriebenen politischen Programme oder Ideologien, die familiären Verflechtungen und Abhängigkeiten standen ganz im Vordergrund. »Die Welt des römischen Aristokraten ist eine vollkommen und unausweichlich politische, in sie tritt er mit seiner Geburt, und in ihr geht seine ›Persönlichkeit‹ ohne Zwiespalt auf.« So verstanden, war jeder adelige Römer genuin »Politiker«, mochten auch seine eigenen Interessen mehr im Kriegs- oder Verwaltungsdienst, in Handels- oder Geldgeschäften, im juristischen oder geistigen Bereich liegen. Der jährliche Amtswechsel der Magistrate, dieses Prinzip der Annuität bis hinauf zum Consulat, trug dazu bei, die politische Spannung und damit auch das politische Selbstverständnis der römischen Oberschicht wachzuhalten.

Auf einer solcherart durch die Adelsfamilien gesteuerten »Politisierung« der Nobilität beruhte Roms Aufstieg zur Weltmacht. Jedem frei geborenen Römer waren die großen Eroberungen bekannt. Er hatte ja selbst Anteil, aktiv und passiv. Er hatte in Spanien oder Westanatolien gekämpft. Er diente in der Verwaltung der eroberten Provinzen oder betätigte sich im Handel von Land zu Land. Er sah die ungeheuren Schätze, die aus den Provinzen nach Rom strömten und die Stadt unvorstellbar reich machten. Sizilien und Nordafrika lieferten bestes Getreide. Sklaven aus den unterworfenen Völkerschaften waren in Rom so zahlreich, daß sie billig gehandelt wurden. Aus der griechisch-hellenischen Welt übernahmen die Römer eine verfeinerte, auf Luxus und Genuß gerichtete Lebensart, allerdings auch, zumal in den geistig höherstehenden Kreisen des Adels, das Kultur- und Bildungsgut der Griechen.

Man muß sich vorstellen, wie rapide dieser land- und beutegierige Stadtstaat sich ausdehnte und bis zum Geburtsjahr Caesars Stück für Stück der mittelmeerischen Welt eroberte: 168 v. Chr. Makedonien mit Griechenland; 146 Karthago, von den Römern als Provinz *Africa* genannt (etwa das heutige Tunesien); 133 Westanatolien, fortan die römische Provinz *Asia*; 118 das südliche Gallien, die Landbrücke nach Spanien, nun die Provinz *Gallia Narbonensis*; 103 Kilikien, das Küstenland im Südosten Anatoliens. Außer diesen gewaltigen Gebieten hatten die Römer erobert und zu ihren Provinzen gemacht: den größten Teil Spaniens; die gesamte Poebene, wegen ihrer keltischen Bevölkerung das diesseitige Gallien, *Gallia Cisalpina*, genannt; das jugoslawische und albanische Küstenland *Illyricum*; die Inseln Sizilien, Sardinien und Korsika.

Im italienischen Bereich, bis zur südlichen Poebene, gab es außer dem unmittelbaren Staatsgebiet, dem *ager Romanus*, die Territorien der sogenannten Bundesgenossen. Sie verwalteten ihre

Gemeinden autonom, doch neben anderen Verpflichtungen gegenüber Rom hatten ihre Einwohner Kriegsdienste zu leisten.

Was begründete und »rechtfertigte« die gewaltige Expansion Roms? Was oder wer hielt dieses heterogene Imperium zusammen, dieses »höchstverwickelte Gebilde, ein System von Bündnissen und Abhängigkeitsverhältnissen sehr verschiedener Art«? Lagen den Eroberungskriegen der Römer bis ins zweite Jahrhundert v. Chr. sittliche Motive zugrunde, handelten sie zum Schutz von Verbündeten, brachten sie den unterworfenen Völkern überlegene, moralisch und religiös gefestigte Wertvorstellungen, ein neues, wirkungsvolles Rechtsystem, eine gutorganisierte Verwaltung? Fragen, die von Historikern viel diskutiert worden sind.

Noch Cicero wurde ja nicht müde, die staatsrechtliche und sittliche Überlegenheit der Römer über die Griechen hervorzuheben. Aber gerade hier erweist sich die rückwärtsgewandte Idealisierung als sehr fragwürdig. Die Unterwerfung der Griechen konnte schwerlich als Akt sittlich-moralischer Überlegenheit der Römer gerechtfertigt werden. Cicero selbst übernahm doch die Grundzüge seiner Staatsethik, die auf der »Übereinstimmung im Rechtsempfinden« und der »Gemeinsamkeit des Nutzens« basierte, von dem Griechen Panaitios. Wer zu den geistig führenden Persönlichkeiten zählte oder zählen wollte, beschäftigte sich mit griechischer Philosophie, machte sich griechisches Humanitätsdenken zu eigen. Oder er fuhr nach Rhodos, wie Cicero, Caesar, Pompeius, Brutus, Crassus und viele andere, um in die Schule der Stoiker zu gehen.

Wie so oft in der Geschichte wurde die Vergangenheit verklärt, weil die Gegenwart als »dekadent« empfunden wurde. Ein nostalgisches Wunschbild, das Bild einer »heilen« Vergangenheit, wurde gegen die Zustände der spätrepublikanischen Zeit, in der Cicero und Caesar lebten, ausgespielt.

Dem französischen Geschichtsphilosophen Montesquieu verdanken wir die Erkenntnis, »daß die römische Republik an den Folgen ihres Sieges zugrunde ging«. Die Eroberungen im gesamten Mittelmeerraum, der ungeheure Zuwachs an Macht und Reichtum hatten den Stadtstaat gründlich überfordert.

Die von wenigen aristokratischen Familien getragene Macht der Senatsoligarchie samt ihren Anhängern, den allein stimmberechtigten römischen Vollbürgern, war auf den überschaubaren

Stadtstaat zugeschnitten. Sie wurde fragwürdiger, je mehr sich das Imperium ausdehnte, und der ungeheure Zuwachs an Macht und Reichtum führte im Inneren zu Intrigen und rücksichtsloser Vetternwirtschaft. Als noch verhängnisvoller erwies sich der jährliche Wechsel der Propraetoren und Proconsuln, denen die Verwaltung der eroberten Provinzen oblag. Weder verwaltungstechnisch noch militärisch konnten in einem Jahr dauerhafte Verhältnisse geschaffen werden. Da eine durchgreifende Kontrolle fehlte, wurde die jährliche Statthalterschaft in den Provinzen mehr und mehr zu schamloser persönlicher Bereicherung ausgenutzt. Ohne Zweifel war die spätrepublikanische Politik in den Provinzen wie in Rom »vornehmlich bestimmt durch die Herrschsucht und Habsucht einer skrupellosen Nobilität, deren Vertreter sich auch persönlich im Verkehr mit Untergebenen und fremden Völkern nur allzuleicht über Recht und Moral hinwegsetzten, wenn der Eigennutz solches Verhalten nahelegte«.

Dem negativen Befund wurde entgegengehalten, »die im ganzen doch erstaunliche Stabilität« sei nicht allein das Werk der relativ schwachen Verwaltung gewesen. Römische Kaufleute und Gewerbetreibende wirkten in den Provinzen, festigten über den wirtschaftlichen Bereich die römische Herrschaft. Ausgediente Legionäre siedelten sich in den Provinzen an. Gewiß trug auch ein weitgespanntes, straff organisiertes System von Pachtgesellschaften zur Stabilisierung in den eroberten Gebieten bei. Diesen privaten Gesellschaften hatte der Staat die Eintreibung der Steuern, die Auswertung bestimmter Einnahmequellen (Bodennutzung, Fischerei, Bergwerke, Hafenzölle u.a.) überlassen. Außer der Staatspacht brachten öffentliche Aufträge, Heereslieferungen, Großhandel oder der mit Wucherzinsen betriebene Geldverleih große Gewinne. So wurden die Staatspächter die Kapitalisten der römischen Gesellschaft. Sie bildeten neben der Senatsnobilität, der offiziell Handels- und Geldgeschäfte untersagt waren, einen eigenen Stand. Man nannte sie paradoxerweise Ritter *(equites)*, weil sie vorwiegend dem römischen Großbürgertum entstammten, das seit der Königszeit in der kostspieligen Reiterei diente.

In Rom vermehrte der aus den eroberten Provinzen einströmende Reichtum den Besitzstand der Reichen, der Ritterschaft und Nobilität, während die Armen mehr als je zuvor darbten. Die Bauern und kleinen Landpächter, durch die dauernden Kriegsdienste überlastet oder vielfach der Bodenarbeit entfremdet, verelendeten. Da aus den eroberten Ländern Massenimporte von billigem Getreide nach Rom gelangten, wurde die herkömmliche Bauernwirtschaft unrentabel. Demgegenüber waren die kapitalkräftigen Großgrundbesitzer, Senatsadel und Ritter, in der Lage, eine Latifundienwirtschaft großen Stils zu betreiben. Sie bevorzugten die Viehwirtschaft, den ertragreichen Anbau von Wein und Oliven und beschäftigten auf ihren Großgütern Heere von Sklaven. Aufgrund ihrer Beziehungen konnten sie Staatsland zu günstigen Preisen pachten oder auch ohne Pachtzins mit staatlicher Duldung zu eigenem Nutzen bewirtschaften. Die dieser Konkurrenz nicht gewachsenen Kleinbauern drängten nach Rom und vermehrten dort das besitzlose großstädtische Proletariat.

Es blieb nicht aus, daß das stetig wachsende und unruhige Proletariat zum »dankbaren Objekt demagogischer Umtriebe« wurde. Die meisten besaßen nichts als ihr Stimmrecht, und das verhalf ihnen zu privaten Spenden oder zur öffentlichen Fürsorge. »Im Jahre 62 v. Chr. erhielten 320000 Personen die Getreideration für einen Monat für weniger als den halben Marktpreis, und im Jahre 58 v. Chr. verteilte ein ehrgeiziger Tribun so viel Getreide gratis an das Volk, daß mehr als die Hälfte der Einnahmen aus den reichen Provinzen des Ostens verbraucht wurde.«

Im ersten Jahrhundert v. Chr. löste eine Krise die andere ab. Das wirtschaftliche, soziale und politische Gefüge Roms war in den Grundfesten erschüttert. Caesar wurde in diese Zeit des Niedergangs hineingeboren. Die Gründe für den Umbruch, dem revolutionäre Umtriebe, Bürgerkriege und der nicht minder gefährliche innere Verfall folgten, lagen jedoch bereits ein Menschenalter zurück, in der Zeit, als das republikanische Rom die Höhe seiner imperialen Macht erreicht hatte.

Genau ein Jahrhundert dauerte das Zeitalter der römischen Revolution. Am Anfang, im Jahre 133 v. Chr., stand der Versuch, durch eine Agrarreform den Großgrundbesitz auf dem unrechtmäßig angeeigneten *ager publicus*, dem Staatsland, einzuschränken und das frei gewordene Land für die Ansiedlung mittelloser Bürger und entwurzelter Kleinbauern zu verwenden. Der achtundzwanzigjährige Volkstribun Tiberius Gracchus, der den Antrag einbrachte, konnte sich auf ein früheres, doch kaum beachtetes Gesetz berufen.

Tiberius Gracchus erreichte die Annahme seines Agrargesetzes allerdings nur durch den Bruch geltenden Rechts, nämlich durch die Absetzung des Tribunen Octavius, der das Gesetz bekämpfte. Damit löste das sozialpolitisch so notwendige Reformunternehmen eine erste revolutionäre Tat aus. Als Tiberius Gracchus, wiederum ungesetzlich, wenn auch aus verständlichen Gründen, eine zweite Wahl zum Volkstribunen anstrebte, wurde er ermordet. Und der Senat fand bald Mittel, das Agrargesetz, das den Besitzstand der Nobilität und Ritterschaft beschnitten hätte, auf dem Verwaltungswege lahmzulegen.

Einen zweiten Anlauf, die Reformvorstellungen des Tiberius Gracchus zu verwirklichen, unternahm sein neun Jahre jüngerer Bruder Gaius Gracchus. Dieser Gaius galt als der beste Redner seiner Zeit. Offensichtlich übertraf er seinen Bruder »an Talent, Charakter und vor allem an Leidenschaft«. Methodischer als sein Bruder, bereitete Gaius seinen politischen Zielen geschickt und beharrlich den Boden. Noch vor seinem Tribunat setzte er die Rechtmäßigkeit einer Wiederwahl durch. Als Volkstribun (123/122) stellte er sein sozialpolitisches Programm, die Auflösung des großstädtischen Proletariats durch Landverteilung, in einen größeren Zusammenhang. Er gewann die Plebejer durch verbilligte Getreidezuteilungen. Er suchte das Bündnis mit der Geldaristokratie, der Ritterschaft, indem er diesem Stand bestimmte öffentliche Rechte verschaffte und ihm die steuerliche Ausbeutung der neuerworbenen reichen Provinz Asia sicherte. Der Volkstribun beabsichtigte nichts Geringeres als die Spaltung der führenden Schichten, indem er in der Ritterschaft »das Bewußtsein eines politisch mit dem Senatsadel konkurrierenden Standes« weckte.

Zwei Maßnahmen überschritten den Rahmen des alten Agrargesetzes von Tiberius Gracchus. Sie zeugen von der konsequenten Politik des Gaius Gracchus. Er veranlaßte die Bereitstellung von Siedlungsland außerhalb Italiens, im Gebiet von Karthago. Und im italischen Bereich sollte den Bundesgenossen, vorab den Latinern, das römische Bürgerrecht verliehen werden, denn ein Großteil des Staatslandes war von Italikern bewohnt, die bei der Umverteilung ihres Landes den größten Schaden erlitten hätten. Denn nach dem Gesetz konnte die Neuverteilung des Staatslandes nur römischen Bürgern zugute kommen. Man kann sich vorstellen, daß solche Pläne – die Kolonisierung auf nordafrikanischem Boden und die Gleichstellung der Nichtrömer – in Rom denkbar unpopulär waren.

Der Senat tat alles, um die wachsende Stimmung gegen Gaius Gracchus zu schüren und dessen dritte Tribunatswahl zu verhindern. Nachdem schon die Gesetzesvorlage zur Übertragung der Bürgerrechte auf die Bundesgenossen abgelehnt worden war, beantragte ein Volkstribun die Auflösung der bereits gegründeten Kolonie in Nordafrika. Vor der Abstimmung herrschte unter den Anhängern und Gegnern des Gracchus auf dem Capitol eine kaum noch zu bändigende Erregung. Beim üblichen Brandopfer wurde einer der Opferdiener ermordet, vermutlich von der Gracchus-Partei, die insgeheim Waffen trug. Die Ereignisse überstürzten sich. Als der Senat den Staatsnotstand ausrief, besetzte Gaius Gracchus mit seinen Anhängern den Aventin. Vermutlich entglitt ihm, der bisher politisch klug und ohne jede Gewalt gehandelt hatte, nun vollends das Gesetz des Handelns. Er duldete den bewaffneten Widerstand, die Bewaffnung der Sklaven. Nach dem Kampf, in auswegloser Situation, auf der Flucht, ließ er sich von einem Sklaven töten.

Mir scheint, daß der ja erst zuletzt vollzogene revolutionäre Bruch eher einer Verzweiflungstat als dem bewußten Versuch entsprach, die Senatsherrschaft zu stürzen. Keineswegs ist Gaius Gracchus zureichend gekennzeichnet, wenn man ihn einen »politischen Brandstifter« nennt. Sein und seines Bruders Tiberius Bemühen zielte auf dem Weg über die Agrarreform und Landbesiedlung auf gerechtere soziale Verhältnisse: Eine politische Notwendigkeit für den Bestand der Republik – wie auch die Übertragung der Bürgerrechte auf die italischen Bundesgenossen.

Nicht der Gracche, sondern der Senatsadel, der die politische Notwendigkeit aus naheliegenden Gründen ignorierte, trieb die Republik in eine verhängnisvolle Zukunft. Gegenüber dem, was bereits am Anfang den »Charakter einer Volksbewegung« trug, spielte der Senat die ganze Überlegenheit der legitimen Exekutive aus. Als den Rittern die Aussichtslosigkeit der gracchischen Politik bewußt wurde, schlugen auch sie sich auf die Seite der Staatsmacht und machten damit allen Hoffnungen auf Reformen ein Ende.

Zwei Ereignisse kennzeichnen die prekäre Situation des Stadtstaates und seiner politischen Führung. Der Jugurthinische Krieg (111–105), der Kolonialkrieg im numidischen Nordafrika, der dem senatsfeindlichen Marius zum Aufstieg verhalf, enthüllte deutlich die Korruptheit und das Unvermögen des Senats. Das zweite Ereignis fällt bereits in die Jugendzeit Caesars: die Revolte der verbündeten italischen Gemeinden. Sie stellten die Hälfte des regulären römischen Heeres, ohne die römischen Rechte zu genießen. Die politische und rechtliche Gleichstellung, die Gaius Gracchus friedlich erreichen wollte, erkämpften sich die Italiker im blutigen Bundesgenossenkrieg (91/89). Fortan wurde das römische Bürgerrecht allen südlich des Po lebenden Italikern zugesprochen.

Ohne den sozialpolitischen Hintergrund, ohne das verwegene Unternehmen der beiden Gracchen bliebe das Jahrhundert der Revolution und bliebe Caesar unverständlich. Auch Caesar wird sich die Forderungen der Gracchen zu eigen machen, das Agrargesetz, das Kolonisierungsprogramm, die Ausdehnung der Bürgerrechte auf Nichtrömer. Was die Gracchen erkannt hatten, was sie zu verwirklichen gesucht hatten, bestimmte fortan die Auseinandersetzungen der römischen Politik.

## 3 Die manipulierte Demokratie

Die staatliche Verfassung der römischen Republik war als eine aristokratisch-demokratische Mischform angelegt und insofern durchaus geeignet, den Stadtstaat politisch zu festigen und zum Wohl seiner Bürger anzuleiten. Mag auch das System angesichts der gewaltigen Expansion und der Einverleibung fremder Länder und Provinzen versagt haben, so wäre es sicherlich ein Fehler, das Staatsdenken der Römer zu unterschätzen und die revolutionäre Entwicklung und den Niedergang der Republik ausschließlich auf die Mängel der staatlichen Verfassung zurückzuführen.

Grundsätzlich bot die stadtstaatliche Verfassung die beste Gewähr dafür, das Heraufkommen eines Alleinherrschers, eines Tyrannen oder Königs, zu verhindern. Die freiheitsliebenden Republikaner hatten das berüchtigte Regiment der griechischen Tyrannen und, aus der eigenen Frühzeit, den zum Tyrannen entarteten letzten der altrömischen Könige, Tarquinius Superbus, vor Augen. Noch am Ende der Republik, bei der Ermordung Caesars, wird die tief eingewurzelte Furcht vor der Tyrannis ein Hauptmotiv der Attentäter sein.

Der Erhaltung der republikanischen Freiheit sollte das kollegial von zwei Consuln verwaltete Consulat, sollte der jährliche Wechsel sämtlicher Magistrate dienen. Nach Ablauf des Amtsjahres konnte jeder Amtsträger zur Rechenschaft gezogen werden, was häufig geschah. Ein neues Amt, das seinem Inhaber ja die Immunität sicherte, konnte üblicherweise nur nach einer Zwischenzeit übernommen werden. Von der gerichtlichen Rechenschaftslegung befreit blieb allein der Dictator. Er konnte in Fällen des Staatsnotstandes ernannt und zur außerordentlichen Regierungsgewalt bevollmächtigt werden, allerdings auf die Höchstdauer eines halben Jahres begrenzt. Auch dieses Amt erwies sich als staatspolitisch kluge Einrichtung, zumindest in seiner ursprünglichen Handhabung.

Die Staatsämter waren unbesoldet. Schon darum blieb der *cursus honorum*, die »Ehrenlaufbahn«, den reichen Adeligen vorbehalten. Auch Caesar wird der üblichen Ämterlaufbahn von der Quaestur bis zum Consulat folgen. Demnach verwalteten auf der untersten Stufe acht *Quaestoren* (seit 80 v. Chr. erweitert auf zwanzig) vorwiegend finanzielle Angelegenheiten, die Staatsgelder oder die Kriegskasse. Vier *Aedilen* überwachten in Rom die öffentliche Ordnung, die Märkte und Spiele, den Verkehr und das Gesundheitswesen. Sechs *Praetoren* (seit 80 v. Chr. acht) waren zuständig für die Rechtsprechung, übernahmen jedoch auch militärische Kommandos oder die Statthalterschaft in einer der Provinzen. Die höchste Regierungsgewalt vertraten die beiden *Consuln*, denen zugleich der Oberbefehl über das Kriegsheer zufiel.

Die Magistrate wurden von der Bürgerschaft in zwei Versammlungen gewählt, für die Besetzung der unteren Ämter nach einem relativ egalitären Wahlverfahren, für die Wahl der Praetoren und Consuln nach einem Klassensystem, das die vermögenden Schichten begünstigte. Darüber hinaus gab es in der Verfassung eine eigentlich erstaunliche Einrichtung, die zum Schutz der Bürgerrechte gedacht war: das Volkstribunat. Die Plebejer wählten, wiederum im Jahreswechsel, zehn Volkstribunen, die nicht dem Adel angehören durften. Sie nahmen an allen Senatssitzungen teil. Gegen Gesetze und Maßnahmen, die plebejische Rechte verletzten, konnten sie ihr Veto einlegen. Sie konnten die Volksversammlung einberufen und über eigene Gesetzentwürfe abstimmen lassen. Ihr Auftrag erhielt besonderes Gewicht durch ihre persönliche Unverletzlichkeit, ihre *sacrosanctitas*, für die Dauer des Tribunats.

Fast deutet die eigentümliche Mischform der römischen Verfassung auf ein demokratisches Selbstverständnis der Republikaner. Doch der Schein trügt. Im politischen Kräftespiel der römischen Republik entartete selbst die weise Einrichtung des Volkstribunats, sie zuerst. Unter den zehn Volkstribunen fand sich leicht einer, der der Verführung zur Demagogie erlag, vom eigenen Machtstreben angestachelt oder als gefügiges Werkzeug des Senats. Ausgerechnet ihr Vetorecht, zum Schutz der Plebejer geschaffen, machte die Volkstribunen zum begehrten Objekt jeglicher Korruption. Schon das Veto des Volkstribunen Octavius gegen die Agrarreform des Tiberius Gracchus zeigte, wie rasch ein Volkstribun, seinem Auftrag zuwider, zum Handlanger der Senatsoligarchie werden konnte.

Jeder Bürger hatte zwar in den Volksversammlungen, den Comitien, sein Stimmrecht. Doch die Entscheidungen waren vorbestimmt durch die jeweiligen Abhängigkeitsverhältnisse. Es gab ein sehr ausgeprägtes Klientenwesen, wobei die an Macht und Einfluß reichen Patrone ihren plebejischen Klienten Schutz boten, und im Gegenzug, vor allem an den Wahltagen, folgten die Klienten den Weisungen ihrer Herren, verständlicherweise. Jeder Klient war bestrebt, seinen Patron stark zu machen, ihn zu wählen. Solche meist familiär gebundenen »Nah- und Treueverhältnisse«, nicht politische oder gar ideologische Programme, bestimmten die Politik der römischen Republik. Die aristokratischen Patrone wären keine echten Römer gewesen, hätten sie nicht »ihre Herrenstellung mit naiver Selbstverständlichkeit für ihre persönlichen und ständischen Interessen« ausgenützt. So trug auch das Klientenwesen dazu bei, die Macht der herrschenden Schicht zu stabilisieren.

Was verfassungsrechtlich als Mischform bezeichnet wurde, enthüllt sich in der politischen Praxis als eine »aristokratisch geführte Demokratie« oder zutreffender als »manipulierte Demokratie, und zwar im aristokratischen Sinne manipuliert«. Souveränes Machtzentrum und »eigentliches Regierungsorgan, dessen Willen die Magistrate zu vollstrecken hatten«, war der Senat. Zwei Censoren, als vormalige Consuln verdienstvolle und geehrte Männer, führten die Senatsliste und wachten über die Integrität der dreihundert Senatoren. Doch es hatte sich längst eingespielt, daß die Magistrate nach ihrer Amtszeit in den Senat einrückten, daß eine durch Amts- und Blutsadel privilegierte Nobilität die Exklusivität des Senats wahrte, eifersüchtig abgeschirmt von den im Hintergrund agierenden patrizischen Familien.

Eines hatten die beiden Gracchen erreicht: die Spaltung oder besser »Desintegration« der Oberschicht. Das schlug sich auch in der Namengebung der gegensätzlichen Gruppierungen nieder. Die Adeligen, die das traditionelle konservative Senatsregiment stützten, nannten sich mit robustem Selbstbewußtsein *boni*, die Guten, oder *optimates*, die Besten. Wer wie die Gracchen Neuerungen über die Volksversammlung durchsetzen, also die Zuständigkeit des Senats umgehen wollte, gehörte zu den *populares*.

Man würde es sich zu leicht machen, entnähme man den »wohlklingenden Titeln« einen klaren Gegensatz zwischen Senat und Volk. Weder waren die Optimaten die Besten, noch repräsentierten die Popularen ausdrücklich den Willen des Volkes als organisierte revolutionäre »Volkspartei«. »Von Anfang an sahen es die Popularen gar nicht darauf ab, daß nach dem Willen des Volkes regiert werde, sondern daß das Volk die Pläne der Demagogen autorisiere.« Der Wille der Plebejer artikulierte sich bestenfalls auf dem Weg über das Klientenwesen und zielte eher auf die Stützung des Senatsadels.

Mit unverkennbarer Verachtung beschrieb der Historiker Sallust die Situation: »Alle, die nach jener Zeit unter wohlklingenden Titeln das Gemeinwesen in Unruhe versetzten, die einen unter dem Vorwand, die Rechte des Volkes zu schützen, die anderen, um das Ansehen des Senats zu stärken, nahmen das Gemeinwohl nur zum Vorwand, um für die eigene Macht zu kämpfen.« Es ging nicht um die notwendigen sozialpolitischen Reformen, auch nicht um eine systemverändernde neue Gesellschaftsordnung mit demokratischen Tendenzen, sondern um brutale Machterhaltung oder Machtgewinnung innerhalb der Oberschicht.

Wie wenig politische Programme, vielmehr persönliche, von Emotionen aufgeladene Motive im Vordergrund standen, zeigen die dramatischen Ereignisse der Jahre 88 und 87. Caesar zählte zwölf und dreizehn Jahre, ein aufgeweckter Junge. Es war üblich, daß ein Patriziersohn seines Alters zum Forum mitgenommen würde, damit er dort von den Reden und Debatten der Senatoren lerne. Ein praktischer Anschauungsunterricht in Staatskunde, der ergänzte, was der Junge im julischen Elternhaus hörte, wenn über die jüngsten Senatsbeschlüsse oder Nachrichten aus den fernen Provinzen gesprochen wurde. In der Curie, dem Senatsgebäude an der Nordostecke des Forums, hatte Caesars Vater als ehemaliger Praetor Sitz und Stimme. Auch in diesen Jahren rückte der eher verhaltene Mann nicht in die Schlagzeilen der Geschichte. Das besorgte um so kräftiger der nun achtundsechzigjährige, aber immer noch ehrgeizige Onkel Marius als Mitstreiter der Popularen, die den Kriegsruhm und die Consulatswürde des alten Marius gut zu nutzen wußten.

Was der junge Caesar sah und hörte, war das Musterbeispiel einer intriganten und korrupten Politik, die einen blutigen »Bürgerkrieg« heraufbeschwor und mit bitterer Konsequenz in die Dictatur steuerte. Aus Caesars späterem Verhalten läßt sich schließen, daß das in diesen Jahren Erlebte auf das politische Bewußtsein des Heranwachsenden entscheidend einwirkte. Er und seine Familie wurden ja als nahe Verwandten des Marius in die Auseinandersetzungen hineingezogen.

Was geschah im Jahre 88? Kaum war der verlustreiche Krieg gegen die italischen Gemeinden, der Bundesgenossenkrieg, abgeschlossen, da entflammten im Osten, in Kleinasien und Griechenland, neue Brände. Mithridates VI. Eupator, der Herrscher über das Königreich Pontos an der Südküste des Schwarzen Meeres, überfiel mit einem starken Heeresaufgebot die östlichen römischen Provinzen. In Pergamon richtete er seine neue Residenz ein. In Asia wie in Griechenland fanden sich genug Feinde Roms, die der geschickte Orientale mit Versprechungen an sich band. Mithridates profitierte vom Haß der einheimischen Bevölkerung gegen das römische Regiment, gegen die römischen Statthalter und Steuerpächter, die zumal die Provinz Asia gründlich ausplünderten. Nur so wird verständlich, daß Mithridates einen der schrecklichsten Massenmorde der Geschichte durchführen konnte, die »asiatische Vesper«, der achtzigtausend Römer und Italiker zum Opfer fielen.

Entsetzen packte die Römer, als sie von den Ereignissen im Osten hörten. In Rom selbst herrschten katastrophale Zustände. Die Stadt war übervölkert von besitzlosen Flüchtlingen aus dem Bundesgenossenkrieg. Der römischen Wirtschaft und den Finanzen drohte der Ruin. Als ein beherzter Praetor die Pläne einer Münzentwertung und einer damit verbundenen neuen Schuldenberechnung verwirklichen wollte, wurde er von gedungenen Schergen ermordet. Der Senat agierte hilflos und halbherzig. Selbst in der Frage der Gleichstellung der Italiker kam es zu keiner klaren Lösung. Das von den Italikern erkämpfte römische Bürgerrecht wurde durch bestimmte Modalitäten so weit eingeschränkt, daß von einer wirklichen Gleichstellung nicht mehr die Rede sein konnte. Der Senat erschöpfte seine Kraft in Intrigen und taktischen Winkelzügen.

Da griff, unterstützt von Marius, ein Popular namens Publius Sulpicius Rufus ein. Er war Aristokrat, hatte jedoch durch Übertritt zum plebejischen Stand das Volkstribunat erlangt und damit das Recht zur Einberufung der gesetzgebenden Volksversammlung. Durch Plebiszit setzte er gegen die Senatsoligarchie gerichtete neue Gesetze durch, vor allem das gleiche Stimmrecht der Italiker und die Aufnahme von Rittern in den Senat. Doch das Plebiszit kam nur durch brutale Gewaltanwendung zustande. In den Straßen Roms kämpften Altbürger gegen Neubürger, bis Sulpicius Rufus dank seiner privaten Miliz von einigen hundert Bewaffneten und der kräftigen Unterstützung des Ritterstandes die Herrschaft über die Straße gewann.

Während der Straßenschlachten rettete sich der amtierende Consul Sulla in das Haus des Kriegshelden Marius, und ihm wurde Schutz gewährt. Das war ein paradoxer Vorgang, denn Marius verfocht als Popular höchst persönliche Interessen, denen ein abgrundtiefer Haß gegen die Aristokratie und besonders gegen den Rivalen Sulla zugrunde lag. Zähneknirschend hatte Marius erfahren müssen, daß nicht er, sondern Lucius Cornelius Sulla als Kriegsgewinnler aus dem Bundesgenossenkrieg hervorgegangen und zum Consul gewählt worden war. Sulla hatte schon im Krieg gegen Jugurtha unter Marius gedient und durch einen kühnen Handstreich, die Gefangennahme des Numidierkönigs, seinen General beschämt. Das vergaß Marius nie. In allem war der blatternarbige Sulla sein Antipode, geradezu sein Gegenbild: als Optimat, als geborener Aristokrat, als Taktiker und gesellige Natur, manierlich im Umgang mit Frauen und der feinen Gesellschaft. Der alte Marius zehrte vom vergangenen Ruhm, während Sullas Stern aufging, zumal im Bundesgenossenkrieg, in dem Sulla »an Macht und Ansehen ebensoviel gewann wie Marius verlor«.

Inmitten der Wirren des Jahres 88 übertrug der Senat dem fünfzigjährigen Consul Sulla den Oberbefehl zum Feldzug gegen Mithridates. In Marius, dem Volkshelden, rührte sich der gekränkte Stolz. Sein Bündnis mit dem Volkstribunen Sulpicius Rufus zahlte sich aus. Die Popularen erwirkten über die Volksversammlung die Übertragung des Oberbefehls auf Marius. Ein ungeheuerlicher Vorgang, der den Senatoren als rüder Schlag ins Gesicht erscheinen mußte und den Consul Sulla vor aller Augen demütigte.

Sulla, der sich bereits bei seinen Legionen in Nola aufhielt, reagierte sofort. Mit demagogischem Geschick gab er seinen Soldaten seine Absetzung bekannt, und »sie forderten ihn auf, daß er sie ohne Bedenken gegen Rom führe«. Sullas Marsch gegen Rom löste den offenen Bürgerkrieg aus. Die Überrumpelung der widerständigen Popularen und ihrer Anhänger gelang. Sulpicius Rufus wurde von den Soldaten Sullas umgebracht, andere Popularen, geächtet, konnten entfliehen. Auf Marius, der sich durch Flucht dem Strafgericht entzog, wurde eine Kopfprämie ausgesetzt.

Unter dem Druck Sullas hob die Volksversammlung die von Sulpicius Rufus eingebrachten Gesetze wieder auf. Ebenfalls durch Volksbeschluß wurde Sullas Oberbefehl gegen Mithridates bestätigt. Im Frühjahr 87 verließ Sulla Rom, um mit seinen Legionen auf dem griechisch-asiatischen Kriegsschauplatz die verlorenen Provinzen zurückzugewinnen.

## 4 Marius, der Retter und Versager

Keine erdachte Geschichte konnte dem jungen Caesar abenteuerlicher erscheinen als das in den Jahren 88 und 87 Erlebte. Hätte ein Geschichtenerzähler das blutige Spiel um Rom erfunden, ihn träfe der Vorwurf maßloser Übertreibung. Aber es war die wilde, unverrückbare Wirklichkeit, die jedes Erdenkliche überbot. Nicht enden wollte das furchtbare Wechselspiel von Macht und

Terror, das bald die eine, bald die andere Partei zu brutalen Handlungen ermächtigte, angetrieben von Ehrgeiz oder blindwütigem Haß. Daß dabei in kurzer Folge Gesetze gewaltsam erlassen, gewaltsam widerrufen, wiederum erneuert und nochmals aufgehoben wurden, daß solcherart durch die Volksversammlung ein Rest jener den Römern immer heiligen »Legalität« gewahrt wurde, war nur noch eine absurde Farce. Auch unter der fünfjährigen Herrschaft der Popularen, die bald nach dem Aufbruch Sullas und seiner Legionen die Regierungsgewalt an sich rissen, blieb Rom nach den Worten Ciceros »ohne Recht und ohne jegliche Würde«.

Wir wissen nicht, was den jungen Caesar, was überhaupt einen römischen Patriziersohn seines Alters in jenen Tagen bewegte, ob er Abscheu empfand vor dem politischen Treiben der alten Männer oder ob er sich im jugendlichen Eifer engagierte. Aus der Bindung an die Familie, aus der engen Verwandtschaft mit Marius ergab sich auf jeden Fall zwangsläufig die Einbindung in die politische Grundhaltung der Popularen, und er blieb den von den Popularen vertretenen sozialpolitischen Forderungen, so zur Siedlungspolitik, Veteranenversorgung, Bürgerrechtsfrage, bis in seine letzten Jahre in erstaunlichem Maße treu.

Viel später, als der einundfünfzigjährige Caesar den von ihm entfachten Bürgerkrieg zu rechtfertigen suchte, nannte er als Gründe für sein Handeln: »Er habe seine Provinz nicht in verbrecherischer Absicht verlassen, sondern um sich gegen die unwürdige Behandlung durch seine Feinde zur Wehr zu setzen, um die Volkstribunen, die man unter Verletzung göttlichen Rechts aus Rom vertrieben habe, wieder in ihre Würde einzusetzen und um für sich und das römische Volk, das durch eine kleine Minderheit unterdrückt werde, die Freiheit zurückzugewinnen.« Vor allem die letztgenannten Gründe, auf die Freiheit der römischen Bürger und die Unverletzlichkeit der Volkstribunen bezogen, entsprachen ganz und gar dem idealen Denkgut eines Popularen.

Vor seinem Aufbruch nach Griechenland hatte der Optimat Sulla durch die Volksversammlung die Gesetze bestätigen lassen, die der Senatsoligarchie ihr volles Gewicht zurückgaben. Doch er mußte dulden, daß einer seiner Gegner, der populare Patrizier Lucius Cornelius Cinna, zum Zweitconsul für 87 v. Chr. gewählt wurde. Cinnas eidliche Zusicherung, er werde die Sullanischen

Gesetze befolgen, erwies sich bald als folgenlose Geste. Kaum war Sulla aus Rom abgezogen, beantragte Cinna die Aufhebung der Gesetze und die freie Rückkehr der geächteten Popularen. Wieder kam es zur offenen Konfrontation, wieder kämpften in den Straßen Römer gegen Römer, bis Cinna mit seinen Anhängern aus Rom flüchten mußte. Als Popular, der ja für die Bürgerrechte der Italiker eintrat, fiel es ihm nicht schwer, deren Hilfe zu mobilisieren. Cinna sammelte ein Heer, um gegen Rom zu ziehen wie Sulla im Jahr zuvor. Das war die Stunde des Marius.

Der geächtete Marius eilte aus seinem nordafrikanischen Versteck Cinna zu Hilfe, organisierte auf italischem Boden eine anrüchige Freischar und stärkte das Unternehmen durch seinen immer noch »magischen« Namen. Seine voraufgegangenen Fluchterlebnisse schildert Plutarch anekdotisch bis ins Detail, eine saftig gewürzte Räubergeschichte. Man weiß ja nicht, aus welchen Quellen der nachgeborene Plutarch schöpfte, wieviel die Zeugen und Überlieferer ausmalten, aufbauschten, selbst erfanden, wenn sie erzählten, wie der alte Mann Schiffbruch erlitt und jämmerlich herumirrte, wie ihn bei Minturnae die Häscher aus dem Sumpf zogen, schlammbedeckt, wie er im dunklen Verlies umgebracht werden sollte und er die Mordschergen mit »donnernder Stimme« davonjagte, wie er, nach Africa entkommen, »auf den Ruinen Karthagos« wiederum seinen Verfolgern entfloh.

Rachedürstend kam der greise Marius zurück, barbarisch anzusehen, in abgerissener Kleidung, mit langem Haar und wildwucherndem Bart. Welche Genugtuung, als der römische Senat ihm und Cinna Abgeordnete entgegenschickte und sie bitten ließ, »in die Stadt einzuziehen und die Bürger zu schonen«. Sicherlich stand der dreizehnjährige Caesar im Kreise der Verwandten auf dem Forum, um mitzuerleben, wie sein Onkel Marius ehrenvoll empfangen und ihm und Cinna das Regiment in Rom übertragen wurde.

Man darf nicht vergessen, daß Marius in den Augen vieler, ja der meisten Römer immer noch der »Retter des Vaterlandes« war. Sein Sieg über die Cimbern und Teutonen hatte ihm unvergeßlichen Ruhm gebracht. In seinen besten Jahren hatte er, der Provinzler und *homo novus*, das römische Heer durchschlagend reorganisiert und damit die Grundlage für die Militärmacht Roms geschaffen. Wenn sein Gegner Sulla und nach ihm Pompeius und

Caesar über hervorragend disziplinierte und kampftüchtige Legionen verfügten, so verdankten sie dies dem Werk des Marius.

Vor der Reform rekrutierte sich das Heer aus Wehrpflichtigen, die nach der Bürgerliste eingezogen und nach Vermögensklassen eingeteilt wurden. Die Herkunft der meisten Soldaten aus dem bäuerlichen und bürgerlichen Mittelstand erleichterte die Versorgung der Veteranen, die üblicherweise ein Stück Land erhielten. Als wichtigste Neuerung schuf Marius das Berufssoldatentum, er öffnete das Heer Freiwilligen, unabhängig von ihrem sozialen Status. Da der jeweilige Befehlshaber die Freiwilligen anwarb und für ihre spätere Versorgung (mit Grundbesitz) bürgte, entstand in der Truppe eine persönliche Bindung an den Feldherrn, die den Kampfeifer förderte, die das Heer jedoch auch zu einem gefährlichen Instrument in der Hand des Befehlshabers machte. Caesar sollte dieses »Instrument« wie kein anderer nützen.

Das nun den Freiwilligen, auch den Proletariern geöffnete Heer benötigte eine verschärfte Truppendisziplin und straff geführte taktische Einheiten. Marius stärkte die Kampfkraft der Legionen, indem er sie auf 6000 Mann Kriegsstärke vergrößerte und die Kohorten (je 600 Mann) so ausstattete, daß sie als selbständige Einheiten operieren konnten. Im Feldlager wie unterwegs bildete Marius seine Legionäre aus, »härtete sie ab, übte sie auf mancherlei Art im Laufen, hielt sie zu starken Märschen an und zwang sie, nicht nur ihr Gepäck selbst zu tragen, sondern auch ihre Speisen mit eigener Hand zu bereiten«. Den so mit Waffen, Schanzzeug, persönlichen Utensilien, Verpflegung und Geschirr bepackten Legionär nannte man den »Marianischen Maulesel«. Aber je mehr der schwerfällige Troß entlastet und verkleinert wurde, um so beweglicher konnten die Legionen geführt werden. Auch diese Neuerung des Marius sollte Caesar später zugute kommen.

Wenn Caesar in Marius ein »Vorbild« sah, wie Plutarch schreibt, so galt seine Bewunderung dem genialen Heeresreformer und siegreichen Feldherrn, der die Strapazen seiner Soldaten uneingeschränkt teilte. Sie galt auch dem »Vertrauensmann des Volkes«, zumindest in Marius' besten Jahren, der seinen Gegnern und Freunden eines voraus hatte: eine tiefe Abscheu vor Bestechungen und Intrigen. Seine Arglosigkeit und seine Bildungsmängel waren schwere Nachteile für das Geschäft der Politik in Rom. Trotzdem erreichte er nicht weniger als siebenmal die Consulatswürde, vom Volk gewählt, vom eigenen Ehrgeiz getrieben. Seine »peinliche Unsicherheit« im hohen Amt weckte Ressentiments gegen die Höhergebildeten, die auf die Bildungsschwächen des Emporkömmlings verächtlich herabsahen. So war auch »sein Haß gegen die Aristokratie mehr Ausfluß persönlichen Unvermögens als der Reflex eines politischen Standpunktes«. Diese Charakterisierung entspricht den überlieferten Fakten. Doch bleibt auch der Verdacht, daß das bereits von Plutarch übernommene, allzu negativ ausgemalte Bild reichlich übertrieben war, teils aus Fabulierlust, teils aus politischer Absicht. Caesar würde schwerlich einem Manne Achtung gezollt haben, der nahezu ausschließlich zwischen Tölpelhaftigkeit und einer »täglich erneuerten Mord- und Blutgier« schwankte. Es liegt nahe, daß die »optimatisch gefärbte Überlieferung« Marius wie auch Cinna eher grob und abwertend zeichnete.

Nach ihrem Einzug in Rom hielten Marius und Cinna über die sullanischen Parteigänger ein grausames Strafgericht. Ihre Mordkommandos versetzten die Römer in Panik. Aber ob Marius wirklich die ihm Unerwünschten, »deren Anrede oder Gruß er nicht erwiderte«, augenblicklich auf der Straße umbringen ließ? Natürlich war es blanker Hohn, daß die Volksversammlung auf dem Marsfeld die Liste der Opfer genehmigte. Aber das geschah auch unter dem Gegner Sulla, der zuvor und nach seiner Rückkehr in Rom weitaus grausamer und systematisch morden ließ.

Marius ließ sich mit Cinna das Consulat für 86 v. Chr. übertragen, von eigenen Gnaden. Aber er starb bereits in der zweiten Woche seines Consulats, am 13. Januar 86. Zuletzt plagten ihn schlaflose Nächte und wirre Angstträume, verfiel er der Trunksucht. Der Säufer Marius – das paßte zu gut auf den primitiven Kriegs- und Volksmann, der nie die Manieren der Vornehmen beherrschte, der noch nicht einmal Griechisch sprach. Die letzte Phase, in der der von Furien gehetzte Marius in Rom Schrecken verbreitete, im Dezember und im beginnenden Januar, dauerte allenfalls drei Wochen, verkürzt durch ein siebentägiges Krankenlager. Überdenkt man die Geschehnisse seit der Ausfahrt Sullas, so konnten Marius und Cinna kaum früher als kurz vor dem Jahreswechsel 87/86 in Rom eingezogen sein. Die Zeitrechnung, falls die Daten stimmen, läßt vermuten, daß Marius mehr angelastet wurde, als er persönlich verantworten konnte.

Auch nach der Vernichtung der Gegner und ihres Anhangs konnte der »Alleinherrscher« Cinna in Rom nur halbwegs geordnete Verhältnisse schaffen. Ordentliche Wahlen fanden nicht statt. Noch zweimal ernannte er sich zum Consul und setzte einen Mitconsul ein, damit gegen das Gesetz des jährlichen Ämterwechsels verstoßend. Immerhin verwirklichte er als Popular die auf Sulpicius Rufus zurückgehenden Gesetze: die endgültige Gleichstellung der Italiker und die Öffnung der Curie für Männer aus dem Ritterstand. Cinna, selbst ein Patrizier, beseitigte im Senat die Vorherrschaft der Nobilität. Aber auch das populare Regiment brachte keine Änderung und Verbesserung der Regierungsform. »Es drängte sich bloß eine neue Schicht in den Senat, welche auf hergebrachte Art das Reichsregiment genießen wollte.«

Cinna wußte, daß er auf Abruf regierte. Denn eines Tages würde Sulla mit seinen Legionen nach Rom zurückkommen, würde er Cinnas Wortbruch, den Regierungsumsturz und die Vernichtung seiner Anhänger zu rächen versuchen. Mit dieser Drohung im Nacken war an eine vernünftige Regelung der Verhältnisse nicht zu denken. Als aus Griechenland und Asia vermehrt Erfolgsmeldungen der sullanischen Armee nach Rom gelangten, als schließlich um die Jahreswende 85/84 die Nachricht vom Friedensschluß Sullas mit Mithridates eintraf, steigerte sich in Rom die Nervosität. Cinna sammelte bei Ancona seine Truppen, um sie einzuschiffen und gegen Sulla zu führen. Doch sein Befehl zur Überfahrt unter schlechten Wetterbedingungen löste am Jahresanfang 84 eine Meuterei aus, bei der Cinna den Tod fand.

Erst jetzt, in seinem sechzehnten Lebensjahr, löst sich der junge Caesar allmählich aus dem Nebel von Andeutungen und Vermutungen, wird seine Gestalt greifbarer. Im Jahr zuvor war sein Vater gestorben, in Pisa, was möglicherweise darauf hindeutet, »daß er einer der Legaten war, die im Jahre 85 im Auftrag Cinnas in Italien gegen Sulla Soldaten aushoben, Geld einforderten und Getreidevorräte anlegten«. Weitere Aktivitäten des Vaters im Zusammenhang mit der popularen Herrschaft sind unbekannt. Ohne Zweifel hatte er, obwohl dem patrizischen Adel angehörend, seinen Schwager Marius und die Popularen unterstützt, doch kaum als Antreiber oder Profitmacher, der sich an den konfiszierten Gütern der ermordeten oder vertriebenen Optimaten bereicherte.

Im Jahre 84 legte der sechzehnjährige Caesar die mit dem breiten Purpurstreifen verbrämte Knabentoga ab und empfing die weiße *toga virilis*, die Kleidung des Volljährigen, der nun selbständig am öffentlichen Leben teilnahm. Es war ein festliches Ereignis, das Verwandte und Gäste zusammenführte und dem die Verehrung der Laren, der häuslichen Schutzgötter, eine kultische Weihe gab. Auf den Altar der Hauslaren legte der nun Erwachsene die goldene Kapsel nieder, die er als Kind schutz- und glückbringend um den Hals getragen hatte. Dann begleiteten ihn Verwandte und Freunde im festlichen Zug zum Forum, wo der junge Mann in die Bürgerliste eingeschrieben wurde. Wahrscheinlich war es ein Tag im Frühjahr, an dem die Tempel, die mächtigen steinernen Hallen und Säulen im klaren Sonnenlicht glänzten, denn die Männertoga wurde in der Märzmitte verliehen, zum Fest der Liberalien.

Für den jungen Caesar bedeutete die Verleihung der Männertoga zugleich den Eintritt in eine Zukunft, die die Familie längst geplant hatte. Vor ihrem Tode hatten sein Vater und wohl auch noch Marius den Weg des julischen Erben vorbereitet. Caesars kluge und geachtete Mutter Aurelia verfügte über die notwendigen Verbindungen, unterstützt von ihrer Schwägerin Julia, um jene Pläne zu verwirklichen, die ihrem Sohn und dem julischen Haus Ehre und Macht bringen sollten. Für Caesar begann ein neuer Lebensabschnitt.

# Zweiter Teil

# Ein junger Römer, lässig gegürtet

# 5 Caesar heiratet Cornelia

Der Biograph kann nacherzählen, was vorgegeben ist und was sich seiner Einfühlung und Kombinationsgabe zu erkennen gibt. Er kann durch Erzählung vergegenwärtigen, was einmal war. Jede erreichbare Nuance liefert ihm ein Mosaiksteinchen zu dem Bild, das allmählich entsteht, das sichtbar wird vor dem Panorama der Umwelt und Lebenssituation. Vielleicht gelingt es dem Biographen, aus dem Skelett der überlieferten Fakten und Daten das Zeitalter in Fleisch und Blut wiedererstehen zu lassen.

Doch wie weit ist Annäherung möglich, das Sichhineinversetzen in eine historische Person, das Nachempfinden, das Nachvollziehen? Der Sprung zurück, über zweitausend Jahre, stößt an eine natürliche Grenze. Skepsis ist angebracht, wo selbst die Quellen getrübt sind. Der Biograph, wenn er redlich ist, wird sich hüten, gesichertes Wissen zu beanspruchen. Er wird den suggestiven Behauptungssatz scheuen und den Hinweis auf das Mögliche, Denkbare, Vermutbare vorziehen.

Was läßt sich über den sechzehnjährigen Caesar sagen? Seine Person gewinnt insofern greifbarere Umrisse, als nun die Lebensbeschreibung der Biographen Sueton und Plutarch einsetzt. Am Anfang fließen die Aussagen noch spärlich und setzen mehr voraus, als wir heute wissen können. Den zeitgenössischen Lesern waren bestimmte Begriffe, Ereignisse und Zusammenhänge vertraut. Immerhin erfahren wir von Sueton, daß Caesar im Jahr nach dem Tod seines Vaters zum *flamen Dialis* ernannt wurde, zum Priester des Jupiter, dessen Tempel auf dem Capitolhügel stand, und Sueton und Plutarch erwähnen beide die Heirat Caesars mit Cornelia, der Tochter des viermaligen Consuls Cinna.

Der *flamen Dialis* gehörte zu den angesehensten Opferpriestern Roms, den drei *flamen maiores*, die im Rat der Oberpriester mitstimmten. Das Amt, ausschließlich Patriziern vorbehalten, war seit der Schreckensherrschaft von Marius und Cinna vakant geblieben. Der letzte Jupiterpriester Lucius Cornelius Merula hatte nach dem Einzug Cinnas in Rom das ihm zugedachte Todesurteil – er gehörte zur Gegenpartei – nicht abgewartet. Er hatte »sich selbst die Adern geöffnet« und zuvor, um das Priesteramt nicht zu verunreinigen, »im capitolinischen Jupitertempel seine Priestermütze niedergelegt«. Nach einem anderen römischen Historiker fiel Caesar die Berufung zur Nachfolge bereits in diesen Tagen zu, noch durch Marius vermittelt. Aber offensichtlich stand die Jugend Caesars der frühen Amtsübernahme im Weg, so daß die eigentliche Ernennung erst im Jahre 84 erfolgte, wohl im Zusammenhang mit der Verleihung der *toga virilis.* Ohne Zweifel wurde der Wunsch der Familie, dieses Amt zu besetzen, vor allem durch die engen Beziehungen der Mutter Aurelia und der Tante Julia zu den popularen Machthabern verwirklicht.

Ob der sechzehnjährige Caesar seiner Berufung begeistert zustimmte, ist nicht festzustellen, dürfte jedoch bezweifelt werden. Den Erkorenen erwartete eine Reihe höchst altertümlicher Vorschriften, die seinen gesamten Lebensstil betrafen. Der *flamen Dialis* trug eine dicke wollene *toga praetexta* und auf dem Kopf eine weiße Mütze, an deren oberstem Zipfel ein mit Wolle umwickeltes Holz baumelte. Er mußte jederzeit zum Kultopfer bereit und darum »rein« sein. So war ihm verboten, Leichen zu berühren und an Bestattungen teilzunehmen. Ebenso galt das Berührungsverbot für zahlreiche Gegenstände, Pflanzen und Tiere. Er durfte keine vergorenen Speisen und Getränke zu sich nehmen. Er durfte nicht reiten, Waffen oder ein bewaffnetes Heer noch nicht einmal sehen und höchstens zwei Nächte außerhalb Roms sein. Für das Verbot, ein weltliches Amt anzustreben oder auszuüben, scheinen Ausnahmen zulässig gewesen zu sein, denn der Vorgänger Lucius Cornelius Merula amtierte kurze Zeit als Consul. Dennoch blieb dem Würdenträger im allgemeinen eine weltliche Karriere verschlossen, und den Katalog der Verbote und Gebote wird ein junger, körperlich und geistig begabter Mann kaum mit Freuden akzeptiert haben.

Es kam noch hinzu, daß der *flamen Dialis* zur ehelichen Treue verpflichtet war. Er konnte sein Amt nur als gebundener Mann, verheiratet mit einer Patrizierin, antreten. Hier wird nun die Beziehung der Familie zu den popularen Machthabern über die Eheschließung gefestigt, denn Caesar heiratete die Tochter Cinnas. Es liegt nahe, das Ehebündnis dem Einfluß der Tante Julia, der Witwe des früher mit Cinna verbündeten Marius, zuzuschreiben.

Verlöbnisse im Knaben- und Mädchenalter, sehr frühe Heiraten waren in Rom nicht ungewöhnlich. Zumindest den Verlöbnissen lagen fast ausschließlich familiäre und gesellschaftliche Interessen zugrunde. Die Zuneigung der Betroffenen spielte die geringste Rolle. Caesar war »fast noch als Knabe« mit Cossutia, der Tochter eines vermögenden Ritters, verlobt worden. Das heißt wohl: Der zu dieser Zeit noch lebende Vater erstrebte für seinen Sohn eine »Geldheirat«. Die neuen Pläne machten die Lösung der nicht standesgemäßen Verbindung notwendig. Der nun volljährige Caesar wird der jungen Cossutia den in solchen Fällen üblichen Scheidebrief geschrieben haben. Die Heirat mit der Patriziertochter Cornelia und die Berufung zum *flamen Dialis* konnten vollzogen werden.

Sicherlich kam die Heirat, wie ja auch die Berufung zum Jupiterpriester, nicht von heute auf morgen zustande, und wahrscheinlich war der Consul Cinna noch selbst an den Vorbereitungen beteiligt. An den Hochzeitsfeierlichkeiten wird Cinna kaum teilgenommen haben, wenn es stimmt, daß er am Jahresanfang 84 ermordet wurde. Wir sind, was die zeitliche Abfolge anbetrifft, auf Vermutungen angewiesen. Aber wichtiger ist, ob wir sagen können, wie sich Caesar seiner nun angetrauten Frau gegenüber verhielt und was sich für ihn und seine Haltung aus der Ehe mit der Tochter Cinnas ergab.

Mit der Pflichtheirat des künftigen Jupiterpriesters verbanden die Ehestifter, zumal die Witwe des Marius, gewiß weitergehende politische Absichten. Die Einheirat in die Familie des Staatsoberhauptes vermehrte das Ansehen der Julier und öffnete Caesar den Weg in eine glänzende Zukunft, auch über das Priesteramt hinaus. Es lag auf der Hand, daß Cinna, das Haupt der Popularen, seine Tochter nur einem jungen Mann zur Frau gab, der eindeutig auf seiten der Popularen stand. Und offensichtlich wurde die bei Caesar ohnedies vorhandene populare Ausrichtung durch seine eheliche Bindung verstärkt. Die Ehe mit Cornelia ist »das erste Beispiel in Caesars Leben für den Bund, den bei ihm Politik und Liebe immer wieder eingehen«.

Über dieses Bündnis hinaus klingt in Caesars Beziehung zu Cornelia jedoch etwas völlig Unerwartetes auf, das die mit der Ehestiftung verbundenen politischen Absichten übersteigt: Zuneigung und Liebe. Ein in Caesars Leben, soweit wir Einblick gewinnen können, einzigartiger Fall. Denn wenn wir auch später in der »Übereinstimmung von persönlichem Empfinden und politischem Wollen« einen typischen Charakterzug Caesars erkennen, so überwiegen doch immer die rationalen, zweckorientierten Motive.

Es gab genug öffentliche Anlässe oder Treffen der befreundeten Familien, um anzunehmen, daß Caesar und Cornelia einander kannten. Ob die Heirat in ihren Augen eine »Liebesheirat« war? Die wenigen überlieferten Anzeichen sprechen dafür. Eines kann man wohl mit Sicherheit sagen: Die Verbindung mit Cornelia war unter den zahlreichen Liebesbeziehungen Caesars und seinen drei Ehen die lauterste und innigste.

Die Liebe zu Cornelia übertrug Caesar auf seine Tochter Julia, die ihm seine Frau im Jahre 83 gebar. Vielleicht festigte die frühe Geburt der Tochter die Ehe des jungen Paares. Caesar hat seine Tochter Julia, sein einziges eheliches Kind, über alles geliebt. Es heißt, Julia habe ihrem Vater ähnlich gesehen, und ihr Leben scheint glaubhaft zu bezeugen, daß sie »die liebenswerten Eigenschaften des Vaters« geerbt hat.

So lebte der siebzehnjährige Caesar im elterlichen Haus in der lebhaften Subura als Ehemann, Vater und erwählter *flamen Dialis.* Nur ist es fraglich, ob er »das friedliche und strenge Leben eines Priesters im Dienste des meist verehrten unter den römischen Göttern« jemals wirklich führte. Wahrscheinlich blieb es bei der Berufung ohne die Inauguration, denn nach zwei späteren Historikern war die Priesterstelle bis zum Jahre 10 v. Chr. vakant. Und Caesar selbst wird kaum bedauert haben, daß er die Anwartschaft zwei Jahre später verlor, allerdings unter Umständen, die Rom erneut mit Gewalt und Terror überzogen, nach dem Einzug Sullas und der Errichtung seiner Dictatur.

# 6 Sullas Rückkehr nach Rom

Im Frühjahr desselben Jahres, in dem Caesars Tochter Julia geboren wurde, machten die Galeeren Sullas mit seinen Legionären im Hafen von Brundisium fest. Rom hatte Sulla geächtet, aber er hatte für das Römische Reich Mithridates besiegt und die östlichen Provinzen zurückgewonnen. Mithridates war glimpflich davongekommen, er selbst konnte unbehelligt nach Pontos zurücksegeln, nachdem er eine Entschädigung von zweitausend Talenten gezahlt und siebzig Schiffe und fünfhundert Bogenschützen übergeben hatte. Fast hätten Sullas Legionäre wegen der milden Behandlung des Mithridates gemeutert. Wohl auch aus Gründen der Beschwichtigung gewährte Sulla seinen Truppen ausschweifende Plünderungen und die üppigsten Winterquartiere, wobei die Wirte zusätzlich jedem Soldaten noch das Vierfache seines regulären Soldes zu zahlen hatten. Außerdem erpreßte er die Provinz Asia um zwanzigtausend Talente neben dem noch fälligen Steuerzehnten der letzten Jahre. Das stieß die Provinz in das wirtschaftliche Elend, während Sulla als reicher Mann nach Italien zurückkehrte, das Muster eines rabiaten Kriegsgewinnlers.

Rom war gewarnt. In der Curie war jenes berüchtigte Schreiben verlesen worden, in dem Sulla seine Rückkehr angekündigt und gedroht hatte, er werde »im Namen des Vaterlandes« das ihm und seinen Freunden Angetane rächen. Was denn sonst hatten die popularen Senatoren und Cinna-Anhänger erwartet? Gegen die in Brundisium gelandeten sullanischen Truppen, vierzigtausend Mann, konnten die amtierenden Consuln mit Hilfe der Italiker ein Hunderttausendmannheer aufbieten. Doch Sullas Legionen waren kampferprobt und auf ihren Feldherrn eingeschworen. Zudem stießen Hilfskontingente zu Sulla, angeführt von Abenteurern, Opportunisten und Männern der Nobilität, die auf die Wiederherstellung der Senatsherrschaft setzten.

Wenn Sulla dennoch erst nach eineinhalb Jahren in Rom einziehen konnte, so lag das vor allem am zähen Widerstand der Italiker. Am Ende aber triumphierten die sullanischen Truppen. Sullas Feldzug ließ zerstörte, ausgeplünderte, menschenleere Städte und Gemeinden zurück. In Capua blieb kein Stein auf dem anderen. Norba brannte nieder, und die Einwohner »starben den Heldentod«. Praeneste hatte die feindlichen römischen Truppen aufgenommen und büßte grausam durch totale Verwüstung und die Ermordung von zwölftausend Einwohnern.

Aber auch in Rom, nachdem der letzte Widerstand an der Porta Collina gebrochen war, ging das Wüten und Morden weiter und übertraf alles unter den Vorgängern Geschehene. Plutarch nennt Sulla »von Natur zornig und rachsüchtig«, doch er »mäßigte seine Wut gelegentlich um seines Vorteils willen«. In Rom, zumindest während der ersten Monate, bestimmte ein »ans Pathologische grenzender Haß«, verbunden mit einem skrupellosen Zynismus, sein Handeln. Als er vor dem Senat seine erste Rede hielt, während gleichzeitig im nahen Circus Flaminius die letzten Widerständler, sechstausend gefangene Krieger, exekutiert wurden, drangen die Schmerzensschreie der Verurteilten bis in die Versammlung und beunruhigten die Senatoren. Sulla gebot, man möge ruhig auf seine Rede achten, draußen würden »auf seinen Befehl einige böse Leute gezüchtigt«.

Der nun mächtigste Mann in Rom »ließ seiner Rachsucht freien Lauf und befahl zahllose Hinrichtungen, die gar keine Grenzen fanden«. Aber selbst jetzt noch beobachten wir den eigentümlichen römischen Zug einer Scheinlegalität. Sulla ließ sich zum Dictator wählen mit der wörtlichen Zufügung: »Zur Aufzeichnung von Gesetzen und zur Ordnung des Staates.« Und »um noch einen Schein der alten Verfassung zu wahren, erlaubte Sulla den Römern, Consuln zu wählen«.

Als der Senat bat, Sulla möge diejenigen nennen, die er zu töten beschlossen habe, um die Nichtbetroffenen »von Furcht und Ungewißheit zu befreien«, erfand Sulla die sogenannten Proscriptionslisten.

Jetzt konnte man den öffentlichen Anschlägen entnehmen, wer zu den Proscribierten und damit zum Freiwild für die Mordgesellen zählte. Das Denunziantentum blühte auf. Wie immer bei derlei Anlässen mischten sich in die politische Abrechnung kriminelle Elemente, Profitgier, persönlicher Ehrgeiz und Haß, fielen politisch harmlose Männer der fadenscheinig legitimierten Willkür zum Opfer. In einem halben Jahr deckten die Proscriptionslisten viertausendsiebenhundert Morde. Am stärksten war der Ritterstand betroffen, einmal, weil die Ritter seit Sulpicius Rufus mit den Popularen verbündet waren, aber auch wegen ihres Reichtums. Hab und Gut der Ermordeten fiel den Sullanern zu Spottpreisen in den Schoß. Sulla ließ die eingezogenen Güter billig versteigern oder »verschenkte sie an schöne Dirnen, an Musikanten und Komödianten und selbst an die nichtswürdigsten Freigelassenen«, wie Plutarch berichtet.

Drei Männer, die später in ihrer Verbindung zu Caesar Bedeutung gewinnen sollten, machten in diesen Tagen zum erstenmal von sich reden: Pompeius, Crassus und Catilina.

Als Sullas Rückkehr bekannt wurde, hatte der dreiundzwanzigjährige Gnaeus Pompeius auf eigene Faust eine Streitmacht aufgestellt und Sulla zugeführt. Pompeius bewirtschaftete die väterlichen Güter in Picenum an der Adriaküste. Er war reich und offenbar organisatorisch höchst begabt, denn er »brachte in kurzer Zeit drei vollzählige Legionen zusammen« samt Ausrüstung. Bereits bei ihrer ersten Zusammenkunft begrüßte Sulla den militärischen Neuling als »Imperator«, eine ungewöhnlich hohe Ehrung, die den jungen Mann auf Anhieb bekannt machte. Er bewährte sich in den Kämpfen gegen die Italiker. Aber er gehörte nicht zu den Hyänen, die in Rom wüteten. Im Auftrag Sullas übernahm er bald das Kommando für die Kämpfe in Sizilien und Africa. Dennoch blieb auch der so ruhmreiche Gnaeus Pompeius Magnus als »aktiver Sullaner« zeitlebens »mit dem Odium der grausamen Behandlung einzelner Gegner belastet«.

Auch Marcus Licinius Crassus, dem wir später im Triumvirat mit Pompeius und Caesar begegnen werden, hatte sich als Truppenführer bewährt. Er entschied zugunsten Sullas den Kampf vor Rom, denn er befehligte den rechten Flügel, der den Sieg an der Porta Collina erkämpfte. Mehr Berühmtheit erlangte Crassus nach dem Sieg als Spekulant und Großverdiener, der sich an den Gütern der Ermordeten und Geächteten maßlos bereicherte. So erwarb er für 2000 Sesterzen den gesamten Besitz des geächteten Sextus Roscius im Wert von sechs Millionen Sesterzen. »Crassus pflegte zu sagen, niemand könne reich genannt werden, der nicht in der Lage sei, aus seinem eigenen Vermögen eine Armee zu unterhalten.« Er hatte gut reden. Allein mit den von Sextus Roscius kassierten sechs Millionen Sesterzen konnte er zwei Legionen aufstellen. Der Jahressold für einen Legionär machte 480 Sesterzen aus.

Als einer der rüdesten Mordschergen Sullas führte sich der spätere Verschwörer Lucius Sergius Catilina in die römische Geschichte ein. »Nichts aber schien abscheulicher als die Taten des L. Catilina«, vermerkt lakonisch Plutarch. Catilina gehörte zu den amoralischen Abenteurern, die mit unverhohlenem Zynismus im Gefolge Sullas ihren Vorteil suchten, freilich immer mit politischer Rückendeckung. Die Ermordung des eigenen Bruders deckte er durch die von ihm nachträglich erwirkte Proscription. Um Sulla zu gefallen, ermordete Catilina einen angesehenen ehemaligen Praetor und trug dessen Kopf durch die Straßen zum Forum, um sich Sulla zu zeigen. Und er besaß noch die Unverfrorenheit, anschließend seine blutigen Hände im Weihwasserbecken des nahe gelegenen Apollotempels zu waschen.

Pompeius, Crassus, Catilina: drei Namen, drei in der Umgebung Sullas typische Verhaltensweisen. Der Mann, der das alles zuließ, förderte, ja selbst rachelüstern, skrupellos, zynisch auf die Spitze trieb, war ein monströses Rätsel. Ich kann nicht glauben, daß Sulla, wie ein neuzeitlicher Historiker bemerkt, »kein Sklave von Gefühlen« gewesen sei. Charakterisieren ihn nicht die Zeitgenossen als »sehr unbeständig und sich selbst ungleich, viel raubend und noch mehr verschenkend, unerwartet Ehrenbezeugungen erweisend und ebenso unerwartet beschimpfend«, so daß man nicht wußte, »ob er von Natur mehr übermütig oder mehr einschmeichelnd gewesen sei«? Munkelte man nicht in Rom, er habe im Mithridatischen Krieg in Athen ein Blutbad veranstaltet, weil ein Athener den Spottvers erfunden hatte: »Sulla sieht der Maulbeere ähnlich, die mit Mehl bestreut ist«? (Ein Hinweis auf sein mit roten Pusteln und Schorf übersätes Gesicht.)

Er war unberechenbar, eine Spielernatur, zu jedem Exzeß fähig, auch in seinem Privatleben, in Zechgelagen, im Umgang mit Komödianten und leichten Mädchen, in seinen Liebschaften. Nur darin zeigte er sich kaltblütig berechnend, daß er, wenigstens in Rom, das Volk weithin verschonte und vor allem jene verfolgte, die seiner absoluten Machtergreifung im Wege standen, die als Cinna-Anhänger Verdächtigten und Denunzierten, vorwiegend Angehörige des Senatsadels und des reichen Ritterstandes.

Und doch heißt es von Sulla, er wäre »die stärkste staatsmännische und organisatorische Potenz [gewesen], welche das republikanische Rom jemals besessen« hätte.

Tatsächlich ordnete der Dictator Sulla das römische Staatsgefüge wie kein Republikaner vor ihm. Er verwirklichte sogar die fortschrittlichen Pläne der Popularen, die er zuvor bekämpft hatte: die Gleichstellung der italischen Neubürger und die Kolonisierung auf italischem Boden durch Landvergabe an 120 000 Veteranen. Natürlich festigte die Landzuweisung das Band zwischen dem Feldherrn und seinen ausgedienten Soldaten. Sulla schuf sich damit eine jederzeit zum Waffendienst aufrufbare Reserve.

Er erweiterte den Senat von dreihundert Mitgliedern auf sechshundert, wobei zu den unteren Rängen auch aristokratische Italiker und die Ritter Zugang erhielten. Die Statthalterschaft in den Provinzen wurde neu geordnet. Demnach konnten Consuln und Praetoren, letztere auf acht erweitert, erst im zweiten Amtsjahr als Proconsuln und Propraetoren die Verwaltung einer Provinz übernehmen. Die Zuweisung der Provinzen, ebenfalls ein popularer Gedanke, hatte vor der Wahl zum Consul oder Praetor zu erfolgen, war also an das Amt, nicht an die Person gebunden.

Entscheidend waren allerdings jene Reformgesetze, die der Dictator zur Sicherung des Senatsregimes erließ. Die Gerichtsbarkeit wurde dem Senat zurückgegeben, und das Volkstribunat, der Unruheherd von ehedem, wurde rigoros beschnitten. Volkstribune konnten nicht mehr eigenständig, sondern nur mit Erlaubnis des Senats Anträge und Gesetze einbringen. Ihr Vetorecht wurde eingeschränkt auf den Schutz einzelner Bürger, verlor damit seine politische Funktion. Um der Karrieresucht vorzubeugen, blieb dem Volkstribun künftig die Kandidatur für weitere Ämter untersagt, »eine ausgesprochen negative Privilegierung«.

In der kurzen Zeit von zwei Jahren hatte der Dictator die Senatsherrschaft restauriert und neu gefestigt. Überraschend für seine Freunde und Feinde legte er Anfang 79 die Dictatur nieder. Er hatte so gut vorgesorgt, daß er sich sicher fühlen konnte, als er mit gewohnter theatralischer Pose vor der Volksversammlung erklärte, er sei nun Privatmann und bereit, Rechenschaft für seine Taten abzulegen. Eine rhetorische Floskel, die Schweigen erntete. Sulla zog sich auf sein Landgut bei Puteoli zurück und starb im folgenden Jahr, sechzigjährig. Seine Grabinschrift verfaßte er eigenhändig. Sie soll inhaltlich gelautet haben, »kein Freund habe ihm so viel Gutes, kein Feind so viel Böses erwiesen, daß er sie nicht in beidem noch übertroffen hätte«.

# 7 Dem Dictator die Stirn bieten

Man muß sich die Ausmaße der sullanischen Machtergreifung und Alleinherrschaft vor Augen halten, um zu ermessen, welcher Situation Caesar gegenüberstand. Was tat er? Wie verhielt sich der Achtzehn-, Neunzehnjährige, der junge Ehemann und Vater? Caesar trug – in den Augen der Sullaner – gleich an zwei schweren Makeln: Er war der Neffe des Marius und der Schwiegersohn des Cinna. Daß Sulla bei seinem rachedurstigen Aufräumen in Rom und »über der blutigen Jagd nach Geächteten« den einzigen julischen Erben übersah, ist erstaunlich. Aber offensichtlich war es nicht nur Glück, was Caesar dem Zugriff des Rächers entzog. Kein Denunziant fand sich, der ihn belastet hätte. Er hatte sich auch nicht an irgendwelchen Kämpfen beteiligt. Mit Sicherheit dürfen wir annehmen, daß er im Hexenkessel Rom zu den Unverdächtigen, Ungefährlichen, ja den – soweit das möglich war – Unpolitischen zählte. Er hatte anderes zu tun, als sich im politischen Geschäft die Finger zu beschmutzen.

Da Sulla sämtliche Verfügungen Cinnas und der popularen Machthaber für nichtig erklärte, verlor Caesar seine Anwartschaft auf das Priesteramt im Tempel des Jupiter. Darüber hinaus scheint dem Dictator der junge Mann eher gleichgültig gewesen zu sein. Sulla forderte lediglich die Scheidung von der Cinna-Tochter Cornelia, sozusagen als Beweis politischer Fügsamkeit. Ähnliche, an andere ergangene Befehle wurden willig befolgt. Wer wagte schon, dem Dictator die Stirn zu bieten? Auch Pompeius verstieß seine Gattin Antistia und heiratete auf Wunsch Sullas dessen Stieftochter Aemilia.

Caesar widerstand dem Befehl, und er muß gewußt haben, was er damit riskierte: die Ächtung durch Sulla – eine tödliche Bedrohung. Zu dieser Zeit war Caesar nicht der Mann, der mit einem solchen Widerstand ein politisches Bekenntnis verband. Viel mehr spricht dafür, daß er aus Liebe zu Cornelia handelte.

Jetzt erst schlug der Dictator zu. Er ließ Caesar ausdrücklich als »zur Gegenpartei gehörig« einstufen. Caesar wurde seines ererbten Vermögens und der Mitgift seiner Frau beraubt. Er wurde geächtet, auf seinen Kopf die übliche Prämie von zwei Talenten (etwa 10 000 Goldmark) gesetzt. »Zu nächtlicher Stunde und in Verkleidung« rettete er sich mit einigen Helfern durch die Flucht in das Sabinergebirge. In den Verstecken und einsamen Gehöften des rauhen, schluchtenreichen Berglandes, das östlich von Rom hinter Tivoli schroff ansteigt, hatten schon andere Geächtete Zuflucht gesucht. Aber auch die Spitzel und Kopfjäger Sullas durchstreiften die abgelegenen Reviere auf der Suche nach Flüchtigen. Caesar irrte umher, wechselte Nacht für Nacht das Quartier, beständig in Angst, von den Häschern aufgegriffen zu werden. Die Strapazen überstiegen seine Kräfte. Ihn überfiel eine heftige Fieberkrankheit, wohl die Malaria. Er mußte schließlich von einem Unterschlupf zum nächsten getragen werden.

Der Geschwächte wurde nun doch von den Kopfjägern entdeckt, und ihr Anführer Cornelius Phagita traf sofort Vorkehrungen, den vornehmen Gefangenen nach Rom zu bringen, um dort das Kopfgeld zu kassieren. Hier zeigt sich zum erstenmal Caesars in solchen Entscheidungsmomenten charakteristisches Verhalten: sein blitzschnelles Reagieren, seine durch Schwierigkeiten und Bedrohung geradezu gesteigerte Aktionskraft, verbunden mit der spontanen Sicherheit seiner Menschenkenntnis. Er zwang dem Mann, der ihn in der Gewalt hatte und den sicherlich auch Haßgefühle gegenüber dem feinen Herrensohn bewegten, seinen Willen auf.

Caesar bot dem Anführer an, er würde von ihm selbst, dem Geächteten, die volle Kopfprämie erhalten. Und wahrscheinlich hielt er dem Cornelius Phagita vor Augen, wie schwierig es sei, einen kranken Gefangenen nach Rom zu schaffen. Die Mühe könne er sich sparen. Phagita ging auf den Handel ein, und Caesar war frei.

Vermutlich hatte der Flüchtling nun vor, sich zur Adriaküste durchzuschlagen, um sich dort einzuschiffen und nach Griechenland oder Asia zu entkommen. Doch auf dem Wege erreichten ihn Nachrichten seiner Verwandten aus Rom, die ihm Hoffnung machten. Er erfuhr, daß seine Mutter Aurelia Fürsprecher gewonnen habe, die den Dictator Sulla drängten, die Ächtung aufzuheben und angesichts der Jugend des Verfolgten Milde walten zu lassen. Es waren nicht wenige, mit Sulla befreundete Männer, die Aurelia zu diesem heiklen Gnadeersuchen aufbieten konnte: ihren Vetter Gaius Aurelius Cotta, der mit Sulla nach Rom zurückgekehrt war, andere Verwandte wie Mamercus Aemilius Lepidus und den *flamen Quirinalis* Sextus, der als Priester auch die Vestalinnen zur Vermittlung gewann, die Priesterinnen der Göttin Vesta, die in ihrem Tempel auf dem Forum das heilige Feuer bewachten.

Bei der Unberechenbarkeit Sullas war die Fürsprache für einen Geächteten ziemlich riskant. Andererseits konnte sich der Dictator einer so massiven Fürsprache kaum entziehen. Er schenkte den Bittstellern lange Zeit kein Gehör, zögerte, gab dann unwirsch nach. Verärgerung spricht aus seinen Worten, als er sagte, »sie sollten nur ihren Willen haben und Caesar behalten, aber auch wissen, daß der, dessen Wohlergehen ihnen so sehr am Herzen liege, einmal den Untergang der Adelspartei, deren Interessen sie mit ihm gemeinsam verteidigt hätten, herbeiführen werde; denn in Caesar stecke mehr als *ein* Marius«.

Diese indirekte Rede Sullas zeichnete Sueton, der Kanzleisekretär des Kaisers Hadrian, zweihundert Jahre nach den Ereignissen auf. Sueton kannte also die Nachgeschichte. Es wäre denkbar, daß er ergänzte, was in Sullas Bemerkung so prophetisch in die Zukunft weist. Wir wissen ja nicht, in welcher Fassung die Zeugen den Ausspruch überlieferten. Doch scheint die Bemerkung, »in Caesar stecke mehr als *ein* Marius«, echt zu sein, denn davon berichtet auch Plutarch, unabhängig von Sueton.

Glaubhafter und interessanter, nämlich den jungen Caesar unmittelbar charakterisierend, ist ein anderer Ausspruch Sullas, den ähnlich lautend drei der antiken Historiker überliefern. Demnach soll Sulla die Bittsteller gewarnt haben: »Hütet euch vor dem schlechtgegürteten Knaben!«

Schlecht gegürtet, lässig gegürtet, mit wallender Toga bekleidet, das galt in Rom als Zeichen von Verweichlichung und Stutzerhaftigkeit. Das hieß doch wohl, dieser junge Mann hielt nicht viel von strengen Kleidersitten und ebensowenig von Vorschriften und Konventionen, die der Lebensnorm eines römischen Aristokraten entsprachen. Er gehörte zu jenen unangepaßten Patriziersöhnen, die inmitten einer politisch explosiven, tödlich gefährlichen Zeit das elegante Leben pflegten. So heißt es denn auch von ihm: »Um sein Aussehen war er allzu besorgt; so ließ er sich nicht nur sorgfältig die Haare schneiden und rasieren, sondern auch am Körper entfernen, was ihm von gewissen Leuten vorgehalten wurde.«

Seine Eitelkeit wurde noch in den letzten Lebensjahren bewitzelt, als er seine spärlich gewordenen Haare vom Scheitel nach vorn bürstete oder gern den Lorbeerkranz aufsetzte, um die kahlen Stellen zu bedecken. Doch der junge Caesar hatte volles schwarzes Haar, glänzend und wohlriechend nach den teuersten Haarölen. Er pflegte sich nach den modischen Regeln der jungen Lebewelt, der römischen *Jeunesse dorée.* Ohnedies war er gut anzusehen, der extravagant gekleidete, schlank gewachsene und mittelgroße junge Mann mit seinem vollen, etwas bleichen Gesicht und den schwarzen, entschlossen blickenden Augen. Mit Sicherheit war er sich seiner Wirkung auf die Frauen Roms bewußt.

Caesars jugendlich-unbekümmerte, zügellose, den großstädtischen Freuden zugeneigte und die politischen Bedrängnisse ignorierende Lebensart faßt der Historiker Mommsen in einem Satz zusammen: »Auch er [Caesar] hatte von dem Becher des Modelebens den Schaum wie die Hefen gekostet, hatte rezitiert und deklamiert, auf dem Faulbett Literatur getrieben und Verse gemacht, Liebeshändel jeder Gattung abgespielt und sich einweihen lassen in alle Rasier-, Frisier- und Manschettenmysterien der damaligen Toilettenweisheit sowie in die noch weit geheimnisvollere Kunst, immer zu borgen und nie zu bezahlen.« In diesem Sinne ist der junge Caesar unpolitisch gewesen, hat den politischen Händeln die kalte Schulter gezeigt. Er hatte wahrhaftig anderes zu tun.

Die Frage, ob Caesar von Jugend an konsequent »nach einem hohen und fernen Ziel« strebte, ob schon seine frühen Aktionen bewußt einem politischen Kalkül folgten, löste bei den Historikern unterschiedliche Meinungen aus. Doch bis zu diesem Zeitpunkt in Caesars Leben decken keinerlei Hinweise die Auffassung, sein »politischer Weg sei bis zur Herrschaft über die Alte Welt ein von Knabenzeit an bewußt verfolgter ohne Unterbrechung oder Wendepunkt gewesen«. Die greifbaren Anzeichen sprechen eher dafür, daß vielmehr »Persönliches«, die Familienbindung, auch ein »sprungweise zupackender Griff nach dem Augenblick« zumindest Caesars frühe Zeit und noch seine nächsten Jahre bestimmten.

Vielleicht lagen die Gründe für das ausschweifende, vergnügungssüchtige Leben des jungen Adeligen in einer jugendlichen Opposition, die sich gegen die korrupten Verhältnisse, gegen die

Machenschaften der Politiker und Regierenden richtete oder die sich diesem Treiben und Getriebenwerden einfach entzog. Er war intelligent, hervorragend gebildet, privilegiert mit allen Vorrechten seines Standes und wie kein anderer seiner gleichaltrigen Zeitgenossen fähig, das politische Spiel der jeweils Herrschenden und den rüden Opportunismus der Mitläufer zu durchschauen.

Aber wie vertrug sich Caesars sprunghafte, modisch ausschweifende, genußsüchtige und in Liebesbeziehungen freizügige Lebensart mit seiner Zuneigung zu Cornelia? Wir wissen doch, daß ihn mit Cornelia eine glückliche Ehe verband, gefestigt durch die Geburt der Tochter. Wäre es anders gewesen, er hätte leicht dem Scheidungsbefehl des Dictators folgen und sich seine Freiheit erhalten können. Niemand hätte ihm deswegen Vorhaltungen gemacht. Er hätte Sulla nicht auf so gefährliche Weise brüskiert und sich selbst die Ächtung und das qualvolle Herumirren im Sabinergebirge erspart.

Kein Biograph entgeht dem Dilemma, im Lebensbild Caesars völlig widersprüchliche Verhaltensweisen und Eigenschaften zusammenbinden zu müssen. Das setzt der erzählenden Vergegenwärtigung Widerstände entgegen, bietet aber auch einen stetig erneuten Anreiz zur Auseinandersetzung. »Caesars Persönlichkeitsbild zeigt nicht nur weit getrennte, sondern geradezu sich wechselseitig ausschließende Aspekte, und dies in jedem seiner vielfältigen Wirkungsbereiche: literarisch ebenso wie militärisch, politisch ebenso wie privat, im familiären, sozialen, religiösen Bereich gleichermaßen, ja sogar in seinem somatischen Befund.«

Ein Caesar-Forscher unserer Zeit stellte einen ganzen Katalog auf Caesar bezogener widersprüchlicher Begriffspaare zusammen und nannte beispielsweise: »Zucht und Unzucht; Askese und Üppigkeit; Härte und Sensibilität; Kraft und Anfälligkeit; Zupacken und Gehenlassen; Raison und Superstition; Frömmigkeit und Zynismus; und bei aller Nüchternheit und scheinbar affektfreien Berechnung immer dieser bezeichnende Zug zum Irrationalen, zum Hasard, zu ›seinem‹ Glück.« Und weiter heißt es: »Es finden sich Ansätze zu allem und zum Gegenteil von allem, die Detailbrocken liegen unvereinbar schon bei Plutarch und mehr noch bei Sueton vor, ein Urteil stimmt immer halb und nie ganz, und es scheint nur möglich, wenn man je von Fall zu Fall die eine oder die andere Hälfte ausklammert oder abblendet.«

Das Widersprüchliche, Antithetische, das später in diesem »fast monströs spannungsreichen Leben« noch schärfer hervortritt, zeigt sich schon während der ersten Lebensphase Caesars als junger Mann. Der freizügig und unbekümmert Lebende bekennt sich unter Sullas Schwert zu seiner Frau, der sorglos dem Lebensgenuß Ergebene besitzt die unerhörte Kühnheit, dem Dictator zu widerstehen, obwohl er weiß, daß er dadurch der Ächtung verfällt. Der verweichlichte, elegante Modenarr nimmt alle Härten einer ungewissen Flucht auf sich (und erkrankt, weil er den Strapazen nicht gewachsen ist). Und selbst in dieser aufs äußerste gespannten Situation, die zahllosen anderen Betroffenen den Tod brachte, verbinden sich zwei Elemente zu seiner Rettung: seine eigene berechnende Nüchternheit, mit der er den Schergen Phagita überredete, ihn gegen Bezahlung freizulassen, und die Beziehungen seiner Familie, denen er ohne sein Dazutun die Fürsprache beim Dictator und das Ende seiner Ächtung verdankte.

## 8 Militärdienst in Asia

Im Elternhaus in der Subura, gepflegt von Cornelia und seiner Mutter, erholte sich Caesar von den Strapazen seiner Flucht. Er muß bald genesen sein, denn noch im Jahr seiner Flucht und Rückkehr meldete sich der Neunzehnjährige zum Militärdienst in der westanatolischen Provinz Asia. Es ist kaum anzunehmen, daß er zu diesem Zeitpunkt nach militärischen Ehren strebte. Wahrscheinlicher ist, daß er dem Dictator mißtraute und die erste Gelegenheit nutzte, Rom und damit die gefährliche Nähe Sullas für längere Zeit zu verlassen. Seine Dienstverpflichtung machte den Ortswechsel nach Asia offiziell. Er brauchte noch nicht einmal den Argwohn Sullas zu befürchten.

Aber es war ein Dienst besonderer Art, und auch hier werden die familiären Beziehungen mitgespielt haben. Jeder römische Feldherr, der zu einem Kommandounternehmen ausgeschickt wurde, konnte einige junge, vornehme, im Kriegsdienst noch unerfahrene Römer zu seinen Begleitern wählen. Ein solcher Begleiter oder *contubernalis,* wörtlich ein »Zeltkamerad«, gehörte nicht zur regulären Kampftruppe, sondern diente vorwiegend der Gesellschaft des Befehlshabers. Aber er sollte auch erste Erfahrungen im Kriegsdienst sammeln und wurde, je nach seiner Befähigung, mit Sonderaufgaben betraut. Caesar gelang es, als *contubernalis* in den Stab des sullanischen Propraetors Marcus Minucius Thermus aufgenommen zu werden, als Senatorensohn im Rang eines Offiziers.

Dem Propraetor war die Statthalterschaft in der Provinz Asia zugefallen. Seine Hauptaufgabe galt der Unterwerfung von Mytilene auf der Insel Lesbos. Als letzter griechischer Staat verweigerte Mytilene seit dem Mithridatischen Krieg und dem Aufstand der Griechen Rom den Gehorsam und verteidigte mit allen Mitteln seine Autonomie. Zudem bedrohte der stark gerüstete Inselstaat vor der anatolischen Küste die römische Provinz und blokkierte die direkte Zufahrt.

Minucius Thermus beschäftigte seine Soldaten zunächst mit Vorbereitungen. Er erwartete die Flotte des Königs Nikomedes IV. von Bithynien, ohne deren Geleitschutz und Blockadehilfe er den Sturm auf Mytilene nicht wagen wollte. Im Mithridatischen Krieg zählte Nikomedes IV. zu den treuesten Verbündeten Roms. Sein Königreich Bithynien lag am Südrand des Schwarzen Meeres, westlich von Pontos, dem Reich des Mithridates. Nikomedes beherrschte die asiatische Bosporusküste und die Südküste des Marmarameeres, so daß er die Schiffahrt zum Schwarzen Meer kontrollierte. Rom brauchte den Verbündeten auf vorgeschobenem Posten zur Sicherung der östlichen Provinzen, und Nikomedes betrieb unter dem Schutz Roms eine halblegale Seeräuberei, indem er von den Schiffen horrende Zölle erpreßte. Er war ein Barbarenkönig, ein Despot wie Mithridates, doch politisch weniger ehrgeizig, dafür habgierig und ausschweifend.

Als Mithridates mit seinen Sturmtruppen Bithynien überrannte, war Nikomedes nach Rom geflohen. Drei Jahre später, im Jahre 84, ermöglichte ihm der Sieg und Friedensschluß Sullas die Rückkehr. Der König hatte sich vertraglich verpflichtet, der römischen Schutzmacht auf Abruf eine kriegsstarke Flotte zuzuführen. Doch jetzt, bei der Belagerung von Mytilene, ließ Nikomedes auf sich warten, vielleicht in der Meinung, die Römer seien stark genug, ohne seine Hilfe den widerspenstigen Inselstaat zu erobern. Vielleicht wollte er auch durch sein Zögern der Waffenhilfe ganz entgehen.

Offenbar gelang es Caesar sehr schnell, das Vertrauen des Minucius Thermus zu gewinnen. Der Propraetor beauftragte ihn, zum bithynischen König zu reisen und für die sofortige Entsendung der Flotte zu sorgen. Nichts beweist deutlicher Caesars seinerzeitiges unmilitärisches Gehabe als sein Aufenthalt am Hof des Nikomedes. Gewiß erfüllte er seinen Auftrag und veranlaßte den Bithynier, seine Kriegsschiffe zur Ausfahrt rüsten zu lassen. Aber nun war es an Caesar, keine Eile zu zeigen und das süße Leben am Hof des Luxuskönigs in vollen Zügen auszukosten.

Durchreisende römische Kaufleute, die zur selben Zeit Gäste des Nikomedes waren, berichteten nach Rom, was sie sahen, und lieferten delikate Zutaten für die römische Gerüchteküche. Demnach soll Caesar bei einem Festmahl »zusammen mit anderen Lustknaben« dem König als Mundschenk gedient haben. Für einen Offizier und Repräsentanten Roms höchst ungehörig. Cicero versicherte später (das konnte nur aus der gleichen Quelle stammen), »daß Caesar von den Gefolgsleuten des Königs in das königliche Schlafgemach geleitet wurde und auf einem goldenen Bett in Purpurkleidern gelegen« habe. Der für pikante Details empfängliche Sueton überlieferte das Gerücht, Caesar »habe sich mit Nikomedes in ungebührliche Beziehungen eingelassen«.

Homoerotische Beziehungen unter jungen Römern waren nicht ungewöhnlich. Die freizügige Lebensart des jungen Caesar läßt das Gerücht nicht ganz unwahrscheinlich klingen. Doch weiß man nicht, was der einzigen Episode solcher Art in Caesars Leben durch Klatschsucht oder üble Nachrede hinzugedichtet wurde. Er selbst hat dieser Nachrede, die seinem Ruf schadete, energisch widersprochen. Er konnte jedoch nicht verhindern, daß sein bithynischer Aufenthalt »Anlaß zu Schmähungen von allen Seiten gab«. Noch später galten die Spottverse des Calvus Licinius, » . . . was nur Bithynien / und Caesars Liebster je besessen hat«, als »allgemein bekannt«.

Im Jahre 46, im Triumphzug zur Feier des gallischen Sieges, werden die Soldaten Caesars das zotige Lied singen: »Caesar unterwarf ganz Gallien, Nikomedes Caesar einst. / Sieh, Triumphzug feiert Caesar, der ganz Gallien unterwarf./Nikomedes triumphiert nicht, der den Caesar unterwarf.« Jedermann in Rom wußte, worauf die Verspottung zielte, obwohl seit der bithynischen Episode vierunddreißig Jahre vergangen waren.

Zu dem Bild, das wir von dem Caesar dieser Lebensphase haben, paßt auf jeden Fall, daß er sich dem Luxus und der Ausschweifung am Hof des Nikomedes ganz hingab. Aber man wird dieser so viel geschmähten Beziehung kaum gerecht ohne eine Ergänzung, die Caesar nicht weniger charakterisiert. Das scheinbar flüchtige Abenteuer nahm er als eine Verpflichtung, die er auf bemerkenswerte Weise einlöste. In einem späteren, vor dem Senat ausgetragenen Verfahren verteidigte Caesar Nysa, die Tochter des Nikomedes, und erntete eine spöttische Bemerkung, als er die Gunsterweise des Königs erwähnte. Noch einmal, nach dem Tod des Nikomedes (74 v. Chr.), vertrat er die Klage der Bithynier in einem Prozeß wegen ungesetzlicher Ausbeutung und Erpressung durch einen Statthalter, einem Repetundenprozeß. Er könne sich dieser Aufgabe nicht entziehen, so erinnerte er ausdrücklich, »wegen meiner Gastfreundschaft mit dem König Nikomedes oder wegen meines nahen Verhältnisses zu diesen hier, deren Sache verhandelt wird«.

Es ist ungewiß, ob Caesar das Hofleben bei Nikomedes ein paar Tage oder Wochen genoß. Allzulange kann er nicht geblieben sein, denn er führte, seiner Mission entsprechend, die bithynische Kriegsflotte durch das Marmarameer und die Dardanellen in die nördliche Ägäis und zum Bestimmungsort vor Mytilene. Wenige Tage nach seiner Rückkehr reiste er wiederum nach Bithynien, »angeblich, um für einen seiner Schutzbefohlenen, einen Freigelassenen, eine Geldschuld einzutreiben«. Die zweite Reise wird nur kurze Zeit beansprucht haben. Auch als *contubernalis* konnte er sich schwerlich längere Zeit aus privaten Gründen dem militärischen Dienst entziehen. Noch im selben Jahr 80 nahm er an der Eroberung Mytilenes teil.

Beim Sturm auf Mytilene überrascht uns der scheinbar verweichlichte Höfling durch eine militärische Bravourtat. Das Umschlagen von einem Extrem ins andere belegt wiederum jene schon genannte Widersprüchlichkeit, die zu den großen Rätseln von Caesars Persönlichkeit gehört.

Caesar wurde für seine Tapferkeit bei der Eroberung von Mytilene mit der Bürgerkrone, der *corona civica*, ausgezeichnet. Es war ein Eichenkranz, den der Geehrte auch später noch bei festlichen Anlässen trug, die zweithöchste Kriegsauszeichnung unter den »Kronen«, mit der auch im zivilen Leben Achtungserweise und vermutlich eine »Bevorzugung in der Ämterlaufbahn« zu erreichen waren. Die Bürgerkrone wurde nur denen verliehen, die im Kampf unter eigener Lebensgefahr einem römischen Soldaten das Leben gerettet hatten.

Da konkrete Angaben über den Einsatz Caesars vor Mytilene fehlen, wurde gelegentlich bezweifelt, ob seine Auszeichnung wirklich durch eine derartige Heldentat verdient war. Wir haben aber keine Anhaltspunkte, die diesen Zweifeln historisches Gewicht geben könnten. Das stärkste Argument dafür, daß es mit der Bürgerkrone seine Richtigkeit hatte, liegt in der Person des Verleihers: Der Befehlshaber Minucius Thermus war ein Sullaner und folglich Caesar nicht vorbehaltlos gewogen.

Nach der Eroberung des Inselstaates scheint Caesar im Stabe des Propraetors mit Verwaltungsaufgaben betraut gewesen zu sein. Zu Nikomedes nach Bithynien reiste er nicht mehr. Offensichtlich war sein Dienst als *contubernalis* nach zwei Jahren beendet. Denn er ging im Jahre 78 nach Kilikien, um an den Kämpfen anderer Art teilzunehmen. Der dortige Proconsul Publius Servilius Isauricus führte einen Krieg gegen die Seeräuber, die das Meer und die Südküste Kleinasiens unsicher machten.

Caesar hatte Rom nicht in der Absicht verlassen, eine militärische Laufbahn zu beginnen, sondern um sich dem unberechenbaren Sulla so fern wie möglich zu halten. Als er nun in Kilikien, nur wenige Tage im Dienst des Proconsuls, die Nachricht vom Tod Sullas empfing, löste er auf der Stelle seine Verpflichtungen und fuhr mit dem nächsten Schiff zurück nach Rom.

# Dritter Teil

# Der Vorsprung des Pompeius

# 9 Pompeius triumphiert

Sulla hatte dem römischen Staatsgefüge eine neue Ordnung gegeben, die die Senatsherrschaft endgültig etablieren sollte. Doch zwei Jahre waren zu kurz, um die neue staatliche Verfassung lebensfähig zu machen. Und Sullas drakonische Gewalt- und Racheakte waren eine kaum zu tilgende Hypothek, die sein Reformwerk schwer belastete. Die meisten seiner popularen Feinde waren zwar umgebracht oder vertrieben, aber unterschwellig rührte sich eine neue Opposition. Sulla hätte, wäre er konsequent gewesen, nicht vorzeitig abdanken dürfen. Aber Inkonsequenz und eine »halb ironische Leichtfertigkeit« auch im politischen Tun schwächten das, was man Sulla an »staatsmännischer Potenz« zuschreiben könnte.

Im Grunde war Sullas Abdankung nach zwei Jahren eine mißlungene Pose, staatspolitisch durchaus leichtfertig, wie die Folgen zeigten. Nur so wird verständlich, daß Caesar in seinen letzten Jahren über Sulla bemerkte, er sei ein »politischer Analphabet« gewesen, »da er die Dictatur niederlegte«. Dieses Urteil aus dem Munde eines entschiedenen Antisullaners ist um so bemerkenswerter, als Caesar die Gewalttaten des Dictators verabscheute und für sich selbst beanspruchte, niemals dem Beispiel Sullas folgen zu wollen, sondern »Leben und Besitz seiner Gegner zu schonen«.

Noch vor der Überführung der Leiche Sullas von Puteoli nach Rom trat die antisullanische Fraktion nachhaltig in Erscheinung. Sie suchte das geplante feierliche Staatsbegräbnis zu verhindern, was jedoch mißlang. Aber die nun rege gewordene Opposition plante weitaus Kühneres, die Annullierung der Verfassung und die Wiederherstellung der vorsullanischen Besitzverhältnisse. Möglicherweise wäre der Staatsstreich gelungen, hätte nicht der unfähige und unbesonnene Marcus Aemilius Lepidus die Oppositionellen angeführt. Er war einer jener kläglichen Figuren, die sich mit dem Wind drehten, zuerst eifriger Optimat, dann wechselnd Marius- und Sulla-Anhänger, in seinem Consulatsjahr 78 wiederum der führende Antisullaner.

Marcus Aemilius Lepidus hatte als Statthalter Sizilien ausgeplündert, als Sullaner aus dem Besitztum der Geächteten ein Vermögen zusammengerafft. Soll man ihn keinen »Schmarotzer« nennen, weil er nach popularem Muster Getreidezuteilungen an die Plebejer wieder einführte und dafür neben den Staatsgeldern auch sein riesiges Vermögen einsetzte? Oder weil er selbst bei der Rückgabe unrechtmäßig enteigneter Güter auch auf seinen von den Geächteten erworbenen Besitz verzichten wollte? Bei den Charaktereigenschaften des Aemilius Lepidus fällt es schwer, an einen Akt redlicher Wiedergutmachung oder an Großzügigkeit ohne Hintergedanken zu glauben.

Nach Sueton war Caesar »in der Hoffnung auf neue Wirren, deren Urheber Marcus Lepidus war, eilends nach Rom zurückgekehrt«. Daraus wäre zu schließen, Caesar habe aktiv am politischen Geschehen und am Sturz der sullanischen Ordnung teilnehmen wollen. Was veranlaßte Sueton zu seiner Behauptung? Caesars Benehmen in Asia und zumal in Bithynien deutete schwerlich auf einen kommenden Politiker. Auch militärisch zeigte er trotz der Bürgerkrone wenig Ehrgeiz. Er errang keine auch nur halbwegs bedeutende Kommandostelle. Vielleicht hätte er in Kilikien eine höhere Position erreicht. Doch er gab auf und fuhr nach Rom.

Der Consul Lepidus suchte Caesar »durch glänzende Angebote zu gewinnen«. Auch hier kein Drängen Caesars in die politische Betätigung oder gar in die Führungskreise. Er gehörte zu den Verfolgten des Sullaregimes, war Patrizier und Senatorensohn, war mit Marius und Cinna eng verwandt. Allein sein Name hätte die Opposition gestärkt. Es war verständlich, daß Lepidus ihn für den Staatsstreich gewinnen wollte. Caesar lehnte ab, sicherlich auch, weil er mit Recht »den Fähigkeiten des Lepidus und der allgemeinen Lage mißtraute«.

Dies ist eine interessante Station im Leben Caesars. Natürlich wäre es unsinnig, dem Einundzwanzigjährigen jegliches politisches Interesse abzusprechen. Aber er zeigt es nicht, er wartet ab und scheint über seine Zukunft bemerkenswert unentschieden zu sein. Vielleicht will er nach seiner fast dreijährigen Abwesenheit erst die Verhältnisse kennenlernen, das öffentliche Leben in Rom beobachten. Er privatisiert, nimmt ausgiebig an Gesellschaften teil. Ansätze zu einer der üblichen Laufbahnen oder Staatsämter scheinen ihn überhaupt nicht zu interessieren. Er bemüht sich auch nicht um seine durch Sullas Herrschaft vereitelte Anwartschaft auf die ehrenvolle Stelle des Jupiterpriesters, obwohl sie noch vakant war. Aber das bestätigt nur, wie wenig er dieses Amt schätzte. Die Übernahme hätte mit einem Schlag sein freies, nach vielen Richtungen hin offenes Privatleben beendet.

Es kann nicht restlos überzeugen, wenn man Caesars politische Inaktivität in diesen Jahren allein auf eine gewisse Besonnenheit zurückführt, auf das Erkennen der Kräfteverhältnisse, der immer noch dominierenden Position der machthabenden Sullaner und der Schwäche der Opposition mit ihrem untauglichen Anführer. Hätte nicht ein politisch denkender Mann die Gunst des geschichtlichen Moments entschlossen ergriffen und das damit verbundene Risiko auf sich genommen? Die Vermutung liegt nahe, daß der Zurückhaltung nicht nur die nüchtern gesehenen Verhältnisse in Rom zugrunde lagen, sondern ebenso Persönliches, die eigene Unentschiedenheit oder Unwilligkeit.

Caesars damalige politische Inaktivität sollte nicht komplizierter gedeutet werden, als sie sich selbst darstellte und zu erkennen gab. Wenig spricht für den Schluß, Caesar habe lediglich taktisch gehandelt, seinem Verhalten habe in Wahrheit ein konsequent verfolgter Plan zum eigenen politischen Aufstieg zugrunde gelegen. Caesar als Zauderer – zumindest für diese Zeit seiner Rückkehr nach Rom scheint diese für unser herkömmliches Caesar-Bild überraschende Deutung angemessen zu sein.

Entschiedenheit, zumindest für die eigene militärisch-politische Karriere, zeigte in diesen Tagen ein anderer: Gnaeus Pompeius. Er war sechs Jahre älter als Caesar, doch sein Vorsprung ging über diese Altersdifferenz weit hinaus. Er war mit unglaublicher Schnelligkeit die Ruhmesleiter emporgestiegen. Von seiner Karriere träumten die jungen Aristokraten Roms. Bereits dem Dreiundzwanzigjährigen hatte Sulla den Titel »Imperator« zugebilligt. Im gleichen Alter hatte Caesar noch nicht einmal die Anfangsstufen der Ämterlaufbahn erreicht.

Pompeius nutzte in brutaler Bedenkenlosigkeit jedes Mittel, das seinem Aufstieg diente. Angeklagt in einem aufsehenerregenden Unterschlagungsprozeß, hatte er seinen Freispruch erreicht, indem er die Tochter des Gerichtsvorsitzenden heiratete. Seine junge Frau Antistia verstieß er »schimpflich und auf mitleidenswürdige Art«, als Sulla dies wünschte, um seine von einem anderen schwangere Stieftochter Aemilia mit Pompeius zu verbinden. Pompeius war kalt, leidenschaftslos, im zivilen Leben förmlich und ungelenk, im Kriegseinsatz wegen seiner Tapferkeit bewundert, ein großer, vom Glück begünstigter Truppenführer. In den chaotischen Wirren nach der Rückkehr Sullas im Jahre 83 erkannte er scharfsinnig, zu wessen Gunst das Pendel ausschlug. Er stellte praktisch über Nacht eine Kampftruppe auf und führte sie dem kommenden Mann, Sulla, zu. Dieser gewagte Einsatz und Sullas Anerkennung begründeten den ersten Ruhm des Pompeius.

Nach dem Sieg schickte Sulla den jungen »Imperator« nach Sizilien und Africa, um den letzten Widerstand zu brechen. Auf Befehl des Dictators erhob ihn der Senat in den Rang eines Propraetors, völlig außerhalb der Ämterlegalität, denn Pompeius hatte sich selbst zum Feldherrn gemacht. Er war ein glänzender Heerführer, und seine Soldaten gaben ihm den ehrenvollen Beinamen *Magnus*, der Große, den er selbstverständlich beibehielt. Nach der Beendigung der Kämpfe ertrotzte er sich den Triumphzug, der nach altem Brauch nur einem Consul oder Praetor zustand. Das geschah gegen den Willen Sullas, dem nichts anderes übrigblieb, »als sich ›der aufgehenden Sonne‹ zu fügen«.

Man verglich den siebenundzwanzigjährigen Pompeius schon mit Alexander dem Großen, der in seinem Alter ein Weltreich regiert hatte. Er fühlte sich geschmeichelt, weil man »gewisse Ähnlichkeiten mit den Bildnissen Alexanders« hervorhob, was aber weit hergeholt war und die Spötter auf den Plan rief. Das Volk liebte den jungen Imperator mit dem anmutig schönen Gesicht und dem »sanft zurückfallenden Haar«. Seine ungewöhnliche Karriere außerhalb jeder üblichen Ämterfolge förderte seine Beliebtheit, die ihn allerdings auch zu unüberlegten Kraftproben verleitete.

Er war es, der nach seinem Triumph dem Marcus Aemilius Lepidus das Consulat für das Jahr 78 verschaffte, wiederum gegen den Willen Sullas. Warum nur? Aus einer Laune? Um seine Beliebtheit beim Volk zu erproben? Pompeius konnte sich als einziger Extravaganzen gegen Sulla leisten; und Sulla nannte die massive Wahlhilfe des Pompeius für den »größten Schurken« Lepidus einen dummen Bubenstreich.

Als aber Lepidus in seinem Consulatsjahr nach dem Tod Sullas den Umsturz probte, wandte sich Pompeius gegen ihn. Wieder setzte er entschlossen und mit beachtlichem politischem Scharfsinn auf die richtige Karte. Als Lepidus ein Heer aufstellte und gegen Rom zog, übernahm Pompeius den Oberbefehl über die römischen Legionen und besiegte den aufrührerischen Consul, den er selbst in den Sattel gehoben hatte. Lepidus floh nach Sardinien und starb bald. Pompeius zog im folgenden Jahr als Heerführer nach Spanien, um auch dort den letzten Widerstand gegen das römische Senatsregime zu brechen. Für diesen Kriegsauftrag verlieh ihm der Senat den Rang eines Proconsuls.

## 10 Caesar als Ankläger

Man kann nur vermuten, was den zweiundzwanzigjährigen Caesar bewegte, als er sah, wie jämmerlich die Antisullaner versagten, wie ihr Zusammenbruch der Blitzkarriere des ehrgeizigen Pompeius Auftrieb gab. Nein, mit diesem Pompeius konnte er sich nicht messen. Neben Pompeius war er ein Spätling, der sich Zeit ließ, ein Zauderer, der sich immer noch nicht entschließen konnte, auf welcher Seite er in das riskante politische Spiel eingreifen sollte.

Vielleicht haderte er mit den Zeitverhältnissen, die ihm keinen günstigen Einstieg in die politische Arena gönnten. Die Götter schenkten ihm nichts, jetzt nicht und später nicht. In den entscheidenden Augenblicken seines Lebens muß er sein Glück, die oft zitierte und oft mißverständlich gedeutete *fortuna Caesaris*, verdienen oder erzwingen, immer. Oder lag in diesen Jahren in Rom seinem Privatissimum, seinem Aufgehen in der Lebewelt und in Liebesabenteuern, eine Trotzreaktion zugrunde? Suchte er einen anderen Weg, um der Öffentlichkeit Roms zu imponieren?

»Seine Tafel, die Gastmahle, die er gab, und überhaupt seine prachtvolle Lebensart verhalfen ihm zu einem immer mehr zunehmenden Ansehen.« Aber auch Neider und Spötter fanden sich. Biedere, aber auch pflichtbewußte Leute nahmen Anstoß an seinem verschwenderischen, freizügigen Lebensstil. Die Gerüchte über seine Episode am Hof des Nikomedes, dem »bithynischen Freudenhaus«, wurden eifrig kolportiert. Ihn kümmerte das wenig. Er war viel mehr einigen angesehenen Frauen der römischen Gesellschaft zugeneigt. Man fragte sich, wie er sein aufwendiges Leben finanziere, denn er konnte nicht aus einem vorhandenen Vermögen schöpfen. Er lebte vom Schuldenmachen, und seine Schuldkonten bei den Geldverleihern wuchsen mit beängstigender Schnelligkeit. Offenbar glaubten die Kreditgeber daran, daß dieser junge Aristokrat eines Tages in der Lage sein würde, das geborgte Geld mit Zins und Zinseszins zurückzuzahlen. Vorläufig wuchs Caesars Bekanntheitsgrad in der Öffentlichkeit lediglich durch seinen provozierenden Lebensstil.

Heute würden wir sagen: Ein Playboy sorgte für Schlagzeilen in der Boulevardpresse. Aber der Vergleich bleibt doch etwas schief, denn zweifellos knüpfte Caesar bei seinen Gastmahlen ein Netz von Beziehungen, das ihm später nützen konnte. Und dann wurde er doch, wenn auch nur indirekt, politisch aktiv: Im Jahr nach seiner Rückkehr trat er überraschend als Ankläger in einem Repetundenprozeß auf. Der Anfänger und unerfahrene Jurist mutete sich damit einiges zu. Seine Anklage galt dem prominenten Sullaner Gnaeus Cornelius Dolabella, dem Consul des Jahres 81. Als Statthalter (80/79) hatte Dolabella Makedonien auf verbrecherische Weise ausgeplündert, weit über das übliche, stillschweigend geduldete Maß hinaus. Er gehörte zu den übelsten Erpressern, die im Namen Roms in die eigene Tasche wirtschafteten. Es ist nicht überliefert, ob die Initiative zu einer Repetunden-, also Rückforderungsklage von den Makedoniern oder von Caesar ausging. Klage erheben konnte nur ein unbescholtener römischer Bürger, indem er dem Geschworenengericht den Anklageentwurf und präzises Beweismaterial vorlegte. Die Zulassung als Kläger hing allein ab von der überzeugenden Beweisführung der Anzeige, die somit zur Anklage wurde.

Einem jungen intelligenten Römer brachte eine solche Anklage erhebliche Vorteile. Er konnte sein rednerisches Talent herausstellen und sich in der Öffentlichkeit einen Namen machen. Um so besser, wenn es darum ging, verbrecherische Übergriffe eines

Amtsträgers zu ahnden. Außerdem fiel dem erfolgreichen Ankläger eine sehr hohe Geldprämie zu, »bei kapitaler Verurteilung sogar ein Bruchteil des beschlagnahmten Vermögens«. Gründe genug, die den jungen Caesar reizen konnten, als Ankläger aufzutreten.

Es kam hinzu, daß ein Repetundenprozeß naturgemäß politisch gewertet wurde. Angeklagt war ja ein Statthalter, einer der höchsten Staatsbeamten, in diesem Fall ein Proconsul, der überdies nicht lange vor dem Prozeß für einige Kriegserfolge in Makedonien einen Triumph gefeiert hatte. Dem so Geehrten, der darüber hinaus ein radikaler Parteigänger Sullas war, machte Caesar den Prozeß. Ein waghalsiges Stück, in dem möglicherweise, raffiniert verpackt, etwas von einem politischen Bekenntnis steckte. Für die politisch denkenden Römer war es kein Zufall, daß Caesar als öffentlicher Ankläger gegen einen Sullaner debütierte.

Der Anfänger aber war gut vorbereitet, trug lückenloses Beweismaterial zusammen, ließ aus Makedonien belastende Unterlagen beschaffen, sammelte Zeugenaussagen, eine harte, langwierige Prozedur. Man muß sich vorstellen, wie mühsam es war, eine solche schwerwiegende Klageerhebung nach geltendem Recht abzusichern. Bei einer Abweisung durch das Gerichtskonsilium drohte dem Kläger ein Verfahren wegen Verleumdung. Ließ das Konsilium nach der Überprüfung des Beweismaterials die Klage zu, so galt schon das als erster Erfolg.

Dolabella schlug mit allen Mitteln zurück. Er warf Caesar seine angeblichen homoerotischen Beziehungen zu Nikomedes vor, schmähte ihn öffentlich als »Nebenbuhlerin der Königin« und »Polster der königlichen Sänfte«.

Schlimmer und für den Ausgang des Prozesses entscheidend war, daß Dolabella zu seiner Verteidigung die damals bekanntesten Anwälte gewann, Quintus Hortensius und Gaius Aurelius Cotta, was natürlich seiner Prominenz und seinen Geldverhältnissen entsprach. Einigermaßen pikant war das Auftreten des Gaius Aurelius Cotta. Er war als Vetter von Caesars Mutter mit seinem Gerichtsgegner verwandt und hatte vier Jahre zuvor zu den Bittstellern für den geächteten Caesar gehört. Diesem hervorragenden Gerichtsredner und noch mehr einer scharfsinnigen, erfahrenen Autorität wie Hortensius entgegenzutreten ehrte einen Anfänger, war jedoch ein fast aussichtsloses Unterfangen.

Caesar unterlag, Dolabella wurde freigesprochen. Caesar kommentierte diesen Ausgang mit den Worten, »die Verteidigungsrede Cottas« habe ihm »die beste aller Strafsachen aus den Händen gewunden«.

Die Niederlage vor Gericht war ein harter Schlag, nicht zuletzt für Caesars finanzielle Hoffnungen. Sein weiteres Verhalten aber charakterisiert ihn als einen Mann, der sich keineswegs durch ein Mißgeschick entmutigen läßt. Im folgenden Jahr, 76, trat er wiederum als Gerichtsredner auf, und erneut erhob er Anklage gegen einen Sullaner.

Einige griechische Städte konnten nachweisen, daß der sullanische Reiterführer Gaius Antonius im mithridatischen Feldzug über das Kriegsrecht hinaus geplündert und »Steuern« erpreßt hatte. Auch in diesem Fall konnte es sich nur um eindeutig schwere Straftaten handeln, andernfalls wäre eine stichhaltige Klageerhebung gar nicht möglich gewesen. Die Griechen beauftragten Caesar mit der Klage, und er wird die erforderliche Beweisführung mit der gleichen Intensität und Sorgfalt wie im Dolabella-Prozeß betrieben haben. Das beweist die Anerkennung der Klage als wohlbegründet durch den zuständigen Praetor Marcus Lucullus. Auch die Verteidiger vermochten nichts gegen Caesars überzeugend vorgebrachte Beschuldigungen auszurichten.

Ohne Zweifel wäre der überführte Gaius Antonius verurteilt worden, hätte ihn nicht ein außergerichtlicher Eingriff gerettet. Er suchte und fand Schutz bei den Volkstribunen, die das Gerichtsverfahren als rechtswidrig aufhoben. Gaius Antonius wurde freigesprochen. Für Caesar war auch dieser Prozeß verloren.

Eine oberflächliche Betrachtung kann die beiden Resultate als nur absolute Niederlagen Caesars werten. Das gleich am Anfang zweimalige Scheitern vor den Augen einer kritischen und argwöhnischen Gesellschaft hätte bei einer weniger starken, weniger zähen Persönlichkeit zur Resignation geführt. Doch eine solche Wertung wäre einseitig, denn sie läßt völlig außer acht, welche Wirkung die Prozesse des scheinbar erfolglosen Debütanten auf die Öffentlichkeit Roms und der Provinzen hatten.

Es bedeutete schon viel, daß der junge Caesar den beiden größten juristischen Koryphäen Roms vor Gericht parieren konnte. Als Anfänger diesen mit allen Raffinessen der Gerichtspraxis vertrauten Rhetoren unterlegen zu sein, war keine Schande. Im zweiten Fall gab nicht das ordentliche Gerichtsverfahren den Ausschlag, sondern der Eingriff der Volkstribunen. Ein für den Ankläger bitteres, aber ihm nicht anzulastendes Resultat.

Wichtiger noch für das Ansehen in der Öffentlichkeit war, daß Caesar für eine eindeutig gute Sache seine Zurückhaltung ablegte. Was er anprangerte, war in beiden Fällen ein rabiater Rechtsbruch, den höchste Amtsträger durch Machtmißbrauch begangen hatten. Bei aller Korruption, bei allen chaotischen Einbrüchen und blutigen Umstürzen festigte sich in der römischen Republik stets wieder erstaunlich schnell ein Bedürfnis nach Rechtssicherheit. Dieses zeitweilig wohl überlagerte, aber nie ganz verschüttete Verlangen nach Legalität begründete die Stärke der Römer, war das Geheimnis ihrer weltintegrierenden Vormacht. Die Provinzen, die verbündeten und unterworfenen Völker erwarteten von Rom Recht, also verbindliche Gesetze, und Gerechtigkeit. Nur solange Rom diese seine ureigene Legitimation wahrte und verteidigte, blieb das komplexe Staatsgefüge lebensfähig.

Caesar hatte mit beiden Anklagen genau dort angesetzt, wo das Rechtsdenken der Römer am empfindlichsten reagierte, im Verhältnis römischer Machtausübung zu Schutzbefohlenen und Abhängigen. Das wog schwer, lenkte die Aufmerksamkeit auf ihn und machte ihm zusätzlich Freunde in den Provinzen, deren Sache er vertrat.

Einen nicht geringen Erfolg errang er als Gerichtsredner. Da es im Grunde um politische Streitfragen ging, begründeten beide Prozesse auf Anhieb Caesars Ruf als einer der besten politischen Redner seiner Zeit. Das bescheinigte ihm nicht nur der nachgeborene Plutarch, sondern auch Cicero, der als Zuhörer im Dolabella-Prozeß Caesars hohe rhetorische Kunst bewunderte. Was diese allgemeine Anerkennung für Caesar bedeutete, mag man daran messen, daß dem großen Redner im zivilen Bereich »der höchste Rang zuerkannt« wurde, zumal in der republikanischen Zeit. Und ebenso gehörte »die publizierte Rede zur angesehensten Form der lateinischen Kunstprosa«.

Ist es nun übertrieben zu sagen, daß die beiden Freisprüche nur oberflächlich Niederlagen des jungen Anklägers waren? Zweifellos wog auf lange Sicht die politische Wirkung von Caesars Engagement schwerer als die kurzfristigen unangenehmen Folgen seines Scheiterns vor Gericht. Die Frage ist: Hat Caesar diese Niederlagen bewußt in Kauf genommen, ist er zu diesem Zeitpunkt bereits der kühle Rechner und langfristige Denker? Eines zumindest spricht für diese Sicht: Beide Prozesse hatten dieselbe Stoßrichtung: gegen die sullanische Partei. Andererseits: Caesar ging keineswegs zielbewußt daran, die Vorteile, die ihm sein Handeln eintrugen, auszunutzen. Es bleibt der Eindruck eines bedenkenlosen, impulsiven jungen Mannes, der das Abenteuer der geduldigen politischen Arbeit vorzog.

## 11 Die Reise nach Rhodos

Eine der farbigsten Schilderungen des Plutarch überliefert eine abenteuerliche Episode aus Caesars Leben. Es ist die bekannte Geschichte von Caesars Fahrt nach Rhodos, während der sein Schiff bei der Insel Pharmakussa vor der kleinasiatischen Küste südlich von Milet von Piraten gekapert wurde.

War Caesar wirklich auf dem Weg nach Rhodos, um sich der Vergeltung seiner Prozeßgegner zu entziehen und um auf der Insel »bei Apollonios Molon, dem damals berühmtesten Lehrer der Beredsamkeit, zu studieren«? So überliefert es Sueton, nicht Plutarch. Dieser Begründung wurde entgegengehalten, der eben als Redner Erfolgreiche habe nicht nötig gehabt, »erneut die Bank einer Rhetorenschule zu drücken«. Auch seine angebliche Flucht vor Dolabella sei nicht glaubhaft. Hingegen deute der Ort der Gefangennahme darauf hin, daß Caesar auf dem Weg nach Bithynien, zum Hof des Nikomedes IV., gewesen sei.

Doch die Gegengründe überzeugen nicht. Die Schiffsreise nach Bithynien würde durch die nördliche Ägäis ins Marmarameer führen und die Inseln südlich von Milet kaum berühren. Um den Landweg über Pergamon zu nehmen, würde es keinem Römer einfallen, als Ausgangsort ausgerechnet das sehr weit südlich, nämlich Rhodos näher liegende Milet zu wählen.

Was den Besuch der Rhetorenschule anbetrifft, so war es durchaus üblich, daß ein Römer in Caesars Alter zum Studium nach Rhodos fuhr. Der als Redner nicht weniger gerühmte Cicero hatte noch achtundzwanzigjährig in der rhodischen Schule studiert. Drei Jahre vor Caesar hörte er den großen Redelehrer Apollonios Molon und Poseidonios, den Erneuerer der Stoa, dessen »Universität« auf Rhodos zum geistigen Zentrum seiner Zeit wurde und Rom, Athen, Alexandria in den Schatten stellte. Für die bildungshungrige römische Elite gehörte es fast zur Pflichtübung, in die Schule der rhodischen Stoiker und Rhetoren zu gehen. Auch Cato, Pompeius, Brutus und Cassius folgten dieser Übung. Was spräche dagegen, daß Caesar mit seinem Studienvorhaben auch die Absicht verband, dem Haß seiner Prozeßgegner auszuweichen? Von einer Flucht wie zur Zeit Sullas konnte jedoch keine Rede sein.

Caesar reiste standesgemäß, begleitet von Dienern, Sklaven und einem Arzt – ein großer Fang für die kilikischen Seeräuber, die vor der kleinasiatischen Küste ihr einträgliches Geschäft betrieben und Lösegeld erpreßten. Übereinstimmend nennen die antiken Historiker eine Lösesumme von fünfzig Talenten (ca. 250 000 Goldmark). Nur nach Plutarch forderten die Piraten zuerst zwanzig Talente, worauf Caesar höhnisch gesagt haben soll, »sie wüßten nicht, wen sie gefangen hätten«, und »freiwillig« auf fünfzig Talente erhöhte. Zur Zahlung verpflichtet waren die Küstenstädte, in deren Bereich ein römisches Schiff gekapert wurde. Ein hartes, aber logisches Gesetz, denn die Seeräuber rekrutierten sich vorwiegend aus den Küstenbewohnern.

Der Gefangene schickte seine Begleiter aus, um die sehr hohe Lösesumme aufzutreiben, während er mit dem befreundeten Arzt und zwei Dienern auf Pharmakussa blieb. War das noch ein Gefangener, der seine Wärter »so verächtlich behandelte, daß er, sooft er sich schlafen legte, ihnen befehlen ließ, still zu sein«? »Achtunddreißig Tage lebte er unter ihnen auf eine Art, daß sie eher seine Leibwache zu sein schienen als er ihr Gefangener, und trieb mit ihnen Scherz und Spiel ohne die geringste Furcht. Er setzte zuweilen Gedichte und Reden auf und las sie ihnen vor. Diejenigen nun, die sie nicht bewunderten, nannte er geradezu Tölpel und Barbaren, drohte ihnen auch oft unter Lachen, daß er sie aufhängen lassen würde.«

Das schreibt Plutarch, während ein anderer Autor, Velleius Paterculus, etwas verhaltener berichtet: Caesar »unterließ es, seine Fußbekleidung oder seinen Gürtel abzulegen, da er vermeiden wollte, durch die geringste Änderung seiner Gewohnheiten den Argwohn der Piraten zu erwecken«.

Nach achtunddreißig Tagen traf das Lösegeld ein. Caesar war frei. Er nutzte die Freiheit, um sofort für eine Strafexpedition zu rüsten. Es war ein für Caesar typisches und nicht ungefährliches Blitzunternehmen, das auch erklären mag, warum er selbst, wenn Plutarch nicht irrte, die Lösesumme hochschraubte. Er rechnete damit, daß er die Piraten bekämpfen und besiegen würde.

Er muß mit unglaublicher Schnelligkeit an Land Mannschaften angeworben haben und mit einer zum Kampf gerüsteten Flotte ausgefahren sein. Der Erfolg hing von der Überrumpelung der Piraten ab. Vor der Insel kam es zu einem kurzen Seegefecht. Einige der Piratenschiffe wurden versenkt, andere fielen mit reicher Beute in die Hände des Überraschungssiegers. Die bei den Seeräubern »gefundenen Reichtümer betrachtete Caesar als rechtmäßige Beute«. Die gefangenen Piraten ließ er nach Pergamon bringen, wo der Statthalter der Provinz Asia residierte. Doch der Proconsul Marcus Iuncus hielt sich in Bithynien auf, beschäftigt mit dem Erbe des verstorbenen Nikomedes IV., der sein Königreich Rom vermacht hatte. Also reiste Caesar nach Bithynien, um die Verurteilung der Seeräuber zu legalisieren.

Vermutlich war Marcus Iuncus mehr an den Schätzen als an einer Verurteilung der Seeräuber interessiert. Jedenfalls fand Caesar bei Marcus Iuncus kein Gehör. Er eilte zurück nach Pergamon und ließ die Seeräuber auf eigene Faust hinrichten, »wie er es ihnen oft, nach ihrer Meinung allerdings im Scherz, vorhergesagt hatte«. Er handelte konsequent und ohne Skrupel. Der kühne Handstreich brachte ihm ein Vermögen ein.

Nicht belegt, aber denkbar wäre, daß Caesar anschließend nochmals nach Bithynien reiste, um dort in einem Gerichtsverfahren bithynische Interessen zu vertreten. Die Vermutung stützt sich auf jenes überlieferte und schon zitierte Redefragment, womit Caesar seine Verpflichtung gegenüber »diesen hier, deren Sache verhandelt wird«, begründet und auch auf den Tod seines Gastgebers Nikomedes Bezug nimmt. Seine Rede wird Caesar vor dem Proconsul Marcus Iuncus gehalten haben, der als Gerichtsherr auch in der neuen Provinz Bithynien amtierte.

Nun erst, nach der ereignisreichen Unterbrechung, konnte Caesar Rhodos besuchen und den gelehrten Apollonios Molon kennenlernen. Einzelheiten über den Aufenthalt und das Studium in der Rhetorenschule sind nicht überliefert. Vielleicht blieb er ein paar Wochen auf der von Gelehrten und Künstlern bevölkerten Roseninsel. Wir wissen nur, daß ihn noch im selben Jahr 74 ein neues Unternehmen auf das kleinasiatische Festland lockte.

Mithridates von Pontos, der über ein Vierteljahrhundert bis zu seinem Tode (63) den Römern die Herrschaft in Kleinasien streitig machte, war erneut in die Provinz Asia eingefallen. Anlaß zu diesem kriegerischen Überfall war die Annektierung des Nachbarreiches Bithynien durch die Römer. Rechtlich war die Besitznahme abgesichert, denn der verstorbene bithynische König hatte sein Reich testamentarisch den Römern vermacht. Für Mithridates aber war die römische Übernahme Bithyniens eine direkte Bedrohung, der er durch einen Krieg zu begegnen suchte.

Noch bevor Rom reguläre Legionen in den nun dritten Mithridatischen Krieg schicken konnte, handelte Caesar. Er setzte von Rhodos zum Festland über, organisierte die örtlichen Milizen und einige Freischärler zu einer Kampftruppe, mit der er »den Statthalter des Königs [Mithridates] aus der Provinz vertrieb«. Bemerkenswert ist die Eigenmächtigkeit dieses verwegenen Unternehmens des Sechsundzwanzigjährigen. Er handelte ohne Amt und ohne Auftrag. Der Erfolg legitimierte sein Handeln über den Kopf des zuständigen Proconsuls hinweg. Aber es blieb bei einem kurzen Kriegseinsatz, und vermutlich wird Caesar seine kleine Kampftruppe dem Kommando der kurz danach eintreffenden römischen Legionen unterstellt haben.

Vielleicht nahm er an den gleichzeitig beginnenden Kämpfen gegen die Seeräuber vor der kleinasiatischen Küste teil. Die Vermutung stützt sich auf eine Inschrift der Hafenstadt Gytheion, wonach »um 73 zwei dort ansässige römische Bürger« neben anderen Unterführern auch dem »Gaius Julius [Caesar] . . . Quartier gewährten«. Demnach gehörte Caesar zu den Unterführern des vom römischen Senat mit der Bekämpfung des Piratenunwesens beauftragten Praetors Marcus Antonius.

Nur kurzfristig war auch dieser Einsatz. Denn Anfang 73 erreichte Caesar die Nachricht, daß er anstelle seines verstorbenen Verwandten Gaius Aurelius Cotta in das Kollegium der Oberpriester gewählt worden war. Ohne Aufschub reiste er nach Rom zurück. Auf einem kleinen Boot, wie es hieß, um den Seeräubern besser zu entgehen, begleitet von zwei Freunden und zehn Sklaven, überquerte er die Adria.

# 12 Erste Ämter

Caesar hatte es eilig, nach Rom zurückzukehren und sein Priesteramt zu übernehmen. In Abwesenheit, offensichtlich ohne sein Dazutun, ohne sein Wissen war er in das Kollegium der Pontifices gewählt worden. Wie ging das zu, und was drängte Caesar in dieses Priesteramt, obwohl er doch einige Jahre zuvor wenig Interesse für das ihm zugesprochene Flaminat gezeigt hatte? Ohne Schwierigkeiten hätte er nach Sullas Tod sein durch den Dictator vorenthaltenes Priesteramt als *flamen Dialis* antreten können. So verständlich damals, vor fünf Jahren, Caesars Zurückhaltung war, so offen liegen nun die Gründe für seine schnelle Einwilligung zutage.

Im Gegensatz zum Flaminat forderte das neue Priesteramt keinen Verzicht auf die weltliche Ämterlaufbahn und keine Einschränkung der persönlichen Freiheiten. Einige der Pontifices, deren Namen im Zusammenhang mit Caesars Zuwahl genannt werden, sind uns in weltlichen Funktionen bereits begegnet. Gaius Aurelius Cotta, ein Neffe der Mutter Caesars, hatte im Dolabella-Prozeß den Angeklagten erfolgreich verteidigt und amtierte im Jahre 75 als Consul. Unter Publius Servilius Vatia (Isauricus), dem Proconsul von Kilikien, hatte Caesar kurze Zeit gedient. Der derzeitige Pontifex Maximus, Quintus Metellus Pius, kämpfte als Proconsul in Spanien neben dem ihm beigesellten Pompeius gegen den widerspenstigen Sertorius.

Als höchste Instanz beaufsichtigte das Kollegium der Pontifices unter der Leitung des Pontifex Maximus die gesamten öffentlichen und privaten Kulte. Dem Pontifex Maximus, sozusagen dem »Haupt der staatlichen Religion«, unterstanden die Flamines wie die Vestalinnen. Die Berufung in das Kollegium der Oberpriester bedeutete eine weit höhere Ehre als die Wahl zum *flamen*, zumal damit auch ein möglicher Aufstieg in das höchste Priesteramt verbunden war. Wenn man noch bedenkt, daß dieses Ehrenamt dem weltlichen Ehrgeiz eines jungen Römers keine Zügel anlegte, so wird Caesars rascher Zugriff mehr als verständlich.

Erstaunlicher ist die Zuwahl eines jungen Mannes, der vorwiegend durch seine gesellschaftlichen Extravaganzen bekannt geworden war, der wohl einige Mutproben aufweisen konnte, aber keine herausragenden öffentlichen Verdienste. Ein Zugewählter gehörte auf Lebenszeit dem Priesterkollegium an. Seit der Sullanischen Gesetzgebung zählte das Kollegium fünfzehn Mitglieder, und die Zuwahl erfolgte wieder in der ursprünglichen Form der Selbstergänzung. Beim Tode eines Mitglieds wählten die Pontifices selbst den Nachfolger. Es waren ehrwürdige und verdienstvolle Herren, die im öffentlichen Leben höchste Ämter bekleideten und ihrer adeligen Herkunft gemäß mehrheitlich zu den Optimaten zählten. Wie kam es, daß die Wahl dieses exklusiven Kreises ausgerechnet auf Caesar fiel?

Es ist denkbar, daß Caesar seine Berufung dem Ansehen und Einfluß der julischen Familie verdankte, konkret den verwandtschaftlichen und freundschaftlichen Beziehungen seiner Mutter Aurelia zu einigen Pontifices. Schon einmal konnte Aurelia die Priester gewinnen – als Fürsprecher bei Sulla für den geächteten Caesar im Jahre 81. Möglicherweise brachte einer der damaligen Fürsprecher, Mamercus Aemilius Lepidus, jetzt den Vorschlag zur Berufung Caesars ein. Und gewiß begünstigte die Zuwahl, daß Caesar anstelle des Neffen seiner Mutter, des Gaius Aurelius Cotta, in den Priesterrat aufgenommen werden sollte. Kein Widerspruch regte sich, Einwände kamen weder von den strengen Optimaten des Kollegiums noch von jenen, die vier Jahre zuvor Caesars Anklägerrolle im Prozeß gegen Dolabella als Affront empfunden hatten.

Was erwartete das Kollegium von dem Siebenundzwanzigjährigen? Vielleicht glaubten die etablierten Optimaten, ihn für ihre Sache gewinnen zu können. Seine Beziehungen zu den Popularen waren bekannt. Doch er hielt sich immer noch in einer eigenartigen Passivität, einem politischen Schwebezustand, der seiner Person etwas Rätselhaftes, Unbestimmtes gab. Welches Ziel strebte Caesar an, politisch, gesellschaftlich? Es mag sein, daß der junge Patrizier gerade in seiner scheinbaren oder tatsächlichen Unentschiedenheit bei den einen oder anderen Erwartungen weckte, die dann allerdings enttäuscht wurden. Er war kein Anpasser, kein Mann, der sich nun im Priesterrat dem Wunschdenken derer, die ihn gewählt hatten, fügte.

In einem jedoch zeigte er eine außerordentliche Beflissenheit, in seinem Bemühen, den Kreis seiner Anhänger zu erweitern und die Gunst der Römer zu gewinnen. Nahezu alle Biographen berichten, wie sehr er die Menschen faszinieren konnte. Er war nicht nur freundlich, zuvorkommend, freigebig im Umgang mit jedermann, sondern verfügte über eine natürliche Anziehungskraft, die ihm Freunde und Sympathisanten aus den verschiedensten Bevölkerungsschichten zuführte. Und – er half seiner genuinen Begabung kräftig nach, ohne über die Wahl seiner Mittel die geringsten Skrupel zu zeigen.

Wie weit Caesar ging, zumal in diesen Jahren, um den Römern zu gefallen, was ihn zu diesem eigentümlichen Verhalten trieb, das charakterisiert der nüchterne griechische Geschichtsschreiber Dio Cassius sehr anschaulich. »Niemand«, so bemerkt er, »gab sich schneller dazu her, den am wenigsten angesehenen Männern den Hof zu machen und zu schmeicheln. Er schreckte vor keiner Rede und keinem Schritt zurück, die ihn dem Ziel seines Ehrgeizes näherbringen konnten. Es störte ihn wenig, sich im Augenblick zu erniedrigen, wenn nur diese Erniedrigung dazu diente, ihn später mächtig zu machen: Er war also bestrebt, sich jene geneigt zu machen, die er in seine Abhängigkeit zu bringen hoffte.«

Dio Cassius schrieb mit dem ganzen Wissen eines zwei Jahrhunderte später Geborenen. Er war angewiesen auf eine Überlieferung, deren unterschiedliche Wertungen Caesars »uns ein richtig proportioniertes Verständnis nicht leicht machen«. Doch bleibt, auch wenn wir eine mögliche negative Beeinflussung unterstellen, eine Caesar kennzeichnende Grundhaltung, die in ähnlicher Weise auch Plutarch bestätigt. Tatsächlich hat sich Caesar »beim Volk beliebt gemacht«. Und Plutarch bemerkt ausdrücklich den Erfolg dieser unermüdlichen Werbung für die eigene Person. »Den ersten Beweis der Liebe des Volks zu ihm erhielt er, als er sich zugleich mit Gaius Popilius um die Stelle eines Kriegstribunen bewarb und eher als dieser dazu ernannt wurde.«

Caesar übernahm sein Kriegs- oder besser Militärtribunat für das Jahr 72. Demnach fand die Wahl gegen Ende seines ersten Pontifikatsjahres statt. Im jährlichen Wechsel wurden vierundzwanzig junge vornehme Römer gewählt und einem Legionsstab oder der militärischen Verwaltung zugewiesen. Es war keine allzu bedeutende Position, aber doch ehrenvoll und begehrt als Vorstufe zur höheren Ämterlaufbahn.

Als das erste durch Volksabstimmung verliehene Amt kommt Caesars Militärtribunat eine gewisse Bedeutung zu. Auskünfte über die inhaltliche Seite seines Dienstes fehlen. Vielleicht diente er in einer der Aushebungsstellen, beschäftigt mit der Erfassung junger Legionäre oder der Aufstellung neuer Truppenverbände. Obwohl zur gleichen Zeit römische Legionen auf italischem Boden gegen die von Spartacus angeführten aufständischen Sklaven kämpften, scheint er Rom nicht verlassen zu haben. Dafür spricht ein glaubhafter Hinweis Suetons, der eine politische Betätigung Caesars in diesem Jahr bezeugt. »Als Militärtribun half er mit allen ihm zu Gebote stehenden Mitteln den Befürwortern einer Verstärkung der tribunizischen Gewalt, die von Sulla eingeschränkt worden war.«

Das allerdings kam einem politischen Bekenntnis gleich. Die Stärkung des Volkstribunats gehörte naturgemäß zum Grundsatzprogramm der Popularen. Seit Sullas Tod waren Bestrebungen im Gange, die so rigoros beschnittenen Rechte und Prärogativen der Volkstribunen zurückzugewinnen. Schon 75, im Consulatsjahr von Gaius Aurelius Cotta, erreichte ein Volkstribun die bis dahin verbotene Zulassung ehemaliger Tribunatsinhaber zu höheren Ämtern. Den massivsten Vorstoß unternahm 73 der Volkstribun Gaius Licinius Macer. Seine programmatische Rede vor der Volksversammlung, in der er mit unerhörter Kühnheit die herrschende Adelsoligarchie anprangerte und die dem Volk zustehenden Rechte einklagte, hat Sallust überliefert. »Alle, die zur Wahrung eurer Rechte gewählt wurden, haben ihren Einfluß und ihre Amtsgewalt gegen euch gewendet . . . In unseren Bürgerkriegen wurde beiderseits der Kampf nur zu eurer Versklavung geführt . . . Auf ihren Waffenruhm gestützt, haben einige Männer sich der öffentlichen Gelder, des Heeres, der Provinzen bemächtigt . . .«

Ein Katalog durchaus gerechtfertigter Beschuldigungen, der mit der Forderung endet, »den Tribut eures Blutes zu verweigern«, sofern die Rechtlosigkeit des Volkes und die nutznießerische Privilegierung der Nobilität unverändert erhalten bliebe. Im Prinzip bestimmte dieser wiederholte Appell das Klima des Jahrhunderts der römischen Revolution. Nur waren die begründeten popularen Forderungen meist nicht weniger korrumpiert und von persönlichen Interessen bestimmt als die Argumente der optimatischen Nobilität.

Ohne Zweifel ist Licinius Macer ein Mann gewesen, den Caesar »mit allen ihm zu Gebote stehenden Mitteln« unterstützte. Sein Militärtribunat und das Auftreten des Volkstribuns fielen in die gleiche Zeit. Schwieriger zu datieren ist eine zweite politische Aktivität Caesars, die jedoch in diesen Zusammenhang gehört. Ein Volkstribun namens Plautius erwirkte über die Volksversammlung ein Gesetz, das den geächteten und geflohenen Antisullanern die freie Rückkehr nach Rom ermöglichte. In öffentlicher Rede setzte sich Caesar für diese Amnestie und besonders für die Rückkehr seines zu Sertorius nach Spanien geflohenen Schwagers Lucius Cinna ein. Sertorius, der als Antisullaner in Spanien eine Art Gegenregierung errichtet hatte, war einer Verschwörung zum Opfer gefallen. Seinen Nachfolger hatte Pompeius besiegt. Als die Amnestie wirksam wurde, wahrscheinlich im Jahre 70, stand Spanien wieder ganz unter der Kontrolle des römischen Senats. Es zeigte sich aber auch, wie weit die von Caesar unterstützte Revidierung sullanischer Verfügungen und Gesetze fortgeschritten war.

Die beiden Aktivitäten des nach Rom Zurückgekehrten bezeugen nun doch eine politische Ausrichtung, wenn auch mehr mithelfend, ohne erkennbares eigenes Drängen in eine politische Verantwortung. Was er tat, bestätigt im Grunde die Tendenz, der seine gescheiterten Prozesse folgten: Seine politische Ausrichtung war, wenn auch verdeckt, antisullanisch, bestimmt von den alten Ansprüchen der Popularen. Dann aber folgte eine rätselhafte dreijährige Unterbrechung seiner Aktivitäten. Offenbar nahm er nicht an den in diese Jahre fallenden Kämpfen gegen Spartacus und seine Sklaven teil. Gab es nichts zu berichten? Sein Militärtribunat hatte er absolviert. Seine Mitgliedschaft im Rat der Oberpriester brachte keine spürbare Belastung, hinderte ihn vor allem nicht, ein aufwendiges privates Leben zu führen. Wahrscheinlich um diese Zeit ließ er am Nemisee eine luxuriöse Villa errichten, dann wieder niederreißen, weil das Bauwerk seinem Geschmack nicht entsprach. Wir wissen, wie leicht es ihm fiel, Freunde, Anhänger und Geldgeber zu gewinnen. Er glänzte in den römischen Gesellschaftskreisen. Aber kaum etwas deutete auf seine künftige Größe.

Was hatte er als Dreißigjähriger erreicht? Sein Talent als Redner und ebenso als junger Offizier, also in den Grunddisziplinen eines adeligen Römers, hatte er bewiesen. Doch der Erfolg blieb in Grenzen, überschritt kaum jenes Pflichtpensum, das einem ehrgeizigen Römer seiner Herkunft zustand. Es gab einiges, das ihn auszeichnete, das seinen mutigen Eigensinn bezeugt: sein Widerstand gegen Sulla, als er die Scheidung von seiner jungen Frau ablehnte, oder seine abenteuerliche Aktion gegen die Seeräuber vor Pharmakussa. Doch fällt auf, wie langsam, wie sehr abhängig von Zufällen eine Entwicklung sich anbahnte, deren Zielpunkt völlig ungewiß war, in den Augen der zeitgenössischen Römer wie vermutlich für Caesar selbst. Zumindest vermag man nicht zu erkennen, ob Caesar bewußt und konsequent ein politisches Ziel ansteuerte, das über den Horizont eines römischen Patriziers hinausging. Ein merkwürdiges, aber kaum widerlegbares Resümee.

Deutlich sichtbar und intensiv wendet sich Caesar bis in diese Jahre seinem privaten Vergnügen und der römischen Lebewelt zu. In einer Zeit, in der Rom von politischen Auseinandersetzungen und durch die Sklavenaufstände erschüttert wurde, in der andere Gleichaltrige, nicht nur Pompeius, im politischen oder militärischen Dienst schon zu Ehren kamen, zog er sich wiederum in eine Welt privaten Lebensgenusses zurück. Nicht seiner eigenen Initiative, sondern der Bemühung seiner Familie verdankte er das Pontifikat, sein einziges offizielles Amt.

Man kommt nicht umhin, das Schwankende, Unentschiedene und Impulsive im Handeln des jungen Caesar zu konstatieren. Jede andere Sicht bezieht unzulässig bereits das Nachher ein, die zukünftige staatspolitische und militärische Leistung Caesars. Vielleicht liegt das Erstaunliche und zugleich Verführerische dieses Lebens, dem mancher Biograph erlegen ist, in seiner nur vom Ende her und rückblickend erfaßbaren inneren Stimmigkeit. Sie allerdings ist nicht auf die frühen Jahre projizierbar, sondern wächst nur aus der komplexen Lebensganzheit. Und sie umschließt das Unberechenbare, das Unentschiedene und Planlose der ersten Lebensjahrzehnte, das den Erwartungen radikal Widersprechende ebenso wie die punktuell aufleuchtende Tatkraft und Fähigkeit zum Engagement.

# 13 Pompeius und Crassus

Eines läßt sich mit Gewißheit sagen, und auch dies bestätigt die genannte innere Stimmigkeit eines Lebens, dessen vielfältige Begabungen und Möglichkeiten die Selbstfindung erschwerten und hinauszögerten: in seiner Grundhaltung war Caesar beständig wie kaum ein anderer seiner Zeitgenossen. Selbst angesehene Männer drehten sich gleich Wetterhähnen mit den wechselnden politischen Winden. Auch in Rom hatten die politischen Anpasser ihre Stunde, die Renegaten und Opportunisten, Mitläufer der Tendenz und der Macht, Karrieresucher und Nutznießer jeder neuen politischen Konstellation. Zu diesen gehörte Caesar entschieden nicht, weder in seiner Jugend noch im Alter. Er beugte sich keinem Diktat, in den Niederungen des Selbstverrats werden wir ihn nicht antreffen. Er folgte immer dem, was er einmal als richtig und notwendig erkannt hatte.

Andersgeartet war das Verhalten jener beiden Männer, die in diesen Jahren 71 und 70 die politische Szene Roms beherrschten: Gnaeus Pompeius Magnus und Marcus Licinius Crassus. Beide standen im Sog eines skrupellosen Zweckdenkens. Beiden hatte die Entschiedenheit für die Karriere und den eigenen Vorteil höchsten Erfolg gebracht, dem einen militärisch-politisch, dem anderen finanziell.

Pompeius und Crassus hatten als Truppenführer mit und für Sulla gekämpft. Sie waren durch Sulla groß geworden, als führende Sullaner mit Ehren und Profiten überhäuft: Crassus im Senat und avanciert zum reichsten Mann Roms; Pompeius, nach seinen Siegen über die Antisullaner in Italien, Sizilien, Africa, zuletzt im spanischen Krieg, als gefeierter Feldherr. »Nach Sullas Tod konnte er sich politisch als dessen Erben betrachten.« Wenn Pompeius ein Ziel angestrebt hat, dann vielleicht dies: »Die Stellung Sullas, den er dauernd als sein Vorbild betrachtete, sollte durch ihn verewigt werden.« Doch jetzt, im Jahre 71, machten Pompeius und Crassus überraschend gemeinsame Sache mit der Gegenpartei und erwiesen sich als die Totengräber der Sullanischen Verfassung.

Unmittelbar zuvor war der große Sklavenaufstand, der Rom seit 73 in Atem hielt, endgültig niedergeschlagen worden. Zunächst hatten die Römer die Tragweite des Aufstandes, der mit der Rebellion der Gladiatorenschule von Capua begann, unterschätzt. Ehe sie zur Besinnung kamen, hatte der kluge Thraker Spartacus Zehntausende mobilisiert, fremdländische Sklaven, die ihre Freiheit und Repatriierung erkämpfen wollten.

Der Zeitpunkt war gut gewählt. Die bewährten römischen Legionen kämpften in Spanien und Kleinasien. Den verbliebenen und neuaufgestellten Kampftruppen bereitete das von Spartacus militärisch souverän geführte Rebellenheer mehrere vernichtende Niederlagen. Über zwei Jahre behauptete sich Spartacus, siegreich in Unteritalien wie im Norden, in der Poebene. Die Römer befürchteten, Spartacus werde auf dem Rückmarsch nach Süden mit seinen 120 000 Kriegern Rom besetzen. Eine furchtbare Drohung, die den Senat veranlaßte, den beiden militärisch untauglichen Consuln des Jahres 72 das Kommando zu entziehen und es Crassus samt proconsularischen Vollmachten zu übertragen.

Man kann sich vorstellen, daß Crassus, der als Praetor des Vorjahres Senatsmitglied war, keine Mittel gescheut hatte, um das Votum der Senatoren zu erlangen. Er zahlte für seinen Ehrgeiz, indem er aus eigenem Vermögen zwölf Legionen ausrüsten ließ. Und er brachte die Wende. Unter seinem Oberbefehl erkämpften die Legionen 71 in offener Feldschlacht in Lukanien den Sieg über Spartacus. Wer von den Rebellen überlebte und in Gefangenschaft geriet, an die sechstausend, wurde längs der Via Appia zwischen Capua und Rom ans Kreuz geschlagen.

Crassus fiel die Ehre des Siegers zu, allerdings mit einer Einbuße, die seinem Ehrgeiz beträchtlich zusetzte. Pompeius, der siegreiche Heimkehrer aus Spanien, stieß mit seinen Legionen auf flüchtende Reste des Sklavenheeres, fünftausend Krieger nach Plutarchs Angabe. »Diese ließ er alle niedermachen und schrieb in aller Eile an den Senat, Crassus habe zwar die Gladiatoren in offener Feldschlacht überwunden, er selbst aber habe den Krieg vollends mit der Wurzel ausgerottet.« Noch ärgerlicher für Crassus war, was Plutarch zusätzlich überliefert. »Die Liebe und Zuneigung der Römer zu ihm [Pompeius] war so groß, daß sie dergleichen gern hörten und nachsagten.«

Pompeius begehrte für seinen Doppelsieg über Sertorius und die Sklaven den Triumph, und er bekräftigte seine Erwartung, indem er drohte, seine Legionen nicht zu entlassen, bis ihm ein angemessener Triumph gewährt worden sei. Er erhielt seinen Triumph, während Crassus mit der bescheideneren Ovation vorliebnehmen mußte. Noch einmal hatte der um seinen vollen Sieg Geprellte das Nachsehen.

Vor diesem von vornherein belastenden Hintergrund kam ein merkwürdiges Bündnis zustande, das folgenschwer auf die politische Entwicklung Roms einwirkte, folgenschwer auch für Caesar. Es war ein Bündnis zwischen ungleichen Männern, gegensätzlichen Charakteren, dauernd von wechselseitigem Mißtrauen überschattet, mehrere Male auseinanderbrechend, dann wieder mühsam aus rein taktischen Erwägungen zusammengeknüpft.

Zunächst beanspruchten Pompeius und Crassus das Consulat für 70. Sie waren die mächtigsten Männer Roms. Aber sie wußten, daß keiner ohne das Einverständnis des anderen die Kandidatur für das Consulatsamt wagen konnte.

Sie waren aufeinander angewiesen, ungleiche Partner auch in ihren Einflußbereichen. Pompeius, der unbesiegte Feldherr, galt als Liebling des Volkes. Doch dem Fünfunddreißigjährigen fehlte das vorgeschriebene Mindestalter für das Consulatsamt. Außerdem verstieß seine Kandidatur, da er nicht Mitglied des Senats war, gegen die Regeln der Ämterfolge. In den praktischen Geschäften des Senats hatte er keine Erfahrung.

Dies und Einfluß im Senat besaß Crassus. Er dirigierte ein persönliches Geldimperium, in dessen Schuld zahlreiche Römer und die vornehmsten Senatoren standen. Wie kein anderer hatte er von den sullanischen Enteignungen profitiert und aus den billig erworbenen Besitztümern der politisch Verfolgten ein Vermögen zusammengerafft. Aus Sullas General war eine Finanzhyäne geworden, der erste Kreditgeber Roms, der an den Wucherzinsen maßlos verdiente. Da Senatoren keine Finanzgeschäfte betreiben durften, ließ er geschickt seine Strohmänner agieren. Er beschäftigte Hunderte von Agenten und eine eigene Feuerwehr, die bei den zahlreichen Bränden in Rom sofort zur Stelle war. Aber gelöscht wurde erst, nachdem der Hausbesitzer sein den Flammen preisgegebenes Haus zu einem Spottpreis an Crassus verkauft hatte.

Wenn man Plutarch glauben darf, so war Crassus zu jener Zeit nicht nur »der reichste«, sondern auch »der beredteste und vornehmste unter allen damaligen Staatsmännern, der selbst den

Pompeius und alle anderen aus Stolz verachtete«. Doch als Staatsmann erschöpfte er sich in »diffuser Betriebsamkeit«. Für die Nachwelt blieb er der Erzkapitalist und Geldgeber, auch in seinem Verhältnis zu Caesar.

Das Bündnis von Pompeius und Crassus war also eine Allianz von Militärmacht und Kapitalmacht, eine höchst wirkungsvolle Koalition. Nicht wenigen Mitgliedern des Senats muß es gegraut haben vor dieser Machtzusammenballung. Nichts war in römischen Augen schlimmer, kein Krieg und keine Rebellion, als die Befürchtung, die konzentrierte Macht könne eine diktatorische Alleinherrschaft herbeiführen und das bestehende System zerstören. Vielleicht suchte der Senat die Kandidaturen zu verhindern. Es gab ja gegenüber Pompeius die genannten formalen Einwände. Sicherlich bestand im Senat ein tief eingewurzeltes Mißtrauen gegenüber der Doppelkandidatur von Pompeius und Crassus für das höchste Staatsamt.

Nur so wäre zu erklären, daß Pompeius und Crassus sich vom optimatischen Senat abwendeten und sich mit der popularen Opposition verbündeten, wider ihre bisher vertretene Überzeugung als Sullaner. Crassus, der es gewohnt war, seinen finanziellen Erwägungen den Vorrang vor seinen politischen Überzeugungen, falls er welche hatte, zu geben, wird die politische Umkehr kaum schwergefallen sein. Aber Pompeius erwies sich als der eigentliche Antreiber. Noch vor der Wahl versprach er in einer vom Volkstribunen Lollius Palicenus einberufenen Volksversammlung, er werde als Consul für die volle Wiederherstellung des Volkstribunats eintreten. Damit gab er das Hauptstück der Sullanischen Verfassung preis, stärkte jedoch ungemein seine Popularität. Nichts konnte ihn beim Volk beliebter machen als das Versprechen, die durch Sulla verfügte Einschränkung der tribunizischen Gewalt wieder aufzuheben.

Angesichts der Koalition von Militär und Kapital mit der volksnahen popularen Opposition war der Senat machtlos. So erreichten, oder richtiger, »erpreßten« Pompeius und Crassus ihre Wahl zu Consuln für 70, während als zusätzliche Drohung vor den Toren Roms ihre Heere lagerten.

In den Reibungen des gemeinsamen Consulats zerbrachen sehr bald die ohnedies empfindlichen persönlichen Beziehungen der beiden sullanischen Waffengefährten. »Bald nach ihrem Amtsantritt gerieten sie in Streit miteinander und waren in allen Dingen uneins.« Nur die Forderungen der Popularen erfüllten sie willig, die Aufhebung wichtiger sullanischer Institutionen. Pompeius selbst brachte das Gesetz ein, das den Volkstribunen ihre althergebrachten Rechte zurückgab, insbesondere das Recht zur gesetzgeberischen Initiative.

Weiterhin wurde die Zusammenarbeit der Geschworenengerichte, durch Sulla nur den Senatoren vorbehalten, neu geregelt. Auch hier war die Volksmeinung billig zu haben. Es war geradezu eine Einladung zu Korruption und Begünstigung, wenn beispielsweise in Repetundenprozessen ausschließlich Senatoren über ihre Standesgenossen zu Gericht saßen. Der Praetor Marcus Aurelius Cotta, ein Neffe von Caesars Mutter wie der verstorbene Pontifex Gaius Cotta, legte das Gesetz vor, wonach der Anteil der Senatoren in den Geschworenenkollegien auf ein Drittel beschränkt wurde und zwei Drittel den Rittern und bestimmten Tribunen überlassen blieben.

Es wäre nun falsch, die neuen Gesetze als Richtweisung auf bürgernahe oder gar demokratische Verhältnisse deuten zu wollen. Überhaupt verwischt der Begriff »demokratisch« die politische Wirklichkeit in diesem Abschnitt römischer Geschichte. Die populare Opposition war keineswegs eine demokratische Partei oder Gruppierung, obwohl manche ihrer Forderungen und eine gewisse, seit den Gracchen nachweisbare Kontinuität zu einer solchen Annahme verführen könnten. »Es gab keine auf Demokratie zielenden Bestrebungen und konnte keine geben.« Die Auseinandersetzungen waren, wie schon dargelegt, im Grunde Richtungs- und Machtkämpfe innerhalb der römischen Nobilität. Es ging um Herrschaft, nicht um eine grundsätzliche Änderung der Gesellschaftsordnung. Die so wohlklingend volksnahen Forderungen der Popularen waren »lediglich ein Triebrad aus der großen Maschinerie, mit welcher alle Widersacher der Optimatenoligarchie unaufhaltsam an deren Sturz arbeiteten«.

So ist es wohl berechtigt, zu fragen, ob nicht gerade Pompeius und Crassus durch die Preisgabe der Sullanischen Gesetze zu Wegbereitern der kommenden »Zeit böser anarchischer Wirren« wurden. Zweifellos bereiteten ihr Renegatentum, ihr blinder Ehrgeiz und ihre Habgier den Boden für den rapiden Verfall der Staatsordnung. Langfristige politische Denker waren sie nicht.

Caesar war noch zu unbedeutend, um an diesem politischen Verwirrspiel teilzuhaben. Seine öffentliche Rede zugunsten der geächteten Antisullaner und ihrer Amnestierung bezeugt allerdings, auf wessen Seite er stand. Interessant ist seine Begründung. Er argumentiert nicht politisch, nicht als Parteigänger der Popularen, sondern betont seine familiäre Pflicht in der Fürsprache für den Schwager Lucius Cinna und folgert: »Ich glaube, entsprechend unserer Verwandtschaft habe ich es nicht an Arbeit, an Mühe, an Eifer fehlen lassen.«

Natürlich war sich Caesar der Wirkung eines solchen Verhaltens aus Familiensinn, Respekt und Tugend, der hochgeschätzten römischen *pietas*, bewußt. Vielleicht veranlaßten ihn taktische Gründe, seine politische Parteinahme in die Pflichttreue gegenüber einem Verwandten zu kleiden. Aber es gab da in Caesars Persönlichkeit noch einen anderen Aspekt, der ihn radikal von Pompeius und Crassus unterschied. Sein Handeln, Denken und Fühlen sind geprägt von einer Identität, die noch über die Jahrhunderte hinweg deutlich zu uns spricht. Menschliche und politische Beweggründe gingen – noch – bruchlos ineinander über. Vielleicht war es diese mit erstaunlicher Unbefangenheit dargestellte persönliche Integrität, die dem jungen Caesar seine Überzeugungskraft und seine Ausstrahlung gab. Die dieser Integrität entspringende Selbstsicherheit könnte man als psychologische Grundlage »seines Glücks« bezeichnen.

# Vierter Teil

# Viele Wege führen zur Macht

# 14 Grabreden

Endlich, im Jahre 69, erklomm Caesar die unterste Stufe der Magistratslaufbahn, des *cursus honorum.* Die Volkscomitien wählten ihn zum Quaestor, genauer zu einem der zwanzig jährlich wechselnden Quaestoren. Nicht bekannt ist, in welcher Weise Caesar selbst zu seiner Wahl beitrug. Wahrscheinlich bedurfte es auch keiner übermäßigen Anstrengungen seiner Helfer und Klienten, die Mehrheit für ihn zu gewinnen. Diese Wahl war für einen einunddreißigjährigen Adeligen von Caesars Herkunft und Bildung gewiß nichts Außergewöhnliches. Das Prinzip der Annuität und die ständig wachsenden Aufgaben in den Provinzen vermehrten den Bedarf an jungen, fähigen Magistratsbeamten aus den Kreisen der Nobilität.

Damit soll die Bedeutung dieses Amtes nicht unterschätzt werden. Die Quaestur sicherte dem Gewählten den regulären Aufstieg in die höheren Staatsämter und die künftige Mitgliedschaft im Senat. Das war Grund genug, auch für Caesar, das Amt anzustreben und die mit ihm verbundenen Mühen auf sich zu nehmen.

Unter den Ämtern, die Rom seinen Adelssöhnen aufbürdete, ehrenamtlich, gehörte die Quaestur sicherlich zu den schwierigsten und anspruchsvollsten. Die Quaestoren, in Rom und in der Mehrzahl in den Provinzen als Gehilfen der Statthalter tätig, verwalteten die Finanzen, das gesamte Rechnungswesen. Sie verantworteten das Eintreiben von Kriegssteuern, Tributen, Strafzahlungen und Gerichtsgebühren, die Einnahmen aus dem Verkauf von Beutegut, aus allen staatlichen Verkäufen oder Verpachtungen. Ebenso überwachten sie die Auszahlung staatlicher Gelder, die Material- und Baukosten, die Bezahlung der Staatsdiener, die Kosten für die Verpflegung und den Sold der Truppe. Gelegentlich fielen den Quaestoren zusätzliche Aufgaben zu, vor allem in den romfernen Provinzen, beispielsweise die Rechtsprechung im Auftrag des Propraetors.

Ich kann mir nicht vorstellen, daß die mühsame administrative Arbeit dem Geschmack Caesars, wie wir ihn bis in diese Jahre kennenlernten, entsprach. Vielleicht hatte er gehofft, eine weniger anstrengende Quaestur in Rom übernehmen und im Zentrum aller politischen Aktivitäten bleiben zu können. Das Los entschied anders. Er wurde als Quaestor Antistius Vetus zugeteilt, dem Propraetor von *Hispania ulterior*, dem jenseitigen Spanien, in dessen Gebiet die alten Städte Gades (Cádiz), Hispalis (Sevilla) und Corduba (Córdoba) lagen.

Kurz nach seiner Wahl fand Caesar Gelegenheit zu zwei öffentlichen Auftritten, und er nutzte sie zu Inszenierungen großen Stils. Fast könnte man denken, er habe sich vor seiner Abreise in die Provinz den Römern noch einmal nachhaltig in Erinnerung bringen wollen. Doch zumindest die Anlässe waren nicht seine Erfindung. Seine Tante Julia, die Witwe des Marius, starb, und er erhielt die Erlaubnis, den üblichen Totenumzug zu veranstalten und eine Gedenkrede zu halten. Ungewöhnlich war das nicht, auch nicht, in Sonderfällen, für eine ehrwürdige Matrone aus hochadeliger Familie. Die Römer liebten solche prunkvollen Leichenzüge im Gedenken an ruhmreiche oder hochgestellte Verstorbene.

Ausrufer hatten das Volk geladen, das mitzog oder die Straßen säumte. Vom Haus der Toten zum Forum bewegte sich der spektakuläre Trauerzug, angeführt von Flöten- und Tubabläsern, von den Klagechören und Fackelträgern. Die Verstorbene lag wie schlafend auf einem Paradebett, das auf einem geschmückten Wagen mitgeführt wurde. Schauspieler verkörperten die berühmten Vorfahren und verstorbenen Verwandten der Toten, trugen deren Wachsmasken, deren festliche Kleider und Insignien, bewegten sich wie die Verstorbenen. Auch das war üblich. Doch Caesar hatte für eine Überraschung gesorgt, die den Trauerzug zum Politikum machte. Bewegung kam auf, »Geschrei gegen Caesar«, dann rasch übertönt von Beifallrufen, vom lauten Händeklatschen der Volksmenge, als man das Bildnis des Marius entdeckte. Unverkennbar, fast leibhaftig war das der vor siebzehn Jahren verstorbene glorreiche Feldherr Marius, bekleidet mit der purpurumsäumten *toga praetexta*, wie er seinen Lictoren mit ihren Rutenbündeln und Beilen folgte und das Volk grüßte.

Galt denn Sullas Ächtung des Marius als »Feind des Vaterlandes«, galt Sullas Verbot, das Bildnis des Marius öffentlich zu zeigen, nicht mehr? Aber Sulla war tot, und kein Einspruch erfolgte, weder von der staatlichen Behörde noch vom Priesterkollegium, das die Bestattungsfeierlichkeiten überwachte (und dem Caesar ja angehörte). Er hätte sich auf die Familienfeier berufen können, doch das erübrigte sich. Zudem weckte dieses erste öffentliche Vorzeigen des Mariusbildes nach Sullas unseliger Dictatur spontan die Sympathie der Römer, und diese Sympathie verband sich mit dem Namen Caesar.

Auf dem Forum, nahe der Curie, dem Versammlungshaus des Senats, hielt der Leichenzug. Die Trauergäste gruppierten sich vor der Rostra, von der herab Caesar seine Gedenkrede hielt. Aus dieser Rede überliefert Sueton wörtlich einige Sätze. Es war üblich, daß solche Reden mitgeschrieben und aufbewahrt wurden. Schon das Bruchstück dokumentiert die ungemeine Wirkkraft des Rhetoren Caesar und nicht weniger ein ungehemmtes, emphatisch betontes Selbstbewußtsein. Ihn selbst, den lebenden Erben, umkränzten seine feierlich gesetzten Wortreihen, auch wenn sie der Schwester seines Vaters galten. »Die Vorfahren meiner Tante Julia sind mütterlicherseits von königlicher, väterlicherseits von göttlicher Herkunft. Denn von Ancus Marcius [dem vierten sagenhaften König Roms] stammen die Marcius Rex ab, welchen Namen ihre Mutter trug, von Venus aber die Julier, welches unser Familienname ist. Es ist also in ihrer Abstammung beides vereint: die Majestät der Könige, die unter den Menschen die größte Macht besitzen, und die Heiligkeit der Götter, denen auch die Könige untertan sind.«

Was bezweckte Caesar mit dieser imposanten Huldigung an seine Familienherkunft, verbunden mit der kühnen Präsentation seines geächteten Onkels Marius? Wir sahen bereits, wie sehr Caesar seiner Familie verbunden war. Trieb ihn auch hier die familiäre Pflichterfüllung zum Handeln, sozusagen unpolitisch? Halbherzig wäre es gewesen, die Verstorbene zu ehren und denjenigen, der ihr am nächsten stand, verschämt zu übergehen. Da seht her, ich bekenne mich zu Marius, dem Mann niederer Herkunft, der durch seine Ehe mit Julia zu uns gehört, zur Familie »königlicher« und »göttlicher« Abstammung.

Oder war Caesars Unternehmen ein Versuch, den ehemaligen

Todfeind Sullas und Anführer der Popularen zu rehabilitieren? Und steckte in diesem Versuch ein öffentliches politisches Bekenntnis, das Heraustreten aus seiner bisherigen Verhaltenheit, von den Popularen und Mariusanhängern lange erwartet? War es ein überaus geschickter Akt der Selbstpropaganda, gezielt auf die Gunst der Volksmehrheit, gerade jetzt, am Beginn seiner Magistratslaufbahn? Marius war ein Mann des Volkes, unvergessen als siegreicher Feldherr und »Retter des Vaterlandes«, trotz Sulla und aller widrigen Umstände. Ich, Caesar, sein Neffe, bringe euch Marius wieder und übernehme sein Erbe, wie ich der Erbe der Julier und der Marcii Reges bin.

Möglich wäre das alles, obwohl derartige Spekulationen leicht in die Irre führen, ohne den Rückhalt in den tatsächlichen Ereignissen, ohne Kenntnis der gesamten Gedenkrede auf die Verstorbene. Näher liegt es, an eine für Caesar typische Verbindung dieser beiden Aspekte zu glauben. Die populare Tendenz der Prozession setzt Caesars wiederholt angedeutete politische Grundhaltung konsequent fort, und die starke Bindung an die Familie weist wiederum auf Caesars einheitliches Denken und Handeln aus tiefen, auch gefühlsmäßigen Überzeugungen heraus. Sicher aber ist nur, daß der einunddreißigjährige Caesar nicht unbedacht handelte und die Auswirkung seiner klug berechneten Veranstaltung ihn zufriedenstellen konnte.

Kurze Zeit nach der Vaterschwester Julia starb Caesars junge Frau Cornelia. Sie zählte noch keine dreißig Jahre. Wieder erlangte Caesar die Erlaubnis zur Totenprozession und Grabrede, was allerdings in diesem Falle gegen den Brauch verstieß. Allgemein war es unzulässig, einer so jung verstorbenen Frau eine öffentliche Laudatio zu widmen. Aber offenbar erwirkte Caesar über seine Kollegen im Priesterrat eine Sondererlaubnis.

Aus seiner Leichenrede auf Cornelia ist kein Wort überliefert, wohl aber die Bemerkung Plutarchs, daß Caesar durch seine »Neuerung« und sein rührendes Gedenken »die Herzen des Volkes gewann«. Plutarch fügt hinzu, das Volk habe Caesar nun »als einen humanen und gefühlvollen Mann desto mehr geliebt«. Auch wenn hier kein politisches Kalkül mitgespielt haben sollte, eher eine menschliche Betroffenheit und vielleicht das unausgesprochene Eingeständnis einer Schuld gegenüber Cornelia – die politische Wirkung war unbestreitbar groß.

Es spricht einiges dafür, daß die frühe eheliche Bindung am Anfang von einer echten beiderseitigen Zuneigung getragen war, die über die familienpolitischen Berechnungen hinausging. Die Geburt der Tochter Julia, die vierzehnjährig den Tod ihrer Mutter erlebte, bestätigte eine sicherlich glückliche Phase der Ehe. Wir sahen, daß Caesar der von Sulla geforderten Scheidung widerstand, daß ihn seine Treue zur Tochter Cinnas zum Geächteten und Todeskandidaten machte. Für den damals Achtzehnjährigen eine tiefe, traumatische Erfahrung, die in seinen wiederholten antisullanischen Auftritten nachwirkte. Auch später trennte sich Caesar nicht von seiner Frau. Doch seine Allüren als Lebemann der römischen *Jeunesse dorée*, seine freizügige Lebensart, seine wechselnden Liebschaften waren, auch wenn man die Eheauffassung der römischen Gesellschaft berücksichtigt, kaum geeignet, dem anfänglichen Glück Dauer zu verleihen.

Cornelia wird ein bescheidenes, zurückgezogenes Leben geführt haben, beschäftigt mit der Erziehung der Tochter und wahrscheinlich betroffen von den Klatschnachrichten, die ins Haus getragen wurden. Die Chronisten nennen noch nicht einmal die Todesursache, nur die Auswirkung von Caesars Gedenkrede. Die Rührung und Anteilnahme in der Öffentlichkeit lassen vermuten, daß er seiner jungen Frau eine späte, von Zuneigung erfüllte Genugtuung schenkte.

Es besteht kein Anlaß, dem Bericht des Plutarch zu mißtrauen, und die sehr eindringliche Formulierung enthält auch nicht die Andeutung einer von Caesar versuchten Ausbeutung im Sinne politischer Propaganda. Dennoch: Die beiden traurigen Anlässe verhalfen ihm zu einem beachtlichen Gunstgewinn, zu einer dramatischen Steigerung seiner Popularität unmittelbar vor seiner Abreise nach Spanien.

Die Amtspflichten als Quaestor im südlichen Spanien scheinen ihn ziemlich beansprucht zu haben, obwohl er in Antistius Vetus einen wohlwollenden Vorgesetzten fand. Seinen Propraetor »verehrte Caesar seit dieser Zeit beständig«. Der Verwaltungsapparat von *Hispania ulterior* war äußerst kompliziert. Es gab Kolonien mit dem römischen Rechtsstatus, eigengesetzliche Munizipien und weiterhin freie, verbündete oder tributpflichtige Städte, unterschieden in ihren Rechten wie in der Bemessung von Steuern und Abgaben. Als Hauptaufgabe verantwortete der Quaestor

Caesar wahrscheinlich den »Einzug der Abgaben von den hundertzwanzig tributpflichtigen Städten«, sicherlich keine einfache Aufgabe, die nicht selten beschwerliche Reisen und persönliche Interventionen des Quaestors erforderte.

Zusätzlich beauftragte ihn der Propraetor, in seinem Namen »an verschiedenen Orten die Gerichtsverhandlungen zu leiten«. Das spricht für Caesars gutes Verhältnis zu Antistius Vetus, bedeutete aber eine weitere Arbeitslast. Es war vorauszusehen, daß die aufwendige, vorwiegend administrative Arbeit einen Mann wie Caesar nicht dauerhaft befriedigen konnte. Er litt unter der Ferne von Rom, dem Zentrum der Macht und dem Schauplatz seiner Ambitionen. Vorzeitig beantragte er noch im Herbst 68 seine Freistellung.

Aber auch im ungeliebten Amt des Quaestors bewährte er sich durch Tüchtigkeit und Organisationstalent, gewann in Spanien Freunde, ja verpflichtete sich nicht wenige Kommunen zum Dank, keine geringe Leistung angesichts seiner heiklen Geschäfte als Tributeintreiber und Rechtsprecher. Er konnte nicht ahnen, daß ihm sein als Quaestor erworbenes Ansehen später bei seiner eigenen Propraetur in *Hispania ulterior* (61) und im Spanischen Krieg gegen die Pompeius-Söhne (46) zugute kommen würde. Caesar selbst bemerkt im *Bellum Hispaniensis*: »Seit Beginn meiner Quaestur habe ich diese Provinz vor allem als mir zugehörig betrachtet und ihr die Wohltaten, die mir damals möglich waren, erwiesen.«

Offenbar suchte Sueton nach einer Begründung von Caesars verfrühtem Abbruch seiner Quaestur, und er fand jene merkwürdige Anekdote, die zumindest als Ausdruck dessen, was Caesar zugemutet wurde, aufschlußreich ist. Sueton berichtet, Caesar sei einmal zu Gerichtsverhandlungen nach Gades (Cádiz) gekommen. »Beim Anblick des Standbildes Alexanders des Großen in der Nähe des Herkulestempels mußte er laut aufseufzen, und wie angewidert über seine eigene Untätigkeit – hatte er doch in einem Alter, in dem Alexander schon die Welt unterworfen hatte, noch nichts Bemerkenswertes geleistet –, forderte er sofort seine Entlassung, um möglichst rasch in Rom Gelegenheit zu größeren Unternehmungen zu erhalten. Er war auch in der vorangegangenen Nacht durch einen Traum beunruhigt worden: ihm hatte nämlich geträumt, er habe seine Mutter vergewaltigt. Die Traumdeuter machten ihm darauf die größten Hoffnungen und behaupteten, das bedeute die Herrschaft über die ganze Welt.«

Kein Caesar-Biograph kann diese oft zitierte Anekdote ignorieren, aber sie ist ebensowenig vorbehaltlos zu übernehmen. Im Gegensatz zu Sueton vermittelt Plutarch die beiden Vorgänge getrennt, schlichter und unausgedeutet, außerdem zeitlich in anderen, viel späteren Zusammenhängen. Bei ihm fällt der Alexander-Vergleich in die Zeit von Caesars Praetur, der Beischlaftraum in die Nacht vor dem Übergang über den Rubikon. Wie die Datierung, so wirft auch die Authentizität berechtigte Zweifel auf. Woher nahm Sueton sein Wissen, sofern es nachprüfbare Daten und Fakten überstieg? Für die in der Kaiserzeit schreibenden Autoren lag die Versuchung nahe, im Falle Caesars jenen Gerüchten zu folgen, die Caesars Leben im nachhinein eine trügerische Einheit und Folgerichtigkeit geben. Dafür war Sueton besonders anfällig.

Unglaubwürdig ist das von Sueton berichtete Gades-Erlebnis vor allem deswegen, weil sich Caesar eindeutig für den legalen Weg, für die Ämterlaufbahn, entschieden hatte. Was Sueton unterstellt, Caesars Ehrgeiz, es dem Alexander gleichzutun, entbehrt gerade zu diesem Zeitpunkt psychologisch jeder Schlüssigkeit. Caesar lebte in einer anderen Welt als Alexander, und seine Wege zur Macht wurden von den Bedingungen des römischen Staates diktiert. Es ist unwahrscheinlich, daß sich Caesar schon jetzt entschloß, diese Bedingungen zu durchbrechen. Wahrscheinlicher ist, daß er mit seiner Rückkehr plante, die »legalen Formen der Machtakkumulation« zu nutzen.

Gewiß ist, daß Caesar Spanien im Jahre 68 vorzeitig verließ und daß er auf der Rückreise in der norditalienischen Provinz Gallia Cisalpina Station machte. Er suchte Verbindung zu den Transpadanern, den Bewohnern dieser Provinz zwischen Po und Alpen, die zu dieser Zeit energisch die römischen Bürgerrechte forderten. Als unzumutbare Zurücksetzung empfanden sie ihre mindere Einstufung nach latinischem Recht, während ihre Nachbarn südlich des Po seit zwanzig Jahren das Vollbürgerrecht genossen. Der harte Kurs der Senatsoligarchie, die Verweigerung einer Ausdehnung der Bürgerrechte, hatte die Situation verschärft.

Sicherlich übertreibt Sueton mit der Behauptung, »Caesar hätte sie [die Transpadaner] zu kühnem Losschlagen verleitet«, wenn nicht die Consuln zwei für Kilikien bestimmte Legionen zum Gegenangriff bereitgestellt hätten. Doch glaubhaft ist Caesars Eintreten für die Bürgerrechte der Transpadaner, eine von jeher von den oppositionellen Popularen vertretene Forderung, die Caesar übernahm und jederzeit beharrlich verfocht. Seine Parteinahme blieb kein leeres Versprechen, er trat auch später für die Forderungen der Transpadaner ein, bis er selbst ihnen im Jahre 49 die Bürgerrechte verleihen konnte.

Hier wie in Spanien gewann Caesar Sympathien und Patronatsbeziehungen, die sich später auszahlen sollten. Nicht seine Macht, aber seine Popularität wuchs ständig.

# 15 Politik und Liebe

Caesars Rückkehr in die politische Arena in Rom war keineswegs aufsehenerregend. Fast unauffällig, ganz im Rahmen des Üblichen, wuchs er in die ihm bestimmte *vita activa* hinein, bald zögernd, bald eine Gelegenheit engagiert wahrnehmend, nicht selten durch äußere (z.B. familiäre) Anstöße motiviert. Mich beschäftigt, wie langsam und anfällig für jede Unterbrechung der Prozeß der Selbstfindung vor sich ging. Alles ist offen, jedenfalls bis in die sechziger Jahre hinein.

Daß wir im allgemeinen ein anderes Bild von Caesar haben, liegt wohl vor allem an den Biographen der Kaiserzeit. Sie unterstellten sozusagen vom Ende her den früheren Handlungen Caesars eine rigorose Zweckbestimmtheit. Sie verquickten Fakten und Gerüchte, setzten nachträglich Erklärungen ein, die in ihr Meinungsbild paßten – guten Glaubens, doch in ihrer psychologisch unbedachten Charakterisierung oft genug irritierend. Das gilt für Sueton (wie das zitierte Gades-Erlebnis zeigte), gilt nicht weniger für Caesars wohlgesinnte Historiographen wie Plutarch oder Dio Cassius.

Ohne Zweifel wollte Caesar vorankommen, suchte er einen Ansatz im politischen Kräftespiel. War er nicht unter seinen Zeitgenossen der Begabteste, schon als junger Mann? Wir müßten lange suchen, um einen Mann zu finden, der ihm an Herkunft und Bildung, an Fähigkeiten ebenbürtig war. Stellte er sich einer Forderung, so blitzte eine geradezu spielerisch gehandhabte Begabung auf: in seinem kühnen Widerstand gegen Sulla, in der rhetorischen Brillanz seiner Gerichts- und Totenreden, in der Überwältigung der Seeräuber und im militärischen Einsatz, selbst in seiner organisatorischen Tätigkeit als Quaestor. Aber die in Bewährungsmomenten aufscheinende Genialität hatte offenbar keinen langen Atem und läßt keineswegs auf eine zielstrebig verfolgte oder gar glanzvolle Karriere schließen.

Was tat der nach Rom zurückgekehrte Caesar? Als verabschiedeter Quaestor nahm er seinen Sitz in den unteren Rängen des Senats ein. Er war klug genug, die römische Machtkonstellation zu durchschauen. Sein geschärfter Sinn für Realpolitik und seine Menschenkenntnis führten ihn zu Pompeius, in dem er den kommenden Mann sah.

Eigentlich hatte Caesar mit dem sechs Jahre älteren Pompeius nichts gemein. Zwei gegensätzlichere Charaktere wären kaum denkbar. Im krassen Gegensatz zu Caesars bisherigem Verhalten stand der politische und militärische Aufstieg des Pompeius, des ehrgeizigen Günstlings Sullas. Aber Pompeius war kein Sullaner mehr, seit seinem Consulat (70) vertrat er die Interessen der Popularen. Er hatte den Volkstribunen ihre alten Rechte zurückgegeben. Nun, im Jahre 67, ging es um einen vom Volkstribunat vorgelegten und von der Senatsnobilität bekämpften Antrag, Pompeius den Oberbefehl in einem Feldzug gegen die Seeräuber zu übertragen. Möglicherweise gaben zwei Gründe den Ausschlag für Caesars aktive Parteinahme: die Stärkung der Popularen, deren Ziele auch er anstrebte, und die Hoffnung, im Schatten des großen Pompeius die eigene politische Karriere am schnellsten voranbringen zu können.

Zunächst trifft der dreiunddreißigjährige Caesar eine auf den ersten Blick rätselhafte private Entscheidung. Er heiratet Pompeia, die Tochter des Quintus Pompeius Rufus und mütterlicherseits die Enkelin Sullas. Als Consul von 88 hatte Pompeius Rufus an der Seite Sullas die Popularen bekämpft. Offenbar störte das den Antisullaner Caesar nicht. Aber was bewegte ihn zu dieser merkwürdigen ehelichen Verbindung? Einige Biographen vermuten einen »rein politischen Handel« im Zusammenhang mit Caesars gleichzeitigem Eintreten für Pompeius. Er sei, so heißt es, durch Pompeia mit dem großen Pompeius »verschwägert« oder »verwandtschaftlich« verbunden worden. Ein Trugschluß. Trotz der Namensgleichheit bestand keine Verwandtschaft zwischen den Familien des Pompeius Rufus und Pompeius Magnus.

Pompeia stammte aus einer reichbegüterten Adelsfamilie. Am ehesten könnte ihre Mitgift Caesar zur Ehe verlockt haben. Er führte sein bekanntes aufwendiges Leben, das er zu keiner Zeit auch nur geringfügig einschränkte, obwohl sein Schuldenberg ständig wuchs. Zumal jetzt, am Anfang der Ämterlaufbahn, hing sein öffentlicher Ruf unabdingbar ab von seiner finanziellen Großzügigkeit, zumindest von seiner Kreditwürdigkeit. Wer als Amtsträger unfähig war, aus eigener Tasche (und sei es mit Hilfe von Krediten) öffentliche Spenden oder bestimmte Veranstaltungen zu finanzieren, büßte ohne Frage alle Wahlchancen ein. So wird verständlich, warum sich der nach Rom Zurückgekehrte ungesäumt mit der vermögenden Patriziertochter Pompeia vermählte.

Die Ehe blieb kinderlos und endete nach fünf Jahren, als ein aufdringlicher Verehrer der Pompeia einen Skandal provozierte und Caesar seiner Frau den Scheidebrief ausstellte. Wie Pompeia zu Caesar stand, was sie überhaupt von der Vermählung mit Caesar erwartet hatte, verschweigen die Chronisten. Nur eines ist ziemlich gesichert: Eine Liebesverbindung war Caesars zweite Ehe nicht.

Zur gleichen Zeit mehrten sich die Gerüchte über Caesars außereheliche Beziehungen zu Frauen der römischen Gesellschaft. Auch wenn Sueton dem überlieferten Klatsch etwas zu bereitwillig glaubte, bleibt doch die Tatsache, daß Caesars Liebesaffären selbst für römische Verhältnisse ungewöhnlich und äußerst pikant waren. Der Liebhaber Caesar lieferte anscheinend unablässig Stoff zu diesem Reizthema, der in den Badehäusern und auf den Märkten eifrig kolportiert wurde.

Stadtbekannt war seine Liaison mit Servilia, der Halbschwester Catos und Mutter des späteren Caesarmörders Brutus. Bis zu Caesars Tod hielt die enge Beziehung unvermindert in beiderseitiger Leidenschaft. Caesar soll ihr während seines ersten Consulats eine Perle im Wert von sechs Millionen Sesterzen gekauft und während des Bürgerkriegs »neben anderen Geschenken riesige Landgüter zu billigstem Preis« vermittelt haben. War Servilia eine schöne Frau? Wenn ihr der begehrte Caesar über alle Wechselfälle hinaus verbunden blieb, müssen ihr zumindest außergewöhnliche Reize zu eigen gewesen sein. Man sagte Servilia nach, sie sei »ehrgeizig«, habe »ein Netz politischer Intrigen« gesponnen. Daß sie mit ihren Mitteln den Geliebten unterstützte, lag nahe. Doch die Dauer des Verhältnisses, einzigartig im Leben Caesars, spricht mehr für eine starke persönliche Bindung als für ein politisches Zweckbündnis.

Andere, flüchtigere Liebschaften führen uns zurück in die Tagespolitik und über die Frauen zu den Männern, die für Caesars politischen Aufstieg mehr und mehr an Bedeutung gewannen. Politik und Liebe, das ist ein schwankender Boden. Wenn es einen Mann gab, der sich darauf mit vollendeter Sicherheit zu bewegen wußte, so hieß dieser: Caesar. Fügen wir gleich hinzu, daß auch wir uns hier in unsicheres Gelände begeben. Es bleibt ein Rest des Fragwürdigen, des unzulänglich Bezeugten. Schwerlich läßt sich im Einzelfall Erfindung und Wirklichkeit auseinanderhalten. Besonders in diesen Bereich spielen Gerüchte hinein, vervielfältigt durch die Faszination dieses Themas, die Lust am Klatsch, aber auch durch das sehr wirksame Kampfmittel der üblen Nachrede.

Da ist Mucia, die zweite Gattin des Pompeius. Ihr »sehr ausschweifendes Leben« in diesen Jahren, während Pompeius in Kleinasien kämpfte, war Stadtgespräch. Der junge Dichter Catull widmete ihr einen bissigen Spottvers. Caesar soll sie »verführt« haben, einer von zahlreichen Liebhabern, und der zurückgekehrte Pompeius gab seiner Mucia unverzüglich den Scheidebrief.

Zu Crassus, dem Finanzgewaltigen und Kreditgeber in den kommenden Jahren, soll Caesar durch dessen Gattin Tertulla gelangt sein. Auch diese etwas ältere Dame pflegte ihre Liebesverhältnisse nach Tag und Stunde zu wechseln. Ob Caesar wirklich ihr Liebhaber war? Wer will das (außer Sueton) so genau wissen? Von einer dritten angeblichen Geliebten Caesars am Anfang seiner Senatslaufbahn kennen wir nur den Namen Lollia und den ihres Mannes Aulus Gabinius. Aber diese Beziehung führt nun unmittelbar in das politische Tagesgeschäft.

Aulus Gabinius war jener Volkstribun des Jahres 67, der den Antrag einbrachte, Pompeius das Seekriegskommando zu übertragen. Niemand in Rom zweifelte an der Notwendigkeit einer großangelegten Expedition gegen die Seeräuber. Sie beherrschten vor allem das östliche Mittelmeer, überfielen Inseln, Küstenstädte, drangen landeinwärts, plünderten und brandschatzten.

Aber auch Roms Wirtschaft, abhängig von Lieferungen aus den östlichen und südlichen Provinzen, abhängig von einer unbehinderten Schiffahrt, erlitt unersetzlichen Schaden.

Nun sah die Gesetzesvorlage des Gabinius nicht nur das Kommando über zweihundert Schiffe vor, sondern die Übertragung einer außerordentlichen militärischen Befehlsgewalt auf Pompeius. Der Senat widersetzte sich dem Antrag aus begreiflicher Furcht vor der Machtzusammenballung in der Hand eines einzigen Mannes. Es blieb den Senatoren schließlich nichts übrig, als sich dem Votum der begeistert zustimmenden Volkscomitien zu beugen. Am Ende überließ man Pompeius sogar eine gegenüber den ursprünglichen Plänen nahezu verdoppelte Einsatzstärke.

Mit den Comitien und gegen seine Senatskollegen stimmte Caesar für die Lex Gabinia, allerdings, wie Plutarch bemerkt, »am wenigsten aus Rücksicht auf Pompeius, sondern weil er sich gleich von Anfang beim Volk einzuschmeicheln und beliebt zu machen suchte«. Kurz danach errang er dann auch einen Erfolg in eigener Sache. Die Comitien wählten ihn zum Curator für die Via Appia, ein begehrtes Amt, obwohl der Curator die fälligen Ausbesserungsarbeiten aus eigenem Vermögen zu finanzieren hatte und Caesar dafür sein ohnedies enormes Schuldenkonto beträchtlich vergrößerte. Vielleicht unterstützte ihn schon hier der reiche Crassus, der nun seinerseits, nach seinem glücklosen Consulat (70), neue politische Freunde zu gewinnen suchte. Aber die Curatie für die wichtigste Straße Roms, das lag auf der Hand, trug einem jungen Senator den Dank der Römer ein und vermehrte sein Ansehen.

Unterdessen verlief das Unternehmen des Pompeius erfolgreich. Eine glänzende Erfolgsmeldung nach der anderen lief in Rom ein. Er muß mit seinen Kampfschiffen äußerst wendig und planvoll operiert haben. Denn bis zum Jahresende 67 waren die Seeräuber im Tyrrhenischen und afrikanischen Meer, in der inselreichen Ägäis bis hinauf ins Schwarze Meer besiegt, waren ihre Stützpunkte in den Felsbuchten der kleinasiatischen Küste vernichtet. Um die Befriedung dauerhaft zu machen, gab Pompeius den Besiegten die Möglichkeit zur Ansiedlung im Küstengebiet.

Gegen Ende der Expedition bewegten Pompeius längst weiterreichende Pläne, die auf das Mandat zum Kampf gegen Mithridates zielten und damit auf den Oberbefehl in jenen östlichen Provinzen, deren Küsten er gesichert hatte. Seit sieben Jahren zog sich der Dritte Mithridatische Krieg hin, vom römischen Feldherrn Lucullus mit achtbaren, aber nicht durchschlagenden Erfolgen geführt. Nach einer wiederum vom Volkstribun Aulus Gabinius entfachten Agitation wurde Lucullus abberufen, und sein Nachfolger erwies sich als Versager. War das ein abgekartetes Spiel? Gabinius stand dem Pompeius nahe. Vermutlich sollte die Ablösung des optimatischen Lucullus der Berufung des Pompeius den Weg ebnen. Was lag näher, als dem siegreichen Rückkehrer Pompeius das Kommando zu übertragen?

Am Jahresanfang 66 legte der Volkstribun Gaius Manilius das entsprechende Gesetz vor. Manilius war eine käufliche und blasse Kreatur. Doch hinter ihm standen die Volkscomitien, die allein ihrem Helden Pompeius die Unterwerfung des Königs von Pontos zutrauten. Diesmal ging es zugleich um das Kriegskommando gegen Mithridates und den militärischen wie politischen Oberbefehl über die östlichen Provinzen, eine ungeheure Machtfülle. Vergeblich widersetzten sich angesehene Optimaten unter der Führung des geachteten Lutatius Catulus. Aber sie brachten nicht genug Senatoren hinter sich, zu stark war der Druck der Volkscomitien.

Wiederum gehörte Caesar zu den eifrigsten Befürwortern der Gesetzesvorlage. Er befand sich in bester Gesellschaft. Marcus Tullius Cicero hielt als Praetor für dieses Jahr seine erste, politisch gewichtige Rede zugunsten der Lex Manilia, zugunsten des Pompeius. Cicero sagte zwar in seiner Rede *pro lege Manilia*, ihm gehe es um die Sache des ganzen römischen Volkes. Aber der »Neuling« aus dem Ritterstand hätte ohne kluge Absicherung schwerlich auf eine hochgezielte Karriere hoffen können. So ist der Verdacht, daß der eigentlich optimatische Cicero mit seinem Votum die Gewogenheit der Popularen und des Pompeius suchte, nicht ganz von der Hand zu weisen.

Caesar hatte zum zweitenmal für Pompeius gestimmt und sich dadurch den Volkscomitien bestens empfohlen. Aber das Eintreten für populare Bestrebungen lag, wie wir gesehen haben, auf seiner Linie. Weniger glaubhaft scheint die Behauptung des Historikers Dio Cassius zu sein, Caesar habe gehofft, daß die zu erwartenden »Ehrungen die Neid- und Haßgefühle gegen Pompeius steigern würden und das Volk seiner um so rascher überdrüssig würde«. Ein solcher Stimmungsumschlag war auf absehbare Zeit völlig undenkbar. Eine der politischen Situation so unangemessene Spekulation widerspricht dem nüchternen Verstand eines Mannes wie Caesar. Doch vielleicht hoffte er, die jahrelange Abwesenheit des Pompeius, die mit dem Feldzug gegen Mithridates verbunden war, könne seiner eigenen Karriere nur förderlich sein. Bleiben wir bei den Fakten, so begründet das Votum Caesars für Pompeius eine politische Allianz, die sich später, nach der Rückkehr des Pompeius, fortsetzt und eine für beide folgenschwere Entwicklung nehmen wird.

In den folgenden Jahren verhalf das Kriegskommando gegen Mithridates dem Imperator Pompeius zu höchstem Ruhm. Sein Kriegsglück und seine organisatorische Kraft übertrafen die in ihn gesetzten Erwartungen. Er führte die römischen Legionen siegreich durch Kleinasien, unterwarf Pontos und das weit östlich gelegene Armenien, das Tigranes, der »König der Könige«, beherrschte. Der Tod des Mithridates (63) begünstigte den endgültigen Sieg.

In den eroberten Gebieten schuf Pompeius feste und klar abgegrenzte Staatsverhältnisse, ordnete er die staatlichen Besitzstände. Er festigte die römischen Provinzen Bithynien und Kilikien, machte Syrien zur römischen Provinz und die Staaten des Ostens bis zum Schwarzen Meer zu römischen Klientelen. Die Verdienste des Pompeius waren also keineswegs dazu angetan, daß die Römer seiner »überdrüssig« geworden wären. »Nach allen diesen Tagen schmeichelte er sich, Italien mit weit größerem Glanze als irgendein anderer vor ihm betreten zu können.«

## 16 Ein ehrgeiziger Aedil

Es ist auffallend, wie oft Plutarch und Sueton hervorheben, Caesar habe die Gunst des Volkes gesucht und habe sich bei der *plebs urbana* beliebt gemacht. Eine Charakterisierung, die sie in keinem anderen ihrer römischen Lebensbilder so beflissen und geradezu formelhaft wiederholen. Was steckte dahinter? Eine tendenziöse Absicht, eine allgemein verbreitete Meinung oder verläßliche Kenntnis? Entsprach die ja später aufgeschriebene Behauptung den wirklichen Vorgängen? Gibt es primäre Zeugnisse, denen wir eine unmittelbare Resonanz auf Caesars Unternehmungen bis in die Mitte der sechziger Jahre entnehmen können? Man sollte doch erwarten, daß ein Mann, dessen Beliebtheitsgrad die beiden Biographen so ausdrücklich herausstellen, seinen Zeitgenossen, vielleicht Cicero, nennenswert erscheint.

Der sechs Jahre ältere Cicero, der in seinen damaligen Reden und Briefen zahlreiche Politiker würdigt, erwähnt Caesar noch nicht einmal in seiner Rede *pro lege Manilia* (66). Erst drei Jahre später, in der vierten Catilinarischen Rede, spricht Cicero zum erstenmal von Caesars popularer Ausrichtung, von seiner »volksfreundlichen« und »guten Gesinnung gegenüber dem Gemeinwesen«. Und noch im Juni 60 nennt Cicero den inzwischen vierzigjährigen Caesar »einen jungen Mann von guten Chancen, aber zweifelhafter politischer Moral, den er, Cicero, durch seinen freundschaftlichen Einfluß bessern wolle«.

Halten wir uns an unmittelbare Zeugnisse, so scheint Caesar seit seinem fünfunddreißigsten Lebensjahr »wachsend von gleichzeitigen Politikern beachtet worden zu sein«. »Mit Sicherheit« läßt sich »ermitteln, daß er in der primären, vom Herrscherkult noch unverfälschten Geschichtsdarstellung für das Jahr 65 erstmalig erwähnt wurde«.

Es war das Jahr seines Aedilats, in dem er durch den Prachtaufwand bei Spielen und festlichen Aufzügen »seine Vorgänger ganz in den Schatten stellte« und wiederum die Gunst des Volkes gewann. Die Aedilen, zwei curulische, der Nobilität angehörende, und zwei vom Volk gewählte plebejische, sorgten in Rom für die öffentliche Ordnung. Sie überwachten die Märkte einschließlich der Kornzufuhr und die Versammlungen der Bürger, die Instandhaltung der Straßen und Wasserleitungen, der öffentlichen Gebäude und Tempel. Bei Verstößen gegen die Marktordnung oder im Falle gesetzwidriger Preistreiberei verhängten sie empfindliche Geldstrafen. Der Erlös kam der Öffentlichkeit zugute. So wird berichtet, der Aedil Caesar habe das Forum, das Comitium und die Basiliken »geschmückt«. Auf dem Capitol habe er Säulengänge errichten lassen, um dort »einen Teil seiner Kunstsammlungen« auszustellen.

Als curulischer Aedil arrangierte Caesar mit seinem Kollegen Marcus Calpurnius Bibulus jene beliebten Festspiele, die im

April zu Ehren der Göttermutter Cybele und im September zu Ehren des Jupiter Capitolinus stattfanden. Besonders die letzteren, die *ludi Romani* mit ihrer Mischung aus Kulthandlungen und Gladiatorenkämpfen, mit Tierhetzen und Wagenrennen, Schauspielen und Tänzen, ließen für fünfzehn Tage und Nächte die allgemeine Misere vergessen. Solche attraktiven Veranstaltungen waren nach Caesars Geschmack. Er glänzte durch Einfallsreichtum und Freigebigkeit.

Die Staatskasse deckte nur einen Teil der Kosten und keineswegs den ungeheuren Aufwand, den die Aedilen zu ihrem persönlichen Ruhm trieben. Aber Caesar verstand es, seinen vermögenden Kollegen Bibulus zur Mitfinanzierung anzuhalten, hingegen die Ehre des Veranstalters allein zu genießen. Der Optimat Bibulus blieb nahezu unbeachtet. Seine Unterlegenheit, die er später, als Mitconsul Caesars, nochmals peinlich zu spüren bekam, bekannte Bibulus nicht ohne Selbstironie. »Er teile«, so überliefert Sueton, »das Schicksal des Pollux; wie man den Dioskurentempel auf dem Forum nur als Castortempel bezeichne, so schreibe man seine und Caesars Freigebigkeit Caesar allein zu.«

Noch einmal stürzte sich Caesar, um dem Volk zu gefallen, in ungeheure Unkosten, diesmal ganz in eigener Sache: Seinem vor zwanzig Jahren verstorbenen Vater zu Ehren veranstaltete er Gladiatorenspiele. Eine solche Ehrung war seit ältesten Zeiten Brauch, allerdings in Maßen. Caesar nutzte seine organisatorischen Möglichkeiten als Aedil und bot den Römern eine Sensation, die alle bisherigen Gedenkspiele verblassen ließ. Als er Hunderte von Fechtsklaven ankaufte, versetzte das »seine Feinde in Schrecken«, und der Senat verfügte sogleich eine allgemeine Begrenzung der Gladiatorenzahl für einen solchen privaten Anlaß. Trotz der Einschränkung brachte Caesar nicht weniger als dreihundertzwanzig Gladiatorenpaare in die Arena. Sie kämpften in silbernen Rüstungen, auch dies ein unerhörter und kostspieliger Aufwand.

Natürlich war diese Veranstaltung mehr als ein familiäres Totengedenken, mehr als ein bloßes Schauspiel, den nach derlei Kampfspielen begierigen Römern zu gefallen. Der gewaltige Aufwand, dessen Finanzierung wiederum zu hohen Kreditaufnahmen nötigte, deutet auf politische Absichten. Vielleicht lag Caesar tatsächlich daran, seine Gegner zu schrecken, durch die von ihm gekauften Gladiatoren Macht zu demonstrieren. Auf jeden Fall drängte er in die Öffentlichkeit, ließ er nun mit unverhohlener Deutlichkeit erkennen, daß er mit allen Mitteln seine politische Karriere vorantrieb. Gegenüber seinen Gläubigern hielt er kein anderes Pfand in den Händen als die Erwartung seines politischen Aufstiegs. Die Spiele zielten auf Breitenwirkung, auf Popularität, die langfristig wirken sollte.

Einige andere Aktivitäten des Aedilen deuten seine politischen Nahziele an. An ihnen ist, ähnlich den Gladiatorenspielen, etwas radikal Provozierendes. Sie bewegen sich am Rande der Legalität, freilich ohne einen offenen Bruch zu riskieren.

Eines Morgens entdeckten die überraschten Römer auf dem Capitol die wiedererrichteten Statuen und Siegessäulen des Marius. Der Aedil Caesar hatte die von Sulla entfernten Erinnerungen an seinen geächteten Onkel heimlich neu aufstellen lassen. Man erinnerte sich der Begräbnisfeierlichkeiten vor vier Jahren. Was damals im familiären Rahmen stattfand, sozusagen vorübergehend, überstieg nun das persönliche Bekenntnis und nahm den Charakter einer offiziellen Rehabilitierung an. Das Aufstellen von Bildnis- und Siegessäulen gehörte zur Amtsbefugnis des Aedilen. Nur war es, auf Marius bezogen, eine ebenso kühne wie klare Herausforderung der Optimaten und Sullaner. Die Popularen und die Volksmassen dagegen eilten zum Capitol und bejubelten Caesars Werk.

Im Senat kam es zu heftigen Auseinandersetzungen. Der angesehene Optimat Lutatius Catulus warf Caesar vor, er untergrabe die Republik nicht mehr heimlich, sondern »greift sie jetzt mit Sturmmaschinen an«. Der Beschuldigte muß sich äußerst klug und stichhaltig verteidigt haben. Denn es gelang ihm, die überwiegende Mehrheit des Senats auf seine Seite zu ziehen und sie von der Legalität seiner Handlung zu überzeugen. Die Zeichen des Siegers über die Cimbern und Teutonen blieben an ihrem Ort.

Weniger Erfolg brachten zwei weitere Unternehmungen, die Caesar im Verein mit Crassus betrieb. Politisch wie menschlich war Crassus eine zwielichtige Gestalt, verläßlich nur in seinem Haß gegen Pompeius. Er hatte nicht vergessen, wie Pompeius ihm den Triumph über Spartacus aus den Händen riß und wie er als Mitconsul dem Pompeius kläglich unterlegen war. Eigentlich hätte er Caesar verübeln müssen, daß dieser so energisch zweimal für die Vergabe des Imperiums an Pompeius eingetreten war. Doch offensichtlich witterte er in Caesar den fähigsten Gegenspieler des Pompeius, und möglicherweise half seine Ehefrau Tertulla etwas nach, Caesar die Türen des Crassus-Hauses zu öffnen. Der Aedil jedenfalls fand in Crassus, dem reichsten Mann Roms, einen sehr geduldigen Kreditgeber.

Für Crassus war die Kreditvergabe an den großen Verschwender sicherlich vor allem eine politische Investition. Auch das beweist die ungewöhnliche Ausstrahlung Caesars. Seine Verschuldung bei Crassus war andererseits zweischneidig, denn Crassus war ein bedenkenloser Opportunist. »Da er seinen politischen Standpunkt häufig wechselte«, schreibt Plutarch, »war er ebensowenig ein zuverlässiger Freund als ein erklärter Gegner«, vielmehr folge er allein seinem eigenen Interesse. Caesars Zusammengehen mit ihm hatte allerdings auch eine ideologische Grundlage, denn auch Crassus war zu den Popularen gestoßen.

Während Caesars Aedilat amtierte Crassus als Censor. Mit diesem hohen Amt, das ausschließlich ehemaligen Consuln vorbehalten war, fielen ihm die Aufstellung der Bürgerliste und die Steuereinschätzung zu. Durchaus im Rahmen seiner Befugnisse versuchte er, eine bekannte populare und von Caesar schon früher vertretene Forderung zu verwirklichen: die Einschreibung der Transpadaner in die Bürgerliste. Nur war Crassus schwerlich der Mann, dem die alleinige Initiative zu diesem kühnen Schritt zuzutrauen wäre. Vermutlich gab Caesar den Anstoß. Der Versuch scheiterte am Einspruch des Mitcensors Lutatius Catulus, der in diesen Jahren wiederholt gegen Caesar auftrat. Der »sanftmütigste Mann der Römer« (Plutarch) erwies sich als härtester und sicherlich von Caesar gehaßter Gegner, nur übertroffen von der späteren, bis in den Tod geschürten Haßbeziehung zu Cato.

Auch das zweite, gewichtigere Unternehmen kam durch den Widerstand des Lutatius Catulus und seiner optimatischen Senatskollegen zu Fall. Dabei ging es um die sogenannte *ägyptische Affäre*, die in der letzten Jahreshälfte 65 für politischen Zündstoff sorgte.

Crassus und Caesar beriefen sich auf ein Testament des ägyptischen Königs Ptolemaios XI. Alexandros II., der im Jahre 80 sein Land den Römern vermacht hatte. Der junge König, damals ein Schützling Sullas und von ihm als Mitregent seiner Stiefmutter

Berenike III. eingesetzt, war nach neunzehn Tagen von den Alexandrinern umgebracht worden, nachdem er selbst zuvor seine Mitregentin hatte ermorden lassen. Nun, nach fünfzehn Jahren, sahen Crassus und Caesar den Zeitpunkt für gekommen, das ererbte Land durch einen Gewaltstreich zu annektieren. Ägypten sollte römische Provinz werden.

Der konkrete Anlaß blieb unklar. Die Begründung des Sueton, der derzeitig regierende König Ptolemaios XII., mit dem Beinamen Auletes, der »Oboebläser«, sei von den Alexandrinern vertrieben worden, hat sich als falsch erwiesen, als Verwechslung mit Vorgängen in den Jahren 59 und 57. Doch die Unstimmigkeit betrifft Suetons Erklärungsversuch, nicht das Ereignis selbst, das auch andere Autoren, als unmittelbarer Zeuge Cicero, bestätigen.

Vielleicht hoffte Crassus, mit der geplanten Provinz Ägypten ein Gegengewicht gegen den in Kleinasien kämpfenden Pompeius in die Hand zu bekommen. Oder wollte er dem Imperator zuvorkommen und verhindern, daß Pompeius im Zuge seiner Eroberungen auch nach Ägypten drängte? Solche Hintergedanken lagen im Bereich des Möglichen. Doch wahrscheinlich war Caesar der Antreiber. Denn er sollte auf Antrag der Volkstribunen ein »außerordentliches Imperium« zur Annektierung Ägyptens und die Befehlsgewalt über die neue Provinz erhalten. Für einen Aedilen ein reichlich hochgestecktes Mandat, doch nicht undenkbar für den populären, mit Crassus verbündeten Caesar. Der Antrag wurde im Senat abgelehnt.

Im Nachspiel zu dem mißglückten Unternehmen legten die Censoren Crassus und Catulus ihr Amt nieder. Das war immerhin konsequent. Ihre Zerstrittenheit hatte die Amtsgeschäfte praktisch gelähmt. Aber weder Crassus noch Caesar ließen sich entmutigen. Nun erst recht begann das politische Karussell zu rotieren. Die ungleichen Partner blieben verbündet, aneinandergekettet durch ihren je eigenen politischen Ehrgeiz; sie agitierten bald versteckt, bald offen. Sie suchten andere Wege des politischen Einflusses, um ihre Pläne doch noch durchzusetzen. Selbst eine anrüchige Gestalt wie Catilina taucht hier in Caesars Intrigen auf. Es ist die wohl dunkelste und undurchsichtigste Stunde in seiner bisherigen Karriere.

Ohnedies hatte in Rom die politische Moral einen Tiefstand erreicht. Noch immer korrumpierten die von Haßgefühlen durchsetzten Parteiungen der Sullaner und Marianer, der Optimaten und Popularen das politische Leben. Aber auch der Zusammenhalt dieser Gruppierungen überdeckte kaum die tiefer liegenden Spannungen, wie im Verhältnis der popularen Führer Crassus und Pompeius zueinander. Nahezu jeder war des anderen Wolf, suchte mit allen Mitteln seinen Besitzstand zu mehren, was Macht und Einfluß in den Staatsgeschäften gleichkam.

Die anarchischen Zustände, die verdeckten Machtkämpfe waren die Folge eines Machtvakuums an der Spitze des Staates. In Abwesenheit des Pompeius bereiteten sich die mächtigen Männer Roms auf die unvermeidlichen Kämpfe um die Herrschaft vor. Es war ein Wunder, daß das Staatsgefüge der Republik unter diesem Druck nicht völlig auseinanderbrach. Die auf den Bürger bezogenen Gemeinschaftsaufgaben waren der Willkür einer zerstrittenen Nobilität preisgegeben, und die sozialen Mißstände übertrafen längst jedes erträgliche Maß. Das Volk, die *misera plebs*, durch das Klientenwesen abhängig von den patrizischen Herren, wurde in üblicher Weise durch »Brot und Spiele« beschwichtigt. Es fungierte als zwar notwendige (bei den Wahlen), aber dirigierbare Statisterie. Die desolaten Verhältnisse gaben den besten Nährboden für dunkle Machenschaften, für revolutionäre Umtriebe und Verschwörungen.

Es fällt schwer, in diesen politisch turbulenten Jahren Roms einen Mann zu finden, der sich maßvoll und redlich verhalten hätte. Vielleicht war Marcus Porcius Cato ein solcher Mann. Wenigstens ihm, dem Urenkel des hochgeehrten Censors Cato, schreiben die antiken Autoren einen uneigennützigen und unbestechlichen Charakter zu. Der Einunddreißigjährige amtierte im Jahre 64 als Quaestor. In dieser Eigenschaft sorgte er für die Eintreibung alter Schulden, die durch die sullanische Günstlingswirtschaft entstanden waren. Überdies veranlaßte er die Rückzahlung jener Kopfgelder (12000 Denare), die Sulla aus der Staatskasse für die Ermordung von Proscribierten hatte zahlen lassen. Konsequent wurde versucht, die Betroffenen des Mordes anzuklagen. Und hier berührten sich die Amtsbereiche Catos und Caesars.

Nach seinem Aedilat war Caesar zum Sonderrichter ernannt worden, beauftragt mit dem Gerichtsvorsitz im Prozeß gegen die Mordgesellen des Sulla. Zwangsläufig kam es zur Zusammenarbeit des Quaestors Cato mit dem *iudex quaestionis* Caesar. Dieser

Anfang ihrer Beziehung entbehrt nicht einer gewissen Ironie, denn wenig später weicht die Zusammenarbeit einer lebenslangen fanatischen Feindschaft.

Caesar verwaltete sein Amt mit gebotener Strenge, was nach seinen eigenen Erfahrungen mit Sulla und den Sullanern nur verständlich ist. Aufsehen erregte allerdings der Freispruch eines der berüchtigsten Mordgesellen Sullas, des Lucius Sergius Catilina. Als Vorsitzender des Gerichts war Caesar »am Urteilsspruch der Geschworenen nicht beteiligt«. Doch nicht ganz ohne Grund kam der Verdacht auf, er habe insgeheim diesen Freispruch betrieben.

Catilina hatte sich bei den Consulatscomitien um das Consulat für 63 beworben. Daß ein solcher Mann überhaupt die Kandidatur für das höchste Staatsamt wagen konnte, spiegelt deutlich den Zerfall der gesellschaftlichen Ordnung in Rom wider. Aber Catilina hatte die Rückendeckung einflußreicher Hintermänner. Er berief sich auf die Unterstützung von Crassus und Caesar. Der Gegenkandidat Catilinas war Cicero.

Die Wahlentscheidung fiel zugunsten des von den Optimaten und der Senatsmehrheit gestützten Cicero. Bereits in der ägyptischen Affäre hatte der Redner Cicero entscheidend zur Niederlage Caesars und Crassus' beigetragen. Er war der Wortführer der Optimaten, glänzend in seiner Rhetorik, überzeugend in seiner sicheren Argumentation. Das machte in den Augen der konservativen Senatoren wett, daß Cicero nicht dem patrizischen Adel entstammte, sondern aus dem Ritterstande kam und damit als *homo novus* galt.

Cicero deckte rücksichtslos die verbrecherische Vergangenheit Catilinas auf, auch Caesars Mitwissen und des Crassus finanzielle Wahlhilfe. Das war gleichbedeutend mit einer Kriegserklärung an Caesar und Crassus.

## 17 Ciceros Consulat

Manche Autoren auch der neueren Caesar-Literatur erwecken den Anschein, als seien weite Teile von Caesars Biographie abgesichert. Nicht wenige Details der vorgegebenen Lebensgeschichte

Caesars jedoch sind nur hypothetischer Natur, entsprechen überlieferten Behauptungen oder einer überzeugenden Kombination, im besten Falle gedeckt durch möglichst weitreichende Übereinkunft der Forschung. Es bleibt ein anfechtbarer Rest, der in der wissenschaftlichen Auseinandersetzung unterschiedliche Wertungen auslöst.

Nun würde der Versuch, auch nur annähernd die stetig angereicherte Forschungs- und Meinungsvielfalt samt jeweiligen Begründungen darzustellen, den Rahmen einer Biographie sprengen. Doch gebieten Redlichkeit und Glaubwürdigkeit des Lebensberichts, auf die Strittigkeit einzelner zentraler Ereignisse hinzuweisen, wenigstens zu sagen, wo die Zeugnisse unsicher oder widersprüchlich sind, wo Vermutetes oder Wahrscheinliches als Lückenbüßer herhalten. Letzteres gilt besonders für die in mancher Hinsicht dunklen Vorgänge der sechziger Jahre und für Ciceros stürmisch bewegtes Consulatsjahr 63.

Am 10. Dezember 64, noch vor dem Amtsantritt des designierten Consuls Cicero, brachte der neugewählte Volkstribun Publius Servilius Rullus ein umfangreiches Agrargesetz ein, das schwere Auseinandersetzungen heraufbeschwor. Zur Verminderung des städtischen Proletariats sollte für Tausende von Stadtbürgern Siedlungsland bereitgestellt werden, teils auf der campanischen Staatsdomäne, teils auf neu zu kaufendem Grund. Soweit war dies angesichts der furchtbaren sozialen Verhältnisse in Rom ein vernünftiger Vorschlag, ganz im Sinne früherer popularer Bemühungen.

Als problematisch erwies sich allerdings die kaum verhüllte Koppelung von »weitblickenden sozialen Tendenzen mit kraß machtpolitischen«. Zur Durchführung des Gesetzes sollten zehn Sonderbeauftragte gewählt werden, auf fünf Jahre ausgestattet mit praetorischer Amtsgewalt und außerordentlichen Vollmachten. Am wichtigsten darunter war die Ermächtigung, Staatsgrund außerhalb Italiens unkontrolliert verkaufen zu können, um mit dem Erlös den Ankauf italischen Siedlungslandes zu finanzieren. Dieses Mandat war so formuliert, daß auch Ägypten – aufgrund der genannten testamentarischen Erbschaft – hätte einbezogen werden können.

Das Volk sollte die Zehnerkommission wählen, wobei nach dem vorgesehenen Wahlmodus von den fünfunddreißig Stimmbezirken nur siebzehn mitwirkten und eine Mehrheit von neun Bezirken zur Wahl eines Kandidaten genügte. Auf diese Weise wäre bestimmten, nämlich popularen Politikern eine ungewöhnliche politische und wirtschaftliche Macht übertragen worden. In der Praxis hätten sie, die *Decemvirn*, völlig legal über den Senat und die Optimaten hinweg riesige finanzielle Mittel in die Hand bekommen und überdies durch die Siedlungspolitik ganze Landstriche kontrollieren können. Das erklärt den heftigen Widerstand des Senats und des Consuls Cicero.

Was hat Caesar mit der Gesetzesvorlage des Volkstribuns zu tun? Ohne Zweifel lag sie auf der unveränderten Linie seiner popularen Politik. Doch zunächst ist Skepsis geboten, wenn er neben Crassus als »Anstifter« oder der »eigentliche Urheber« bezeichnet wird, wenn das Unternehmen gedeutet wird »als ein neuer großangelegter Versuch von Crassus und Caesar, zu einer starken außerordentlichen Gewalt zu gelangen«. Denn es gibt kein Zeugnis eines zeitgenössischen oder antiken Autors, keine Namensnennung Caesars im Zusammenhang mit Rullus, auch nicht in den drei polemischen Reden Ciceros gegen das Agrargesetz.

Vermutlich war Caesar in gewisser Weise tatsächlich beteiligt. Nur beruht diese von der Forschung mehrheitlich vertretene Annahme auf hypothetischen Rückschlüssen. Dazu sind zu zählen: Ciceros Hinweise auf populare Hintermänner; die mögliche Verbindung mit Caesars Ägyptenplan; die antioptimatische Grundhaltung; der Wahlmodus, auf siebzehn von fünfunddreißig Stimmbezirken begrenzt, der Caesar und Crassus begünstigte und ihnen damit zur ersehnten »außerordentlichen Gewalt« verholfen hätte; schließlich Caesars spätere Verwirklichung eines ähnlichen Agrargesetzes im Jahre 59. Letzte Gewißheit ist mit diesen teilweise wiederum anfechtbaren Argumenten nicht zu erlangen. Doch bei Caesars derzeitiger politischer Aktivität, seinem Opponieren gegen die optimatischen Senatoren, seiner engen Beziehung zu den Volkstribunen und Popularen, wäre es kaum vorstellbar, daß er den so wichtigen Vorstoß des Rullus nicht unterstützt hätte.

Offen bleibt der Grad seiner Beteiligung. Ob Cicero in seinen Reden Caesar, wäre er der »eigentliche Urheber« gewesen, geschont hätte? Wohl kaum. Merkwürdigerweise bescheinigt Cicero diesem Caesar am Ende desselben Jahres vor dem versammelten Senat eine »dauernde gute Gesinnung gegenüber dem Gemeinwesen«. Er sei »auf das Wohl des Volkes bedacht«.

Bis zu den Dezembertagen 63 wird Cicero, der mit der Abwehr der Rullus-Vorlage seine Feuerprobe als Consul bestand, noch einige Male gegen Caesar auftreten. Denn Caesar agiert offen auf seiner bekannten politischen Linie, »volksfreundlich« im Zusammengehen mit den Volkstribunen. Er nutzt nun jede Gelegenheit, um die optimatische Senatsoligarchie bloßzustellen oder anzugreifen.

Dem verhaßten Optimaten Gaius Calpurnius Piso, Consul im Jahre 67 und dann Statthalter in Gallia Narbonensis, wurde 63 wegen Erpressung von Untertanen der Prozeß gemacht, ein Repetundenprozeß. Caesar beschuldigte ihn der ungerechten Hinrichtung eines Transpadaners. Wiederholt bewies Caesar wie hier gegenüber den Transpadanern, daß er Patronatsverpflichtungen ernst nahm. Doch ausschlaggebend für die Anklageerhebung war der politische Effekt. Ein solcher Prozeß war geeignet, die Korruptheit der Senatsoligarchie öffentlich anzuprangern. An dieser Wirkung konnte auch Cicero nichts ändern, der seinen Senatskollegen Piso verteidigte und ihm durch seine Beredsamkeit zum Freispruch verhalf.

Mehr Aufsehen erregte im Frühjahr 63 ein Prozeß, den der Volkstribun Titus Labienus gegen den hochbejahrten Sullaner und Optimaten Gaius Rabirius in Gang setzte. Der Ankläger beschuldigte Rabirius eines Staatsverbrechens; er habe im Jahre 100 die Tötung eines wegen Aufsässigkeit vom Senat geächteten, jedoch durch sein Amt sakrosankten Volkstribunen veranlaßt. Der zuständige Praetor ernannte Caesar für das notwendige Sondergericht zu einem der beiden Richter. Durch Losentscheid fiel Caesar die Aufgabe zu, das Todesurteil zu verkünden. Rabirius legte Berufung ein. Als auch die Volksversammlung auf dem Marsfeld das Todesurteil zu bestätigen drohte, griff der Senat zu einer List. Ein Praetor ließ die Fahne auf dem Janiculum einziehen, seit alter Zeit das Zeichen für drohende Gefahr und sofortige Auflösung jeglicher Volksversammlung. Danach erwirkte der Senat zugunsten des Rabirius eine Wiederaufnahme des Verfahrens in abgemilderter Form. Der Consul Cicero und Hortensius übernahmen die Verteidigung, und Rabirius wurde freigesprochen.

Nicht Caesars nachweisbares Richteramt steht zur Frage, sondern die Behauptung, er sei der Anstifter und eigentliche »Drahtzieher« der Anklage gewesen. Eine zur Beurteilung Caesars nicht unwichtige Frage. Die Ankläger haben doch kaum aus Gerechtigkeitssinn, eher wegen eines billigen politischen Spektakels mit dem greisen Rabirius ein »recht frivoles Spiel getrieben«.

Die Behauptung stützt sich auf eine Bemerkung Suetons, die jedoch möglicherweise »einer caesarfeindlichen Rede ihren Ursprung« verdankt. Die beiden anderen Zeugen, Cicero und Dio Cassius, sehen als Anstifter den Volkstribunen Labienus, den auch persönliche Beweggründe leiteten. Natürlich entsprach die weitergehende Prozeßabsicht, die Unverletzlichkeit der Volkstribunen zu demonstrieren und den Machtmißbrauch des Senats zu ahnden, Caesars Intentionen. Aber das genügt kaum, um ihm die Urheberschaft anzulasten. Zudem verdankte er sein Richteramt der Ernennung durch einen nichtpopularen Praetor. Caesars gespanntes Verhältnis zu den optimatischen Amtsträgern macht die Vermutung, er habe seine Ernennung manipuliert, höchst vage und unglaubhaft.

Der Rabiriusprozeß zeigt, ähnlich der Aktion des Rullus, wie lückenhaft und teilweise entstellt die biographischen Fakten überliefert wurden, wie kompliziert und folglich kontrovers die Meinungsbildung zustande kommt. Caesars Wissen von der Absicht des Anklägers ist ja keineswegs auszuschließen, wenn es stimmt, daß er mit Labienus durch gemeinsamen Kriegsdienst unter Servilius Isauricus in Kilikien verbunden war. Caesars weitere Maßnahmen in diesem Jahr scheinen die Annahme einer engen Beziehung zu dem Volkstribunen zu stützen.

Titus Labienus stammte aus dem Picenum, landsmannschaftlich und als Klientele dem Pompeius verpflichtet. Das führte später dazu, daß Labienus, der im Gallischen Krieg als einer der tüchtigsten Unterfeldherren an der Seite Caesars kämpfte, mit dem Beginn des Bürgerkriegs zu Pompeius zurückkehrte. Als Volkstribun in Rom war er ein verläßlicher Verbindungsmann des in Kleinasien kämpfenden Pompeius. So gelang es ihm und einem Mittribunen, für den abwesenden Pompeius jene Ehrenbeschlüsse zu erwirken, die es Pompeius gestatteten, bei Festen den goldenen Lorbeerkranz und bei den Circusspielen das Gewand des Triumphators zu tragen.

Caesar unterstützte den Volksbeschluß. Er war kein Freund des

Pompeius, aber er schätzte die Machtverhältnisse realistisch ein. Kein Weg würde an dem Imperator Pompeius, dessen Rückkehr nach Rom in absehbarer Zeit bevorstand, vorbeiführen. Offenbar lag Caesar auch daran, gegenüber dem pompeiusfeindlichen Crassus seine Unabhängigkeit zu wahren. Er muß sehr geschickt taktiert haben. Einen Bruch mit dem einflußreichen, in seinem politischen Ehrgeiz äußerst empfindlichen Exconsul konnte er nicht riskieren. Außerdem brauchte er Crassus als Geldgeber, vor allem jetzt, wo er ein Vorhaben von großer Tragweite einleitete, seine Kandidatur für das höchste Priesteramt, den *Pontifex Maximus.*

Als Haupt der römischen Staatsreligion stand der Pontifex Maximus an der Spitze der gesamten Priesterschaft. Er überwachte den sakralen Bereich, entschied über Fragen der heiligen Gesetze, über Kulthandlungen, Kultstätten und den Festkalender. Die enge Verquickung von Religion und Staat gab dem Pontifikalamt neben großem Ansehen hohe politische Bedeutung. Die Wahl erfolgte auf Lebenszeit, ohne die Übernahme anderer Staatsämter einzuschränken.

Die Würde des Pontifikalamtes, dessen Titel die römisch-katholischen Päpste seit dem fünften Jahrhundert übernahmen, ließ es als selbstverständlich erscheinen, daß sich nur ältere ehrwürdige Adelige, vorwiegend Consularen, bewarben. So kandidierten, nachdem im Frühjahr 63 der Pontifex Quintus Metellus Pius gestorben war, zwei der angesehensten Senatoren: der einstige Consul und Censor Quintus Lutatius Catulus und Publius Servilius Isauricus, in den gleichen höchsten Staatsämtern bewährt und als gerühmter Proconsul in Kilikien damals Caesars Vorgesetzter.

Neben diesen verdienten Männern trat Caesar an, siebenunddreißigjährig, im Senat ein Hinterbänkler, noch nicht einmal Praetor, aufgefallen weniger durch öffentliche Verdienste als durch sein Agitieren im Verein mit Crassus auf seiten der Popularen. Eine anmaßende Kandidatur, eine Herausforderung, nicht nur in den Augen der Optimaten eine Unverschämtheit. Was konnte er in die Waagschale werfen? Seine Herkunft, seinen überlegenen Intellekt und sein rhetorisches Vermögen, seine politische Energie, seinen Instinkt für das politisch Mögliche, die Gunst der *plebs urbana* und ein ungebrochenes Selbstbewußtsein.

Und er hatte vorgesorgt. Als Mitglied des Priesterrats kannte er seine Kollegen. Das erst durch Sulla eingeführte Wahlverfahren durch Kooptation innerhalb des Kollegiums der Priester hätte ihm nur geringe Aussichten geboten. »Auf energisches Betreiben Caesars« erreichte der Volkstribun Labienus die Wiedereinführung der *lex Domitia*, wonach wieder die Volkscomitien die Priester und den Pontifex Maximus wählten. Wie bei dem von Rullus vorgesehenen Wahlmodus beteiligten sich siebzehn von den insgesamt fünfunddreißig Stimmbezirken oder Tribus. Die Rückgabe des Wahlrechts an das Volk stärkte die Popularität der Initiatoren und erhöhte Caesars Chancen.

Caesar setzte alles auf eine Karte. Er nahm wiederum enorme Kredite auf, vorwiegend vermutlich bei Crassus, um die Wahlpropaganda zu finanzieren und wohl auch die üblichen Bestechungsgelder zu zahlen. Ihm selbst bot der ehrsame Catulus eine hohe Geldsumme an, wenn er zurücktrete. Das war ein unkluger Bestechungsversuch. Catulus gab sich eine schmähliche Blöße und verriet zudem, welche Geldmittel zum Kauf Caesars bereitstanden. Auf der Stelle erwiderte Caesar, »er würde die Sache ausfechten, auch wenn er noch mehr Schulden machen müßte«.

Er trieb ein gefährliches Spiel, das ihm als Verlierer den wirtschaftlichen und politischen Ruin gebracht hätte. Ihm wäre infolge seiner Schuldenlast nichts anderes übriggeblieben, als Rom fluchtartig zu verlassen oder die Schuldhaft auf sich zu nehmen. Als er am Morgen des Wahltages das elterliche Haus in der Subura verließ, soll er seiner Mutter gesagt haben: »Heute wirst du deinen Sohn entweder als Pontifex Maximus oder als Verbannten sehen.«

Caesar wurde gewählt. Er erhielt, so versichert Sueton, »selbst in den eigenen Wahlkreisen« seiner Mitbewerber »mehr Stimmen als die beiden in allen zusammen«. Für ihn war es eine Genugtuung, die beiden geachtetsten Senioren der optimatischen Senatsoligarchie geschlagen zu haben. Mit der Wahl in das höchste Priesteramt Roms gewann er unschätzbares politisches Ansehen, seinen ersten großen öffentlichen Triumph.

Auch in seinem persönlichen Leben trat nun eine wichtige Änderung ein. Er gab das julische Haus in der übervölkerten, plebejischen Subura auf und bezog mit seiner Familie den repräsentativen Wohnsitz des Pontifex Maximus an der Via Sacra auf dem Forum. Dort, in der Regia nahe dem heiligen Bezirk der Vestalinnen, die seiner Aufsicht unterstanden, residierte er von nun an bis zu seinem Lebensende.

## 18 Die Verschwörung des Catilina

Bald nach seiner Wahl zum Pontifex Maximus wurde Caesar zu einem der acht Praetoren für das kommende Jahr gewählt. Den Praetoren, nach den Censoren und Consuln die höchsten Magistrate, oblag die staatliche und zivile Rechtsprechung. Vor allem erwartete den Praetor nach seinem Amtsjahr die Statthalterschaft in einer Provinz, was üblicherweise zu einer gewaltigen finanziellen Bereicherung führte. Solche Aussichten machten die Wahl um so willkommener.

Caesars Wahl erfolgte reibungslos, fast selbstverständlich, wie immer in seinem offiziellen *cursus honorum.* Anders und folgenreicher verliefen die Consulatcomitien im Juli 63. Für das nächstjährige Consulat kandidierte wiederum der im vergangenen Jahr durch Cicero geschlagene Lucius Sergius Catilina. Obwohl Catilina über eine beachtliche Anhängerschaft verfügte und ihn selbst Ciceros Mitconsul Gaius Antonius unterstützte, unterlag er seinen Mitbewerbern Decimus Iunius Silanus und Lucius Licinius Murena. Catilina aber dachte nicht daran aufzugeben. Er plante den bewaffneten Umsturz.

Was wollte Catilina? Angeblich nichts Geringeres, als die legalen Staatshäupter, an der Spitze Cicero, umzubringen und eine Art anarchistisches Staatsregiment zu errichten. Die Schlagworte häufen sich: Catilina, der Prototyp des Verschwörers, Mordgeselle Sullas und skrupelloser Intrigant. Catilina, der bleiche, hagere, unstete Mann, mit fahrigen Bewegungen und flackernden Augen. Catilina, der verkommene und bankrotte Patrizier »von gefährlich schwankendem Charakter, aber unwiderstehlichem Charme, für den aristokratische Frauen und Jünglinge ebenso anfällig waren wie Proletarier«. Selbst »Herren vom Senat, die vor dem Bankrott standen, Leute, die ihr Vermögen verspielt oder verjubelt hatten, waren mit ihm im Bunde«.

Wenn wir Cicero glauben, so rekrutierte sich Catilinas Anhängerschaft tatsächlich aus verschuldeten, ruinierten, amoralischen und verbrecherischen Existenzen. Wiederholt schreiben Cicero und nach ihm Sallust von »Ausschweifung, Wahnsinn, Verbrechen« der Verschwörer, beschuldigen beide Zeugen Catilina selbst und seinen Kreis der Kriminalität, der Grausamkeit und einer ausschweifenden zügellosen Sexualität. »Von früher Jugend an« habe Catilina »viele ruchlose Verhältnisse gehabt«; zuletzt habe er den Stiefsohn seiner Geliebten Orestilla ermordet, weil dieser der Heirat im Weg stand.

Cicero veröffentlichte seine Catilinarischen Reden, Meisterstücke der Redekunst, in überarbeiteter Form drei Jahre nach den Ereignissen. Er war der unmittelbar Betroffene, persönlich und als consularischer Ordnungshüter Roms. Seine massiven Vorwürfe sollten Volk und Senat von der totalen Verworfenheit Catilinas überzeugen, und er sorgte sich sehr beflissen um den Ruhm, den er durch seine Vereitelung der Verschwörung erwartete. Die zweckbestimmte Rhetorik kann wohl kaum als eine völlig selbstlose und objektive Darstellung gelten, mag sie auch im Nachweis der Verschwörung wahrheitsgemäß sein. Zumindest stutzt der Leser der Catilinaria über eine gewisse schematische Vereinfachung der moralischen Positionen, die hier gegeneinanderstanden. Demnach wäre Ciceros Senatsnobilität ausschließlich auf das Gemeinwohl bedacht gewesen, hätten allein und unbezweifelt in diesen Senatskreisen die Kardinaltugenden »Gerechtigkeit, Mäßigung, Tapferkeit, Klugheit« geherrscht.

Sallust, der die Hauptverschwörung als Dreiundzwanzigjähriger erlebte, schrieb seinen Bericht zwanzig Jahre später unter Verwendung von Ciceros Reden. Bei ihm kommt eine »moralisierende Tendenz seiner Geschichtsschreibung« hinzu, die Wiedergabe einer »allgemeinen Demoralisierung«. Die genaue Zeitfolge und das verläßliche Detail scheinen ihn weniger interessiert zu haben. Auch Sallusts Bericht wird gewissen Übertreibungen nachgegeben haben.

War Catilina am Ende ein sozialer Revolutionär, der höhere sozialpolitische Ziele anstrebte? Er versprach »Schuldentilgung, Enteignung der Besitzenden, Posten, Priesterämter, Plündern, alles andere noch, was der Krieg und die Willkür der Sieger mit sich bringt«. Die Versprechungen Catilinas, seine und seiner Anhänger Lebenswirklichkeit, selbst wenn wir Diffamierungen zugeben, lassen ziemlich genau erkennen, auf wen die Pläne der Verschwörer zugeschnitten waren. Die geplante »Vermögensumverteilung«, um einen modernen Begriff zu gebrauchen, wäre wohl vorwiegend den Verschuldeten und Bankrotteuren der Catilina-Clique zugute gekommen. Das Unternehmen war viel zu egoistisch, kurzsichtig und verworren, um hinter ihm eine allgemeine und wohldurchdachte Sozialreform zu vermuten. Es ist deshalb unangemessen, Catilina mit den Gracchen oder mit Caesar zu vergleichen, der vierzehn Jahre später eine weitreichende Schuldentilgung und rigorose Herabsetzung der Wucherzinsen gesetzlich erzwang.

Allerdings sprengten die sozialen und sittlichen Mißstände Roms jedes erträgliche Maß. Nur vor dem Hintergrund eines völlig korrupten und von Eigeninteressen zügellos ausgebeuteten Gemeinwesens konnte ein Mann wie Catilina an die Oberfläche gespült werden und zu einer Gefahr werden. Sein Unternehmen, das vermitteln die belegbaren Zeugnisse, »war der Putsch eines einmal abgewiesenen, zweimal durchgefallenen, politisch und finanziell ruinierten Kandidaten, der nur deshalb größere Ausmaße annahm und gefährlich wurde, weil der Zündstoff in *tanta tamque corrupta civitate* (in dem ganz und gar verdorbenen Staatswesen) bereitlag«.

Wir müssen das Rad der Zeit drei Jahre zurückdrehen, um die Anfänge zur Catilina-Verschwörung zu finden. Bereits 66 bewarb sich Catilina, Praetor 68 und im Folgejahr Statthalter in der Provinz Africa, um die Kandidatur für das Consulat. Die zuständige Senatskommission wies ihn ab, weil er der schweren Erpressung während seiner Statthalterschaft angeklagt war.

Bald nach seiner Abweisung erregte ein anderer Vorgang Aufsehen. Die für das nächste Jahr gewählten Consuln Publius Autronius Paetus und Publius Cornelius Sulla, ein Neffe des Dictators Sulla, wurden »wegen Wahlbestechung verurteilt« und bei der Nachwahl durch ihre beiden Mitbewerber und Ankläger ersetzt. Die Abgewählten schmiedeten ein Komplott mit dem Ziel, die neugewählten Consuln Lucius Aurelius Cotta und Lucius Manlius Torquatus am Tag ihres Amtsantritts zu ermorden. Mit im Bund waren der junge verschuldete Calpurnius Piso und Catilina, »ein skrupelloser Mensch«, wie Dio Cassius befand. Aber der Mordplan kam nicht zur Ausführung.

Brisant wird die Geschichte durch die Behauptung, Caesar und Crassus seien an dieser sogenannten ersten Verschwörung beteiligt gewesen. Nach dem Gelingen, so versichert Sueton, hätte Crassus die Dictatur ergriffen, wäre Caesar sein Adjutant, sein *magister equitum*, geworden. Ferner habe Caesar den jungen Piso animiert, bei den Transpadanern einen Aufstand anzuzetteln, und er selbst habe in Rom den Senat stürzen wollen. Aber das schreibt einzig Sueton, »gegen das Schweigen anderer Zeugnisse«, und er nennt, was er sonst nicht tut, seine Gewährsmänner. Hier nun wird es sehr fragwürdig. Denn es handelt sich um Zeugen, deren verleumderische Absicht gegen Caesar bekannt ist, deren Anschuldigung »offenbar zuerst in der vor keiner Gehässigkeit zurückschreckenden Publizistik des Consulatsjahrs 59 auftauchte«.

Vollends unglaubhaft wird Suetons Bericht durch den Kronzeugen Cicero. In seiner nachgelassenen Schrift *de consiliis suis* nennt Cicero als Verantwortlichen wohl Crassus neben Catilina und Piso, nicht jedoch Caesar. Wie ersichtlich, übernahm Sueton ungeprüft eine »Erfindung späterer gegnerischer Propaganda«, die einer »gezielten Verleumdungskampagne gegen Caesar« zugehörte.

Es ist auch fraglich, ob Caesar der Ermordung seines Verwandten Lucius Aurelius Cotta, des Vetters seiner Mutter, zugestimmt hätte. Selbst Crassus' aktive Komplizenschaft rückt ins Ungewisse, trotz Ciceros Darstellung. Wäre nicht der blutige Umsturz für Crassus selbst, den Besitzer eines riesigen Vermögens und überdies designierten Censor, widersinnig gewesen?

Gehen wir einen Schritt weiter, so wäre denkbar, daß es »die erste Catilinarische Verschwörung niemals gegeben hat«. Wohl gab es Haßgefühle des abgewiesenen Catilina, der abgewählten Consuln, Wut und Zorn, sicherlich auch Drohungen, die neuen Consuln zu beseitigen. Äußerungen, die schnell kolportiert wurden und die wildesten Gerüchte auslösten. Tatsächlich erschien Catilina mit einer bewaffneten Bande am letzten Tag des Jahres 66 auf dem Forum, ohne aber etwas auszurichten. War das eine Drohgebärde, ein geplanter, doch vereitelter Anschlag? Aber ausgerechnet Torquatus, der ja hätte ermordet werden sollen, verteidigte Catilina in seinem Repetundenprozeß. Einem Mann, der seinen Tod plante, hätte Torquatus wohl kaum als Rechtsbeistand gedient. So bleibt die erste Verschwörung rätselhaft, im Nebel von Gerüchten. Ihre Existenz und zumal Caesars und wohl auch Crassus' Komplizenschaft ist nicht nachweisbar und wohl auch wenig wahrscheinlich.

Im Jahre 64 unternahm Catilina seinen zweiten Anlauf, die Consulatswahl zu gewinnen, dieses Mal, wie schon erwähnt, gegen den Mitbewerber Cicero. In diesem Fall gelten Crassus' finanzielle Unterstützung und Caesars Mithilfe als sicher bezeugt. Aber der Kandidat Catilina war offiziell zugelassen, es war eine reguläre Wahl, freilich verbunden mit einer ungewöhnlich massiven Agitation.

Vordergründig ging es Caesar und Crassus darum, die Wahl Ciceros zu verhindern. Entscheidend für ihre Parteinahme aber waren langfristige Interessen. Crassus bemühte sich fast schon wie ein Besessener, seine Machtposition gegenüber Pompeius zu verstärken. Außerdem war es »Crassus und Caesar ganz recht«, jetzt und bis zum Anfang der nächstjährigen Hauptverschwörung, »daß sie [die Catilinarier] die Regierung schikanierten und lahmzulegen suchten«. Nur bliebe diese Feststellung des Historikers Eduard Meyer ohne ihre Ergänzung eine Halbwahrheit: »Aber an der anarchistischen Revolution sich zu beteiligen war ihnen das Risiko zu groß.«

Vielleicht sah Caesar anfänglich in Catilina eine brauchbare Marionette zur Realisierung seiner eigenen politischen Pläne. Die Übereinstimmungen waren deutlich: Catilinas Stoßrichtung gegen die Senatsoligarchie, gegen die Optimaten und Besitzenden, die verführerische Schuldentilgung und die alte Unterstützung popularer Bestrebungen. Caesars zeitweise Begünstigung Catilinas läßt sich nicht leugnen und nährte schließlich den Verdacht, daß er ein Komplize der Verschwörer war.

Doch mit gleicher Gewißheit läßt sich sagen, daß Caesar und Crassus ausscherten, als ihnen das Ausmaß der catilinarischen Umsturzpläne vor dem entscheidenden Beginn der zweiten Verschwörung bewußt wurde. Was sie von der Komplizenschaft abhielt, war nicht nur das »zu große Risiko«, vielmehr: »Die starke und radikale Umsturzbewegung entsprach naturgemäß den politischen Zielen des Crassus durchaus nicht mehr«, ebensowenig den Zielen Caesars. Für den designierten Praetor und den Pontifex Maximus, der »so heiß um die traditionsgebundene Würde des Oberpriesters gerungen hatte, wäre ein inferiores Konspirieren doch schwer begreiflich«.

Was passierte konkret im Jahre 63 nach der erneuten Wahlniederlage Catilinas im Juli, und wie verhielt sich Caesar? Catilina begann, die Gruppen um sich zu sammeln, die einen gewaltsamen Umsturz begünstigten. Die Korruptheit der Nobiles wie die allgemeine Unzufriedenheit und das Elend der Plebejer begünstigten sein Unternehmen. Er mußte schnell handeln. Nach der Rückkehr des Pompeius wären die Chancen eines Umsturzes vertan.

Catilina stellte Freischaren auf, schuf sich in Italien mehrere Stützpunkte, vor allem in Etrurien, wo er Waffen- und Geldvorräte anlegte. In Faesulae (Fiesole) stellte Gaius Manlius, ein verschuldeter, ihm blind ergebener Offizier, die revolutionäre Armee auf und wartete auf das Zeichen zum Losschlagen. Unterdessen zog die Verschwörung in Rom ihre Kreise. Allein neunzehn hochgestellte Verschwörer sind namentlich bekannt, darunter elf Senatoren. Kaum faßbar ist die Zahl der geheimen Mithelfer, der Verdächtigen und Sympathisanten, nach Sallust »Adelige aus den Kolonien und Landstädten«, »der größte Teil der Jugend« und alle jene, »die auf eine Gewaltherrschaft mehr Hoffnung setzten als auf die Not oder eine andere Zwangslage«.

Ende Oktober, am 27., sollte in Etrurien der bewaffnete Aufstand beginnen, am nächsten Tag mit der Ermordung der Staatsführer die Revolte in Rom. Aber Cicero war gewarnt und über die Vorgänge längst unterrichtet. Er trug einen Panzer unter seiner Toga, die er so offenhielt, daß jeder dieses Symbol seiner Vorsicht sehen konnte.

Die adelige Fulvia, die Geliebte eines Mitverschwörers, hatte ihm die Pläne Catilinas hinterbracht. Auch Crassus, der in der Nacht zum 21. Oktober einen anonymen Brief mit dem Verschwörungsplan erhalten hatte, verständigte in den Morgenstunden den bedrohten Cicero und übergab ihm das Schreiben. Ebenso gehört Caesars nicht genau datierbare Benachrichtigung Ciceros vermutlich in diesen Zeitzusammenhang. Offensichtlich als Nichtbeteiligte, keineswegs als Verräter ihrer Gesinnungsgenossen, teilten Crassus und Caesar dem Consul mit, was sie wußten.

Cicero erhielt vom Senat alle Vollmachten zum Gegenschlag, »damit der Staat keinen Schaden leide«. Truppen wurden nach Etrurien gegen die Aufständischen entsandt. Während Manlius dort zum vereinbarten Zeitpunkt zu den Waffen griff, wurden in Rom dank der energischen Schutzmaßnahmen Ciceros und des Senats die geplanten Attentate und Brandstiftungen im Keim erstickt.

Ein zweiter Mordanschlag war für den Morgen des 7. November vorgesehen. In der Nacht zuvor hatten die Verschwörer im Haus des Laeca in der Sichelmachergasse das Verbrechen vorbereitet. Auch dieses Vorhaben scheiterte, denn noch in der Nacht eilte Fulvia, beauftragt von dem Mitverschwörer Curius, zu Cicero und verriet ihm den »heimtückischen Anschlag«.

Als sich anderntags, am 8. November, der Senat im Tempel des Jupiter Stator an der Via Sacra versammelte, besaß Catilina die Unverfrorenheit, selbst zu erscheinen. Das war nur möglich, weil die ihn belastenden Beweise noch nicht zureichten. Außerdem deckten oder duldeten ihn im Senat nicht wenige Mitverschwörer, Sympathisanten oder Unentschiedene, denen aus unausgesprochenen Gründen der *homo novus* Cicero mißfiel. Übernächtigt und bleich, ausgezehrt von den geheimen Umtrieben, von innerer Erregung, nahm Catilina seinen Platz ein. Cicero schleuderte ihm sein berühmtes *Quo usque tandem* entgegen. »Wie lange noch, Catilina, willst du unsere Geduld mißbrauchen? Wie lange soll diese deine Raserei ihr Gespött mit uns treiben? Bis zu welchem Ende soll die zügellose Frechheit ihr Haupt erheben? ... Was für Zeiten, was für Sitten!«

Mit »gesenktem Blick und flehender Stimme«, so heißt es, verteidigte sich Catilina. Man solle den Beschuldigungen keinen Glauben schenken. Er spielte die Verdienste seiner Vorfahren und seine adelige Herkunft gegen den »hergelaufenen Eindringling« Cicero aus. Zuletzt, in die Gegenschreie, in den entstehenden Tumult hinein, rief er: »Wenn ich also umstellt bin und ins Verderben gestürzt werde, will ich den Brand, der mich verzehren soll, unter Trümmern ersticken!«

Catilina verließ überstürzt, aber unbehelligt den Senat. Er blieb einige Tage in Arretium (Arezzo) und eilte Mitte November nach Faesulae zum Heerlager der Verschwörer. Erst als dies bekannt wurde, erklärte der Senat Catilina und Manlius zu Staatsfeinden.

In den ersten Dezembertagen gaben sich auch die römischen Rädelsführer der Verschwörung eine verhängnisvolle Blöße. Bei einer Delegation der gallischen Allobroger, die für den Aufstand gewonnen werden sollten, wurden Dokumente gefunden, die zweifelsfrei die Komplizenschaft von fünf hochgestellten Senatoren erwiesen. Sie wurden festgenommen und zunächst einzeln loyalen Senatoren, darunter Caesar und Crassus, zur freien Haft übergeben. In der großen Senatsversammlung am 5. Dezember sollte über die Schuldigen das Urteil gefällt werden.

Noch vor der Versammlung unternahmen optimatische Senatoren ihrerseits den Versuch, Crassus und Caesar der Mitverschwörung zu bezichtigen. Ein Mann trat mit der Behauptung auf, er habe von Crassus eine Durchhaltebotschaft für Catilina erhalten. Cicero und die Senatoren verwarfen die Anzeige, nannten sie falsch, unglaubhaft oder eine Intrige, von einem ungenannten Dritten eingefädelt. Ebensowenig »konnten Quintus Catulus und Gaius Calpurnius Piso weder durch Bestechung noch durch ihren Einfluß Cicero dazu bringen, durch die Allobroger oder durch einen anderen Angeber Caesar fälschlich nennen zu lassen«. Aber hier lag die Absicht auf der Hand. Der greise Catulus, der alte Gegenspieler Caesars, hatte nie verwinden können, daß er dem jungen Caesar bei der Wahl zum Pontifex Maximus unterlegen war. Piso haßte Caesar, seit dieser bei der Anklage wegen der Ermordung eines Transpadaners das Amt des Richters übernommen hatte. Von Cicero abgewiesen, verbreiteten sie selbst das Gerücht, auch Caesar gehöre zu den Catilinariern.

Was ist glaubhaft, was gesichert in dieser chaotischen Situation, in der nahezu jeder gegen jeden intrigierte? Im Widerspruch zum politischen Handeln Ciceros steht die Bemerkung Plutarchs, Cicero habe in einer nachgelassenen Schrift Crassus und Caesar der Mitverschwörung beschuldigt. Aber das schreibt nur Plutarch. Nicht mehr nachprüfbar ist, wie weit die Anschuldigung reichte oder was Cicero bewog, aus Verdachtsmomenten eine so schwerwiegende Anklage zu machen. Denkbar wäre, daß Cicero aus Caesars anfänglicher Begünstigung Catilinas, also aus der Vorgeschichte der Verschwörung, eine Schuld ableitete. Oder, falls Cicero wirklich Beweise vorlagen, scheute er aus »politischen Überlegungen« davor zurück, Caesar zu belangen? Vertuschte er Caesars Mitschuld »aus Furcht vor den Freunden und vor dem Ansehen dieses Mannes«?

Solchen Spekulationen kann man nur bedingt folgen, denn die Vereitelung der Verschwörung stärkte vor allem Ciceros Ansehen und festigte seine Stellung. Ihm wurden »wie niemandem sonst für Schutz und Rettung des Staates bei einem einzigartigen Dankfest die Tempel der unsterblichen Götter geöffnet«, und schon nannte man ihn »Vater des Vaterlandes«.

Bleibt man bei den nachprüfbaren Vorgängen, so ist es keineswegs »historisch ausgemachte Tatsache«, daß Caesar und Crassus bei der Hauptverschwörung ihre Hände im Spiel hatten. Obwohl zwischen Caesar und Cicero zumindest seit der Consulatswahl 64 eine ausgeprägte Rivalität bestand, warnte Caesar den Consul, und dieser wiederum übergab ihm einen der gefangenen Verschwörer zur Bewachung. Zu Lebzeiten Caesars sprach Cicero niemals den Verdacht einer Mitverschwörung aus, trotz starker Spannungen zwischen den beiden. Ciceros Verhalten in diesen Tagen und seine abschließende Rede am 5. Dezember lassen eher darauf schließen, daß er »in Caesar durchaus einen Gegner der Verschwörung sah«. Die ausgestreuten Gerüchte hinderten ihn nicht, Caesar eine »dauernde gute Gesinnung gegenüber dem Gemeinwesen« zuzusprechen. Das war, in Anbetracht der ernsten Situation, sicher keine Ironie.

Am 5. Dezember entschied der Senat über die Führer der Catilinarier, die im Carcer Mamertinus oberhalb des Forums ihre Verurteilung erwarteten. Um einer gewaltsamen Befreiung vorzubeugen, sicherten starke Wachmannschaften das Gefängnis wie den nahe gelegenen Concordiatempel, in dem der Senat tagte. Jedem war die außerordentliche Bedeutung der Stunde bewußt, denn Caesar selbst, der Verdächtigte, hatte eine Rede angekündigt, während der Consular Crassus der Versammlung fernblieb.

Als designierter Consul eröffnete Iunius Silanus die Debatte. Er schlug vor, über die Catilinarier die »letzte Strafe«, das heißt die Todesstrafe, zu verhängen, und erhielt die Zustimmung der anwesenden vierzehn Consularen. Nun sprach der gewählte Praetor Caesar. Seine Rede überliefert Sallust, nicht wörtlich, aber sinngemäß.

Caesar verurteilte schärfstens die verbrecherische Verschwörung. Letztlich seien »alle Strafen geringer als das Verbrechen«. Auch er plädierte für die härteste Strafe, sah diese jedoch nicht in der Todesstrafe (»der Erlösung aus Trübsal und Elend«), sondern in lebenslanger Haft. Aber er argumentierte gegen die von Silanus gewünschte Hinrichtung auch aus rechtlichen und politischen Gründen. Er warnte vor einer Affektmaßnahme, die gegen vorhandene Rechtsgrundsätze verstoße, nach denen ein Bürger nicht ohne Berufung vor der Volksversammlung hingerichtet werden durfte. Der Rechtsbruch könnte, so malte er aus, bedrohlich auf die Verurteiler zurückschlagen. Eine äußerste Notlage sei nicht gegeben. Er warnte ebenso vor einer Sonderlösung, die »zu anderer Zeit, unter einem anderen Consul« als Vorwand zur Willkür dienen könne, nannte Beispiele der Willkür, wo »Gute und Schlechte, wie es gelüstete, nebeneinander umgebracht« wurden.

»Bin ich also dafür, die Gefangenen freizulassen, damit sie Catilinas Heer verstärken? Mitnichten! Sondern ich beantrage, ihr Vermögen einzuziehen, sie selbst in den stärksten Landstädten in Gewahrsam zu nehmen. Niemand soll in Zukunft ihretwegen im Senat einkommen oder in der Volksversammlung verhandeln. Wer dagegen verstößt, der handelt nach Meinung des Senats gegen den Staat und das gemeine Wohl.«

Es war eine überlegene, eine staatsmännische Rede, würdig des Pontifex Maximus. Gegenüber den aufgebrachten Senatoren argumentierte er abwägend, verantwortungsvoll, weitblickend, das Wohl des Staates im Auge. Man kann durchaus sagen, daß seine Rede alles enthielt, »was im Augenblick zur Rettung der Catilinarier geschehen konnte«. Nur wäre es zu kurzsichtig, sähe man Caesars Motivation allein in dem raffinierten Versuch, ehemaligen Gesinnungsfreunden die Hinrichtung zu ersparen. Das ist weder von den Senatoren so verstanden worden, noch vertrüge es sich mit Caesars eindeutiger Verurteilung der Verschwörung und der Verschwörer. Er bezog vielmehr eine dritte Position, die ihm genuine politische Position »als der Hüter zugleich popularer und republikanischer Tradition«. Dabei spielte er seine charakteristische Fähigkeit, das eigene Wollen und das allgemeine Staatswohl nahtlos ineinander übergehen zu lassen, voll aus. Indem er auf solche Weise den Todesspruch des Senats zu verhindern suchte, »wahrte er die [ihm gemäßen] popularen Grundsätze und stand doch persönlich unantastbar da«.

Unter dem Eindruck von Caesars Rede neigten sich seinem Votum die meisten Senatoren zu, auch Cicero nahestehende wie dessen Bruder Quintus, ebenso Silanus, der seinen ersten Vorschlag als mißverstanden bezeichnete und im Sinne Caesars korrigierte. Selbst der Consul Cicero, der in seiner Rede dem »popularen«

Caesar erstaunlich achtungsvoll begegnete und ihm eine »Gesinnung zum Wohl des Volkes« zugestand, vermochte nicht, die Senatoren umzustimmen.

Aber er zeigte in dieser vierten Catilinaria noch einmal mit rhetorischer Brillanz die Grundfragen auf und ließ die Versammelten wissen, daß er das Todesurteil für notwendig halte. Als Vorsitzender konnte er keinen Antrag stellen. Das übernahm mit seiner entscheidenden Rede der zweiunddreißigjährige Marcus Porcius Cato.

Der Neuling im Senat, emsiger Quaestor im Vorjahr und designierter Volkstribun, nutzte seinen großen Auftritt. Er sprach mit schneidender Leidenschaft, und in dieser Rede zeigte er sich zum erstenmal als das, was er bis zu seinem Tode blieb: der entschiedenste Gegner Caesars. Weit über diesen Anlaß hinaus trennten Cato und Caesar unüberbrückbare Gegensätze. Hier der weltkluge, freisinnige, freigebige Epikureer Caesar; dort der rigorose Stoiker Cato, rechtschaffen, unbescholten, karg bis zur Schroffheit, ein Tugendwächter inmitten des sinnlichen Treibens in Rom. Aber seiner altrömischen Prinzipienfestigkeit haftete auch etwas Halsstarriges und Verkrampftes an. Er verachtete die Sänfte, ging stets zu Fuß, barhäuptig bei Hitze und Regen, ohne Unterkleid; oft sah man ihn barfuß in den Straßen Roms.

Als Caesar während der Debatte im Tempel der Concordia ein Briefchen empfing, witterte Cato sogleich eine konspirative Nachricht und verlangte Offenlegung. Man kann sich Caesars Lächeln vorstellen, wie er dem humorlosen Mann das Briefchen überreichte. Es war ein Liebesbrief Servilias, der Halbschwester Catos, deren Verhältnis mit Caesar dem Moralisten ein Dorn im Auge war. Möglicherweise trug dieser Vorfall viel zu Catos unerbittlichem Haß gegen Caesar bei.

Schonungslos tadelte Cato das schwankende Verhalten des Silanus und griff Caesar mit aggressiver Härte an. »Unter demokratischer Maske, mit menschenfreundlichen Phrasen bereite er [Caesar] den Umsturz vor und schrecke den Senat mit Dingen, die ihm selber Angst machen müßten. Er solle froh sein, wenn er nach allem, was geschehen, ohne Verdacht und Strafe davonkomme, er, der ebenso unverhohlen wie frech die Feinde des Volkes herauszureißen versuche und unumwunden gestehe, kein Gefühl des Erbarmens zu haben für das eben noch tödlich bedrohte Vaterland, dafür aber weine, wenn Männer, die nie hätten geboren werden dürfen, durch ihren Tod die Stadt von Mord und Verderben befreien sollten.«

Catos zündende Rede bewirkte den Umschlag und rettete die Situation für Cicero. Versuche Caesars, Catos Antrag zu modifizieren oder die Unterstützung der Volkstribunen zu erlangen, schlugen fehl. Der Senat stimmte für das Todesurteil, das noch vor Nacht an den fünf Hochverrätern vollstreckt wurde.

Caesar wurde beim Verlassen des Concordiatempels von einigen zur Wachmannschaft gehörenden Männern aus dem Ritterstand mit den Schwertern bedroht. Freunde bedeckten ihn mit der Toga, schützten und retteten ihn. Cicero selbst soll die Angreifer durch ein Zeichen zurückbefohlen haben. Für den Rest des Jahres nahm Caesar an den Senatssitzungen nicht mehr teil.

## 19 Skandal im Hause Caesars

Die Schatten der Verschwörung fielen noch in das nächste Jahr, auf Caesars Praetur. Als Praetor nutzte er die erste Gelegenheit, seinen Erzfeind Catulus, der ihn der Teilnahme an der Verschwörung bezichtigt hatte, gehörig auf die Finger zu klopfen. Catulus war nämlich seit seinem Consulatsjahr 78 damit beauftragt, den niedergebrannten Jupitertempel neu zu errichten, aber das sakrale Bauwerk stand noch immer unvollendet auf dem Capitol.

Gleich am ersten Tag des Jahres 62 forderte Caesar von Catulus Rechenschaft über die Geldmittel, die für den Wiederaufbau zur Verfügung standen, was schon dem Verdacht auf Unterschlagung nahekam, und er beantragte die Ablösung des untätigen Beauftragten. Diese Anträge legte Caesar einer Contio, einer ungegliederten, nicht beschlußfähigen Volksversammlung vor. Aber da waren so viele Freunde und Anhänger des Catulus herbeigeeilt, daß Caesar seine Anträge geschwind zurückzog. Ihm blieb nur die Genugtuung, die Verdächtigung des konservativen Optimaten öffentlich ausgesprochen zu haben.

Die Situation in Rom ist nur zu verstehen, wenn man in das Kräftespiel der verschiedenen Fraktionen immer Pompeius einbezieht, dessen Rückkehr nach Rom eine der wenigen machtpolitischen Konstanten war. Ein großer Teil der politischen Auseinandersetzungen dieser Zeit zielte darauf, den Beteiligten eine möglichst aussichtsreiche Position für die mit Pompeius' Rückkehr unvermeidlichen Machtkämpfe zu sichern. Wenn Caesar vorhatte, als Nachfolger des Catulus für den ehrenvollen Auftrag den großen Pompeius vorzuschlagen, gehört das in diesen Zusammenhang. Offensichtlich strebte Caesar danach, zwischen Senatsoligarchie und Pompeius einen Keil zu treiben. Denn nun unterstützte er einen Antrag des Volkstribunen Metellus Nepos, wonach Pompeius durch ein Plebiszit nicht nur rasch, sondern auch mit seinem Heer zurückgerufen werden sollte. Angesichts der immer noch im Apennin kämpfenden Freischärler Catilinas sollte Pompeius Rom schützen und die Ordnung im Land wieder herstellen. Allerdings wurden die revolutionären Truppen bereits im Februar 62 bei Pistoria von einem Senatsheer vernichtend geschlagen, und bei den Kämpfen fand Catilina den Tod.

Jedermann in Rom wußte, daß die Begründung des Pompeius-Anhängers Metellus Nepos als Vorwand diente, dem Triumphator Pompeius die Rückkehr mit seinen Legionen und damit eine Machtverschiebung zu seinen Gunsten zu ermöglichen. Dieser Bedrohung der herrschenden Magistrate half Caesar eifrig nach. Und er sah sich wieder seinem Hauptgegner in der Catilina-Debatte gegenüber, Cato, der mit gewohnter Schärfe für die Sache der Senatsoligarchie einstand. In der Senatssitzung erklärte Cato nachdrücklich, »solange er lebe, solle Pompeius nicht mit den Waffen in die Stadt kommen«.

Schwieriger wurde die Situation, als die Volksversammlung über die Gesetzesvorlage abstimmen sollte. Metellus Nepos hatte »bewaffnete Fremde, Fechter und Sklaven« auf dem Forum postiert, um notfalls mit Gewalt das Votum zu erzwingen. Cato und ein Mittribun machten von ihrem Einspruchsrecht Gebrauch, verhinderten in handgreiflicher Auseinandersetzung das Verlesen des Gesetzes. Darauf wurde Cato von den Helfern des Metellus bedroht, mit Steinen und Knüppeln beworfen, bis er sich mit Mühe und unter dem Schutz des Consuls Licinius Murena in den Castortempel retten konnte. Ein erneuter Versuch des Metellus Nepos, die Abstimmung durchzuführen, scheiterte. Die inzwischen zahlreichen Senatsanhänger verhinderten sein Unternehmen durch ihr Gegenschreien, und er gab auf.

Caesar, der während des ganzen Vorfalls auf den Stufen des Castortempels neben Cato stand, war an dem Handgemenge und der Mißhandlung Catos unbeteiligt. Aber er hatte als Praetor geduldet, daß ein sakrosankter Volkstribun angegriffen wurde, und das kam ihn teuer zu stehen. Seine Rechtfertigung vor dem Senat blieb erfolglos. Durch Senatsbeschluß wurde ihm die Amtsführung der Praetur entzogen. Metellus verlor sein Tribunat und verließ Rom. Er reiste nach Kleinasien, um Pompeius von den Ereignissen zu berichten. Auch Caesar, der zunächst dem Amtsentzug Widerstand leistete, gab schließlich auf. Er entließ seine Lictoren und zog sich in sein Haus zurück.

Damit aber war diese Episode noch nicht beendet. Sie hatte ein für Caesar typisches Nachspiel. Offenbar hatte der Senat die Beliebtheit Caesars unterschätzt. Schon nach zwei Tagen kam es zu Massendemonstrationen vor seinem Haus in der Via Sacra. Die Plebejer verlangten seine Wiedereinsetzung. Eilends wurde der Senat einberufen, denn der Volksauflauf drohte, gefährlich zu werden. In der für den Senat peinlichen Situation gelang es Caesar, die erregten Römer zu beschwichtigen und sie zur Beachtung der gesetzlichen Maßnahmen anzuhalten. Das wiederum veranlaßte den Senat, Caesar für seine Loyalität und Besonnenheit zu danken und den gegen ihn erlassenen Beschluß aufzuheben. Er wurde in die Curie geholt, geehrt und in seinem Amt bestätigt.

Derartige Vorkommnisse waren gewiß nicht ungewöhnlich im politischen Wechselspiel in diesen Jahren. Aber es ist bezeichnend für Caesars taktisches Geschick, daß es ihm gelang, noch aus einem so verwerflichen Zwischenfall wie der Mißhandlung Catos politisches Kapital zu schlagen.

Schon der Catilina-Prozeß zeigte, wie schwierig es ist, das vor zwei Jahrtausenden Geschehene nachzuvollziehen, wie schwierig es ist, aus den zeitgenössischen wie späteren Berichten, Verzerrungen, bewußten oder unbewußten Fälschungen ein annähernd stichhaltiges Bild der Ereignisse herauszuschälen. Nehmen wir die Vettius-Affäre, die im Frühjahr 62 noch einmal den Verdacht auf Caesars Mitverschwörung gelenkt haben soll. Nach Sueton legte der in die Verschwörung eingeweihte Lucius Vettius dem Vorsitzenden des Sondergerichts, Novius Niger, eine Liste der Verschwörer vor, die auch Caesars Namen enthielt. Vor dem Senat bestätigte jener Quintus Curius, der bereits einmal über seine

Geliebte Fulvia als Denunziant aufgetreten war, die Anschuldigung. Caesar reagierte äußerst heftig. Er berief sich auf Cicero, dem er selbst »aus freien Stücken hinterbracht habe«, was er von der Verschwörung wußte. Cicero bestätigte das, und der Senat wies den Denunzianten ab.

Dem Curius wurde der erwartete Angeberlohn verweigert. Vettius wurde »vor der Rednertribüne vom Volk fast in Stücke gerissen«. Ihm gegenüber nutzte Caesar sein Recht als Praetor. Er ließ einen Vermögensteil des Denunzianten pfänden, seinen Hausrat plündern und ihn selbst in den Kerker werfen. Auch den Quaestor Novius Niger erwartete eine Gefängnisstrafe, weil er die falsche Anschuldigung eines höheren Amtsträgers geduldet hatte. Nach unserem Rechtsempfinden ein »drastisches Verfahren«. »Doch handelte Caesar im Rahmen des geltenden Rechts« und zur Wahrung seiner Würde als Magistrat.

Obwohl der über die Denunziation des Vettius ebenfalls berichtende Dio Cassius weder Caesar noch Curius noch Novius Niger erwähnt, läßt sich Suetons detaillierte Schilderung schwerlich von der Hand weisen. Nur waren die beiden Anschuldiger höchst dubiose Existenzen.

Als »ganz unsauberer Denunziant« wird Lucius Vettius später, im Jahre 59, noch einmal auftreten, diesmal wahrscheinlich von Caesar oder einem Mittelsmann Caesars angestiftet. Vettius' nachweislich falsche Aussagen führten ihn wieder in den Kerker, wo er auf nicht ganz geklärte Weise umkam. Quintus Curius war ein stadtbekannter Glücksspieler, der bereits im Jahre 70 aus dem Senat gestoßen wurde, was einem Ehrentzug gleichkam. Dem ruinierten, aber geldgierigen Mann ist eine üble Verleumdung allein wegen der erhofften Prämie zuzutrauen.

Noch einmal also erweist sich die Hypothese von Caesars Teilnahme an Catilinas Verschwörung als höchst fragwürdig, konstruiert aus Gerüchten und unbewiesenen Behauptungen.

Die genannten Ereignisse zeigen auch, daß Caesars Praetur keineswegs »ohne Zwischenfälle« verlief, wie Plutarch mitteilt und noch neuzeitliche Biographen gelegentlich allzu vertrauensvoll wiederholen. Erst nach der Vettius-Affäre beruhigte sich das politische Leben in Rom. Für einige Monate scheint Caesar vorwiegend den üblichen Amtsgeschäften des Praetors nachgegangen zu sein.

Alljährlich, Anfang Dezember, feierten die vornehmen Frauen Roms die Mysterien der Bona Dea, der Guten Göttin. Es war ein weiblicher Fruchtbarkeitskult, wobei eine der Bona Dea geweihte heilige Schlange verehrt wurde, das alte doppelsinnige Zeichen erdhaft-dämonischer und heilender Kräfte. Merkwürdige Bräuche begleiteten die nächtlichen Hauptzeremonien, die jährlich wechselnd im Haus eines höheren Magistraten stattfanden. Der reichliche Genuß von Wein, als »Milch« getrunken, und das mit den Riten verbundene festliche Gelage, dazu eine betörende Musik, versetzten die mit Turbanen und Bändern geschmückten Frauen in einen rauschhaften Zustand. Um Mitternacht, wenn die bis dahin anwesenden Vestalinnen das Fest verließen, begann ein ausgelassenes Treiben. Kein Mann durfte während der Feiern im Hause sein, und sogar die Bildnisse, die Männer darstellten, wurden verhüllt.

In diesem Jahr fiel Pompeia, der Frau des Praetors und des Pontifex Maximus Caesar, die Aufgabe zu, das Kultfest in ihrem Hause auszurichten und zu leiten. Caesar selbst und alle männlichen Hausgenossen waren ausquartiert. Jedoch am nächsten Morgen sprach ganz Rom von einem neuen Skandal, einem entsetzlichen Religionsfrevel, begangen im Hause des Pontifex Maximus. Die Frauen, die der nächtlichen Feier beigewohnt hatten, sorgten für die rasche Verbreitung dieser unerhörten Nachricht.

Ein junger Mann, verkleidet als Frau, war während der nächtlichen Zeremonien eingedrungen. Eine Dienerin Aurelias, der Mutter Caesars, hatte ihn entdeckt und das gemeldet. Aurelia hatte den Mann, der vorgab, eine Harfenspielerin zu sein, gestellt und erkannt. Sie hatte ihn hinauswerfen lassen und das Kultfest sofort abgebrochen. Man sagte, der Eindringling sei von einer Dienerin Pompeias eingelassen worden und habe sich Pompeia nähern wollen. Es blieb ungeklärt, ob mit oder ohne das Einverständnis von Caesars Gattin.

Die Römer, mit Caesars eigenen Liebesaffären zur Genüge vertraut, griffen den pikanten Vorfall begierig auf, und Plutarchs ausführliche Schilderung wird gern nacherzählt. Doch eigentlich interessant wird der Bona-Dea-Skandal erst durch Caesars Verhalten und durch die Person des Eindringlings, des jungen Adeligen Publius Clodius Pulcher. Merkwürdigerweise belangte Caesar den Frevler nicht. Ja, als Pontifex Maximus verhielt er sich während des Prozesses, der Rom über Monate in Atem hielt und erst im Mai des nächsten Jahres zum Abschluß kam, erstaunlich zurückhaltend.

Anders reagierte Caesar gegenüber seiner Frau. Nach fünfjähriger Ehe gab er Pompeia den Scheidebrief. Befragt, warum er dies tue, obwohl er Clodius schone, antwortete er prompt: »Weil ich verlange, daß meine Frau nicht einmal der Schatten eines Verdachts trifft.« Wahrscheinlich war ihm der Anlaß willkommen, sich von einer ungeliebten und seinen Zukunftsplänen nicht mehr förderlichen Frau zu trennen.

Unterdessen wurde der Skandal zum Politikum. Clodius machte sich zum rabiaten Verfechter der popularen Sache. Er gebärdete sich als kleiner Catilina, schmähte diejenigen, die ihn wegen Religionsfrevels belangen wollten, mit wüsten Beschimpfungen, umgab sich sogar mit einer bewaffneten Bande. Clodius, etwa dreißigjährig, also acht Jahre jünger als Caesar, gehörte zu jenen jungen Adeligen, die sich einem ungehemmten Lebensgenuß hingaben und deren üble Umtriebe stadtbekannt waren. Als Offizier im Heer seines Schwagers Lucullus zählte er zu den Meuterern, die dem Kriegszug des Lucullus 67 in Kleinasien ein unrühmliches Ende bereitet hatten. Lucullus, der mit der jüngsten Schwester des Clodius verheiratet war, bezeugte unter Eid, Clodius habe mit dieser seiner leiblichen Schwester blutschänderisch verkehrt.

Die Libertinage trieb merkwürdige Blüten und führte zu ebenso merkwürdigen Verflechtungen innerhalb der römischen Gesellschaft. Des Clodius mittlere von drei Schwestern war die berüchtigte und vielbegehrte Clodia, deren Haus und Garten am Tiberufer der römischen *Jeunesse dorée* offenstand. Cicero nannte sie ihrer schönen, großen Augen wegen Boopis, die »Kuhäugige«. Spötter sahen in ihr eine Quadrantaria, eine »Viergroschendame«. Sie war zahlreichen Liebhabern zugeneigt, obwohl seit 63 mit dem Senator und späteren Consul (60) Metellus Celer vermählt, nach Catull »ein alberner Tropf«. Clodia soll ihren Mann vergiftet haben, schob aber den Verdacht auf einen ihrer Liebhaber, einen Freund Catulls. Der zehn Jahre jüngere Dichter Catull liebte sie leidenschaftlich und unglücklich, sie war seine »Lesbia«, der er seine schönsten Verse widmete.

Auch Cicero scheint auf die umschwärmte Clodia ein Auge geworfen zu haben. Zumindest rührte sich bei Ciceros Gattin Terentia die Eifersucht, und sie drängte Cicero, in der Gerichtsverhandlung gegen Clodius auszusagen. Aber Cicero hatte auch so genug Gründe, zumal nach den rüden Schmähungen des Clodius, den Frevler zu belasten. Überdies verdächtigte er Clodius, der Catilina im Repetundenprozeß verteidigt hatte, der Beihilfe zur Catilinarischen Verschwörung.

Es paßte durchaus zum schwankenden und undurchsichtigen Charakter des Clodius, wenn er andererseits als »Freund Ciceros« bezeichnet wird und während der Catilina-Affäre zu den Leibwächtern des Consuls gehört haben soll. Doch das war Vergangenheit. Bei der Gerichtsverhandlung im Mai 61 entkräftete Cicero das vorgetäuschte Alibi des Angeklagten, der behauptet hatte, er habe ihn, Cicero, zur fraglichen Zeit des Bona-Dea-Festes besucht. Doch die Urteilsverkündung wurde zur Farce. Der den Popularen so nützliche Clodius erhielt entsprechende Hilfe. Der finanzgewaltige Crassus stellte das nötige Geld bereit, um dreißig Richter zu bestechen, während nur fünfundzwanzig den Frevler schuldig sprachen. Clodius wurde freigesprochen.

Caesar hatte an der schändlichen Rechtsverdrehung keinen Anteil. Er war bereits im März in die ihm als Praetor zugewiesene Provinz Hispania ulterior abgereist. So entging er der Zeugenaussage im Mai. Hätte er sich im Sinne von Gerechtigkeit und Legalität gegen Crassus und die Popularen gestellt? Wohl kaum. Eine indirekte Antwort dieser Frage liegt in der Tatsache, daß er sich später des Clodius als eines willfährigen Helfers bedienen sollte.

## 20 Propraetor in Südspanien

Hispania ulterior, das jenseitige Spanien, umfaßte in etwa das heutige Andalusien und Estremadura, dazu Lusitanien, das heutige Portugal. Als Quaestor hatte Caesar die Provinz acht Jahre zuvor ausgiebig kennengelernt und sich in den einheimischen Kommunen wie in den römischen Kolonien Freunde gemacht. Die beste Voraussetzung für die Statthalterschaft, die ihm nun durch das übliche Losverfahren zufiel.

Es war ihm ärgerlich, daß die Zuweisung der Provinzen wegen des Clodius-Prozesses verzögert wurde. Zwischen der beendeten

Praetur und dem Antritt der Propraetur entbehrte er den Schutz der magistratlichen Immunität. Zwar lag keine gerichtliche Anklage vor, doch die Gläubiger saßen ihm schon wieder im Nakken. Seine enorme Schuldenlast war, wie der Historiker Appian versichert, auf fünfundzwanzig Millionen Sesterzen angewachsen. Als die Gläubiger Caesars Abreise zu verhindern suchten und mit der Pfändung der statthalterlichen Ausrüstung drohten, übernahm Crassus die Bürgschaft für ein Fünftel der Schuldensumme.

Crassus gab keine Geschenke. So dürfen wir annehmen, daß er wünschte, Caesar, der sich mehrere Male für Pompeius eingesetzt hatte, so schnell wie möglich reisefertig und dann fern von Rom zu sehen. Außerdem war ihm daran gelegen, sich Caesar zu verpflichten. Er kannte Caesars politische Potenz und wußte, daß seine Investition Gewinn bringen würde.

Die Bürgschaft deckte nur einen Teil des Schuldenbergs. So war verständlich, daß Caesar im März 61 überstürzt abreiste, ohne »die nötigen Instruktionen für die Amtsführung« abzuwarten, und dadurch »gegen Recht und Sitte« verstieß. Er erwartete ja von seiner einjährigen Propraetur in Hispania ulterior die übliche Bereicherung, die ihn seiner Geldsorgen entheben sollte.

Natürlich reiste er standesgemäß mit großem Gefolge. Auf den Landstraßen bis zum jenseitigen Spanien wird er drei bis vier Wochen unterwegs gewesen sein.

Bei einer Rast in einem armseligen Alpendorf warfen seine Begleiter die Frage auf, ob es hier wohl auch Streit um Ämter und Neid unter den Großen gebe. Caesar soll geantwortet haben, er wolle »lieber hier der Erste als in Rom der Zweite sein«. Die gut erfundene Anekdote spricht eher für das Denken ihres Erfinders, weniger für Caesar selbst. »Solche Geständnisse vernahm man nicht von ihm.«

Als Statthalter war Caesar unumschränkter Herr seiner Provinz, Zivilgouverneur, oberster Gerichtsherr und militärischer Befehlshaber. Der untergeordnete Quaestor besorgte das Rechnungswesen, das Eintreiben von Steuern und Tributen. Caesar residierte in der Provinzhauptstadt Corduba in der an Weizen reichen Ebene des Guadalquivir, zur Römerzeit Baetis genannt. Eine starke römische Kolonie lebte in der Stadt. Noch heute erinnert an die Römer die steinerne Brücke von Córdoba (zur Zeit des Augustus erbaut), deren sechzehn Bogen den Guadalquivir überspannen. Stromaufwärts kamen die römischen Lastschiffe, um hier Getreide, Olivenöl und Wein an Bord zu nehmen. Den Römern und Italikern lieferte die spanische Provinz, neben Sizilien und Nordafrika, den Hauptbedarf an Weizen.

Die Randgebiete, der lusitanische Westen und das Land bis hinauf zum heutigen Galicien, waren noch unerschlossen und einer dauerhaften Kontrolle entzogen. In der Zeit von Caesars Ankunft bedrohten lusitanische Bergstämme die zwischen den Flüssen Duero und Tajo angesiedelten Landbewohner. In der Bekämpfung der Bergstämme fand Caesar seine erste Aufgabe. Eine Streitmacht von zwanzig Kohorten stand ihm zur Verfügung. Er vergrößerte sie eigenmächtig um zehn weitere Kohorten. Einer Kohorte waren rund sechshundert Krieger zugeordnet. So befehligte er erstmals ein stattliches Heer.

Die Weigerung der gutgerüsteten Stämme, sich in der Ebene friedlich niederzulassen, führte zu Kämpfen in der Sierra Estrella und an der Westküste. Die lusitanischen Krieger, die im eigenen Land ihre bessere Ortskenntnis geschickt nutzten, widerstanden den vordringenden Römern hartnäckig. Zuletzt verschanzten sie sich auf einer Insel. Erst als Caesar von Gades (Cádiz) herauf eine Kriegsflotte kommen ließ, gelang es ihm, die kriegerischen Lusitaner ganz zu unterwerfen.

Offenbar unter dem Eindruck seines ersten Kriegsglücks nutzte Caesar die Flotte zu einem weiteren Vorstoß in das noch kaum von Römern betretene Gebiet der Kallaiker im heutigen Galicien. Er schiffte seine Truppen ein und segelte längs der Atlantikküste nach Norden bis Brigantium (Betanzos nahe La Coruña). Die Fahrt über den stürmischen Atlantik war ein kühnes Unternehmen, kühner als die Unterwerfung der Kallaiker selbst. Den überraschten Vorfahren der Gallegos blieb nichts übrig, als den Statthalter Roms anzuerkennen und die bei solcher Besitznahme üblichen Tribute zu zahlen.

Caesars Kriegszüge brachten den erwünschten Erfolg für Rom, für seine Legionäre und für ihn selbst. Er hatte seine Bewährungsprobe als Feldherr bestanden und wohl das erstemal römische Truppen über den Atlantik geführt. Bereits hier zeichneten ihn Eigenschaften aus, die ihm später legendären Ruhm verschafften: Entschlossenheit und Konsequenz, die Kühnheit eines unkonventionellen, überraschenden Vorgehens und ein persönlicher

Einsatz, der ihn zum Vorbild seiner Legionäre machte, ihm Achtung und blinden Gehorsam sicherte.

Die Truppen, die aus der reichen Beute ihren Anteil erhielten, riefen ihn zum Imperator aus. Er selbst konnte aus dem Beuteerlös seine römischen Gläubiger befriedigen und überdies »beträchtliche Summen an das Aerarium«, den Staatsschatz in Rom, überweisen.

In Rom gingen allerdings auch Gerüchte um, Caesar habe widerrechtlich einige friedliche Städte der Lusitaner plündern lassen, und er habe »zur Bezahlung seiner Schulden« ebenso unrechtmäßig von den spanischen Bundesgenossen Geldgeschenke »erbettelt«. Aber dies, lediglich von Sueton berichtet, kann als übelwollendes Gerücht aufgekommen sein. Bei einem erwiesenen Rechtsverstoß dieser Art hätten sich Caesars Gegner in Rom wohl kaum die Chance einer Repetundenklage entgehen lassen. Hingegen ehrte der Senat den erfolgreichen Propraetor durch ein Dankfest und die Anwartschaft auf den Triumph.

Was brachten die römischen Statthalter der Provinz? Die Römer hatten in Spanien die Karthager abgelöst, 209 v. Chr. Carthago Nova (Cartagena) erobert und nach weiteren Feldzügen gegen einheimische Stämme 133 v. Chr. die keltiberische Stadt Numantia (nördlich von Soria) bezwungen. Damit war die römische Herrschaft über die Iberische Halbinsel, bis auf ein Restgebiet im Norden, gesichert. Zur Zeit Caesars waren die beiden großen Provinzen, im Norden Hispania citerior, im Süden und Westen Hispania ulterior, weithin romanisiert, abgesichert durch die Gründungen zahlreicher römischer Kolonien.

Soweit der Arm des Statthalters reichte, genossen Einwohner wie Angesiedelte den Schutz der Römer, eine geregelte Verwaltung und unparteiische Rechtsprechung nach bewährten Gesetzen. Wirtschaft und Handel, einbezogen in das weltweite Handelsnetz der römischen Kaufleute, blühten auf. Man sollte weder diesen Gewinn noch die negativen Seiten der Römerherrschaft übersehen: die Belastung durch Steuern und Abgaben, gestaffelt je nach dem Rechtsverhältnis der Kommunen oder Kolonien; die Abhängigkeit von jährlich wechselnden Statthaltern, die nicht selten ihre Provinz ausbeuteten und erpresserisch in die eigene Tasche wirtschafteten. Die häufigen Repetundenklagen belegen das. Negativ wirkte sich auch aus, daß römische Auseinandersetzungen häufig bis in die Provinzen getragen wurden, wie der Krieg gegen den widerständigen Statthalter Sertorius (78–72) zeigte.

Sehr wahrscheinlich erhielt der Propraetor Caesar von den südspanischen Kommunen hohe Geldgeschenke, denn er verließ seine Provinz als »reicher Mann«. Nur hatte er nicht nötig, Geld zu erbetteln oder gar zu erpressen. Er verstand sich auf die Kunst, Sympathien zu gewinnen, hier wie andernorts. Städte und Gemeinden waren ihm zu Dank verpflichtet, nicht nur wegen seiner effektiven und gerechten Zivilverwaltung. Darüber hinaus entstand ein echtes Patronatsverhältnis, wobei Caesar den persönlichen Einsatz, wie früher zugunsten der Bithynier oder der Transpadaner, nicht scheute. Gewiß entsprang dieses so charakteristische Verhalten Caesars keiner naiven Zuneigung. Es war eingebunden in ein politisches Konzept, dessen Ziel längst über die provinziale Verwaltung hinauswies. Aber das ändert nichts daran, daß Caesars Verhalten den ihm Anvertrauten zugute kam, ja daß er wie kaum ein anderer seiner Zeitgenossen das oft zitierte Treueverhältnis zwischen Klienten und dem Patron ernst nahm. Anders gesagt, »wer sich ihm anschloß, wußte, daß er sich auf ihn verlassen konnte«.

Für seine Provinz erwirkte Caesar beim Senat die Befreiung von der Kriegssteuer, die den Gemeinden seit dem Sertorius-Krieg auferlegt war. Auch andere, dem Senat übermittelte Anträge zeigen, daß der Statthalter die Interessen seiner Provinz mindestens ebenso förderte wie die Belange Roms. Selbstverständlich war das nicht.

Aufsehen erregte ein Erlaß des Propraetors, der in der Provinz das Schuldrecht, das zu den übelsten Mißständen seiner Zeit führte, reformierte, ein Vorgriff auf Caesars spätere Maßnahmen in Rom. Von nun an brauchte der Schuldner für seine Schuldentilgung nicht mehr mit sämtlichen Jahreseinnahmen einzustehen, sondern mit zwei Dritteln. Das restliche Drittel verblieb ihm und konnte nicht durch die Gläubiger oder Steuerpächter eingeklagt werden. Werten läßt sich diese Neuregelung nur aus den Zeitverhältnissen. Immerhin rettete die Milderung den Besitzstand des Schuldners, setzte sie der sonst gnadenlosen Schuldeintreibung eine Grenze.

In einigen Gemeinden, so in der Rom verbündeten Stadt Gades, schlichtete Caesar interne Streitfragen und sorgte er für bessere kommunale Gesetze. Dabei ging ihm ein gebürtiger Gaditaner zur Hand, den er zu seinem Adjutanten, seinem *praefectus fabrum*, ernannt hatte, Lucius Cornelius Balbus. Wegen seiner Verdienste im Krieg gegen Sertorius hatte bereits Pompeius dem aus reicher Familie stammenden Gaditaner das römische Bürgerrecht verliehen (72). Cornelius Balbus geht mit Caesar nach Rom und zählt dort zu Caesars engsten Vertrauten, bis zum Tode ein zuverlässiger Freund.

In Spanien konnte Caesar zum erstenmal seine Doppelbegabung voll entfalten; er war Feldherr und Regent zugleich. Seine Truppenführung war in gleicher Weise von Entschlossenheit, Weitblick und Menschlichkeit geprägt wie seine Verwaltung der Provinz. Es war sozusagen die Generalprobe des kommenden Staatsmannes und des Eroberers Galliens. Wahrscheinlich hat die spanische Erfahrung, das Jahr fern von Rom, den langwierigen Prozeß der Selbstfindung endgültig abgeschlossen.

Spanien entläßt den nahezu vierzigjährigen Caesar als einen Mann, der sich seiner Fähigkeiten sicher ist, der entschieden und umsichtig handelt, im klaren Bewußtsein, daß ihm das Zentrum der Macht erreichbar ist. Die zu erwartenden Hindernisse, auch das war ihm bewußt, würden Verzögerung bringen, aber seinen politischen Zielvorstellungen nicht dauerhaft widerstehen können. Sein Entschluß, als Bewerber für das Consulat des folgenden Jahres anzutreten, kam nicht unerwartet, weder für seine Freunde noch für seine Gegner im Kreis der Optimaten.

## 21 Verbündet mit Pompeius und Crassus

Vielleicht haben die Menschen die Götter erfunden, um ihren Sehnsüchten Leben einzuhauchen und wenigstens einmal der Dualität von Leben und Tod, Tag und Nacht, Gewinn und Verlust, dem Entweder-Oder zu entrinnen. Kein noch so hoch Begabter, kein Meister, kein Genie, kein Heiliger, wie auch immer die aus der Lebensvielfalt Herausragenden benannt wurden, kann das eine und das andere gleichzeitig, gleicherweise besitzen. Entweder-Oder, auf Schritt und Tritt, im Großen wie im Kleinen. Für den zurückgekehrten Caesar bedeutete das: entweder die Ehre oder die Macht, entweder der Triumphzug oder das Consulat, die Staatsgewalt. Im Juni 60, als er vor Rom sein Entweder-Oder erwog, entschied er sich, ohne zu zögern, für die Macht.

Der Triumph war Caesar zugestanden. Aber nach altem Gesetz verlor der Anwärter sein Imperium, wenn er vor dem Tag seines feierlichen Triumphes die sakrale Stadtgrenze von Rom, das Pomerium, überschritt. Mit dem Verlust des Imperiums war auch der Triumph hinfällig.

Andererseits gebot ein neueres Gesetz für die Consulatskandidatur die persönliche Anwesenheit des Bewerbers. Caesar beantragte seine Freistellung von dieser Vorschrift, um den Triumph nicht zu gefährden. Am letztmöglichen Tag, an dem der Senat über das Ausnahmegesuch abstimmen sollte, griff Cato zu einem bewährten Mittel parlamentarischer Obstruktion. Caesars eingeschworener Gegner redete so lange, »daß der ganze Tag darüber verstrich« und mit der Aufhebung der Sitzung das unbehandelte Gesuch verfiel. Der Dauerredner Cato hatte erreicht, daß der Senat über den Antrag noch nicht einmal zu entscheiden brauchte.

Caesar handelte als Pragmatiker der Macht und verzichtete auf den Triumph. Er überschritt das Pomerium und bewarb sich in Rom für das Consulat. Sein Alter im kommenden Consulatsjahr 59 entsprach der Vorschrift, denn für Patrizier war die übliche Altersgrenze, das dreiundvierzigste Lebensjahr, um zwei Jahre herabgesetzt. Nun konnte offiziell die schon vorbereitete Wahlpropaganda beginnen. Eine Absprache mit dem früheren Praetor Lucius Lucceius, Caesars Mitbewerber, hatte die Wahlkasse gefüllt. Der nichtadelige Lucceius war politisch unbedeutend, aber als reicher Mann und Freund des Pompeius von Nutzen. Undenkbar wäre eine Wahl ohne großzügige Zahlung von Wahlgeldern gewesen, genauer gesagt von Bestechungsgeldern an die Wählergruppen.

Caesars Wahlchancen standen gut. Zu dieser Zeit, im Juni 60, schrieb Cicero seinem Freunde Atticus, er hoffe, diesen Caesar, »der gerade den Wind in den Segeln« habe, durch seinen Einfluß zu einem »besseren« Politiker machen zu können. Doch der Senat veranlaßte einiges, Caesar den Wind aus den Segeln zu nehmen. Vor der Wahl hatten die Senatoren über die Provinzen zu beschließen, die den Consuln nach ihrem Amtsjahr zufallen sollten.

Man rechnete fest mit Caesars Wahl und beschloß eine geradezu entwürdigende »Statthalterschaft«, nämlich die »Aufsicht über Waldungen und Triftwege«. Die etwas vage umrissene Zuteilung betraf italisches Staatsgebiet und gehörte zu den »minderen Amtsgeschäften«, die auch ein Quaestor wahrnehmen konnte.

Diese offensichtliche Brüskierung traf natürlich auch den von der Senatsoligarchie geförderten Bewerber Marcus Calpurnius Bibulus. Dem konservativen Bibulus, der mit größeren Chancen als Lucceius kandidierte, war Caesar als Mitconsul kaum erwünscht. Er hatte bereits während des gemeinsamen Aedilats und der Praetur im Schatten Caesars gestanden. Doch die Optimaten sahen in ihm ein Gegengewicht und betrieben seine Kandidatur mit großem Aufwand. Selbst der Sittenwächter Cato entspannte seine Moralbegriffe so weit, daß er die Verwendung von Bestechungsgeldern billigte. So wurden Caesar und Bibulus zu Consuln für das Jahr 59 gewählt.

Mit einem imponierenden Wahlsieg schlug Caesar die massive optimatische Gegenpropaganda aus dem Feld. Aber er hätte sein Ziel schwerlich ohne Unterstützung von anderer Seite erreicht. Es liegt nahe, an die beiden einflußreichsten Männer zu denken, die nicht zu den optimatischen Gegnern zählten, an Pompeius und Crassus. »Verärgert« über die beleidigende Provinzzuweisung, schreibt Sueton, habe Caesar sich mit Pompeius verbündet. Eine wenig überzeugende Begründung, denn Caesar hätte kaum als aussichtsreicher Kandidat gegolten, wäre ihm nicht schon vorher die Unterstützung des Pompeius und seiner Gefolgsleute sicher gewesen.

Das Verhältnis zu Crassus, dem Caesars Verbindung mit Pompeius mißfiel, war wohl etwas getrübt. Nicht er, der frühere Kreditgeber, hatte die Wahl finanziert, sondern der reiche Lucceius, der als Mitbewerber auf der Strecke blieb. Doch war Crassus ein viel zu kluger Rechner, zudem mit den Senatsoptimaten verfeindet, um nicht weiterhin auf Caesar zu setzen.

Caesar muß an der Wahlunterstützung der beiden Männer, die zahlreiche Anhänger mobilisieren konnten, gelegen gewesen sein. Dies ist ein wichtiges Motiv für sein Verlangen, zu diesem Zeitpunkt wenigstens eine begrenzte Übereinkunft zu erzielen. Viel spricht dafür, daß schon der kandidierende Caesar eine Absprache zustande brachte, die dann gegen Jahresende, nachdem es ihm gelungen war, Pompeius und Crassus zu versöhnen, zu jenem Dreierbündnis führte, das als Erstes Triumvirat die Politik der nächsten Jahre bestimmte.

Was veranlaßte den großen Pompeius zum Bündnis mit dem sechs Jahre jüngeren Caesar? Caesar war in seinen Augen sicher ein talentierter, aber keineswegs ebenbürtiger Partner. Diese auf den ersten Blick überraschende Allianz wird verständlich, wenn man das Ereignis, auf das die Römer seit Jahren mit Spannung warteten, die Rückkehr des ruhmbedeckten Feldherrn Pompeius aus Asia, genauer betrachtet.

Pompeius war Anfang des Vorjahres mit vierzigtausend seiner Legionäre in Brundisium gelandet. Hinter ihm lag ein sechsjähriger Siegeszug ohnegleichen. Er hatte sich bewährt als Feldherr und Regent, als Organisator und Gründer neuer Staaten, Provinzen und Städte. Die Befriedung des gesamten Ostens unter römischer Herrschaft, von der Mittelmeerküste bis zum Kaukasus im Osten und bis Syrien im Süden, war sein Werk und hatte ihn zum ruhmvollsten Römer seiner Zeit gemacht. Wilde Gerüchte waren ihm nach Rom vorausgeeilt. Es hieß, er würde die Macht beanspruchen, eine Art Militärdictatur errichten und dem Gruppenegoismus und Parteiengezänk in Rom ein gewaltsames Ende bereiten. Hätte er dies gewollt, niemand hätte ihn hindern können.

Das Unerwartete geschah. Pompeius verhielt sich loyal und entließ seine Legionäre in ihre Heimatprovinzen, allein auf ihre Gefolgstreue bei künftigen Abstimmungen bauend. Offenbar glaubte er, seine Erfolge in den Provinzen in Rom in politischen Einfluß umwandeln zu können. Damit aber begab er sich auf ein schwieriges Pflaster.

In Rom schlug ihm seit Februar 61 der kalte Wind ins Gesicht. An Ansehen und Ehrungen fehlte es ihm nicht. Er feierte einen unerhört prachtvollen Triumph, seinen dritten, nun über die Völker Asiens, nachdem die ersten Triumphe seine Siege in Nordafrika und in Spanien und Italien gekrönt hatten. Seine Anhänger sahen in ihm einen zweiten Alexander. Doch Rom war nicht Kleinasien. Der Macht der Magistrate und den politischen Verflechtungen und Intrigen war er nicht gewachsen.

Pompeius konnte einem seiner verläßlichsten Unterführer, Lucius Afranius, das Consulat für das Jahr 60 verschaffen, allerdings nur durch skandalöse Bestechungen. Als es aber darauf ankam,

Pompeius' wichtigste Forderungen durchzusetzen, versagte der mit der Senatspolitik unvertraute Afranius. Sicherlich zutreffend nannte Cicero ihn »eine Beule im Gesicht des Pompeius«, »eine Null«. Pompeius forderte die Bestätigung seiner administrativen Anordnungen in Kleinasien und die Versorgung seiner Legionäre durch Zuteilung von Land. Beide Anträge waren berechtigt und dringlich. Aber sie scheiterten am Widerstand der Senatsoligarchie, die nichts so sehr fürchtete wie den Machtzuwachs eines einzelnen Mannes. Cicero, der Pompeius auf seine Seite ziehen wollte, suchte zu vermitteln, ohne Erfolg.

Neben dem erzkonservativen Cato gehörten zu den optimatischen Wortführern die schon bekannten Lucullus, Crassus und Metellus Celer, der als Zweitconsul mit Afranius leichtes Spiel hatte. Die Namen bürgen für persönliche Motive: Lucullus, unrühmlich abgelöster Vorgänger des Pompeius, konnte nicht verschmerzen, daß der von ihm in Kleinasien erhoffte Ruhm dem Pompeius zugefallen war. Crassus haßte Pompeius seit ihrem gemeinsamen Consulat im Jahre 70 und hintertrieb jede Begünstigung des Mannes, den er als den gefährlichsten Rivalen im Kampf um die Macht ansah.

Metellus Celer hatte familiäre Gründe, Pompeius zu bekämpfen. Nicht nur, weil er der Gatte der berüchtigten Clodia war und weil deren Bruder Clodius seit seinem Prozeß fortgesetzt gegen Cicero hetzte (weshalb Cicero »von Pompeius Schutz erhoffte«). Er war der Halbbruder von Pompeius' zweiter Gattin Mucia, die noch vor der Landung des Triumphators in Brundisium ihren Scheidebrief erhalten hatte. Daß Pompeius seine Halbschwester verstieß, verletzte die Familienehre, obwohl Mucias stadtbekannte Liebschaften und ihr »sehr ausschweifendes Leben« die Scheidung vollauf rechtfertigten.

Auch Caesar soll zu den Liebhabern der Dame Mucia gehört haben. Ein späteres Zeugnis, allerdings eine »Invektive gegen Caesar«, die der für solche Nachreden naiv empfängliche Sueton aufgriff, bezeichnete sogar Caesars Affäre mit Mucia als Scheidungsgrund. Pompeius habe ihn »seufzend seinen ›Aegisth‹ « genannt. Derartige gern nacherzählte und aufgebauschte Pikanterien verlieren an Glaubwürdigkeit, wenn sie einer erkennbar absichtsvollen Schmähung entstammen. Vielleicht verkehrte Caesar tatsächlich im Hause der freizügigen Mucia, sein eigener Lebensstil bot sicherlich Anlaß genug, eine Liaison zu vermuten. Doch wäre es sehr merkwürdig, wenn Pompeius ausgerechnet denjenigen, in dem er den Liebhaber seiner Frau vermutete, zum Bündnispartner gewählt hätte.

In Rom mußte Pompeius erfahren, daß seine Verdienste und sein Ansehen nicht ausreichten, um die Macht der den Senat beherrschenden Oligarchie zu brechen. Seine ihm selbstverständlichen Anträge fielen der Verschleppungstaktik des Senats zum Opfer. Ebenso mißglückte der Versuch, über den Volkstribunen Lucius Flavius ein umfassendes Landverteilungsgesetz durchzubringen, das den Veteranen und bedürftigen Familien zugute kommen sollte. Eine weitere demütigende Erfahrung des Triumphators. Das Angebot Caesars zu gegenseitiger Unterstützung konnte ihm nur willkommen sein.

Aber auch für Caesar war es wichtig, über Absprachen mit Pompeius und wahrscheinlich auch Crassus hinaus zu einem festen Dreierbündnis zu gelangen. Es war notwendig zur Absicherung dessen, was er in seinem Consulatsjahr durchführen wollte. Bei der Wahl hatten ja die optimatischen Gegner mit unverhüllter Deutlichkeit gezeigt, was ihn im kommenden Jahr erwartete.

Die Initiative zu dem Triumvirat ging von Caesar aus. Er war die treibende Kraft, nicht nur, weil er der erfahrenste Taktiker war, sondern weil nur er auf Grund seiner Beziehungen zu Pompeius und Crassus die Fäden knüpfen konnte. Seine zeitweilige Versöhnung der beiden bis zuletzt im Haß gegeneinander verbohrten Rivalen war ein Meisterstück psychologischer und politischer Überzeugungskunst.

Der Dreierpakt wurde einige Zeit geheimgehalten, weshalb die Datierung Schwierigkeiten bereitet. Doch gegen Jahresende oder am Anfang des Consulatsjahres 59 dürfte die Einigung und damit das Erste Triumvirat zustande gekommen sein. Cicero schrieb nämlich im Dezember 60 seinem Freunde Atticus, Caesar sei auf dem Wege, Pompeius und Crassus zusammenzubringen. Im übrigen werde Caesar bei allen Schritten seinen und des Pompeius Rat befolgen. Cicero konnte sich auf Cornelius Balbus, den Vertrauensmann Caesars, berufen. Der Gaditaner hatte den Consular besucht, um über Caesars Vorhaben zu berichten und auch Cicero zu gewinnen. Aber der blieb, obwohl er sogar Caesar zur Zeit ein gewisses Wohlwollen entgegenbrachte, unschlüssig, vielleicht auch mißtrauisch, und beharrte auf seiner Ungebundenheit. Die Intention des Dreierbündnisses läßt sich auf eine einfache, von Sueton überlieferte Formel bringen. Demnach sollte »nichts im Staate geschehen, was einem der drei mißfalle«. Von einem konkreten Programm ist keine Rede. Aber die plausible Formel, sofern sie eingehalten wurde, verbürgte eine ungeheure Macht. Vereinzelt oder gar im Kampf gegeneinander wären Caesar, Pompeius und Crassus außerstande gewesen, sich gegen die Senatsoligarchie zu behaupten. Im Triumvirat vereinten sich die politische Klugheit Caesars, die Kriegskunst und der Ruhm des Pompeius und die Finanzkraft des Crassus. Wer sollte der geballten Kraft dieses Bündnisses widerstehen?

Eher überspitzt nannte ein Historiker das Triumvirat eine »Verschwörung zu gemeinsamer Beherrschung der Republik«. Einer Verschwörung hätte der vorsichtige und auf Legalität bedachte Pompeius kaum zugestimmt. Auch Cicero, der ja von dem Triumvirat wußte, scheint es als bloßes Zweckbündnis angesehen zu haben, denn er verzichtete darauf, den Senat zu Gegenmaßnahmen aufzurufen. In dieser Hinsicht, die vergangenen Jahre zeigten das, waren die Römer äußerst hellhörig. Allein Cato, der Doktrinär der altrömischen Verfassung, witterte Verrat und argumentierte, das Bündnis sei »zum Umsturz der Aristokratie« geschaffen. Aber Cato war jeder Schritt Caesars verdächtig. Der Skeptiker fand im Senat wenig Gehör.

Zunächst war das Bündnis, aus einem Schutzbedürfnis, aus der Defensive entstanden, eine inoffizielle Absprache, die auf keine illegalen Handlungen zielte. Doch sicherlich und wahrscheinlich als einziger der drei strebte Caesar weiterreichende machtpolitische Ziele an. Pompeius suchte die Verwirklichung seiner vom Senat abgewürgten Anträge. Crassus erwartete vom Bündnis die Sicherung seines Finanzimperiums und der ihm verbundenen Pachtgesellschaften. Beide profitierten von der Koalition mit Caesar, aber beide ahnten wohl kaum, daß er der eigentliche Nutznießer des Triumvirats war. Von Anfang an zeigte sich Caesar als der überlegene Kopf des »dreiköpfigen Ungeheuers«, wie das Bündnis in einer zeitgenössischen Satire genannt wurde.

Dank seiner politischen Intelligenz und als Inhaber der consularischen Regierungsgewalt schuf sich Caesar mit dem Triumvirat ein Machtinstrument, das er virtuos handhabte. Die Bedeutung des Ersten Triumvirats für Caesar und Rom kann nicht hoch genug eingeschätzt werden. Mit ihm gewann der vierzigjährige Caesar entscheidendes staatspolitisches Gewicht. Am Jahresende 60 wurde Rom von Unwetterkatastrophen, von Blitz und Donner heimgesucht. Nach den Auguren zürnten die Götter, ein dunkles neues Jahr kündigte sich an.

## 22 Consul im Jahre 59

Die Götter zürnten; doch wer in Rom glaubte noch an die Götter, wer übte noch gläubig »die fromme Verehrung, die man den Göttern erweist«? Die Tätigkeit der Pontifices, der Brückenbauer zwischen Menschen und Göttern, erschöpfte sich in der bloßen Überwachung der zahlreichen Kulte und Formalien. Den Göttern geweihte Feste und Spiele, häusliche Rituale zwischen Geburt und Tod gehörten zum römischen Lebensalltag.

Die Götterverehrung in der späten Republik war von einem Skeptizismus durchsetzt, der durch das Eindringen fremder Götter und Kulte aus dem hellenistischen Osten verstärkt wurde. Die Gebildeten neigten zu den philosophischen Lehren der Griechen, zumal zu den ethischen Grundsätzen der Stoiker, die in den Philosophenschulen von Athen und Rhodos lehrten. Bei den einfachen Bürgern stiftete der Synkretismus, die Vielfalt von Göttern und Weltanschauungen, eher Verwirrung. Sektiererische Praktiken breiteten sich aus.

Wie in alter Zeit wurde vor bestimmten Handlungen der Wille der Götter erforscht. Zu diesem Zweck beobachteten die Auguren den Vogelzug oder Blitz und Donner, beschauten die Haruspices die Leber und andere Eingeweide der Opfertiere. Es liegt auf der Hand, daß diese Deutungen und Prophezeiungen leicht manipulierbar waren. Auch Bibulus, Caesars Mitconsul, versuchte, auf diesem Wege Gesetzesinitiativen, die von Caesar ausgingen, zu blockieren oder zumindest aufzuschieben.

Caesar aber ignorierte die Einschüchterungsversuche seines Mitconsuls. Skrupel plagten ihn nicht, er ging über die sakralen Bräuche souverän hinweg. »Religiöse Bedenken« schreckten ihn zu keiner Zeit. Sein Verhältnis zur römischen Staatsreligion war skeptisch distanziert, eine Einstellung, die er mit den meisten seiner aristokratischen Zeitgenossen teilte. Dies scheint auf den ersten Blick seiner ehrenvollen Aufgabe als Pontifex Maximus zu widersprechen, aber weder er noch seine Priesterkollegen entsprachen dem, was in der christlichen Vorstellung den *homo religiosus* prägt. Dieses christliche Frömmigkeitsideal kann schwerlich auf die antike Kultwelt und ihre Protagonisten übertragen werden. Auch die Vorgänger Caesars in der Regia, dem Sitz des Pontifex Maximus, gingen ja unbedenklich ihren weltlichen Geschäften nach.

Wahrscheinlich charakterisierte Caesar schon in diesen Jahren »eine feine, etwas überlegene und leicht resignierende Ironie«, wie es in den Zügen eines authentischen Bildnisses, der Porträtbüste aus Tusculum, zum Ausdruck kommt. Der auf dem Forum von Tusculum gefundene Kopf entstand in den letzten Lebensjahren Caesars. Dieser Caesar ist kein »strahlender, unbekümmerter Sieger«, eher ein nachdenklicher Mann, und so wird er den Römern auch in seinem Consulatsjahr bereits erschienen sein. Das realistische Porträt zeigt über dem breiten Kinn einen weich gebetteten Mund, wie zu einer spöttischen Bemerkung ansetzend. Die Augen unter der gespannten hochgewölbten Stirn blicken angestrengt. Das im Nacken etwas vollere, auf dem Kopf schüttere Haar ist nach vorn gekämmt, nur dürftig die Vorderglatze bedekkend. Zwei Querfalten furchen den hohen Hals.

Nur etwas straffer und härter werden die Gesichtszüge Caesars gewesen sein, als er am winterlich kalten Morgen des ersten Januartages 59 über die Via Sacra schritt, eingehüllt in die purpurgesäumte weiße Toga. Den neuen Consul begleiteten seine zwölf Lictoren, dazu das Gefolge von Freunden, Klienten und Schreibern. Im Tempel des capitolinischen Jupiter opferte er – wie sein Amtskollege Bibulus – einen dem Gott geweihten Stier. Nur kurz war der Weg den Capitolhügel hinunter zur Curie, wo der Senat die Consuln zur ersten Sitzung des Jahres erwartete.

Die offene Feindschaft zwischen den beiden Consuln ließ die Versammelten, auch ohne die unheilbringenden Auspizien vom letzten Jahresende, auf das Schlimmste gefaßt sein. Aber Caesar überraschte den Senat durch eine erstaunliche Unbefangenheit und Konzilianz. Die beiden Consuln wechselten monatlich im Vorsitz. Caesar erneuerte eine alte Sitte, wonach auch den nicht leitenden Consul zwölf Lictoren mit den Rutenbündeln begleiten, und zwar ihm nachfolgend. Als erster führte er die regelmäßige öffentliche Berichterstattung ein, eine Art Staatsanzeiger, auch darin loyal gegenüber Senat und Öffentlichkeit. Vor allem bot er in seiner Antrittsrede Bibulus und der Senatsopposition die Zusammenarbeit an, bat er geradezu um Einvernehmen zum Wohle der Republik.

Auch wenn sie aus dem politischen Kalkül entsprang, ist es sicher falsch, Caesars konziliante Eröffnung einfach als Täuschung oder Heuchelei abzuwerten. Jedem Senatsmitglied war die vorbelastete Situation, war auch Caesars erstes und wichtigstes Vorhaben bekannt. Es ging um die von Pompeius geforderte Landverteilung, allerdings erweitert und verbessert im Entwurf eines umfassenden neuen Agrargesetzes.

Den Besitzlosen wie den Veteranen sollte Siedlungsland bereitgestellt werden. Das war angesichts der elenden Verhältnisse in Rom eine soziale Notwendigkeit, die auch den Staat entlasten würde. Die wachsende Zahl der Armen hatte die Staatsausgaben für Unterstützung und kostenlose Getreidezuweisungen an die Grenze des Erträglichen getrieben.

Zur Besiedelung vorgesehen waren die staatseigenen Ländereien in Italien, ausgenommen die fruchtbaren campanischen Domänen. Beim Erwerb zusätzlicher Privatgüter sollten Besitzstände respektiert und Preise nach dem Marktwert gezahlt werden. Für die Ankäufe sollte auf die Beutegelder des Pompeius und die Steuern der von ihm erworbenen Provinzen zurückgegriffen werden. Um Mißbrauch vorzubeugen, sollte das zugeteilte Land zwanzig Jahre unverkäuflich sein. Es war die erste vernünftige und realisierbare Agrarreform Roms.

Caesar hatte aus dem Scheitern der vorjährigen Vorlage und des vor vier Jahren von Rullus geplanten Gesetzes gelernt. Diesmal sollte es keine Verteilungskommission geben, der eine unstatthafte Macht eingeräumt wurde. Jetzt war für streng begrenzte Aufgaben eine Kommission von zwanzig Männern vorgesehen, dazu ein leitender Fünferausschuß, ohne Beteiligung Caesars. Er hielt sich bewußt zurück. Dem Senat kam er nochmals entgegen und erklärte sich bei der Vorlage seines Entwurfes »bereit, zu ändern oder gar zu streichen, was nicht gebilligt würde«.

Was nun geschah, überschattete das gesamte Consulatsjahr.

Das Mißtrauen der oppositionellen Oligarchie, angeführt von Cato und Bibulus, blockierte jede Handlung und Gesetzesinitiative Caesars. Er mußte gegen Verschleppungstaktik und offene Obstruktion kämpfen. Er verlor die Geduld und ließ Cato ins Gefängnis führen, weil dieser durch eine seiner bekannten Dauerreden die Abstimmung sabotierte. Da andere Senatoren Cato freiwillig folgten, gab Caesar den Inhaftierten schnellstens wieder frei. Nun nahm er auf den Senat keine Rücksicht mehr und rief zur Volksabstimmung auf. Schon vorher hatte Bibulus vor dem Volk erklärt, unter ihm als Mitconsul werde das Gesetz niemals zustande kommen, »und wenn ihr es auch alle wollt«. Aber auch mit Hilfe der Auguren und durch die Manipulation ihrer Deutungen konnte er die Comitien nicht verhindern.

Pompeius und Crassus unterstützten Caesar und bekundeten damit öffentlich ihr Triumvirat. Entsprechend groß war die Zahl der Anhänger, Veteranen und bewaffneten Helfer, als auf dem Forum unter wilden Tumulten die Abstimmung stattfand. Auch Bibulus, der sein Einspruchsrecht wahrnehmen wollte, erschien mit seinen Anhängern und einer Schutztruppe. Vor dem Castortempel wurde ihm ein Korb mit Mist über den Kopf geschüttet, und die aufgebrachten Plebejer zerbrachen die Rutenbündel seiner Lictoren. Cato geriet in eine Schlägerei, wurde verprügelt, verwundet und mußte wie Bibulus samt Gefolge flüchten.

Das Agrargesetz wurde angenommen und am nächsten Tag durch den eingeschüchterten Senat bestätigt. Niemand beanstandete die Vorfälle auf dem Forum. Selbst Cato, Caesars härtester Widersacher, ließ sich zum Nachgeben überreden, übrigens von Cicero, der Catos Mitarbeit im Senat erhalten wollte.

Bibulus, der vorher verkündet hatte, er werde an allen Comitialtagen den Himmel beobachten lassen, um jede Gesetzgebung zu verhindern, zog sich im Zorn in sein Haus zurück und verweigerte für die kommenden acht Monate die consularische Amtsführung. So hieß es in Rom, man lebe im »Consulatsjahr von Julius und Caesar« und nicht in dem von Caesar und Bibulus. Um so heftiger agitierte Bibulus aus dem Hintergrund, nicht nur durch den fortgesetzten Mißbrauch der Auspizien, sondern durch Edikte, Schmähschriften und Maueranschläge, deren wilde, teilweise obszöne Beschuldigungen die Passanten anlockten, gelegentlich so viele, daß der Verkehr stockte.

Caesar ließ sich nicht beirren. Ohne seinen Zweitconsul war er tätiger als irgendein Consul vor ihm. Was er im Consulat leistete, deutete bereits auf sein späteres Programm als Dictator, erfüllte jedoch auch die Erwartungen seiner beiden Bündnispartner. Die Anordnungen des Pompeius für die kleinasiatischen Staats- und Gemeindeverhältnisse wurden legalisiert. Die von Crassus beantragte, durch den Senat bisher abgelehnte Herabsetzung der Steuerpacht für Kleinasien konnte verabschiedet werden. Der Nachlaß um ein Drittel der Schuldsummen kam zunächst den Steuerpächtern zugute, sollte aber auch durch »Maßhalten« den Provinzen Erleichterung bringen.

Caesar selbst profitierte davon, denn er war wie Crassus an den Pachtgesellschaften beteiligt. Mit Anteilscheinen der Gesellschaften belohnte er den Volkstribunen Publius Vatinius, einen pockennarbigen Plebejer aus Reate, der ihm in diesem Jahr unschätzbare Dienste erwies. Die privaten Geschäfte kamen nicht zu kurz. Einen hohen Gewinn brachte noch im späten Frühjahr eine ägyptische Angelegenheit. Schon einmal, während seines Aedilats, hatte Caesar auf die Annektierung Ägyptens gedrängt. Jetzt bemühte sich König Ptolemaios XII. Auletes, der »Oboebläser«, persönlich nach Rom, um seine Thronrechte durch die Anerkennung als »Freund und Bundesgenosse« zu sichern. Für die Vermittlung dieses offiziellen Titels soll der Ägypterkönig Caesar und Pompeius »gegen sechstausend Talente« gezahlt haben. Eine gewaltige Summe, die den König zwang, Anleihen bei römischen Finanzleuten aufzunehmen.

Caesars rastlose Tätigkeit als Consul, nahezu ständig unter dem Zwang, seine Maßnahmen und Gesetze der widerständigen Oligarchie abzutrotzen, setzte eine außerordentliche geistige und körperliche Vitalität voraus. Blieb überhaupt noch Zeit für Persönliches? Aber eine solche Frage erübrigt sich. Im Consulat hatte Caesar jenen Lebensmoment erreicht, da sein politisches und persönliches Handeln völlig deckungsgleich wurden. Vergleichbares gibt es im Bereich der Künste, eine Art zielgerichteter Besessenheit, die das eigene Leben ganz dem zugefallenen oder gewählten Auftrag unterwirft.

Um den Bund mit Pompeius dauerhaft zu festigen, gab ihm Caesar im April seine einzige Tochter Julia zur Gattin. Zuvor hatte Pompeius vergeblich um eine Nichte Catos geworben. Caesars politische Absicht lag auf der Hand, denn er hatte seine siebzehnjährige Tochter bereits einem verdienten Gefolgsmann versprochen, der zur Entlobung mit guten Worten und einer neuen Braut überredet wurde. Obwohl Pompeius dreißig Jahre älter als Julia war, galt die Ehe als sehr glücklich. Solange die klug vermittelnde Julia lebte, hielt auch der Bund zwischen Caesar und Pompeius.

Caesar selbst heiratete ebenfalls im April und erkor die junge attraktive Calpurnia zu seiner dritten Gattin, auch hier auf das politisch Nützliche bedacht. Ihr Vater war der Senator Calpurnius Piso Caesoninus, ein kultivierter Epikureer, kein politischer Kopf. Die politischen Direktiven gab Caesar. Er machte Calpurnius Piso zum Consul des folgenden Jahres, ein Gegengewicht zum Mitconsul Aulus Gabinius, den Pompeius durchsetzte.

Vermutlich um diese Zeit soll Caesar seiner Geliebten, der inzwischen neununddreißigjährigen Servilia, ein fürstliches Geschenk überreicht haben, »eine Perle im Wert von sechs Millionen Sesterzen«. Vielleicht eine Beschwichtigung im Zusammenhang mit den beiden Heiraten? Oder sollte Servilia ihren Stiefbruder Cato günstig stimmen? Aber Cato klagte entrüstet, »durch Heiraten würden die höchsten Ämter verkuppelt«. Und schokkiert schrieb Cicero in einem seiner detailreichen Briefe an Atticus: »Was bedeutet diese plötzliche verwandtschaftliche Verbindung, was das campanische Land, was die Ausschüttung des Geldes? Wäre es das Letzte, so wäre es des Übels zu viel, aber das ist das Wesen der Sache, daß dies nicht das Letzte sein kann.«

Was das campanische Land anbetrifft, so konnte Caesar in diesen Tagen sein zweites Agrargesetz einbringen, gegen Catos Widerstand. Es sah vor, daß der bisher hartnäckig vom Senat verweigerte Staatsbesitz in Campanien an Neusiedler verteilt werden sollte. Ein Gebiet von 504 Quadratkilometern wurde besiedelt und die im Punischen Krieg zerstörte Stadt Capua wieder aufgebaut. Zwanzigtausend Bürger, meist Familien mit drei und mehr Kindern, dazu Veteranen, erhielten auf fruchtbarem Boden ihre Siedlungsparzellen.

Nein, auch das war nicht »das Letzte«. Aber wie merkwürdig, daß Cicero die Situation verkannte und in Pompeius die treibende Kraft vermutete. Cicero versicherte nämlich seinem Briefpartner, Pompeius habe Caesars Schwiegersohn werden wollen, er sei es, der zur Alleinherrschaft dränge.

Auch beim Volk galt Pompeius als Haupt des Triumvirats und damit als der eigentlich Verantwortliche für die sozialen Mißstände in Rom. Das zeigte auf negative Weise ein Vorfall während der Apollinischen Spiele in den ersten Julitagen. Den als Consul erschienenen Caesar empfing im Theater eisiges Schweigen, während das Volk andere wie den jungen Scribonius Curio, der sich seit kurzem als Oppositioneller hervorgetan hatte, demonstrativ stürmisch begrüßte. Doch weniger auf Caesar als auf Pompeius, obwohl er selbst nicht anwesend war, entlud sich die allgemeine Mißstimmung. Als der Mime Diphilus mit dem Vers »Durch unser Elend bist du groß . . .« deutlich auf Pompeius anspielte, raste das Volk und verlangte beifallklatschend mehrere Wiederholungen. »Caesar geriet darüber außer sich vor Zorn«, berichtet Cicero.

Gewiß wurden solche spektakulären Vorfälle von den Gegnern Caesars (und Pompeius') raffiniert gesteuert. Doch insgesamt sank Caesars Popularität in diesem Jahr ganz beträchtlich. Was erklärt das Schwinden seiner früheren Beliebtheit? Erfüllte er nicht populare Zielsetzungen? Hatte er nicht mit seinen Agrargesetzen eine erste weitreichende soziale Reform eingeleitet und auch andere bürgerfreundliche Gesetze eingebracht wie mit Hilfe des Vatinius eine Reform der Geschworenengerichte? Erließ er nicht Gesetze, »eher würdig eines kühnen Volkstribunen als eines Consuls«?

Eindeutig diente ein Gesetz dem Allgemeinwohl, das als Julisches Repetundengesetz noch während der ganzen Kaiserzeit gültig blieb. Caesar rückte damit einem Grundübel zu Leibe, der rücksichtslosen Ausbeutung und Erpressung der Provinzen durch die Statthalter und ihre Beamten. Eigene Erfahrungen kamen ihm bei der Abfassung zugute. Mehr als hundert Einzelverordnungen regelten die Provinzialverwaltung neu, begrenzten die Ansprüche, verpflichteten zur Rechenschaft und boten den Einheimischen Schutz vor der Willkür der jeweiligen Statthalter. Selbst Cicero und Cato lobten das Repetundengesetz, dem im August Senat und Volk zustimmten.

Es war einer der wenigen Fälle einer breiten Mehrheit. Vorwiegend herrschten Gereiztheit, Mißtrauen, wenn nicht offener Haß Caesar gegenüber. Wiederholt hatte er geltendes Recht gebrochen, Gesetze erzwungen, durch Volksabstimmung den Senat kaltblütig übergangen. Des Bibulus fortgesetzte Obstruktion, auch seine verleumderischen Angriffe vergifteten die Atmosphäre. Selbst Pompeius zeigte sich von den Verhältnissen gequält und angeekelt.

Dann, im Sommer oder Spätsommer (die Datierung ist umstritten), schreckte die Römer die dunkle Vettius-Affäre auf, die nie ganz geklärt wurde, aber Caesar schwer belastete. Der aus dem Jahre 62 als »unsauberer Denunziant« bekannte Vettius hatte sich an den jungen Curio herangemacht, um ihn für ein Attentat auf Pompeius zu gewinnen. Curio meldete dies, und Vettius wurde inhaftiert und vor den Senat geladen. Nach den Hintermännern befragt, nannte Vettius einige Optimaten, auch Bibulus, eine haltlose Verleumdung, die ihm sofort nachgewiesen werden konnte. Anderntags, von Caesar und Vatinius vor das Volk gebracht, denunzierte Vettius andere Optimaten wie Lucullus, Domitius Ahenobarbus oder Gaius Piso, den Verlobten von Ciceros Tochter Tullia. Merkwürdigerweise erwähnte Vettius nun den am Vortag beschuldigten Marcus Lunius Brutus, den Sohn der von Caesar geliebten Servilia, nicht mehr. Das brachte Caesar zumindest wegen Zeugenbeeinflussung ins Gerede.

Cicero, dem wir den ersten Bericht über die Affäre verdanken, sah Vettius zunächst im Dienste Caesars, beschuldigte aber später einzig Vatinius. Sueton behauptet, Caesar habe Vettius »durch Bestechung« zu der Falschaussage verleitet, Optimaten hätten ihn zum Attentat auf Pompeius gedungen. Wieso Caesar als Anstifter? Bei der Motivsuche entwickelten einige Historiker kriminalistische Fähigkeiten. Man vermutete, Caesar habe durch den vorgetäuschten optimatischen Anschlag Pompeius fester an sich binden wollen. Oder Caesar habe Curio, den kämpferischen Anführer der jüngeren Optimaten, in den Mordplan verstricken wollen. Oder er habe beabsichtigt, seine politischen Gegner insgesamt dem Verdacht einer Mordverschwörung auszusetzen.

Doch bleibt höchst zweifelhaft, ob Caesar einen »so heiklen und äußerst riskanten« Auftrag ausgerechnet Vettius anvertraut hätte, der ihn selbst vor drei Jahren denunziert hatte, den er damals einkerkern ließ und dessen Charakterlosigkeit er nur zu gut kannte. Liegt nicht die Vermutung näher, daß tatsächlich einer der Optimaten, vielleicht des Pompeius Erzfeind Lucullus, hinter Vettius stand?

Es ist allerdings durchaus möglich, daß Caesar durch seinen Mittelsmann Vatinius den bereits inhaftierten Vettius zu neuen Namensnennungen veranlaßte. Vettius verwickelte sich in Widersprüche. Er sollte vor ein Sondergericht kommen und hätte dort sicherlich, um sein Leben zu retten, auch Vatinius belastet. Doch Vettius starb im Kerker, vergiftet oder erdrosselt oder durch das Schwert getötet. Niemand wurde zur Rechenschaft gezogen, obwohl Cicero den Vatinius der Mordtat beschuldigte. Aber die Vertuschung wäre auch den Optimaten gelegen gekommen, wenn in ihren Reihen der Urheber des geplanten Attentats auf Pompeius zu suchen war. Hartnäckig hielten sich Gerüchte, die über Vatinius auf Caesar als geheimen Anstifter zielten. Das wiederum konnte den optimatischen Hintermännern, falls welche aus ihren Reihen in die Affäre verwickelt waren, nur recht sein.

Die ganze Vettius-Affäre ist auf jeden Fall ein beredtes Zeugnis dafür, was alles in dieser Zeit in Rom möglich war und wie schwierig es heute ist, mit Hilfe der spärlichen Indizien, die uns die Geschichtsschreibung liefert, der Wahrheit einer so undurchsichtigen Affäre nahe zu kommen. Unbestreitbar benutzte Caesar den Volkstribunen Vatinius zu manchem »unsauberen Geschäft«. Richtig ist aber auch, daß Caesar durch die Obstruktion seiner Gegner gezwungen wurde, häufig illegal zu handeln, um überhaupt als Consul eine wirksame Politik entfalten zu können.

In den Augen der unversöhnlichen Senatsoligarchie entbehrten nahezu alle Maßnahmen und Gesetze Caesars, »weil auf verfassungswidrigem Wege zustande gekommen, der Rechtskraft«. Es bedarf keiner Phantasie, um sich auszumalen, was Caesar nach Ablauf seines Consulats erwartete. Bibulus, Cato und die Senatsoptimaten hätten den nicht mehr durch seine Amtsimmunität Geschützten strafrechtlich verfolgt und seine Gesetzgebung widerrufen. Sie hätten alles unternommen, Caesar zu vernichten. Er wußte, daß er auf schwankendem Boden stand.

Es gab ein einziges Mittel, dem Sturz in den Abgrund zu entgehen: nach dem Consulat die unverzögerte Übernahme eines außerordentlichen Kommandos. Nun hatte der Senat auf zwar beleidigende, doch rechtsgültige Weise Caesar für das Proconsulat die unbedeutende Aufsicht über »Waldungen und Triftwege« zugewiesen. Eine reichlich naive Zumutung, die Caesar beizeiten, im Mai und Juni, gründlich überspielte. Wie konnte er das? Und hatte er nicht am Anfang seines Consulats hochsinnig erklärt, für sich persönlich wolle er nichts beantragen? Er hielt sein Versprechen ein und umging es dennoch.

Nicht er, sondern der Volkstribun Vatinius brachte im Mai einen Gesetzesantrag vor die Volksversammlung, wonach Caesar als Statthalter *Gallia Cisalpina* (Norditalien) samt *Illyricum* (das heutige Dalmatien) übernehmen sollte. Dazu war ihm laut Antrag die Befehlsgewalt über drei in Aquileia stationierte Legionen und die eigene Wahl der Unterführer, der Legaten, zuzugestehen. Die verwegenste Klausel erweiterte die Statthalterschaft vom üblichen einen Jahr auf fünf Jahre.

Durch Plebiszit kam das Gesetz, die *Lex Vatinia*, zustande, trotz dem erbitterten Widerstand des Senats. Cato rief erzürnt, das Volk habe sich selbst »einen Tyrannen in die Burg gesetzt«. Zusätzlich ermächtigte das Gesetz den künftigen Statthalter, in der Stadt Novum Comum (Como) fünftausend Kolonisten anzusiedeln, was nochmals einen Machtzuwachs brachte. Caesar wurde nicht nur auf fünf Jahre unangreifbar, sondern schuf sich auf italischem Boden eine Machtfülle, die es ihm erlaubte, das politische Geschehen in Rom zu beeinflussen.

Damit nicht genug. Ein Zufall von geschichtlicher Bedeutung wirkte zugunsten Caesars. Dem Consul des Jahres 60, Metellus Celer, war das jenseits der Alpen gelegene Gallien, *Gallia Transalpina* oder *ulterior*, zugesprochen worden. Doch unvermutet starb Metellus Celer. Darauf beantragte Pompeius im Senat, unterstützt von Caesars Schwiegervater Calpurnius Piso, die frei gewordene Provinz mit einer weiteren Legion dem Kommando Caesars zu unterstellen. Der Senat, bei der Verweigerung ein »erneutes Plebiszit befürchtend«, überließ Caesar auch *Gallia ulterior.* Allerdings sollte eine Verlängerung des offiziellen Amtsjahres jeweils beantragt werden.

Diese rechtsgültige Zustimmung, der sich Cato durch demonstratives Fernbleiben entzog, leuchtet nicht ganz ein. Denn damit bestätigte der Senat stillschweigend ja auch die Statthalterschaft über das diesseitige Gallien.

Wenige Tage danach, so berichtet Sueton, habe sich Caesar vor zahlreichen Senatoren in »übermütiger Freude« gebrüstet. Endlich habe er gegen den Willen seiner Feinde erreicht, »was er hätte haben wollen, und fortan könne er allen auf den Köpfen herumtanzen«. Jemand warf ihm dreist zu, »das werde einer Frau nicht leichtfallen«, damit auf die zwei Jahrzehnte zurückliegende Episode am Hof des bithynischen Königs Nikomedes anspielend. Caesar parierte schlagfertig, ob man nicht wisse, daß »schon Semiramis über Syrien und die Amazonen über große Teile Asiens geherrscht hätten«.

Ohne Zweifel beleuchtet die Szene glaubhaft einen der Auftritte in den Gängen der Curie. Caesar mußte in seinem Consulatsjahr wiederholt Beschimpfungen, Verleumdungen, obszöne Zurufe einstecken. Den Worten folgten oft Handgreiflichkeiten, die auf dem Forum oder Marsfeld nicht selten zu rohen Schlägereien ausarteten. Über Schlägertrupps, angeführt von einem der Volkstribunen oder der jüngeren Aristokraten, verfügte jede der verfeindeten Parteien. Vor diesem Hintergrund wird verständlich, daß sich Caesar zu seinem höhnischen Ausbruch hinreißen ließ.

In der Tat hatte er durch die Zuweisung der beiden gallischen Provinzen mehr erlangt, als er wohl zu hoffen gewagt hatte. Fast rätselhaft nehmen sich da die Handlangerdienste des Pompeius und die Legalisierung des Senats aus. Daß Caesar schon jetzt vorausplante, Gallien als Sprungbrett zur Alleinherrschaft zu nutzen, ist möglich, aber unbeweisbar. Keine andere Statthalterschaft bot günstigere Voraussetzungen für einen zur Macht drängenden Mann. Weder der Senat, bis auf Cato und Cicero, noch Pompeius scheinen die drohende Gefahr geahnt zu haben.

Die gesicherte Statthalterschaft hatte Caesars persönliches Begehren vollkommen erfüllt. Er hätte sich zufriedengeben können, wäre er ausschließlich auf sein eigenes Wohl bedacht gewesen. Auch die Verpflichtungen gegenüber den Bündnispartnern Pompeius und Crassus hatte er bereits im ersten Halbjahr erfüllt. Einen Augenblick lang reizt die spekulative Frage, was geworden wäre, wenn Caesar jede weitere Konfrontation mit dem Senat gemieden und den Ausgleich gesucht hätte. Doch für Caesar, wie wir ihn bis zum Consulat kennenlernten, wäre ein solches Verhalten undenkbar gewesen. Gerade dies, die Unbeugsamkeit seines Willens und die Konsequenz seines Handelns, unterschieden ihn von den meisten seiner Zeitgenossen.

Es ist nicht allein die Weichenstellung für Caesars Zukunft, die das Consulatsjahr zu einem »Markstein . . . in der römischen Geschichte« macht. Der angefeindete, angepöbelte Caesar, der die bestehende Staatsordnung mißachtete, ja mißachten mußte, hatte gezeigt, »daß mehr in ihm steckte als ein ehrgeiziger und turbulenter Demagoge«. Zumindest seine Agrargesetze und die gegen Ausbeutung und Erpressung gerichtete Neuordnung der Provinzialverwaltung bezeugen eine zukunftweisende reformerische Kraft, der auf Besitzstand und Formalien beharrenden Senatsoligarchie weit überlegen.

Die Behauptung, Caesar habe andere Hoffnungen nicht erfüllt, verkennt die realen Gegebenheiten, Caesars begrenzte Möglichkeiten angesichts der Obstruktion des Senats, das ständige Gegen-den-Strom-Schwimmen. Man kann auch nicht ernsthaft behaupten, »die eigentlichen Nutznießer« der Agrargesetze seien die Veteranen des Pompeius und die römischen Bodenspekulanten gewesen. Über alle keineswegs geringzuachtenden Vorbehalte hinaus muß man billigerweise die genannten Gesetze als »staatsmännische Schöpfungen, die eine verheißungsvolle Zukunft in sich trugen«, anerkennen. Die Gesetze rechtfertigten Caesars Consulat. Wenn Moral vor der Geschichte zählt, gaben sie ihm gegenüber der bloß bewahrenden, unbeweglichen Politik des Senats eine moralische Überlegenheit, die vielleicht schwerer wiegt als seine aus legalistischer Sicht klaren Rechtsbrüche.

# Fünfter Teil

# Gallischer Krieg, der selbstgewählte Auftrag

# 23 Vorbereitungen in Rom

Warum wählte Caesar Gallien? Warum nicht Spanien oder Nordafrika oder eine der reichen östlichen Provinzen? Wollte er seine Statthalterschaft zur Eroberung ganz Galliens nutzen, um ein westliches Gegengewicht gegenüber den kleinasiatischen Provinzen in die Hand zu bekommen? Plante er, »die durch die Eroberungen Sullas und Pompeius' entstandene ›Ost‹-Lastigkeit des Römerreiches« zu korrigieren? Wollte er das freie Gallien Rom unterwerfen, es romanisieren und dem Zugriff der expansiven Germanen entziehen? Aber diese Motivation, so verführerisch sie sich anbietet, würde den Anlaß vom Resultat her interpretieren und ihm eine zunächst fernliegende Bedeutung aufladen. Die realen Verhältnisse geben sich einfacher, nüchterner und unpathetischer zu erkennen.

Nichts habe Caesar mehr gewünscht, versichert Sallust, als eine »große Befehlsgewalt, ein Heer, einen unerhörten Krieg, in dem seine Tüchtigkeit aufleuchten konnte«. Wir sahen, wie sehr Caesar ein starkes außerordentliches Kommando brauchte, »um für die inneren Auseinandersetzungen ein zuverlässiges Machtpotential zu erhalten«, auch um sich politisch und persönlich gegen juristische Folgen seines Consulats zu schützen.

Beides, die Selbstbehauptung und die Zielrichtung auf politischen Machtgewinn, bestimmte die Wahl seines Proconsulats. Das diesseitige Gallien, also Norditalien, und Illyricum boten die günstigsten Voraussetzungen. Der Zufall, der Tod des Metellus Celer, schenkte ihm zusätzlich die Verwaltung des jenseitigen Galliens, nach dem Hauptort Narbo (Narbonne) die narbonensische Provinz.

Alles deutet darauf hin, daß die Eroberung Galliens keineswegs von vornherein geplant war. Näher lag doch, wenn wir den

Drang nach einem »unerhörten Krieg« unterstellen, ein Vorstoß nach Osten, zur Donau hin, ausgehend von Illyricum, der Provinz an der Ostseite der Adria. So würde auch jener merkwürdige Freundschaftsvertrag verständlich, den Caesar noch während seines Consulats mit dem Suebenherzog Ariovist abschloß, als ein Versuch, »für Ruhe an der gallischen Grenze zu sorgen«. Caesar selbst verlieh Ariovist, seinem bittersten Feind im ersten gallischen Sommer, ein Jahr zuvor den begehrten Titel *rex atque amicus*, König und Freund des römischen Volkes.

Der Einstieg in den Gallischen Krieg war defensiver Natur, jedenfalls nicht durch Caesar provoziert und noch weniger von langer Hand geplant. Er wurde zum Eingreifen gezwungen, als sich im Gebiet zwischen der Westschweiz und der Rhone, nach Norden bis ins Elsaß, eine bedrohliche kriegerische Völkerbewegung in Gang setzte, angestoßen durch Ariovists Sueben, die über den Rhein auf keltisches Territorium drängten. Vor diesem ersten Eingreifen läßt sich kaum auf ein weitreichendes Aktionsprogramm schließen, denn Caesar begann den Krieg ziemlich unvorbereitet, und er »durchschaute die komplizierten politischen Verhältnisse noch nicht völlig«. Den sicheren Überblick gewann er »erst im Laufe des ersten Sommers in Gallien«.

Zwei Vorbemerkungen sind notwendig, um die gallischen Ereignisse einem spekulativen Mißverständnis zu entziehen. Erstens verlaufen geschichtliche Prozesse nach ihren eigenen Gesetzen. Der Handelnde, auch Caesar, agiert nicht im luftleeren Raum. Caesar stieß in Gallien auf eine Situation, die er weder vorhersehen noch steuern konnte. Ihm blieb nur die Reaktion auf den Gang der Ereignisse. Aber, und dies ist die zweite Vorbemerkung, Caesar war in hohem Maße die Fähigkeit eigen, das Vorgegebene und den Zufall unverzögert aufzugreifen und dem eigenen Kalkül nutzbar zu machen. Ein beispielloses Gespür für die Möglichkeiten, die in einer Situation lagen, eine Reaktionsschnelligkeit, die Caesars Überlegenheit gegenüber Feinden wie Freunden, ja seine Genialität begründen. Hier ist das Wort angebracht. Das Zugefallene geht so nahtlos in der Berechnung auf, wird so schnell verarbeitet, daß der Eindruck entsteht, »es sei tatsächlich wie von einem Architekten das Ganze schon in allen Einzelheiten vorausgedacht gewesen«.

Aber noch befinden wir uns in Rom. So leicht entkam Caesar

seinen Widersachern nicht. Zuviel Haß hatte sich angestaut. Es war vorauszusehen, daß dem Consul Caesar am Jahresende 59 kein friedlicher Abgang bevorstand. Er selbst plante voraus, fieberhaft tätig, um vor dem Antritt des Proconsulats die Verhältnisse zu seinen Gunsten zu festigen. Man kann sich vorstellen, wie der politische Untergrund in Rom in Bewegung geriet. Gab es je eine Stadt, in der so viele Intrigen gesponnen wurden, so viele geheime Absprachen, verschwörerische Umtriebe stattfanden, wo Bestechungsgelder von einer in die andere Tasche wanderten, wo Spitzel und Denunzianten stets zu Diensen waren?

Zum Nachfolger im Consulat hatte Caesar seinen Schwiegervater Calpurnius Piso wählen lassen, seinen Vertrauensmann neben dem Pompeiusfreund Aulus Gabinius. Doch gleich zwei der neuen Praetoren traten gegen Caesar auf, um ihn anzuklagen und sein Consulat für nichtig zu erklären. Beide Praetoren hatten allerdings, folgt man Sallust und Catull, einen ausgesprochen schlechten Ruf.

Der eine, Lucius Domitius Ahenobarbus, hatte zu den im Vorjahr von Vettius der Mordverschwörung bezichtigten Optimaten gehört. Er hatte allen Grund zur Rache und haßte Caesar mit der gleichen Intensität wie sein Schwager Cato. Außerdem versuchte er, Caesar die Statthalterschaft in Gallia Narbonensis zu entwinden, um sie für sich selbst freizuhalten, denn sein Vater hatte dort zahlreiche Patronatsrechte erworben. Wenn die Bemerkung des zeitgenössischen Sallust stimmt, wonach »jedes Glied seines Körpers das Zeichen eines Lasters oder eines Verbrechens trug«, dann war er ein echter Vorfahre seines Urenkels Nero.

Der zweite, Gaius Memmius, war allbekannt für ehebrecherische Umtriebe und homosexuelle Neigungen, wie der Dichter Catull spottend überliefert. Ein anderer Dichter, der epikureische Lukrez, widmete sein Hauptwerk dem literarisch gebildeten, vielseitig interessierten Memmius. Es war ausgerechnet dieser Memmius, der wieder einmal die lange zurückliegende Episode am Hof des bithynischen Königs Nikomedes hervorholte und Caesar sittliche Verderbtheit vorwarf.

Die Hauptanklage der beiden Praetoren, das lag nahe, galt Caesars verfassungswidriger Amtsführung und seiner Nichtbeachtung der Auspizien. Drei Tage lang stritt der Senat, vornehmlich über die bereits wirksamen Agrargesetze, ohne zu einer Entscheidung zu kommen. Dann handelte Caesar, indem er Rom offiziell verließ und einen Wohnsitz außerhalb der Stadt bezog. Mit dem Überschreiten der sakralen Stadtgrenze, des Pomeriums, übernahm er das ihm zugewiesene Imperium und war nach altem Gesetz als Amtsträger jeder Anklage entzogen. So verlief die erste wie auch die zweite Anklage, die ein Volkstribun gegen das Finanzgebaren Caesars erhob, ergebnislos. Andere Tribunen votierten für Caesar, auf seiner gesetzlichen Immunität bestehend.

Noch drei Monate blieb Caesar in seinem Landhaus vor den Toren Roms. Der massive Auftritt seiner Gegner hatte gezeigt, wie notwendig angemessene Vorkehrungen für die lange Zeit seiner kommenden Abwesenheit waren. Offenbar drängte ihn nichts, übereilt in seine Provinz zu reisen. So konnte er, bereits im Schutz seines Proconsulats, über Freunde und Helfer in Rom seinen Einfluß geltend machen.

Als bester Helfer erwies sich der bekannte Publius Clodius Pulcher, seit dem Bona-Dea-Skandal nicht weniger berüchtigt als seine nymphomanische Schwester Clodia. Zumal Cicero, der Clodius im Prozeß wegen Religionsfrevel belastet hatte, bekam zu spüren, was es hieß, einen so skrupellosen und entschlossenen Mann zum Todfeind zu haben. Caesar selbst war, wie wir gesehen haben, dem Clodius mit großer Toleranz begegnet, und diese Milde zahlte sich nun aus, denn Clodius bekämpfte die Optimaten, die auch Caesars Feinde waren, mit allen Mitteln. Durch eine aufsehenerregende Handlung machte Caesar, ohne Skrupel auch er, den ehrgeizigen Clodius vollends zu seinem Günstling.

Hier ist nun jene Episode nachzutragen, die sich im März von Caesars Consulatsjahr ereignete und die unter den vielen Absonderlichkeiten jener Zeit zu einer der merkwürdigsten zählt, in ihrem unverhüllten Zynismus kennzeichnend für den Verfall einer politischen Ordnung und der sie stützenden Gesinnung. Das Volkstribunat, so befand Clodius, eigne sich am besten für seine antioptimatischen Aktionen. Doch seine adelige Herkunft aus dem Geschlecht der Claudier stand dem im Weg. Nur Plebejer konnten zu Volkstribunen gewählt werden. Der einzige Ausweg für einen Adeligen war die Adoption durch einen Plebejer. Eine solche Adoption aber konnte nur nach der Prüfung und Zustimmung des Priesterkollegiums vor der Curienversammlung vollzogen werden und bedurfte deren Einverständnis.

Um das langwierige Verfahren zu umgehen, hatte Clodius schon einmal, unter dem Consulat seines Schwagers Metellus Celer, seinem Patriziat abgeschworen. Aber das war damals von der Curienversammlung nicht gebilligt worden. Selbst Caesar hatte gezögert, Clodius zu unterstützen, wahrscheinlich aus Rücksicht auf Cicero.

Als nun Cicero im März 59 in einer Gerichtsrede Caesar scharf angriff, ließ dieser jede Rücksicht fallen. »Noch am gleichen Tag«, unter dem Druck des Consuls und Pontifex Maximus Caesar, erfolgte die Adoption, die *traductio ad plebem*. Pompeius sorgte als Augur für günstige Auspizien. Das widerrechtliche, die gesetzlichen Vorschriften mißachtende Eilverfahren hatte einen pikanten Aspekt, der zugleich deutlich macht, mit welcher Kaltblütigkeit sich Caesar und Clodius über die öffentliche Meinung hinwegsetzten. Der schnell herbeigeschaffte Adoptivvater Publius Fonteius nämlich war der junge Geliebte des Clodius. Ein kaum Zwanzigjähriger erhielt einen fast doppelt so alten »Sohn«. Auch scherte sich Clodius nicht um die übliche Annahme des neuen Vaternamens. Er wechselte lediglich im Adelsnamen der Claudier den Vokal und wählte ein »o«, um seinen Wechsel zu den Plebejern deutlich kundzutun. Der Plebejer Clodius wurde gewählt.

Es konnte niemanden überraschen, daß der seit dem 10. Dezember 59 amtierende Volkstribun gleich am Anfang äußerst rüde auftrat. Sein erster sehr handfester Angriff richtete sich gegen Caesars Mitconsul Bibulus. Der erschien nämlich nach achtmonatiger Abwesenheit am letzten Tag des Jahres vor dem Volk und beendete sein Consulat durch die traditionelle Eidesleistung. Als nun der verabschiedete Consul auch noch zu einer Volksrede ansetzte, wahrscheinlich um Caesars Amtsführung zu verurteilen, hielt ihm Clodius die Hand vor den Mund und brachte ihn gewaltsam zum Schweigen.

Clodius handelte in der Gewißheit seiner Rückendeckung durch die breite Masse der Plebejer und der Popularen. Er war durchaus intelligent und geschickt in der Handhabung demagogischer Mittel, der richtige Mann, um mit Hilfe seines Amtes in Rom die weniger feinen Geschäfte im Sinne oder im Auftrag Caesars zu besorgen.

Clodius' erste Gesetzesvorlagen, durch Volksabstimmung gebilligt, sicherten ihm weithin Beliebtheit. Demnach erfolgten künftige Getreidezuteilungen an die Besitzlosen unentgeltlich – das war nebenbei ein gekonnter Seitenhieb auf Cato, der als Volkstribun lediglich verbilligte Gebühren für den Getreideempfang eingeführt hatte. Ferner wurde das seit dem Jahre 64 wirksame Verbot der Vereinsgründung aufgehoben, was auf die Legalisierung politischer, auch anarchistischer Gruppen abzielte. Ein anderes Gesetz verbot den Magistraten die sakrale Himmelsbeobachtung an Comitialtagen, immer dann also, wenn offizielle Volksversammlungen geplant waren.

Sicherlich kam das letztgenannte Gesetz wegen des fortgesetzten Mißbrauchs der Himmelsbeobachtung im Vorjahr zustande. Wenn auch Caesars Anteil an den von Clodius eingebrachten Gesetzen nicht auszumachen ist, eines gilt als sicher: Die Gesetze dienten Caesar, sie waren Teil der Vorbereitungen auf seine langjährige Abwesenheit, denn sie schränkten die Machtbefugnisse der Senatsoligarchie ganz erheblich ein.

Zwei weitere gesetzliche Maßnahmen lassen ihren unmittelbaren Zuschnitt auf Caesars Interessen sehr deutlich erkennen. Sie führten zur Entfernung Ciceros und Catos aus Rom. Ohne Zweifel entsprach es Caesars dringlichstem Verlangen, die beiden gefährlichsten und einflußreichsten Gegenspieler während seiner eigenen Abwesenheit fern von Rom zu wissen, auch wenn er selbst jede Äußerung in dieser Hinsicht sorgsam vermied. Um so effektvoller betrieb Clodius die Sache, was Caesar erlaubte, dem Vorgang in distanzierter Korrektheit zuzusehen.

Man darf nicht außer acht lassen, daß Caesar den geachteten Redner und Consular Cicero gerne an seiner Seite gesehen hätte. Geradezu auffallend hatte er sich um Cicero bemüht, ihm schmeichelhafte Angebote gemacht. Gewiß sollte schon das Adoptionsverfahren, das Clodius den Weg ins Volkstribunat ebnete, ein »Warnungszeichen für Cicero« sein, aber auch nicht mehr. Durchaus im Sinne Caesars verpflichtete Pompeius den Clodius ausdrücklich, nichts gegen Cicero zu unternehmen, worauf Clodius wütend reagierte und mit seinem Übertritt ins Lager der Optimaten drohte.

Caesar bot noch in seinem Consulatsjahr, kurze Zeit nach dem Adoptionsverfahren, Cicero eine begehrte Mission nach Ägypten an, vielleicht, weil er nun doch ein allzu selbständiges und aggressives Vorgehen des Clodius befürchtete. Dann, nach dem Tod eines Mitglieds der Kommission zur Landverteilung, des Zwanzigerrats, hielt er Cicero dieses Amt frei. Und wiederholt schlug er dem Umworbenen vor, als Legat mit ihm nach Gallien zu ziehen. Natürlich verbarg sich hinter solchen Angeboten die Absicht, Cicero zu verpflichten oder zumindest dem römischen Wirkfeld zu entziehen. »Was würden unsere anständigen Leute, was würde die Geschichte von mir in einigen Jahrhunderten sagen?« So schrieb Cicero seinem Freunde Atticus. Er lehnte alle Angebote Caesars ab.

Damit aber lieferte Cicero sich den ungehemmten Angriffen des Clodius aus, der nun von Caesar nicht mehr zurückgehalten wurde oder nicht mehr zurückgehalten werden konnte. Während Caesar in seinem Landhaus vor Rom seine Abreise vorbereitete, brachte Clodius ein Gesetz ein, wonach derjenige, der einen römischen Bürger ohne gerichtliches Urteil tötete oder getötet hatte, der Ächtung verfallen sollte. Obwohl kein Name genannt war, zielte das Gesetz eindeutig auf Cicero, denn er hatte die Hinrichtung der Catilinarier im Dezember 63 persönlich zu verantworten. Es war ein schändliches Verfahren, in dem ausgerechnet Clodius die Legalität gegen Cicero ausspielte. Vorsorglich sicherte sich Clodius die Gunst der amtierenden Consuln Piso und Gabinius, indem er beantragte, den beiden durch Volksbeschluß für das Proconsulat die einträglichen Provinzen Makedonien und Syrien mit umfassenden Privilegien zu übertragen.

Was nun folgte, war ein kläglicher Akt der Selbsterniedrigung Ciceros. Um dem Verhängnis zu entrinnen, legte er Trauerkleidung an, wandte sich, um Beistand flehend, an seine Senatskollegen, an die Consuln, die Volkstribunen. Aber offenbar verfügte der Volkstribun Clodius über den größeren Einfluß. Nur wenige angesehene Senatoren unterstützten Cicero. Sie suchten Pompeius in dessen albanischem Landgut auf, der jedoch vorgab, er müsse auf Caesar Rücksicht nehmen. Auch Crassus, den Cicero um Hilfe bat, antwortete nur mit einem schwachen, unverbindlichen Trost. Unterdessen verbreitete Clodius in aller Offenheit, er handele im vollen Einverständnis mit den Triumvirn, und so wird es mit Sicherheit gewesen sein.

Clodius berief eine Volksversammlung in den Circus Flaminius, der außerhalb der sakralen Stadtgrenze lag. Somit konnte auch Caesar erscheinen und zur Sache, das heißt zur Beschuldigung Ciceros, aussagen. Zunächst verurteilten die beiden Consuln die »Grausamkeit« der Hinrichtung von nicht ordentlich verurteilten Bürgern, Gabinius ausführlicher und schärfer als sein Amtskollege Piso. Der anschließend zur Stellungnahme aufgerufene Caesar erinnerte an seine Rede vom 5. Dezember 63, in der er schon damals die Todesstrafe als ungesetzlich verworfen habe. Jedoch mißbillige er nun die nachträgliche Bestrafung einer Tat, die der Vergangenheit angehöre. Caesars zweideutige Aussage ließ an der seiner Auffassung nach deutlichen Ungesetzlichkeit der Handlung Ciceros keinen Zweifel, vermied aber die direkte Verurteilung. Caesar wahrte den Schein der Objektivität, er brauchte sich durch eine Strafforderung keine Blöße zu geben, da in dem ausgeklügelten Spiel die Rollen im vorhinein verteilt waren.

Cicero war gut beraten, die Entscheidung über das Gesetz und über sein Schicksal nicht abzuwarten. Am Tag vor der Abstimmung, wahrscheinlich Mitte März, entwich er der Strafverfolgung und verließ Rom. Sein freiwilliges Exil führte ihn nach Thessalonike (Saloniki), wo ihn der Quaestor der Provinz Makedonien freundlich aufnahm. Nach der nun namentlichen Ächtung zerstörte der von Clodius aufgeputschte Pöbel Ciceros Haus auf dem Palatin und plünderte sein geliebtes Landhaus auf dem grünen Hügel von Tusculum.

Die Neutralisierung Catos verlief weniger spektakulär. Zur Sicherung der wachsenden Staatsausgaben legte Clodius ein Gesetz vor, das die Umwandlung des Königreichs Zypern in eine römische Provinz zum Inhalt hatte. Dort regierte zwar ein Bruder des mit Rom verbündeten ägyptischen Königs, doch offenbar genügte die fadenscheinige Begründung, der zyprische König unterstütze die Seeräuber, zur Einnahme der Insel. Die Volksversammlung bestätigte das Gesetz nebst einer weiteren Bestimmung, die Cato betraf. Ihm wurde das außerordentliche Kommando zur Annexion des Königreichs Zypern übertragen. Eine Weigerung hätte die Hoheitsrechte des römischen Volkes verletzt. Damit zwang Clodius dem streng legalistischen Cato ein Kommando auf, das dessen Prinzipien von Grund auf widerstrebte. Aber Cato mußte den gehaßten Auftrag, dessen »hinterlistige Machenschaft und wahre Beschimpfung« er erkannte, und die Statthalterschaft auf Zypern übernehmen.

Caesar war um diese Zeit schon in seine Provinz abgereist. Alarmierende Nachrichten über einen drohenden Masseneinfall der Helvetier in das jenseitige Gallien, seine Provinz Gallia Narbonensis, hatten ihn Ende März zum eiligen Aufbruch gedrängt. Aber der nun in Gallien engagierte Proconsul sprach brieflich seine volle Befriedigung darüber aus, »daß Cato künftighin nicht mehr gegen die außerordentlichen Gewalten eifern könne«.

Das eigentlich Erstaunliche an diesen Vorgängen in Rom ist die Leichtigkeit, mit der Clodius und die hinter ihm stehenden Triumvirn die Hauptprotagonisten der Senatsoligarchie ausmanövrieren konnten. Offensichtlich hatte die optimatische Fraktion schon zu diesem Zeitpunkt nicht mehr die Macht und vielleicht auch nicht mehr die Entschlossenheit, ihre Wortführer Cicero und Cato wirksam zu unterstützen. Das Zentrum der Macht hatte sich verlagert. Das Triumvirat war zur bestimmenden Kraft Roms geworden.

## 24 Kelten und Germanen

Was konkret veranlaßte Caesar zu seinem übereilten Aufbruch? War es die politische Situation in Gallien? Um sein Handeln begreiflich zu machen, wollen wir zunächst einen Blick auf die Haltung der Römer ihren Provinzen gegenüber werfen.

Die imperialistischen Bestrebungen und Zugriffe Roms waren, jedenfalls bis zu Caesars gallischer Eroberung, ausschließlich auf die mittelmeerischen Länder gerichtet. Im Osten reichte die Macht Roms über Kleinasien bis ans Schwarze Meer, im äußersten Westen bis an die iberische Atlantikküste. Mit dem Zusammenhalt dieses riesigen Imperiums war Rom vollauf beschäftigt. Gallien lag außerhalb der römischen Interessen, fand nur insofern Beachtung, als Rom über die Sicherheit seiner Grenzen nach Norden zu wachen hatte. Das gallische Hinterland war weithin unbekannt, eine barbarische *terra incognita,* unsicher durch wechselnde unberechenbare Kräfteverhältnisse der rivalisierenden keltischen Stämme. Als größte Bedrohung im Norden galten die über den Rhein drängenden Germanen.

Es ist nicht nur unbewiesen, sondern sachlich falsch und widerspräche auch der außenpolitischen Zielrichtung der Römer, sähe man in ihrer gallischen Eroberung eine »unabwendbare Folgerichtigkeit«, vorbereitet durch eine langjährige »zersetzende Tätigkeit« in der Ausnutzung der »inneren Streitigkeiten der Gallier«. Die Eroberung war alleine Caesars Werk. Nur er erkannte, was Gallien für ihn und für Rom bedeutete. Zumal die ersten Berichte Caesars in seinem *Bellum Gallicum* lassen erkennen, wie er sich gegenüber den unvorbereiteten Römern um Erklärung und Rechtfertigung seines Handelns bemühte. Für die Römer war Caesars gallisches Abenteuer eben nicht folgerichtig, sondern eine Ungeheuerlichkeit, die sie betroffen machte, eine Expansionspolitik, die Bewunderung und zugleich schärfste Kritik hervorrief. Die Kritik ging so weit, daß Cato im Jahre 55 öffentlich erklären konnte, »man müsse Caesar den Barbaren ausliefern«.

Caesars freie Eroberungstat, losgelöst von einem unmittelbaren Schutzbedürfnis oder von Bündnisverpflichtungen, war etwas Unerhörtes, sprengte die bisherigen Gepflogenheiten der Römer im Umgang mit Fremdvölkern. Noch mehr brachte das Resultat, die Unterwerfung ganz Galliens, etwas völlig Neues in den Gesichtskreis der Römer. »›Täglich‹, heißt es in einer römischen Schrift vom Mai 56, ›meldeten die gallischen Briefe und Botschaften uns bisher unbekannte Namen von Völkern, Gauen und Landschaften.‹ Die Erweiterung des geschichtlichen Horizonts durch Caesars Züge jenseits der Alpen war ein weltgeschichtliches Ereignis so gut wie die Erkundung Amerikas durch europäische Scharen. Zu dem engen Kreis der Mittelmeerstaaten traten die mittel- und nordeuropäischen Völker, die Anwohner der Ost- und der Nordsee hinzu, zu der Alten Welt eine neue.«

Aber hatten die Römer nicht lange vor Caesar in Südgallien Fuß gefaßt und zwischen Pyrenäen und Westalpen ihre Provinz Gallia Narbonensis gegründet? Ihre Entstehung verdankte die Provinz dem Schutzbedürfnis der verbündeten keltischen Haeduer (im heutigen Burgund) und der römischen Klientelstadt Massilia (Marseille). Im späten zweiten Jahrhundert v. Chr. waren die keltischen Arverner aus ihrem Stammland, der nach ihnen benannten Auvergne, nach Süden und Westen vorgestoßen. Mit ihnen verbündet waren kleinere Stämme, auch die Allobrogen, die im heutigen Savoyen lebten. Die im Gebiet zwischen den Arvernern und Allobrogen beheimateten Haeduer wie auch Massilia konnten den Ansturm nur mit Hilfe der Römer abwehren.

Nach mehrjährigen Kriegen waren um 120 v. Chr. die Gebietsverhältnisse in Südgallien gesichert. Die Römer gründeten ihre narbonensische Provinz und hatten damit einen gesicherten Landweg zu ihren spanischen Provinzen gewonnen. Die Haeduer blieben als »Freunde« der Römer die wichtigsten gallischen Verbündeten.

Die Nordgrenze der Provinz verlief von Tolosa (Toulouse) über die Cevennen mit einer Ausbuchtung nach Norden bis Genava (Genf), schloß also auch das Allobrogenland ein. Immerhin garantierten die Römer in diesem südgallischen Land den Frieden, geregelte Verhältnisse und eine geschützte Entwicklung von Wirtschaft und Handel. Keine Anzeichen deuteten darauf hin, daß an eine Ausdehnung über die Provinzgrenzen hinaus gedacht war.

Gegen Ende der sechziger Jahre kam erneut Bewegung in die gallischen Stämme. Im Nordteil der Provinz zwischen Isère und Rhone erhoben sich die Allobrogen. Der Aufstand konnte im Jahre 61 niedergeschlagen werden. Als folgenschwerer erwiesen sich die Auseinandersetzungen zwischen den Haeduern und ihren östlichen Nachbarn, den Sequanern, die zur gleichen Zeit ihren Höhepunkt erreichten. Die Sequaner bewohnten das Land östlich der Saône bis zum Oberrhein, nach Norden bis ins Elsaß. Sie riefen den Suebenherzog Ariovist zu Hilfe, dem dies ein willkommener Anlaß war, mit seinen Sueben linksrheinisches, keltisches Land zu besetzen. Tatsächlich traten die Sequaner den Kriegshelfern ein Drittel ihres Landes (Unterelsaß) ab.

Angesichts der kriegerischen Übermacht der Sequaner und Sueben suchten die bedrängten Haeduer Hilfe bei den Römern. Doch dem Haeduerfürsten Diviciacus, der 61 persönlich in Rom um militärischen Beistand bat, wurde nur empfohlen, er möge sich an den Statthalter der Gallia Narbonensis wenden. Die Römer vermieden den militärischen Eingriff zugunsten ihrer Bundesgenossen, ja sie sorgten für eine geradezu paradoxe Situation, als sie 59 auch mit dem Eindringling Ariovist einen Freundschaftspakt schlossen. Offenbar wollten die Römer um keinen Preis in die gallischen Auseinandersetzungen hineingezogen werden, ihnen ging es nur um die Sicherung ihrer Provinz.

Zu einer neuen und nun Caesar unmittelbar angehenden Entwicklung gaben die keltischen Helvetier den Anstoß. Sie waren unter dem Druck germanischer Stämme, der Sueben, aus ihren

Gebieten südlich der Mainlinie über den Schwarzwald nach Süden gedrängt worden. Zunächst hatten sie sich zwischen Bodensee, Rhone und Jura angesiedelt, planten jedoch eine Auswanderung nach Westen, quer durch Gallien, um im fruchtbaren Land vor der Atlantikküste eine neue Heimat zu finden.

Schon einmal, im Jahre 61, waren Auswanderungspläne der Helvetier unter ihrem ehrgeizigen Anführer Orgetorix bekanntgeworden. Nach dem plötzlichen Tod des Orgetorix im Folgejahr trat zeitweise Beruhigung ein, und die Römer glaubten, die Gefahr sei gebannt – ein Irrtum, wie sich bald herausstellte. Die Helvetier beabsichtigten, den leichteren Weg durch den Nordteil von Gallia Narbonensis zu nehmen. Ohne Zweifel hätte der Durchzug von Hunderttausenden »Barbaren« in der Provinz unabsehbaren Schaden gestiftet und möglicherweise die ohnedies aufrührerischen Allobrogen zu einem weiteren Aufstand gegen das ungeliebte römische Regiment ermuntert. Außerdem drohte eine andere gefährliche Folge, ein Nachrücken der gefürchteten kriegerischen Germanen in die von den Helvetiern verlassenen Gebiete und damit in die direkte Nachbarschaft der römischen Provinz.

Dieser Fall trat im März 58 ein und traf die ahnungslosen Römer völlig unvorbereitet. Der Proconsul Caesar befand sich noch in seinem Landhaus vor den Toren Roms, mehr mit römischer Politik als mit seiner Provinz beschäftigt. Erst die Nachricht, daß die Helvetier zum 28. März eine Volksversammlung am Rhoneufer planten und ihr Aufbruch unmittelbar bevorstehe, alarmierte ihn. Sofort eilte er mit nur wenigen Begleitern an den Krisenherd, erreichte in einer für ihn typischen Gewaltanstrengung, täglich 140 bis 150 Kilometer zurücklegend, bereits am achten Reisetag Genava (Genf). Das war der 2. April. Erst jetzt erfuhr er, daß die Helvetier ihre Dörfer und Städte zerstört, ihr nicht auf die Treckwagen verladenes Getreide verbrannt hatten, »um ohne die Hoffnung auf Rückkehr allen Gefahren um so mutiger zu begegnen«.

Caesars erste Maßnahme war der Befehl, die Rhonebrücke bei Genf niederzureißen, um den Helvetiern das Überschreiten des Flusses zu erschweren. In der Provinz ließ er schleunigst Hilfskräfte und Rekruten anwerben. Für Gallia Narbonensis stand ihm lediglich eine einzige Legion zur Verfügung, die X., seine bald zuverlässigste und berühmteste Legion, aber ihm noch fremd wie die Verhältnisse, denen er sich jählings gegenüber sah. Und was halfen knapp 6000 Legionäre gegen ein ganzes zum Aufbruch entschlossenes Volk? Nach später gefundenen »Tafeln« der Helvetier nennt Caesar 368 000 Auswanderer, darunter 92 000 waffentragende Männer. Auch wenn man die genannte Kopfzahl anzweifelt, vielleicht halbiert, davon ein Viertel Krieger, so bliebe dennoch eine mit den verfügbaren Kräften nicht zu kontrollierende Übermacht.

Aus der Situation bei Caesars Ankunft in Gallien und aus seinen ersten Maßnahmen spricht deutlich eine defensive Grundhaltung. So beginnt kein vorausgeplanter Eroberungskrieg.

Als die Anführer der Helvetier bei Caesar erschienen und um Erlaubnis für einen gewaltlosen Durchzug baten, hörte er sie höflich an. Er vertröstete sie; in acht Tagen, zu den Iden des April, könnten sie seinen Bescheid in Empfang nehmen. Natürlich war dies eine bewußte Verzögerung, denn Caesar setzte auf Zeitgewinn. Unterdessen ließ er zum Schutze des linken Rhoneufers Wälle aufwerfen, Gräben ziehen und die in Eile befestigten Stellungen besetzen. So konnte seine zahlenmäßig unterlegene Legion jeden Versuch der Helvetier, über die Rhone zu gelangen, abwehren. Den Gesandten, die am 13. April vorsprachen, erklärte er prompt, »die Sitte und das Beispiel des römischen Volkes verböten es ihm, irgend jemandem den Durchzug durch die Provinz zu gestatten; und sollten sie Gewalt anwenden, so werde er sie daran hindern«.

Niemals würden die Helvetier von ihrem Auswanderungsplan ablassen. Das wußte Caesar. Nach einigen kläglich gescheiterten Versuchen, die Rhone auf Flößen zu überqueren, wählten die Helvetier den schwierigeren Weg durch die Schluchten zwischen Rhone und Jura, um durch die Gebiete der Sequaner und Haeduer nach Westen zu ziehen. Caesar erfuhr, daß Verhandlungen um den ungehinderten Durchzug mit den Sequanern und dem Haeduerfürsten Dumnorix eingeleitet waren. Das brauchte den Proconsul nicht mehr zu kümmern, vollzog sich doch das Unternehmen außerhalb seiner Provinz und berührte deren Anspruch auf römischen Schutz nicht. Doch irgendwann in diesen Tagen muß in Caesar der Plan gereift sein, den Krieg, seinen Krieg, nach Gallien hineinzutragen. Nun war er es, der unter leicht durchschaubaren Vorwänden die Grenze überschritt, der im freien Gallien den Kampf suchte und einen Eroberungskrieg entfesselte.

Caesars erste Begründung mag allenfalls die mit den geographischen Verhältnissen nicht vertrauten Römer überzeugt haben. Ziel der Helvetier war das Santonenland nördlich der Gironde nahe der Atlantikküste. Caesar behauptete, die Ansiedlung »nicht weit von Tolosa [Toulouse]« bedrohe die Westgrenze der römischen Provinz. Zudem seien die kriegerischen Helvetier alte Feinde des römischen Volkes.

An anderer Stelle seiner Berichte erinnerte er daran, daß die schrecklichen Helvetier (im Jahre 107) ein römisches Heer besiegt und »unter das Joch« geschickt hätten. In der Schlacht sei nicht nur der Consul Lucius Cassius, sondern auch der Urgroßvater seiner Gemahlin Calpurnia getötet worden. Er habe Grund, die Demütigung Roms zu rächen. Äußerst geschickt flocht Caesar solche bei den ehrenempfindlichen Römern zündenden Nebenbemerkungen in seine Commentarien ein.

Bald ergab sich eine stichhaltigere Begründung. Der Zug der Helvetier durch das Haeduerland verlief den Abmachungen zum Trotz nicht ohne Gewaltanwendung und Verwüstung. In dieser Situation waren die Haeduer uneinig. Die proromische Partei, vertreten durch den Adeligen Diviciacus und den Vergobret (den Ratsvorstand) Liscus, die schon 61 die Hilfe der Römer erbeten hatten, rief Caesar um Waffenhilfe an. Im Gegensatz zu ihnen vertrat der mächtige und beliebte Dumnorix, der jüngere Bruder des Diviciacus, eine Politik der Unabhängigkeit und Eigenständigkeit. Er strebte nach der Königswürde. Dumnorix war verheiratet mit der Tochter des Helvetierfürsten Orgetorix, der ebenfalls monarchistische Pläne verfolgt hatte (und vielleicht deswegen im Mai 60 von seinen eigenen Leuten umgebracht oder in den Selbstmord getrieben worden war).

Die Selbständigkeit der Gallier war aber nicht nur von Caesar, sondern auch von der wachsenden Macht des Sueben Ariovist bedroht. Das Bündnis, das die nationale Minderheit der Haeduer mit den Helvetiern anstrebte, richtete sich ebenso gegen Ariovist wie gegen den Eindringling Caesar. Doch Dumnorix war in einer mißlichen Lage. Er hatte den Einmarsch der Helvetier erlaubt, und er mußte sich nun fügen, als die offiziellen Regenten Diviciacus und Liscus, gestützt auf die Mehrheit der Haeduer, Caesar zur Kriegshilfe gegen die Helvetier ins Land riefen.

Man lese nur, wie Caesar seinen Worten den Anschein überzeugender Objektivität verleiht, indem nicht er die Gründe für sein Einschreiten nennt, sondern diese den Haeduern in den Mund legt und in indirekter Rede wiedergibt: »So groß sei zu allen Zeiten ihr [der Haeduer] Verdienst um das römische Volk gewesen, daß sie es nicht nötig hätten, fast unmittelbar unter den Augen unseres Heeres ihre Äcker verwüsten, ihre Kinder in die Sklaverei schleppen, ihre Städte erobern zu lassen.« Aufgrund eines Senatsbeschlusses war den bedrohten Verbündeten auch außerhalb der Provinzgrenzen bewaffneter Beistand zu gewähren. Darauf bezog sich Caesar, als er mit raffinierter Schlichtheit anschloß, dabei in seiner typischen Redeweise im *Bellum Gallicum* von sich selbst in der dritten Person sprechend: »Da sagte sich Caesar, er dürfe nicht warten, bis die Helvetier nach der Vernichtung der ganzen Güter der Bundesgenossen ins Gebiet der Santoner gelangt seien.«

Diese auf den ersten Blick konsequente Begründung, die der römische Leser der Commentarien kaum anders als zustimmend aufnehmen konnte, überdeckt allerdings einen schwerwiegenden Einwand. Das Ersuchen der Haeduer um Waffenhilfe erfolgte zu einem Zeitpunkt, an dem Caesar bereits vollendete Tatsachen geschaffen hatte und mit seinem Heer durch das Land der Haeduer marschierte. Sein Heer? Er hatte seine Truppen in rund zwei Monaten auf eine Stärke von annähernd 40000 Kriegern gebracht. Das bezeugt sein Organisationstalent, aber auch seine Entschlossenheit zum Krieg.

Wie Caesar seine Legionen sammelte und aufstellte, im Wettlauf mit der Zeit, unter ungeheuren physischen Anstrengungen, die er sich selbst und seinen teils noch unerfahrenen Legionären zumutete, schon das war ein Meisterstück des nun eigenmächtig handelnden Feldherrn. Nur wenige Tage nach der Abweisung der Helvetier im April hatte er das Kommando an der Rhone und über die X. Legion seinem Legaten Titus Labienus übergeben. In größter Eile war er nach Oberitalien, in seine cisalpinische Provinz, gereist, dort zwei neue Legionen (die XI. und XII.) aufzustellen und die drei cisalpinischen Legionen (die VII., VIII. und IX.) aus ihren Winterquartieren bei Aquileia zu holen.

Es kümmerte ihn nicht, daß die »selbstherrliche Truppenaufstellung«, ohne den Auftrag des Senats, gegen die Verfassung verstieß. Von nun an entschied er nach eigenem Gutdünken und vertraute darauf, daß die zukünftigen Erfolge seiner gallischen Kriegszüge seine Entscheidungen rechtfertigen würden.

In Eilmärschen führte er seine rund 30 000 Legionäre samt langen Kolonnen mit Vorräten beladener Troßwagen über die Alpen in das jenseitige Gallien. »Vierzig Tagesmärsche von je vierundzwanzig Kilometern« hatten die aus ihren Winterquartieren kommenden Legionen bis zum Ziel, dem ersten Standlager bei Lyon, zu bewältigen.

Nun verfügte Caesar über ein schlagkräftiges Heer, verstärkt noch durch die hinzustoßende X. Legion unter dem Befehl des Labienus und durch Truppenaushebungen in der Provinz. Mit den Haeduern vereinbarte Caesar als Gegenleistung für seine Waffenhilfe die Gestellung von Hilfstruppen, vor allem eines berittenen Kontingents, und die Lieferung von Getreide für das römische Heer. Die Rast im Quartier bei Lyon kann nur kurz gewesen sein, denn es galt jetzt, die durch das Haeduerland ziehenden, an Zahl immer noch überlegenen Helvetier zu stellen und zur Umkehr zu zwingen.

## 25 Sieg über die Helvetier und Ariovist

Caesars Rechnung ging auf. Der große Volkstreck der Helvetier kam nur langsam voran. An der Saône holte Caesar die Auswanderer ein, als drei Viertel von ihnen auf Flößen und Kähnen den Fluß bereits überquert hatten. Im Morgengrauen griffen die römischen Truppen überraschend den noch diesseits der Saône stehenden schwächeren Teil des Trecks an und bereiteten ihm eine vernichtende Niederlage. Nur wenige entkamen und flüchteten in die umliegenden Wälder.

Die Helvetier sandten eine Abordnung zu Caesar. Ihr Anführer Divico muß ein uralter Mann gewesen sein, denn unter seinem Befehl hatten die Helvetier im Jahre 107 die Römer besiegt. Nicht unterwürfig, eher mit Trotz und der Überlegenheit seines Alters redend, stand der greise Divico vor Caesar. Warum Krieg? Warum nicht Frieden? Wenn der Proconsul den Frieden wolle, dann seien die Helvetier bereit, ihre Wohnsitze dort zu suchen, wo er sie hinweise. Beharre er jedoch auf seinem Krieg, dann möge er nicht vergessen, daß die Helvetier schon einmal durch ihre Tapferkeit ein römisches Heer bezwungen hätten.

Divico sagte Caesar ins Gesicht, sein Teilsieg sei keine Heldentat gewesen. Er verdanke seinen Erfolg einer List, denn die Haupttruppen der Helvetier, schon jenseits des Flusses, hätten der von Caesar überfallenen Minderheit nicht beistehen können. Sie jedoch, die Helvetier, »hätten von ihren Vorvätern und Vätern gelernt, eher mit Tapferkeit als mit List zu kämpfen«.

Caesar, der in seinen Commentarien zum Gallischen Krieg die Ereignisse darstellt, wie er sie sah, und der selbstverständlich seine und seiner Legionen *res gestae* herausstellt, berichtet hier mit überraschender Offenheit. Er selbst deckt auf, wie Divico seinen Überfall wertet, und vor allem, daß die Helvetier seine Landzuweisung zu akzeptieren bereit waren. Aus welcher Absicht auch Caesar das ihn so eindeutig belastende Gespräch überlieferte, an der Richtigkeit des von Divico Vorgebrachten läßt sich schwerlich zweifeln.

Caesar wußte keine besseren als die bekannten und fragwürdigen Argumente vorzubringen. Die Helvetier hätten »den Durchmarsch durch seine Provinz erzwingen wollen, dann die Haeduer, die Ambarrer, die Allobrogen bedrängt«. »Unverschämt« nannte er, wie die Helvetier sich des alten Sieges rühmten. Es hat den Anschein, als habe er selbst das Unzureichende seiner Argumente gespürt. Denn jetzt bemühte er in einem vagen Schluß die »unsterblichen Götter«, die auch zeitweise vom Glück begünstigte Frevler eines Tages strafen würden. Kurzerhand forderte er die Stellung von Geiseln und Wiedergutmachung der angerichteten Schäden. Darauf erwiderte Divico: Für die Helvetier sei es üblich, »Geiseln zu empfangen, nicht zu stellen«, das müßten die Römer wissen. »So seine Antwort; dann ging er«, bemerkt Caesar lakonisch. Eine Einigung kam nicht zustande. Das scheint Caesars Plänen entsprochen zu haben.

Anderntags zogen die Helvetier weiter, nach Norden. Vierzehn Tage lang blieb ihnen Caesar auf den Fersen, ohne sie anzugreifen. Unterdessen ereigneten sich zwei Vorfälle, die ihm zeigten, daß sein Krieg nicht allen Haeduern willkommen war. Der Proconsul verfügte über viertausend Reiter, darunter die starke haeduische Schwadron, die Dumnorix kommandierte. Ein Gefecht mit der berittenen Nachhut der Helvetier endete in einer Niederlage für die römische Kavallerie. Grund scheint der geringe Kampfeswille der haeduischen Reiter gewesen zu sein. Der zweite Vorfall betraf das Ausbleiben der Getreidelieferungen, auf die das römische Heer angewiesen war. Der hinhaltenden Ausflüchte überdrüssig, verlangte Caesar von den Fürsten der Haeduer Rechenschaft. Widerstrebend gestanden Diviciacus und Liscus, daß Dumnorix seine Hand im Spiel habe, und »unter Tränen« bat Diviciacus um Gnade für seinen Bruder. Tatsächlich beließ es Caesar bei einem strengen Verweis und der nun ständigen Beobachtung des Dumnorix.

Zwei Tage nach der Unterredung unterbrach Caesar die Verfolgung der Helvetier und ließ seine Legionen in Richtung Bibracte (auf dem Mont Beuvray) abschwenken, um in der reichen Hauptstadt der Haeduer Verpflegung aufzunehmen. Vermutlich deuteten die Helvetier den Abzug als Schwäche der Römer. Auch sie änderten ihren Marschplan, setzten nun ihrerseits zur Verfolgung an und bedrängten die abziehenden Truppen in ersten kleineren Gefechten.

Die Herausforderung wurde ihnen zum Verhängnis. Nach der Formierung seiner Legionen stellte sich Caesar bei Bibracte zur Schlacht. Sein Pferd wie die Pferde seiner Offiziere ließ er fortbringen, um jeden Gedanken an Rückzug auszuschließen. Seinen disziplinierten und besser gerüsteten Legionen, seinen klugen taktischen Manövern vermochten die Helvetier trotz ihrer zahlenmäßigen Überlegenheit nicht standzuhalten. In der gnadenlosen offenen Feldschlacht fand der größte Teil des helvetischen Heeres den Tod. Über das Schicksal der Helvetier war entschieden.

Den Überlebenden, nach Caesars Angaben 110000, weniger als ein Drittel der Ausgewanderten, befahl Caesar, in ihr Land zurückzukehren und die von ihnen eingeäscherten Städte und Dörfer wiederaufzubauen. Die Versorgung der Helvetier mit Lebensmitteln, bis sie zur Selbsthilfe fähig wären, trug Caesar den Allobrogen auf. Er wolle nicht, so schreibt er selbst, daß das Helvetierland unbewohnt bleibe und die Germanen verlocke, einzudringen und sich anzusiedeln. Das würde der gallischen Provinz und den Allobrogen eine bedrohliche Nachbarschaft bringen.

Warum die offensichtliche Furcht vor der Nähe der Germanen? Caesars politisch weitsichtige Anordnung kennzeichnet einen psychologisch aufschlußreichen Tatbestand, der auch in seinem nächsten Unternehmen, im Krieg gegen Ariovist, entscheidend mitwirkte. In der Vorstellung der Römer war seit dem Einfall der Cimbern und Teutonen im Jahre 105 v. Chr. den Germanen eine furchterregende Kriegstüchtigkeit zu eigen, körperliche Härte, Kraft und wilde Kampflust.

Gleich im ersten Abschnitt des *Bellum Gallicum* erwähnt Caesar die Germanen zweimal als »Gradmesser der besonderen Kriegstüchtigkeit« der in Kämpfen mit ihnen erprobten Belger und Helvetier. Wiederholt berichtet Caesar von den kriegerischen Eigenschaften der Germanen, zumal bei seiner Charakterisierung des Suebenherzogs Ariovist, den er barbarisch, grausam, wild und hochfahrend nennt (oder durch andere nennen läßt). Und einmal brach im Heer Caesars gar eine Panik aus, nachdem die doch abgehärteten Legionäre von den Galliern Furchterregendes über die Körpergröße, die Kampfwut und Waffengewandtheit der Sueben gehört hatten.

Die Furcht vor den Germanen war ein römisches Trauma. Caesar brauchte sie nicht zu erfinden. Nur bei der Charakterisierung des Ariovist fällt auf, wie raffiniert Caesar ein übertrieben negatives Bild zeichnet, doppelt raffiniert, weil er das Charakterisierende vorwiegend den Haeduerfürsten Diviciacus sagen läßt. So heißt es, der Suebenherzog sei über das schon Genannte hinaus anmaßend, unbeherrscht, hinterhältig und unberechenbar.

Caesar scheint den Lesern seiner Berichte einhämmern zu wollen: Da seht doch, dieser so geartete Ariovist mit seinen Germanen ist zu allem fähig, er bildet eine ständige Bedrohung unserer Provinz, unserer Bundesgenossen und Einflußgebiete. War es nicht er, der die Helvetier in ihrem Stammland bedrohte? Hatte nicht er, von den Sequanern gerufen, im Jahre 61 die Rom verbundenen Haeduer besiegt und unterdrückt, ihnen Geiseln und laufende Tributzahlungen abgefordert? Mit dem »barbarischen« Germanenführer konnte es keinen Ausgleich geben, nur den Krieg. Wie wenig sachliche Argumente Caesar vorbringen konnte, den Krieg gegen Ariovist zu begründen, ist schon aus der Tatsache abzuleiten, daß er die Notwendigkeit seines Handelns fast ausschließlich auf die negativen Charaktereigenschaften des Germanenfürsten stützt. Eine schwache Argumentation, die durch die Emotionalisierung des Gegensatzes mühsam gestärkt werden mußte.

Caesars eigentliches Motiv war natürlich, daß er nach seinem Sieg über die Helvetier Gallien als sein Interessengebiet betrachtete und dort um keinen Preis eine andere Fremdmacht dulden konnte. Die Gallier machten es ihm leicht. Nach dem Helvetierkrieg kamen zahlreiche Keltenfürsten zu Caesar, nicht nur um dem Sieger für die Befreiung von den helvetischen Invasoren zu danken, sondern um seine Erlaubnis für die Einberufung eines gallischen Landtags zu erbitten. Ein ungewöhnlicher Vorgang, denn Caesar hätte eigentlich nach seinem Sieg das freie Gallien verlassen müssen. So aber, indem die Fürsten aus freien Stücken Caesar ihre Bitte vortrugen, erkannten sie praktisch seine Vormacht in Mittelgallien an. Mit einem Schlag hatte der Sieger über die Helvetier Ansehen und Autorität gewonnen.

Was auf dem gallischen Landtag verhandelt wurde, trug der wortführende Haeduer Diviciacus in langer Rede Caesar vor. Auch dieses wiederum kennen wir nur aus Caesars Darstellung. Die Gallier baten um Schutz gegen Ariovist, der erneut Germanen über den Rhein geführt habe und nach dem schon besetzten ersten Drittel sequanischen Bodens nun ein zweites Drittel fordere. Auch die Sequaner standen vor Caesar, niedergeschlagen, zurückhaltend, weil sie Repressalien Ariovists befürchteten. »Nur Caesar könne ganz Gallien vor der Gewaltherrschaft Ariovists schützen«, rief Diviciacus. Caesar entließ die Fürsten mit dem Versprechen, er werde »sich ihrer Sache annehmen«, und er sprach ihnen Mut zu.

Es ist schon sehr merkwürdig, daß die Gallier selbst legalisierten, was längst Caesars Absicht war. Nun konnte er als Verteidiger gallischer Interessen und der dem Schutz der Römer anvertrauten Haeduer gegen Ariovist vorgehen. Schon dieser Zusammenhang ist geeignet, Caesars Glaubwürdigkeit zu erschüttern. Aber noch in anderer Hinsicht bedurfte der Krieg gegen Ariovist einer rechtlichen Absicherung und glaubhaften Begründung. In seinem Consulatsjahr hatte Caesar dem »Germanenkönig« den Ehrentitel »Freund des römischen Volkes« verliehen. Diese Auszeichnung widersprach nun allen seinen Planungen. Um sie zu entkräften, halfen nur schwerwiegende Gründe, vorbereitet durch die auffallend negative Charakterisierung Ariovists.

Caesar lud Ariovist zu einer Begegnung, die der Suebenherzog ablehnte. Dann übermittelte ihm der Proconsul seine Bedingungen: kein Überschreiten des Rheins durch weitere germanische Verbände; Rückgabe der haeduischen Geiseln; Einstellung jeglicher Kriegshandlung gegen die Haeduer und deren Verbündete. Ariovist parierte selbstbewußt und politisch klug, keineswegs als der »Barbar«, zu dem ihn Caesar aus Propagandagründen gemacht hatte. Er stellte sich gleichberechtigt neben den Römer und ließ Caesar übermitteln, er sei zuerst und zudem von den Sequanern gerufen nach Gallien gekommen. Die Römer hätten in seinem Teil Galliens nichts zu suchen. Die von ihm besiegten Haeduer behandele er nach Kriegsrecht, nicht anders, als die Römer es hielten. Er mische sich nicht in römische Angelegenheiten ein, und er verlange von den Römern eine gleiche Haltung gegenüber seinen erworbenen Rechten.

Gleichzeitig mit dieser Antwort erhielt Caesar die Nachricht, daß weitere Gruppen von Sueben sich anschickten, über den Rhein zu setzen und in keltisches Land einzudringen. Darauf brach Caesar mit seinen Legionen auf und marschierte nordostwärts in das Gebiet der Sequaner. In Gewaltmärschen, um dem ebenfalls mit seiner ganzen Truppenmacht heranrückenden Ariovist zuvorzukommen, erreichten die Römer Vesontio (Besançon) und besetzten die sequanische Hauptstadt.

Hier nun kam es zu der schon erwähnten gefährlichen Panik im römischen Heer, ausgelöst durch die von den Galliern erzählten Schauergeschichten über die germanischen Krieger. So schnell ließ sich das kampfgewohnte, das bestgerüstete und diszipliniertestes Heer seiner Zeit demoralisieren? Über die wahren Hintergründe kann man rätseln. An der Tatsache einer drohenden Rebellion und ihrem Umfang bestehen keine Zweifel, denn Caesars Bericht ist sehr wahrscheinlich gerade in einem so heiklen, die römische Ehre berührenden Fall vertrauenswürdig.

Nach Caesar erfaßte zunächst die höheren Ränge eine Angstpsychose, die rasch übergriff auf die Führer der Hundertschaften, die Centurionen, auf die Reiterführer und die erfahrenen Berufssoldaten. Über den harten, verläßlichsten Kern der Truppe geriet das gesamte Heer bis auf die X. Legion in den Sog der von Furcht angetriebenen Auflehnung. Die Soldaten, so wurde Caesar zugetragen, würden »den Gehorsam verweigern und in ihrer Furcht nicht aufbrechen«.

Etwas differenzierter beschreibt der griechische Geschichtsschreiber Dio Cassius die Hintergründe. Nach seiner Darstellung erklärten die Offiziere in aller Öffentlichkeit, »nur der persönliche Ehrgeiz Caesars führe sie in einen Krieg, der weder gerecht noch durch einen offiziellen Beschluß befohlen war, und sie drohten, ihn zu verlassen, wenn er seine Ansicht nicht ändern werde«. Einerseits ist dies ja eine Deutung der Ereignisse, die der Wahrheit sehr nahe kommt, andererseits mag es politische Gegner im Heer gegeben haben, Spitzel und Provokateure, die den schwelenden Brand schürten und den Meuternden diese Motive nahelegten. Die Koppelung solcher Beweggründe mit der allgemeinen Angst verschärfte die Krise.

Caesar handelte, indem er die höheren Offiziere und die Centurionen aller Ränge zu sich befahl. Er kämpfte mit seinen Waffen, souverän und zwingend, mit seiner überzeugenden Beredsamkeit und unwiderlegbaren Argumentation. Er bittet nicht um Hilfe, sondern tadelt hart das mangelhafte Vertrauen in seine Führung. Er beschönigt nichts, skizziert schonungslos die Lage, keine blinde Gefolgschaft fordernd. Aber er erinnert an den Sieg des Gaius Marius, an die Tapferkeit der Helvetier im Kampf gegen die Germanen. Die Rede vom Ungehorsam beeindrucke ihn nicht, denn nur einem glücklosen oder habsüchtigen Feldherrn verweigere sich sein Heer. »Für seine Uneigennützigkeit stehe sein ganzes Leben als Beweis, für sein Glück der Krieg mit den Helvetiern.«

Ohne Umschweife befahl Caesar den Aufbruch in der folgenden Nacht. Er fügte hinzu: »Und wenn ihm niemand folge, so gehe er trotzdem, und zwar allein mit der X. Legion, denn auf diese könne er sich verlassen, und sie werde in Zukunft seine Leibgarde sein.«

Caesars Rede gehört zu den herausragenden Ereignissen, die der Legende von seiner genialen Menschenführung, seinen großen psychologischen Fähigkeiten Auftrieb gaben. Seine nichts verschweigende Argumentation und seine mitreißende Überzeugungskraft bewirkten den totalen Umschwung. Es ist psychologisch bemerkenswert, daß Caesar in solchen Momenten nicht nur die nahezu ausweglose Krise überwandt und die Treuebindung an seine Person wiederherstellte, sondern sogar die Kampfbereitschaft seiner Offiziere und Soldaten steigerte.

Nach sechs ununterbrochenen Marschtagen stand Caesar mit seinen Truppen im Oberelsaß, vermutlich in der Gegend nördlich von Mühlhausen, etwa 36 Kilometer vom Lager Ariovists entfernt. Überraschend brachten Gesandte die Nachricht, nun wünsche Ariovist eine Zusammenkunft. Caesar willigte ein, und fünf Tage später, nachdem er Ariovists Vorschlägen über den Ort und die Bedingungen zugestimmt hatte, kam das Treffen zustande.

Es war Anfang September, als sich der Germanenführer und der römische Proconsul, beide zu Pferd, auf einem offenen Hügel in der Rheinebene gegenüberstanden. Ihr Gefolge bestand aus je zehn Reitern, während eine größere berittene Truppe im Abstand von dreihundert Metern wartete. Das gesamte Fußvolk war, wie vereinbart, in den gleich weit entfernten Lagern zurückgeblieben. Aber Caesar hatte vorsorglich seine X. Legion auf die gallischen Pferde gesetzt und sie zu seiner Kavallerie gemacht.

Aufschlußreich ist der ziemlich heftig und schonungslos geführte Disput wegen jener Vorwürfe, die über die Wiederholung des schon schriftlich Mitgeteilten hinausgingen. Ariovist, der lateinisch wie auch keltisch sprach, blieb der Rhetorik Caesars nichts schuldig. »Er sei früher nach Gallien gekommen als die Römer. Was denn habe Caesar mit ihm zu schaffen, warum betrete er den Boden, der ihm gehöre? Dies Gallien sei seine Provinz, wie jenes [die Gallia Narbonensis] römisch sei.«

Spöttisch bemerkte Ariovist, die Bundesgenossen, auf die sich Caesar ständig berufe, hätten den Römern noch nicht einmal im letzten Allobrogenkrieg geholfen. So sei der vielzitierte Freundschaftspakt nur ein Vorwand zum Krieg gegen ihn. Er werde Caesar, wenn er nicht abrücke, als seinen Feind behandeln. Er wisse genau, daß ihn der Dank »vieler Adeliger und erster Männer« Roms erwarte, wenn er Caesar töte. Und nun folgt eine sehr merkwürdige Wendung: Wenn Caesar jedoch abziehe und das freie Gallien ihm überlasse, werde er jeden von Caesar gewünschten und ihm Mühe und Gefahr ersparenden Krieg führen.

Daß Ariovist wirklich seinem Gegner den Kriegsdienst angeboten hat, dazu noch mit schmeichelhaften Worten, ist höchst unwahrscheinlich und widerspräche dem Charakter des Germanenführers. Eher denkbar wäre, daß Caesar ein mögliches Bündnisangebot Ariovists nach eigenem Gutdünken erweiterte und verfälschte, damit seine Loyalität neben dem kriegslüsternen Germanen um so untadeliger aufscheine. So gesehen gerät auch die voraufgehende Bemerkung Ariovists ins Zwielicht. Caesar schrieb seine Commentarien für römische Leser. Sie sollten erfahren, daß seine Gegner in Rom nicht davor zurückschreckten, seine, des loyalen und uneigennützigen Statthalters, Ermordung durch einen Fremden zu begrüßen.

Von diesem fragwürdigen Einschub abgesehen scheint Caesar sein Wortgefecht mit Ariovist einleuchtend und glaubhaft zu überliefern. Er beharrt auf seinem bekannten Argument von der Treuepflicht gegenüber den »verdientesten Bundesgenossen«, den Haeduern also. Er verweist auf die großzügige Behandlung der Arverner nach deren Unterwerfung im Jahre 121. Auf ihr Gebiet und ihre Tribute habe Rom verzichtet, »weil Gallien frei sein müsse«. Im gleichen Atemzug erklärt Caesar unumwunden, nicht Ariovist, sondern allein den Römern komme der erste Anspruch auf die Herrschaft in Gallien zu. Deutlicher konnte es nicht gesagt werden. Der Proconsul bestand auf seinem uneingeschränkten Machtanspruch.

Caesar brach die Unterredung schroff ab, weil ihm – wie er schreibt – gemeldet wurde, »Ariovists Reiter würden sich den Unsrigen nähern und mit Steinen und Speeren nach ihnen werfen«. Offenbar waren die Germanen wegen der langen Dauer der Unterredung unruhig geworden. Aber was gab es nach der Verhärtung beider Standpunkte auch noch zu sagen?

Am übernächsten Tag schickte Ariovist nochmals Boten zu Caesar und schlug eine erneute Zusammenkunft vor. Vermutlich war das ein letzter Versuch des Suebenherzogs, durch einen Ausgleich die drohende Schlacht abzuwenden. Caesar reagierte unwillig, sandte dann trotzdem zwei Unterhändler, allerdings keinen seiner Legaten oder höheren Offiziere, sondern einen jüngeren Gallier mit einem Begleiter, was Ariovist als Beleidigung empfand. Er geriet in Zorn und ließ die Gesandten als angebliche Spione »in Ketten legen«. Dann rückte Ariovist mit seinen Truppen vor, in der Absicht, Caesars Lager zu umgehen und die südlichen Nachschubwege der Römer abzuschneiden.

Nach achttägigem Manövrieren beider Truppenverbände, unterbrochen von gelegentlichen Reitergefechten, befahl Caesar um den 14. September den Angriff. Ihn drängte der beginnende Herbst zur Entscheidung, und nichts wäre ihm abträglicher gewesen als ein Hinhalten und Erlahmen der Kampfmoral seiner Legionäre. Vermutlich in der Gegend um Mühlhausen, vielleicht bei

Cernay, stießen die Heere aufeinander. Die Örtlichkeiten sind so wenig gesichert wie die Gesamtzahl der Kämpfenden. Aber da Ariovist seine sämtlichen Verbände in die Schlacht führte, an Zahl den sechs römischen Legionen samt Hilfstruppen überlegen, müssen gewaltige Aufgebote gekämpft haben. Und es muß eine grausame Schlacht entbrannt sein, in der sich die Gegner »wie die wilden Tiere zerfleischten«. So schildert es der Historiker Appian.

Während die Schlacht noch unentschieden hin und her wogte, gelang dem rechten Flügel der Germanen ein Einbruch in die römische Phalanx. Offenbar hatte Caesar, der selbst in vorderster Reihe kämpfte, für den Augenblick die Übersicht verloren, denn ein junger Reiterkommandeur entschied eigenmächtig und rettete die Situation. Es war Publius Crassus, der Sohn des Finanzmannes und Triumvirn Crassus, der – in Bereitschaft stehend – das Feld überblickte. Sofort, ohne Caesars Befehl, warf der entschlossene Offizier seine Reiter wie die rückwärtigen Reserven in die Schlacht. Wahrscheinlich entschied sein Eingreifen über den Ausgang, denn jetzt durchbrachen die Römer die feindlichen Kampfreihen. In der Wucht des Angriffs brach jeder Widerstand zusammen. Wer von den Sueben nicht erschlagen wurde, suchte in wilder Flucht den Weg zum Rhein, verfolgt von der römischen Reiterei. Auf der Flucht fanden auch Ariovists beide Frauen und eine Tochter den Tod. Ariovist selbst entkam in der Nacht über den Rhein; er starb jedoch nicht lange nach seiner Rettung.

Bei der Verfolgung der flüchtenden Sueben konnte Caesar persönlich seine Gesandten, die Ariovist hatte »in Ketten legen« lassen, befreien. »Dies freute ihn ebensosehr wie sein Sieg«, versichert er.

Es war ein großer und folgenreicher Sieg. Caesar hatte die Ansätze einer germanischen Machtbildung westlich des Rheins zerschlagen, und er beherrschte im Herbst seines ersten Jahres in Gallien unangefochten Mittelgallien. Er dachte nicht daran, seine Truppen zurückzuführen, und allein diese Tatsache beweist schon, daß er nicht nur seine Machtposition halten, sondern sie als Basis für eine weitere Ausdehnung seines Einflusses nutzen wollte. Das widersprach gründlich seinem Wort vom »freien Gallien«. Unter dem Befehl des Titus Labienus bezogen die Legionen ihre Winterquartiere im Sequanerland, bei Besançon.

Unterdessen reiste Caesar nach Oberitalien, um seinen Verpflichtungen als Statthalter der cisalpinischen Provinz nachzukommen. Untätig war er zu keiner Zeit. Nicht er, aber Plutarch berichtet, daß er in diesem Winter rege Kontakte mit Rom unterhielt und seinen römischen Anhang verstärkte, »indem er jedem gab, was er verlangte, alle aber, durch Geschenke oder durch Hoffnung befriedigt, zurückschickte«.

## 26 Die Unterwerfung der Belger

Was plante Caesar, was ging in ihm, dem nun zweiundvierzigjährigen Proconsul, vor? Er wäre kein Römer und nicht Caesar gewesen, hätte er nicht als Fernziel die Macht in Rom angestrebt. Es mag dahingestellt bleiben, ob er schon jetzt konkrete Vorbereitungen für diesen letzten Schritt traf. Er war Pragmatiker, ein Mann, der das Naheliegende und Machbare erkannte und danach handelte, kein Träumer, der verfrüht Utopien nachjagte.

Das Proconsulat hatte ihm große Möglichkeiten eröffnet – in Gallien, nicht in den Provinzen Cisalpina und Illyricum, die er nebenbei verwaltete oder verwalten ließ und die er unbekümmert für Truppenaushebungen nutzte. In Gallien, nicht vorher, sondern wahrscheinlich im ersten gallischen Sommer, wurde ihm die volle Tragweite seines Handelns bewußt. Das zeigte der Umschwung aus der anfänglichen Defensive in den reinen Eroberungskrieg, und das beweist sein zukünftiges konsequentes Vorgehen im freien Gallien.

Er hütete sich, seine Pläne zu verraten, um nicht das ohnedies schwache Gebäude seiner Rechtfertigungen zu erschüttern. Aber mit rigoroser Nüchternheit festigte und vergrößerte Caesar sein Machtpotential. Gallien bot ihm alles, was ihm in Rom zur Macht gefehlt hatte: militärische Macht durch die ihm verschworenen Legionen; unermeßliche finanzielle Mittel durch die ihm zufallenden Tributzahlungen und durch Beutegut; Kriegsruhm durch seine Siege.

Caesar bewegte sich in einem Teufelskreis: Seine Gegner in Rom konnte er nur durch seine Siege und Eroberungen zum Schweigen bringen, Siege und Eroberungen, die er wiederum nur durch fortwährende Rechtsverletzungen erringen konnte. Ein Scheitern in Gallien hätte seine politische und persönliche Vernichtung zur Folge gehabt, denn seine Gegner in Rom registrierten jede seiner gesetzwidrigen Unternehmungen ebenso, wie sie seine illegale Consulatsführung niemals vergaßen. Demgegenüber rechnete Caesar mit einem Stimmungsumschwung in Rom zu seinen Gunsten, je mehr Sklaven aus den unterworfenen Stämmen, gallische Beute und Tribute nach Rom gelangten. Wer in Rom, so kalkulierte Caesar realistisch, könnte diesen sichtbaren Beweisen seines Kriegsruhms und der Macht des Faktischen widerstehen?

Der entscheidende Sieg über Ariovist hatte die Germanen über den Rhein zurückgedrängt. Was das für Caesar bedeutete, kann nicht hoch genug eingeschätzt werden. Er war es, der durch seinen Sieg das Trauma von der Kampfkraft und Unbesiegbarkeit der Germanen überwunden hatte, eine Kriegstat von tiefgreifender psychologischer Wirkung, die sein Ansehen und seinen Ruhm vermehrte.

Der unmittelbare Gewinn lag nicht nur in der Vertreibung der Fremdmacht aus Gallien, sondern in der Fixierung einer natürlichen Grenz- und Verteidigungslinie. Caesar setzte alles daran, den Rhein als Grenze zwischen den keltischen und den germanischen Völkern zu erhalten. Sein Versuch der völkischen und kulturellen Differenzierung bleibt umstritten, denn auf beiden Seiten des Rheins gab es vereinzelt Stämme oder Mischungen der jenseitigen völkischen Zuordnung. Aber ihm ging es allein darum, »sein« Gallien abzusichern, und er zauderte nicht, den Rhein als Grenze des römischen Imperiums zu bezeichnen.

Es entsprach der Logik dieses Denkens, daß Caesar nun, im zweiten Jahr in Gallien, nicht nach Westen vordrang, sondern nach Norden, um die Völker im Nordosten Galliens zu unterwerfen und die Rheingrenze bis zur Mündung zu sichern. Hier, nördlich der Seine und Marne bis zum Niederrhein, lebten jene Volksstämme, die unter dem Sammelnamen Belger zusammengefaßt waren, teilweise germanisch-keltisch gemischt, aber vorwiegend Kelten und alle keltisch sprechend.

Die Belger, aufgeschreckt durch die kriegerische Intervention Caesars in Mittelgallien, befürchteten mit Recht, ihr Land werde das nächste Ziel des römischen Aggressors sein. Wozu sonst hatten die römischen Legionen ihre Winterquartiere im Sequanerland bezogen? Also beriefen die Belger eine zentrale Versammlung ein, in der sie beschlossen, ein gemeinsames Verteidigungsheer aufzustellen. Den Oberbefehl übernahm Galba, der König der mächtigen Suessionen (um Soissons). Soweit berichtet es Caesar, der in Oberitalien durch seine Nachrichtendienste von den Vorgängen bei den Belgern erfuhr.

Nicht nur die Politik der Expansion, auch die Erfindung von Rechtfertigungslegenden setzte sich fort. Caesar stellte natürlich die Tatsachen auf den Kopf, wenn er schrieb, die Belger betrieben »eine Verschwörung gegen das römische Volk«. Außerdem war ein Vorwand gefunden, in der cisalpinischen Provinz zwei neue Legionen (die XIII. und XIV.) aufzustellen, wie bei der ersten Truppenaushebung ohne die Ermächtigung des Senats. So brachte Caesar sein Heer eigenmächtig auf die doppelte Stärke der ihm ursprünglich zugewiesenen vier Legionen.

Schon die Aufstellung von zwei Legionen setzte eine enorme Organisation voraus. Es gab ja keine Magazine, in denen für 12000 Rekruten (nach Sollstärke) Helme, Lederpanzer, Fußbekleidung, Waffen und Kriegsgerät bereitlagen. Die gesamte Ausrüstung und Ausstattung der Legionen samt Troß mit Wagen und Pferden mußte beschafft werden. Da Caesar ohne Senatsbeschluß handelte, mußte er für die Kosten selbst aufkommen, das heißt mit Hilfe seiner Quaestoren, die aus dem gallischen Beuteerlös, aus Tributzahlungen und verfügbaren Steuergeldern seiner Provinzen schöpften.

Vermutlich fehlte es nicht an Dienstwilligen, die sich neben der Aushebung unter den römischen Bürgern der Provinzen verpflichteten. In der Regel brachte der Heeresdienst selbst den einfachen Soldaten, gemessen am Einkommen der Mehrheit der Bürger, einen »hohen Lebensstandard«, neben Sold, Beuteanteilen und Prämien nach Siegen die Versorgung nach der Dienstzeit durch eine Landzuteilung oder beträchtliche Abfindung.

In Gallien profitierte der Feldherr Caesar von der Heeresreform seines Onkels Marius: Durch ein gestrafftes, hartes Drillreglement, das in den Winterquartieren und Kampfpausen fortgesetzt wurde, gewann die Truppe an Kampfstärke und Beweglichkeit. Auf den endlosen Märschen, täglich 20 bis 25 Kilometer, bei Gewaltmärschen mehr als das Doppelte, trugen die Legionssoldaten ihre Waffen und alles Gepäck selbst: Schutzschild, Wurfspieß und Kurzschwert für den Nahkampf, Schanzzeug, persönliche Sachen, Eßgerät und Verpflegung für mehrere Tage. Als Grundnahrung diente eine tägliche Ration von 850 Gramm Weizen, der mit der Handmühle gemahlen wurde. Darum waren vereinbarte oder requirierte Getreidelieferungen so wichtig. Fleisch wurde nur ausnahmsweise bei Verpflegungsschwierigkeiten zugeteilt. Jeder buk selbst nach dem Tagesmarsch am offenen Feuer aus dem Mehl eine Art Polenta und Fladenbrot.

Auf diese Weise konnten die Einsatztruppen äußerst beweglich und unabhängig vom schwerfälligen Troß operieren, zumal seit Marius die Kohorte (600 Mann) eine taktische Einheit bildete. Jede Kohorte umfaßte sechs Centurien (Hundertschaften). Ihre Anführer, die Centurionen, kamen aus dem Mannschaftsstand, sie waren durch Tüchtigkeit und Tapferkeit ausgezeichnete Legionäre, Caesars verläßliche Unterführung und das Rückgrat der Armee.

Im Frühsommer 57, nach der Zusammenführung der Truppen im Lager bei Besançon und nach gründlichen, logistischen Vorbereitungen, stieß Caesar nach Norden vor, zunächst in die Champagne. Seine Armee wird auf rund 40 000 Legionäre geschätzt, geringer als die Sollstärke von acht Legionen, aber hinzu kamen die gallischen Hilfstruppen, ein starkes Kontingent der Haeduer, auch die im Belgerkrieg wiederholt genannten leichtbewaffneten Numider, die kretischen Bogenschützen und die als Schleuderer gerühmten Balearen. Nahezu mühelos, bis auf den Kampf an der Aisne und die Hauptschlacht an der Sambre, bestanden die Legionen den Belgerkrieg. Es war ein Erfolg des raschen Vorrükkens, der disziplinierten Beweglichkeit der Einheiten und wohl auch des Ruhms, auch der »Fama«, die Caesar und seine kampftüchtigen Legionen umgab.

Gleich das erste Volk jenseits der Marne, die Remer (um Reims), scherte aus der Koalition der Belger aus, unterwarf sich kampflos und verbündete sich mit Caesar. Man kann es den Remern nicht verargen, daß sie in kluger Voraussicht auf Widerstand verzichteten. Zudem war ihre Entscheidung auch durch einen Hegemoniestreit mit ihren westlichen Nachbarn, den zum Kampf drängenden Suessionen, beeinflußt. Als Verbündete der Römer übernahmen die Remer nun unter den Belgern eine Position, die derjenigen der Haeduer in Mittelgallien glich. Aber sie mußten Geiseln stellen, regelmäßige Getreidelieferungen garantieren und mit Hilfstruppen die Römer in dem ungewollten Krieg unterstützen. Außerdem bekamen sie die Rache der übrigen Belger zu spüren, die mit vereinigter Heeresmacht in das nördliche Remerland einfielen und gegen die Hauptstadt Bibrax vorrückten.

Inzwischen lagerten die römischen Truppen, zwölf Kilometer von Bibrax entfernt, in der Niederung der Aisne, durch einen Sumpf vom Lager der vereinigten Belger getrennt. Es kam nur zu begrenzten Kämpfen, wobei Caesar seine Legionen schonte und Hilfstruppen oder die Reiterei vorschickte. Caesar nennt in seiner Einschätzung der feindlichen Streitmacht eine erschreckende Zahl, an die 300000 Krieger, was wohl reichlich übertrieben war.

Offenbar litt das große Heer der Belger an Verpflegungsschwierigkeiten und mangelhafter Organisation. Unter dem Druck des Feldzugs erwies sich die Einigkeit der Stämme als brüchig und von kurzer Dauer. So verlangten die Bellovaker, die stärkste Kampftruppe der Belger, zum Schutz ihres eigenen Landes (um Beauvais) abzurücken, denn Caesar hatte die haeduischen Truppen zur Besetzung des Bellovakerlandes vorgeschickt. Darauf beschloß der Kriegsrat der Belger die Auflösung des Kampfbundes, und noch in der Nacht, in wirrer Fluchtbewegung, machte sich jeder Stammesverband auf den Weg in sein Heimatgebiet. Caesars Kriegsglück hielt an.

Zu den Prinzipien von Caesars Kriegführung gehörte es, nach einem Rückzug des Feindes ohne zu zögern im Zuge einer radikalen »Vernichtungsstrategie« die zurückweichenden Truppen zu verfolgen. Die geschlagene oder abziehende Armee sollte weder Zeit noch Kraft finden, sich zu sammeln und neu zu formieren. Also jagte die Reiterei, jagten drei Legionen den Flüchtenden nach, »töteten ohne jede Gefahr eine große Zahl« der Belger und kehrten gegen Sonnenuntergang befehlsmäßig ins Lager zurück.

Schon am nächsten Morgen brach Caesar mit seinen Legionen wieder auf. Er zog in Eilmärschen westwärts. Die offensive Beweglichkeit der römischen Truppen, aber auch die Zersplitterung des Kampfbundes ließen den nun vereinzelten Belgerstämmen kaum noch eine Chance. Ohne Kampf zwang Caesar die Suessionen (um Soissons), dann die Bellovaker und schließlich die Ambianer (um Amiens) zu bedingungsloser Unterwerfung. Aber noch waren die Nervier (Hennegau, Brabant) unbesiegt, unter den Belgern die »wildesten und tapfersten«, die jede Kapitulation mit Verachtung von sich wiesen.

Im Tal der Sambre, westlich von Maubeuge, prallten die Heeresverbände der Römer und der Nervier aufeinander. Will man Caesar glauben, waren die Nervier auch allein, nur ergänzt durch kleinere Verbände zweier Nachbarstämme, mit 60 000 Kriegern immer noch zahlenmäßig überlegen. Dafür kämpften sie gegen ein besser gerüstetes, kriegserprobtes und auf Caesar eingeschworenes Berufsheer. Es begann eine der härtesten, bis zur Entscheidung verzweifeltsten Schlachten in Caesars Leben.

Mit unerhörter Angriffswucht brachen die Nervier aus den Wäldern oberhalb der Sambre hervor. Die Schnelligkeit ihres Massenangriffs ließ den noch mit Schanzarbeiten und Lagerbau beschäftigten Römern keine Besinnung. Manche kämpften ohne Helm. Kampfgruppen bildeten sich, ungeordnet. In kurzer Zeit waren alle Legionen, alle Gruppen des weiten römischen Lagers in Kämpfe verwickelt, auf sich gestellt, umzingelt, verzweifelt den Ansturm der Nervier abwehrend.

Caesar gibt zu, daß der unerwartete Einbruch der kühnen Nervier sein Heer in Auflösung und Verwirrung stürzte, daß schon die ersten Hilfstruppen wie die als tapfer bekannten Reiter der Treverer (um Trier beheimatet) die Schlacht verloren gaben und desertierten, daß ihm die Kampfführung aus den Händen glitt. Er lief oder ritt zu den erreichbaren Legionen und Kampfgruppen, Mut zusprechend, anfeuernd, mitkämpfend. Den Höhepunkt der allgemeinen Verwirrung schildert Caesar, während sich »vor seinen Augen die Katastrophe vollzieht«, in unvergleichlichem Stil:

»Die Soldaten der XII. Legion sind zusammengedrängt und hindern sich selbst am Fechten; bei der 4. Kohorte sind alle Centurionen und der Adlerträger gefallen; der Adler ist verloren. Auch bei den anderen Kohorten sind fast alle Centurionen gefallen oder verwundet, unter ihnen der tapfere Publius Sextius Baculus, der sich kaum mehr aufrecht halten kann; die Kraft der anderen läßt nach. Schon drücken sich hinten einige, ducken sich vor den Geschossen und versuchen zu desertieren. Die Feinde aber drängen von allen Seiten unablässig heran. Die Sache steht auf des Messers Schneide, und weit und breit ist keine Truppe, die man zu Hilfe schicken könnte – da greift Caesar selbst ein. Einem in der letzten Reihe entreißt er den Schild, weil er selbst ohne Schild gekommen war; er tritt ins erste Glied, er ruft die Centurionen namentlich auf, er spricht den übrigen Mut zu und gibt den Befehl, vorzurücken und die Reihen zu lockern, damit sie die Schwerter besser handhaben können. Sein Erscheinen gibt den Soldaten neue Hoffnung und stärkt den Mut. Jeder will unter den Augen des Feldherrn auch in schwieriger Lage zeigen, was er kann, und so wird der Angriff der Feinde etwas aufgehalten.«

Caesars detailreiche Gesamtschilderung zählt zu den großartigsten Schlachtberichten der Weltliteratur, »einzig dastehend in der Geschichtsschreibung der Alten«, wie ein sonst eher nüchterner Historiker bemerkt. Der Dynamik der Vorgänge an der Sambre entspricht bis in den Satzbau der knappe, streng rhythmisierte, ungemein anschauliche Prosastil Caesars, allerdings unübersetzbar, wenn wir nur ein einziges Beispiel vergleichen. Der vorletzte Satz des vorausgehenden Zitats lautet im Original: *Cuius adventu spe illata militibus ac redintegrato animo* . . .

Offenbar verhinderten allein Caesars persönlicher Einsatz, sein mitreißendes Vorbild, seine Energie den totalen Zusammenbruch. Doch erst das Eingreifen der XIII. und XIV. Legion, die als Nachhut verspätet in die Schlacht stürmten, und eine Verlegung der X. Legion brachten die Wende. Völlig überrascht sahen sich die Nervier durch den Angriff der frischen Truppen im Rükken zum Kampf zwischen zwei Fronten gezwungen. In der Umklammerung wurden sie erbarmungslos niedergemacht, trotz ihrer verzweifelten Gegenwehr bis zuletzt, trotz ihrer großen Tapferkeit, die Caesar hervorhebt.

Nach der Schlacht trug eine Abordnung der Überlebenden und der in den Sümpfen verborgenen Angehörigen der Nervier dem Proconsul vor, nur 500 von 60 000 Waffenträgern, nur drei von 600 »Senatoren« (möglicherweise »Führer einer Hundertschaft«) seien mit dem Leben davongekommen. Die wahrscheinlich sehr hohen Verluste der römischen Legionen und Hilfstruppen werden nicht genannt. Es mag die Achtung vor der Tapferkeit der Nervier gewesen sein, die Caesar bewog, die Überlebenden nicht nur zu schonen, sondern ihnen Schutz und Hilfe zu gewähren.

Für Caesars Legionen war der Feldzug auch damit noch nicht zu Ende. Noch einmal marschierten die Heereskolonnen, nun im späten Sommer, ostwärts gegen die Atuatuker, Nachkommen der

Cimbern, die beiderseits der Maas siedelten. Die Nachricht von der Unterwerfung der Nervier hatte die Truppen der Atuatuker, auf dem Weg, den Nerviern Waffenhilfe zu leisten, schleunigst umkehren lassen. In ihrer befestigten Hauptstadt (bei Namur), die wegen ihrer natürlichen Unzugänglichkeit als uneinnehmbar galt, erwarteten sie den Angriff der Römer.

Die Atuatuker hatten nicht mit der perfekten Belagerungskunst der römischen Pioniere gerechnet. Von der Mauer herab verspotteten sie die »Zwerggestalten« der Römer, die dabei waren, einen gewaltigen Angriffsturm zu bauen. Doch bald hatten die Verhöhnten einen riesigen Wall rund um die Stadt aufgeworfen, einen Belagerungsdamm bis zur Mauer vorgezogen, und bald schoben sich die überdachten und vor Wurfgeschossen schützenden Sturmlauben heran. Unter den Atuatukern muß eine Panik ausgebrochen sein, als das ihnen fremde Ungetüm des mehrstöckigen, auf Scheibenrädern laufenden Angriffsturms näher rückte. Noch ehe die »Widder« genannten schweren Rammböcke gegen die Mauer schlugen, kapitulierten die Belagerten. Caesar versprach, ihren Stamm zu schonen, wenn die Atuatuker sämtliche Waffen über die Mauer würfen.

Das geschah nur zum Teil, denn in der Nacht wagten die Eingeschlossenen mit zurückbehaltenen Waffen einen Ausfall. Die Römer waren vorbereitet und lieferten den Ausbrechern einen vernichtenden Kampf. Am nächsten Morgen drangen die Legionäre in die Stadt ein. Die überlebenden Einwohner, besiegt und des Vertragsbruchs schuldig, ließ Caesar als Sklaven verkaufen, in Caesars wie immer unzuverlässiger Zahlenangabe 53 000.

Die Belger waren besiegt, die Germanen über den Rhein zurückgedrängt. Eilboten des Legaten Publius Crassus, der nach der Sambreschlacht mit der VII. Legion aufgebrochen war, die Stämme in der Normandie und Bretagne zu bezwingen, erreichten Caesar noch im Belgerland. Sie berichteten, daß nun auch die Veneter und die anderen am Meer wohnenden Völker unterworfen und Rom hörig seien. *Gallia est pacata,* Gallien ist befriedet, meldete der Proconsul im Herbst dieses Jahres 57 nach Rom.

Es ist kaum vorstellbar, was die Truppen Caesars leisteten, was es damals bedeutete, in ein fremdes, »barbarisches« Land, zweimal so groß wie Italien, vorzudringen, mit einem gewaltigen Heer, ohne genaue kartographische Hilfsmittel, ohne gesicherte Nachschubbasen; eine abenteuerliche Expedition. Vorwiegend dienten die Flüsse der Orientierung, die Rhone, Saône, Seine, Marne, Aisne, Sambre, Maas, der Rhein als östliche Grenz- und Verteidigungslinie. Mit den Flüssen oder flußaufwärts marschierten die Kolonnen, tagelang, wochenlang, neben den Flüssen zogen die Räder der schweren Troßwagen ihre Spuren. In den Flußniederungen befestigten die Legionen ihre Lager, und nahe den Flüssen wurden die Kämpfe und Schlachten ausgetragen.

Über organisatorische oder verwaltungstechnische Maßnahmen bei den unterworfenen Stämmen erfahren wir aus Caesars Commentarien nichts. Doch selbstverständlich wurden die annektierten Gebiete verwaltungsmäßig der römischen Oberhoheit unterstellt, und sei es auch nur durch Verpflichtung zu fortlaufenden Tribut- oder Steuerzahlungen.

Seinen Herrschaftsanspruch auch auf die nicht durch Waffen bezwungenen Gallier gab Caesar im Herbst 57 zu erkennen, als er seinen Truppen die Winterquartiere zuwies: die Legion des Publius Crassus im Land der Anden (Angers); zwei Legionen unter Titus Labienus im Land der Turonen (Tours) und Carnuten (Chartres); vier Legionen im Belgerland; eine Legion im Wallis (Sion, Martigny), die jedoch nach Angriffen der Bergstämme ins Allobrogenland zurückweichen mußte. Caesar selbst aber reiste nach Oberitalien und zum erstenmal nach Illyrien, um seine proconsularischen Aufgaben dort wahrzunehmen.

## 27 Rom feiert Caesar und mißtraut ihm

Rom feierte Caesar. Ihm zu Ehren veranstaltete der Senat ein fünfzehntägiges Dankfest, mehr, als je zuvor einem Sieger bewilligt wurde – selbst Pompeius waren nach dessen Sieg über Mithridates im Jahre 63 nur zehn Danktage zugebilligt worden. Caesars Rechnung war aufgegangen. Die hohe offizielle Ehrung legalisierte die voraufgegangenen widergesetzlichen Handlungen. Und gleicherweise erkannte Rom Caesars fragwürdigen Eroberungskrieg an. Offenbar hatten die Siegesmeldungen aus Gallien, die Vermehrung der imperialen Macht Roms und die sichtbaren materiellen Gewinne tatsächlich alle Bedenken überwunden.

Pompeius beantragte das Dankfest für Caesar, und selbst Cicero unterstützte den Antrag. Dieses Votum des eben, Anfang September 57, nach sechzehnmonatiger Verbannung zurückgekehrten Cicero befremdet einigermaßen wie überhaupt das widersprüchliche Verhalten Ciceros in diesen Monaten. Ausgerechnet er rühmt Caesar, obwohl er wußte, daß Clodius, der ihn entwürdigend angeklagt und in die Verbannung getrieben hatte, nicht viel mehr als ein Handlanger Caesars war. Vermutlich hatte er seine Rückberufung nach Rom mit dem Versprechen des Wohlverhaltens erkauft. Caesar hatte nach einigem Zögern seine Einwilligung gegeben. Doch vor allem war Cicero dem Pompeius verpflichtet, denn der hatte die Aufhebung der Verbannung durchgesetzt.

Den Anlaß gab Clodius, der sich, während Caesar in Gallien kämpfte, keineswegs als dienstwilliger Gefolgsmann erwies. Clodius spielte sich in seinem Tribunatsjahr 58 als ein zweiter Catilina auf. Mit einer gedungenen Bande terrorisierte er Rom. Selbst Pompeius war seines Lebens nicht sicher und blieb während der letzten Monate des Jahres in seinem Landhaus.

Die gewalttätige Gesetzlosigkeit des Clodius brachte Pompeius den Senatsoptimaten näher, und man riet ihm bereits zur Scheidung von seiner jungen Gattin Julia, um die familiäre Bindung an Caesar zu lösen. Pompeius wies das Ansinnen ab, vielleicht aus Zuneigung zu Julia, vielleicht auch, weil er den Bruch mit Caesar scheute. Um so eifriger betrieb er die Rückberufung Ciceros, von dem er tatkräftige Hilfe gegen den Übermut des Clodius erwartete. Aber auch den abwesenden Caesar griff der toll gewordene Volkstribun an, indem er vor dem Senat und Volk erklärte, Caesars Gesetze seien ungültig.

Nach seinem Volkstribunat setzte Clodius mit Hilfe des organisierten Stadtpöbels seinen Straßenterror fort, erst recht, als über die Rückkehr Ciceros öffentlich verhandelt wurde. Die Consuln zeigten sich unfähig, für Ordnung zu sorgen. Pompeius verfügte zwar über eine gewisse Autorität, doch ohne Amt und Auftrag. Immerhin gab er sein Einverständnis, als zwei energische Volkstribunen, Titus Annius Milo und Publius Sestius, eine bewaffnete Schutztruppe aufstellten. Nach mehreren blutigen Straßenschlachten war der ärgste Terror der Clodiusbanden gebrochen.

Wahrscheinlich hatte Pompeius gehofft, der Senat werde ihm

zur Wiederherstellung von Ruhe und Ordnung außerordentliche Vollmachten übertragen. Aber man mißtraute den nicht durchschaubaren Absichten des Pompeius, der zwar einerseits den Optimaten näherrückte und für Cicero eintrat, aber zugleich im Bund mit Caesar stand. Als dann im Frühherbst 57 eine wirtschaftliche Katastrophe drohte und Anfang September eine Hungerrevolte ausbrach, stimmte der Senat einem Gesetz zu, das Pompeius Sonderbefugnisse zur Behebung der Notlage übertrug. Natürlich lagen der Krise nicht nur schlechte Ernten, Versorgungsmängel und skrupellose Preistreiberei zugrunde, sondern ebenso die anarchischen Vorgänge in Rom. Insofern trug Clodius selbst dazu bei, daß die von ihm zu Beginn seines Volkstribunats erwirkte unentgeltliche Getreideabgabe an dem wirtschaftlichen Chaos in Rom scheiterte.

Pompeius' Auftrag bestand in der Erfassung aller Getreidevorräte des ganzen Imperiums, in der Herbeischaffung, Lagerung und Verteilung der Vorräte. Um dieser umfassenden »Sorge für das Getreide«, der *cura annonae*, nachzukommen, erhielt er auf fünf Jahre proconsularische Vollmachten. Es war Cicero, der kurz nach seiner Rückkehr im Senat die Ernennung des Pompeius beantragte, wie er sich ebenfalls noch im September gemeinsam mit Pompeius für die unvergleichliche Ehrung Caesars einsetzte.

Vor dem Hintergrund der trostlosen römischen Verhältnisse wird allerdings verständlich, daß die Siegesmeldungen aus Gallien über alle Bedenken hinweg begierig aufgenommen wurden. Dort wenigstens, im fernen Gallien, geschah etwas zum Ruhm des Imperiums, und schließlich profitierte Rom von den eintreffenden und noch zu erwartenden Beutegütern und Tributen. Nur wäre es verfehlt, aus der fünfzehntägigen Ehrung Caesars auf eine dauerhafte Anerkennung zu schließen, als wären nun alle Unstimmigkeiten bereinigt und die gegnerischen Fraktionen versöhnt. Es war ein kurzzeitiges, trügerisches Einverständnis. Unter der Decke gärte es, und bald brachen die alten Ressentiments gegen Caesar, das Mißtrauen und der Neid, aber auch die rechtlichen Bedenken gegen seine Eigenmächtigkeit wieder offen hervor.

Caesar verbrachte den Winter in seiner Provinz Illyrien und ging Anfang März 56 nach Aquileia. Über die Vorgänge in Rom unterrichteten ihn seine Agenten, vor allem der verläßliche Cornelius Balbus aus Gades, dessen Beziehungen zu Pompeius, aber auch zu Cicero schon beim Zustandekommen des Ersten Triumvirats eine wichtige Rolle gespielt hatten. Die Nachrichten aus Rom ließen mit erschreckender Deutlichkeit erkennen, daß jeder Gedanke an Frieden zwischen Caesar und seinen Widersachern nicht mehr als eine gefährliche Illusion war.

Von Monat zu Monat wurden die Nachrichten, die Caesar zugetragen wurden, düsterer. Im Dezember 57 griff der Volkstribun Rutilius Lupus das campanische Agrargesetz Caesars an. Es war ein wirkungsloser Versuch, das Gesetz annullieren zu lassen, aber es war ein bedeutsames Signal, denn der Tribun war Anhänger des Pompeius, der persönlich im Hintergrund blieb und die betreffende Senatssitzung wohlweislich mied. Im Januar, bei den nachgezogenen Aedilenwahlen, holten sich zwei bekannte Parteigänger Caesars eine Abfuhr, darunter der im Consulatsjahr 59 sehr aktive Vatinius. Dann gab einer der ärgsten Gegner, Lucius Domitius Ahenobarbus, öffentlich bekannt, er werde für das nächstjährige Consulat kandidieren und verwirklichen, »was er als Praetor nicht durchsetzen konnte«, und Caesar seines widergesetzlichen Kommandos entheben.

Nun schwenkte auch Cicero wieder auf seine alte optimatische Linie ein. In einer Anfang März gehaltenen Gerichtsrede beschuldigte er Vatinius, seine als Volkstribun im Dienste Caesars eingebrachten Gesetze seien staatsfeindlich und »Mord der hergebrachten Verfassung«. Gewiß zielte das indirekt auf Caesar, was die nächsten Tage und Wochen bestätigten, als Anträge zu Caesars Gunsten versandeten und im Senat immer lauter gefordert wurde, man müsse die Gesetze Caesars annullieren. Dies betraf vor allem das zweite Agrargesetz, weil es die wertvollen campanischen Domänen der staatlichen Nutzung entzog. In einer äußerst heftigen Senatsdebatte am 5. April, in der Pompeius reichliche Geldmittel für den Getreideankauf bewilligt worden waren, trat Cicero als Wortführer der Caesargegner auf. Sein Antrag, die Frage des *ager Campanus* und damit Caesars Agrargesetz am 15. Mai zu verhandeln, wurde mit starkem Beifall angenommen.

Sehr widersprüchlich verhielt sich Pompeius in dieser für Caesar zunehmend kritischen Situation. Einerseits mußte ihm der Machtzuwachs seines jüngeren Verbündeten bedrohlich erscheinen, der »in Gallien ein selbständiges Reich gründete, das ihm zugleich Mittel verschaffte, seinen Anhang in Rom zu stärken«. Schon drohte sein eigener Kriegsruhm vor den propagandistisch geschickt abgefaßten Siegesmeldungen Caesars zu verblassen. Pompeius mißtraute den Berichten, und er drängte die Consuln, die Bekanntgabe hinauszuzögern. Doch andererseits fühlte er sich verpflichtet, für den Besieger Galliens das Dankfest zu beantragen.

Pompeius war nicht zu fassen, er war »ein Meister in der Kunst, seine eigentlichen Wünsche zu verschleiern«. Er schob andere vor und mied Senatssitzungen, auf denen gegen Caesar gerichtete Anträge eingebracht wurden. Zumindest wußte er genau, worum es ging, und er unternahm nichts zum Schutz oder zur Stärkung seines Partners. Das heißt doch wohl, daß das am Jahresende 60 so zuversichtlich begonnene Erste Triumvirat nahezu wirkungslos geworden war.

Das immer schwierige, von Mißtrauen und Neid belastete Verhältnis zwischen Pompeius und Crassus, dem Dritten im Bunde, war seit der Jahreswende 57/56 vollends zerbrochen. Möglicherweise weckte schon das Getreidebeschaffungsamt für Pompeius bei Crassus Unbehagen. Ein hohes Wirtschaftsamt, so mag er gedacht haben, falle eher in seinen Bereich. Pompeius jedoch warf Crassus mit Recht vor, er unterstütze den Unruhestifter Clodius. Der Anlaß zum offenen Bruch wurde die erneut akute Ägyptenfrage.

Die Alexandriner hatten ihren König Ptolemaios XII., den bekannten »Oboebläser«, vertrieben, der daraufhin zu seinen römischen Gönnern flüchtete und bei Pompeius in dessen Landhaus am Nemisee Aufnahme fand. Alexandrinische Gesandte, die dem Senat Aufklärung über die Vorgänge in Ägypten bringen wollten, wurden ermordet, noch bevor sie Rom erreichten. Pompeius deckte den Ägypterkönig und hatte wohl auch Anteil an den mit der ganzen Affäre verbundenen Bestechungen römischer Senatoren. Er wünschte ein militärisches Kommando zur Wiedereinsetzung des Königs, aber auch Crassus machte alte Rechte auf Ägypten geltend. Bei den massiven Auseinandersetzungen im Januar/Februar 56, als gemeinsam mit optimatischen Gegnern des Pompeius auch Clodius wieder mit einer bewaffneten Bande auftrat, beschuldigte Pompeius den Crassus der Anstiftung und Hetze gegen ihn.

Es kam zu keiner Entscheidung, und der ägyptische »Oboebläser« zog unbefriedigt weiter nach Ephesos in Kleinasien. Zurück blieben ein angeschlagener, in seinem Ansehen herabgesetzter Pompeius und ein totales Zerwürfnis zwischen Pompeius und Crassus.

All dies wirkte sich gegen Caesar aus und ermutigte seine offenen und geheimen Widersacher. Vieles kam zusammen: offene Angriffe gegen seine Gesetzgebung, sein Consulat, seine Person; die wieder aufflammende Gegnerschaft Ciceros; Zurückhaltung oder gar heimliche Schadenfreude des Pompeius. Nun auch noch das Auseinanderbrechen des Dreierbundes, ohne dessen Wirksamkeit Caesars Einfluß in Rom auf ein Minimum sank und die politische Entwicklung unkontrollierbar wurde.

Was konnte er tun? Konnte er überhaupt, fern von Rom, belastet mit dem Aufholen vernachlässigter Verwaltungsaufgaben in seinen Provinzen, die widersprüchlichen Tendenzen der innerrömischen Politik in den Griff bekommen? Caesar setzte dort an, wo er die größte Gefahr und zugleich auf die Zukunft hin die einzige Chance sah, bei den Partnern des Triumvirats. Er bat Pompeius und Crassus zu einer Besprechung nach Luca (heute Lucca), der südlichsten Stadt seiner cisalpinischen Provinz. Das Treffen kam Mitte April zustande, für Caesar der letztmögliche Termin, denn aus Gallien erreichten ihn Nachrichten, die zum Aufbruch mahnten.

Zuvor war Crassus schon nach Ravenna gereist, um den dort weilenden Caesar über die jüngsten Vorgänge in Rom zu informieren, wohl auch um wenigstens seinen Bund mit Caesar zu erhalten. Pompeius empfing noch am 7. April, zwei Tage nach der aggressiven Senatsdebatte, den Besuch Ciceros, einen Abschiedsbesuch, denn er stand vor einer Reise nach Sardinien, um Getreide anzukaufen. Über Luca erfuhr der Besucher nichts, wie einem Brief Ciceros an den jüngeren Bruder Quintus, der als Legat des Pompeius auf Sardinien wirkte, zu entnehmen ist.

Für Caesar war das Treffen in Luca sehr aufschlußreich. Es zeigte sich nämlich, daß trotz allen Angriffen gegen ihn ein lebhaftes Interesse bestand, ihn zu sehen, zu sprechen, vielleicht etwas von seinen politischen Plänen zu erfahren. Angeblich sollen »hundertzwanzig Lictoren und mehr als zweihundert Senatoren« nach Luca gekommen sein. Auch wenn dies tatsächlich eine »arge

Übertreibung« sein sollte, wenn nicht wenige eher aus Neugierde denn aus Parteinahme anreisten, bliebe doch eine große Zahl prominenter Römer, die auf Verbindungen mit Caesar Wert legten.

Ohne Zeugen verhandelte Caesar mit Pompeius und Crassus. Ihre Abmachungen blieben geheim und erschließen sich erst aus den nächstfolgenden Unternehmungen der Triumvirn. Zunächst war es ein psychologisches Meisterstück Caesars, seine verfeindeten Partner zu versöhnen und das Dreierbündnis erneut zu festigen. Für den Fortgang der römischen Politik, für die Handlungsfreiheit und Stärkung Caesars ein Ereignis von großer Tragweite.

Offenbar einigten sich die Verbündeten auf folgende Beschlüsse: Pompeius und Crassus sollten versuchen, das Consulat für das kommende Jahr 55 zu übernehmen und mithin die Wahl des gefährlichen Gegners Domitius Ahenobarbus zu verhindern. Die Abstimmung sollte im Spätherbst stattfinden, damit genug beurlaubte Soldaten Caesars die Stimmenmehrheit sichern könnten. Für das jeweils vorher bestimmte Proconsulat sollte Pompeius beide spanischen Provinzen erhalten, Crassus Syrien mit einem Kommando zum Krieg gegen die Parther. Somit konnten beide nach ihrem Consulat mit einem außerordentlichen Kommando rechnen, das der gegenwärtigen Position Caesars entsprach. Die Regelung der strittigen ägyptischen Angelegenheit sollte einem Dritten überlassen werden, Gabinius, dem derzeitigen Statthalter in Syrien. Caesars Kommando in Gallien sollte bestätigt, sein Proconsulat für beide gallischen Provinzen derart verlängert werden, daß er nach der vorgeschriebenen Zehnjahresfrist im Jahre 48 sein zweites Consulat übernehmen könnte. Und ferner sollte die Staatskasse die Kosten der von Caesar eigenmächtig ausgehobenen vier Legionen tragen.

Das Bemerkenswerte dieser Vereinbarungen war, wie hier drei Männer ohne offizielle Ermächtigung, allein gedeckt durch persönliche Macht, den Gang der römischen Politik bestimmten. Wahrscheinlich war es Caesar, der das so deutlich abgewogene Gleichgewicht unter den Triumvirn herstellte. Nur eine gesicherte Partnerschaft versprach eine ihm nützliche und von ihm beeinflußte Staatsführung in Rom, gab ihm somit Rückendeckung für seine Unternehmungen in Gallien.

Die erste Auswirkung der Absprachen von Luca ließ sich für die Zeitgenossen an der Haltung des wenige Tage zuvor noch renitenten Cicero ablesen. Pompeius, von Luca nach Sardinien weitergereist, muß auf der Insel seinem Legaten Quintus Tullius Cicero tüchtig zugesetzt haben, denn Quintus übermittelte umgehend seinem Bruder in Rom eine scharfe Zurechtweisung. Quintus hatte sich nämlich vor der Rückberufung seines Bruders für dessen Wohlverhalten gegenüber Pompeius und Caesar verbürgt. Außerdem sandte Pompeius einen seiner Gefolgsleute nach Rom, um von Cicero Zurückhaltung in der Debatte um Caesars Agrargesetz zu fordern.

In Rom vollzog sich in drei Akten ein ans Unglaubliche grenzendes Schaustück. Erstens nahm Cicero an der selbst beantragten Senatsdebatte am 15. Mai nicht teil, und Caesars Agrargesetz blieb unangetastet. Zweitens unterstützte Cicero kurz darauf den Antrag, die Kosten für Caesars vier neue Legionen der Staatskasse anzulasten und zehn Legaten zu bewilligen, was wohl einer »Bevollmächtigung Caesars zur Ernennung von Legaten« gleichkam. Ohne Zweifel hätte Caesar die Besoldung der vier Legionen selbst finanzieren können. Aber es ging hier um eine prinzipielle Klärung. Der Senatsbeschluß machte erneut das im März ja auch von Cicero angefochtene Vatinische Gesetz von 59 und Caesars Handlungen in Gallien rechtskräftig.

Der dritte Akt fällt in die ersten Junitage, als im Senat über die Verteilung der proconsularischen Provinzen beraten wurde. Cicero setzte seine ganze Redekunst zur Rechtfertigung Caesars ein. Caesars Verdienste um Rom seien so gewaltig, daß man darüber frühere Vorbehalte, auch die Unterstützung des Clodius, vergessen müsse. Allein Caesar sei fähig, das von ihm in Gallien begonnene Werk zu vollenden. Das Interesse des Staates verlange es, die gallischen Provinzen auch weiterhin dem Kommando Caesars zu unterstellen.

Ciceros Rede gab den Ausschlag für die Entscheidung des Senats, obwohl die optimatischen Senatoren die Kapitulation, ja die unbegreifliche Selbstverleugnung ihres besten Redners erstaunt und verbittert aufnahmen. Es wäre zu einfach, Ciceros Verhalten als blanken Opportunismus zu verurteilen. Unter den mächtigen Männern Roms war Cicero der Intellektuelle, der Nachdenkende und Fragende, er begriff sich selbst als Träger der alten republikanischen Ethik Roms. Zwangsläufig reagierte er anfälliger, weicher, verwundbarer als diejenigen, die das politische Geschäft mit skrupelloser Entschiedenheit und Robustheit betrieben. Er konnte seine Rolle als Gewissen Roms nur spielen, wenn er in Rom war. Die Furcht vor einer neuen Verbannung hat sicher große Bedeutung für sein spektakuläres Umschwenken ins Lager der Mächtigen gehabt.

Einblick in seine Beweggründe und zugleich in seine gequälte Seele gibt ein Brief an seinen Freund Atticus: »Da die, die nichts zu sagen haben, mich nicht lieben wollen, will ich mich bei denen beliebt machen, die etwas zu sagen haben ... Denn was ist widriger als unser Leben, besonders das meine? ... Äußere ich mich politisch, wie sich's gebührt, so gelte ich als verrückt. Rede ich den Umständen entsprechend, bin ich eine Sklavenseele; halte ich den Mund, so heißt es, ich trage Knebel und Fesseln. Was glaubst du, wie schmerzlich mir dabei zu Mute ist.«

Für die politische Realität sind solche nachträglichen Abwägungen unerheblich. Caesar wird mit größter Befriedigung aufgenommen haben, daß das erneuerte Dreierbündnis die politischen Entscheidungen in Rom zu seinen Gunsten lenkte, daß Cicero zu seinem Fürsprecher wurde. Er selbst hatte Luca wenige Tage nach der Zusammenkunft mit Pompeius und Crassus verlassen und befand sich, als der Senat über die proconsularischen Provinzen verhandelte, bereits wieder in Gallien.

## 28 Der Aufruhr der Seevölker

Gallien war nicht befriedet, noch lange nicht. Caesar hatte nach zwei halbjährigen Feldzügen den größten Teil des Landes erobert und seine Völker unterworfen. Es war eine verwegene Tat, eine gewaltige militärische Leistung. Die narbonensische Provinz im Süden war gesichert und schon weithin romanisiert. Als romtreu zeigten sich die verbündeten Haeduer und Remer, die zudem einige kleinere, von ihnen abhängige Nachbarstämme kontrollierten. Aber die rund zweihundert Stämme, die das riesige Land zwischen Pyrenäen und Niederrhein, zwischen den Schweizer Alpen und dem Atlantik bewohnten, konnten von acht Legionen kaum überwacht und gefügig gehalten werden.

Die Gallier sind »leicht und schnell zum Krieg bereit, denn wie alle Menschen lieben sie die Freiheit und hassen die Knechtschaft«. Das bemerkte Caesar selbst am Beginn seines dritten Kriegsjahres. Für ihn begann im Jahre 56 in Gallien der schwierigere Teil, denn den zwei Eroberungsjahren folgten sechs Jahre fortwährender Kämpfe gegen die aufständischen Völker, sechs Jahre nahezu ausschließlich zur Verteidigung eines Herrschaftsanspruchs ohne gültige Legitimation.

Bereits vor dem Winter hatten die Bergstämme im Schweizer Wallis die von Sulpicius Galba geführte Legion vertrieben und zum Rückzug ins Allobrogenland gezwungen. Doch alarmierender waren die Nachrichten, die der junge Crassus aus dem Winterquartier der VII. Legion an der Loire sandte. Die Seestämme der Bretagne und Normandie hatten die römischen Offiziere, die Getreide requirieren sollten, gefangengesetzt. Von den Römern forderten sie, im Austausch die bei ihrer Unterwerfung gestellten Geiseln freizulassen. Angeführt wurde der Widerstand von den Venetern an der Südküste der Bretagne, einem Stamm tüchtiger und kämpferischer Seefahrer, dem die benachbarten Küstenvölker steuerpflichtig waren. Offenbar war der Aufstand vorbereitet, denn alle Stämme der Seeküste schlossen sich den Venetern an. Selbst aus Britannien kamen Hilfstruppen.

Noch aus Oberitalien gab Caesar den Befehl, auf der unteren Loire seetüchtige Kriegsschiffe zu bauen und in der Provinz Ruderer und Steuerleute anzuwerben. Er scheint ziemlich siegessicher gewesen zu sein, denn nach seinem Eintreffen im Winterlager bei Angers teilte er seine Armee, natürlich auch, um eine Ausweitung des Aufstands zu verhindern. Seinen Legaten Titus Labienus schickte Caesar mit der Reiterei ins Belgerland. Der Legat Crassus erhielt Order, mit zwölf Kohorten und einer Reitertruppe nach Aquitanien (zwischen Garonne und Pyrenäen) zu ziehen, um die dortigen Völker zu unterwerfen und sie von Hilfeleistungen für die Veneter abzuhalten. Drei Legionen sollten die aufständischen Stämme in der Normandie bekämpfen.

Caesar selbst marschierte mit den Fußtruppen in die Bretagne, gegen das Zentrum der Aufständischen. Doch vom Land her war den Venetern an der zerklüfteten Küste nicht beizukommen. Ihre Städte lagen auf felsigen Landzungen, und ihre Seetüchtigkeit machte sie zunächst unschlagbar. Sie zogen sich, sobald die Römer anrückten, auf ihre Schiffe zurück.

Auch der Einsatz der neugebauten Flotte im folgenden Sommer stieß auf Schwierigkeiten. Die tief im Wasser liegenden Ruderschiffe waren den Sommerstürmen nicht gewachsen. Sie konnten nur bei schönem Wetter operieren. Die hochbordigen, robusten Eichenkoggen der Veneter dagegen waren den Stürmen vor der bretonischen Küste gewachsen. Nur bei abflauendem Wind waren sie mit ihren großen Ledersegeln den beweglichen Ruderschiffen der Römer unterlegen. Dies und die Erfindungskunst der Römer brachte im späten Sommer die Entscheidung. Die Römer nutzten eine bei Belagerungen erprobte Vorrichtung, die sogenannte Mauersichel. Sie befestigten messerscharfe Eisensicheln an langen Stangen, um damit Taue und Takelage der feindlichen Schiffe zu zerschneiden. Bei einem Überraschungsangriff in der Bucht von Quiberon kamen die Sicheln zum Einsatz. Die Veneterschiffe, durch das Herabfallen der schweren Segel manövrierunfähig gemacht, wurden geentert und ihre Besatzungen im Nahkampf niedergemacht.

Vor den Augen Caesars erkämpften seine Soldaten den Sieg. Er stand mit seinen Fußtruppen auf einem der Küstenhügel und konnte jede Phase der vom Vormittag bis zum Sonnenuntergang dauernden Seeschlacht verfolgen.

Der Verlust ihrer gesamten Flotte und ihrer Kriegsmannschaften zwang die Veneter zur bedingungslosen Kapitulation. Der Proconsul war so sehr von seinem Herrschaftsrecht überzeugt, daß er die Besiegten, ähnlich wie die Atuatuker, als vertragsbrüchige Rebellen behandelte. Er ließ ihre Ratsherren hinrichten und die überlebenden Veneter in die Sklaverei verkaufen. Sein erbarmungsloses Strafgericht sollte zur Warnung dienen, wie er selbst schrieb, »damit die Barbaren in Zukunft das Gesandtschaftsrecht besser achteten«.

Der Aufstand der Seevölker war niedergeschlagen. Auch aus der Normandie meldeten die dorthin entsandten Truppen die Unterwerfung der Küstenstämme. Crassus hatte mit seinen zwölf Kohorten Aquitanien bis auf einige Pyrenäenstämme nach harten Kämpfen unter seine Kontrolle gebracht. Caesar schildert im dritten Buch seines *Bellum Gallicum* die Tapferkeit der von Crassus geführten Legionäre, die eine überlegene aquitanische Streitmacht besiegten. Aber es ist bemerkenswert, daß er nun kein Wort mehr an eine Rechtfertigung der unprovozierten Aggression und resoluten Landnahme verschwendete. Nun galt ausschließlich das *iustissimum imperium,* das Herrschaftsrecht des Imperiums, das Caesar für Rom in Anspruch nahm und verwirklichte. »Die Unterwerfung wird aus einer Grenzsituation zur normalen Voraussetzung weiterer politischer Existenz für alle.« Das galt für sämtliche gallischen Völker.

Ein anschließender Feldzug gegen die im flandrischen Küstenland ansässigen Moriner verlief erfolglos. Die im offenen Kampf erprobten Legionäre sahen sich in den dichten Wäldern und Sümpfen der Region hilflos der Guerillataktik der Einheimischen ausgesetzt. Zudem begannen die Herbststürme, und endlose Regenfälle machten die Wege und Lagerplätze zu Schlammgruben. Caesar brach das Unternehmen ab. Er ließ seine Legionen in die Normandie zurückführen und ihnen dort ihre Winterlager zuweisen. Dann reiste er wie in den Vorjahren in seine cisalpinische Provinz.

## 29 Ein ungewöhnlicher Feldherr

Für den Feldherrn war 56 ein verhältnismäßig aktionsarmes Jahr. Das schränkte aber die rastlose Tätigkeit Caesars nicht ein. Längst hatte er alle Eigenschaften des Lebemannes abgeschüttelt. Plutarch spricht von einem »ganz neuen Leben und Wirken«, das Caesar in Gallien begann. Mit unglaublicher Energie, theoretischer wie praktischer Intensität bewältigte er ein Arbeitspensum, das die Leistungskraft eines normalen Mannes weit überstieg. Er entwarf die gallischen Feldzugspläne, befehligte sämtliche größeren Unternehmungen; nur zu entfernten Nebenkriegen entsandte er seine Legaten. Er überwachte, soweit das möglich war, die Verhältnisse bei den unterworfenen Völkern, hielt Ratsversammlungen ab, setzte geeignete Fürsten oder Adelige ein, kümmerte sich um politische Stabilisierung und die pünktliche Entrichtung der Tribute.

Nur in den Wintermonaten konnte Caesar seinen Amtspflichten als Statthalter in Oberitalien und Illyrien persönlich nachkommen, den aufgeschobenen, aber von ihm zu verantwortenden Aufgaben der Verwaltung, der Rechtsprechung, der Sorge für

Ordnung und Sicherheit in den Provinzen. Und ständig war auf Rom zu achten, auf die Verbindung mit dem politischen Zentrum des Imperiums, aufrechterhalten durch Vertrauensleute, den Nachrichtendienst und eine umfangreiche Korrespondenz.

Plutarch wie Sueton schildern Caesar als hageren, abgehärteten und zähen Mann, der im Einsatz jede Strapaze ertrug und keiner Gefahr auswich. Die Sommermonate in Gallien werden sein »zartes, blasses Gesicht« gegerbt und gebräunt haben, denn er setzte sich jedem Wetter aus. »Bei Märschen zog er seinen Soldaten voran, manchmal zu Pferd, öfter zu Fuß, barhaupt bei Sonne oder Regen.« Als erster durchquerte er schwimmend oder mit Hilfe aufgeblasener Schläuche die Flüsse. Dabei besaß er durchaus keine robuste Natur, war oft von Kopfschmerzen geplagt; aber angetrieben von einem alles überwindenden Willen, trainierte und härtete er geradezu therapeutisch seinen Körper.

Für sich selbst beanspruchte Caesar keine Privilegien. In der Schlacht sahen seine Legionäre, wie er sein Pferd zurückließ und unerschrocken in vorderster Linie kämpfte oder, wo er stand, die Frontreihe zusammenhielt. Im Lager teilte er die gemeine Kost, wie er überhaupt genügsam aß und trank. Von einer Reise wird folgendes berichtet: »Als sein Reisebegleiter Gaius Oppius mitten in einer waldreichen Gegend plötzlich erkrankte, überließ ihm Caesar die einzige Schutzhütte, die vorhanden war, und übernachtete selbst auf dem Boden unter freiem Himmel.«

Solche charakteristischen Verhaltensweisen sind wichtig, weil ähnliches von keinem der großen Zeitgenossen überliefert wird. Seine vorbildliche Selbstzucht und unautoritäre Präsenz, seine Rücksichtnahme und Freigebigkeit gegenüber anderen erklären die Faszination, die von ihm ausging. Caesars militärische Erfolge wären ohne seine Kunst der Menschenführung, ohne die verschworene Bindung der Truppe an ihn undenkbar. Er lebte vor, was er von seinen Legionären an Disziplin und härtestem Einsatz forderte, aber er belohnte freigebig und übte Nachsicht bei Vergehen, ausgenommen Fahnenflucht oder Meuterei. Seine zwanglose, kameradschaftliche, unorthodoxe Truppenführung entspricht kaum einem neuzeitlichen militärischen Oberkommando, eher einem guten Patronatsverhältnis. Nur im Kampf forderte der Feldherr unbedingte Tapferkeit, und er sagte, »seine Soldaten wüßten zu kämpfen, auch wenn sie parfümiert seien«.

Mit Recht wurde Caesar als »guter Teil« seiner Größe die Fähigkeit zugeschrieben, »andere Menschen ganz mit seinen Intentionen zu durchtränken und mit ihrer Hilfe die Wirkung seiner eigenen Persönlichkeit zu vervielfältigen«. Das trifft besonders auf die Männer seiner näheren Umgebung zu, die Legaten, Berater und Offiziere. Sie standen zwangsläufig im Schatten der starken Persönlichkeit Caesars. Aber nur ein enges Vertrauensverhältnis konnte diese Männer zu ihren außerordentlichen Leistungen anspornen, einen Titus Labienus, den Stellvertreter des Oberbefehlshabers, einen jungen Legaten wie Publius Crassus, der wiederholt Sonderunternehmungen befehligte, oder einen Mamurra, der die hervorragende Pioniertruppe kommandierte. Mamurra löste als *praefectus fabrum*, als persönlicher Adjutant, den seit der spanischen Praetur bewährten Cornelius Balbus ab, der Ende 55 nach Rom ging, um dort für Caesar zu wirken.

Kaum je als Vorgesetzter, eher freundschaftlich war der Feldherr seinen Untergebenen verbunden. Er beschenkte und belohnte sie überreich wie jeden, der in seinem Dienst stand. Die Vermutung, diese ungewöhnliche Großzügigkeit sei klug berechnet, mag hin und wieder zutreffen, aber es scheint doch, daß die Freigebigkeit ein Wesenszug Caesars war. »Caesar galt als groß wegen seiner Wohltaten und seiner Freigebigkeit.« So bemerkte es der Augenzeuge Sallust.

Caesars Freigebigkeit lieferte Gesprächsstoff wie seine Freisinnigkeit. Ihn störte nicht, daß der im Dienst tüchtige Mamurra in Rom ein üppiges, frivoles Leben führte und seine Beuteanteile verpraßte, vom jungen Dichter Catull unflätig verspottet als »Wüstling, ehebrechender Vielfraß und Spieler«. Catull bezichtigte auch Caesar in Kumpanei mit Mamurra der gleichen Laster, was, abgesehen von einigen erotischen Affären, die kein Geheimnis blieben, eine boshafte Übertreibung war. Catull nahm schließlich die Schmähung zurück und entschuldigte sich, worauf Caesar, schnell versöhnt, den Dichter in Verona zum Essen lud.

Gaius Oppius, den Caesar während seiner Krankheit so fürsorglich behandelte, gehörte mit Cornelius Balbus zu den engsten Vertrauten. Er leitete den Nachrichtendienst, eine heikle und bedeutungsvolle Aufgabe, denn von der Verläßlichkeit der Berichte hingen politische Entscheidungen ab. So war Caesar über die Vorgänge in Rom meist genau unterrichtet. Cicero warnte Atticus einmal, er möge mit brieflichen Äußerungen vorsichtig sein, weil alles Caesar zu Ohren käme. Immerzu trafen im gallischen Hauptquartier Stafettenreiter ein, Nachrichten, Briefe, Berichte aus Rom in der Satteltasche.

In Gallien besorgte eine eigene Kanzlei Caesars Korrespondenz, eine Notwendigkeit angesichts der zunehmenden politischen Aktivitäten und der Verwaltungshoheit über drei Provinzen. Aber jeder halbwegs wichtige Vorgang ging durch Caesars Hände. Es ist bekannt und schon fast legendär, wie rasch und konzentriert er arbeitete, Anweisungen gab, seinen Sekretären diktierte, oft mehrere Briefe gleichzeitig. Sein Schlafbedürfnis scheint gering gewesen zu sein. Plutarch schildert anschaulich den Arbeitsstil Caesars in Gallien: »Meist schlief er in Wagen oder in Sänften, um sogar die Zeit der Ruhe zur Tätigkeit zu verwenden. Bei Tage fuhr er nach den Kastellen, Städten und Lagern und hatte einen der Bedienten, die gewöhnt waren, während der Reise nach seinem Diktat zu schreiben, neben sich sitzen; hinter ihm aber stand ein einziger Soldat, mit einem Schwert bewaffnet ... Er übte sich, auch noch im Reiten Briefe zu diktieren und damit zwei oder, wie Oppius sagt, noch mehr Schreiber zugleich zu beschäftigen.«

Am meisten wundert, daß der unentwegt tätige Proconsul die Zeit fand, sich mit literarischen oder rhetorischen Stilfragen auseinanderzusetzen. Mitte der fünfziger Jahre, im Wagen auf der Reise von Oberitalien nach Gallien, verfaßte er die beiden Bücher *De Analogia*, ein grammatisches Werk über den richtigen Sprachgebrauch. Erstaunlich um so mehr, als das unter reichlich unbequemen Bedingungen entstandene Werk Vertrautheit mit den Sprachtheorien, Scharfsinn und Konzentration voraussetzte.

Nur wenige Fragmente sind erhalten. Sie erläutern genau jene sprachlich-stilistischen Prinzipien, die Caesars *Bellum Gallicum* zugrunde liegen, so ein »reines, gewähltes Latein unter Meidung alles Ungewohnten, Altertümlichen, Poetischen; Kürze und durchsichtige Klarheit: *Latinitas, pura et illustris brevitas, elegantia*«. Das bekannteste Satzfragment überliefert bündig die den Schriftsteller Caesar kennzeichnende Forderung: »Wie der Schiffer das Felsenriff, so sollst du das ungebräuchliche und ungewöhnliche Wort meiden!«

Der Autor widmete seine Schrift Cicero, der seinerseits plante, ein Epos über Caesars Kriegszug nach Britannien zu schreiben. Allerdings stellte er nach ersten Ansätzen sein Vorhaben im September 54 ein. Vorher hatte Cicero über seinen Bruder Quintus, der neuerdings als Legat im Dienst des Feldherrn stand, ein neues Werk zur Beurteilung vorgelegt. Nachdem Caesar den ersten Teil gelobt hatte, doch in der weiteren Ausführung eine gewisse Sorgfalt vermißte, bat Cicero seinen Bruder um Auskunft, ob der kritische Einwand dem Inhalt oder der Form gelte. Nur die briefliche Frage ist überliefert, nur fragmenthaft, wie so viele Vorgänge dieser Zeit, blieb diese Episode erhalten.

Sicher ist, daß Cicero Mitte der fünfziger Jahre »trotz allem Trennenden mit Caesar in freundschaftlichen Verkehr kam«. Ein äußerst reger Briefwechsel verband sie, noch mehr die persönliche Vermittlung durch Quintus, der als Legat die Gunst Caesars genoß. Auch sonst erwies man sich wechselseitig Gefälligkeiten. Cicero, der ja nicht zu denen gehörte, die sich im Staatsdienst bereicherten, der andererseits zahlreiche Landhäuser unterhielt, darunter einige durchaus luxuriöse Anlagen, war nicht selten in Geldverlegenheit. Caesar gewährte ihm ein beträchtliches Darlehen und erschloß ihm zusätzliche Geldquellen. Weiterhin erfüllte Caesar ohne Zaudern Ciceros Wünsche, wenn dieser dem Feldherrn einen jungen Rechtskundigen oder einen anderen Schützling empfahl. Er »möge doch nicht so schüchtern bitten«, ließ ihn Caesar wissen, als er einen jungen Mann für das Kriegstribunat vorschlug.

Cicero war in Rom sehr nützlich. Er verteidigte erfolgreich Cornelius Balbus, den gebürtigen Gaditaner, der sich angeblich unrechtmäßig das römische Bürgerrecht angemaßt hatte. Mußte er nicht über seinen eigenen Schatten springen, als er auch noch auf Caesars Geheiß in einem politischen Prozeß seinen alten Feind Vatinius verteidigte, dann in einem Repetundenprozeß für Aulus Gabinius eintrat? Im letzteren Falle konnte auch Cicero den Schuldspruch nicht verhindern. Aber man rieb sich die Augen. Was war mit Cicero geschehen, dem aufrechten Republikaner, der nun zum Gefolge Caesars zu gehören schien und die verteidigte, die er vordem gehaßt hatte?

Es ist nicht einfach, das komplizierte Verhältnis zwischen Cicero und Caesar zu analysieren. Natürlich waren die politischen Vorbehalte nicht wegzuwischen. Dem konservativen Cicero, dem

Verfechter der republikanischen Staatsverfassung und einer dem Wortsinn entsprechenden optimatischen Führung, waren Caesars weitergesteckte politische Absichten, sein Machtdrang, seine Faszination und sein Einfluß immer unheimlich.

Vermutlich führten ihn neben den gemeinsamen geistigen oder literarischen Interessen eher persönliche Gründe zu Caesar. Es kränkte ihn, daß die Senatsnobilität, für die er sich eingesetzt hatte, erneut seinen Verdiensten die gebührende Anerkennung verweigerte. Die adeligen Optimaten nutzten seine Redegabe, sein Ansehen, ließen ihn jedoch bei passender Gelegenheit fühlen, daß er als *homo novus*, aus dem Ritterstand emporgekommen, nicht ihresgleichen war. Demgegenüber »behandelte ihn Caesar mit unvergleichlichem Charme als den geistig Ebenbürtigen, dem selbstverständlich auch in der Politik ein entsprechender Rang gebühre«. »Unter allen Leuten«, schrieb Cicero seinem Bruder, »hat sich Caesar als der einzige erwiesen, der mich so liebt, wie ich wünschen muß.«

Um diese Zeit, seit 55, zog sich Cicero angewidert aus der Tagespolitik zurück, um ganz seinen schriftstellerischen Arbeiten nachzugehen, dem Verfassen staatspolitischer und philosophischer Schriften. Er betreibe diese Studien, so schrieb er, »weil ich dadurch am ehesten mein Gemüt von Gram erleichtern und zugleich meinen Mitbürgern nützen kann«.

Zum Gram Ciceros trugen sicherlich die im Jahre 55 wieder einsetzenden gewalttätigen Machtkämpfe in Rom bei. Nur mit nackter Gewalt konnten die Triumvirn Pompeius und Crassus die Vereinbarungen von Luca durchsetzen. Der aus Zypern zurückgekehrte Cato bot mit seinen Anhängern massiven Widerstand. Bei der verzögerten Consulatswahl halfen nur das Stimmenaufgebot der von Caesar beurlaubten Soldaten und die gewaltsame Vertreibung der Gegner. Auch die gesetzliche Zuteilung der Provinzen, Spanien für Pompeius, Syrien für Crassus, zog blutige Straßenkämpfe nach sich.

Politisch gesehen diente das Jahr 55 in Rom nahezu ausschließlich der Erfüllung der Absprachen von Luca. Für eine Weile konnte sich sogar der sechzigjährige Ehrgeizling Crassus im Glanz des Consulats und seiner anschließenden syrischen Statthalterschaft sonnen. Nur brachte ihm das so heiß begehrte Kriegskommando gegen die Parther kein Glück. Bei Carrhae, nach einer verlorenen Schlacht im Jahre 53, wurde er auf schmähliche Weise vom Feind getötet. Sein Kopf und eine Hand wurden bei einem Gastmahl am Hof des Partherkönigs herumgereicht. So endete der reiche Crassus, der »geistig und moralisch den Ansprüchen, die sein Ehrgeiz stellte, weder als Politiker noch als Militär jemals gewachsen war«.

Langfristig gesehen ging Caesar aus den Ereignissen des Jahres 55 als der Gewinner hervor. Unter dem Druck der Consuln Pompeius und Crassus wurde sein Proconsulat wie verabredet um fünf Jahre verlängert. Er selbst brauchte keinen Finger zu rühren, um das Gesetz durchzubringen. Er hatte auch keinen Anlaß, sich auf die schmutzigen Geschäfte, die das politische Treiben in diesem Jahr mit sich brachte, einzulassen. Der Feldherr kämpfte in Gallien und überraschte die Römer durch eine unerhört kühne Expedition über das Meer nach Britannien.

## 30 Über den Rhein und nach Britannien

Früher als sonst war Caesar in seinem vierten Kriegsjahr aus der Provinz Cisalpina zurückgekehrt. Seine Truppen lagen noch in der Normandie, und vielleicht bewegten ihn schon jetzt Pläne, nach Britannien überzusetzen. Doch alarmierende Nachrichten aus dem Belgerland zwangen ihn, mit seinen Legionen dorthin zu marschieren. Unter dem Druck der Sueben hatten zwei germanische Völker, die Usipeter und Tencterer, im Gebiet des Niederrheins den Grenzstrom auf der Suche nach neuem Siedlungsland überquert. Sie waren südwärts gezogen, der unteren Mosel nahe gekommen und unterhielten bereits Kontakte mit einigen gallischen Stämmen, die sie zum Einmarsch ins innere Gallien ermunterten.

In der Gegend westlich von Koblenz rückte Caesar in die Nähe der beiden Völkertrecks. Was nun folgte, gehört zu den schändlichsten Ereignissen des Gallischen Krieges, nur zum Teil erklärbar aus Caesars geradezu besessener Fixierung auf die Rheingrenze. Zunächst schickten die Usipeter und Tencterer eine Gesandtschaft, die für ihre Völker um Zuweisung linksrheinischen oder sonstigen gallischen Landes bat. Caesar lehnte ab, riet ihnen, sich im Land der romfreundlichen Ubier auf der rechten Rheinseite nördlich des Mains anzusiedeln. Man beschloß einen mehrtägigen Waffenstillstand, um mit den Ubiern verhandeln zu können.

Aus nicht ganz einsichtigen Gründen kam es während der Waffenruhe zu einem Reitergefecht, wobei die Germanen eine sechsfache Übermacht der gallisch-römischen Reiterei in die Flucht schlugen. Caesar gab den Germanen die Schuld an dem Zwischenfall. Der vermeintliche Bruch des Waffenstillstands veranlaßte ihn zu einem vernichtenden Gegenschlag.

Als am nächsten Morgen »alle Fürsten und Ältesten« der beiden Völker in Caesars Lager kamen, um sich zu rechtfertigen und den Waffenstillstand zu erneuern, ließ Caesar sie ohne Anhörung gefangensetzen. Dann zog er mit seinen Legionen gegen das führerlose germanische Lager. In einem furchtbaren Vernichtungskampf, teils im Lager, teils auf der Flucht, wurden die überraschten Usipeter und Tencterer niedergemacht. Caesar selbst schätzte ihre Kopfzahl auf 430 000, wahrscheinlich eine übertriebene Angabe, um den Lesern der Berichte die ungeheure Gefahr der germanischen Einwanderer vor Augen zu halten. Plutarch nennt einmal 400 000, in anderem Zusammenhang 300 000 Getötete. Nur die zur Zeit des Überfalls abwesende Reitertruppe und jene Fliehenden, die über den Rhein gelangten, entgingen der Vernichtung. Den im römischen Lager festgehaltenen Führern gewährte der Proconsul freien Abzug.

Wie hoch auch die Zahl der Getöteten gewesen sein mag, wie sehr auch Caesar beteuert, er sei durch den Reiterangriff zum Kampf genötigt worden und habe der »List und Tücke« der Germanen zuvorkommen müssen – in diesem Falle trifft ihn der Vorwurf des brutalen Völkermords. Im Senat führte Caesars Vorgehen zu einem Nachspiel, zur einzigen überlieferten Debatte, in der wegen einer gallischen Aktion nach einem Strafverfahren gerufen wurde.

Als am Ende dieses Kriegsjahres dem erfolgreichen Imperator ein Dankfest gewidmet werden sollte, stellte der gewählte Praetor Cato einen Gegenantrag. Er forderte, statt Caesar zu ehren, sollte man ihn den Germanen ausliefern, damit der Fluch, den seine Tat ausgelöst habe, von Rom abgewendet werde und den Schuldigen treffe. Es war nicht ungewöhnlich, aus dieser religiösen Begründung zur Sühne die Auslieferung des Schuldigen zu verlangen. Aber der Anklage Catos lagen sicherlich nicht allein religiöse Motive zugrunde. Der unstillbare Haß des Praetors gegen Caesar hatte einen neuen Gegenstand gefunden. Doch Cato hatte offenbar keinen Erfolg. Über den Ausgang der Senatsdebatte ist zwar nichts bekannt, aber Caesar blieb unbehelligt. Er versicherte, pflichtgemäß gehandelt und eine Bedrohung Galliens durch kriegerische Eindringlinge abgewehrt zu haben.

Cato hätte für seine Anklage keinen ungünstigeren Zeitpunkt wählen können, denn zwei voraufgegangene Ereignisse hatten Caesar aufs neue zu höchstem Ruhm verholfen: die erste Rheinüberquerung und der Kriegszug nach Britannien. Der Senat ehrte ihn durch ein zwanzigtägiges Dankfest. Dabei waren beide Unternehmungen militärisch belanglos und brachten an direkt meßbarem Erfolg so gut wie nichts ein. Allein das Wagnis, im Namen Roms eine Pioniertat zu vollbringen, die vordem keinem gelungen war, dann über den Ozean zu dem fernen Nordland vorzudringen, erregte Aufsehen und ungeteilte Bewunderung.

Der Rheinübergang sollte die Macht der Römer demonstrieren, auch zu Vergeltungsschlägen jenseits des Stroms fähig zu sein, um jene Germanen abzuschrecken, denen es nach Vorstößen über den Rhein gelüstete. Konkret dachte Caesar an eine Strafexpedition gegen die rechtsrheinischen Sugambrer, weil sie die geflohenen Usipeter und Tencterer aufgenommen hatten und deren Auslieferung verweigerten. Die gelegentlich vorgebrachte Behauptung, Caesar habe mehr als die Grenzsicherung erstrebt, nämlich neue Siege auf germanischem Boden, bis ihn die Ungunst der Verhältnisse zurücktrieb, bleibt unbewiesen und widerspräche auch einer von Caesars strategischen Grundlagen: der Rheingrenze.

Zum erstenmal wurde über den breiten und tiefen Strom eine feste Brücke geschlagen, und zum erstenmal überschritt ein römisches Heer den Rhein. Der Bau der Brücke, vermutlich im Neuwieder Becken, ausgehend von Weißenthurm, war ein geniales Stück römischer Pionierkunst. Vom Fällen der ersten Bäume bis zur Vollendung benötigten die Pioniere zehn Tage. Caesar gibt eine genaue Beschreibung der Jochbrücke, so der schräg gegen die Strömung eingerammten Pfeilerpaare oder der vorgesetzten Wehre aus Prellpfählen zur Absicherung gegen die Strömung und deren Treibgut. Die Brücke war 9 bis 10,5 Meter breit und mehr als 400 Meter lang, gedeckt mit Langhölzern, quergelegten Stangen und Flechtwerk.

Aus Caesars präziser Beschreibung spricht sein Stolz auf die Leistung seiner Ingenieure und Pioniere. Die antiken Historiker geben der Bewunderung seiner Zeitgenossen deutlichen Ausdruck. Plutarch spricht von einem »Wunderwerk, das alle Erwartungen übertraf«. Dio Cassius nennt als grundlegendes Motiv Caesars, etwas »in großartiger Weise auszuführen, was noch keiner seinesgleichen vor ihm getan hatte«.

Nur achtzehn Tage blieb Caesar mit seinen Truppen auf der rechten Rheinseite. Die Sugambrer waren in ihre undurchdringlichen Wälder geflüchtet. Die geräumten Gebiete wurden geplündert und verwüstet. Wenigstens sahen die romfreundlichen Ubier, südlich von den Sugambrern im Taunus ansässig, daß ein römisches Heer auch rechtsrheinisch operieren konnte. Die Ubier berichteten, daß die weiter östlich und südlich wohnenden Stämme der Sueben glaubten, Caesar werde in ihre Gebiete vordringen, weshalb sie ein Heer sammelten. Aber ein ausgedehnter Kriegszug entsprach keineswegs Caesars Absicht, war auch nicht vorbereitet. Der Feldherr befahl den Rückzug nach Gallien. Die Brücke ließ er zerstören. In seinen Augen war die abschreckende Demonstration gelungen.

Noch im selben Jahr wagte Caesar ein weit kühneres Unternehmen, die Überquerung des Ozeans, seine erste Expedition nach Britannien. Die neuere Forschung wertet den Rheinübergang als »direkte Vorstufe und Vorbereitung« dieser Operation. Wahrscheinlich ließ Caesar unmittelbar nach dem Rheinübergang die für die Britannienfahrt vorgesehenen beiden Legionen auf Schiffen rheinabwärts, dann entlang der Nordseeküste zu ihrem Einschiffungshafen befördern, wo sie Ende Juli eintrafen.

Die Kühnheit des Unternehmens mag man daran ermessen, daß Britannien für die Mittelmeervölker nahezu unbekannt war. Manche zweifelten an der Existenz der Insel, andere sprachen von sagenhaftem Reichtum ihrer Einwohner durch Getreideanbau und Viehwirtschaft, durch die Gewinnung und den Export von Zinn und anderen Metallen. Nach Sueton unternahm Caesar die Britannienfahrt, weil er hoffte, dort besonders große Perlen zu finden.

Caesar selbst begründete sein Unternehmen nach bewährter Manier als Straf- und Gegenmaßnahme, denn die keltischen Briten hatten im Vorjahr den Venetern Waffenhilfe gewährt und auch sonst »unseren gallischen Feinden Hilfstruppen zugeführt«. Ein Vorwand, wie mit ziemlicher Sicherheit aus der ersten und der im nächsten Jahr wiederholten Kriegsfahrt zu schließen ist. Caesar plante nichts Geringeres als die »dauernde Besitzergreifung« Britanniens, wo er eine leichte und reiche Beute vermutete.

Die erste Fahrt verlief kaum nach Wunsch. Schon der vorausgesandte Gallier Commius, den Caesar für seine guten Dienste zum König der Atebraten (um Arras) ernannt hatte, wurde von den Briten festgenommen. Vier Tage blieb ein zur Erkundung ausgeschickter Offizier mit seinem Schiff auf See, ohne eine Landung zu wagen. Die Briten waren gewarnt.

Ende August verließ Caesar mit achtzig Transportschiffen, die seine beiden Legionen trugen, Portus Itius, westlich von Calais. Die britannische Küste bei Dover war besetzt, aber schließlich gelang weiter nördlich eine höchst unbequeme Landung. Tatsächlich konnte Caesar den römischen Adler auf britannisches Land setzen. Einige Stämme unterwarfen sich, und auch der vorgeschickte Commius wurde freigelassen. An weiteres Vordringen aber war nicht zu denken. Im Hinterland lauerten starke feindliche Kampfverbände. Die Schiffe mit der dringend benötigten Reiterei blieben aus. Dann beschädigten die Sturmfluten die römischen Transportschiffe, die schleunigst für die Rückfahrt vor den Herbststürmen repariert werden mußten.

Nach rund zweieinhalb Wochen befahl Caesar die Einschiffung. Militärisch hatte er nicht mehr erreicht als eine erste begrenzte Erkundung. Aber schon das war für Rom und die Zeitgenossen eine unglaubliche Sensation. Selbst der so oft satirisch-kritisch gegen Caesar gestimmte Catull nennt kurz vor seinem Tode »des großen Caesar Siegesmale: Galliens Rhein, das schreckliche Meer und das unendlich ferne Britannien«.

Seine Legaten beauftragte Caesar vor seiner Abreise nach Oberitalien, »während des Winters möglichst viele Schiffe bauen und die vorhandenen ausbessern zu lassen«. Die genauen Anweisungen und umfangreichen Vorbereitungen lassen darauf schließen, daß eine erneute Invasion verwirklichen sollte, was beim erstenmal mißlang. Britannien oder wenigstens der Gallien nächstgelegene Teil des Landes sollte Rom unterworfen werden.

Doch die Verhältnisse zügelten den Ehrgeiz des Feldherrn. Im Frühjahr 54 mußten im Südosten Illyriens räuberische Überfälle der Piruster abgewehrt werden. Caesar zwang die in Montenegro und Nordalbanien ansässigen Piruster zur Stellung von Geiseln und setzte Schiedsrichter zur Wiedergutmachung der Schäden ein. Enorme Entfernungen waren zu Pferd oder im Wagen zu überwinden, bis der Feldherr im Mai wieder in Gallien eintraf und die Winterlager seiner Legionen inspizieren, die neugebaute Flotte an der flandrischen Kanalküste begutachten konnte.

Dann zwangen ihn Aufstände bei den Treverern an der unteren Mosel, dorthin mit vier Legionen aufzubrechen. Die Treverer hatten die Teilnahme an den von Caesar einberufenen gallischen Landtagen verweigert und drohten, sich mit den Germanen jenseits des Rheins zu verbünden. Zu Kämpfen kam es angesichts der gefechtsbereiten Legionen indessen nicht. Dem aufrührerischen Fürsten Indutiomarus entzog Caesar alle Machtbefugnis und bestimmte dessen Schwiegervater, den romhörigen Cingetorix, zum alleinigen Haupt der Treverer. Caesar ließ es bei einer strengen Mahnung bewenden, forderte aber zweihundert Geiseln. Dann führte er seine Truppen in Eilmärschen zurück zur Kanalküste.

Die Zeit drängte, und nochmals sorgte ein Zwischenfall für Aufregung. Zur Mitfahrt nach Britannien war die gallische Reiterei aufgeboten worden, angeführt von Fürsten aus allen Stämmen, darunter auch der bekannte Dumnorix mit seinen haeduischen Reitern. Der Haeduerfürst hatte wiederholt gegen die Römer opponiert, teils aus nationalen, teils aus persönlichen Interessen. Als nun die gefährlichen Nordwestwinde die Ausfahrt verzögerten, nutzte Dumnorix das dreiwöchige Warten zu einer wirkungsvollen Intrige. Den gallischen Adeligen erzählte er, Caesar nehme sie mit, um sie aus Gallien zu entführen und in Britannien töten zu lassen. Schließlich entzog sich Dumnorix der Einschiffung und ritt mit seiner Truppe heimwärts. Glaubte er wirklich, Caesar werde ihn ungeschoren ziehen lassen? Er zahlte für seine unbedachte Eigenmächtigkeit mit dem Leben. Unter den Hieben der römischen Verfolger soll er sterbend gerufen haben, »er sei frei und der Sohn eines freien Stammes«.

Endlich, Ende Juli 54, konnte die stattliche römische Flotte von

Portus Itius die Segel zur Ausfahrt hissen: achtundzwanzig Kriegsschiffe, an die sechshundert Transporter, die fünf Legionen und zweitausend Reiter gegen die britannische Küste trugen. Ihnen folgten zweihundert Privatschiffe, wohl von römischen Kaufleuten, die im Gefolge der Heeresmacht einbringliche Geschäfte erhofften.

Offenbar erschreckte die schier unübersehbare Zahl der heranziehenden Schiffe die Briten. Sie zogen sich aus ihren Stellungen an der Küste zurück, und die Landung der Römer verlief ungehindert. Zwei Monate blieb Caesar in Britannien. Anders als im Vorjahr konnte der Invasor mit seinen Truppen landeinwärts marschieren. Kämpfend drangen die Legionen bis über die Themse vor, eroberten bei St. Albans nordwestlich von London ein befestigtes Lager des Königs Cassivellaunus, der die britannische Streitmacht befehligte. Als zudem ein Angriff der Britannier auf das römische Schiffslager abgewehrt wurde, bot Cassivellaunus seine Unterwerfung an. Caesar bestimmte die Höhe der jährlich zu zahlenden Tribute und empfing eine nicht genannte Zahl an Geiseln.

Sein Unternehmen war beendet. Er befahl die Rückfahrt zum Festland aus jahreszeitlichen Gründen und »wegen gewisser Unruhen, die möglicherweise plötzlich in Gallien ausbrechen könnten«.

Caesar fuhr ohne große Beute, die er und wohl auch die Römer erhofft hatten, zurück. Aber wenigstens gewährte ihm das Meer eine ruhige Überfahrt. Was hatte der Eroberer erreicht? Die Unterwerfung des Cassivellaunus und anderer Fürsten hielt nur für den Augenblick, angesichts der Übermacht der römischen Legionen. Ohne Besatzung, ohne bewaffnete Kontrolle war die Vorstellung von der dauerhaften Besitznahme auch nur der eroberten Gebiete im Süden Britanniens kaum mehr als ein Wunschtraum. Daran konnten auch die Geiseln nichts ändern. Also blieb die zweite Britannienfahrt politisch und militärisch ebenso wirkungslos wie die erste. Allerdings fiel Caesar der Ruhm zu, als erster Römer mit seinen Legionen das wilde Nordmeer überquert und den römischen Adler nach Britannien getragen zu haben.

# 31 Aufstände zwischen Seine und Rhein

Noch in Britannien scheint Caesar geahnt zu haben, daß in Gallien unruhige Zeiten bevorstanden. Der Freiheitswille der Gallier war ungebrochen. Irgend etwas lag in der Luft, auch deshalb schwer zu fassen, weil die selbstbewußten gallischen Stämme den organisatorischen Verbund eher scheuten. Aber schon der Widerstand der Treverer und die todesverachtende Eigenmächtigkeit des Haeduers Dumnorix hatten gezeigt, daß es im Untergrund gärte.

In der ersten Zeit nach Caesars Rückkehr war es ein Aufflakkern hier und dort, zunächst ohne Absprache zwischen den einzelnen Stämmen. Der erste ernsthafte Widerstand brach im Herbst 54 bei den Carnuten in Mittelgallien (um Chartres, Orléans) aus. Sie töteten ihren von Caesar eingesetzten König. Schnellstens wurde eine römische Legion in Marsch gesetzt, um den Vorfall zu klären und Winterquartiere bei den Carnuten zu beziehen. Ohnedies war Caesar gezwungen, sein Heer aufzuteilen und den einzelnen Legionen weit auseinanderliegende Winterquartiere im Belgerland zuzuweisen. Die anhaltende Dürre in diesem Jahr hatte schlechte Getreideernten gebracht. Es war unmöglich, ein geschlossen stationiertes Heer für mehrere Monate mit Nahrungsmitteln zu versorgen.

Von deutlicher Besorgnis zeugte, daß Caesar selbst von seinem Hauptlager Samarobriva (Amiens) aus die Quartiernahme seiner Legionen überwachte. Die unsichere Lage verhinderte auch die gewohnte Reise in die Provinz Cisalpina. Zwei Wochen nach der Quartiernahme gab ein überraschender Angriff gegen das nordöstlichste Lager im Eburonenland (Maasgebiet nördlich von Lüttich) das Signal zu einer Reihe weiterer Aufstände.

Nach Caesars Darstellung war der anfangs den Römern eng verbundene Eburonenfürst Ambiorix von dem Treverer Indutiomarus aufgewiegelt worden. Den schon vor Caesars zweiter Britannienfahrt renitenten Indutiomarus hatte Caesar zwar seines Amtes enthoben und durch einen anderen Fürsten ersetzen lassen, ihn aber sonst verschont.

Der listige und wagemutige Ambiorix brachte es unter logistischen Vorwänden fertig, die in seinem Land stationierten fünfzehn Kohorten zu einem Standortwechsel zu überreden. Als die ahnungslosen Römer mit großem Troß ihr festes Lager verlassen hatten und durch ein enges Tal zogen, fiel Ambiorix mit seinen Scharen über sie her und vernichtete die verzweifelt Kämpfenden. Es heißt, Caesar habe, als er von diesem bisher härtesten Gegenschlag hörte, Haar und Bart wachsen lassen. Er erklärte, er wolle sich erst dann wieder scheren lassen, wenn die tückische Vernichtung seiner Legionäre gerächt sei.

Ambiorix ruhte sich nicht auf seinen Lorbeeren aus. Stolz auf seinen Sieg, ermutigte er die den Eburonen benachbarten Atuatuker und Nervier zum Aufstand. Diese Stämme, die durch Caesars erbarmungslosen Feldzug vor drei Jahren stark dezimiert waren, warteten ohnedies auf Gelegenheit zur Rache. Zunächst griffen die Nervier, unterstützt von den Eburonen und Atuatukern, das Römerlager in ihrem Land (um Namur) an. Der Legat Quintus Cicero befehligte die belagerte Legion. Einem gallischen Sklaven gelang es, sich durch die Reihen der Belagerer zu schleichen und Caesar in Samarobriva über die verzweifelte Lage im Nervierland zu unterrichten. Mit zwei nur mit dem Nötigsten ausgerüsteten, verkleinerten Legionen brach Caesar sofort auf, erreichte in dramatischen Eilmärschen die Eingeschlossenen und zerschlug den Belagerungsring.

Titus Labienus, der mit seiner Legion bei Sedan stand, wurde von den Treverern unter dem hitzköpfigen Indutiomarus hart bedrängt. Aber Labienus hielt in seinem gut befestigten Lager stand. Seine gallischen Reiter konnten gegen Jahresende den feindlichen Anführer Indutiomarus stellen und töten. Aber noch war kein Ende der Aufstände abzusehen. Die Senonen (um Sens) vertrieben, wie vor ihnen die Carnuten, ihren von Caesar ernannten König. In allen Stämmen flackerte das Feuer der Rebellion. Nur die Haeduer und die Remer blieben Rom treu. Möglicherweise wäre der Gallische Krieg anders verlaufen, hätten nicht diese beiden Stämme ihre Bündnisverpflichtungen eingehalten.

Caesar unternahm alles, um die Initiative zurückzugewinnen. Bisher war sein Handeln diktiert von den Erfordernissen einer Notlage, in der ihm nur die Reaktion blieb. Im Winter aber ließ er durch seine Legaten in der Provinz Cisalpina zwei neue Legionen ausheben. Zusätzlich überließ ihm Pompeius eine ihm eidlich verpflichtete Legion, »im Interesse des Staates und Caesar zu Gefallen«. Caesar verfügte nun, am Anfang des neuen Jahres 53, nach dem Verlust einer Legion im Eburonenland, über zehn Legionen, eine Streitmacht von rund 50 000 Kriegern.

Nun endlich konnte er das Blatt wenden. Noch vor Winterende fiel er mit vier Legionen in das Land der Nervier ein und unterwarf das Volk zwischen Schelde und Sambre zum zweiten Male. Die Beute überließ er seinen Soldaten, wohl zum Dank für die Standhaftigkeit der von Quintus Cicero geführten Legion im vergangenen Herbst.

Die Aufstände im Herbst hatten gezeigt, wo die Zentren der Rebellion lagen: bei den Treverern und Eburonen, deren König Ambiorix weiterhin unangefochten sein befreites Land regierte, bei den Senonen und Carnuten. Tatsächlich verweigerten diese Stämme die Teilnahme an einem von Caesar im Frühjahr einberufenen gallischen Landtag. Um den widerständigen Senonen und Carnuten näher zu rücken, verlegte Caesar den Landtag und sein Hauptquartier von Samarobriva (Amiens) nach Lutecia (Paris). Dann zog er in Eilmärschen südwärts. Aber noch bevor es zum Kampf kam, unterwarfen sich die Senonen und Carnuten. Sie fanden in den Haeduern und Remern gute Fürsprecher, und Caesar nahm die Kapitulation ohne Vergeltungsmaßnahmen an. »Der Sommer«, so schrieb er, »sei die Zeit für den bevorstehenden Krieg, nicht für ein Untersuchungsverfahren.«

Sein Kriegsziel war die Züchtigung der Treverer und die endgültige Unterwerfung der Eburonen. Den Sieg über die Treverer erfocht Titus Labienus, so daß an der unteren Mosel wieder stabile, romfreundliche Verhältnisse hergestellt wurden. Den schwierigeren Teil, die Auseinandersetzung mit den Eburonen unter Ambiorix, übernahm Caesar selbst.

Mit fünf Legionen marschierte er in das waldreiche Land der Menapier, nördlich der Eburonen im Mündungsgebiet von Schelde und Rhein. Nach der Unterwerfung der Menapier zog er durch das Trevererland zum Rhein und überschritt zum zweitenmal den Grenzstrom.

Etwas oberhalb des ersten Übergangs im Neuwieder Becken schlugen die römischen Pioniere ihre zweite Brücke über den Rhein. Da die Sueben den Treverern Hilfstruppen gestellt hatten und um dem gefährlichen Ambiorix den Weg über den Rhein zu verlegen, besetzte Caesar das jenseitige Ufer. Es blieb bei dieser

Machtdemonstration, denn die Sueben entzogen sich dem Kampf. Doch diesmal blieb zur Warnung der diesseitige Teil der Brücke stehen. Den befestigten Brückenkopf sicherte eine Kampftruppe von zwölf Kohorten.

Jetzt erst, im späten Sommer 53, zog Caesar durch die Ardennen ins Land der Eburonen, die Vernichtung seiner fünfzehn Kohorten zu rächen und Ambiorix zu schlagen. Einige Wochen lang plünderten und verwüsteten die Römer das Land. Kleinere Nachbarstämme, von Caesar gerufen, räuberten eifrig mit. In mehreren kleineren Schlachten wurden die Eburonen aufgerieben und bis zu ihrer Vernichtung geschlagen. Ihr Fürst, der schlaue Ambiorix, entkam zwar mit vier Reitern, aber im Gallischen Krieg hatte er ausgespielt.

Ein anderer Anführer der Aufstandsbewegung, der Senonenfürst Acco, war in die Hände der Römer gefallen. An ihm ließ Caesar zur Abschreckung ein grausames Todesurteil vollziehen, »nach Vätersitte«, das heißt nach römischer Strafart. Auf einem im Herbst nach Reims im Remerland einberufenen Landtag wurde den Galliern drastisch vor Augen geführt, daß sie römischen Gesetzen unterworfen waren. Als Aufrührer wurde der Senone Acco entkleidet, an einen Pfahl gebunden, mit Ruten gepeitscht und dann durch das Beil enthauptet.

Gallien war zum zweitenmal unterworfen und stand wieder vollkommen unter der Kontrolle der römischen Legionen, von denen sechs bei den Senonen, zwei bei deren östlichen Nachbarn, den Lingonen, und zwei in der Nähe der Treverer ihre Winterlager bezogen. Der Proconsul reiste in die cisalpinische Provinz, um dort seine winterlichen Gerichtstage abzuhalten, aber selbstverständlich auch, um auf die politische Entwicklung in Rom einwirken zu können.

## 32 Der Freiheitskampf des Vercingetorix

Die erzwungene Ruhe war nicht von langer Dauer. Schon bald mußte Caesar erkennen, daß die gallischen Aufstände, geschwächt durch die Vereinzelung, nicht mehr als ein Vorspiel zu der großen Sammelbewegung des Jahres 52 gewesen waren, die nahezu alle Stämme im Kampf gegen die römische Herrschaft vereinte. Der berühmte, vielbeschriebene Freiheitskampf der vereinten Gallier unter dem jungen Arverner Vercingetorix gehört zu den bewegendsten Kapiteln der europäischen Geschichte.

Vercingetorix kannte die Römer, ihre Taktik, ihre Ausrüstung, ihre Stärken und Schwächen, und vor allem: er kannte Caesar, denn er hatte zeitweise als Reiteroffizier unter ihm gekämpft. Zunächst ergriff er in seinem Heimatland die Macht. Er unterwarf mit seinen Anhängern den widerstrebenden Adel und ließ sich zum König ausrufen, ein Unternehmen, an dem sein Vater einige Jahre zuvor gescheitert und in dem er den Tod gefunden hatte. Vercingetorix war ein Mann von charismatischer Ausstrahlung, großen organisatorischen und militärischen Fähigkeiten. Unter den gallischen Fürsten war er allein Caesar ebenbürtig.

Vercingetorix erkannte, daß nur ein vereinigtes Gallien den Römern aussichtsreich Widerstand leisten konnte. Es gelang ihm, die meisten der anderen Stammesführer von seiner Einigkeitsidee, die durchaus als Vorform des nationalen Gedankens gelten darf, zu überzeugen. Die Stämme Galliens unterstellten ihm ihre Streitkräfte und riefen ihn zum Oberbefehlshaber aus. Caesar war ein großer, gefährlicher Widersacher erwachsen. Nur wenige Stämme entzogen sich der Faszination des jungen Arverners und seiner Idee: Die Haeduer, die Remer und die zwischen ihnen ansässigen Lingonen blieben den Römern treu und erfüllten weiterhin ihre Vertragsverpflichtungen.

Wie im Herbst 54 lösten die Carnuten den Kampf aus. In ihrer Hauptstadt Cenabum (Orléans) überfielen und töteten sie die dort lebenden römischen Kaufleute und Verwaltungsbeamten. In Nordgallien schürte der bisher romhörige Atrebatenfürst Commius, der noch unter Caesar nach Britannien gefahren war, den Aufstand. Gegen ihn richtete sich ein von Labienus in Caesars Abwesenheit inspirierter Mordanschlag, der aber mißglückte und offenbar die allgemeine Empörung steigerte. Auch die noch vor dem Winter vollzogene Enthauptung des Acco hatte die Gallier nicht eingeschüchtert, sondern eher ihren Freiheitswillen erst recht herausgefordert.

Als der Proconsul Ende Februar 52 aus Oberitalien zurückkehrte, war die Streitmacht des Vercingetorix bereits formiert. Caesar mußte nach Narbo (Narbonne) reisen, denn zwischen der römischen Provinz und seinen Truppen, die bei den Senonen und Lingonen überwinterten, standen die Kampfverbände der vereinigten Gallier.

Caesar sicherte zuerst die Provinzgrenzen. Aus Oberitalien hatte er Ersatztruppen mitgeführt, und in der Provinz ließ er erneut Mannschaften ausheben. Er handelte ungemein rasch, wie überhaupt blitzschnelle, die Erwartung des Feindes täuschende Aktionen zur Stärke Caesars gehörten. So überschritt er mit einer zahlenmäßig schwachen Truppe die tief verschneiten Cevennen. Auf den Paßhöhen schaufelten die Soldaten meterhohen Schnee beiseite, um die Wege freizubekommen. Plündernd fielen sie in das Arvernerland ein.

Wo blieb Vercingetorix? Er ließ sich die erste große Chance, den von seinen Legionen getrennten Römer zu packen, entgehen. Ungehindert eilte Caesar, den Hauptteil seiner Begleittruppe zurücklassend, nach Vienna an der Rhone, übernahm dort eine frische Reitertruppe und ritt, Tag und Nacht im Sattel, durch das Haeduerland nach Norden, um bei Sens die überwinternden Legionen zu sammeln.

Cenabum (Orléans) wurde wegen der Ermordung der römischen Handelsleute zerstört, die Beute fiel den Soldaten zu. Aber erstes Kriegsziel war die Eroberung des Biturigenlandes, südlich der Loire bis zu den Arvernern, mit der Hauptstadt Avaricum (Bourges). Bei den Biturigen und Arvernern konzentrierte sich der stärkste Widerstand. Die Legionen überquerten die Loire und rückten gegen das Kernland des Vercingetorix vor. Zum erstenmal kämpfte auch eine germanische Reitertruppe von vierhundert Mann im Heer Caesars und erfocht auf dem Vormarsch gegen die gallische Reiterei einen Sieg.

Vercingetorix wich einer Entscheidungsschlacht aus und wandte zunächst eine Taktik der verbrannten Erde an. Er wußte, daß die Vernichtung aller nahe liegenden Orte mit ihren Getreide- und Lebensmittelvorräten die Heeresmasse der Römer empfindlich treffen mußte. Zwanzig Ortschaften der Biturigen gingen in Flammen auf. Gleichzeitig sperrten die Gallier, ihre Vertrautheit mit dem einheimischen Revier nutzend, die Nachschubwege. Tagelang blieb das Getreide aus, und die Legionen mußten mit Notrationen vorliebnehmen. Zumal bei der Belagerung von Avaricum im April wurden die Versorgungsschwierigkeiten drückend.

Dazu wirkten anhaltende Regenfälle zermürbend. In einem geschickten psychologischen Schachzug stellte Caesar seinen Legionen den Abzug frei, was den soldatischen Ehrgeiz seiner Truppen anstachelte. Die Legionen wichen nicht, auch in der Hoffnung auf reiche Beute.

Die Eroberung der stark befestigten Hauptstadt der Biturigen verdankte der Feldherr vor allem der hervorragenden römischen Belagerungstechnik. Die Pioniere trieben eine Sturmrampe bis vor die Stadtmauer. Die bekannten fahrbaren Belagerungstürme, Mehrladegeschütze, Sturmlauben und Mauersicheln kamen zum Einsatz. Avaricum wurde im Sturm genommen, und wutentbrannt machten die Legionäre nahezu alle Einwohner nieder, weder Greise noch Frauen und Kinder schonend, wie Caesar selbst vermerkt. Angeblich entkamen von rund 40 000 Einwohnern kaum 800, die zum Heer der Gallier flohen.

Die blutige Einnahme von Avaricum brachte Caesar keineswegs den erhofften politischen Gewinn. Eher festigte sich die Position des Vercingetorix, denn gegen seinen Willen und seine bessere Einsicht hatten die Biturigen ihre Stadt verteidigt. Nachträglich erkannten die Gallier das strategische Vermögen ihres Feldherrn. Das Vertrauen in ihn stieg noch. Selbst bei den Haeduern, zum erstenmal seit dem Tod des Dumnorix, rührte sich die antirömische Partei. Dennoch verlegte Caesar in die haeduische Stadt Noviodunum (Nevers) sein Nachschublager, die Kriegskasse und die Geiseln der gallischen Völker.

Die unsicheren Verhältnisse in Mittelgallien zwangen den Feldherrn zur Teilung des Heeres. Labienus zog mit vier Legionen nach Norden, um die Senonen und die Parisier (um Paris) niederzuhalten. Caesar marschierte mit sechs Legionen südwärts durch das Alliertal gegen Gergovia (nahe Clermont-Ferrand), die befestigte Hauptstadt der Arverner.

Das Unternehmen gegen Gergovia stand von Anfang an unter einem ungünstigen Stern. Die hochgelegene Festungsstadt erwies sich als uneinnehmbar. Im Umfeld operierte Vercingetorix mit seinen Truppen äußerst geschickt. Auch politisch erzielte er einen unschätzbaren Erfolg. Es gelang ihm, die östlich benachbarten Haeduer für die gallische Sache zu gewinnen. Eine antirömische Revolte brach aus, griff über auf die mit den Römern ziehenden haeduischen Hilfstruppen, an die zehntausend Krieger.

Marmorbüste Caesar, Mitte 1. Jh. n. Chr., Vatikan Museum Rom.

Das Forum Romanum heute.

Rostra des Forum Romanum. Ausschnitt aus einer idealisierten Rekonstruktion.

Statue Caesars in der Via Fori Imperiali. Bronzierte Gipskopie der originalen Marmorstatue im Museo Capitolino, Rom.

Kopf aus Tusculum. Neben den Münzprägungen das einzige authentische Bildnis Caesars aus der letzten Lebenszeit. Museo d'Antichità, Turin.

Bildnisbüste des Gaius Julius Caesar.
Grüner Basalt. Um die Mitte des 1. Jh. v. Chr.
Staatliche Museen zu Berlin.

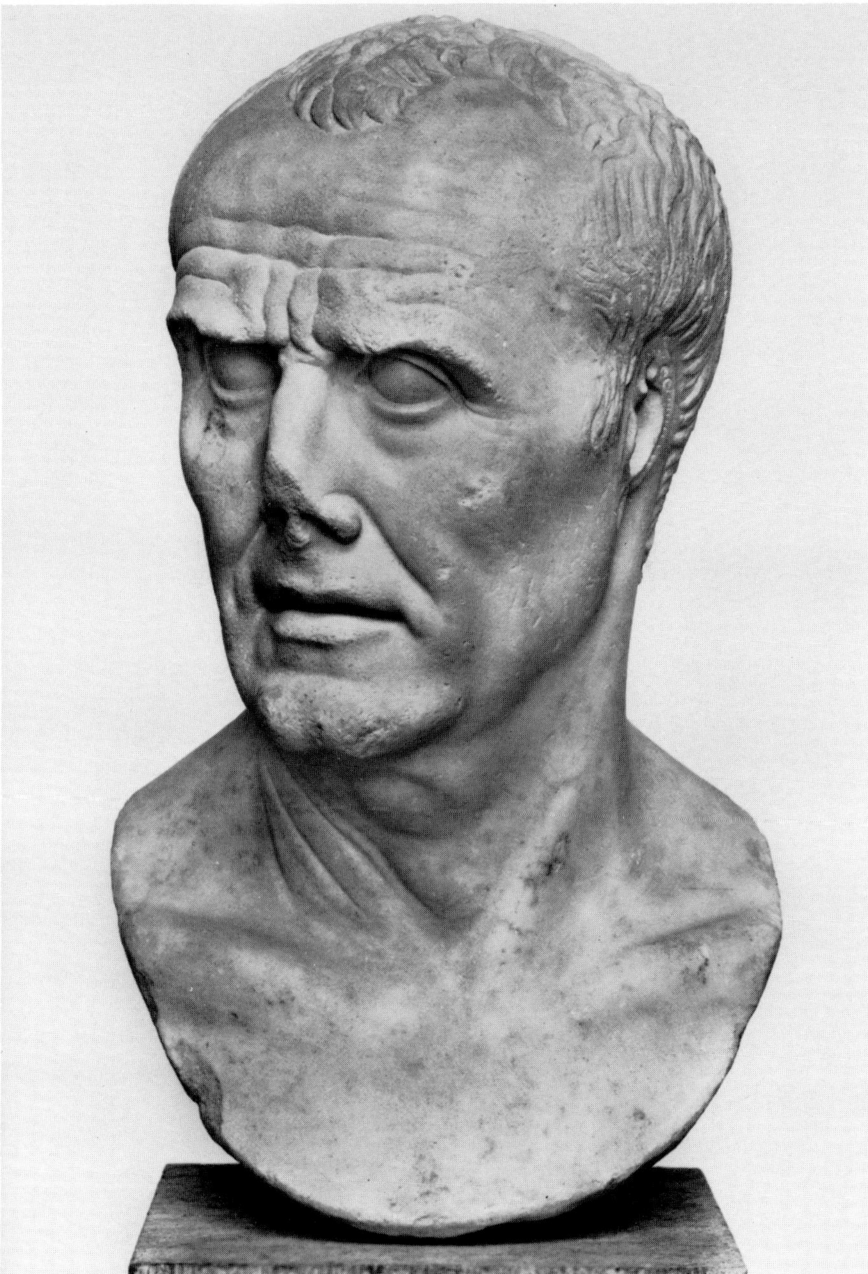

Porträt eines Römers der republikanischen Zeit.
Der sogenannte Marius. 50–40 v. Chr. Marmor.
München, Glyptothek.

Porträt eines Römers der republikanischen Zeit.
Der sogenannte Sulla. 50–40 v. Chr. Marmor.
München, Glyptothek.

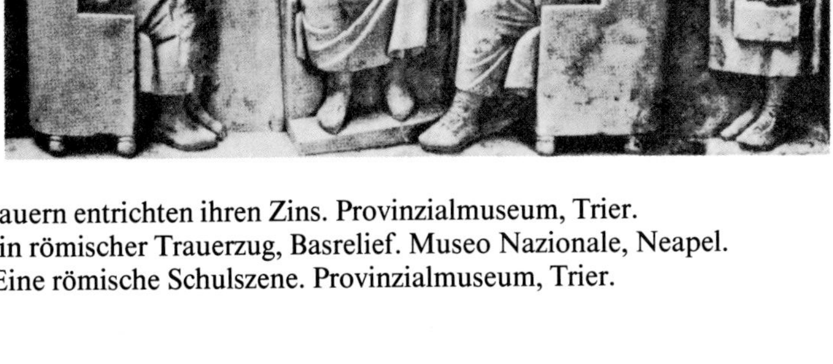

*Oben:* Bauern entrichten ihren Zins. Provinzialmuseum, Trier.
*Mitte:* Ein römischer Trauerzug, Basrelief. Museo Nazionale, Neapel.
*Unten:* Eine römische Schulszene. Provinzialmuseum, Trier.

Cicero. Uffizien, Florenz.

Pompeius. Ny Carlsberg Glyptotek, Kopenhagen.

*Oben:* Römische Kriegsgaleere. Vatikan Museum, Rom.
*Unten:* Gallier wehrt einen plündernden Legionär ab. Giraudon, Louvre.

*Oben:* Münze der Kleopatra. Cabinet des Medailles, Bibliothèque Nationale, Paris.
*Unten links:* Münze der Kleopatra. Um 36 v. Chr. British Museum, London, Hirmer Fotoarchiv.
*Unten rechts* Brutus, Münze nach den März-Iden 44 v. Chr. British Museum, London, Hirmer Fotoarchiv.

Kurz vor 44 v. Chr. Frontal.

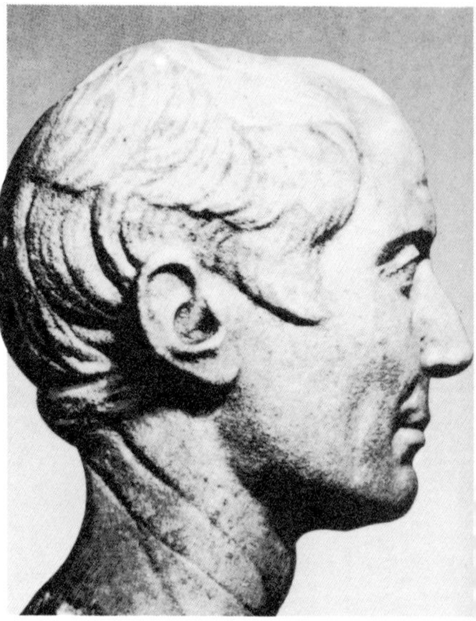

Kurz vor 44 v. Chr. Tusculum.

Denar des Mettius. Julius Caesar. 44 v. Chr.

Bald nach 44 v. Chr. Rom.

**Die Entwicklung des Caesarporträts.**
Der Kopf aus Tusculum in Turin zeigt noch enge Übereinstimmungen mit den zu Lebze ten Caesars geprägten Münzen. Die späteren Porträts zeigen Caesar zunehmend als Ta menschen und idealisierte Herrschergestalt. Es ist typisch für die römische Porträtkun

ʌugusteisch.

Augusteisch. Rom.

:olossalkopf Julius Caesars.
'raianisch. Rom.

Kolossale Panzerstatue Julius Caesars.

aß mit der Darstellung des Menschen immer auch eine politische und künstlerische Aus-
ıge verbunden ist.
Nach Bernard Andreae, *Römische Kunst*, Herder Verlag, Freiburg, 1973).

*Oben links:* Münze Caesars mit dem Elefantenemblem. Museo Nazionale, Rom.
*Oben rechts:* Münze Caesars. Caesars Botschaft an den Senat über seinen Sieg in Zela
47 v. Chr. Sesterze.
*Unten:* Münze Caesars. Ca. 50 v. Chr. Unter einer Trophäe mit gallischen Wappen hoc
ein Gefangener, vielleicht Vercingetorix. Keltenmuseum Hallein.

Aus seiner Stellung vor Gergovia mußte Caesar mit vier Legionen abziehen, um der haeduischen Revolte Herr zu werden. Die Haeduer fügten sich, entschuldigten sich, von Caesar auffallend milde behandelt. Aber er brauchte sie, die einzigen halbwegs Romtreuen in Mittelgallien. Wie hätte er auch in seiner prekären Lage, ständig von Vercingetorix bedroht, ein Strafgericht halten können? Nun wurde, als Caesar wieder vor Gergovia erschien, die Situation völlig aussichtslos. Nicht nur scheiterte der Belagerungsversuch, sondern Vercingetorix zwang die Legionen wiederholt zu Kämpfen, ohne seine eigenen Truppen übermäßig anzustrengen. An einem Tag fielen bei den Römern sechsundvierzig Centurionen und siebenhundert Gemeine, für die gesamten Verluste eine wohl eher noch untertriebene Zahl. Caesar mußte aufgeben. Er hatte vor Gergovia seine erste und bitterste gallische Niederlage erlitten.

In unmittelbarer Folge lösten sich die Haeduer endgültig von den Römern und traten dem keltischen Bund bei. Sie ermordeten in Noviodunum die römische Besatzung, erbeuteten die Vorräte, die Kriegskasse, die gesamte Heeresbagage, luden das gespeicherte Getreide auf Schiffe und warfen den Rest in die Loire. Caesars etwas leichtfertiges Vertrauen in die Loyalität der Haeduer rächte sich bitter. Die Stadt wurde eingeäschert, damit sie den Römern nicht mehr als Stützpunkt dienen konnte. Überhaupt verfolgte Vercingetorix nun verstärkt die Taktik, den Legionen Caesars die Nachschubwege abzuschneiden, sie auszuhungern und zum Rückzug in die römische Provinz zu zwingen.

Von allen gallischen Stämmen blieben nur noch die romtreuen Remer und Lingonen, außerdem die Treverer, weil sie sich der Germanen erwehren mußten, dem keltischen Bund fern. Ein nach Bibracte (Mont Beuvray) einberufener gesamtgallischer Landtag bestätigte den Oberbefehl des Vercingetorix. Er triumphierte, er allein hatte die Eigeninteressen der keltischen Stämme überwunden und ein »nationales« Selbstbewußtsein entfacht, das die Erfolge möglich gemacht hatte. Zu keiner Zeit standen sie dem Sieg über den römischen Aggressor näher. Allerdings enthielt die Rechnung des tüchtigen Vercingetorix einen Unsicherheitsfaktor, nämlich Caesar, der nach Gergovia nicht aufgab, nicht den Rückzug wählte, sondern nordwärts zog.

Durch einen Rückzug hätte Caesar den Labienus, der mit seinen vier Legionen gegen Lutecia marschierte, den Feinden preisgegeben. Aber die Parisier hatten Lutecia in Brand gesteckt, und Labienus, als er von der Niederlage vor Gergovia hörte, kehrte um und zog Caesar entgegen. Südlich von Agedincum (Sens) vereinigten sich die Legionen. Caesar führte sie in das sichere Lingonenland, um dort einige Wochen der Ruhe einzulegen. Jenseits des Rheins ließ er eine weitere germanische Reitertruppe anwerben, um sein Heer für die Auseinandersetzungen mit der gallischen Reiterei zu wappnen.

In der Absicht, der von den Galliern bedrohten narbonensischen Provinz näher zu rücken, marschierte Caesar mit seiner gesammelten und gestärkten Streitmacht nach Süden. Offenbar sah Vercingetorix den Zeitpunkt für gekommen, die nach seiner Meinung abziehenden Römer zu schlagen und seinem Land endgültig die Freiheit zurückzugewinnen. Nicht Caesar, sondern er ergriff, gut vorbereitet, die Offensive. Nordöstlich von Dijon überfielen die an Zahl überlegenen gallischen Reiter die marschierenden Kolonnen, von drei Seiten gleichzeitig angreifend. Im Kampf erbeuteten die Arverner Caesars Kurzschwert, das er später in einem ihrer Tempel wiedersah. »Er lächelte«, so überliefert Plutarch, und ließ sein Schwert dort, »weil er es als Eigentum der Götter betrachtete.«

Im Gegenangriff schlugen die germanischen Reiter die Gallier in die Flucht und ermutigten die Legionen zum Kampf und Nachsetzen. Der unerwartete Umschlag zugunsten der Römer löste bei den zuvor so siegessicheren Galliern Bestürzung aus. Vercingetorix zog sich mit seinen Truppen nach Alesia (Alise-Sainte-Reine) zurück, der auf einem Hochplateau gelegenen befestigten Stadt der Mandubier.

Was Vercingetorix bewog, seine Stärke in der beweglichen Kriegsführung aufzugeben und sich zu verschanzen, kann schwerlich nachvollzogen werden. Im Heer Caesars gab es eine deutliche Schwachstelle: bei der für den Bewegungskrieg unerläßlichen Reiterei. Verpflichtete gallische Reiterkontingente, nicht immer zuverlässig, wie Dumnorix mit seiner Schwadron zeigte, oder, wie zuletzt, angeworbene germanische Reiter mußten dem Mangel abhelfen. Dennoch und trotz der Niederlage bei Dijon war die Reitertruppe des Vercingetorix an Zahl und Kampfkraft auch der neuangeworbenen germanischen Kavallerie überlegen. Hinzu kam der Vorteil der besseren Landeskenntnis der einheimischen Gallier. Es war der entscheidende, ja tödliche Fehler des Vercingetorix, daß er seine Vorteile nicht erkannte und den hinhaltenden, zermürbenden Bewegungskrieg und die Sperrung der Nachschubwege Caesars aufgab. In der Bergfeste Alesia setzte Vercingetorix sich und sein Heer in eine Falle.

Und die Falle schnappte zu, denn Caesar, der eben noch Angegriffene und Geschlagene, reagierte blitzschnell. Er erkannte seine Chance, jene Mittel einzusetzen, die seine Legionäre unübertrefflich beherrschten, die bewährten Techniken einer methodischen Belagerung. Die folgenden Wochen bis zum tragischen Ende der tapferen Gallier und bis zu einem der größten Triumphe im Leben Caesars waren von unerhörter Spannung.

Trotz der Stör- und Ausbruchsversuche der Gallier gelang es den römischen Pionieren, einen siebzehn Kilometer langen Befestigungsring rund um die Stadt zu ziehen. Bevor sich der Ring schloß, entließ Vercingetorix seine Reitertruppe, um Versorgungsschwierigkeiten zu entgehen. Außerdem sollten die Entlassenen Hilfstruppen herbeiholen. Caesar erwartete Angriffe von außen. Er ließ darum einen zweiten Befestigungsgürtel in einer Länge von einundzwanzig Kilometern anlegen, mit Wällen, Wassergräben, Palisaden und Wehrtürmen, im Vorfeld Fallgruben, Fußangeln und in den Boden gerammten Hindernissen. Zwischen den beiden Ringwällen, nach außen wie zur Stadt hin gesichert, errichteten die römischen Legionen, rund 50 000 Soldaten und etwa 7000 Reiter, ihre Lager und stapelten ihre Vorräte.

Die Wehrarbeiten waren abgeschlossen, als nach gut dreißig Tagen das gallische Entsatzheer heranrückte. Caesar nennt selbst eine viertel Million Fußsoldaten aus dreiundvierzig gallischen Stämmen. Auch die Gallier hatten erkannt, daß die Zukunft ihres Landes und ihrer Völker im Kampf um Alesia entschieden würde.

In den Tagen vor der Schlacht drohte der Hunger die Wehrkraft der rund 80 000 eingeschlossenen Gallier zu schwächen. Darum wurden die kampfunfähigen Greise, Frauen und Kinder zum Verlassen ihrer Stadt gezwungen. Aber auch die Römer konnten sie nicht aufnehmen und ihnen zu essen geben. So irrten sie zwischen den Fronten umher und kamen elend um.

Vier Tage dauerte die Schlacht. Vier Tage lang stürmten die Gallier mit ganzer Wucht von außen und von Alesia her gegen die römischen Befestigungsringe. Gleich am ersten Tag kämpfte die nach außen geführte germanische Kavallerie erfolgreich gegen das Massenheer. Am vierten Tag durchbrachen die Gallier den äußeren Ring, doch Labienus konnte den massiven Einbruch durch rasch herbeigerufene Verstärkungen abwehren. Dann führte Caesar selbst, erkennbar an seinem leuchtend roten Feldherrnmantel, die Reiterei und die Reservetruppen in die Schlacht, außerhalb der Befestigung, indem er das gallische Heer nach einem kühnen Umgehungsmanöver vom Rücken her angriff. Ehe sie zur Besinnung kamen, sahen sich die Gallier in die Zange genommen. In der nun entbrennenden Entscheidungsschlacht erlitt das gallische Entsatzheer eine vernichtende Niederlage. Die Überlebenden flohen. Ein Rest ergab sich, und die Römer erbeuteten vierundsiebzig Feldzeichen.

Caesar errang seinen überwältigenden Sieg kurz nach der Niederlage von Gergovia, wie später (im Jahre 48) auf Dyrrhachion der Sieg von Pharsalos folgte. Seine beiden »größten und entscheidendsten Kriegstaten«, die zum »Großartigsten, was die Kriegsgeschichte kennt«, gezählt werden, erwuchsen also aus Niederlagen. Beide Schlachten bezeugen die strategische Meisterschaft in der für Caesar typischen unorthodoxen Kriegsführung: im Zusammenspiel von »Offensive und Defensive«, im zielsicheren und entscheidenden Einsatz einer »beweglichen Reserve«, deren Erfindung dem Feldherrn Caesar zugeschrieben wird.

Am Tag nach der Schlacht kapitulierte auch Vercingetorix. Plutarch schmückt die Szene rührend aus: »Vercingetorix legte seine prächtigsten Waffen an und sprengte auf seinem geschmückten Pferde zum Tor hinaus. Nachdem er um Caesar, der Gericht hielt, herumgeritten war, sprang er vom Pferd, warf seine Rüstung ab und setzte sich zu Caesars Füßen, wo er ruhig blieb, bis man ihn abführte.« Der antike Geschichtsschreiber Florus läßt Vercingetorix sagen, während er die Waffen niederlegte: »Nimm sie. Ich bin tapfer, du aber bist noch tapferer, und du hast mich besiegt.« Dio Cassius läßt den gallischen Fürsten »furchterregend, von hohem Wuchs und prächtig gerüstet« auftreten, zu Füßen Caesars niederfallen und dessen Hände ergreifen. Der um Begnadigung Flehende erregte das Mitleid der Anwesenden.

Es muß ein ergreifender Augenblick gewesen sein, wenn auch

schwerlich zu sagen ist, wo bei der überlieferten Darstellung die Grenze zwischen Dichtung und Wahrheit verläuft. Caesar notierte lakonisch: »Vercingetorix wird ausgeliefert, die Waffen wirft man zusammen.« Der Nationalheld der Gallier wird in Ketten gelegt. Sechs Jahre vergehen, bis er nach römischem Brauch im Triumphzug des Imperators Caesar mitgeführt und anschließend hingerichtet wird.

Die meisten der Gefangenen übergab der Feldherr als Sklaven seinen Soldaten, jeder erhielt einen Mann. Nur die gefangenen Haeduer und Arverner konnten in ihre Länder ziehen. Caesar wollte die beiden Völker als Verbündete zurückgewinnen, eine für die künftige politische Konstellation in Gallien kluge Maßnahme. Die Legionen Caesars bezogen ihre wohlverdienten Winterquartiere. Rom gewährte dem Proconsul und Feldherrn für den Sieg über den großen gallischen Aufstand ein zwanzigtägiges Dankfest.

## 33 Rechenschaft über Gallien

Caesars Sieg vor Alesia im Herbst seines siebten Jahres in Gallien zerschlug den gallischen Aufstand und die im Freiheitskampf für eine kurze Spanne wirksame Union der Kelten. Mit Vercingetorix verlor die Befreiungsbewegung ihren allein zur Integration fähigen Kopf. Nur noch einmal, im Laufe des Jahres 51, flackerten hier und dort die Feuer des Widerstands auf, kämpften einzelne Stämme gegen das ihnen auferlegte Zwangsregiment, allerdings durch ihre Isolierung ohne Aussicht auf Erfolg.

Noch im Winter, den Caesar vorsorglich in Bibracte verbrachte, erhoben sich die Biturigen. Aber die Schnelligkeit, mit der Caesar zwei Legionen in ihr Land westlich der Loire führte, erstickte jeden Widerstand. Caesar trat den Aufständischen bewußt milde gegenüber und bot ihnen die »Rückkehr in ein Freundschaftsbündnis« an.

Im Frühjahr revoltierten die hartnäckigen und kriegstüchtigen Bellovaker (um Beauvais), so daß Caesar mit vier Legionen nach Norden eilen mußte. Die anhaltenden Kämpfe in der sumpfigen Waldregion, dazu die Waffenhilfe von Nachbarstämmen wie den

Atebraten unter Commius für die Bellovaker, machten es notwendig, zwei weitere Legionen hinzuzuziehen. Schließlich erlagen die Bellovaker der römischen Übermacht. Sie kapitulierten, nachdem ihr Anführer Correus in der Entscheidungsschlacht gefallen war. Der Atebrate Commius konnte zu den Germanen flüchten, während die Bellovaker mit der Klage, ihr Fürst Correus habe sie aufgewiegelt, um Gnade baten. Caesar forderte nach dem üblichen Ritus Geiseln und die Zahlung des Kriegstributs.

Offenbar erwartete Caesar nun keinen ernsthaften Kriegszug mehr. Eine Legion verlegte er in die cisalpinische Provinz zum Schutz der dortigen römischen Kolonien. Er selbst zog noch einmal zu den Eburonen, um ihr Land zwischen Rhein und Maas zu verwüsten und dem verhaßten Ambiorix auch den letzten Rückhalt zu nehmen. Dann entsandte er einige seiner Legaten zur Eindämmung lokaler Widerstände zu den Treverern, zu den Völkern an der Loiremündung, in die Bretagne und Normandie.

Entgegen Caesars Erwartungen sammelte sich aber noch einmal eine gallische Streitmacht aus verschiedenen Stämmen im Süden an der Dordogne. Ein gefährliches Unternehmen, weil die Gallier den Einfall in Roms narbonensische Provinz planten. Und wieder, im heißen Hochsommer des Jahres 51, marschierten Caesars Legionen quer durch Gallien nach Süden. Die rebellischen Truppen verschanzten sich in der durch ihre Naturlage uneinnehmbaren Hügelfestung Uxellodunum (Puy d'Issolu bei der Dordogne). Nachdem die römischen Pioniere die Wasserversorgung der Eingeschlossenen abgeschnitten hatten (sie hatten einen unterirdischen Stollen bis zur Quelle vorgetrieben und die Wasserader umgeleitet), kapitulierten die Aufständischen.

Um allen Galliern ein »abschreckendes Beispiel« zu liefern, verfügte Caesar eine barbarische Bestrafung der Rebellen. Er ließ »allen Waffenträgern die Hände abhacken und schenkte ihnen dann das Leben«. Zu dieser Maßnahme bemerkt Aulus Hirtius, der die letzten Ereignisse im achten Buch des *Bellum Gallicum* schildert: »Caesar wußte, daß seine Milde allgemein bekannt war, und er brauchte nicht zu fürchten, aus einer angeborenen Grausamkeit der Natur einmal zu hart verfahren zu sein.«

So herrschte schließlich Ruhe in Gallien. Caesar bereiste noch Aquitanien, um die ihm unbekannten Völker im Südwesten kennenzulernen. Er hielt sich einige Tage in der Narbonensis auf und zog dann nach Norden, wo er im Hauptquartier in Arras bei den Atebraten den Winter verbrachte. Auch der Atebratenfürst Commius, einst loyaler Verbündeter, dann einer der führenden Widerständler, unterwarf sich gegen Jahresende, allerdings unter ehrenhaften Bedingungen und gegen Zusicherung seines Lebens.

Nicht mehr Caesar berichtete die Vorgänge nach Alesia, sondern sein Vertrauter und Kanzleichef der letzten Jahre, der genannte Aulus Hirtius. Zwei Tatsachen geben der gerafften, im Jahre 50 abbrechenden und schon auf den kommenden Bürgerkrieg verweisenden Darstellung des Hirtius besonderes Gewicht. Einmal forderte Caesar seinen Truppen, Legaten und sich selbst im Jahre 51 einen Einsatz ab, dessen physische Strapazen kaum noch überbietbar waren. Durch die verblüffende Präsenz der Legionen nach mörderischen Eilmärschen erst im Süden und dann im Norden und zum anderen »durch berechnete Abwechslung zwischen milder Nachsicht und grausamsten Strafgerichten« brach Caesar die letzten Widerstände in Gallien.

Um jeden Preis wollte er das Land bis zum Jahresende 51 »befrieden«. »Kein Krieg sollte in seinem Rücken zurückbleiben, wenn er das Heer aus Gallien wegführte.« In Rom hatte sich die politische Situation bedrohlich zugespitzt. Unentwegt betrieben die Gegner Caesars seine Ablösung, seinen Sturz. Der eifernde Cato erklärte zum wiederholten Male, er werde »Caesar anklagen, sobald er sein Heer entlassen habe«. Caesar begann sich auf die zu erwartenden Auseinandersetzungen vorzubereiten. Und sicherlich bezog er schon jetzt seine Legionen als Machtmittel in seine Überlegungen ein. Deshalb waren die Ruhe in Gallien und die ungehinderte Verfügbarkeit seiner auf ihn eingeschworenen Soldaten ein entscheidendes Element seiner Planung.

Aus aktuellem politischen Anlaß veröffentlichte Caesar im Frühjahr 51 seine sieben Bücher des Gallischen Krieges, abschließend mit dem Triumph von Alesia und dem ihm gewährten Dankfest. Es ist anzunehmen, daß er mit der Publikation des Rechenschaftsberichts beabsichtigte, seinem damaligen Antrag auf Verlängerung des Proconsulats bis zur Übernahme des erstrebten zweiten Consulats für das Jahr 48 »den gebührenden propagandistischen Hintergrund und damit politischen Nachdruck zu verleihen«.

Ohne Zweifel »sollte die römische Öffentlichkeit aus den Commentarien lernen«, die Vorgänge in Gallien »mit den Augen Caesars anzusehen, die Motive seines Handelns anzuerkennen und sein politisches Wollen zu billigen«.

Man wird Caesar zubilligen müssen, daß er seine und seiner Legionen Kriegstaten gebührend herausstellte, daß er Fehlschläge und Niederlagen wie die von Gergovia nach eigener Erkenntnis wertete, daß er die ja meist geschätzten Zahlen der Gegner eher in Übertreibung festhielt (um der feindlichen Bedrohung und der Leistung der eigenen Truppen Nachdruck zu verleihen). Nur steht zur Frage, ob das den Commentarien mitgegebene Eigeninteresse Caesars oder sein anfängliches Bemühen um Rechtfertigung die geschichtliche Wahrheit tendenziös verzerren.

Die Frage nach der historischen Glaubwürdigkeit der Commentarien gehört zu den umstrittensten Kapiteln der Caesar-Forschung. Schon der jüngere zeitgenössische Autor Asinius Pollio glaubte, Caesars Commentarien »seien zu ungenau und mit zu wenig Achtung vor der Wahrheit verfaßt«, wie Sueton überliefert. Allerdings steckt in Caesars *Bellum Gallicum* mehr historische Stimmigkeit, als jene Historiker wahrhaben wollen, die den Commentarien eine durchgreifende bewußte »Deformation« unterstellen oder sie »voll von Verschleierungen und argen Entstellungen« sehen. Als triftiger erweist sich die nachweisbare Feststellung, daß »allein schon die im Grunde sehr gemäßigte Kritik von Asinius Pollio und vor allem ein unvoreingenommenes Studium« der Commentarien »den Vorwurf einer totalen, unobjektiven Verfärbung der Geschehnisse nicht zulassen«.

Zwei Gründe erhärten die generelle Glaubwürdigkeit. Erstens hätte sich Caesar angesichts seiner schwierigen Situation »arge Entstellungen« nicht erlauben können. Es gab genug Augenzeugen der Ereignisse in Gallien, die ebenfalls nach Rom berichteten oder die Caesars Berichte in Rom argwöhnisch prüften und, falls angebracht, den Berichterstatter der Fälschung bezichtigt hätten. Zweitens kann von »Verschleierungen« keine Rede sein, wenn Caesar in »teilweise ungeheuerlicher Offenherzigkeit« von ihm verantwortete Gewaltakte und Brutalitäten bis hin zur Ausrottung einzelner gallischer Stämme aufzeichnete. Ein entschlossener Fälscher hätte das anders gemacht, subtiler, zurückhaltender. Aber er selbst lieferte die Argumente, die sich in den Händen seiner Gegner als Waffen gegen ihn richten ließen. So wurde Caesars eigener Bericht über sein Vorgehen gegen die Usipeter und Tencterer die Grundlage für Catos Anklage im Herbst 55.

Wie üblich legte Caesar jährlich dem römischen Senat einen Feldzugsbericht vor. Sicherlich griff er auf seine Berichte zurück, als er wahrscheinlich im Winter 52/51 sein *Bellum Gallicum* verfaßte. Unter dieser Voraussetzung sprechen die überzeugenderen Argumente für die zusammenfassende und einheitliche Niederschrift, nicht für die Annahme, Caesar habe die sieben Bücher jahrweise verfaßt und publiziert. Die Wahrscheinlichkeit einer einheitlichen Abfassung stützt sich auf den durchgängigen Gestaltungswillen des Autors, auf motivische und formale Zusammenhänge, die mit wenigen Ausnahmen das gesamte Werk durchziehen. Schon der erste Abschnitt »setzt das Ganze voraus und sollte hinreichen, die These, daß die Bücher jahrweise oder in kleineren Gruppen publiziert seien, zu widerlegen«.

*Gallia est omnis divisa in partes tres* . . . Wer kennt nicht den Anfang dieses wohl meistübersetzten Textes der Weltliteratur? Aber seine im Grunde unübersetzbare sprachliche Dichte und thematische Konzentriertheit erschweren die Einübung des Lateinanfängers. Ein Kenner bemerkte, die Stelle sei »vorzüglich geeignet, um einem Quartaner das Latein zu verleiden«. Schon die ersten Sätze spannen einen weiten Bogen, geben ein Konzentrat des Kommenden, auch im Hinblick auf die Germanen und die Rheingrenze, ein in den späteren Büchern stetig wiederkehrendes Grundmotiv. Die scheinbare Simplizität gerade des Anfangs ist Ausdruck einer artifiziellen Formgebung, der ein »Wunderwerk von Präzision, scheinbar läßlicher Assoziation und geheimer Psychagogie« gelang.

In der Wertung des *Bellum Gallicum* als Meisterstück der lateinischen Sprache besteht weithin Einmütigkeit. Schon die Zeitgenossen lobten Caesars »Befähigung zum Schreiben und die *summa elegantia*, die höchste Eleganz«, womit die sichere Wahl der richtigen, klaren und einfachen Worte gemeint war. Cicero rühmte an Caesars Schreibweise die »ungekünstelte und lichtvolle Kürze«. Es gebe »in der Geschichtsschreibung nichts Lieblicheres«. Unübertroffen sein Urteil über Caesars Stileigenheit als »nüchtern, zutreffend und anmutig« *(nudi enim sunt, recti et venusti)*.

Zumal Ciceros Bestimmung deutet auf die dem Schriftsteller

Caesar eigene Spannung zwischen purer Faktenschilderung und scheinbar müheloser Kunstform. Mit seinen Commentarien hat Caesar den historischen *commentarius*, der ja ursprünglich Materialsammlung und Vorform war, »weiter entwickelt« und »zu einer selbständigen abschließenden literarischen Gattung« erhoben. So entstand eine eigenmächtige Historiographie, die ihrem Autor vollkommen entsprach, auch der prägenden Kraft des Handelnden, durchaus subjektiv in der unbeirrbaren Selbstbezogenheit. Die Commentarien lassen mit unverhohlener Deutlichkeit erkennen, daß für Caesar das eigene politische Wollen mit dem für Gallien »Wünschbaren« völlig identisch war und insofern ein moralischer Konflikt außer Betracht blieb.

Was war nach acht Jahren Gallienkrieg erreicht? Was konnte der siegreiche Feldherr vorweisen, als er im Winter 51/50 in seinem Hauptquartier Nemetocenna (Arras) das eroberte Land endgültig zur römischen Provinz erklärte? Er hatte rund dreißig Schlachten geschlagen und über achthundert Ortschaften erobert. Von drei Millionen waffenfähigen Galliern war ein Drittel gefangen, davon die meisten versklavt, ein weiteres Drittel war in den Kämpfen gefallen. Die von Plutarch überlieferten Zahlenangaben ergänzt Plinius, der nach Caesars eigener Schätzung 1 192 000 Getötete nennt. Weite Gebiete des Landes waren ausgeplündert und verwüstet. Der Erschöpfung Galliens und seiner Bewohner war zuzuschreiben, daß kein weiterer Aufstand zu Caesars Lebzeiten stattfand. Auch die Zeit der schweren Bürgerkriegskämpfe im Mittelmeerraum vermochten die geschwächten gallischen Völker nicht zu nutzen.

Caesar legte dem Land einen jährlichen Tribut in Höhe von vierzig Millionen Sesterzen auf, eine erstaunlich gemäßigte Forderung, die wohl dem Zustand Galliens entsprach. Aber man täusche sich nicht. Die Reichtümer, die durch Beute, Verkauf von Sklaven, Requisitionen und Ausraubungen keltischer Heiligtümer vor allem dem Feldherrn zugute kamen, müssen ungeheuer gewesen sein.

Die Abdeckung aller im Laufe der Jahre angewachsenen Schulden Caesars war noch das Geringste. Mit der ihm eigenen Freigebigkeit belohnte er seine Soldaten und Offiziere, vergalt er jeden Dienst oder gewährte Vertrauensleuten und Senatoren üppige Darlehen und Geldgeschenke. Die jeden der Zeitgenossen übertreffende Freigebigkeit entsprach durchaus dem Charakter Caesars. Aber natürlich diente seine Großzügigkeit auch einer massiven politischen Einflußnahme; sie zielte darauf, die Anhänglichkeit der Truppe und seine Popularität in Rom zu fördern.

Aus seinem in Gallien erbeuteten Vermögen finanzierte Caesar Bauwerke »in den wichtigsten Städten Italiens, Galliens und Spaniens, auch in Griechenland und Kleinasien«. Allein für den Bau der neuen Markthalle auf dem Forum, der Basilica Aemilia, stiftete er fünfzehnhundert Talente, was etwa dem genannten gallischen Jahrestribut gleichkam. Für ein anderes, noch unfertiges Bauwerk, die große Basilica Julia auf dem Forum, stiftete Caesar aus Beutegeldern hundert Millionen Sesterzen. Ein bemerkenswerter Hinweis verdeutlicht, wie groß die Menge an Gold gewesen sein muß, die vorwiegend aus den Schätzen keltischer Heiligtümer nach Italien gelangte. Als Folge dieses Zustroms sank in Rom der Kurswert des Goldes um dreißig Prozent.

Die Eroberung Galliens brachte Caesar einen außerordentlichen Prestigegewinn, der ihn ebenbürtig neben Pompeius, den Eroberer des Ostens, stellte. Seine Kriegstaten und Erfolge begründeten seinen Anspruch auf eine Rechtshoheit des Siegers, die er fortan als unablösbar von seiner Person betrachtete. Er hatte Gebiete erobert und Völker unterworfen, die man vordem noch nicht einmal dem Namen nach kannte, und die Grenzen des römischen Imperiums bis zum nördlichen Ozean vorgeschoben. Durch Caesar gewann Rom ein neues Land, zweimal so groß wie Italien, fruchtbar und entwicklungsfähig.

Noch nicht abzuschätzen waren die politischen und völkisch-kulturellen Folgen. Mit der Eroberung Galliens setzte ein Prozeß ein, der das Gefüge Westeuropas bis in unsere Gegenwart bestimmte. War das Römische Reich bisher stärker nach Osten ausgerichtet, machtpolitisch, wirtschaftlich und auch kulturell durch den Einfluß Griechenlands und Kleinasiens, so begann nun ein westliches Gegengewicht zu wirken. Als noch folgenschwerer erwies sich für Gallien die rigorose Zurückdrängung der Germanen über den Rhein. Caesars Grenzziehung und seine Eroberung leiteten in Gallien die bald rasch fortschreitende Romanisierung ein, ohne die die europäische Kultur möglicherweise eine andere Entwicklung genommen hätte.

Aber stellen wir noch einmal die Frage des Anfangs. Was legitimierte Caesar zu seinem Vorgehen in Gallien? Wir sind empfindlich geworden gegenüber Eingriffen, die aus angemaßter Machtvollkommenheit des Stärkeren Völkern oder Volksgruppen einen fremden Willen aufzwingen. Sprach nicht Caesar selbst von der »natürlichen Freiheitsliebe« der Betroffenen? Nach welchem moralischen oder rechtlichen Auftrag handelte er, als er mit seinen Legionen durch das Land zog, um die freien Gallier Rom hörig zu machen?

Es wäre unstatthaft, neuzeitliche Denkkategorien abstrakt auf Vorgänge vor zweitausend Jahren anzuwenden. Geschichtliche Ereignisse haben ihre unwiederholbare Eigenart, abhängig von zeitgebundenen Umständen. Aber dies ist nicht nur eine moderne Fragestellung. Wie wir gesehen haben, lag dem staatspolitischen Denken Roms das Legalitätsprinzip zugrunde. Dem war auch Caesar unterworfen, und seine Gegner im Senat versuchten immer wieder, ihm Verletzungen dieses Prinzips nachzuweisen. Die moderne Forschung ist im Grunde nicht viel weiter als Caesars skeptische Zeitgenossen.

Die Frage, »ob Caesar einen vorsätzlichen imperialistischen Krieg geführt habe oder sein Vorgehen eher zufällig und defensiv gewesen sei, kann in dieser alternativen Form nicht beantwortet werden«. Gute Gründe sprechen dafür, wie wir sahen, daß die Unterwerfung Galliens nicht von langer Hand vorgeplant war und im ersten Ansatz die überraschenden Vorgänge bei den Helvetiern zu Schutzmaßnahmen führten. Allerdings verliert dieser durchaus defensive Einstieg an Bedeutung angesichts der rapiden Eskalation des Gallischen Krieges, der allein vom unbedingten und unbekümmerten Herrschaftsanspruch Caesars getragen war.

Die Commentarien lassen erkennen, daß Caesar sein Vorgehen zunächst mehr aus seiner Verpflichtung zum Schutz der bedrohten Bundesgenossen rechtfertigt. Dann aber, schon gegenüber Ariovist, bekundet er mit zunehmender Offenheit, was ihm als eigentlicher Beweggrund selbstverständlich war, das ungeteilte Herrschaftsrecht Roms. Begreifbar wird dieser hohe imperiale Herrschaftsanspruch nur aus einem geschichtlich-politischen Selbstverständnis der Römer, dem das immer noch wirksame altrömische »Sendungsbewußtsein« zugrunde lag. Nirgendwo findet das Gemeinte deutlichere Worte als im großen mythischen Gründungs- und Nationalepos der Römer, in der *Aeneis*, wenn

Vergil im sechsten Buch schreibt: »Du bist ein Römer, dies sei dein Beruf: die Welt regiere, denn du bist ihr Herr, dem Frieden gib Gesittung und Gesetze, begnad'ge, die sich dir gehorsam fügen, und brich in Kriegen der Rebellen Trutz.«

Wahrscheinlich war Caesar von seinem moralischen Recht, von der Rechtmäßigkeit seines Vorgehens in Gallien vollkommen überzeugt. Sofern er im Namen und zur Ehre Roms handelte und eroberte, fand auch Rom keinen Anlaß zu moralischen Bedenken, wie schon die vergebliche Anklage Catos im Jahre 55 zeigte. Rom feierte den Eroberer Galliens. Das umstürzend Neue und erst später – zu spät – von seinen Zeitgenossen Erkannte war, daß Caesar den Herrschaftsanspruch Roms bedenkenlos auf sich selbst bezog.

Dies ist ein bemerkenswerter psychologischer Vorgang, der natürlich nicht genau datierbar ist, sondern nur über die jahrelange Entwicklung Caesars während des Gallischen Krieges verständlich wird. In Gallien war Caesar Rom und war Rom Caesar. Diese Gleichsetzung spricht aus der Mischung von Sendungsbewußtsein und persönlichem Stolz, die deutlich greifbar hinter den nüchternen Zeilen seiner Commentarien steht.

Mit Sicherheit hat Caesar zunächst in Gallien eine Art persönliches Bewährungsfeld gesehen, eine einzigartige Möglichkeit, seinem Namen Glanz und seinem politischen Anspruch Nachdruck zu verleihen. Im Verlauf des Krieges aber tritt das persönliche Motiv scheinbar immer weiter in den Hintergrund, scheinbar, weil in der Identifikation Caesars mit Rom und seiner geschichtlichen Mission natürlich im Grunde ein ins Maßlose gesteigertes Ichgefühl liegt. Fortan verkörperte Caesar für sich Rom, und es war nur logisch, daß sich diese ideelle Gewißheit auch gegen die herrschenden Kreise in Rom selbst richten konnte.

Wenn man es so ausdrücken will, ist diese Entwicklung, dieser wahrhaft grandiose Anspruch, allein die römischen Interessen verwirklichen zu können, ein Rubikon seines Bewußtseins, den Caesar überschritt, lange bevor er an den geographischen gelangte.

# Sechster Teil

# Herausforderung zum Bürgerkrieg

# 34 Terror in Rom

Seit dem Herbst 51 konnte sich Caesar wieder mit ganzer Kraft der römischen Politik zuwenden. Mit der Eroberung Galliens und seinen ihm ergebenen zehn Legionen hatte er sich ein unvergleichliches Machtpotential geschaffen. Keiner seiner Vorgänger im purpurnen Feldherrnmantel hatte jemals über eine derartige militärische und wirtschaftliche Stärke verfügt.

Andererseits hatten ihn die letzten Jahre, der große gallische Aufstand und die abschließenden Kämpfe und Einsätze von Rom und der römischen Politik ferngehalten. Je mehr ihn Gallien beanspruchte, um so weniger konnte er verhindern, daß seine Position in Rom geschwächt wurde, ja daß seine Gegner im optimatischen Senat beschleunigt auf das Ende seiner politischen Karriere hinarbeiteten.

Auf den ersten Blick scheint die Situation paradox zu sein, denn Caesars »große Taten [hatten] seinen Ruhm vermehrt«, und ihm wurden »zahlreichere und längere Dankfeste zugesprochen als irgend jemand zuvor«. Aber offensichtlich bewegte selbst neutrale Senatoren die Furcht vor dem erschreckenden Machtzuwachs Caesars und dem, was daraus folgen könnte. Den rastlos tätigen Gegnern fiel es nicht schwer, Belastendes zusammenzutragen, Caesars Mißachtung der Senatsrechte, der staatlichen und sakralen Gesetze während seines Consulats.

Entscheidend war die Haltung des Pompeius, der zunächst noch zögerte oder undurchsichtig lavierte, schwankend zwischen den Optimaten und Caesar, dem immer noch Verbündeten, dem er im Jahre 55 die Verlängerung des Proconsulats um fünf Jahre verschafft hatte, den er aber zunehmend als seinen gefährlichsten Rivalen begriff.

Ein Ereignis, das Pompeius und Caesar persönlich betraf, leitete eine Entwicklung ein, die unaufhaltsam zum totalen Bruch und schließlich zum offenen Kampf führte. Im August 54 starb Julia, Caesars Tochter und des Pompeius Gattin, neunundzwanzigjährig im Wochenbett. Pompeius wollte die Verstorbene auf sein Landgut in den Albanerbergen überführen. Aber das Volk erzwang die ehrenvolle Verbrennung auf dem Marsfeld und die Beisetzung dort. Der spontan zustande gekommene feierliche Akt sollte nicht nur die Tote ehren, sondern auch den Vater, der um diese Zeit seinen zweiten Britannienfeldzug beendete.

Die kluge, ausgleichende Vermittlung der jungen Frau, getragen von der herzlichen Zuneigung des Vaters wie des Gemahls, hatte das in Luca erneuerte Bündnis der beiden Triumvirn abgesichert. Julias Tod entließ Pompeius aus der familiären Bindung, und schon bald zeigte sich, daß nun auch das ihm zunehmend lästige Bündnis mit dem fernen Caesar immer brüchiger wurde.

Pompeius verfolgte eigene ehrgeizige Pläne, die ihn dem optimatischen Senat und den Gegnern Caesars näherbrachten. Sein Proconsulat in Spanien verwalteten seine Legaten. Unter dem Vorwand, als gewählter Curator für die gesamte Getreidebeschaffung sorgen zu müssen, blieb er in der Nähe Roms, allerdings außerhalb der sakralen Stadtgrenze, denn bekanntlich durfte kein mit einem Imperium ausgestatteter Mandatsträger die Stadtgrenze überschreiten. In Wirklichkeit bezog Pompeius eine Wartestellung, spekulierte er auf den Ruf des Senats, denn wieder einmal herrschte in Rom die Anarchie, machte politischer Terror die Straßen unsicher. Morde, Einschüchterungen und horrende Wahlbestechungen waren an der Tagesordnung.

Im Jahre 53 blieb Rom monatelang ohne gewählte Regierung. »Bald ungünstige Auspizien, bald die Tribunen, jetzt neben den plebejischen Aedilen die einzigen regulären Beamten, hinderten die Vornahme der Wahlen.« Die Staatsgeschäfte, Rechtsprechung, Wirtschaft und Versorgung der Bevölkerung waren gelähmt. Einige Tribune riefen nach einem starken Mann und schlugen Pompeius als Dictator vor. Doch die Senatoren, vor allem Cato, einer der wenigen integren Männer in diesen chaotischen Tagen, widersprachen, und Pompeius winkte ab. Er wollte nicht ohne Ermächtigung des Senats eingreifen. Nichts änderte sich, auch nicht, als im Juni die Nachricht von der vernichtenden Niederlage des gegen die Parther geführten römischen Heeres nach Rom gelangte. Der Feldherr Crassus, der dritte im Triumvirat, war in dieser Schlacht umgekommen.

Im Juli endlich wurden die Consuln gewählt. Aber es gelang ihnen nicht, die Ordnung in Rom wiederherzustellen. Im Spätsommer verschärften sich die gewalttätigen Auseinandersetzungen, nun im Zusammenhang mit den Kandidaturen für die nächstjährigen Magistrate. Zwei tödlich verfeindete Männer, die schon vor vier Jahren bewaffnete Banden gegeneinander geführt hatten, trieben den Terror auf die Spitze. Der eine war Titus Annius Milo, »Günstling der Optimaten, ein brutaler und lasterhafter Mensch, der Fausta, die liederliche Tochter Sullas, geheiratet hatte«. Der andere, der nicht weniger berüchtigte und seit dem Bona-Dea-Skandal bekannte Clodius, vertrat populare Forderungen und stand in der Gunst der Plebejer. Die Rückendeckung durch die politischen Parteiungen gab dem Ehrgeiz der beiden Auftrieb.

Milo bewarb sich um das Consulat (für 52), Clodius um die Praetur. Mit Gewalt suchte jeder der beiden die Wahl des anderen zu verhindern. Ihre bewaffneten Banden kämpften in den Straßen Roms. Fast wäre der in einen der Kämpfe auf der Via Sacra geratene Cicero erschlagen worden. Wiederum machten die blutigen Umtriebe die Wahlen umöglich. In Rom herrschte die Anarchie. Dann leitete ein zufälliges Ereignis am 18. Januar 52 eine dramatische Wende ein.

Am Nachmittag dieses Tages stießen Milo und Clodius auf der Via Appia aufeinander, beide mit Gefolge. In dem Handgemenge wurde Clodius verwundet und in eine nahe gelegene Schenke gebracht. Darauf befahl Milo, den wehrlosen Gegner zu töten. Die Leiche wurde nach Rom getragen, und das durch die Mordtat erregte Volk strömte auf dem Forum zusammen. Man trug die Leiche des Clodius in die Curie und verbrannte sie dort samt den Bänken, Tischen und allem brennbaren Inventar. Die Curie ging in Flammen auf.

Als nun auch der letzte Rest staatlicher Ordnung in den Flammen zu versinken drohte, erklärte der Senat den Notstand und erteilte Pompeius außerordentliche Vollmachten einschließlich der Befugnis, Truppen zum Schutze Roms auszuheben. Um die erneut geforderte Dictatur zu vermeiden, stellte der konservative Bibulus den Antrag, Pompeius zum alleinigen Consul *(sine collega)* zu wählen. Cato unterstützte den Antrag, und Pompeius erreichte das Ziel seiner Wünsche, sein drittes Consulat in der Form einer ungewöhnlichen Alleinherrschaft.

Als Consul stellte er die Ordnung wieder her. Milo wurde verurteilt. Gestützt von der Senatsnobilität und ihr willfährig, rückte Pompeius zwangsläufig in das Lager der Caesargegner. Das entsprach aber zugleich seinen persönlichen Absichten.

Caesar hielt sich im Januar bis Anfang Februar 52 (vor seinem Kampf gegen Vercingetorix) in Ravenna auf. Die Entwicklung in Rom beunruhigte ihn. Er verhandelte mit Pompeius, denn ihr Bündnis bestand formal ja noch, und Pompeius scheute aus Vorsicht den offenen Bruch.

Auf Caesars Beunruhigung deutet sein ziemlich linkischer Versuch, erneut eine verwandtschaftliche Beziehung zu knüpfen. Er bot Pompeius zur Heirat seine Großnichte Octavia an, die Schwester des späteren Kaisers Augustus, obwohl sie mit Gaius Claudius Marcellus vermählt war. Caesar selbst, obwohl noch mit Calpurnia verheiratet, warb um die ebenfalls bereits verehelichte Tochter des Pompeius. Der Vorschlag fand kein Gehör. Pompeius heiratete die attraktive und kluge Cornelia, die Witwe des bei Carrhae mit seinem Vater gefallenen jungen Publius Crassus und Tochter des Quintus Metellus Scipio, eines fanatischen Caesargegners. Weniger die Heirat als die Tatsache, daß Pompeius seinen als korrupt bekannten Schwiegervater im August zu seinem Mitconsul wählen ließ, mußte Caesar aufhorchen lassen.

Noch in Ravenna aber erhielt Caesar von Pompeius eine Zusage, die ihm Sicherheit versprach und ihn beruhigt nach Gallien ziehen ließ. Pompeius wollte durch ein Plebiszit erwirken, daß Caesar in Abwesenheit für das Consulat von 48 kandidieren könne, wobei die Verlängerung seines Proconsulats bis Ende 49 vorausgesetzt war. Cicero, der Caesar in Ravenna besuchte, versprach seine Unterstützung. Pompeius erfüllte sein Versprechen. Mit Hilfe der zehn Volkstribunen kam das Gesetz zustande, gegen den Widerspruch Catos.

Trotzdem blieben Pompeius' Absichten undurchsichtig. Denn andererseits brachte er als Consul einige Gesetze ein, »welche eine Rechtsgrundlage zur Beseitigung Caesars schufen«. Demnach sollten Consuln in Zukunft erst nach fünf Jahren, nicht unmittelbar nach ihrem Consulat eine Provinz übernehmen können. In der Praxis hieß das: Ein Nachfolger zur Ablösung Caesars am regulären Ende seines Proconsulats stand schon bereit. Ein anderes Ämtergesetz verlangte ausdrücklich die persönliche Anwesenheit eines Consulatbewerbers in Rom. Das widersprach dem versprochenen Plebiszit für Caesars Consulatsbewerbung. Die Vorwürfe der Caesaranhänger wehrte Pompeius entrüstet ab. Aber eine nun von ihm veranlaßte Hinzufügung bliebe rechtlich wirkungslos.

Es ist umstritten, ob Pompeius Caesar bewußt eine Falle stellte oder in Unkenntnis der Tragweite seiner Gesetzesvorlagen zum Handlanger der Senatsnobilität wurde. Auf jeden Fall stärkten seine Gesetzgebung und sein sonstiges Verhalten die Gegner Caesars und untergruben dessen rechtliche Position. »... er redet gern anders, als er denkt, aber ohne so viel Geist zu besitzen, daß nicht seines Herzens Wünsche zum Vorschein kämen.« So urteilte ein Volkstribun des Jahres 52 in einem Brief an Cicero über Pompeius.

Erstaunlich ist eine drei Jahre später in einer Rückschau zusammengefaßte Beurteilung durch Cicero: »Nichts hat unser Pompeius vernünftig angefaßt, nichts entschlossen, und ich füge hinzu: alles gegen meinen maßgeblichen Rat. Ich will nicht von jenen überholten Dingen reden, daß er jenen [Caesar] hat in den Staat hineinwachsen lassen, ihn gefördert und ihm Waffen in die Hand geliefert hat, indem er einstand für die gewaltsam gegen die Auspizien einzubringenden Gesetze, ihm das jenseitige Gallien verschaffte, sein Schwiegersohn wurde, Clodius' Adoption als Augur sanktionierte, eifriger um meine Rückberufung als um die Verhütung meiner Verbannung bemüht war, ihm [Caesar] die Statthalterschaft verlängerte, ihn während seiner Abwesenheit auf jede Weise unterstützte, ja, sich in seinem dritten Consulat, als er sich schon als Schützer des Staates gebärdete, sogar dafür einsetzte, daß die zehn Volkstribunen das bekannte Gesetz einbrachten, das ihm die Bewerbung um das Consulat in Abwesenheit gestattete ...«

Ciceros Zusammenfassung trifft genau zu, soweit sie Pompeius angeht. Nur sparte er bei den »überholten Dingen« seinen eigenen Anteil aus. Hatte nicht Cicero selbst die Verlängerung von Caesars Statthalterschaft im Jahre 55 gefordert, Caesars Erfolge in Gallien gepriesen und zuletzt das Plebiszit zugunsten Caesars unterstützt?

Was sich im Jahre 52 durch die Arglist oder die Kurzsichtigkeit des Pompeius gegen Caesar zusammenbraute, zeigte im nächsten Jahr schon schärfere Konturen. Man muß nichts erfinden, nichts hinzufügen, nichts in die Vorgänge hineininterpretieren, um der Dramatik der kommenden Ereignisse Nachdruck zu verleihen. Die Tatsachen sprechen für sich.

Im Frühjahr 51 stellte Caesar offiziell seinen Antrag auf Verlängerung der Statthalterschaft. Gleichzeitig publizierte er seine sieben Bücher des Gallischen Krieges. Unter Berufung auf den Sieg von Alesia erklärte im April der amtierende Consul Marcus Claudius Marcellus, ein rechtschaffener Optimat wie Cato, der Gallienkrieg sei zu Ende, das siegreiche Heer habe Anspruch auf Entlassung, und Caesar müsse abgelöst werden. Das war verfrüht und eindeutig politisch motiviert, denn zur gleichen Zeit kämpfte Caesar gegen die Bellovaker. Ein Beschluß kam nicht zustande. Weiterhin beantragte der Consul, das von Caesar den Kolonisten von Novum Comum (Como) gewährte römische Bürgerrecht für ungesetzlich zu erklären. Dieser Angriff auf die proconsularische Autorität Caesars wurde noch verschärft, indem man einen Ratsherrn aus Novum Comum unter irgendeinem rechtlichen Vorwand mit Ruten peitschen ließ.

Pompeius war an dieser Provokation Caesars unbeteiligt. Doch im September gab auch er seine abwartende Haltung auf und schlug sich eindeutig auf die Seite der Senatsnobilität. Zunächst beantragte sein Schwiegervater Scipio, der Senat möge am 1. März 50 über die gallischen Provinzen verhandeln. Pompeius deckte das Votum. Offenbar berief er sich auf das von ihm und Crassus im Jahre 55 eingebrachte Consulargesetz, das eine Beratungssperre über Caesars Provinzen bis zum 1. März 50 vorsah. In der entscheidenden Senatssitzung am 29. September 51 wurde der Termin festgelegt. Und zugleich sollte über Caesars Heer beraten werden.

Die offene Zustimmung des Pompeius war wichtig, weil er für den militärischen Schutz der Senatsautorität einstand. Auf die Frage, was geschehe, wenn Caesar sich auch als Consul weigere, sein Heer aufzulösen, antwortete er ausweichend mit der Gegenfrage: »Was, wenn mein Sohn mit dem Stock auf mich einschlägt?« Aber glaubte er wirklich, Caesar würde sich mit der Entscheidung des Senats zufriedengeben?

Jeder wußte, daß der Beschluß auf die Entmachtung, ja auf den Sturz Caesars zielte. Die gesetzliche zehnjährige Frist zwischen zwei Consulatsjahren hätte ihm den Amtsantritt eines zweiten Consulats erst Anfang 48 erlaubt. Bis zum Amtsbeginn wäre ihm ohne Verlängerung seiner Statthalterschaft über den 1. März 50 hinaus der gesetzliche Schutz entzogen gewesen. Seine Gegner, zumal Cato, wie er wiederholt versicherte, hätten ihn angeklagt, mit Hilfe der bekannten Argumente mit großer Aussicht auf Erfolg. Die Verlängerung des Proconsulats entschied eindeutig über Caesars politisches und persönliches Schicksal.

Er konnte sich auf das im Vorjahr von Pompeius zugesagte und von den zehn Tribunen eingebrachte Gesetz zu seiner Consulatsbewerbung berufen. Damit wäre er als Proconsul bis zum Betreten Roms unangreifbar gewesen. Der Senat hingegen hielt das Plebiszit für unwirksam und überholt durch die genannten Folgegesetze des Pompeius. Die rechtliche Situation war unklar.

Jetzt, im Spätherbst 51, nach dem endgültigen Abschluß des Gallischen Krieges, wurde Caesar zur Gewißheit, daß ein Machtkampf mit dem optimatischen Senat und Pompeius unausbleiblich war. Er setzte alles daran, seine militärische Stärke zu erhalten und auszubauen. Wohl um diese Zeit verdoppelte er den Sold seiner Legionäre. Große Geldsummen flossen den Vertrauensleuten und Anhängern in Rom zu. Vermehrt finanzierte er die Errichtung neuer Bauwerke, erwies er sich in jeder Weise freigebig und für verschuldete Bittsteller zugänglich.

Von den neuen Consuln des Jahres 50 stand Gaius Claudius Marcellus, obwohl mit Caesars Großnichte vermählt, auf der Seite der Optimaten und des Pompeius. Doch es gelang Caesar, den Mitconsul Lucius Aemilius Paullus für seine Sache zu gewinnen. Ihm ließ er nämlich jene gewaltige Summe von fünfzehnhundert Talenten für den Bau der Basilica Aemilia zukommen, eine kaum verhüllte Bestechung. Er kämpfte mit allen Mitteln darum, sich ein gewisses Maß an Einfluß in Rom zu erhalten.

# 35 Über den Rubikon

Ein einziger Mann hielt während des ganzen Jahres 50 den Senat und Rom in Spannung: Gaius Scribonius Curio. Unter den römischen Patriziersöhnen war er schon früher hervorgetreten durch seine kämpferische Intelligenz, aber auch durch eine verschwenderische, moralisch bedenkenlose Lebensweise – angesichts der herrschenden Zustände ein nicht ungewöhnliches Verhalten eines hochbegabten jungen Adeligen, der im Ruf eines »genialen Taugenichts« stand.

Nach der Ermordung seines Freundes Clodius heiratete er dessen Witwe Fulvia. Doch anders als der politische Amokläufer Clodius verfügte Curio über einen intellektuell geschärften politischen Instinkt, der seinen Ehrgeiz in realistischen Grenzen hielt. Als Volkstribun wandte er sich an Caesar und bot ihm seine Unterstützung an.

Caesar mißtraute ihm zunächst und wies ihn ab, als Curio zum Einstand die Bezahlung seiner horrenden Schulden forderte. Immerhin war der junge Curio bei der Agitation gegen Caesar in dessen Consulatsjahr 59 noch als Wortführer der Optimaten aufgetreten. Als der Abgewiesene nun wiederum zu den Optimaten überzugehen drohte, hielt es Caesar für klüger, Curio zu gewinnen und dessen Forderungen zu erfüllen. Angeblich ließ ihm Caesar zweieinhalb Millionen Denare zukommen. Die Investition zahlte sich aus. Wie kein anderer nutzte Curio seine Rechte als Volkstribun, beherrschte er geradezu den Senat und wurde obendrein vom Volk »gefeiert und bekränzt«.

Am 1. März 50, als der Senat über die Provinzen, die den Consuln zugewiesen werden sollten, beriet, hatte Curio seinen großen Auftritt. Der Forderung des Consuls Marcellus auf Ablösung Caesars stimmte der Volkstribun grundsätzlich zu, jedoch unter einer Bedingung. Wie Caesar müsse auch Pompeius auf Provinzen und Heer verzichten. Rechtlich war die Gegenforderung kaum begründbar, denn erst 52 hatte der Senat Pompeius' spanisches Proconsulat um fünf Jahre verlängert. Aber Curio argumentierte klug und nutzte die Furcht der Senatoren vor einem Bürgerkrieg. Außerdem konnte eine Pattsituation zwischen den selbstherrlichen Feldherren die Senatsgewalt nur stärken.

Trotz der Annäherung des Pompeius an die Optimaten war seine Position im Senat keineswegs unumstritten. Nicht nur die Minderheit der Caesarianer, sondern auch gemäßigte oder unentschiedene Senatoren stimmten dem Einspruch zu, und das Volk feierte den Tribun, dessen Forderung einen Weg zur Sicherung des Friedens zu bieten schien.

Natürlich handelte Curio nach Caesars Anweisung. Wie immer die Debatte ausging, Caesar würde der Nutznießer sein. Ein Pompeius ohne Heeresmacht war ihm unterlegen. Lehnten die Pompeianer zusammen mit der optimatischen Fraktion den Vorschlag ab, würde die Volksmeinung sich gegen sie richten. Und bliebe schließlich die Auseinandersetzung ergebnislos, war Caesars Abberufung zunächst verhindert. Die Verhandlungen gingen weiter, kräftig angeheizt durch Hetzreden und Angriffe gegen Curio und Caesar.

Einem Ende April 50 eingebrachten Vorschlag, Caesar möge am 13. November dieses Jahres Provinzen und Heer abgeben, verweigerte Curio die Zustimmung. Das hätte die Entmachtung Caesars bedeutet, wenn auch zu einem späteren Zeitpunkt. Aber ein Erfolg, eine Reduzierung von Caesars Heer um zwei Legionen, gelang Pompeius nun doch. Als erneut ein Partherkrieg drohte, forderte der Senat von Pompeius und Caesar die Abstellung je einer Legion. Pompeius benannte klugerweise seine im Jahre 53 Caesar zur Verfügung gestellte Legion.

Caesar fügte sich, vermutlich zähneknirschend. Er sandte die entliehene Legion und seine in der cisalpinischen Provinz stationierte XV. Legion, vergaß jedoch nicht, jedem Mann ein Geschenk von 250 Denaren mitzugeben, um sich für alle Fälle die Anhänglichkeit seiner Legionäre zu erhalten. Im übrigen glich er die Verluste durch neue Rekrutierungen bald aus, so daß seine Armee am »Ende des Jahres wahrscheinlich stärker als vorher« war.

Um die Monatswende Mai/Juni fiel eine erstaunliche Entscheidung zugunsten Caesars. Zunächst lehnte die Mehrheit des Senats einen Antrag ab, der die Macht der Volkstribunen einschränken sollte. Dann billigte die Majorität die Zulassung Caesars zur Consulatswahl, »ohne daß er Heer und Provinzen abgäbe«. Mit Recht wurde vermutet, daß der »überraschende Stimmungsumschwung des Senats« nicht allein der Redegewandtheit Curios zuzuschreiben sei, sondern auch der Abwesenheit des in

Campanien schwer erkrankten Pompeius. Die Lage spitzte sich im Herbst zu, als der genesene Pompeius im Triumphzug von Neapel nach Rom zurückkehrte und die ohne ihn getroffene Entscheidung schlichtweg ignorierte.

Pompeius bekundete im September 50 mit unverhohlener Schärfe, er werde die Consulwahl nicht zulassen, wenn Caesar nicht zuvor Heer und Provinzen abgebe. Caesar bestand ebenso unerbittlich darauf, daß er nur dann zustimmen könne, wenn beide, Pompeius und er, ihre Armee entließen. Die Schilderung dieser Situation verdanken wir dem vortrefflichen Beobachter Caelius, Aedil in diesem Jahr. In seinem Brief an Cicero vom 24. September 50 schreibt er weiter, die Verbindung zwischen Pompeius und Caesar werde nun nicht mehr in die bisherige »verborgene Rivalität« zurückfallen, sondern steuere in den offenen Krieg. »Stolz und aufgeblasen« habe sich Pompeius in diesen Tagen gegeben, vermerkt Plutarch. Aber Caesars durch Curio wiederholt erhobene Forderung gewann durchaus »einen augenfälligen Schein von Recht und Gerechtigkeit . . . Denn wenn man ihm seine Armee nehme, jenem aber die Macht, die er habe, belasse, so würde man nur durch die Unterdrückung des einen den anderen zum Tyrannen machen.« Auch diese, keineswegs aus der Luft gegriffene Befürchtung beeinflußte die Meinungsbildung der Senatsmehrheit, zumindest bis in den Dezember.

Was tat Caesar, wie reagierte er auf die Ereignisse in Rom? Im September kam er nach Oberitalien, angeblich, um in der Provinz für die Wahl seines jungen intelligenten Quaestors Marcus Antonius zum Augur zu werben. Allerdings war Marcus Antonius zu diesem Zeitpunkt bereits gewählt. Die Bevölkerung seiner cisalpinischen Provinz empfing den Gallienbezwinger mit überschwenglichem Jubel und triumphalen Festen. In den hiesigen Munizipien und Kolonien war ihm die Gefolgschaft sicher. Hier brauchte er kaum seine für das kommende Jahr geplante Consulatsbewerbung anzuempfehlen.

Es war eine »schnelle Reise«, wie Hirtius berichtet, denn bald kehrte Caesar nach Nemetocenna (Arras) in sein Hauptquartier zurück, versammelte er im Trevererland seine gesamte in Gallien stehende Armee – noch acht Legionen – zu einer großen Heerschau. Wohl im November reiste er wiederum nach Oberitalien und bezog in Ravenna an der Südgrenze seiner Provinz sein

Hauptquartier. Er muß sich der Situation bewußt gewesen sein. Die Kraftprobe im Senat konnte jederzeit in eine Kraftprobe im Felde umschlagen. Die Weigerung der beiden Feldherren, ihre Heere zu entlassen, sprach eine deutliche Sprache.

Wie waren die Kräfteverhältnisse?

»Etwa Anfang Juli« hatte Caesar die beiden vom Senat angeforderten Legionen in Marsch gesetzt, die von Pompeius entliehene I. und die cisalpinische XV. Legion. (Sie wurden in Campanien einquartiert und im Dezember Pompeius unterstellt.) Daraufhin habe Caesar, so Hirtius, seine XIII. Legion nach Oberitalien gebracht. Nach der bisherigen Auffassung der Historiker verfügte Caesar Anfang Januar 49, bei der Eröffnung des Bürgerkrieges, in Oberitalien lediglich über diese zunächst in Aquileia stationierte, dann nach Ravenna geholte Legion.

So galt denn auch bisher jene durch Cicero überlieferte Nachricht, wonach Caesar Mitte Oktober 50 »vier Legionen nach Placentia«, dem heutigen Piacenza, verlegte, als unhaltbares Gerücht. Die Begründung, eine »bewaffnete Drohung in Oberitalien« hätte »Caesars Absichten nicht gedient«, lag nahe.

In einer neueren Forschungsarbeit wird aber schlüssig nachgewiesen, daß Ciceros Version »offenbar den Tatsachen entsprach«. Demnach standen in Oberitalien bereits, außer der XIII. Legion in Aquileia, die VIII. und XII. Legion. Außerdem dürfte die Neuaufstellung jener zweiundzwanzig Kohorten, die Hirtius zwar verschweigt, die aber Caesar im *Bellum Civile* nennt und Cicero als »Transpadani« bezeichnet, im Herbst abgeschlossen gewesen sein. Da ein Legionsverband zehn Kohorten umfaßte, wäre tatsächlich denkbar, daß Mitte Oktober vier Legionen in das für eine solche Truppenstärke ausgelegte Heerlager von Placentia einrückten.

Das von der traditionellen Auffassung abweichende neue Forschungsergebnis besitzt auch darum große Wahrscheinlichkeit, weil es eher dem strategischen Denken Caesars entspricht. Der Gallische Krieg war seit dem Vorjahr beendet. Ciceros Briefwechsel im Herbst 50 macht deutlich, daß ein bewaffneter Konflikt zwischen Pompeius und Caesar von weiten Kreisen für möglich gehalten wurde. Hätte Caesar wirklich seine gesamte verfügbare Streitmacht im jenseitigen Gallien in Ruhestellung gelassen und schließlich mit nur einer einzigen Legion in Oberitalien den Bürgerkrieg eröffnet? Das wäre tatsächlich ein für Caesar höchst ungewöhnlicher »krasser Führungsfehler« gewesen.

Wahrscheinlicher und allem, was wir über Caesar wissen, angemessener ist die Schlußfolgerung, nach der er sich auf den Kriegsfall »spätestens seit der zweiten Hälfte des Jahres 50 systematisch vorbereitet hatte«. Diese Vorbereitungen würden letzten Verhandlungen zur Vermeidung des Krieges keineswegs widersprechen.

Anfang Dezember errang Curio einen überraschenden Erfolg. Der Volkstribun wehrte nicht nur einen erneuten Angriff des amtierenden Consuls Marcellus ab, sondern erzwang auch die Abstimmung über seinen seit März umstrittenen Antrag über den gleichzeitigen Verzicht Caesars und Pompeius' auf ihr Kommando. Die überwältigende Senatsmehrheit von 370 gegen 22 Stimmen entschied zugunsten Curios, ein Sieg der Friedenswilligen, durchaus nicht als Parteinahme für Caesar zu werten. Nur nutzte die vollzogene Abstimmung so wenig wie der Jubel der Römer über den Friedensstifter Curio.

Nach erfolglosem Einspruch, wobei er das Gerücht ausstreute, Caesar rücke bereits mit zehn Legionen über die Alpen, handelte der Consul Marcellus eigenmächtig. In Begleitung der für das nächste Jahr gewählten Consuln suchte er Pompeius auf, übertrug ihm die Kommandogewalt zur Rettung des Staates, unterstellte ihm die beiden für den Partherkrieg bei Capua stehenden Legionen und ermächtigte ihn zu Truppenaushebungen. Nach einigem Zögern übernahm Pompeius das Kommando und reiste am 7. Dezember nach Capua. Das war ein klarer Rechtsbruch, aber auch die schärfsten Proteste Curios und der ab 10. Dezember amtierenden Volkstribunen Marcus Antonius und Cassius Longinus blieben fruchtlos. Eine Senatsminderheit diktierte den harten Kurs gegen Caesar.

Es folgte ein hektisches Hin und Her zwischen Rom und Ravenna, ergebnislose Bemühungen um Vermittlung, an denen zuletzt auch Cicero teilhatte. Caesar bot durch seine Vertrauensleute in Rom weitreichende Konzessionen an, zuerst seinen Verzicht auf das jenseitige Gallien und auf acht Legionen, dann auch den Verzicht auf die cisalpinische Provinz. Lediglich Illyricum und eine einzige Legion möge ihm der Senat bis zu seiner Consulswahl belassen.

Es ist außerordentlich schwer zu entscheiden, ob diese Angebote echte Zugeständnisse waren. Viel spricht dafür, daß Caesar vor allem Zeit gewinnen wollte. Sicher hat er versucht, die Situation zu entschärfen, um einem Bürgerkrieg auszuweichen. Er ließ »in der Tat kein Mittel unversucht, sein Ziel ohne Krieg zu erreichen«. Und sein Ziel war zunächst, im Jahre 48 Consul zu werden. Im Vordergrund stand demnach sein Verlangen, für das Consulat 48 in Abwesenheit kandidieren und die Statthalterschaft bis dahin behalten zu dürfen, damit die Amtsimmunität Schutz vor Angriffen und Anklagen bot.

Die von Pompeius im Jahre 52 geschaffene Rechtssituation um Caesars Consulatsbewerbung blieb verwirrend und umstritten. Caesar selbst scheint der vieldiskutierten sogenannten »Rechtsfrage« weniger Bedeutung beigemessen zu haben. Am Anfang seines *Bellum Civile* liegt »der Nachdruck der Argumentation nicht auf der juristischen, sondern auf der ethischen Seite«. Das heißt: »Letzten Endes standen sein Rang, sein Ansehen und seine Ehre, drei Begriffe, die in dem lateinischen Wort *dignitas* zusammengefaßt sind, auf dem Spiel, und Caesar war, wie er sagte, ›seine *dignitas* immer teurer als sein Leben‹. Ehe er sie auslieferte, griff er lieber zu den Waffen.«

Diese *dignitas* umfaßte allerdings die menschliche und politische Existenz, sie berührte Caesars Bild von sich selbst und sein Bild von Rom, jene bemerkenswerte Gleichsetzung also, auf die wir in Caesars Bewußtsein schon früher stießen.

War es nicht eine »ungeheuerliche Zumutung«, wenn der Senat Caesar verwehrte, »was man allen Feldherren immer gegeben hatte«, die Anerkennung seiner einzigartigen Kriegstaten und die Rückkehr nach Rom »ohne Schmach«? Hatte er nicht Gallien für Rom erobert? Obwohl ihm der Senat längere Dankfeste gewidmet hatte als irgendeinem, lag nun die Absicht auf der Hand, Caesar durch die Aufhebung seiner Statthalterschaft den Anklagen und damit dem politischen Untergang preiszugeben. Er hatte Grund, »tief und ehrlich gekränkt« zu sein.

Im Senat schlug die Stimmung um. Offenbar war die Verständigungsbereitschaft der Senatoren erschöpft, so daß es der harten optimatischen Gruppe leichtfiel, ihren Willen durchzusetzen. Nur eine Senatsminderheit nahezu ausschließlich der unteren Rangstufen stand noch auf Caesars Seite. Um so zahlreicher sammelten sich in seinem Lager Männer, »die in ihrer politischen Laufbahn Schiffbruch gelitten hatten, Bankerotte, Überschuldete, Exilierte, Kompromittierte, unzuverlässige Streber, die durch ihn rasch steigen wollten, kurzum die, welche der Optimatenjargon nicht unzutreffend als ›die Bösen‹ *(improbi)* bezeichnete«.

Nach dreitägiger Debatte beschloß der Senat am 7. Januar 49 endgültig die Abberufung Caesars und ernannte Domitius Ahenobarbus zu seinem Nachfolger in der transalpinischen Provinz. Dieses rechtsgültige Urteil machte Caesar, sofern er Heer und Provinzen nicht abgab, zum Staatsfeind. Überdies unterstellte der Senat Rom dem Kriegsrecht und erteilte Pompeius und den Consuln den Auftrag, unverzüglich alle militärischen Maßnahmen zum Schutz des Staates einzuleiten. Den beiden Volkstribunen Marcus Antonius und Quintus Cassius Longinus, die ihr Veto eingelegt hatten, empfahl man, Rom vor Ausrufung des Standrechts zu verlassen. Sie flohen zu Caesar nach Ravenna, gefolgt von Curio und Caelius, dem jungen Briefpartner Ciceros.

Caesar wird die Entscheidung des Senats am 10. Januar in Ravenna empfangen haben. Die Unterwerfung unter den Senatsspruch war gleichbedeutend mit dem politischen Todesurteil, Widerstand mit offener Rebellion. Es gab keinen dritten Weg. Bei Anbruch der Nacht brach er auf, mit wenigen Vertrauten folgte er seiner vorausgeschickten XIII. Legion. Auf dem Weg nach Ariminum (Rimini) überschritt er den Grenzfluß seiner cisalpinischen Provinz, den Rubikon, und besetzte am Morgen des 11. Januar 49 Ariminum. Mit der Grenzüberschreitung, dem Einmarsch in italisches Gebiet, war der Bruch vollzogen, der Bürgerkrieg eröffnet.

Caesar war sich der Tragweite seines Handelns voll bewußt. Als er am Rubikon stand, so überlieferte einer seiner Begleiter, der spätere Historiker Asinius Pollio, sagte er: »Der Verzicht auf diesen Übergang wird mir Unglück bringen, der Übergang aber allen Menschen.«

Sueton schmückt die Szene am Rubikon anschaulich aus und läßt Caesar, zu seinen Begleitern gewandt, sagen: »Noch können wir zurück. Wenn wir aber diese kleine Brücke überschritten haben, müssen wir alles den Waffen anheimstellen.« Danach nun, während Caesar noch zögerte, habe sich folgendes ereignet: »Ein großgewachsener, schöner Mann saß plötzlich in der Nähe und blies Flöte. Als außer einigen Hirten viele Soldaten, unter ihnen auch Trompeter, von ihren Posten zu ihm liefen, um ihm zuzuhören, riß der Unbekannte einem der Soldaten die Trompete aus der Hand, sprang zum Fluß hinunter, begann, aus Leibeskräften das Signal zum Angriff zu blasen, und ging ans andere Ufer hinüber. Darauf rief Caesar: ›So laßt uns ziehen, wohin die Zeichen der Götter und die Ungerechtigkeit der Feinde uns rufen!‹ «

Es ist verständlich, daß die Zeitgenossen die Vorgänge um die schicksalhafte Überschreitung des Rubikon in eine mythische Vorstellungswelt übertrugen. Die Wirklichkeit wird einfacher gewesen sein, aber angesichts der ungeheuren Herausforderung kaum weniger eindrucksvoll. Mit dem sprichwörtlichen Vers des Dichters Menander »Der Würfel soll geworfen sein«, den Caesar griechisch zitierte, begann er sein Glücksspiel um den höchsten Einsatz, sein gewagtestes Unternehmen auf dem Weg zur Macht.

## 36 Caesar vor Senat und Volk

Mit zwei Kohorten blieb Caesar noch einige Tage in Ariminum, um dort Truppen auszuheben. Noch einmal knüpfte er Verhandlungen mit Pompeius und dem Senat an, die jedoch ergebnislos verliefen. Unterdessen waren seine Truppen bereits landeinwärts bis Arretium (Arezzo) und an der Küste bis Ancona vorgestoßen. Schon Anfang Februar fiel die ganze Region von Picenum, Heimat und Patronatsgebiet des Pompeius, in Caesars Hand. Trotz seiner Kriegseröffnung, die ihm gewiß keine Sympathien einbrachte, zeigte die italische Bevölkerung keine Neigung, für die eine oder andere Seite Partei zu ergreifen.

Der rasche Vormarsch mit einer einzige Legion wäre ohne die mangelhafte militärische Vorbereitung des Pompeius kaum möglich gewesen. Die verstreuten, schwächeren republikanischen Truppen, zum Teil gerade erst ausgehoben, liefen zu Caesar über oder flohen südwärts. Stärkeren Verbänden, insgesamt neunzehn Kohorten, gelang der Rückzug nach Corfinium, der östlich von Rom gelegenen befestigten Abruzzenstadt. Sie stießen zu den hier stehenden zwölf Kohorten, die einer der erbittertsten Gegner Caesars befehligte, der für die Gallia Narbonensis bestellte Nachfolger Domitius Ahenobarbus.

Aber Caesars Kampfstärke war inzwischen beträchtlich gewachsen. Ohne Schwierigkeiten konnte er seine Truppen schon am 4. Februar 49 bei Cingulum (Cingoli) durch die herangeführte XII. Legion verstärken. Nun, um den 15. Februar bei der Belagerung von Corfinium, erreichten ihn seine VIII. Legion, die zweiundzwanzig cisalpinischen Kohorten und weiter dreihundert zusätzliche Reiter.

Die schon am Anfang des Bürgerkrieges erkennbare und ohne Zweifel von langer Hand geplante strategische Disposition zeigt die Entschlossenheit Caesars, alles auf eine Karte zu setzen. Er war kein Mann halbherziger oder undurchdachter Entschlüsse. Von seinen gallischen Legionen befanden sich drei auf dem Marsch nach Narbo (Narbonne) oder bereits dort, um die transalpine Provinz gegen die pompeianische Armee in Spanien zu sichern. Die übrigen gallischen Legionen, noch in ihren Winterquartieren im Belger- und Haeduerland, sollten später folgen.

In Rom löste Caesars schneller Vormarsch eine Panik aus. Daran änderte auch nichts, daß sein tüchtigster Unterfeldherr, Titus Labienus, zu Pompeius übertrat, vor allem wohl aus Gründen persönlichen Ehrgeizes. Aber ihn mag auch seine frühere Gefolgschaftstreue zu Pompeius geführt haben. Möglicherweise war es Labienus, der jene von Pompeius gutgläubig vorgebrachte Falschmeldung, wonach gegen Caesar in dessen eigenem Heer eine »feindselige Stimmung« aufgekommen sei, verbreitete.

Pompeius hatte geprahlt, er verfüge über »zehn einsatzbereite Legionen«, er brauche nur »auf italischen Boden zu stampfen«, um Fuß- und Reitertruppen aufzustellen. Nichts davon entsprach der Realität. Zur Rede gestellt, mußte Pompeius eingestehen, daß er bestenfalls dreißigtausend Soldaten aufbieten könne, denn die meisten seiner Legionen standen unerreichbar in Spanien. Im Senat spielten sich dramatische Szenen ab, als Pompeius verkündete, er sei gezwungen, Rom aufzugeben, und auch Italien sei militärisch nicht zu halten. Er erwäge, mit seinen Truppen nach Griechenland überzusetzen, von wo aus die starken senatstreuen Truppen in Kleinasien erreichbar waren. Die Senatoren und alle Patrioten forderte er auf, ihm zunächst nach Campanien zu folgen. Empörte Senatoren riefen, Pompeius habe sie betrogen, ihr Vertrauen sei erschüttert, man müsse sich mit Caesar versöhnen. Cato griff ein, beklagte, daß man nicht früher Maßnahmen gegen

Caesar ergriffen hatte und forderte gerade jetzt für Pompeius den alleinigen Oberbefehl. Am 17. Januar 49 beschloß der Senat, nicht nur Rom, sondern ganz Italien zu räumen. Rom und Italien seien nur mit den Legionen aus Griechenland und Kleinasien zurückzugewinnen. Am nächsten Tag verließen der Senat sowie Pompeius mit Anhang und seinen Truppen die Hauptstadt.

Die kampflose Aufgabe Roms mag militärisch notwendig gewesen sein, die psychologische Auswirkung war unabsehbar – für Pompeius eine politische Katastrophe. Die ganze Enttäuschung kommt in Ciceros Brief vom 23. Februar an den Freund Atticus zum Ausdruck: »Was für eine schändliche und darum auch erbärmliche Haltung! Er [Pompeius] war es, der Caesar groß gemacht hat, dann hatte er plötzlich Angst vor ihm bekommen, sich auf keinen Friedensvorschlag eingelassen, nichts für den Krieg vorbereitet, die Hauptstadt im Stich gelassen, Picenum durch eigene Schuld verloren, sich nach Apulien verdrückt, und nun schickt er sich an, nach Griechenland zu gehen ...«

Als Cicero dies schrieb, hatte Caesar bereits seinen ersten Sieg errungen. Die republikanischen Truppen in Oberitalien hatten sich nach Corfinium geflüchtet und kapitulierten nach siebentägiger Belagerung am 21. Februar. Dieser erste größere Sieg Caesars im Bürgerkrieg erlangte weitreichende Bedeutung durch die humane Behandlung der Unterlegenen. Diejenigen, die vorausgesagt hatten, Caesar werde seine optimatischen Gegner abschlachten – vor allem Cicero hatte in mehreren Reden Düsteres für die Optimaten vorausgesagt –, mußten umdenken. Caesar nahm die Gefangenen aus der Nobilität und aus dem Ritterstand, etwa fünfzig, darunter Domitius Ahenobarbus, Lentulus Spinther, Caecilius Rufus, nicht nur vor seinen gereizten Soldaten in Schutz, sondern schenkte ihnen die Freiheit. Die republikanischen Kohorten, die bereit waren, zu ihm überzulaufen, ließ er in sein Heer eingliedern.

Was Caesar zu seiner Milde veranlaßte, schreibt er selbst in einem Brief an Oppius und Balbus, seine Vertrauten in Rom: »Eurem Rat folge ich gern, um so mehr, als ich selbst entschlossen war, mich möglichst milde zu verhalten und eine Versöhnung mit Pompeius anzustreben. Versuchen wir auf diese Weise die allgemeine Zuneigung wiederzugewinnen und den Sieg dauerhaft zu machen. Denn die anderen konnten wegen ihrer Grausamkeit dem Haß nicht entfliehen und ihren Sieg nicht länger behaupten, Sulla einzig ausgenommen, den ich nicht nachahmen will. Das sei die neue Art zu siegen, daß wir uns durch Barmherzigkeit und Großmut sichern.«

Wenn Caesar wirklich erwartet hatte, sein Verhalten könnte den Weg zu neuen Verhandlungen ebnen, wurde er allerdings enttäuscht. Am 4. März 49 verließen die Schiffe der beiden Consuln Marcellus und Paullus mit einem größeren Truppenverband den Hafen von Brundisium (Brindisi). Die Flucht der Consuln machte Verhandlungen endgültig unmöglich. Fünf Tage später stand Caesar mit sechs Legionen vor Brundisium. Als er Pompeius, der seine Ausfahrt mit den restlichen Truppen vorbereitete, ein Friedensgespräch anbot, lehnte dieser mit der Begründung ab, ohne die Consuln könne er nicht verhandeln. Die Belagerung der Stadt kam zu spät. Am 17. März legten auch die Schiffe des Pompeius ab und steuerten über die Adria nach Griechenland.

Nun lag die ganze Last der Verantwortung für das Schicksal Roms auf Caesar. Es gab kein Zurück, keine Rückkehr in die Legalität. Was mag er, nun unwiderruflich in die Rolle des Usurpators gedrängt, empfunden haben?

Es wäre der komplexen Natur Caesars unangemessen, würden wir seinem Denken und Handeln ausschließlich einen skrupellosen Drang zur Macht unterstellen. Dem widerspräche seine »Milde von Corfinium«, obwohl er wissen mußte, daß die straflos entlassenen Optimaten ihn erneut bekämpfen würden. Und gründete nicht der Konflikt in seiner Empfindlichkeit gegenüber den ihm zugefügten Kränkungen, in der Behauptung seiner *dignitas?* Erstaunlich ist auch Caesars beharrliches, bis zuletzt vor Brundisium fast verzweifeltes Bemühen um Frieden und Legalität, was doch kaum mit der Vorstellung von skrupelloser Entschiedenheit vereinbar wäre. Wahrscheinlicher ist, daß Caesar durch seine Milde und seine Verhandlungsangebote die Optimaten und vielleicht sogar Pompeius auf seine Seite zu ziehen hoffte. Eine Selbstzerfleischung Roms im Bürgerkrieg war nicht in seinem Sinne, und bis zuletzt versuchte er, sie zu verhindern.

Als die Schiffe des Pompeius den Hafen von Brundisium verlassen hatten, sah sich Caesar einer radikal veränderten Situation gegenüber. Er reagierte wie immer schnell und entschieden. Da ihm die Schiffe fehlten, schlug er den Gedanken an ein unmittelbares Nachsetzen über die Adria aus. In Italien erwartete er keinen militärischen Widerstand mehr. Also plante er zunächst, seinen Machtbereich auf die gefährdeten südlichen und westlichen Provinzen auszudehnen.

Curio erhielt den Auftrag, mit drei Legionen nach Sizilien und Nordafrika zu ziehen, um die für Rom lebensnotwendigen Getreidelieferungen zu sichern. Ein anderer Legat sollte mit einer Legion Sardinien besetzen. Caesar selbst beschloß, nach Spanien aufzubrechen, um die dort stehenden kampfgerüsteten Legionen des Pompeius zu stellen. Scherzend sagte er vor dem Aufbruch im vertrauten Kreis, »er ziehe gegen eine Armee ohne Führer, und wenn er wiederkehre, gegen einen Führer ohne Armee«.

Von Brundisium ging Caesar zunächst zurück nach Rom. Er wollte dort einige Tage bleiben, außerhalb der sakralen Stadtgrenze, wie es dem Statthalter und Heerführer geboten war, und die nach Rom zurückgekehrten Senatoren zur Zusammenarbeit gewinnen. In dieser äußerst gespannten Situation kommt einem Ereignis größte Bedeutung zu, das wenige Tage vor seiner Ankunft in Rom stattfand: die Begegnung mit Cicero in dessen Landhaus bei Formiae an der Küste von Latium.

Caesar hatte um die Zusammenkunft gebeten. Im voraufgegangenen Briefwechsel hatte er Cicero überaus geschickt umworben, aus gutem Grund. Nachdem fast alle ranghöheren Senatoren außer Landes waren oder dem Usurpator die kalte Schulter zeigten, hätte die wiedererlangte Gunst des hochgeachteten Consulars einen unschätzbaren Prestigegewinn gebracht. Cicero zeigte sich in diesen Tagen unschlüssig, unsicher, enttäuscht von Pompeius und dessen schändlichem Versagen. Andererseits beeindruckte ihn Caesars »Milde von Corfinium«, zumal er in Gesprächen mit Landleuten seit Corfinium einen Stimmungsumschwung zugunsten Caesars bemerkt hatte.

Brieflich lobte er Caesars Milde, bedankte sich für die Freilassung des befreundeten Consulars Lentulus Spinther. Caesar antwortete mit einem Schreiben von bewegender Offenheit, wahrscheinlich »das persönlichste Dokument, das wir von ihm besitzen«:

»Richtig vermutest Du von mir – denn Du kennst mich gut –, daß mir nichts ferner liegt als Grausamkeit. Und wenn ich schon aus der Sache selbst eine große Befriedigung schöpfe, so erfüllt mich Deine Billigung mit um so größerer Freude. Mich berührt nicht, daß die von mir Freigelassenen, wie es heißt, fortgegangen sind, um wieder gegen mich zu kämpfen. Denn nichts wünsche ich mehr, als daß ich mir und jene sich gleich bleiben. Von Dir wünsche ich, Du mögest Dich vor der Stadt bereithalten, damit ich mich, wie gewohnt, in allem Deiner Ratschläge und Deiner Hilfe bedienen kann.«

Den Brief erhielt Cicero am 26. März, und zwei Tage später traf Caesar selbst in Ciceros Landhaus bei Formiae ein. Der Imperator drängte seinen Gastgeber, zu der auf den 1. April einberufenen Senatssitzung nach Rom zu kommen. Die Einberufung war rechtmäßig durch die beiden nun wieder amtierenden Volkstribunen Marcus Antonius und Cassius Longinus erfolgt. Als Cicero ablehnte, gab ihm Caesar zu verstehen, ein Fernbleiben käme einem Urteilsspruch gleich und würde zudem den übrigen Senatoren ein schlechtes Beispiel geben.

»Deren Lage ist eine ganz andere«, erwiderte Cicero.

Caesar: »So komm und sprich für den Frieden!«

Cicero: »Wie ich es für richtig halte?«

Caesar: »Soll ich dir etwa Vorschriften machen?«

Cicero: »So werde ich sagen, der Senat möge nicht erlauben, daß du nach Spanien ziehst, daß du Truppen nach Griechenland übersetzen wirst. Und ich werde des Pompeius Schicksal bedauern.«

Caesar: »Derartige Äußerungen wünsche ich nicht.«

Cicero: »Das habe ich mir gedacht. Aber das ist es ja, weshalb ich mich weigere zu kommen. Entweder muß ich so sprechen und manches sagen, was ich nicht verschweigen kann, oder ich muß wegbleiben.«

Kaum jemals in seinem politischen Leben bewies Cicero mehr Mut und Größe. Ihn selbst erfüllte seine Standhaftigkeit mit Genugtuung. Er vermerkt, er sei »mit sich zufrieden«, und im Nachtrag, Caesar habe zum Schluß gesagt, er werde, wenn Cicero sich verweigere, »Rat holen, wo er ihn bekomme, er sei zu allem fähig«. Das allerdings war die gereizte Drohung des Machtpolitikers und höchstens geeignet, Cicero noch hartnäckiger zu machen. Mit der höflichen Floskel, Cicero möge die Sache überdenken, schied Caesar vor ihm.

Das war ein erstes Hindernis; in Rom selbst stieß Caesar auf eine Wand des Mißtrauens. Unter den Senatoren, die dem Ruf der beiden Volkstribunen gefolgt waren, befanden sich lediglich zwei ehemalige Consuln. Es herrschte eine gereizte und furchterfüllte Stimmung, denn Pompeius hatte erklärt, er betrachte jeden der in Rom bleibe oder dorthin zurückkehre, als Anhänger Caesars. Ausführlich rechtfertigte Caesar am 1. April vor dem Rumpfsenat sein Handeln. Er erinnerte an das ihm zugefügte Unrecht, an den Volksbeschluß zugunsten seiner Consulsbewerbung in Abwesenheit, an seine Nachgiebigkeit, seine Friedensbemühungen, die man in den Wind geschlagen habe.

Die anwesenden Senatoren forderte er auf, »die Leitung des Staates zu übernehmen und gemeinsam mit ihm die Staatsgeschäfte zu besorgen. Wenn sie sich jedoch aus Furcht entziehen wollten, so werde er sie nicht weiter belästigen und allein regieren.«

Das war unmißverständlich, aber es zeigte wenig Wirkung. Was immer Caesar in den dreitägigen zähen Beratungen beantragte oder verhandeln ließ, machte der Volkstribun Lucius Metellus durch sein Veto zunichte. Lediglich ein Antrag, Friedensverhandlungen mit Pompeius einzuleiten, fand allgemeine Zustimmung. Doch aufgrund der Drohungen des Pompeius war niemand bereit, als Abgesandter des Senats nach Griechenland zu reisen.

Der Auftritt vor der Volksversammlung wurde nur deshalb ein Erfolg, weil Caesar eine Getreidespende und jedermann ein Geschenk von fünfundsiebzig Denaren versprach. Aber er büßte seine Popularität schnell wieder ein, als er sich des von den Consuln zurückgelassenen Reserveschatzes im Saturntempel bemächtigte und dabei gewaltsam gegen Lucius Metellus vorging. Erst nachdem die Soldaten den sakrosankten Volkstribun, der persönlich das Aufbrechen der Tempeltüren verhindern wollte, zu töten drohten, wich er der Gewalt. In Caesars Hand fielen 15 000 Gold- und 30 000 Silberbarren, dazu noch 30 Millionen Sesterzen gemünzten Geldes.

Der Imperator berief sich auf das Kriegsrecht. Caesar brauchte den Schatz, um seine Kriegskasse aufzufüllen. Doch der Vorgang schadete ihm außerordentlich. So trug er selbst dazu bei, daß sein erstes Auftreten in Rom nach neunjähriger Abwesenheit in jeder Hinsicht mißriet.

Er gab sich gelassen und selbstherrlich, überdeckte seinen Unmut durch Selbstbeherrschung und Aktivität. In den wenigen Tagen vor seinem Aufbruch nach Spanien gab er eine weitere Probe seines überragenden Organisationstalentes. Er setzte zur Kontrolle Roms einen Praetor ein, ernannte Marcus Antonius zum Befehlshaber des Heeres in Italien und übertrug Marcus Licinius Crassus, dem zweiten Sohn des gefallenen Triumvirn, die Verwaltung der cisalpinischen Provinz. Zum Schutz Illyriens entsandte er zwei Legionen, und zur Sicherung des Adriatischen und des Tyrrhenischen Meeres ließ er durch Legaten eine Kriegsflotte aufbauen.

Zufrieden mit sich, dem Senat und den Römern wird Caesar kaum gewesen sein. Da die Plebejer wegen der Affäre um den Staatsschatz aufgebracht waren, wagte er es nicht, »vor seiner Abreise zum Volk zu sprechen«. Am meisten erbitterte ihn sein vergebliches Bemühen um den Senat. Es war ihm »nicht gelungen, sich irgendwelche offiziell beglaubigte Rechtsgrundlage zu schaffen«.

Caesars intensive Bemühungen um Legalität, sein Versuch, den Senat von Rom zur Anerkennung seiner Rechte zu zwingen, hatten zunächst sicherlich einen machtpolitischen Hintergrund: Er muß sich darüber im klaren gewesen sein, wie schwer Rechtmäßigkeit oder Unrechtmäßigkeit seines Handelns bei den legalitätsbewußten Römern in die Waagschale fiel. Dies war ein Moment, das durchaus den Ausgang des Bürgerkrieges beeinflussen konnte. Darüber hinaus aber deutet alles, was wir von Caesar wissen, auch auf ein persönliches Motiv. In seiner Gleichsetzung seiner Interessen mit dem Schicksal Roms konnte es ihm auch zu seiner persönlichen Rechtfertigung nicht gleichgültig sein, ob der Senat sein Vorgehen legalisierte oder ihn zum Usurpator stempelte. Als die Senatoren sich gegen ihn stellten und er mit dem gewaltsamen Raub des Schatzes auch das Volk gegen sich aufgebracht hatte, muß ihm deutlich geworden sein, daß der moralische Vorteil ganz auf der Seite seiner Feinde lag. Der Kampf, der ihm bevorstand, konnte nur noch durch militärische Mittel gewonnen werden. Caesars ursprüngliches Ziel, die Legalisierung seines Handelns, war unerreichbar geworden. Um so entschlossener stürzte er sich in den Kampf.

# 37 Auf dem Landweg nach Spanien

Massilia, das heutige Marseille, war eine griechische Gründung und griechisch geblieben, ein autonomer Stadtstaat an der Küste der Gallia Narbonensis, stark befestigt, wohlhabend, mit einem lebhaften Handelshafen, freilich unter römischem Schutz. Als Caesar auf dem Weg nach Spanien um den 19. April Massilia erreichte, blieben die Tore der Stadt verschlossen. Man könne nicht wissen, »welche Seite die gerechtere Sache verfechte«, ließen die Massilier durch ihre Abgesandten sagen und beanspruchten ihr Neutralitätsrecht. Ein Vorwand, wie Caesar bald merkte.

Noch während seiner Verhandlungen fuhren sieben Schiffe des Proconsuls Domitius Ahenobarbus, den Caesar bei Corfinium freigelassen hatte, in den Hafen ein. Es war ein abgekartetes Spiel, denn die Massilier übertrugen unverzögert dem neuen Statthalter der narbonensischen Provinz den Oberbefehl zur Verteidigung ihrer Stadt.

Caesar konnte die feindliche Basis nicht einfach im Rücken liegenlassen. Mit drei gallischen Legionen belagerte er die Stadt. Auf der Rhone ließ er zwölf Kriegsschiffe bauen, um mit ihrer Hilfe den Seeweg zu blockieren. Darüber vergingen Wochen. Die Zeit drängte, und die zähe Abwehr der Massilier vereitelte einen raschen Sieg. Sobald die Schiffe auslaufen konnten und auch der Zugang von See abgeriegelt war, überließ Caesar das Kommando seinem Legaten Gaius Trebonius und eilte nach Spanien.

Sechs Legionen, dazu gallische Hilfstruppen mit einer kampftüchtigen Reiterei, waren schon über die Pyrenäen gezogen und standen in der Gegend von Ilerda (Lérida). Bei der festen Stadt am heutigen Rio Segre hatten die bewährten pompeianischen Feldherren Lucius Afranius und Marcus Petreius ihre Truppen vereinigt, fünf reguläre Legionen, ergänzt durch starke spanische Kontingente zu Fuß und zu Pferde.

Zunächst scheuten die Pompeianer die offene Feldschlacht. Sie waren mit dem Land vertraut und geübt in der einheimischen Guerillataktik und nutzten ihre Vorteile zu einem wirkungsvollen Kleinkrieg. Caesar war am 22. Juni eingetroffen, datiert nach dem veralteten römischen Kalender, der mit den Jahreszeiten nicht mehr übereinstimmte. Es war noch Frühling, nach der später durch Caesar veranlaßten Kalenderreform der 1. Mai, Zeit der Schneeschmelze in den Pyrenäen. Das wäre Caesars Legionen fast zum Verhängnis geworden. Über Nacht schwoll der Segre an, das reißende Hochwasser zerstörte die Pontonbrücken über den Segre, so daß jeglicher Nachschub ausblieb. Caesars Truppen waren abgeschnitten, hilflos einer aussichtslosen Lage preisgegeben.

Dieser klägliche Kriegsanfang, durch Eilnachricht nach Rom weitergeleitet, verbunden mit dem hartnäckigen Widerstand der Massilier, bewegte eine Reihe bisher zögernder Senatoren, sich zu Pompeius zu bekennen. Um diese Zeit sammelten sich in Thessalonike (Saloniki) um Pompeius etwa zweihundert Senatoren, darunter auch Cicero, der allerdings schon am 7. Juni aus Rom abgereist war.

Doch Caesar überwand die verzweifelte Lage mit dem für ihn typischen Erfindungsreichtum, indem er flache Boote aus Holz und Weidenruten, mit Leder überspannt, anfertigen ließ. Es war eine Technik, die er von den Britanniern gelernt hatte. Vom Gegner unbemerkt gelang die Überfahrt und die Konstruktion einer Brücke. So war die Versorgung der Truppen und ihre Manövrierfähigkeit gesichert.

Gerade jetzt traf die Nachricht ein, daß Caesars Blockadeflotte vor Massilia einen Sieg erfochten hatte, und angesichts der neuen Lage verbündeten sich einige der wichtigsten Städte nördlich des Ebro mit Caesar. Das war eine Wende. In wenigen Tagen waren Afranius und Petreius in die Defensive gedrängt. Sie versuchten, ihre Truppen über den Ebro nach Süden auf die iberische Hochebene zu führen, denn bei der dortigen Bevölkerung genoß Pompeius seit seinem Feldzug gegen Sertorius hohes Ansehen. Aber Caesar setzte sofort nach und verhinderte das Ausweichmanöver.

Durch eine raffinierte Bewegungsstrategie und nur kleinere Angriffe der vortrefflichen Reiterei an wechselnden Abschnitten hatte er die feindlichen Legionen in eine schwierige Lage getrieben. Sie waren erschöpft, ständig in Sorge um Nachschub und Wasserstellen. Caesars Soldaten drängten zum Kampf, murrten wegen des unverständlichen Taktierens ihres Feldherrn. Er hielt sie hin, wollte »durch Klugheit, nicht durch das Schwert siegen«, wollte ein Blutvergießen solange wie möglich vermeiden. Keinen seiner Soldaten und keinen der gegnerischen Legionäre, »römische Bürger«, für die er sich verantwortlich fühlte, wollte er durch eine vermeidbare Schlacht verlieren. In Caesars Lager kam Verärgerung auf, weil er sich »den Sieg entgehen lasse«.

Dann, als die Truppen einander gegenüber lagerten, kämpfte man nicht, sondern sprach miteinander, fragte nach Bekannten und Mitbürgern, besuchte einander wechselseitig in beiden Lagern. Die Pompeianer dankten dafür, daß »man sie in ihrer größten Panik verschont habe«. Caesarianer und Pompeianer bewirteten einander wie Gastfreunde. Caesar notierte, sich selbst wie immer in seinen Commentarien in der dritten Person nennend: »Seine [Caesars] frühere Milde trug jetzt reiche Frucht, und seine Maßnahme wurde von allen gebilligt.«

Es gab ein bitteres Nachspiel. Afranius und Petreius machten, sobald sie von dieser Entwicklung hörten, der Verbrüderung ein Ende. Der alte Krieger Petreius (er hatte vor dreizehn Jahren Catilina geschlagen und getötet) ließ durch seine spanische Leibwache die im Lager befindlichen Caesarianer festnehmen und töten. Die Truppen wurden erneut auf Pompeius und seine Heerführer vereidigt. Caesar dagegen schickte die in sein Lager gekommenen Pompeianer unbehelligt zurück und nahm diejenigen, die bleiben wollten, in sein Heer auf.

Auch weiterhin vermied Caesar die Schlacht, befahl lediglich seiner Reiterei, den Rückzug der Feinde nach Ilerda zu stören. Seine überlegene Truppenführung trieb die kriegserfahrenen, aber phantasielosen Legaten des Pompeius in eine ausweglose Situation. Noch vor Ilerda, umklammert von den Legionen des Verfolgers und abgeschnitten von jeglicher Wasserversorgung, mußten Afranius und Petreius am 2. August 49 kapitulieren. Nach einem Feldzug von vierzig Tagen war die Elitearmee des Pompeius besiegt.

In öffentlicher Verhandlung und in Hörweite der Truppen nahm Caesar die Kapitulation an. In großer Rede vertrat er seine Sache, stellte seine Großmut der Grausamkeit der gegnerischen Heerführer gegenüber. Dennoch, die beiden Legaten »mögen abreisen aus ihrer Provinz und zuvor ihr Heer entlassen«. Das sei seine »einzige Bedingung für den Friedensschluß«. So wurden die pompeianischen Soldaten in ihre Heimat entlassen und jene, die unter Caesar dienen wollten, in Caesars Legionen aufgenommen. Niemand wurde gezwungen oder bestraft. Ein großer und wohlberechneter Akt der Großzügigkeit.

Zwei Legionen unter dem Volkstribunen Quintus Cassius Longinus entsandte Caesar nach Südspanien, *Hispania ulterior,* und folgte selbst mit einer berittenen Eskorte, um in Corduba eine Provinzversammlung abzuhalten. Zu Kämpfen kam es nicht mehr. Nach schwächlichen, von den Einheimischen vereitelten Ansätzen zum Widerstand übergab der Statthalter von *Hispania ulterior* seine Provinz. Es war der schon siebenundsechzigjährige Gelehrte und Dichter Marcus Terentius Varro. Seine Statthalterschaft übernahm Caesars Legat Cassius Longinus, der das Land von seiner Quaestur her kannte. An der Ernennung des Longinus läßt sich das wohl größte Problem für Caesars Verwaltung der Provinzen darstellen. Da sich die meisten Senatoren und Nobiles nach Caesars Bruch des Legalitätsprinzips von ihm abgewandt hatten, war er gezwungen, in der Wahl seiner Helfer wenig wählerisch zu sein. Zwielichtige Gestalten wie Longinus, der *Hispania ulterior* rücksichtslos ausbeutete, schadeten Caesars Ruf und ließen Cicero und die redlicheren Senatoren das Schlimmste fürchten.

Der spanische Feldzug war siegreich abgeschlossen. Corduba und andere Gemeinden, die ihre Tore seinen Truppen geöffnet und ihn frühzeitig anerkannt hatten, zeichnete er aus. Den Einwohnern von Gades (Cádiz), der Heimat seines Vertrauten Balbus, versprach er das römische Bürgerrecht. Dann reiste er nach Tarraco (Tarragona), um auch hier seinen Anhängern zu danken, und auf dem Landweg weiter nach Massilia.

Caesar kam gerade rechtzeitig, um im Oktober die Kapitulation der Hafenstadt entgegenzunehmen. Der Befehlshaber Domitius Ahenobarbus konnte auf einem schnellen Segler entkommen, eine klägliche Umkehr seiner Anreise vor einem halben Jahr. Nach der harten Land- und Seeblockade waren die Massilier am Ende ihrer Kräfte, ausgezehrt von Seuchen und Hungersnot. Klugerweise ließ Caesar der angesehenen Griechenstadt ihre unabhängige politische Verfassung. Aber er forderte die Auslieferung der Flotte, aller Waffen und des Staatsschatzes, dazu die Abtretung von Landbesitz außerhalb des Stadtbereichs.

Aus Rom traf in diesen Tagen eine wichtige Nachricht ein. Dem Praetor Marcus Aemilius Lepidus war es gelungen, Caesar durch Volksbeschluß zum Dictator ernennen zu lassen. Ein ungewöhnlicher, aber rechtlich zulässiger Vorgang, der in Abwesenheit der Consuln durch Plebiszit legitimiert war. Nach dem Gesetz diente die zeitlich befristete Dictatur der Behebung eines Staatsnotstandes. Vor allem konnte Caesar als Dictator die längst fälligen Consulatswahlen für das kommende Jahr vornehmen lassen und die staatliche Ordnung auf legalem Weg wiederherstellen.

So standen die Zeichen günstig für die Rückkehr nach Rom. Das erste Kriegsziel war erreicht. Wer hätte am Jahresanfang daran zu denken gewagt, daß der rebellische Proconsul im Spätherbst Italien und die westlichen Provinzen, Cisalpina, Gallien, Spanien, beherrschen und als vom Volk bestätigter Dictator in Rom einziehen würde? Allerdings, der Entscheidungskampf gegen Pompeius stand noch aus. Doch ohne Zweifel hatten sich die Gewichte zugunsten Caesars verschoben.

Auf dem Rückmarsch – noch in Spanien – aber scheint Caesars berühmtes Glück umzuschlagen. Boten bringen schlechte Nachrichten: Die unter Publius Cornelius Dolabella neuaufgestellte Flotte in der Adria hatte in einem Seegefecht vierzig Schiffe eingebüßt. Die illyrischen Truppen Caesars konnten den Pompeianern nicht standhalten und erlitten eine schwere Niederlage. Aus Nordafrika erreichte Caesar sogar eine Hiobsbotschaft.

Caesars Legat Gaius Scribonius Curio hatte Sizilien unterworfen und war mit zwei Legionen nach Nordafrika übergesetzt. Weniger die in der Provinz Africa (etwa Tunesien) stationierten römischen Truppen, sondern der numidische König Juba wurde ihm zum Verhängnis. Curio glaubte, der mit Pompeius verbündete Juba würde keinen Angriff wagen, und geriet in ungünstigem Gelände in eine Falle. Seine beiden Legionen wurden bis auf den letzten Mann vernichtet, Curio selbst fiel in der Schlacht. Die Kornkammer Africa blieb in der Hand des Pompeius.

Nun geriet auch Caesar überraschend durch seine eigenen Truppen in Bedrängnis. Auf dem Rückmarsch, im Zwischenlager Placentia, meuterte die IX. Legion, und der Aufruhr drohte auf das ganze Heer überzuspringen. Nach allem, was uns überliefert ist, wurde dem Feldherrn vorgeworfen, er verlängere unnötig den Krieg, um den Legionären den Sold gar nicht oder verspätet auszuzahlen. Seine Milde gegen den Feind und seine Schonung der spanischen Städte habe die Soldaten um ihre verdiente Beute gebracht.

Caesar verschweigt den Vorfall in seinem *Bellum Civile*. Vielleicht, weil der Bericht von dieser Meuterei die Wirkung seiner

Commentarien beeinträchtigt hätte? Denn die Gehorsamsverweigerung richtete sich diesmal eindeutig gegen ihn. Die frühere Meuterei, die Caesar im *Bellum Gallicum* noch offen darlegte, hatte er ja mit der panischen Angst seiner Truppen vor den germanischen Kriegern begründet. Die Vorwürfe gegen Caesar, die im allgemeinen genannt werden, scheinen aber kaum auszureichen, um eine Meuterei gegen einen an allen Fronten siegreichen Feldherrn zu erklären. Wahrscheinlicher ist wohl, daß Caesars Befehl, ohne Verzögerung den riesigen Marsch nach Brundisium in Süditalien anzutreten, bei den erschöpften Truppen Unmut und Aufsässigkeit ausgelöst hat.

Caesars Handeln angesichts dieser bedrohlichen Krise glich dem aus dem Gallischen Krieg bei Besançon. Auch jetzt gelang es ihm, die Situation durch das für ihn typische furchtlose und souveräne Auftreten in den Griff zu bekommen. Er erklärte, er werde nach dem Kriegsrecht jeden zehnten Mann der aufrührerischen Legion hinrichten lassen. Die übrigen Soldaten der IX. Legion forderte er kaltblütig auf, ihre Drohung wahrzumachen und zu Pompeius überzulaufen. Erst auf die Bitten seiner Legionäre milderte er das Urteil ab und bestimmte, daß von 120 Rädelsführern zwölf durch das Los ermittelte hingerichtet werden sollten. Auch hierbei trug sich eine für Caesar bezeichnende Episode zu. Als einer der Ausgelosten nachweisen konnte, daß er an der Meuterei unbeteiligt und durch seinen Centurio falsch bezichtigt worden war, befahl Caesar, ohne zu zögern, anstelle des Unschuldigen den Centurio hinzurichten.

In keinem Fall erwies sich Caesars suggestive Autorität augenfälliger und zwingender als in Krisen dieser Art. Wann immer ein Erfolg durch persönliches Auftreten zu erreichen war, kam ihm dieses Charisma, das wir heute nur noch an der Wirkung auf seine Umgebung ablesen können, zu Hilfe. Die Legionen schworen aufs neue Caesar Gehorsam und folgten seinem Befehl, den langen Marsch nach Brundisium anzutreten und ihn dort zu erwarten.

# 38 Dictator für elf Tage

Der Geschichtsschreiber Appian behauptet, Caesar sei nach der Unterdrückung der Meuterei in Placentia nach Rom gekommen, und dann erst habe ihn das Volk, »von Schrecken erfaßt, zum Dictator gewählt«. Aber der Alexandriner Appian schrieb dies zwei Jahrhunderte nach den Ereignissen. Er überlieferte eine jener zahlreichen Ungenauigkeiten, die der biographischen Annäherung den Weg verstellen. In Wirklichkeit verhielt es sich anders, denn bereits im Oktober, noch in Massilia, erfuhr Caesar, daß er durch Marcus Aemilius Lepidus zum Dictator ernannt worden sei. Es ist auch keineswegs sicher, ob der Praetor, der übrigens mit einer Tochter der Caesar eng verbundenen Servilia verheiratet war, auf Anweisung des Imperators handelte.

Da der Ernennung ein Volksbeschluß zugrunde lag, war es den Freunden Caesars offensichtlich gelungen, in Rom einen Stimmungsumschwung herbeizuführen. Erinnern wir uns, wie empört das Volk reagierte, als sich Caesar im März des Staatsschatzes bemächtigte, und daß er es nicht wagen konnte, vor seinem Aufbruch zu den Plebejern zu sprechen. War er nicht in den Augen der legal denkenden Römer der Staatsfeind, der die Gesetze, den Beschluß des Senats mißachtete und den heillosen Bürgerkrieg ausgelöst hatte?

Andererseits sprach Caesars Verhalten zu einen Gunsten. Der in Rom genau verfolgte Kriegsverlauf widerlegte die Voraussagen der Caesarfeinde. Wo war der Mann, von dem es hieß, er würde ungehemmt Rache üben und seine Gegner »abschlachten«? In Italien wie in Spanien verfuhr Caesar mit den Besiegten äußerst milde, entließ er straflos die Anführer wie Domitius Ahenobarbus, der danach in Massilia erneut gegen Caesar kämpfte, dann zu Pompeius flüchtete, wie Afranius und Petreius, die ebenfalls nach Griechenland segelten und im Heer des Pompeius Kommandoaufgaben übernahmen. Sehr zum Unwillen seiner eigenen Soldaten vermied Caesar soweit wie möglich offene Schlachten, suchte er die feindlichen Heere ohne Blutvergießen zu bezwingen, untersagte er sogar wie im Falle Massilias die übliche Plünderung.

Um so mehr beeindruckten Caesars Siege die Römer. Sie dachten realistisch, bedrängt durch die wirtschaftliche Notlage, die täglichen Nahrungssorgen, die der Bürgerkrieg mit sich brachte. Schließlich war man geübt in der Anpassung an veränderte Machtverhältnisse, und Caesars Erfolge betrafen Rom unmittelbarer als die Erfolge des Pompeius, der in Griechenland sein Heer rüstete.

In fünfundsechzig Tagen hatte Caesar, der »Staatsfeind«, ganz Italien erobert, in vierzig Tagen die fernen spanischen Provinzen. Des Pompeius spanische Elitearmee war besiegt, die Hafenstadt Massilia unterworfen. Unvorstellbar die physischen Anstrengungen, die der Imperator sich und seinen Legionen in diesem einen Jahr 49 zumutete, wenn man allein an die marschierend bewältigten Distanzen denkt, an klimatische Erschwernisse, an die Schwierigkeiten des Nachschubs und der Truppenversorgung.

Anfang Dezember zog Caesar als vom Volk ernannter Dictator in Rom ein. Der vom Senat geächtete Proconsul übernahm die Staatsführung. Was erwarteten die Römer? Würde er jetzt, im Besitz der Macht, wie früher ein Marius oder ein Sulla, seinen Rachegefühlen freien Lauf lassen, Proscriptionslisten aufstellen, Vermögen und Besitztum der Reichen beschlagnahmen? Nichts dergleichen geschah. Keine unbeherrschte Handlung unterlief ihm. Elf Tage blieb der Dictator in Rom. Was er in dieser von einem enormen Arbeitspensum erfüllten Zeitspanne verordnete oder veranlaßte, zeugt von einer außerordentlichen staatspolitischen Besonnenheit. Zunächst besetzte er die Schlüsselpositionen mit Leuten seines Vertrauens. So erhielt Aemilius Lepidus, der Caesars Interessen in Rom vortrefflich vertreten hatte, die Statthalterschaft in der spanischen Provinz. Der tapfere Decimus Brutus, der Befehlshaber der Flotte im Kampf um Massilia, übernahm die Verwaltung Galliens, der eroberten Gallia Comata. Da bisher infolge der verworrenen Verhältnisse keine Wahlen der nächstjährigen Magistrate stattgefunden hatten, ließ Caesar auch in diese Staatsämter seine engsten Anhänger wählen. Ebenso besetzte er, der auf Lebenszeit gewählte Pontifex Maximus, frei gewordene Stellen im Rat der Oberpriester mit Bewerbern seiner Wahl.

Er veranlaßte auch die rechtsgültige Rückberufung von politischen Freunden, die im Exil lebten. Den noch immer diskriminierten Nachkommen der von Sulla Geächteten verhalf ein weiteres Gesetz zur rechtlichen Gleichstellung, auch bei der Bewerbung um Staatsämter.

Die Beachtung von Patronatspflichten, der mitunter unbequeme Einsatz für Klienten wie für Freunde und Anhänger gehörten zu den bemerkenswerten politischen Gewohnheiten Caesars. Seine Verläßlichkeit in diesem Bereich der »Nah- und Treuverhältnisse« zeigte sich wiederholt, besonders auffallend in seiner Beziehung zu den zwischen Po und Alpen wohnenden Transpadanern. Vor zwanzig Jahren hatte er ihnen versprochen, er werde für ihre berechtigte Forderung auf Verleihung der Bürgerrechte eintreten. Nun löste er sein Versprechen ein. Das bereits im März eingebrachte Gesetz wurde durch Volksbeschluß bestätigt und mit den Ausführungsbestimmungen versehen. Desgleichen erfüllte der Dictator sein den Einwohnern von Gades gegebenes Versprechen, indem er auch ihnen die Bürgerrechte verlieh.

Die wichtigsten und schwierigsten Entscheidungen erwarteten den Dictator im Bereich der völlig zerrütteten Wirtschaftslage Roms. Unter den Folgen des Bürgerkrieges litt vor allem die ärmere Bevölkerung. Pompeius hatte durch eine Seeblockade die lebensnotwendigen Importe von Getreide und Nahrungsmitteln unterbunden. Auch die Kornkammer Roms, Nordafrika, war ja durch Curios Niederlage in seiner Hand geblieben. Die Schwarzmarktpreise, zumal für Weizen, kletterten von Tag zu Tag, ebenso die Schuldzinsen von 12 bis auf mehr als 25 Prozent pro Jahr. Geld war äußerst knapp. Infolge der Unsicherheit über die politische Zukunft horteten die Besitzenden ihr Vermögen. Gleichzeitig sank der Wert von Grundbesitz, denn Schulden konnten allenfalls durch Belastung ober Überschreibung von Grundbesitz getilgt werden. Das hatte aber zur Folge, daß die Schuldner ihre letzte Habe unter Schleuderpreisen verloren und die reichen Gläubiger ihr Besitztum vermehrten.

Angesichts dieser katastrophalen Situation hofften nicht wenige Anhänger Caesars, er werde einen sozialen Umbruch einleiten, indem er einen radikalen Schuldenerlaß verordnete. Das wäre im Sinne des popularen Programms gewesen, dem Caesar von Anfang an zuneigte. Die Optimaten, auch Cicero, verbreiteten Befürchtungen dieser Art, die unter den Besitzenden die schlimmsten Erwartungen auslösten. Aber Caesar hielt nichts von dem, was einmal der Wirrkopf Catilina geplant hatte. Im übrigen mußte er angesichts der bevorstehenden Auseinandersetzungen an Ruhe und Stabilität in Rom interessiert sein.

Der Dictator ließ durch den Stadtpraetor Schiedsmänner bestimmen, welche den gesamten Grundbesitz und das bewegliche Vermögen nach dem Vorkriegswert schätzten. Der so gewonnene Schätzwert wurde bei der Schuldenzahlung zum Maßstab erhoben. Ebenso mußten nun bereits gezahlte Zinsen von der Kapitalschuld abgezogen werden, so daß sich eine Verminderung der Schuldsumme um etwa ein Viertel ergab. Weiterhin setzte er eine Begrenzung der Zinssätze auf 12 Prozent pro Jahr fest.

Waren diese Maßnahmen für die Reichen zwar spürbar, aber noch gemäßigt, so griff Caesar härter durch, wo es darum ging, die zinstreibende Hortung von Kapital einzudämmen und den Geldumlauf zu intensivieren. Er konnte sich auf ältere Gesetze berufen, als er anordnete, daß niemand mehr als 15 000 Denare Bargeld anhäufen dürfe. Allerdings lehnte er entschieden Vorschläge ab, wonach Sklaven, die unrechtmäßigen Geldbesitz ihrer Herren anzeigten, für die Denunziation belohnt werden sollten.

Mit solchen Maßnahmen, so überliefert der Geschichtsschreiber Dio Cassius, habe Caesar beabsichtigt, »die Schuldner zur Zahlung eines Teils ihrer Schulden und die Gläubiger zur Gewährung von Darlehen an Bedürftige zu veranlassen. Auch sollten dadurch die Reichen aus ihren Schlupfwinkeln hervorgelockt werden. Schließlich sollte keiner mehr so reich sein, daß er in seiner Abwesenheit Unruhe stiften konnte.«

Sicherlich traf auch die letzte Bemerkung des Dio Cassius zu. Aber mehr als dies war die maßvolle Beschneidung des Reichtums eine wirtschaftspolitische Notwendigkeit im Interesse des Gemeinwohls. Wie durchdacht diese ersten Maßnahmen waren, ergibt sich schon daraus, daß Caesar seine aus einer akuten Notlage entwickelte Reformpolitik später ohne Abstriche weiterführte. Man kann ihm nicht absprechen, daß er wie kein anderer der spätrepublikanischen Staatsführer fähig war, unbestechlich zu handeln, über Klasseninteressen hinaus ein konsequentes Wirtschaftsprogramm aufzustellen und zu verwirklichen.

Am erstaunlichsten ist die Kürze der Zeit, in der sämtliche Maßnahmen und Verordnungen entworfen, besprochen, formuliert und nach dem üblichen gesetzlichen Verfahren wirksam wurden. Caesar, obwohl eben erst zurückgekehrt aus Spanien, Massilia, Placentia, muß mit seinen Volkstribunen und Praetoren Tag und Nacht gearbeitet haben.

Gegen Ende der elf Tage in Rom wurde Caesar durch die von ihm geleiteten Wahlcomitien zum Consul für das nächste Jahr 48 gewählt. Damit hatte er seine alte Forderung durchgesetzt, allerdings gegen einen Senat, der im Grunde nicht mehr existierte. Caesar hielt sich zwar an die gesetzlichen Formen, aber von Legalität kann angesichts der Flucht des größeren Teils der Senatoren kaum die Rede sein. Neben ihn trat als Zweitconsul Publius Servilius Isauricus, der Sohn seines Konkurrenten bei der Wahl zum Pontifex Maximus, der jedoch zu den Anhängern Caesars zählte und dessen Vertrauen genoß. Er übernahm die Staatsleitung in Rom und Italien, als Caesar in der Dezembermitte seine Dictatur niederlegte und zum Entscheidungskampf gegen Pompeius aufbrach.

Wie anders als vor neun Monaten verließ Caesar Rom! Mit der ihm eigenen Gabe für Veranstaltungen großen Stils ordnete der gewählte Consul die Feierlichkeiten zu seiner Verabschiedung an. Das römische Volk, empfänglich für Spiele und die festlichen rituellen Handlungen auf dem Forum, durfte für einen Tag seine Not und die Ungewißheit der politischen Lage vergessen. Darüber hinaus ließ Caesar den Plebejern eine großzügige Getreidespende zukommen, um den gröbsten Mißständen abzuhelfen.

So fehlte nichts zur festlichen und beglückenden Stimmung des auf dem Forum versammelten Volkes. Die Priester ließen einen abgerichteten Milan mit einem Lorbeerzweig im Schnabel über die Versammelten fliegen. Der Vogel sollte den Zweig auf Caesar herabfallen lassen. Das Kunststück gelang nur halb, der Zweig fiel auf einen Begleiter. Die Auguren deuteten das Zeichen dennoch günstig. Als der zur Opferung geweihte Stier vorgeführt wurde, riß er sich los und hetzte in wilder Flucht, angetrieben von den Schreien der Versammelten, hinweg. Auch diesem Vorfall gewannen die Auguren ein äußerst günstiges Omen ab.

Zahlreiche Römer begleiteten Caesar bis vor die Tore der Stadt. Die Leute wußten wohl kaum, daß Caesar Weihegeschenke aus den Tempeln und dem Capitol mitnahm, um die Kriegskosten decken zu können. Die Römer geleiteten ihn fast wie einen Kriegshelden, der zum Kampf für eine gerechte Sache auszog. Aber er wurde auch unmißverständlich an den Bruderkrieg erinnert, denn das Volk rief ihm zu, er möge mit Pompeius Frieden machen. Nur die Kinder, wenn wir dem berichtenden Dio Cassius glauben dürfen, wollten den Kampf. Sie spielten nämlich noch am selben Tag »Pompeianer« und »Caesarianer«, kämpften in Scheingefechten gegeneinander, und die »Caesarianer« siegten.

## 39 Der bittere Sieg von Pharsalos

Die Schwierigkeiten begannen bereits, als Caesar in der zweiten Dezemberhälfte 49 in Brundisium eintraf. Sicherlich war ihm gemeldet worden, wie dringend seine Anwesenheit im Heerlager vor Brundisium erforderlich war, und wohl deswegen hatte er Rom verlassen, ohne den Beginn seines Consulats abzuwarten. Der Zustand der Truppe war jämmerlich. Von den zwölf nach Brundisium zur Einschiffung befohlenen Legionen waren erst fünf zur Stelle, stark vermindert durch Fahnenflüchtige und Ausfälle durch Krankheiten.

Die Feldzüge, die Strapazen des langen Marsches, der klimatische Wechsel hatten die Legionäre erschöpft, anfällig gemacht für Magenerkrankungen. Sie waren unwillig, in dieser Jahreszeit die Fahrt über das stürmische Meer zu wagen und den ungewissen Krieg gegen die ausgeruhte und wahrscheinlich zahlenmäßig überlegene Streitmacht des Pompeius zu beginnen. Hinzu kam eine mangelhafte Versorgung mit Lebensmitteln und Kriegsmaterial. Die verfügbare Transportflotte erwies sich als unzureichend. Nur Caesar selbst konnte diese Zusammenballung von Schwierigkeiten überwinden. Wiederum gelang es ihm, seine Legionen zu disziplinieren. Wahrscheinlich versprach er ihnen, daß sie in Griechenland überreich fänden, was ihnen hier fehle. Allen würde der jetzt und nicht erst im Frühjahr begonnene Krieg einen Zeitgewinn bringen. Außerdem verminderte die unerwartete Überfahrt die Gefahr einer Kaperung oder Blockade durch die pompeianische Flotte.

Am 4. Januar 48, als die See etwas ruhiger war, lief Caesars Flotte aus. Nur 21 000 Mann befanden sich, eng zusammengepfercht, auf den wenigen Transportschiffen, die zur Verfügung standen. Caesar landete bei Palaeste an der Küste von Epirus südlich von Valona, dem heutigen albanischen Vlorë. Diese Überquerung der Adria, die Einschiffung mit so geringen Kräften bedeuteten ein enormes Risiko. Daß Caesar es auf sich nahm, ist nur durch seine Entschlossenheit zu erklären, niemals dem Feind Zeit zu lassen, niemals die Initiative aus der Hand zu geben.

Die Überlistung der pompeianischen Flotte gelang, obwohl ihre rund sechshundert Schiffe die See überwachten. Aber niemand rechnete mit der Überfahrt zu dieser Jahreszeit, weder Pompeius, der seine Armee von Osten langsam zur Küste führte, noch sein Flottenbefehlshaber Bibulus, der mit hundertzehn Schiffen vor Corcyra (Korfu) lag. Bibulus verpaßte seine Chance, dem Unternehmen Caesars, seines ehemaligen, gehaßten Mitconsuls, ein rasches Ende zu bereiten. Lediglich die leer zurückfahrende Transportflotte, die aus Brundisium die restlichen Legionen holen sollte, fiel ihm in die Hände. Seine Flotte vernichtete dreißig Transporter samt den Besatzungen.

Von nun an überwachte Bibulus verschärft die Adria und blokkierte Caesars Verbindungen mit Italien. Aber er geriet auch selbst in den nächsten Wochen in eine schwierige Lage. Caesar besetzte die epirotische Küstenregion, so daß die pompeianischen Schiffe, nur für kurze Seeoperationen gerüstet, keinen der nächstgelegenen Häfen anlaufen konnten. Die Mannschaften blieben der rauhen See, der Kälte ausgesetzt, litten schwer an dem Mangel an Trinkwasser und Nahrung. Bibulus, geschwächt durch Überanstrengung und Entbehrung, erkrankte schwer und starb.

Unterdessen hatte Caesar Pompeius ein Friedensangebot überbringen lassen. Er schlug vor, beide Feldherren sollten »die Waffen niederlegen und nicht länger das Schicksal herausfordern«. Sie beide hätten genug Verluste erlitten. Innerhalb von drei Tagen sollten die Heere entlassen werden. Über alle offenen Fragen sollten in Rom Volk und Senat entscheiden. Ein klug kalkulierter Vorschlag. In Rom hätte Caesar seine politische Überlegenheit als amtierender Consul ausspielen können. Außerdem entsprach das Friedensangebot der Kriegsmüdigkeit seiner Truppen und der Römer. Bei einer Ablehnung seines Angebots fiele die Schuld an der Verlängerung des Krieges allein auf Pompeius.

Caesars überraschende Landung und sein Vormarsch hatten im pompeianischen Heer, das inzwischen westlich des Ohridsees stand, eine Panik ausgelöst, die aber bald überwunden war. Natürlich wußte Pompeius, daß ihm die Annahme des Friedensangebots den politischen Tod gebracht hätte. Dabei besaß er hier, in Griechenland, gegenüber dem Angreifer alle Vorteile: ein zahlenmäßig überlegenes, zudem ausgeruhtes Heer; unerschöpfliche Reserven an Kriegsmitteln und Nachschubbasen, an denen es Caesar mangelte. Pompeius lehnte ab. Wie Caesar später durch einen Ohrenzeugen erfuhr, schnitt Pompeius dem Vermittler die Rede ab und entgegnete, auf »Caesars Gnade« könne er verzichten.

In Gewaltmärschen führte Pompeius seine Legionen nach Dyrrhachion, dem heutigen Durazzo. Um jeden Preis wollte er verhindern, daß die befestigte Stadt, das wichtigste Verpflegungs- und Materiallager der Küste, verlorenging, denn auch Caesar rückte eilig von Süden heran. Aber diesen Wettmarsch gewann Pompeius, und Caesar war gezwungen, seine Truppen zum Apsus zurückzuziehen, dem heutigen Seman, an dessen Ufer ein Feldlager errichtet wurde. Das Heer des Pompeius rückte bis zum anderen, dem nördlichen Flußufer vor. Pompeius griff allerdings nicht an, denn er setzte auf eine Zermürbungsstrategie, zunächst mit Erfolg.

Über den Fluß hinweg konnten die verfeindeten Truppen miteinander sprechen. Einmal gaben die Pompeianer bekannt, am nächsten Tag werde einer ihrer Legaten zu einer Unterredung über den Friedensschluß erscheinen. Viele von Caesars Soldaten kamen zur vereinbarten Stunde ans Ufer. Doch nicht der angekündete Legat, sondern Titus Labienus trat hervor und begann mit dem Abgesandten Caesars einen hochfahrenden Wortstreit, bis plötzlich Wurfgeschosse auf die ahnungslosen Caesarianer niederprasselten. Labienus rief, Frieden werde es erst geben, wenn »Caesars Kopf überbracht wird«. Labienus, dem Caesar nach dessen Übertritt zu Pompeius sein Privatvermögen und sein gesamtes Gepäck hatte nachschicken lassen, war zu einem der erbittertsten Feinde geworden.

Von Tag zu Tag wurde Caesars Lage schwieriger. Statt der versprochenen Erleichterungen hatten die Truppen erneut Entbehrungen zu ertragen. Verzweifelt wartete Caesar auf Verstärkung aus Brundisium, auf die unter dem Befehl des Marcus Antonius stehenden Legionen. Die wenigen Nachrichten, die durch die Seeblockade nach Epirus gelangten, sprachen von Unruhen in Rom. Offenbar begann Caesar, der Zuverlässigkeit seiner Legaten in Italien zu mißtrauen, denn eines Tages entschloß er sich, persönlich hinüberzufahren und seine Legionen zu holen. Mit diesem Versuch verbindet sich eine im *Bellum Civile* nicht genannte, doch in der historischen Literatur vielzitierte Anekdote:

Um unbemerkt die feindlichen Wachschiffe zu passieren, wollte er mit wenigen Begleitern bei Nacht auf einem kleineren gemieteten Boot die Adria überqueren. Als das Boot die Apsusmündung erreichte und in die vom Sturm gepeitschte Meeresströmung geriet, drohte es zu kentern, und der Steuermann befahl die Umkehr. Nun gab sich der unbekannte Reisende zu erkennen: »Vorwärts, Freund, fürchte nichts; du fährst Caesar und sein Glück!« Der Zuruf ermutigte den Steuermann, bis er schließlich doch der Naturgewalt weichen mußte und seine Bootsgäste zurückbrachte.

Endlich, nach drei Monaten, offenbar nachdem eine Aufforderung Caesars »in schärferem Ton« nach Brundisium gelangt war, wagte Marcus Antonius die Überfahrt und brachte seine vier Legionen glücklich über die Adria. Er landete weit nördlich von Dyrrhachion. »Mit eigenen Augen« hatte Caesar gesehen, wie die Transportflotte vom Wind in Küstennähe nach Norden getrieben wurde. Als die Landung gemeldet wurde, überschritt er mit seinen Truppen flußaufwärts eine Furt des Apsus. Nordwärts marschierend umging er das Heer des Pompeius und konnte nach einigen Tagen seine Armeen vereinigen. Nun verfügte er über eine Streitmacht von 34000 Fußsoldaten und 1400 Reitern.

Wenn wir, Caesars Angaben folgend, eine Überlegenheit des pompeianischen Heeres um ein Viertel, der Reiterei sogar um das Sechsfache annehmen, dann ist es erstaunlich, daß Pompeius nicht angriff. Die Vermutung, Caesar habe die Gesamtstärke seines Gegners übertrieben dargestellt, liegt nahe. Schon in Gallien war festzustellen, wie er Zahlenangaben über gegnerische Heere eher erhöht schätzte. Andererseits hatte Pompeius während Caesars Spanienfeldzug viel Zeit, ein großes Heer zusammenzuziehen. Von einer gewissen Überlegenheit seiner Truppenstärke darf man sicher ausgehen. So erscheint im nachhinein die Tatsache, daß er nicht vor der Vereinigung der Legionen Caesars zuschlug, als ein geradezu unbegreiflicher militärischer Fehler. Er setzte offenbar ausschließlich auf seine »Ermattungsstrategie«.

Auch Pompeius wechselte seine Stellung und rückte vom Apsus näher an Dyrrhachion heran. Caesar hatte zunächst, um Positionen im Hinterland zu besetzen und die Verpflegung der Truppe zu sichern, stärkere Verbände, rund 12 000 Mann, nach Makedonien und Mittelgriechenland geschickt. Dann zog er gegen Pompeius und forderte ihn zur Schlacht heraus. Aber Pompeius, getreu seiner Strategie, wich dem Kampf aus. Er fühlte sich wohl zu sicher, denn ihm entging ein geschicktes Umgehungsmanöver Caesars, das ihn von seiner Nachschubbasis Dyrrhachion abschnitt.

Tatsächlich gelang es Caesar, das gesamte Heer des Pompeius von der Landseite her einzuschließen. Nur die Seezufahrt blieb offen. Aus der Position des zahlenmäßig Schwächeren um die pompeianische Armee auf einem Raum von 55 Quadratkilometern einen Ring zu legen, das war ein militärisches Geniestück von unerhörter Kühnheit, und auch hier stellt sich wieder die Frage, warum Pompeius die Umklammerung nicht durch einen konzentrierten Angriff sprengte. Caesar mußte seine Truppen aufsplittern, einen Bogen von 21 Kilometern ziehen, ihn durch Stützpunkte befestigen. Aber Pompeius unternahm keinen Ausbruchversuch, sondern ließ sein Lager befestigen. Er befand sich in der günstigeren Ausgangslage, denn sein Verteidigungsbogen war kürzer. Seine Schiffe sicherten den Nachschub, die Verbindung mit Dyrrhachion.

Über gut zwei Monate zog sich ein Stellungskrieg hin, der keinem Vorteile brachte. Mühsam war es vor allem für die Belagerer im teils felsigen, unwegsamen Gelände. Mit jedem Tag wuchsen ihre Nahrungssorgen, denn das Korn war noch nicht reif. Sie buken Brot aus Wurzeln, mit Milch gemischt. Aber sie wollten »lieber von Baumrinde leben, als Pompeius entkommen lassen«. Er habe es mit »wilden Tieren« zu tun, meinte Pompeius, als ihm ein solches Wurzelbrot gebracht wurde, und er ließ es schnell beiseite schaffen, damit dieser Beweis der fanatischen Ausdauer des Feindes seine eigenen Soldaten nicht mutlos mache.

Pompeius' Sorge war nicht unbegründet, denn mit der Zeit bekamen seine Truppen die Nachteile des Belagerungszustandes zu spüren. Caesar griff zu einem bewährten Mittel. Er ließ die aus den Bergen kommenden Flüsse und Bäche ableiten oder stauen, und die Eingeschlossenen litten bald unter einem empfindlichen Wassermangel. Die Caesarianer hingegen überwanden ihre Verpflegungsnot, sobald die Ernte reifte. Die Zeit, so war vorauszusehen, arbeitete für Caesar. Irgend etwas mußte geschehen, wollte

Pompeius nicht durch seine rätselhafte Passivität in eine völlig aussichtslose Lage geraten. Wie er nun handelte, wie er seine Truppen überraschend und mit brillantem taktischen Vermögen aus der Umklammerung hinausführte, das erwies ihn noch einmal als großen Feldherrn.

Der erste Durchbruchsversuch um den 8. Juli 48 blieb ohne Erfolg. Aber Pompeius erfuhr durch die Gefechte an sechs verschiedenen Stellen einiges über die Kräfteverteilung und Einsatzfähigkeit seines Gegners. Zusätzlich informierten ihn zwei allobrogische Deserteure über Caesars Befestigungslinie und deren Schwachstellen.

Um den 17. Juli griff Pompeius zum zweiten Male an. Bei Nacht brachte er einen großen Teil der Leichtbewaffneten auf Schiffen um ein Felskap herum in den Rücken der Caesarianer, während seine Hauptstreitmacht gegen die am Meer auslaufende Südflanke des Befestigungsrings vorstieß. Ein Gegenangriff von Caesars Eingreifreserven blieb stecken. Ein kurzer, überaus heftiger Kampf entbrannte, wobei Caesars Truppen an dieser Stelle mit ungeheurer Wucht überrollt wurden. »Alles war voll Lärm, Furcht, Flucht. Als Caesar die Feldzeichen der Fliehenden ergriff und Halt befahl, setzten die einen ihre Flucht fort, ihre Pferde im Stich lassend, die anderen warfen aus Furcht sogar ihre Feldzeichen weg, und nicht einer hielt stand.« Das berichtet Caesar selbst. Aus anderer Quelle wissen wir, daß einer der Fliehenden Caesar mit dem Schaft eines Feldzeichens zu erschlagen drohte und von einem der Leibwächter niedergemacht werden mußte.

Caesar erlebte seine schlimmste, sein Scheitern vor Gergovia noch übertreffende Niederlage, auch darum, weil seine Legionäre das Vertrauen in die Kampfführung ihres Feldherrn verloren. Nach eigenen Angaben büßte Caesar in der Schlacht rund tausend Mann ein, darunter zweiunddreißig Centurionen und fünf Militärtribunen.

Pompeius hatte vor Dyrrhachion einen wichtigen Sieg errungen, und Caesar gab unumwunden zu, daß seine »bisherigen Pläne gescheitert waren«. Daß dieser Sieg nicht zur Entscheidung des Bürgerkriegs wurde, lag nur daran, daß Pompeius es wiederum versäumte, entschlossen zuzugreifen. Er beging den folgenschwersten Fehler seiner ganzen militärischen Laufbahn. Er ließ zu oder übersah, daß Caesar seine geschlagenen Truppen sammelte, ihnen Mut zusprach und mit ihnen in erneut gefestigter Formation das Schlachtfeld verließ, um nach Thessalien zu ziehen. Einmal mehr bewies Caesar seine Überzeugungskraft und seine Fähigkeit, Krisensituationen zu meistern. Er kennzeichnete genau die Lage, als er bekannte: »Heute hätten die Feinde gesiegt, wenn sie einen Feldherrn gehabt hätten, der zu siegen verstünde.«

Es wäre sinnlos gewesen, in Epirus Stellung zu beziehen, schon wegen der nun erschwerten Versorgungslage. Vor allem mußte Caesar seine enttäuschten und mutlosen Legionen von der pompeianischen Streitmacht lösen, ehe Pompeius aus der Überlegenheit des Siegers heraus einen neuen Großangriff einleitete. Caesars rasches Handeln, die durchdachte Ordnung der Absetzbewegung und des Rückzugs landeinwärts bewirkten, daß die Truppen wieder einmütig zu ihm standen. Nach den langen Entbehrungen versprach nun das fruchtbare Thessalien alle Voraussetzungen für reichliche Verpflegung. Zudem lagen dort zwei der früher ausgesandten Legionen, die die Ankunft des Heeres organisatorisch vorbereiteten.

Die Bevölkerung der thessalischen Städte, über die Niederlage Caesars informiert, schloß vor den heranmarschierenden Kolonnen die Tore. Das änderte sich erst, als Caesar die zur Abwehr gerüstete Stadt Gomphi, südlich des heutigen Tríkala, stürmen und plündern ließ. Die ausgehungerten Legionäre werden in der mit Vorräten wohlversorgten Stadt entsprechend gehaust haben. Fortan unterwarfen sich »alle thessalischen Städte mit Ausnahme von Larissa« am Peneios. Dort stand unter dem Befehl des Metellus Scipio eine starke pompeianische Heeresgruppe.

Es ist eine strittige Frage, ob Pompeius gut beraten war, als er ausgerechnet nun, nachdem er Caesars Truppen Zeit gegeben hatte, sich zu erholen und durch zwei Legionen zu verstärken, seine bisher erfolgreiche »Ermattungsstrategie« aufgab, Caesar nachrückte und sich bei Pharsalos, südlich von Larissa am Ostrand der thessalischen Ebene, zur Schlacht stellte. Doch unbestreitbar fiel Pompeius die weit günstigere Ausgangsposition zu, auch wenn die jüngere Forschung vermutlich zu Recht bezweifelt, ob Pompeius nach Caesars Schätzung rund 54 000 Mann in den Kampf führte und sein Heer »dem caesarischen um mehr als das Doppelte überlegen« war. Zumindest war die pompeianische Armee um einige tausend Mann, die Reiterei wohl um das Fünf-

oder Sechsfache stärker. Vor Dyrrhachion hatte Pompeius nur geringe Verluste erlitten, sein Heer war besser versorgt und gerüstet.

Dennoch wollte Pompeius offenbar die offene Feldschlacht vermeiden. Aber die führenden Optimaten in seiner Umgebung drängten zur Entscheidungsschlacht, seine Soldaten waren von Siegeszuversicht erfüllt. Er mußte zustimmen, um seine Würde als Feldherr zu wahren. Der vorweggenommene Siegestaumel trieb die hohen Herren, Consulare und Senatoren, zu einem merkwürdigen Spiel. Schon jetzt zankte man um die künftige Verteilung der Staatsämter, stritt man darüber, wer die nächsten Consulate, wer Caesars Oberpontificat übernehmen sollte, wem »Caesars Gärten und dessen Landgut in Baiae« und anderes mehr zufallen sollten.

Die Schlacht bei Pharsalos begann am Morgen des 9. August 48. Vor dem Kampf hatte Caesar noch einmal zu seinen Soldaten gesprochen, sie an seine vergeblichen Friedensbemühungen erinnert. »Niemals habe er ihr Leben unnötig aufs Spiel gesetzt, und niemals habe er den Staat um eines der beiden Heere ärmer machen wollen.«

Die Entscheidung bei Pharsalos fiel am rechten Flügel. Caesar befürchtete, daß seine Truppen von der Flanke her aufgerollt oder umgangen werden könnten. Deswegen löste er aus der dritten Schlachtreihe sechs Kohorten, die als bewegliche Reserve im Hintergrund auf seinen Einsatzbefehl warteten. Als nun tatsächlich nach der ersten Angriffswelle der Fußtruppen die pompeianische Reiterei die Umgehung versuchte, prallte sie unverhofft auf einen Wald von Spießen, wurde zurückgetrieben und geriet in Panik. Ausgerechnet Titus Labienus, der Caesar haßte wie kein anderer, befehligte die siebentausend Reiter, deren vernichtende Niederlage und ungeordnete Flucht die Schlacht entschieden. Nun befahl Caesar reaktionsschnell genau das, was Pompeius geplant hatte, die gegnerischen Kampftruppen von der Flanke her zu umfassen. Vorwärtsstürmend zerschlugen Caesars Legionäre jeden Widerstand im Rücken der pompeianischen Schlachtlinien und drangen in das feindliche Lager ein.

Die Soldaten verwüsteten schon das Lager, als Pompeius in seinem Zelt hastig Ehrenzeichen und Rüstung des Feldherrn ablegte und zu Pferd durch eines der hinteren Tore flüchtete. Wie er entkamen die meisten seiner Anführer und der Senatoren. Nur Domitius Ahenobarbus, der den linken Flügel befehligte, war gefallen.

Caesar schätzte die Zahl der gefallenen Feinde, einschließlich der nichtrömischen Hilfswilligen, auf 15 000, seine eigenen Verluste auf 200 Soldaten und 30 Centurionen. Der größte Teil der gegnerischen Truppen, rund 24 000 Mann, kapitulierte am nächsten Morgen. Es war das Ende der pompeianischen Armee.

Caesars größter Sieg war auch sein bitterster, überschattet von einem »düsteren Ruhm«, denn sechstausend römische Bürger blieben auf dem Schlachtfeld, gefallen im Bruderkrieg. Er selbst muß, trotz der geschichtlichen Entscheidung zu seinen Gunsten, sehr erschüttert gewesen sein. Niemals hat er den Sieg von Pharsalos mit einem Triumph gefeiert, wie es sonst üblich war. Als er das von Gefallenen bedeckte Schlachtfeld überschaute, so berichtet sein Begleiter Asinius Pollio, sagte er: »Das haben sie gewollt; bei allen meinen Großtaten wäre ich, Gaius Caesar, verurteilt worden, hätte ich nicht bei meinem Heer Hilfe gesucht.«

## 40 Caesars Milde

Als Caesar die Zelte der gegnerischen Anführer besichtigte, fand er sie luxuriös ausgestattet, mit Myrten bekränzt, mit Teppichen geschmückt, kostbares Silbergeschirr und gefüllte Weinkrüge auf den Tischen, vielleicht vorbereitet schon für die Siegesfeier. Aber dem überstürzt geflohenen Pompeius war nicht einmal die Zeit geblieben, seine Korrespondenz zu vernichten. Ungelesen, so versichert Dio Cassius, ließ Caesar die gesamten Papiere verbrennen.

Von den umliegenden Bergen kamen Scharen geflüchteter pompeianischer Soldaten herab, um ihre Waffen niederzulegen. Vor Caesar warfen sie sich mit erhobenen Händen zu Boden und baten um Schonung. Er »tröstete sie, sprach einige wenige Worte über seine Milde, dann begnadigte er sie alle und empfahl seinen Legionären, dafür zu sorgen, daß keinem von ihnen etwas geschehe oder etwas vom Eigentum verlorengehe«.

Wieder dieses eigentümliche Verhalten des durchaus der Skrupellosigkeit fähigen Kriegsmannes, seine »Milde«, die schon von den Zeitgenossen vielzitierte *clementia Caesaris*. Was bedeutete sie in ihrem geschichtlichen Zusammenhang? War sie eine Laune Caesars, eine Charaktereigenschaft, oder entsprang sie kalter Berechnung? Zunächst ist zu sagen, daß die Milde des Siegers nicht als Erfindung caesarfreundlicher Historiker gewertet werden kann, sondern nachweisbar den Tatsachen entspricht.

Seneca sah in der *clementia* »das Maßhalten bei der Möglichkeit, Rache zu üben, oder die Milde eines Stärkeren gegen einen Schwachen in der Bestimmung der Strafe«. Das trifft nun kaum auf Caesars Vorgehen in Gallien zu, auch wenn er in der Selbstbeschreibung gelegentlich seine Milde betont. Gewiß fanden auch seine schärfsten Gegner nur einmal Gelegenheit, ihn wegen Grausamkeit anzuklagen: nach der Vernichtung der Usipeter und Tencterer. Meist handelte Caesar in Gallien nach dem geltenden Kriegsrecht, das aber furchtbar genug für die Betroffenen war, erbarmungslos strafend, ohne »Milde«.

Erst seit dem Beginn des Bürgerkrieges kann von der *clementia Caesaris* gesprochen werden, beispielhaft, wie wir sahen, bei Corfinium, in Spanien und nach dem Sieg von Pharsalos, dann fortgesetzt in der Begnadigung der Besiegten ohne Rangunterschied.

Cicero sprach bemerkenswerterweise einmal von der »hinterhältigen Milde« Caesars. Aber das schrieb er am Anfang des Bürgerkrieges. Drei Jahre später, 46, in seinen Reden für Marcellus, Ligarius und 45 für den König Deiotarus, spendet er dann schon der Milde Caesars überreiches, wahrscheinlich ehrlich gemeintes Lob. Denn trotz der mit diesen Reden verbundenen Forderungen, trotz der mitunter anklingenden feinen Ironie spricht Cicero deutlich von der »großen Nachsicht und Mäßigung«, von der »bewundernswerten Milde«. Caesar sei durch seine gewonnene Macht nicht zum Tyrannen geworden, sondern als Sieger ein *clementissimus dux*, ein Führer von höchster Milde. Auch in einigen Briefen hebt Cicero die »Großherzigkeit« oder die »milde Natur« Caesars hervor.

Wahrscheinlich trugen Ciceros Reden dazu bei, daß der Senat nach dem Ende des Bürgerkriegs der *clementia Caesaris* einen Tempel weihen ließ. »Wie es scheint, aus gutem Grunde«, bemerkt Plutarch, »aus Dankbarkeit für seine Güte und Sanftmut, da er vielen, die gegen ihn ihre Waffen erhoben hatten, verzieh, einigen sogar Ämter und Ehrenstellen zuteilte.«

So unglaublich es seinen Zeitgenossen erschien, Caesar »hat fast alle seine Gegner begnadigt, einige mehrfach, kaum einen hingerichtet, wenige verbannt«. Die so erwiesene Großmut unterschied ihn von den anderen römischen Machthabern seiner Zeit, zumal von Sulla, von Marius und Cinna, auch von Pompeius und den Optimaten. Cicero bezeugt das: »Was wir jedesmal beim siegreichen Abschluß eines Bürgerkriegs erleben mußten, das haben wir bei dir als Sieger nicht gesehen. Du bist der einzige, ich spreche es aus, Caesar, bei dessen Sieg nur Bewaffnete gefallen sind.« Gewiß gab es auch vor Caesar vereinzelt Gnadenerweise oder Milde gegenüber dem Besiegten. Indessen: »Clementia als bestimmende, leitende Kraft, als Tugend, die sich in jeder Handlung äußert, tritt zum erstenmal in dieser zentralen Bedeutung auf bei Caesar, und durch ihn ist Milde eine der großen Tugenden des Herrschers geworden, im römischen Kaiserreich nicht weniger von Geltung als in der abendländischen Geschichte des Mittelalters.«

Umstritten ist allerdings die Frage, was Caesar zu seinem versöhnlichen Handeln bewegte. Er selbst bekennt am Anfang des Bürgerkriegs, er wolle »versuchen, auf diese Weise die allgemeine Zustimmung wiederzugewinnen und den Sieg dauerhaft zu machen ... Das sei die neue Art zu siegen, daß wir uns durch Barmherzigkeit und Großmut sichern«. Daraus folgt, »daß Caesar seine Milde im Bürgerkrieg als Lockmittel für die Gegner und insbesondere für die Wankenden betrachtet hat«. Aber entsprach sein Verhalten ausschließlich kalter Berechnung, gezielt auf den kurzfristigen politischen Erfolg? Dem würden Ciceros Bemerkungen aus dem Jahre 46 widersprechen. Vielmehr scheint Caesars Milde, die bezeichnenderweise im Bürgerkrieg und kaum vorher deutlich wurde, mit seiner Vorstellung Roms als einer Einheit zusammenzuhängen. Für ihn waren selbst seine Gegner im Bürgerkrieg zunächst Römer und dann erst Feinde. Wollte er Rom erhalten, in seinem Namen wiederherstellen, mußte er als langfristig denkender Politiker noch im Kampf dem Frieden den Boden bereiten. So ist Caesars *clementia* wohl weniger als Charaktereigenschaft denn als weitsichtiges politisches Handeln zu begreifen.

Diejenigen, die Caesar ablehnten, die in ihm den Rechtsbrecher und Despoten sahen, werden ihm den Gnadenerweis kaum anders als widerwillig gedankt haben. Sie empfanden Caesars

Verzeihen als anmaßende, überhebliche, ja verletzende Geste. Was sie dachten, sprach Cato aus: »Wenn ich mein Leben erhalten wollte, brauchte ich nur zu ihm zu gehen. Aber ich mag nicht dem Tyrannen noch Dank schulden für sein rechtswidriges Tun. Denn rechtswidrig ist, daß er als Herr diejenigen begnadigt, über die zu herrschen ihm nicht zukommt.« Nur besaß nicht jeder den Mut, aus solchem Selbstverständnis konsequent zu handeln. Cato, der bei Pharsalos als pompeianischer Truppenführer kämpfte, dann in Nordafrika die Reste der Republikaner sammelte, entzog sich der Macht Caesars, ihn zu begnadigen, durch seinen Freitod im Jahre 46.

Von allen Gegnern Caesars war Cato der konsequenteste und gefährlichste, gefährlich wegen seiner hohen Intelligenz, seiner politischen Autorität und seines standhaften Charakters – drei Eigenschaften, deren nicht nur in Rom seltene Verbindung Catos Ansehen begründete. Um so mehr freute es Caesar, daß ausgerechnet der Neffe Catos, von ihm erzogen und ihm nacheifernd, nach Pharsalos als erster Träger eines großen Namens Caesars Gunst suchte. Es war der siebenunddreißigjährige Marcus Iunius Brutus.

Brutus hatte noch am Tag vor der Schlacht bei Pharsalos bis in den Abend im Geschichtswerk des von ihm verehrten Polybios gelesen. Ihn, den untadeligen, vielleicht etwas wirklichkeitsfernen Intellektuellen, interessierten die griechischen Philosophen und Rhetoren wesentlich mehr als das Kriegshandwerk. Brutus war alles andere als ein erklärter Anhänger des Pompeius, denn Pompeius hatte im Jahre 77 seinen Vater umbringen lassen, und die Mutter, Caesars Geliebte Servilia, erzog ihren Sohn im Haß gegen den Mörder ihres Gatten. So befand sich Brutus nur aus rechtlichem Prinzip im Lager des Pompeius, der, das darf nicht vergessen werden, der Beauftragte des Senats und mithin Verfechter des Legalitätsprinzips war. Brutus diente im Stab des Feldherrn, ohne ein wirkliches Kommando innezuhaben.

Vor der Schlacht befahl Caesar seinen Offizieren, Brutus und einige andere im Kampf unbedingt zu schonen. Plutarchs Bemerkung, Caesar sei »aus Gefälligkeit gegen Servilia« um Brutus »sehr besorgt« gewesen, trifft sicherlich zu. Als weniger glaubhaft erweist sich Plutarchs Nachsatz, Caesar habe Servilia zur Zeit, als Brutus geboren wurde, »am feurigsten geliebt«, was zu der Legende beitrug, Brutus sei Caesars Sohn gewesen. Offensichtlich fiel der unkritische Plutarch auf eine der gern kolportierten römischen Klatschgeschichten herein. Wenn Brutus im Jahre 85 geboren wurde (nach Cicero), so ist die Vaterschaft schwerlich mit den Lebensdaten Caesars vereinbar. Seine Liebesbeziehung zu Servilia begann kaum vor seinem dreißigsten Lebensjahr.

Wie Pompeius konnte Brutus aus dem Lager bei Pharsalos entfliehen und schlug sich in der Nacht nach Larissa durch. Anderntags, als Caesar, der mit einer Reitertruppe dem flüchtigen Pompeius nachjagte, in Larissa eintraf, suchte Brutus den Geliebten seiner Mutter auf und bat um Gnade. Er wurde mit offenen Armen aufgenommen. Nach Plutarch führten beide ein vertrauliches Gespräch, wobei Brutus Vermutungen über das Fluchtziel des Pompeius äußerte. Aber woher konnte Plutarch wissen, was unter vier Augen besprochen wurde?

Jedenfalls begann eine abenteuerliche Verfolgungsjagd, verzögert, weil von Etappe zu Etappe Erkundungen über den weiteren Fluchtweg des Pompeius eingeholt werden mußten, nochmals verzögert, weil Pompeius wohl eine geschlagene Armee zurückließ, aber mit seiner starken Kriegsflotte nach wie vor die See beherrschte. Auf dem Landweg eilte Caesar mit seiner Reiterei über Thessalonike nach Amphipolis im Mündungsgebiet des Strymon und weiter die Küste entlang bis zum Hellespont (Dardanellen). Seinen Nachrichten zufolge hielt sich Pompeius inzwischen auf der Insel Lesbos auf, vielleicht um von dort aus mit schnellen Schiffen nach Zypern oder Syrien zu segeln.

Nachdem die marschierende Nachhut, zwei Legionen, Caesar am Hellespont erreicht hatte, bereitete er die Überfahrt nach Anatolien, zur Provinz Asia, vor. Kurz entschlossen beschlagnahmte Caesar alle in Küstennähe greifbaren Fischerboote und befahl die waghalsige Überfahrt.

Als er selbst mit einer Flotte seiner kleinen Schiffe die Meerenge überquerte, wurde er von zehn gutbewaffneten pompeianischen Kriegsschiffen gestellt. Mit Leichtigkeit hätte der gegnerische Befehlshaber die wehrlosen Boote Caesars vernichten können. Caesar aber floh nicht, so berichtet Sueton, sondern fuhr mit seinem Boot näher an das gegnerische Flaggschiff heran, forderte den Befehlshaber »als ersten zur Übergabe auf und nahm ihn, als er sich ergab, an Bord«. Er war nicht nur der tödlichen Bedrohung entronnen, sondern verfügte nun über zehn schwerbewaffnete Kriegsschiffe, die seinem weiteren Unternehmen unschätzbare Dienste leisteten. Das Geschehen illustriert einmal mehr Caesars bedingungslose Entschlossenheit, den an Leichtsinn grenzenden Wagemut, mit dem er immer wieder alles auf eine Karte setzte, auf sein Glück vertrauend, und natürlich seine persönliche Ausstrahlung selbst in hoffnungslosen Situationen.

In Asia besuchte Caesar zunächst das ausgebrannte Troja und gedachte seines legendären Ahnherrn Aeneas, sofern wir Lucans dichterischer Schilderung Glauben schenken können, mit den Worten: »All ihr Aschengeister, die ihr in Trojas Ruinen wohnt! Hausgötter meines Ahns Aeneas . . . Der ruhmreichste Nachfahr aus Julus' Stamm bringt euren Altären fromme Weihrauchgaben dar . . .« Das mag eine schöne Erfindung sein. Aber Caesar selbst scheint in diesen Tagen für mythische Zeichen empfänglich gewesen zu sein. Beflissen nahm er auf, was sich am Siegestag von Pharsalos angeblich an verschiedenen Orten ereignete: Im Tempel von Elis habe sich die Nikestatue gedreht; in Antiochia und Ptolemais habe man grundlos Kriegslärm und Tubenklänge vernommen; weithin hörbar seien Paukenschläge im geheimen Tempelbezirk von Pergamon aufgeklungen; und im Niketempel in Tralles sei vor der neugeweihten Caesarstatue aus dem Steinboden eine Palme gewachsen.

In Ephesos, wohin Caesar sich mit seinen erbeuteten Schiffen wandte, ging es realistischer zu. Seine unerwartete Ankunft vereitelte den Raub des Tempelschatzes aus dem Heiligtum der Artemis durch den Legaten des Pompeius, der Ephesos fluchtartig verließ. Auch Caesar brauchte Geld zum Unterhalt seiner Truppen. Er beschlagnahmte die Pompeius zugedachten Tribute und nahm beträchtliche freiwillige Spenden in Empfang. Die Provinz Asia war reich. Allerdings vermied Caesar jede unmäßige Belastung der kleinasiatischen Gemeinden. Er traf sogar, während er auf Nachrichten über den Verbleib des Pompeius wartete, Maßnahmen zur steuerlichen Entlastung, befreite die Provinz von den Abgaben an die verhaßten römischen Steuerpächter, so daß ihre Steuerlast um ein Drittel verringert wurde. Den Knidiern (im Südwesten Kleinasiens) schenkte er, seinem gelehrten Freund Theopompos zuliebe, die Freiheit. Durch solche Maßnahmen versuchte Caesar, die Provinzbewohner auf seine Seite zu ziehen.

Gegenüber Pompeius, dem bisher unbestrittenen Patronatsherrn Kleinasiens, besaß Caesar einen unvergleichlichen Vorteil, den Lucan sinngemäß erfaßte und der die rasche Anerkennung Caesars in dieser Provinz begreifbar macht. Der hellenistischen Vorstellungswelt lag es näher als der römischen, daß die mythische Herkunft von Aeneas und den »unsterblichen Göttern« Caesars Herrschaft legitimierte. Er wurde emphatisch gefeiert, mit göttlichen Ehren empfangen. Kurze Zeit nach seiner Abreise errichteten die kleinasiatischen Gemeinden in Ephesos ein Denkmal für »Gaius Julius Caesar, Sohn des Gaius, den Oberpriester und Imperator und Consul zum zweitenmal, den von Ares und Aphrodite abstammenden, in Erscheinung getretenen Gott und Retter der Menschheit«. Eine solche auch machtpolitisch abgestimmte Verherrlichung war dem hellenistischen Osten gemäß, für das realpolitische, legalistische Denken der Römer eher anstößig. Nicht ohne Grund mutete Caesar den Lesern seiner Commentarien diese Huldigungen nicht zu.

Als er erfuhr, daß Pompeius auf Zypern gelandet war und vermutlich plante, nach Ägypten weiterzufahren, ließ er auf Rhodos seine Truppen zur Einschiffung sammeln. Mit fünfunddreißig Schiffen, an Bord 3200 Fußsoldaten und 800 Reiter, stach er in See. Sein Ziel hielt er auch vor seinen Truppen geheim. Den Schiffsführern befahl er, nachts den Lichtern und tagsüber dem Banner seines Flaggschiffes zu folgen. Nach drei Tagen und drei Nächten fuhr die Flotte in den Hafen der Stadt Alexandria ein. Seit der Schlacht von Pharsalos waren noch nicht ganz acht Wochen vergangen.

Pompeius hatte Ägypten aufgrund seiner »engen Beziehungen zum Herrscherhaus« und des sagenhaften ägyptischen Reichtums gewählt. Hier glaubte er sicher zu sein und erneut für den Kampf gegen Caesar rüsten zu können. Er hatte sich in Rom des aus Alexandria geflüchteten Königs Ptolemaios XII., des bekannten »Oboebläsers«, angenommen und dessen Wiedereinsetzung mitveranlaßt. Er hatte das halbunabhängige Königreich vor der vollen Annexion durch Rom bewahrt. Zudem lebten in Ägypten nicht wenige seiner alten Soldaten, die mit seinem Gefolgsmann Gabinius zur Wiedereinsetzung des Königs vor sieben Jahren ins Land gekommen waren.

Der »Oboebläser« aber war drei Jahre zuvor gestorben und

hatte testamentarisch die gemeinsame Thronfolge seiner Kinder verfügt, des Ptolemaios XIII. und der Kleopatra. Auseinandersetzungen, geschürt von den Ratgebern, verfeindeten das zur Geschwisterehe verpflichtete Paar, so daß die achte Jahre ältere Kleopatra nach Syrien auswich und alsbald eine Streitmacht gegen den Bruder führte. Als Pompeius Ende September 48 die ägyptische Küste erreichte, beherrschte der dreizehnjährige Ptolemaios XIII. die Hauptstädte, zumal die Residenz Alexandria.

Offenbar hielten die Berater des unmündigen Königs die Sache des Pompeius für aussichtslos. Sie sannen auf eine schnelle und, nach ihrer Meinung, Caesar genehme Lösung, die ihrem Land zugleich den römischen Krieg ersparen sollte. Der ägyptische General Achillas, begleitet von zwei ehemaligen römischen Offizieren, ruderte zur Galeere des Pompeius hinaus und gab vor, er wolle ihn als verehrten Gast zum Königspalast bringen. Pompeius stieg ohne Wachmannschaft in das Boot, und als sie sich dem Land näherten, stieß ihm einer der Römer, der früher unter ihm gedient hatte, das Schwert in den Rücken.

Vier Tage danach, am 2. Oktober 48, erreichte Caesars Flotte Alexandria. Die Ägypter übergaben ihm den Kopf des Pompeius und dessen Siegelring, auf dem ein Löwe mit einem Schwert in der Tatze eingraviert war. »Er weinte und stöhnte«, berichtet der Historiker Dio Cassius, »er nannte Pompeius Schwiegersohn und Mitbürger und erinnerte an die Dienste, die sie einander früher erwiesen hatten.« Die Szene mag übertrieben sein. Aber durchaus glaubhaft ist Caesars Abscheu vor der hinterhältigen Mordtat, auch aus politischen Gründen. Der Tod des Pompeius zerschlug die Hoffnung auf Einigung mit dem Rivalen, auf eine Wiederherstellung des Staatsfriedens im Rahmen der Legalität.

Nach Appian bestattete Caesar den Kopf des Pompeius in einem kleinen Tempel der Rachegöttin Nemesis vor den Toren Alexandrias; den Siegelring sandte er als Beweis seines Sieges nach Rom.

# 41 Kleopatra und Kaisarion

Die Ägypter hatten gehofft, nach der Beseitigung des Pompeius werde der mächtige ungebetene Gast ihr Land unbehelligt lassen und alsbald zur Weiterfahrt rüsten. Auch Caesar scheint seinen Aufenthalt in Alexandria ursprünglich kurz bemessen zu haben, denn im Oktober 48 notierte er, daß die stürmischen Nordwinde das Auslaufen seiner Schiffe vereitelten. Dann allerdings verstrickte er sich in ein Abenteuer, das ihn nahezu neun Monate in Bann hielt. Diese geheimnisumwittertste Phase in seinem Leben, verbunden mit dem Namen der Kleopatra, beflügelte die Phantasie vieler Biographen, Roman- und Theaterautoren. Um so zurückhaltender deckten Wissenschaftler die spärlichen Befunde auf, freilich um den Preis widersprüchlicher Deutungen und ohne dem delikaten Geheimnis wirklich umfassend auf die Spur zu kommen.

Caesar nahm im Königspalast am Meer Quartier und wartete auf günstige Winde. Es war natürlich und seiner unermüdlichen Energie gemäß, daß er versuchte, den erzwungenen Aufenthalt zu nutzen. Er hatte während seines ersten Consulats dem verstorbenen König Ptolemaios XII. Auletes zum Freundes- und Schutzbündnis mit Rom verholfen. Aus den damit verbundenen halblegalen Geschäften schuldete ihm das ägyptische Herrscherhaus noch siebzehneinhalb Millionen Denare, eine stattliche Summe, die er gnädig auf zehn Millionen herabsetzte und von den Königserben einforderte. Weiterhin versuchte er, gemäß dem Testament des verstorbenen Königs als »Protektor« den Streit der beiden älteren Geschwister und Thronfolger zu schlichten, natürlich mit dem Hintergedanken, die römische Schutzherrschaft und seinen persönlichen Einfluß zu festigen. Wer Ägypten beherrschte, kontrollierte den größten Teil der römischen Getreideeinfuhr.

Beiden Versuchen widersetzte sich der Eunuch Pothinos, der in Alexandria für den unmündigen Ptolemaios XIII. die Regierungsgeschäfte führte. Die Intervention des Römers störte seine eigenen Pläne. Wozu hatte er denn, der mächtige Eunuch, gemeinsam mit Theodotos, dem Lehrer des jungen Königs, und Achillas, dem General, die Ermordung des Pompeius betrieben? Um Caesars Eingreifen in die ägyptischen Angelegenheiten zu verhindern. Nach dem Willen des Pothinos war die Königsherrschaft zugunsten seines dreizehnjährigen Schützlings entschieden, dessen Schwestergemahlin und Mitregentin Kleopatra ausgeschaltet. Sie war vertrieben, geflüchtet in die syrische Wüste. Bei Pelusion am Ostrand des Nildeltas wachte Achillas mit 20 000 Soldaten. Gegen diese Kriegsmacht vermochte Kleopatra nichts auszurichten. Caesars Schlichtungsversuche waren unerwünscht, denn sie konnten die zugunsten des Pothinos stabilisierte Situation nur erneut erschüttern.

Caesar befand sich in einer schwierigen Lage. Die Alexandriner nahmen ihm übel, daß er in ihre Stadt als römischer Consul eingezogen war, mit den vorangetragenen Zeichen seiner Amtsgewalt, den Rutenbündeln mit dem Richtbeil – in ihren Augen eine Mißachtung der königlichen Würde. Bei ersten Tumulten wurden mehrere Legionäre getötet, und Pothinos schürte die Feindseligkeit der Alexandriner, wenn auch vorsichtig und unterschwellig. Caesars Truppe, knapp viertausend Mann, reichte gerade zum Schutz jenes Stadtviertels aus, in dem der Königspalast lag. Seinem Legaten in Asia ließ er darum den Befehl überbringen, sofort zwei Legionen nach Ägypten in Marsch zu setzen. Er mußte mit dem Heranrücken der ägyptischen Streitmacht rechnen.

Trotz seiner schwachen militärischen Kräfte war Caesar nicht bereit, sein Recht als Protektor und Schlichter zwischen den Geschwistern aufzugeben oder dessen Vollzug auch nur aufzuschieben. Ende Oktober lud er die verfeindeten Geschwister Ptolemaios XIII. und Kleopatra vor seinen Richterstuhl. Doch wie sollte die geflohene Kleopatra durch die von Achillas besetzten Gebiete und durch die ihr feindliche Stadt in den Palast gelangen? Wäre sie ergriffen worden, sie wäre niemals zu Caesar gekommen.

Nach Plutarchs Schilderung »nahm Kleopatra nur den Sizilianer Apollodoros mit sich, stieg in ein kleines Boot und legte bei einbrechender Finsternis in der Nähe des Palastes an. Da sie kein anderes Mittel wußte, unentdeckt hineinzukommen, legte sie sich der Länge nach in einen Bettsack, welchen Apollodoros mit Riemen zuschnürte und durch die Tür zu Caesar trug. Durch diese List, die einen kühnen Geist verriet, wurde Caesar, wie man sagt, zuerst für sie eingenommen, und da auch sonst ihr Umgang und ihre Reize großen Eindruck auf ihn machten, söhnte er sie mit ihrem Bruder aus.«

Die Versöhnung kam allerdings etwas komplizierter zustande, als Plutarch in seiner knappen Schilderung zu verstehen gibt. Die einundzwanzigjährige Kleopatra war in der Nacht bei Caesar geblieben. Mit ihrer Kühnheit, ihrem unwiderstehlichen Charme, ihren geistigen und körperlichen Reizen hatte sie den Imperator gewonnen. Als der jüngere Bruderkönig am nächsten Morgen die Vertrautheit zwischen den beiden spürte, reagierte er wütend und empört. »In wilder Raserei«, so versichert Dio Cassius, lief er hinaus auf die Straße, »laut schreiend, er sei betrogen worden; er riß sich die Krone vom Haupt und warf sie zu Boden«. Die aufgebrachten Alexandriner, die sich vor dem Palast zusammenrotteten, konnte Caesar nur mit größter Mühe beruhigen. Er versprach, nach »allen ihren Wünschen zu handeln«.

Es gelang ihm, die Geschwister vor die Volksversammlung zu bringen und das Testament des vor drei Jahren verstorbenen Königs verlesen zu lassen. Demnach fiel, wie Caesar wußte, die Königsherrschaft gemeinsam und gleichberechtigt Ptolemaios XIII. und Kleopatra zu. Caesar versicherte, er vertrete die römische Schutzmacht, folglich werde er die Sicherheit der Thronerben und den Vollzug der Testamentsbestimmungen verbürgen. Wie schwierig seine Lage war, beweist ein Zugeständnis. Er übertrug nämlich den beiden jüngeren Geschwistern, der Arsinoë und ihrem jüngeren Bruder, die unter seiner Aufsicht im Palast wohnten, die gemeinsame Herrschaft über die Insel Zypern, obwohl Zypern bereits zehn Jahre zuvor von Rom annektiert worden war.

Ohne Zweifel war Kleopatra die eigentliche Nutznießerin von Caesars Schiedsspruch. Sie war wieder anerkannte Königin, persönlich und durch Caesars Hilfe ihrem Mitregenten weit überlegen. Sie nahm als Geliebte Caesars im väterlichen Palast ihre Wohnung. Kein Wunder, daß nun der geprellte Pothinos alle Mittel gegen die verhaßte Kleopatra und den Römer einsetzte. Schon beim ersten Festgelage versuchte er, Caesar zu vergiften. Dann rief er Achillas mit dem ägyptischen Heer von Pelusion nach Alexandria. Der Alexandrinische Krieg begann.

Was Caesar bewog, sich auf das gefährliche ägyptische Abenteuer einzulassen, war schon in der Beurteilung antiker Autoren umstritten. Für nicht wenige Römer war es ein Skandal, eine entwürdigende Liebschaft, zudem eine Zeitverschwendung. Der ältere Plinius nennt Kleopatra eine »gekrönte Hure«, Properz »ein durch Ausschweifungen verbrauchtes Weib«, und Dio Cassius beschimpft sie als »Venus, die sich ganz an ihre Beute klammert«.

Doch wird es »weder Caesar noch Kleopatra gerecht, dieses gewaltige menschliche Schauspiel auf das Niveau eines Skandals herabzudrücken«. Gewiß war »Kleopatra mehr als eine skrupellose Intrigantin und verworfene Konkubine«; der Dichter Horaz nannte sie nach ihrem Tode eine »Frau ohne Niedrigkeit«, *non humilis mulier*.

Zur ersten, durch List erzwungenen Begegnung mit Caesar bemerkt Dio Cassius: »Für Auge und Ohr gleichermaßen anziehend, besaß sie die Fähigkeit, sich die der Liebe noch so verschlossenen oder durch Alter erkalteten Herzen gefügig zu machen; deshalb hielt sie es für unerläßlich, Caesar von Angesicht zu Angesicht gegenüberzutreten und ihre Schönheit als höchsten Trumpf auszuspielen.«

Eine makellose Schönheit war sie sicher nicht, wie ihre Bildnisse mit der etwas fleischigen, langen Nase zeigen, aber doch eine betörend anmutige Erscheinung, wohl acht Sprachen beherrschend, voller Lebensfreude und Phantasie, begabt mit Klugheit und politischem Instinkt – Eigenschaften, die ihre weiblichen Reize noch zu steigern schienen. Sie wußte immer, was sie wollte, und kalkulierte ihre Einsätze genau. Caesar und Kleopatra, »beide sind Spieler«, so interpretiert ein neuzeitlicher Historiker ihr Verhältnis, »berechnend und skrupellos, aber beide nicht unadlig, und vor allem: sie durchschauen sich gegenseitig und wissen das auch voneinander«.

Der nun dreiundfünfzigjährige Caesar, Roms Consul und Imperator, war fasziniert von der jungen Frau. Wie hätte es anders sein können? Sie und Ägypten, wie man hinzufügen muß, beanspruchten ihn dermaßen, daß er über sechs Monate keinen Brief nach Rom sandte. Der Mangel an Nachrichten ließ die Gerüchte wuchern und die Römer vermuteten, ihr höchster Amtsträger sei dem schmählichen Zauber Kleopatras und dem Luxusleben am Nil verfallen. Das schildert überaus farbig Lucan in seinem zehnten Buch. Es mag sein, daß in den schmähenden Bemerkungen über Kleopatra ein guter Teil gekränkten römischen Stolzes mitschwingt.

Caesars Beziehung zu Kleopatra (wie ihre zu ihm) wurde durch die von beiden einkalkulierte und wechselseitig durchschaute politische Zielstrebigkeit offenbar nicht beeinträchtigt. Im Leben Caesars spielte die eigentümliche Mischung aus Liebe und Politik eine wichtige Rolle, und vieles spricht dafür, daß beide Anteile dieser Mischung in Ägypten eine besondere Intensität gewannen. Daß er auch in dieser Hinsicht in Kleopatra die ebenbürtige Partnerin fand, gab ihrem Verhältnis die unvergleichliche Spannung.

Politisch bot sich durch die Wiedereinsetzung der Königin für Caesar eine glänzende Möglichkeit, seine eigenen Absichten voranzubringen. Denn im Bündnis, vereint durch beiderseitige Interessen, garantierte ihm Kleopatra die persönliche Herrschaft über Ägypten. Das Land am Nil, lebenswichtig für Rom wegen seiner strategischen Lage und seiner wirtschaftlichen Bedeutung als Kornlieferant, verschaffte dem, der es beherrschte, eine unvergleichliche Machtposition.

Weiteres, weniger Greifbares, aber dennoch Geschichtsträchtiges kam hinzu: »Die Königin war die letzte Erbin Alexanders und das ägyptische zugleich das letzte, wenigstens dem Namen nach noch selbständige Königreich der Kulturwelt. So hatte die Verbindung mit ihr eine weit höhere Bedeutung.« Die Vermutung liegt nahe, Caesar habe zumindest erwogen, über seinen Vorgänger Pompeius hinaus, sozusagen in der Nachfolge Alexanders des Großen, den Osten und den Westen unter seiner Herrschaft zu vereinen – eine Zielvorstellung, die dem politischen Ehrgeiz Caesars gemäß wäre, auch wenn sie zur Stunde, unter den realen Verhältnissen in Alexandria, von ihrer Verwirklichung denkbar weit entfernt war.

Caesars ehrgeizige Pläne standen in krassem Mißverhältnis zu seiner Lage. Mit nur 4000 Legionären stand er einer feindlichen Stadtbevölkerung gegenüber, die nur auf die Ankunft des ägyptischen Heeres wartete, um zu den Waffen zu greifen. Hier haben die in Rom umlaufenden Gerüchte von Caesars Verwirrung durch seine Liebe zu Kleopatra einen realen Kern: Warum wartete er nicht die Ankunft von Verstärkungen ab, bevor er sich in das alexandrinische Abenteuer stürzte? Er hatte ein Weltreich gewonnen, sein einziger Rivale, Pompeius, war geschlagen und ermordet, Rom wartete auf seine triumphale Rückkehr als Imperator, und Caesar setzte das durch seine unbesonnene Einmischung in ägyptische Palastintrigen aufs Spiel. Das alles war sicher nicht nur für Caesars Zeitgenossen ein Rätsel. Hat er den Zeitraum, in dem die angeforderten Verstärkungen Alexandria erreichen konnten, unterschätzt? Das ist wenig wahrscheinlich. Einleuchtender wäre, daß er die Ausstrahlung seines Namens und seines Ruhms in Ägypten überschätzte. Eine klare Antwort gibt es nicht. Die Lage aber, in die er sich und seine Legionäre durch sein Eintreten für Kleopatra brachte, war fast aussichtslos.

Denn Caesar saß in der Falle, als Achillas mit seinem fünffach überlegenen Heer heranrückte und einen tückischen Stadtkrieg begann. Unter den zwanzigtausend ägyptischen Kriegern befanden sich zwar, bunt gemischt, im Land gebliebene Legionäre, Piraten, entlaufene Sklaven, Ausgebürgerte und gemeine Verbrecher, doch die Bevölkerung der Halbmillionenstadt Alexandria stand auf ihrer Seite. Nur das Palastviertel mit dem Zugang zum Meer konnten die Römer verteidigen. Im Palast hielt Caesar die Königskinder und Pothinos in Gewahrsam. Pothinos aber, der für die Verpflegung der Römer sorgen mußte, konspirierte mit Achillas und nutzte jede Gelegenheit, den Haß gegen den römischen Eindringling zu schüren.

Um zu verhindern, daß Achillas sich der ägyptischen Flotte bemächtigte, ließ Caesar die im Hafen und in den Werften liegenden Schiffe in Brand setzen. Das Feuer, vielleicht auch die von Achillas' Kriegern geschleuderten Brandfackeln, vernichtete die nahe gelegene alexandrinische Bibliothek, die berühmte Sammlung von wohl vierhunderttausend Handschriften, unersetzliche Schätze der antiken Überlieferung. Ein römischer Trupp besetzte den gewaltigen Pharosleuchtturm, doch insgesamt geriet Caesar täglich deutlicher in Bedrängnis.

Den intriganten Pothinos, der fortgesetzten Konspiration überführt, ließ Caesar hinrichten. Aber die junge Arsinoë konnte mit ihrem Kämmerer Ganymedes entfliehen und wurde von den Alexandrinern als Königin empfangen. Der ebenso tüchtige wie verschlagene Ganymedes beanspruchte die Befehlsgewalt über die ägyptischen Truppen und ließ Achillas, der sich gegen ihn stellte, kurzerhand ermorden. Eine der ersten Maßnahmen des neuen Befehlshabers war, Meerwasser in die Kanäle zur Wasserversorgung der Eingeschlossenen pumpen zu lassen.

Im Februar 47 traf endlich eine römische Legion aus Asia über den Seeweg mit Vorräten und Kriegsmaterial ein. Zur gleichen Zeit aber erlitt Caesar eine gefährliche Niederlage. Ein Versuch, den Damm freizukämpfen, der die Stadt mit der Pharosinsel und dem Leuchtturm verband, scheiterte. Allein vierhundert römische Legionäre fielen, nicht gezählt die Verluste an Bootsmannschaften. Caesar selbst, mit den Sturmtruppen kämpfend, konnte sich nur schwimmend retten, bis ihn eines der nicht gekenterten Boote aufnahm. Seinen purpurnen Feldherrnmantel, den er preisgab, weil auf ihn die Bogenschützen zielten, holten die Feinde als Trophäe aus dem Wasser.

Nicht lange danach ließ Caesar Ptolemaios XIII. frei. Angeblich wollten die Alexandriner mit ihrem König Friedensbedingungen absprechen, eine List, die Caesar wohl durchschaute. Offenbar aber lag ihm nichts daran, den dreizehnjährigen Knaben länger im Palast festzuhalten.

Vielleicht war ihm bereits gemeldet worden, daß der mit Rom verbündete Mithridates von Pergamon ein starkes Entsatzheer aufgestellt hatte und mit Truppen aus Asia und Syrien heranrückte. Eine Kampfeinheit von dreitausend jüdischen Kriegern schloß sich der Streitmacht an, geführt von dem Idumaeer Antipatros, dem energischen und einflußreichen Minister des jüdischen Hohenpriesters Hyrkanos. Anfang März erreichte das Entsatzheer, von Syrien kommend, Pelusion und eroberte die ägyptische Festung. Die jüdische Truppe, die schon zur ersten Eroberung entscheidend beitrug, brachte einen zusätzlichen Gewinn. Ihre Kampfhilfe veranlaßte ihre Landsleute in Ägypten, sich auf die Seite Caesars zu schlagen. Mithridates umging mit seinem Heer das Nildelta, drang südwärts bis Memphis vor und zog dann am westlichen Nilarm entlang zur Küste.

Caesar, der über Mithridates' Truppenbewegungen offenbar gut unterrichtet war, verließ mit seinen Truppen Alexandria über den Seeweg, landete westlich der Stadt und vereinigte seine Armee mit der des Mithridates. Nach harten Vorgefechten mit den unter Ptolemaios XIII. herangeführten ägyptischen Truppen brachte am 27. März 47 die Entscheidungsschlacht am Nil südlich von Alexandria Caesar den endgültigen Sieg. König Ptolemaios XIII., eher ein Werkzeug in den Händen seiner Berater, ertrank auf der Flucht im Nil. Seinen goldenen Brustpanzer ließ Caesar den Alexandrinern zeigen, ehe er selbst in die Stadt einzog.

Erstaunlich lange blieb er noch in Ägypten, bis Mitte Juni, um die Verhältnisse nach seinem Willen zu regeln, vermutlich auch von Kleopatra gehalten. Mit der Königin unternahm er eine mehrwöchige Reise auf der königlichen Prunkgaleere nilaufwärts, vorbei an der weißen Stadt Memphis, an der alten Königsstadt Theben und den monumentalen Tempeln von Luxor und Karnak. Pharaonengräber und gigantische Standbilder säumten die Wasserstraße. Wahrscheinlich führte die Nilreise bis zur Insel Elephantine vor dem ersten Katarakt, beim heutigen Assuan.

Kleopatras Gegenspieler Pothinos, Achillas, König Ptolemaios XIII. und seine Berater lebten nicht mehr. So fiel es leicht, Kleopatra endgültig als Königin zu bestätigen und ihr, der Landessitte gemäß, als Brudergemahl und Mitregenten den elfjährigen Ptolemaios XIV. zur Seite zu geben. Die jüngere Schwester Arsinoë ließ Caesar, um einem erneuten Thronstreit vorzubeugen, nach Rom bringen.

Nach außen blieb Ägypten (halb) selbständiges Königreich, nicht als Provinz dem römischen Senat unterworfen, jedoch durch die persönliche Beziehung Kleopatras zu Caesar Rom eng verbunden. Zur Sicherung des Status quo ließ Caesar drei Legionen im Land. Den Oberbefehl übertrug er einem seiner vertrautesten Offiziere, Rufio, dem Sohn eines Freigelassenen.

Obwohl man ihn längst in Rom zurückerwartete, hielt es Caesar für notwendig, zunächst nach Syrien und Kleinasien zu ziehen und dort in den ehemaligen pompeianischen Provinzen die militärischen und politischen Verhältnisse zu ordnen. Sein zügiges und planvolles Vorgehen in den nächsten Wochen beweist allerdings, daß das Unternehmen noch in Ägypten gründlich vorbereitet worden war.

Nicht lange nach Caesars Ausfahrt, als er gerade sein erstes Ziel an der syrischen Küste erreicht hatte, gebar ihm Kleopatra der antiken Überlieferung zufolge am 23. Juni 47 einen Sohn, der den Namen Ptolemaios Kaisar (Caesar) erhielt und von den Alexandrinern Kaisarion genannt wurde. Aber war dieser Kaisarion wirklich Caesars Sohn, wie Plutarch überliefert und wie Cicero am 11. Mai 44 beiläufig behauptet? Oder war Caesars Vaterschaft »von Kleopatra erfunden und von ihr und Antonius später ausgebeutet« worden? Nach Caesars Tod bestätigte Marcus Antonius vor dem Senat, Caesar habe Kaisarion als Sohn anerkannt und benannte Zeugen dafür. Wieso hätte Antonius, wäre er der Vater gewesen und Kaisarion demnach erst im Jahre 44 geboren worden, dies verschweigen sollen? Wenn Caesar in seinem Testament Kaisarion nicht nennt, so wahrscheinlich darum, weil nach römischem Recht nur eheliche Nachkommen als gesetzliche Erben galten.

Als Gegenargumente überzeugen schwerlich Hinweise darauf, daß Cicero zu Lebzeiten Caesars den Kaisarion nicht erwähnt habe oder daß Caesar nach der Geburt seiner Tochter Julia kinderlos geblieben sei und vermutlich nicht mehr zeugungsfähig war. Wer will das genau wissen? Ein Gegenargument findet sich bei Sueton, der schreibt, daß Gaius Oppius in einer Schrift bewies, daß Kaisarion nicht Caesars Sohn gewesen sein könne. Nur ist nicht auszuschließen, daß Oppius diesen Versuch »Octavian zuliebe« unternahm. Für Octavian (Augustus), den Adoptivsohn und offiziellen Erben Caesars, war die Existenz eines möglichen Nebenerben ein untragbares Ärgernis. Konsequent und kalt, wie er war, ließ er Kaisarion im Jahre 30 töten.

Alle Zweifel über die Abstammung Kaisarions von Caesar lassen sich nicht ausräumen. Doch fällt bei der Abwägung der Argumente deutlich den Befürwortern das größere Gewicht zu. Zumindest »steht der Möglichkeit, daß Caesar sein Vater war, kein unüberwindliches Hindernis im Wege«, und die Geburt im Jahre 47, die eine Vaterschaft des Marcus Antonius ausschließt, gilt in der neuesten Forschung als nachgewiesen.

Mit der Rückkehr zu den Ereignissen in Syrien und Kleinasien begeben wir uns wieder auf festen Boden. In Ptolemais Ace, dem heutigen Akka, belohnte Caesar die Juden für ihre Kampfhilfe in Ägypten. Den Hohenpriester Hyrkanos erkannte er als Ethnarchen an, ernannte ihn zum Freund Roms; dessen Minister und Feldherr Antipatros, der Vater Herodes' des Großen, erhielt das römische Bürgerrecht. Ihr Land blieb von Tributzahlungen und römischer Einquartierung ausgenommen. Jerusalem, auf Pompeius' Befehl zerstört, durfte wiederaufgebaut werden.

Hier wie überall auf den nächsten Stationen seines Feldzuges in Kilikien, Galatien, Bithynien und Asia wurden die Anhänger durch Freiheitserlasse, Gewährung von Rechten oder neue Grenzziehungen belohnt, die ehemaligen Pompeiusfreunde durch Kontributionen belastet. Caesar beschlagnahmte die für Pompeius aufgebrachten Abgaben, forderte zusätzliche Tribute oder nahm bereitwillig Goldgeschenke an. Der Unterhalt seiner

Armee mußte gesichert sein, und nach Rom wollte er mit gefüllter Kasse zurückkehren.

Über Antiochia gelangte Caesar nach Tarsos und berief dort einen kilikischen Landtag ein. Dann marschierte er landeinwärts durch Kappadokien, um mit der unterwegs durch Hilfstruppen verstärkten Armee seinen letzten Feind im Osten niederzuwerfen. Pharnakes, von Pompeius als König des Bosporanischen Reiches (Krim) eingesetzt, führte einen brutalen Expansionskrieg und beabsichtigte, das Reich seines Vaters, des großen Mithridates von Pontos, wiederherzustellen. Während des Bürgerkriegs hatte Pharnakes ungehindert Pontos und Bithynien besetzt, war er erobernd und plündernd bis in die Provinz Asia vorgedrungen. Am Ende des Vorjahres hatte er Caesars Legaten Domitius Calvinus und den Galaterkönig Deiotaros geschlagen.

Als Caesar heranrückte, bot Pharnakes Verhandlungen an, schickte Gesandte mit einer goldenen Krone für den Römer. Caesar lehnte wegen der in den römischen Provinzen verübten Greueltaten jedes Gespräch ab. Bei der südpontischen Stadt Zela stießen die Heere am 2. August 47 aufeinander, und Pharnakes ließ seine Truppen in trügerischer Siegesgewißheit hügelaufwärts angreifen. Nach vierstündigem schonungslosen Kampf war sein Heer aufgerieben. Pharnakes flüchtete und wurde bald danach auf der Krim von Rebellen getötet. Caesar meldete seinen Sieg einem Vertrauten in Rom mit den klassischen, ebenso prägnanten wie anmaßenden Worten: *veni, vidi, vici* – ich kam, sah, siegte.

Auf seinem Weg durch Galatien, Bithynien, Asia war Caesar rastlos tätig, ordnete die Hoheitsrechte der Klientenreiche, die Verwaltung der Provinzen. Und auch der ägyptische Krieg verlangte einen Nachtrag. Mithridates von Pergamon, dem Caesar den Sieg von Alexandria verdankte, erhielt ein galatisches Fürstentum und, verbunden mit dem Königstitel, das Bosporanische Reich des geschlagenen Pharnakes. Nun endlich konnte Caesar nach Rom zurückkehren.

# Siebter Teil

# Dictator bis zum Tode

# 42 Ich halte dich, Africa!

Nach dem Sieg von Pharsalos und dem Tod des Pompeius im Oktober 48 hatte in Rom Servilius Isauricus seinen Mitconsul Caesar zum Dictator ernannt, zunächst für ein Jahr. Zusätzlich hatte der willfährige Senat den abwesenden Dictator mit außerordentlichen Ehren und Vollmachten überhäuft: dem alleinigen Entscheidungsrecht über Krieg und Frieden; der nun offiziellen Gewalt über das Schicksal der Pompeianer. Ihm wurde das Recht zuerkannt, fünf Jahre hintereinander als Consul zu amtieren, die Befugnisse eines Tribunen und dessen Ehrenrechte auf immer zu beanspruchen, ferner die praetorischen Statthalter zu ernennen. Die Wahl der Magistrate mit Ausnahme der Volkstribunen und plebejischen Aedilen sollte erst nach seiner Rückkehr stattfinden.

Nie zuvor war einem einzelnen Manne eine solche Machtfülle zugestanden worden. Schon das war eine von den Gesetzgebern legitimierte Bankrotterklärung der Republik. Aber politisch hatte diese schon einer Autokratie nahekommende zweite Dictatur Caesars wenig Folgen. Er befand sich in Ägypten, dann in Syrien und Kleinasien, offenbar kaum berührt von den Vorgängen in Rom.

In der Hauptstadt aber herrschten seit dem Aufbruch Caesars zum Kampf gegen Pompeius chaotische Zustände. Caesars Maßnahmen zur Behebung der wirtschaftlichen Not, dem Ausgleich zwischen den Klassen verpflichtet, waren zumal bei der Masse der Schuldner auf Widerstand gestoßen. Aggressive Heißsporne, angeführt von dem Praetor Caelius Rufus, dem hochbegabten, aber unberechenbaren Brieffreund Ciceros, verlangten radikale Schuldentilgung und Mieterlaß auf ein Jahr. Caelius, obwohl Parteigänger Caesars, zettelte einen Aufstand an. Gemeinsam mit dem aus dem Exil herbeigeeilten Annius Milo bewaffnete er eine

Bande und versuchte, Rom mit Waffengewalt in die Hand zu bekommen. Bei den Kämpfen fanden er und Milo den Tod.

Nachdem Marcus Antonius von Pharsalos zurückgekehrt und im Dezember 48 zum Stellvertreter des Dictators ernannt worden war, wiederholte sich das furchtbare Spiel. Diesmal hieß sein Urheber Publius Cornelius Dolabella, ebenfalls Mitkämpfer bei Pharsalos und Anhänger Caesars. Er war der Schwiegersohn Ciceros, der unter diesem hochtalentierten, aber total verschuldeten, verschwenderischen, gewalttätigen jungen Mann sehr zu leiden hatte. Dolabella war zugleich der Geliebte der Fulvia, die ihre berüchtigten Ehemänner Clodius Pulcher und Scribonius Curio überlebt hatte und nun Marcus Antonius, ihren dritten Gatten, zum Hahnrei machte. Es war eine pikante Liaison, nicht nur wegen Cicero und dessen geliebter Tochter Tullia, sondern weil Dolabella gegen den Mann seiner Geliebten antrat.

Nicht zuletzt aus persönlichen Gründen forderte Dolabella als Volkstribun 47 die Tilgung aller Schulden. Noch radikaler als vor ihm Caelius führte er seine Banden in blutige Straßenschlachten, besetzte er das Forum, bis Marcus Antonius mit einer starken Truppe anrückte und den Aufstand blutig niederschlug. Dabei ließen achthundert römische Bürger ihr Leben.

Als Caesar Anfang Oktober 47 in Rom eintraf, waren die Unruhen vorüber. Eine durchgreifende Beseitigung ihrer Ursachen stand freilich noch aus. Niemand außer Caesar schien fähig, das anarchische Treiben zu beenden und die Regierungsgewalt in den Griff zu bekommen. Auf ihn richtete sich die Hoffnung auf Frieden und geordnete Verhältnisse. Vor allem deshalb hatte ihm der Senat die Dictatur samt den zusätzlichen Rechten überantwortet.

Caesar hatte Marcus Antonius zum *magister equitum* ernennen lassen, zu seinem Stellvertreter, der faktisch in Rom als höchster Amtsträger regierte. Aber Antonius, der sich als Quaestor und Legat in Gallien, als Truppenführer bei Pharsalos bewährt hatte, versagte in der komplizierten politischen Arena Roms. Anfangs geduldet, zog er bald den Haß der wohlhabenden Kreise wie den der Plebejer auf sich. Um so hemmungsloser genoß er ein ausschweifendes Leben. Sein korruptes und erpresserisches Vorgehen erregte Ärgernis. Besitztümer der Gegner, wie den Stadtpalast des Pompeius samt Sklaven, eignete er sich an, ohne an die Begleichung der Kaufsumme zu denken. Er war sehr überrascht, als Caesar später von ihm die Zahlung der vollen Kaufschuld verlangte. Die Freunde und Helfer Caesars: eine ihn oft genug kompromittierende, zwielichtige Gefolgschaft, auch wenn wir der auf Schmähung angelegten Propaganda der Gegner nicht uneingeschränkt folgen. Auch Caesars gewaltige Macht nach dem Tod des Pompeius konnte an zwei bitteren Tatsachen nichts ändern. Erstens bildeten seine Gefolgsleute keine verläßliche, »homogene Gruppe oder gar Partei«. Die Ereignisse in Rom zeigten, daß seine Parteigänger ihre eigenen Interessen, ihre persönlichen oder politischen Ziele mit rücksichtsloser Gewalt verfolgten. Geschehen konnte das, weil zweitens Caesars Beauftragte in Rom kaum fähig waren, das durch den Bürgerkrieg und Caesars lange Abwesenheit »entstandene Machtvakuum« hinreichend auszufüllen.

Natürlich standen nicht ausschließlich Emporkömmlinge, Abenteurer, Agitatoren auf Caesars Seite, aber der Anteil angesehener Senatoren der Oberschicht war auffallend gering. Von jenen, die früher den Senat repräsentierten, vorwiegend Optimaten, waren viele gefallen oder außer Landes. In der Provinz Africa, der letzten Bastion der Pompeianer, organisierten sie erneut den Widerstand. Dort sammelte sich, wer von den Überlebenden Rang und Namen besaß, darunter Cato, des Pompeius Schwiegervater Metellus Scipio, die Pompeiussöhne Gnaeus und Sextus, die Heerführer Labienus, Petreius und Afranius.

Die in Rom gebliebenen optimatischen Senatoren verhielten sich distanziert, abgeschreckt durch die Umtriebe von Caesars Gefolgsleuten. Nur wenige nahmen sein Versöhnungsangebot an. Zu diesen gehörte Cicero. Nach der Schlacht von Pharsalos hatte er entsetzt abgelehnt, als Cato ihm als dem ranghöchsten Consular den Oberbefehl anbot. Er suchte den Frieden mit Caesar und erwartete in Brundisium dessen Rückkehr. Nach Caesars Landung in Tarent Ende September 47 reiste ihm Cicero entgegen. Caesar ersparte ihm jede Demütigung, nahm den einflußreichen Consular freundlich auf, führte mit ihm ein längeres Gespräch und erwies ihm »alle Achtung und Höflichkeit«.

Mit der Ankunft Caesars in Rom endeten die Unruhen. Niemand wagte, seiner Autorität zu trotzen. In der Frage der Schuldentilgung beharrte er auf seinen früheren Verfügungen, lehnte die volle Annullierung der Schulden entschieden ab. Geschickt wies er darauf hin, daß er selbst wegen seiner hohen Darlehnsschulden aus einem generellen Schuldenerlaß den größten Vorteil gezogen hätte. Lediglich den Hausbesitzern wurde ein gemäßigter Mietnachlaß auferlegt.

Der rebellische Dolabella, der sich nun unterordnete, blieb straffrei und, was noch mehr verwundert, genoß weiterhin das Vertrauen Caesars. Anders erging es dem Versager Marcus Antonius. Der Dictator strafte ihn, indem er ihn kaltstellte. Antonius erhielt keines der neu zu vergebenden Ämter, zumal nicht das Consulat für das nächste Jahr 46, das er wohl erwartet hatte. Caesar ließ sich selbst wählen und zum Mitconsul den zwar unbedeutenden, aber unbelasteten Marcus Aemilius Lepidus, der Antonius 46 auch als *magister equitum* ablöste.

Alle Magistrate für das restliche Jahr 47 wie für das kommende Jahr wurden ordnungsgemäß gewählt und mit Anhängern Caesars besetzt. Offenbar reichten die Stellen nicht, denn die Praetoren wurden um zwei auf zehn und die Priesterkollegien um je eine Stelle vermehrt. Der Dictator schuf sich so eine ihm ergebene Staatsverwaltung, und er veranlaßte, daß bewährte Gefolgsleute, verdiente Centurionen und römische Ritter trotz niederer Herkunft in den Senat kamen. Zu weiteren Maßnahmen fehlte die Zeit. Die Allianz der Pompeianer in Africa mit dem numidischen König Juba verlangte schnelles militärisches Handeln.

Caesar befahl seiner Armee des asiatischen Feldzugs, die in Campanien lagerte, zur Einschiffung nach Sizilien zu marschieren. Mit dem Kern dieser Truppe hatte er im Bürgerkrieg das Adriatische Meer überquert, bei Pharsalos den Sieg erfochten, ein kleiner Teil davon hatte mit ihm den Alexandrinischen Krieg durchgestanden, und schließlich hatte die gesamte Armee die langen Märsche in Asien und den Kampf gegen Pharnakes mit der Schlacht bei Zela hinter sich. Dieses kampferprobte Heer wartete nun in Campanien auf Entlassung und Belohnung. Als überraschend der Befehl zu einem neuen Feldzug nach Africa eintraf, brach eine Meuterei aus. Die Legionäre verweigerten den Gehorsam.

Vermittlungsversuche scheiterten. Der von Caesar geschickte neugewählte Praetor Sallustius Crispus, der spätere Geschichtsschreiber, rettete sich vor den Meuterern durch die Flucht. Zwei andere Senatoren fanden den Tod. Die Legionen marschierten nach Rom, und auf dem Marsfeld trat Caesar ihnen entgegen. Es war eine kritische Situation, ähnlich den Meutereien, die er bei Besançon und später bei Placentia durch sein bloßes Auftreten erstickt hatte.

Schon die Unerschrockenheit Caesars beeindruckte die Meuterer. Da stand ihr Imperator vor ihnen, nahezu wehrlos, nur von einigen Vertrauten umgeben. Er forderte sie auf, ihre Wünsche vorzubringen, hörte ihre Redner an, die von den jahrelangen Kriegen sprachen, von überstandenen Strapazen, von den Gefallenen und den Wunden der Lebenden. Sie verlangten den ihnen zustehenden Lohn und die Entlassung aus dem Waffendienst. »Nun gut«, erwiderte er ungerührt und schlug sie mit ihren eigenen Waffen: »Ihr seid entlassen!« Um seinen Worten Nachdruck zu verleihen, redete er seine Soldaten nicht mehr als »Kameraden« an, sondern als »Bürger«, als *Quiriten.* »Alles aber, was er ihnen versprochen habe, werde er erfüllen, jedoch nach dem Feldzug, wenn er mit anderen Soldaten triumphiert habe.«

Er kannte seine Legionäre und wußte sie wie kein anderer durch Worte und seine suggestive Autorität zu treffen, zu disziplinieren. Wie bei Besançon und Placentia erwies sich seine persönliche Souveränität als überzeugendes Mittel zur Wiederherstellung der Disziplin. Der Umschwung hätte nicht radikaler sein können. Die Legionäre flehten um Verzeihung, forderten Bestrafung der Schuldigen, beschworen Caesar, mit ihm in den Krieg ziehen zu dürfen. Er bestrafte niemanden, sorgte aber dafür, daß den Rädelsführern später die härtesten Kommandos zugewiesen wurden. Nach der Rückkehr aus Africa, so versprach er, werde jeder Veteran sein Stück Land erhalten, aus staatlichem oder seinem eigenen Besitz.

Anfang Dezember 47 brach Caesar auf, um sich mit seinen Legionen in Lilybaeum an der Südwestküste Siziliens zur Überfahrt nach Nordafrika einzuschiffen. Doch der Anfang des Afrikanischen Krieges stand unter einem ungünstigen Stern. Das Eintreffen der nach Lilybaeum befohlenen Truppen verzögerte sich. Ohne die noch ausstehenden vier Legionen aus Campanien fuhr Caesar am 25. Dezember mit sechs Legionen und zweitausend Reitern einem ungewissen Landungsort entgegen. Wie immer auf seinen Feldzügen bedeutete ihm schnelles und energisches Handeln mehr als zahlenmäßige Überlegenheit. Er ließ die Transportflotte auf die Südküste der Provinz (im heutigen Tunesien) zusteuern, weil im Norden, jenseits des Kaps bei Utica, die Hauptstreitmacht der Feinde stand. Nach drei Tagen landete er bei Hadrumetum, allerdings nur mit dreitausend Fußsoldaten und hundertfünfzig Berittenen. Ein Sturm trieb die Mehrzahl seiner Schiffe nach Norden auseinander.

Als Caesar den Boden Africas betrat, strauchelte er und fiel nieder, griff aber sogleich mit beiden Händen in die Erde und rief: »Ich halte dich, Africa!« Was seinen Begleitern und Soldaten als unheilvolles Omen erscheinen mußte, wendete er geistesgegenwärtig zu seinen Gunsten.

Der Vorgang kennzeichnet die Lage Caesars. Noch einmal setzte er mit dem für ihn typischen, bedenkenlosen und unbeirrbaren Wagemut alles, was er gewonnen hatte, aufs Spiel, blind auf »sein Glück« vertrauend. Ihn erwartete ein überlegener Gegner mit zehn kampftüchtigen Legionen, geführt von erfahrenen Heerführern wie Labienus, Petreius und Afranius, fast so stark wie das feindliche Heer bei Pharsalos. Dazu hielt der Numiderkönig Juba vier nach römischem Muster formierte Legionen bereit, eine starke Reiterei und die gefürchteten Kampfelefanten.

Im Lager der Gegner gab es Streitereien um den Oberbefehl. Schließlich entschied Catos Votum zugunsten des Metellus Scipio. Cato übernahm das Kommando in der wichtigsten Garnisonsstadt Utica. Die Städte der Provinz waren abwehrbereit. Die Gegner verfügten über reiche Verpflegungslager, während Caesars Truppen schon in den ersten Wochen in Nachschubschwierigkeiten gerieten. Zeitweise mußten die Pferde mit entsalzenem Seetang gefüttert werden.

Als die restlichen Legionen eingetroffen waren, eroberte Caesar Leptis Minor und bezog auf der küstennahen Hochebene von Ruspina Stellung. Er war immer noch deutlich der Schwächere. Ein erster Zug landeinwärts, am 4. Januar 46 mit dreißig Kohorten vor allem zur Nahrungsbeschaffung unternommen, stieß auf die Übermacht der von Labienus geführten Reiterei und scheiterte kläglich. Nur mit größter Anstrengung, nach zwei Seiten gleichzeitig kämpfend, gelang der Rückzug.

Bei einem mehrwöchigen Stellungskrieg, der eher ein Kampf gegen den Hunger war, nutzten die Gegner ihre Vorteile geschickt aus. Metellus Scipio zwang Caesar einen Abnutzungskrieg auf, dessen Ende unter den gegebenen Verhältnissen voraussehbar war. Caesar, materiell unterlegen, versuchte sein Glück in einem psychologischen Feldzug. Er ließ verbreiten, nur er könne Africa vor einem Schreckensregiment der Numider bewahren. Sollte denn die Provinz dem Barbaren Juba anheimfallen, in dessen Gegenwart ein Metellus Scipio nicht wage, den Purpurmantel des römischen Imperators zu tragen? Jedem Überläufer versprach er die Freiheit, ja eine seinen eigenen Legionären gleichgestellte Belohnung. Das hatte einigen, wenn auch begrenzten Erfolg. Caesars Heer wurde durch Überläufer gestärkt, einige Gemeinden traten zu ihm über.

Aber die Versorgungslage blieb verzweifelt. Caesar mußte Metellus Scipio zur Entscheidungsschlacht zwingen, sollte seine Situation nicht aussichtslos werden. Als er am 4. April gegen die befestigte Stadt Thapsus zog, nahmen die Gegner die Herausforderung an. Thapsus lag auf einer Landzunge. Metellus Scipio und Juba witterten eine Chance, die durch Hunger entkräfteten Truppen einkesseln und vernichtend schlagen zu können. Sie hatten falsch kalkuliert. Als Caesars Legionen am Morgen des 6. April aufmarschiert waren, erzwangen sie ohne offiziellen Befehl den Angriff. Geradezu aufgepeitscht von der Hoffnung auf ein Ende der Entbehrungen, steigerten sie sich in einen wahren Kampfrausch und zerschlugen jeden Widerstand. Die Feinde gerieten in Panik. Jubas dreißig Kriegselefanten, zurückgescheucht, machten kehrt und trampelten die nachrückenden Fußsoldaten nieder. Das Wüten ging weiter. Zehntausend Pompeianer, die sich ergeben wollten, wurden niedergemacht. Die entfesselte Kriegswut richtete sich sogar gegen die eigenen Offiziere, die versucht hatten, den Angriff zu verhindern, und konnte nur mit Mühe gebändigt werden.

Zeitweise geriet Caesar die Schlacht, die ihm einen gewaltigen Sieg brachte, völlig außer Kontrolle. Der Sieg von Thapsus war ein Sieg der Legionäre, nicht der des Feldherrn, der offensichtlich nicht in der Lage war, in das Geschehen einzugreifen. Plutarch überliefert die Erklärung, Caesar sei von seiner »üblichen Krankheit befallen« worden, und er erläutert: »Ehe Caesar das Bewußtsein völlig verlor, beim ersten Schütteln, ließ er sich auf einen nahe gelegenen Turm tragen.«

Von ähnlichen Anfällen, deren Symptome auf Epilepsie deuten, berichtet Plutarch noch zweimal; sie sind auf die Jahre 49 in

Corduba und 44 in Rom zu datieren. Ausdrücklich von zwei epileptischen Anfällen »mitten in seiner Tätigkeit« spricht Sueton, leider ohne Datierung oder Ortsangabe. Dio Cassius weist einmal auf die Krankheit während des spanischen Feldzugs im Jahre 45 hin. Mit absoluter medizinischer Gewißheit läßt sich die »übliche Krankheit« nicht bestimmen. Doch die Anzeichen sprechen dafür, daß Caesar während seiner letzten Lebensjahre unter Epilepsie litt. Gleichwohl konnte diese oder eine andere Krankheit »die Lebensenergie Caesars«, seine bis zuletzt ungewöhnliche »physische und geistige Aktivität« nicht beeinträchtigen. Plutarchs Annahme eines epileptischen Anfalls während der Schlacht von Thapsus ist also durchaus glaubhaft.

Nach dem großen Sieg seines Heeres zog Caesar gegen Utica, um den letzten Widerstand unter dem Kommando Catos zu brechen. Aber Cato, der Aussichtslosigkeit einer Verteidigung gewiß, schied am Morgen vor dem Eintreffen Caesars freiwillig aus dem Leben. In der Nacht, bevor er sich das Schwert in den Leib stieß, las er Platos Schrift »Über die Seele«. Cato weigerte sich, Caesar, dem »gesetzwidrigen Tyrannen«, auch nur die Möglichkeit einer Begnadigung zu lassen. Noch durch seinen Tod versetzte er seinem gehaßten Feind den härtesten Schlag, indem er sich zum Märtyrer der Republik machte. Caesar war sich dessen bewußt. Er soll gesagt haben: »Diesen Tod mißgönne ich dir, Cato, denn du hast mir auch deine Rettung nicht gegönnt.« Aber mit Cato, dem unbeugsamen Konservativen, erlosch der geistige Rückhalt seiner Gegner; mit seinem Tod endete der große Kampf zwischen Caesar und der alten Republik.

Labienus, der bisherige Statthalter Attius Varus und die Pompeiussöhne entkamen nach Spanien. Metellus Scipio erdolchte sich, als sein Schiff auf der Flucht von Caesars Flotte eingeholt wurde. König Juba und Petreius, die entfliehen konnten, veranstalteten einen grausamen Zweikampf, wobei von beiden der tödliche Ausgang eingeplant war. Der auf der Flucht ergriffene Afranius wurde getötet, weil er trotz früherer Begnadigung wieder gegen Caesar gekämpft hatte. Ein zweites Mal gewährte der Sieger keine Gnade. Im übrigen verfuhr Caesar auch nach Thapsus und Utica mit Milde, und »den meisten, die Caesars Gnade anriefen, wurde das Leben zugesichert«.

Die Provinz Africa wurde neu geordnet, der größte Teil von Jubas numidischem Königreich als Provinz Africa Nova Rom unterstellt. Zum ersten Statthalter ernannte Caesar den verdienstvollen Sallustius Crispus, der jedoch sein Amt wegen seiner rücksichtslosen Ausbeutung bald wieder verlor.

Caesar ließ die Schätze Jubas wie das Vermögen der römischen Bürger, die den Feind unterstützt hatten, beschlagnahmen und belohnte diejenigen, die ihm zum Sieg verholfen hatten. Er setzte die Strafen und jährlichen Tribute der Stadtgemeinden an Geld, Weizen und Olivenöl fest. Entlassene Veteranen wurden in einigen Küstenstädten angesiedelt. Africa war fest in Caesars Hand, als er am 13. Juni 46, fünfeinhalb Monate nach seiner Ankunft, aufbrach und mit seinen Schiffen nach Italien zurückkehrte. Noch einmal hatte sein Vertrauen auf »sein Glück« ihm den Sieg gebracht.

## 43 Caesars Triumphe

Cicero verdanken wir die besten Auskünfte über das, was kritische Köpfe in Rom vor Caesars Ankunft im Juli 46 dachten. Er hatte seinen Frieden mit Caesar gemacht. Aber er beklagte in seiner im Frühjahr entstandenen Geschichte der römischen Beredsamkeit den Untergang der Republik. »In dieser Nacht des Staates ... schweigt die Stimme der Beredsamkeit«, verstummt die Redekunst und freie Meinungsäußerung. Cicero widmete die *Brutus* genannte Schrift seinem Dialogpartner Marcus Iunius Brutus, der als ehemaliger Pompeianer die Gunst Caesars gesucht hatte und im Juni die ihm übertragene Statthalterschaft im diesseitigen Gallien antrat.

Aussöhnung, Anpassung an das Unabänderliche war ein Gebot der Stunde, Bewahrung der inneren Freiheit und »nichts leichtfertig gegen die Machthaber sagen oder tun«, wie Cicero an einem der ersten Julitage einem Brieffreund schrieb. Er selbst habe von Caesar nichts zu befürchten, »außer daß man, wo der Rechtsboden einmal verlassen und alles unsicher ist, für die Zukunft, die in eines anderen Willen, um nicht zu sagen Willkür liegt, keine Garantie übernehmen kann«.

Unsicherheit herrschte vor allem wegen der unberechenbaren

Helfer Caesars. »Er hat sich mit vielen gar zu sehr eingelassen«, bemerkte Cicero, »wie wir von ihm, so hängt er von den Umständen ab.« Und unsicher blickte man in die politische Zukunft. Wie würde Caesar seine noch einmal gesteigerte Macht anwenden?

Der Senat übertrug Caesar noch vor dessen Ankunft eine Machtfülle ohnegleichen. Der wichtigste Beschluß gestand ihm die Dictatur für zehn Jahre zu, dazu das neugeschaffene Amt eines Sittenpräfekten, das ihm, mehr als einem Censor, über drei Jahre die Kontrolle des gesamten öffentlichen und privaten Lebens erlaubte. Ein vierzigtägiges Dankfest sollte stattfinden und ein Triumph Caesars Siege feiern, der alles Frühere in den Schatten stellte. Dabei sollten den Sieger 72 Lictoren begleiten, je 24 für seine erste, zweite und nun dritte Dictatur. Caesar fiel das Recht zu, im Senat künftig auf dem Ehrenstuhl zwischen den Consuln sitzen und als erster sprechen zu können. Ihm wurde die Ehre zuteil, bei allen Zirkusspielen das Zeichen zum Beginn zu geben.

Der Senat ließ am Tempel des capitolinischen Jupiter Caesars Namen anstelle des Namens von Catulus anbringen. Dem Tempel gegenüber wurde ein Triumphwagen mit der Statue Caesars, auf einer Erdkugel stehend, aufgestellt. Die Inschrift, die ihn als Halbgott bezeichnete, ließ er später tilgen. Offenbar schreckte Caesar vor einem Übermaß an Huldigung zurück, denn er verzichtete auf einige weitere Ehrungen.

Nach seiner Ankunft am 25. Juli 46 unternahm er alles, die Unsicherheit und die Besorgnis über ein mögliches Gewaltregime zu zerstreuen. Vor dem Volk wies er auf die gesicherte Versorgung hin, da die erweiterte und neugeordnete Provinz Africa »jährlich zweihunderttausend attische Scheffel Getreide [fast zwölf Millionen Liter] und drei Millionen Pfund Öl [fast eine Million Kilogramm]« liefern werde. In großer Rede vor Senat und Volk bekundete er seinen Willen zur Versöhnung. Eine Gewaltherrschaft widerspreche seinem Wesen. Er werde keinen Gegner verfolgen wie früher ein Sulla, Marius oder Cinna, sondern allen die Hand zur Aussöhnung reichen. Die Senatoren bat er, das Vergangene zu vergessen und sich um der Zukunft willen zur Einheit Roms zu bekennen.

Es besteht kein Anlaß, die Ernsthaftigkeit dieses Angebots zu bezweifeln oder ironisch zu kommentieren. Unter Caesar gab es keine Proscriptionen, nicht eine einzige der früher üblichen, auch von den Optimaten geduldeten Hetzjagden auf unterlegene Gegner. Er übte nicht nur »eine bewunderungswürdige Mäßigung und Milde«, sondern überließ den zur Mitarbeit bereiten angesehenen Gegnern Ämter und Würden. Von Pompeius sprach er mit größter Achtung und ließ dessen vom Volk niedergerissene Standbilder wieder aufrichten. Der kritische und daher glaubwürdige Cicero bezeugt Caesars Bemühen um Versöhnung in diesen Wochen und Monaten.

Eine Denkschrift des Sallust, wohl unmittelbar vor seiner Statthalterschaft in Africa Nova verfaßt, legte Caesar nahe, den korrupten Vorstellungen einiger Parteigänger nicht zu folgen und, über den Parteiungen stehend, »die guten Mittel des Friedens« zu gebrauchen. Der Staat möge gefestigt werden durch sittliche Erneuerung. Grundübel seien die Verschwendungssucht der jungen Leute, die Gier nach Reichtum und übertriebenem Luxus, weil sie zur Erpressung und Beraubung der Bürger verleiteten. Etwas naiv riet Sallust zur Abschaffung von Geldverleih und Schuldenwirtschaft. Andere seiner praktischen Vorschläge sind beachtenswert. So sollten Ämter nicht mehr käuflich, nicht durch Reichtum und Bestechung, sondern allein durch Tüchtigkeit erwerbbar sein.

Einige der Forderungen gehörten bereits zum Programm Caesars. Aber er dachte nicht an eine Einschränkung der Geldgeschäfte, wie er schon früher auch die radikale Schuldentilgung ablehnte. Er beschränkte sich auf vermittelnde Maßnahmen zur Regulierung des Geldverkehrs (etwa durch Begrenzung der Schuldzinsen) und zur Linderung der sozialen Not.

»Keiner möge befürchten, daß ich mich an den Reichen vergreifen oder gar neue Steuern erheben werde«, versicherte Caesar in seiner ersten Rede. Das war keine opportunistische Gefälligkeit, sondern entsprach einem wirtschafts- und finanzpolitischen Prinzip. In diesem Bereich unternahm Caesar den »Versuch, den politischen und wirtschaftlichen Eingriff des Staates zu minimieren, die von den Gesetzen gebotene Gerechtigkeit zu maximieren«. Die freie wirtschaftliche Entfaltung sollte einer »Chancengleichheit« den Weg ebnen. Sie hatte das Ziel, »den ererbten und erbeuteten Wohlstand einiger in den selbstproduzierten Wohlstand aller zu verwandeln«. Ohne Zweifel, Caesars konsequent weitergeführte wirtschaftspolitische Maßnahmen, die immer Ansätze zu sozialer Gerechtigkeit einbezogen, übertrafen an Einsicht, Klugheit, Fortschrittlichkeit alles, was die Optimaten erhalten, die Popularen erreichen oder die radikalen Sozialreformer gewaltsam erzwingen wollten.

Nicht weniger entschieden als in der Wirtschaftspolitik verwarf Caesar jene Erwartungen Sallusts (und Ciceros!), die der Wiederherstellung der alten Republik galten. Die alte Republik: Ihre Verfassung gründete auf der Senatsherrschaft, auf der Macht einer durch Adel und Besitz legitimierten Oligarchie. Und sie konservierte eine aus den Anfängen des Gemeindestaates gewachsene, aber längst überholte Staatsordnung, in der Rom und die römischen Bürger gegenüber den Provinzen einen in jeder Hinsicht wirksamen Vorrang genossen.

Caesar lehnte die herkömmliche Herrschaftsstruktur keineswegs nur deshalb ab, weil er seinen persönlichen Kampf gegen die Senatsoligarchie geführt hatte. Während der letzten zwölf Jahre hatte er mehr als elf außerhalb Roms verbracht. Wie kein römischer Senator kannte er die Provinzen, ihre politischen, wirtschaftlichen und sozialen Probleme. Ihm war bewußt, daß solche provinzialen Probleme nicht aus der elitären Enge des Stadtstaates gelöst werden konnten. Allein schon das römische Bürgerrecht, dessen Privileg alle »Nichtrömer« unzumutbar degradierte, erwies die Untauglichkeit der alten Verfassung gegenüber den Erfordernissen eines völkervereinenden Imperiums. In diesem Sinne ist Caesars Aussage zu verstehen: »Die Republik ist ein Nichts, ein bloßer Name ohne Körper und Gestalt.«

Im Frühjahr 49 hatte Caesar die Senatoren zur Mitarbeit aufgefordert und hinzugefügt, »wenn sie sich aus Furcht entziehen wollten, so werde er allein regieren«. Das war kühn gesprochen, denn die Entscheidung stand noch aus. Wie sollte er jetzt, da ihm die Macht endgültig zugefallen war, jene republikanische Institution wiederbeleben, die sich ihm als untauglich und überholt darbot, als ein »Nichts«? Ciceros Hoffnungen auf eine Wiederbelebung der republikanischen Verfassung waren gegenstandslos. Schon bald in diesem heißen römischen Sommer des Jahres 46 schoben die Realitäten jedes politische Wunschdenken beiseite. Caesar nutzte die eroberte und durch den Senat eilfertig bestätigte Macht, um die Alleinherrschaft zu legalisieren.

Cicero nahm seit Caesars Rückkehr an den Senatssitzungen teil, schwieg aber beharrlich. Erst im September, als Rom schon den Triumphfeiern entgegenfieberte, brach er sein Schweigen. Ein großer Tag für den glanzvollen Redner Cicero und, so unglaublich das sein mag, für den von ihm überschwenglich gepriesenen Dictator. Ein Höhepunkt im Versöhnungswerk Caesars. Er hatte soeben Marcus Claudius Marcellus begnadigt, seinen nächst Cato entschiedensten und geachtetsten Gegner, der als Consul 51 den Kampf gegen Caesar eröffnet hatte.

Cicero dankte Caesar vor dem Senat. »Eine so große Nachsicht, eine so ungewöhnliche, noch nie gehörte Milde, eine solche Mäßigung bei höchster Machtentfaltung . . . kann ich einfach nicht schweigend übergehen.« Der Redner lobte die einzigartige Begabung Caesars in Rede und Schrift, seine Taten und Siege, »alles von solcher Größe, daß kaum jemandes Geist und Gedanke es fassen kann«. Aber Caesar habe Größeres geleistet, weil er sich selbst, seinen Argwohn und Zorn, überwunden habe und auf das Recht des Siegers verzichte. »Du hast den Sieg selber besiegt, indem du seinen Gewinn den Besiegten zurückgegeben hast.« Durch Milde und Begnadigung sei den Besiegten eine erneuerte Würde zugefallen.

Allerdings blieb es nicht bei der Eloge. Gewichtig wurde die Rede durch eine meisterlich ausgeführte, zu Erwartung und Verpflichtung erhärtete Folgerung. Caesar selbst gebe Anlaß zur Hoffnung auf sittliche Erneuerung auch für den Staat. Seine Größe und sein Ruhm seien verpflichtend, ja erst dann vollendet, wenn er »den Staat in Ordnung« bringe, die Republik wiederherstelle. Diesem Beharren auf politische Restaurierung konnte Caesar nicht folgen. Und Cicero, obwohl er noch zweimal in Reden die verzeihende Milde Caesars hervorhob, wandte sich in wachsender Enttäuschung von Caesar ab.

Zunächst ließ ein spektakuläres Ereignis die politischen Sorgen vergessen, und wir nehmen an, daß Caesar persönlich in seiner schon als Aedil bewährten Weise Regie führte. Vom 20. September bis 1. Oktober, im Rahmen des vierzigtägigen Dankfestes, feierte Rom die Triumphe, prunkhafter und gewaltiger als je zuvor. Jeden der Siege über Gallien, Ägypten, Pontos und Africa repräsentierte an wechselnden Tagen ein eigener Festzug. Selbst die Requisiten waren vierfach abgestimmt, angefertigt für Gallien aus Zitrusholz, für Ägypten aus aufgelegtem Schildpatt, für Pontos aus Akanthus, für Africa aus Elfenbein. Blumengirlanden schmückten die Straßen und Plätze. Weihrauch brannte auf den Altären der geöffneten Tempel. Römer und angereiste Schaulustige aus allen Provinzen hielten seit Tagen die besten Plätze zwischen Marsfeld und Capitol besetzt.

Den Triumphzügen voran schritten Senatoren und Würdenträger, bekleidet mit der festlichen Toga. Ihnen folgte ein Trompeterkorps, mit hellem Geschmetter die für Rom größte Attraktion einleitend: auf Wagen und Tragbahren zur Schau gestellte unermeßliche Schätze, Beutegut aus Heiligtümern und Palästen, Ehrengeschenke, darunter allein 2822 goldene Kränze, an Beutegeld nicht weniger als 65 000 Talente. Das Volk jubelte den mit allen Ehrenzeichen versehenen Elitetruppen zu. Es feierte Caesar, der auf seinem von vier weißen Pferden gezogenen Prunkwagen stand. Als Triumphator trug er das Purpurgewand der altrömischen Könige, in den Händen das Adlerzepter und einen Lorbeerzweig, auf der Stirn den Lorbeerkranz. Über ihn hielt ein Sklave die schwere Goldkrone des Jupiter. Ihm voraus gingen seine zweiundsiebzig Lictoren, und ihn begleiteten Flötenbläser und Zitherspieler, dazu Männer mit Gefäßen, aus denen wohlriechender Rauch aufstieg.

Beim ersten Triumph verwiesen große Schilder auf die Namen der gallischen Siegesschauplätze, stellten symbolische Standbilder die Flüsse und den bezwungenen Ozean dar. Den für das sakrale Opfer bestimmten weißen Stieren folgte, auf einem Karren in Ketten gelegt, der Held des gallischen Aufstandes: Vercingetorix – auch er ein Todeskandidat, denn er wurde nach dem Triumph als verräterischer Rebell hingerichtet.

Nach altem Brauch sangen die Soldaten Spottverse auf ihren gefeierten Imperator, darunter diesen:

»Römer, sperrt die Frauen ein! Den kahlen Buhlen bringen wir.
Geld verhurtest du in Gallien, das du einstens hier gepumpt.«

Man war nicht zimperlich mit zotigen Anzüglichkeiten dieser Art, auch die homoerotischen Gerüchte aus Caesars Jugend wurden mit römischer Lust am Spott aufgewärmt:

»Caesar unterwarf ganz Gallien, Nikomedes Caesar einst.

Sieh, Triumphzug feiert Caesar, der ganz Gallien unterwarf.
Nikomedes triumphiert nicht, der den Caesar unterwarf.«

Es gab einen kleinen Zwischenfall. Während des Zugs brach die Achse des Triumphwagens, ein böses Omen, das Caesar dadurch wettzumachen versuchte, daß er auf Knien die Stufen zum Capitol erklomm.

Beim ägyptischen Triumph wurde die junge Prinzessin Arsinoë mitgeführt, offenbar ihrer Schwester Kleopatra zu Gefallen. Die Königin war im Sommer mit ihrem jungen Brudergemahl und wohl auch mit dem Knaben Kaisarion nach Rom gekommen. Sie bewohnte Caesars Gartenpalast jenseits des Tiber. Bei den Römern war sie nach wie vor unbeliebt. Um so mehr scheint die gefangene Arsinoë Mitleid erregt zu haben. Sie wurde bald in Freiheit entlassen. Im Jahre 41 ließ Antonius sie auf Wunsch Kleopatras töten.

Belustigung gab es beim dritten Triumph durch ein karikierendes Schaubild, das den fliehenden Pharnakes darstellte. Auch Caesars bekannte Meldung *»Veni, vidi, vici«* war auf einer riesigen Tafel zu lesen. Es verstieß gegen die römische Sitte, daß Triumphe über Römer gefeiert wurden. Darum beschränkte sich Caesar beim letzten, dem afrikanischen Triumph auf seinen Sieg über den Numiderkönig Juba, dessen vierjähriger Sohn mitgeführt, aber wie Arsinoë bald freigelassen wurde. Als dann doch beschämende Schaubilder an das grausame Ende der Römer Metellus Scipio, Petreius und des geachteten Cato erinnerten, reagierten die Zuschauer mit offenen Mißfallenskundgebungen.

Der Vorfall blieb Episode, bald vergessen, dafür sorgten die anschließenden turbulenten Festlichkeiten. Mit unvorstellbarem Aufwand bot Caesar dem Volk nach bewährtem Rezept »Brot und Spiele«. An 22 000 Tischen versammelte man sich zum gigantischen Festmahl, trank edlen Falernerwein, verzehrte allein sechstausend delikate Muränen. Der Triumphator gab seinen Römern mehr, als er am Anfang des Bürgerkrieges versprochen hatte: zehn Scheffel Weizen und zehn Pfund Öl für jedermann, auch Fleischzuteilungen. Jeder erhielt hundert Denare, und die Staatskasse zahlte den Mietzins eines Jahres, in Rom bis zu zweitausend Sesterzen, außerhalb Roms bis fünfhundert.

Überreich belohnte Caesar aus den Beutegeldern seine Soldaten. Neben den versprochenen, in diesen Tagen beginnenden Landzuteilungen ließ er jedem Legionär fünftausend Denare, jedem Centurio das Doppelte, den höheren Offizieren das Vierfache auszahlen. Dennoch warfen einige Unzufriedene Caesar vor, er habe bei den Triumphen unnützen Aufwand getrieben und die Zivilisten zu freigebig beschenkt. Das Geld hätte er, meinten sie, dem Anteil seiner Soldaten zuschlagen sollen. Als die Unzufriedenen die Truppe aufwiegelten, griff der Dictator persönlich ein. Er ließ einen Rädelsführer auf der Stelle hinrichten, zwei weitere den Priestern des Mars zur Vollstreckung des Todesurteils übergeben. Danach herrschte Ruhe.

Rom taumelte von einer Attraktion zur nächsten. Das Volk war erregt, fasziniert, geblendet und wohl am Ende übersättigt. Wir können nur andeuten, was an musischen und derben bis blutigen Darbietungen aufgeboten wurde: Schauspiele und Tänze in allen Stadtteilen; auf dem Marsfeld sportliche Wettkämpfe; auf einem künstlich angelegten See eine regelrechte Seeschlacht, an der viertausend Rudersklaven teilnahmen; fünftägige Tierhetzen in der erweiterten Arena des Circus Maximus (allein vierhundert wilde Löwen waren nach Rom gebracht worden); Wagen- und Pferderennen; eine nachgestellte Schlacht, ausgetragen von Fußkämpfern und Berittenen, sogar mit der gewichtigen Teilnahme von vierzig Kriegselefanten. Caesar löste ein früheres Versprechen ein, indem er Gladiatorenkämpfe dem Gedächtnis seiner vor acht Jahren gestorbenen Tochter Julia widmete.

Die Veranstaltungen übertrafen alle Erwartungen. Beim kritischen Teil der römischen Bevölkerung riefen der unerhörte Glanz und die geradezu ausschweifende Freigebigkeit des Dictators auch Unwillen hervor. Das Murren verstärkte sich, als Caesar noch während der Feiern eine Kostprobe dictatorischer Intoleranz gab. Aufgrund einer abfälligen Bemerkung über Caesar zwang er den beliebten sechzigjährigen Possenschreiber Decimus Laberius, persönlich in einem seiner Stücke aufzutreten. Der Auftritt war für Laberius demütigend, denn er gehörte dem Ritterstande an. Freimütig machte Laberius durch improvisierte Verse auf die Unfreiwilligkeit seiner Darbietung aufmerksam. Weitere eingeflochtene Zeilen sprachen deutlich aus, was nicht wenige dachten: »Vorwärts, Bürger! Wir haben die Freiheit verloren!« Oder: »Wen viele fürchten, der muß auch viele fürchten.«

War Ciceros rühmende Marcellus-Rede so schnell vergessen? Verfehlten Caesars Versöhnungsangebote und seine Freigebigkeit ihre Wirkung? Wenn auch die Mehrheit der Plebejer vorbehaltlos Caesar huldigte, so konnte er jedoch niemals den republikanisch gesinnten Teil der Bevölkerung auf seine Seite ziehen. Mit Sicherheit hatte Caesar die Ressentiments der Republikaner unterschätzt, die Schlagkraft ihrer »freiheitlichen« Rhetorik. Sonst wäre ihm ein so folgenschwerer Mißgriff zu einem so frühen Zeitpunkt kaum unterlaufen. Die überflüssige Strafaktion gegen Decimus Laberius traf die für ihre Spottlust bekannten Römer an einer empfindlichen Stelle, gerade die Unerheblichkeit des Anlasses wies beredt auf den Verlust der Freiheit.

## 44 Der letzte Kriegszug: Spanien

Während der Siegesfeiern weihte Caesar das seit dem Jahre 54 im Bau befindliche Forum Julium ein. Es sollte der Entlastung des großen Forums dienen, lag nördlich von diesem, eine schlichte rechteckige Anlage mit Wandelhallen, an der Kopfseite der Tempel der Venus Genetrix, der Stammutter der Julier. Der korinthische Tempel war noch unvollendet. Ein Tonmodell ersetzte vorläufig die dem griechischen Bildhauer Arkesilaos in Auftrag gegebene Statue der Göttin. Vor dem Tempel wurde ein Reiterstandbild des Dictators aufgestellt.

Ebenfalls vor acht Jahren begonnen und noch unfertig wurde die große Basilica Julia südlich der Via Sacra eingeweiht. Die von mächtigen Säulen getragene Halle mit einem zweigeschossigen Portikus war für Gerichtsverhandlungen bestimmt, doch in den Bodenplatten entdeckte man eingeritzte Spielvorlagen, die auf zeitweise vergnüglicheren Gebrauch schließen lassen. Rechtzeitig zu den Triumphfeiern war die erneuerte Curie fertig geworden, ebenso eine neue Pflasterung des Forums. Zwischen Capitol und Tiber entstand ein neues großes Theater, das allerdings erst unter Augustus vollendet wurde und im Gedenken an Marcellus dessen Namen erhielt.

Die Bauwerke, die Caesar errichten ließ, waren keine pathetische Selbstdarstellung des Dictators, sondern entsprachen den

Erfordernissen des Großstadtlebens. Aber unverkennbar von seinem Denken geprägt ist jene umfassende Reformgesetzgebung, die in der zweiten Jahreshälfte 46 entworfen wurde, deren Fortsetzung jedoch ein neuer und letzter Kriegszug im November unterbrach. Nur zwei Bereiche seien vorweggenommen, weil Caesar hier noch im selben Jahr verwirklichte, was Cicero in seiner Marcellus-Rede forderte: »Das Gerichtswesen neu ordnen, den Luxus eindämmen, Zerfall und Auflösung durch strenge Gesetze überwinden.«

Um anarchischen Umtrieben vorzubeugen, verbot der Dictator durch Edikt die politischen Vereine. Diese Gruppierungen zum Zwecke politischer Agitation, deren Dienste Caesar selbst vordem oft genug in Anspruch genommen hatte, waren vom Volkstribunen Clodius im Jahre 58 ins Leben gerufen worden. In der Rechtsprechung wurden frühere Verhältnisse wiederhergestellt, indem für die Geschworenengerichte künftig nur Senatoren und Ritter zugelassen waren und die plebejischen Gerichtstribunen ausschieden. Nach den neuen verschärften Gesetzen verlor ein der Erpressung überführter Senator seinen Rang und den Sitz im Senat. Reiche, wegen Mordes verurteilte Leute konnten bisher ohne Vermögensverlust in ein Exil ausweichen. Ein neues Gesetz verfügte bei Mord die Einziehung des gesamten Vermögens, bei anderen Verbrechen des halben Vermögens.

Das politisch Bemerkenswerte dieser Gesetze lag in ihrer allem Opportunismus fernen Prinzipientreue. Caesar erfüllte weder Erwartungen der Popularen, noch schonte er die Wohlhabenden und Senatsmitglieder, denen die bisherige Rechtsordnung erhebliche Privilegien zugestanden hatte.

Eher kurios muten Maßnahmen an, die der Sittenpräfekt Caesar gegen übertriebenen Aufwand einführte. Demnach hatte die vornehme Gesellschaft ihren verschwenderischen Tafelluxus in Grenzen zu halten, ebenso den privaten Aufwand bei Prunkbauten oder Grabdenkmälern. Ein Gesetz schränkte den Gebrauch von Sänften ein, das Tragen von Purpurgewändern und Edelsteinen. Trotz Überwachung durch Beamte und Soldaten, die mitunter in den Wohnungen der Reichen allzu üppige Speisen beschlagnahmten, blieben die Maßnahmen nahezu wirkungslos. Offenbar sah Caesar das Untaugliche solcher Eingriffe in das Privatleben ein, denn er duldete, daß die Gesetze gegen den Aufwand nach wenigen Monaten, als er nach Spanien gezogen war, schlicht in Vergessenheit gerieten.

Während Rom feierte, hatten die überlebenden Pompeianer in Südspanien sich gesammelt und ein Heer aufgestellt. Das war möglich, weil Caesars Statthalter, Quintus Cassius Longinus, *Hispania ulterior* ebenso unfähig wie tyrannisch verwaltete, was bei den Gemeinden Empörung und bei den zwei übernommenen Pompeiuslegionen eine offene Meuterei auslöste. Caesar rief Cassius Longinus ab, der auf der Rückreise bei einem Schiffbruch in der Ebromündung ertrank. Auch sein Nachfolger Gaius Trebonius war der Situation nicht gewachsen, die rebellischen Legionen verjagten ihn. So fanden die aus Nordafrika entflohenen Pompeiussöhne Gnaeus und Sextus, mit ihnen Labienus und Attius Varus in Südspanien ein gut vorbereitetes Wirkungsfeld. Nur wenige caesartreue Gemeinden widersetzten sich den Pompeianern. Alsbald hatten die Gegner eine Streitmacht von dreizehn Legionen, vorwiegend aus Einheimischen rekrutiert, aufgestellt. Ein gewaltiges Heer, dem zwei von Caesar entsandte Legaten mit schwächeren Truppen nicht zu trotzen wagten.

Anfang November 46 entschloß sich Caesar, persönlich mit zwei Legionen nach Spanien zu ziehen. Das Novemberdatum entspricht bereits dem reformierten römischen Kalender, den Caesar als Pontifex Maximus noch vor seiner Abreise einführte. Dem bisherigen Kalender lag ein Mondjahr von 355 Tagen zugrunde, weshalb in jedem zweiten Jahr ein Schaltmonat von 22 oder 23 Tagen eingeschoben wurde. Nun war es infolge der politischen Wirren seit den fünfziger Jahren und durch die lange Abwesenheit des verantwortlichen Pontifex Maximus zu Unregelmäßigkeiten und willkürlichen Einsetzungen von Schaltmonaten gekommen. Das Kalenderjahr stimmte nicht mehr mit den Jahreszeiten überein, lief diesen um etwa zwei Monate voraus.

Bei den Berechnungen stand Caesar, der selbst über beste mathematische und astronomische Kenntnisse verfügte, der alexandrinische Astronom Sosigenes zur Seite. Um den Kalender »dem Lauf der Sonne anzugleichen«, wurden im gegenwärtigen Jahr 46 zwischen November und Dezember 67 Tage eingeschoben, so daß mit den bereits zugegebenen 23 Schalttagen die einmalige Zahl von 445 Jahrestagen zustande kam.

Beginnend am 1. Januar 45, führte Caesar das Sonnenjahr ein,

365 ¼ Tage umfassend; der Viertelrest wurde durch Zugabe eines Tages in jedem vierten Jahr ausgeglichen. Der Julianische Kalender, geringfügig korrigiert im Jahre 1582 durch Papst Gregor XIII., ist die dauerhafteste von Caesars Reformen, denn er bestimmt noch heute unsere Zeit.

Die Kalenderreform war nur ein Teil jenes unermeßlichen Arbeitsprogramms, das der Dictator in den fünf Monaten in Rom bewältigte. Es war, als wüßte er um die geringe Zeit, die ihm verblieb, seine Ideen zu verwirklichen. In diese Monate preßte er mit ungeheurer Energie und unbeirrbarem Zielbewußtsein das Pensum von Jahren. Nur eine Ablenkung scheint er sich gegönnt zu haben: die Besuche bei der geliebten Kleopatra in den Gärten jenseits des Tiber. Seine Liebe bezeugte er öffentlich und zum Ärger der Römer, indem er im Tempel der Venus Genetrix eine goldene Statue der ägyptischen Königin aufstellen ließ.

Nun also, im November, befand sich Caesar auf dem Landweg nach Spanien. Allein die Tatsache, daß er sich auf einen Winterfeldzug einließ, bezeugt die alte, für Caesar typische Ungeduld. In siebzehn Tagen erreichte er Saguntum (nördlich von Valencia), zehn Tage später traf er im Heerlager von Obulco ein, östlich der von den Gegnern besetzten Stadt Corduba. Fürwahr eine Strapaze, täglich im unbequemen Pferdewagen auf holperigen Straßen etwa neunzig Kilometer zurückzulegen. Auf der Fahrt durch das rauhe, bis zur Küste vorspringende Bergland, dann über die spanische Hochebene setzten dem Reisenden eisige Winde und die beginnende Winterkälte zu. Wie unsinnig die Rede von Caesars »gesteigerter Willensschwäche« ist, zeigt die Tatsache, daß unterwegs ein literarisches Werk entstand. Keine Abhandlung über Grammatik wie vor einem Jahrzehnt auf dem Weg nach Gallien, sondern eine Schilderung seiner Reise in einem Versepos, das er *Iter* nannte. Das unter solchen Umständen geschriebene Werk bezeugt eher ungebrochene Energie und geistige Spannkraft.

In Spanien stand Caesar ein kampftüchtiges Heer von vier Veteranenlegionen, vier neugebildeten Legionen und achttausend Reitern zur Verfügung. Allerdings hielten die Gegner mit ihren kaum schwächeren Truppen im Kampfgebiet südlich und südwestlich von Corduba die wichtigsten Städte und die Provinzhauptstadt besetzt, ein Vorteil, der Caesars Winterfeldzug ungemein erschwerte. »Seine Soldaten, in schlechten Zelten untergebracht, litten schwer unter der Kälte und dem Mangel an Verpflegung.«

Die südlich von Corduba gelegene caesartreue Stadt Ulia, seit Monaten von Gnaeus Pompeius belagert und der Kapitulation nahe, konnte durch ein geschicktes Manöver entsetzt werden. Caesar zog gegen Corduba und zwang die Belagerer, von Ulia abzulassen und der Hauptstadt zu Hilfe zu eilen. Eine entscheidende Wende brachte das Unternehmen nicht, zumal die Gegner der offenen Schlacht beharrlich auswichen. Die Beschwernisse im rauhen Winter hielten an. Caesar erkrankte, bei dem Vierundfünfzigjährigen ein erstes Anzeichen von körperlicher Schwächung und nachlassender Widerstandskraft, nachdem er sich seit zwölf Jahren nahezu unentwegt den härtesten Entbehrungen ausgesetzt hatte. Der einzige, der von dieser Erkrankung berichtet, Dio Cassius, gibt keine nähere Bestimmung, doch scheint die Krankheit länger gewährt zu haben und kein epileptischer Anfall gewesen zu sein.

Spätestens Mitte Januar 45 war Caesar wiederhergestellt, denn er zog gegen Ategua am heutigen Rio Quadajoz, das den Pompeianern als Vorratslager diente, und leitete die Belagerung der hartnäckig verteidigten Stadt. Der nachgerückte Gnaeus Pompeius stand mit seinem Heer in der Nähe, wagte jedoch keinen Angriff zur Entlastung der Stadt. Am 19. Februar, zermürbt durch die mehrwöchige Belagerung, im Stich gelassen von den eigenen Legionen, kapitulierte Ategua. Für Caesar war es ein erster greifbarer Erfolg, für die Pompeianer neben der militärischen eine moralische Niederlage. Fortan mißtrauten die spanischen Gemeinden der Kampfbereitschaft ihrer Beschützer. Auch im pompeianischen Heer löste die Verzögerungstaktik Unwillen aus, die Zahl der Überläufer nahm zu.

Die Pompeianer zogen nach Süden, und ohne Verzug setzte ihnen Caesar nach, wie so oft ein Meister des blitzschnellen Wechsels aus dem Stellungskrieg in die offensive Verfolgung des Feindes. Er ließ Gnaeus Pompeius und Labienus keine Zeit, ihre Truppen zu verstärken, den Vertrauensschwund aufzuhalten. Im Gegenteil: Die Pompeianer sahen sich durch das Abbröckeln ihrer Macht zur Entscheidungsschlacht gezwungen.

Nach einigen Vorgefechten boten sie am Morgen des 17. März 45 bei Munda, dem heutigen Montilla, die Schlacht an. Sie führten eine an Zahl überlegene Streitmacht gegen Caesars achtzig Kohorten und achttausend Reiter. In äußerst günstiger Position, auf den Hängen einer Hügelkette, erwarteten sie die aus der Ebene angreifenden Caesarianer. Vor der Schlacht scheint Caesar bedrückt gewesen zu sein wie nie zuvor, was wohl weniger auf die düsteren Prophezeiungen seiner Auguren zurückzuführen war als auf die ungünstige Ausgangsposition seiner vom Winterfeldzug ermatteten Soldaten.

Es wurde eine der härtesten Schlachten Caesars. Die Feinde stürmten von den Hängen herab, durchbrachen die Phalanx der Heranmarschierenden, kämpften mit verzweifelter Wildheit, denn sie wußten, daß diese Schlacht die endgültig letzte war. Als Caesar sah, wie seine Kampfformationen zerschlagen wurden, seine Veteranen zurückwichen, sprang er vom Pferd, nahm einen Schild und stürzte sich selbst in die vordersten Kampfreihen. Seinen Soldaten schrie er zu, »sie sollten sich schämen, ihn den Händen von Knaben zu überliefern«, »hier werde er sterben, und hier werde der Krieg zu Ende geführt«.

Sein Beispiel brachte die wankenden Phalangen zum Stehen. Aber die Entscheidung verdankte er dem Einbruch einer Reiterschwadron in die rechte Flanke und den Rücken des Feindes. Zur Abwehr schickte Labienus eilends fünf Kohorten zurück, was von den kämpfenden Pompeianern als Beginn des Rückzugs mißverstanden wurde. Die so aufkommende Verwirrung der Gegner nutzten Caesars Truppen zum entscheidenden Angriff. Mit einem Schlag wendete sich das Kriegsglück. Bis zum Abend war Caesars Sieg gesichert und die letzte, furchtbare Niederlage der Pompeianer besiegelt. Nach der Schlacht gestand Caesar seinen Freunden, »er habe oft um den Sieg, heute aber zum erstenmal um sein Leben gekämpft«.

Von den Gegnern waren dreißigtausend auf dem Schlachtfeld geblieben. Auch Titus Labienus, glücklos seit er Caesar verlassen hatte, befand sich unter den Toten. Ihn und den ebenfalls gefallenen Attius Varus ließ Caesar durch ein würdiges Begräbnis ehren. Etwas später wurde der verwundete Gnaeus Pompeius auf der Flucht gestellt und im Kampf getötet. Nur dem jüngeren Sextus Pompeius, dem Befehlshaber in Corduba, gelang die Flucht.

Bald waren auch die abtrünnigen Städte, in denen Restgruppen der Pompeianer Widerstand leisteten, unterworfen. Die Eroberung von Munda überließ Caesar einem Legaten. Er selbst zog gegen Corduba, dann gegen Hispalis (Sevilla) und weiter nach Gades (Cádiz). Da diese Städte in römischen Augen Verrat geübt hatten, verfuhr Caesar nach dem Kriegsrecht. Die Waffenträger verfielen dem Blutgericht, die Städte hatten hohe Kontributionen zu zahlen und mußten ihre Schätze ausliefern. Selbst Gades, früher von Caesar bevorzugt und von ihm deswegen der Undankbarkeit bezichtigt, mußte den reichen Schatz des Herkulestempels opfern.

Trotz der hohen Beanspruchung durch den Feldzug und seine Folgen verfaßte Caesar noch im März oder April ein bemerkenswertes Pamphlet. Es war eine Schmähschrift gegen Cato, den geistigen Kopf der Pompeianer. Im Vorjahr hatte Cicero dem Manne, der in Utica den Freitod wählte, seine Lobschrift *Cato* gewidmet. In Cato sah Cicero römische Tugend und republikanisches Denken verkörpert. »Alles an ihm war größer als sein Ruf«, schrieb Cicero im einzigen wörtlich erhaltenen Zitat.

Jetzt, nach dem Sieg von Munda, fühlte sich Caesar genötigt, der Legendenbildung zu widersprechen. In seiner Gegenschrift *Anticato* versuchte Caesar, seinen zeitlebens schärfsten, unbeirrtesten und intellektuell fähigsten Gegner an der verwundbarsten Stelle zu treffen. Er beleuchtete »mit der ganzen Gehässigkeit antiken Invectivenstils sein [Catos] Privatleben, so daß von dem gepriesenen Freiheitshelden nichts übrigblieb als ein kauziger Trunkenbold und Geizhals, den die Habsucht schließlich sogar dazu trieb, seine Gattin an Hortensius zu verschachern«.

Dieser maßlose, unnötige Angriff auf einen Toten, auf einen Unterlegenen im Augenblick des Sieges ist eigentlich nur in den Kategorien der Psychologie erfaßbar und muß auf Caesars Zeitgenossen unbegreiflich und abstoßend gewirkt haben. Tief muß in Caesar das Bild des tugendhaften Republikaners Cato nachgewirkt haben, daß er sich im Moment seines Triumphes dazu getrieben fühlte, dessen Andenken zu verdunkeln. Tatsächlich war ja der eigentliche Gegenspieler Caesars nicht Pompeius, der das gleiche mit gleichen Mitteln zu erreichen suchte, sondern Cato, der, soweit wir wissen, ohne persönlichen Ehrgeiz die republikanische Verfassung Roms erhalten wollte. Wenn es richtig ist, daß Caesar sein Geschick mit dem Roms gleichsetzte, dann war Cato der Mann, der durch seinen bloßen Nachruhm diese Gleichsetzung zestören konnte. Caesars Angriff auf ihn war also logisch; zutiefst irrational und politisch verheerend war aber die Form dieses Angriffs. Eine gelassene, staatsmännische Auseinandersetzung mit Catos konservativen Idealen, der geschichtliche Nachweis, daß die republikanische Verfassung des Stadtstaates der geschichtlichen Anforderung des Weltreichs nicht gerecht geworden war und auch nicht gerecht werden konnte, hätten Caesar nicht nur gerechtfertigt, sondern auch politisch genützt. Die Invective gegen Cato aber schlug auf ihn zurück, steigerte das Ansehen des durch eigene Hand gefallenen Republikaners in Rom. Caesar selbst verschuldete, daß ihm der tote Cato gefährlicher wurde, als es der lebende je war.

Bis in den Juni 45 hinein blieb Caesar in den spanischen Provinzen. Unbeirrt von den Reaktionen auf sein Pamphlet ordnete er die politischen und kommunalen Verhältnisse. Neben den bestehenden Römerstädten wie Italica und Corduba, auch Gades, gründete er neue Bürgerkolonien, verlieh er den ihm treu gebliebenen und bewährten Gemeinden die römischen Stadt- oder Kolonialrechte, darunter an der Ostküste Carthago Nova (Cartagena) und Tarraco (Tarragona) und an der fernen Westküste in Lusitanien Olisipo (Lissabon).

Diese Gründungen und Rechtezuweisungen werden den konservativen Römern kaum gefallen haben, denn sie kennzeichneten eine ausgreifende »Reichspolitik« Caesars, wobei Provinzstädte zunehmend gleichberechtigt neben Rom anerkannt oder in ihren Eigenrechten und -pflichten bestärkt wurden.

## 45 Gesetze und Pläne

In den wärmsten Tagen des Jahres 45 machte sich Caesar gemächlich auf den Heimweg, der unterbrochen wurde von längeren Zwischenaufenthalten. Mit ihm fuhr sein achtzehnjähriger Großneffe Gaius Octavius, der ihm seit Mai als *contubernalis* diente, im Ehrenamt des lernenden Begleiters, mit dem er selbst vor sechsunddreißig Jahren in Asia seinen Militärdienst begann. Im Juli trafen sie in Narbo ein und blieben mehrere Wochen in der narbonensischen Provinz. Caesar hatte es nicht eilig, nach Rom zu kommen, und widmete sich administrativen Problemen der Provinz. Neben Senatoren, die den langen Reiseweg nicht gescheut hatten, um dem Dictator und siegreichen Feldherrn ihre Aufwartung zu machen, fanden sich einige Mitarbeiter ein: Decimus Brutus Albinus, der bisher die Provinz Gallia Comata verwaltet hatte; Gaius Trebonius, der glücklose ehemalige Statthalter von Südspanien; Marcus Antonius, der nun wieder in Gnaden aufgenommen, ja noch zusätzlich geehrt wurde, denn Caesar nahm ihn auf der Heimfahrt in seinen Wagen und versprach ihm das Consulat für das nächste Jahr. Aber Marcus Antonius sagte nichts davon, daß ihn Gaius Trebonius in Narbo für einen Anschlag auf den Dictator zu gewinnen versucht hatte. Der Plan wurde stillschweigend aufgegeben, doch er beleuchtet schlaglichtartig, was sich hinter dem Rücken Caesars abspielte, wohin gekränkter Ehrgeiz und Unzufriedenheit führen konnten.

Ein anderer, der ebenfalls angereiste Marcus Iunius Brutus, erwiderte die Gunst Caesars ohne Hintergedanken. Caesar lobte ihn wegen der vortrefflichen Verwaltung des diesseitigen Gallien und rügte, wie es scheint, noch nicht einmal Brutus' wenige Tage zuvor vollzogene Vermählung mit Porcia, der Tochter Catos und Witwe des einstigen erbitterten Caesarfeindes Bibulus. Vor zwei Jahren hatte Caesar über ihn gesagt: »Viel kommt darauf an, was er will; doch was er will, das will er ganz.« Nun, Anfang August 45, war Brutus ganz von Caesar eingenommen, glaubte er an eine Erneuerung der Republik und meldete nach Rom, der Dictator halte zu den *boni viri*, den Gutgesinnten, den republikanischen Optimaten. Cicero hatte für so viel Naivität nur Spott.

Was immer Brutus zu seiner Meinung brachte, er irrte. Von der Wiederherstellung der Republik im Sinne der Optimaten war Caesar weiter entfernt denn je. Das dokumentiert schon die großzügige Kolonisationspolitik, die Caesar in Spanien begann und in der narbonensischen Provinz konsequent fortsetzte. Durch Ansiedlung von Veteranen entstanden neue römische Bürgerkolonien wie Arelate (Arles) und an der Küste der Kriegshafen Forum Julii (Fréjus). In der seit dem Jahre 118 bestehenden Bürgerkolonie Narbo wurden Mannschaften der X. Legion angesiedelt. Zahlreichen Gemeinden der Provinz verlieh Caesar das latinische Recht, wodurch die einheimische Oberschicht Rechtsgleichheit mit den Römern und die Verwaltungshoheit erwarb.

Die Ansiedlung entlassener Soldaten in den außeritalischen Provinzen war die beste Lösung der drängenden Veteranenversorgung. Sie ergänzte die weitaus schwierigere Landzuteilung auf italischem Boden. Außerdem wird Caesar bedacht haben, daß seine Koloniegründungen ein Patronatsverhältnis herstellten, eine Bindung an seine Person, die nach damaligen Gepflogenheiten direkten politischen Machtzuwachs bedeutete. Doch ihn leiteten noch weiterreichende Gründe, die in der planvollen Koppelung von Kolonisations- und Bürgerrechtspolitik, in der Gründung von außeritalischen Bürgergemeinden und Rechteverleihungen an Provinzstädte sichtbar werden. Damit führte Caesar eine Politik weiter, die sich schon im Jahre 49 bei der Verleihung der römischen Bürgerrechte an die Transpadaner zeigte.

Caesar war, wie gesagt, der erste, der erkannte, daß das weltweit ausgewachsene Imperium die Überwindung des traditionellen »Stadtzentralismus« gebot. Negativ gesagt, versetzte er »dem gemeindestaatlichen Charakter der römischen Republik den Todesstreich«. Aber er handelte weitsichtiger, staatspolitisch klüger, auf den Zusammenhalt des Imperiums bezogen auch »römischer« als seine Zeitgenossen, als er den Prozeß der »Umwandlung des bisherigen römischen Stadtbürgerrechts in ein Reichsbürgerrecht« einleitete.

In diesem Zusammenhang gewinnt eine Bemerkung Caesars, die nur beiläufig fiel, aber für sein politisches Denken bezeichnend ist, besonderes Gewicht. Gegenüber Metellus Scipio äußerte er Anfang 49 vor Dyrrhachion, man werde ihm dereinst allgemein danken für »die Ruhe Italiens, den Frieden der Provinzen, das Wohlergehen des Reiches« *(quietem Italiae, pacem provinciarum, salutem imperii)*. Rom kommt in dieser Bemerkung nicht vor. Sicherlich kann man nicht direkt von einem »Reichsgedanken« Caesars sprechen, von dem »Plan einer Neugestaltung des Imperium Romanum, durch die an die Stelle des republikanischen Gemeindestaates der monarchisch regierte Reichsstaat gesetzt wird«. Konkrete Hinweise auf einen solchen »Plan« sind einfach nicht vorhanden. Dennoch greifbar ist ein »Bemühen« Caesars, »nicht mehr allein das Wohlergehen Roms bzw. allenfalls noch Italiens vor Augen zu haben«.

In Südgallien und Spanien lagen die Schwerpunkte der Kolonisationspolitik. So wurde in diesen westlichen Ländern der schon angelaufene Romanisierungsprozeß kräftig vorangetrieben. Weitere neue römische Bürgergemeinden entstanden in Nordafrika, Kleinasien, Griechenland und Illyrien, meist gemischt aus angesiedelten Veteranen und Proletariern. Zu Caesars Neugründungen gehörte das wiederaufgebaute nordafrikanische Karthago, gehörten Sinope an der Südküste des Schwarzen Meeres und Korinth. Die Durchstechung des Isthmus sollte Korinth eine Schlüsselstellung auf dem Weg nach Osten verleihen (ein schon vor Caesar aufgeworfener Gedanke, der jedoch auf seine Verwirklichung bis 1893 warten mußte).

Caesar entsandte Neusiedler nach Sizilien, nach Syrakus, Katane (Catania) und Kentoripa (Centúripe) und ließ ein Gesetz abfassen, um der ganzen Insel, der ältesten römischen Provinz, das latinische Recht zu gewähren. Sein Tod verhinderte die Realisierung dieses Plans. Erst Marcus Antonius verlieh den Sizilianern das volle römische Bürgerrecht.

Zur Regelung der Verwaltung und Jurisdiktion in den Kolonien und Städten ließ Caesar Verfassungen ausarbeiten, von denen nur Bruchstücke erhalten sind. Parallel lief die Neuordnung der Rechtsverhältnisse, der Verwaltung und Magistrate in den italischen Städten. Eine Sammlung der von Caesar entworfenen Munizipalgesetze ist unter dem Namen *Lex Julia municipalis* bekannt, auch sie dürftig überliefert und wohl erst unter Marcus Antonius rechtskräftig geworden. Aber schon das wenige Überlieferte und Gesicherte läßt erkennen, »daß sich Caesar in Italien und offenbar auch in den Provinzen eine durchgreifende Reorganisation der Städte und Kolonien zum Ziel gesetzt hatte«.

Es ist überliefert, aber kaum allgemein bekannt, was Caesar als Gesetzgeber in einer äußerst kurz bemessenen Zeit leistete. Dem Dictator blieben in Rom im Jahre 46 gut fünf Monate, dann 45/44 fünfeinhalb Monate, insgesamt mit den voraufgegangenen kürzeren Aufenthalten dreizehn Monate, um eine Gesetzgebung zu verwirklichen, »deren Umfang geradezu in Erstaunen setzt und von seiner Arbeitskraft wie von der Raschheit und Sicherheit seiner Entschlüsse den höchsten Begriff gibt«. Ein Historiker nannte die Gesetzgebung Caesars »seinen Leistungen als Feldherr völlig ebenbürtig«. Das zukunftsweisende Friedenswerk, auf das »Wohlergehen des Imperiums« gerichtet, auf das rechtlich, sozial und wirtschaftlich gesicherte Zusammenleben von Römern, Italikern und Provinzbewohnern, läßt eher den Schluß zu, daß der Gesetzgebung, »der größten politischen Tat« Caesars, der Vorrang gebührt. Im Rückblick nach dem Tod des Dictators vermutete Cicero, »Caesar selbst würde als wichtigsten und eigentlichen Teil seines Werkes seine Gesetzgebung bewerten«.

Einige seiner Gesetze hatte Caesar bereits als Consul im Jahre 59 eingebracht. Die damals gegen erheblichen Widerstand durchgesetzte *Lex agraria*, wonach Land zur Ansiedlung von Veteranen und Proletariern freigestellt wurde, lag formell auch den späteren Landzuweisungen zugrunde. Vor allem in Campanien fanden verabschiedete Soldaten ihr zugeteiltes Neuland. Aus ihnen wie aus den arbeitslosen Proletariern wurden Bauern. Das brachte der italischen Landwirtschaft Auftrieb, trug aber auch zur Stabilisierung der sozialen Verhältnisse bei. Um weiteren fruchtbaren Ackerboden für Ansiedler zu gewinnen, plante Caesar die Trockenlegung des Fuciner Sees östlich von Rom und die Entwässerung der Pontinischen Sümpfe. Aber diese Projekte blieben unausgeführt wie die Pläne, den Tiber durch einen Kanal bis zum Meer schiffbar zu machen, das Meer bei Ostia durch Dämme zu bändigen und den Hafen vor den Toren Roms auszubauen.

Wie viele Veteranen in Italien und als Kolonisten in den Provinzen angesiedelt wurden, ist nicht bekannt. Vermutlich waren es kaum weniger als jene 80 000 römischen Bürger, die bis zum Tode Caesars in den überseeischen Provinzen eine neue Heimat fanden.

Mit der Umsiedlung von Proletariern verband Caesar, abgesehen von der genannten Kolonisationspolitik, eine Lösung der von jeher Rom schwer drückenden sozialpolitischen Probleme. Um das Heer arbeitsloser Plebejer, ein ständiger Unruheherd der Hauptstadt, zu befriedigen, griff man zu dem heiklen Mittel unentgeltlicher Getreidezuteilungen, das heißt der Versorgung durch den Staat. Caesar fand nicht weniger als 320 000 Empfänger von kostenlosem Getreide vor. Er verminderte sie im Jahre 46 auf 160 000 und ließ die andere Hälfte in den fernen Provinzen und auf italischem Boden ansiedeln.

Ein weiteres Gesetz, ebenfalls zur Bekämpfung der Arbeitslosigkeit, gebot den Latifundienbesitzern, neben den billigen Sklaven zu einem Drittel Freie als Landarbeiter zu beschäftigen. Mit solchen Maßnahmen versuchte Caesar, dem sozialen Elend

Roms ein durchgreifendes, weitsichtiges und erfolgversprechendes Programm entgegenzusetzen.

In nahezu alle Bereiche des öffentlichen und privatrechtlichen Lebens griff der Dictator gesetzgebend oder ordnend ein. Man darf nicht vergessen, daß die staatlichen wie die privaten Verhältnisse in Rom seit Marius und Sulla, soweit Caesar zurückdenken konnte, erschüttert und korrumpiert waren, oft genug chaotischen Umtrieben preisgegeben, durch Macht- und Interessenkämpfe und zuletzt durch den Bürgerkrieg von einer Krise in die nächste getrieben. Bereits vor dem Spanienfeldzug hatte er die Neuordnung des Rechtswesens eingeleitet. »Das Zivilrecht wollte er auf ein vernünftiges Maß bringen«, schreibt Sueton und erwähnt Caesars Plan einer Kodifizierung des gesamten zivilen Rechts, ein Plan, den sechshundert Jahre später Justinian verwirklicht.

Im Bereich des komplizierten Finanzwesens und Schuldrechts hielt sich Caesar an die während seiner Elftagedictatur eingeleiteten Maßnahmen. Eine generelle Schuldentilgung lehnte er ab. Aber er verfügte Erleichterungen, schützte den Schuldner gegenüber dem Kreditgeber, führte die Möglichkeit einer öffentlichen Erklärung der Zahlungsunfähigkeit ein, ohne »Ächtung und Verlust der *dignitas*«, der Würde, des Schuldners. Vor allem aktivierte Caesar Geldverkehr und Schuldaufnahme (ähnlich wie die Arbeitslosigkeit durch Umsiedlung) zu produktiven Faktoren wirtschaftlichen Wachstums. Um die römische Wirtschaft zu beleben, führte er Zölle auf ausländische Waren ein. Der damaligen Weltwirtschaft gab Caesar ein einheitliches Währungssystem, indem er den »goldenen Denar«, seinen *Aureus*, prägen ließ. Die Einführung des *Aureus*, von unveränderlichem Gewicht und stabilem Wert, überwand die komplizierten Landeswährungen und schuf die Verrechnungsgrundlage des römischen Weltmarktes, auch dies eine das Imperium stärkende und vereinigende Maßnahme.

Die Kriege und Caesars Kolonisationsprogramm hatten die Bevölkerung stark vermindert, und infolge der römischen Krisen waren die Geburtenzahlen seit langer Zeit rückläufig. Zur Festigung und Mehrung der Bürgerschaft vergab der Dictator Prämien an kinderreiche Eltern. Er verfügte, daß kein Bürger zwischen dem zwanzigsten und vierzigsten Lebensjahr Italien privat länger als drei Jahre verlassen dürfe. Senatorensöhnen wurde die Ausreise, wenn nicht im Staatsdienst, überhaupt verboten.

Ärzten und Lehrern, die meist aus dem griechischen Osten stammten, ebenso anderen hochgestellten Provinzialen verlieh Caesar das Bürgerrecht – auch in Rom seiner Bürgerrechtspolitik folgend, der zunehmend ausgedehnten rechtlichen Gleichstellung von Römern, Italikern und Provinzialen.

Im Prinzip ähnlich verfuhr der Dictator in der obersten staatlichen Aufsichtsbehörde, dem »Rat der Alten«, indem er Italiker und Provinzialrömer in den Senat aufnahm und dieses höchste Gremium von 600 auf 900 Mitglieder erweiterte. Das paßte der privilegierten stadtrömischen Nobilität ebensowenig wie die Begrenzung der Statthalterschaft von Praetoren auf ein Jahr, von Consuln auf zwei Jahre. Beide Maßnahmen schränkten die Macht der herrschenden Kreise ein. In den Senat gelangten Männer, deren Zuwahl nicht aufgrund ihres ererbten Adels und Reichtums erfolgte, sondern aufgrund ihrer Verdienste und, natürlich, ihrer Beziehungen zu Caesar. Etliche Spottverse über die neuen »ausländischen« Senatoren kursierten in Rom. Auf Maueranschlägen las man: »Zur Kenntnisnahme! Niemand darf einem neuen Senator den Weg zur Curie zeigen!« Ein Spottvers nahm die gallischen Senatoren aufs Korn, die im Gegensatz zu den Römern in ihrer Heimat Hosen trugen: »Gallier führte Caesar im Triumphzug – zur Curie gleich darauf./ Hosen tragen sie nicht mehr, dafür den Purpurstreif am Kleid.«

Die Gegner, die Optimaten zumal, sahen zähneknirschend, wie der Senat zum willfährigen Instrument in der Hand des Dictators wurde. Dies, mehr als alles andere, hielt den alten Haß wach, der sich in böswilligen Äußerungen über die Minderrangigkeit und Pöbelhaftigkeit der Anhänger Caesars niederschlug.

Versucht man, die Reformgesetzgebung Caesars zusammenzufassen, so läßt sich unschwer aus den wichtigsten Maßnahmen und Vorhaben eine Ausrichtung ablesen, die nicht allein auf das Verlangen, Macht zu erhalten oder auszuüben, deutet. Kolonisations- und Bürgerrechtspolitik, die Neuordnung des Rechtswesens, der Wirtschaft, des Finanz- und Sozialbereichs, die für Rom erlassenen Gesetze wie die Erweiterung des Senats, nahezu alle gesetzgeberischen Maßnahmen entsprechen einem Ordnungsdenken, das Gerechtigkeit und die Besserung der gemeinsamen Lebensverhältnisse anstrebte, allerdings über Rom hinaus auf das Reich, das gesamte Imperium gerichtet.

Einige der von Caesar entworfenen Gesetze wie die genannte *Lex municipalis* oder auch eine Straßenverkehrsordnung für Rom wurden erst nach seiner Ermordung rechtskräftig. Ein Senatsbeschluß ermächtigte den Consul Marcus Antonius, die geplanten und nachgelassenen Verfügungen des Dictators, die *acta Caesaris*, zu verwirklichen. Die meisten der Gesetze Caesars blieben wirksam, kamen Rom und erst recht Augustus zugute, der sich zunächst noch Gaius Octavius nannte und dem Caesar seinen Namen, sein politisches und zum größten Teil sein materielles Erbe vermachte.

Nach seinen Aufenthalten in Narbo und der cisalpinischen Provinz im Frühherbst 45 durch Italien reisend, befand sich Caesar in bemerkenswerter Gesellschaft. Neben ihm im Wagen saß Marcus Antonius. Im zweiten Wagen folgten Decimus Brutus und der junge Gaius Octavius. Auch jetzt schien der Dictator keine Eile zu haben, nach Rom zu gelangen, denn zuvor verbrachte er zwei oder drei Wochen auf seinem labicanischen Landgut südöstlich der Hauptstadt. Hier verfaßte er am 13. September sein Testament und bestimmte darin zu seinem Haupterben Gaius Octavius, den Enkel seiner Schwester, dem er drei Viertel seines Vermögens überschrieb. Decimus Brutus, sechs Monate später einer der Mörder des Dictators, gehörte zu den Erben zweiten Grades. Am Ende des Testaments erklärte Caesar seine Adoption des Octavius, dem er damit gesetzlich seinen Namen übertrug und was »tatsächlich, wenn auch nicht rechtlich, zugleich die Ernennung zum Nachfolger im Reichsregiment« bedeutete.

Den erst achtzehnjährigen, körperlich wie gesundheitlich eher zarten Großneffen hatte Caesar seit einiger Zeit in seine Obhut genommen und dessen außerordentliche Fähigkeiten und politische Begabung erkannt. Im Zusammenhang mit der Adoption gewinnen auch die weiteren Octavius zugedachten Ehrungen und Aufgaben politisches Gewicht. Anfang Oktober, nach Rom zurückgekehrt, schickte ihn Caesar zu rhetorischen Studien und militärischen Übungen nach Apollonia in Illyrien und erhob ihn bald danach in den patrizischen Adel. Im nächsten Frühjahr sollte Octavius als *magister equitum* den derzeitigen Amtsträger Aemilius Lepidus ablösen. Auch in der Frage seiner Nachfolge handelte Caesar weitsichtig, überließ er nichts dem Zufall.

# 46 Nicht König, sondern Caesar

Gleich nach dem Sieg von Munda hatte der Senat neue Ehrungen des Dictators beschlossen. Am Tag des Pariliafestes, dem 21. April, an dessen Vorabend Caesars Siegesmeldung eintraf, sollte jährlich ihm zu Ehren ein Wagenrennen stattfinden. Eine fünfzigtägige Dankfeier, länger und ehrenvoller als jemals zuvor, wurde angeordnet. Caesar erhielt den Ehrentitel Imperator als vererblichen Eigennamen und das Recht, bei Volksfesten das Triumphgewand und den Lorbeerkranz zu tragen. Zehn Jahre lang sollte ihm freistehen, das jährliche Consulat zu bekleiden. Ihm fiel die ungeteilte Hoheit über das gesamte Militärwesen zu, desgleichen über den Finanzbereich und die Staatskasse.

Vermutlich war schon mit diesen Würden das Bildnisrecht verbunden, dem wir durch die Münzprägungen aus dem Jahre 44 ein authentisches Altersbild Caesars verdanken. Besonders die Denarprägung des Meisters Aemilius Buca, etwa einen Monat vor der Ermordung Caesars geschaffen, bezeugt im Seitenporträt die suggestive Kraft der Persönlichkeit Caesars, seine ungebrochene Willensstärke. Über dem hohen faltigen Hals ein markanter hagerer Kopf, vorzeitig gealtert und wie ausgeglüht von den Strapazen der letzten Jahre. Ein feinblättriger Kranz bedeckt die kahle Stirn. Sie ist gespannt, tritt kräftig hervor wie das Kinn, die sensible Nase, die weit geöffneten, beherrschenden Augen. Die Wangen sind eingefallen, der breite Mund ist genießerisch und skeptisch gewölbt, von einer überlegenen Ironie gezeichnet. Ähnliche Züge, etwas weicher und plastischer ausgeformt, erkennen wir in der Porträtbüste aus Tusculum, die heute in Turin aufbewahrt wird – auch sie ein zeitgenössisches Original von bestechendem, realistischem Ausdruck.

Ob die Standbilder, die noch vor Caesars Rückkehr errichtet wurden, ihn gleichermaßen individuell darstellten? Sie zählten zu den Ehrungen des Senats. Eine Statue Caesars, versehen mit der Inschrift »Dem unbesiegten Gott«, sollte im Quirinustempel, eine weitere Statue auf dem Capitol neben den altrömischen Königen aufgestellt werden. Auf Veranlassung des Senats wurde bei der Prozession anläßlich der Siegesfeier Ende Juli 45 eine Elfenbeinstatue Caesars, auf dem Siegeswagen stehend, mitgeführt.

Aber kein Beifall kam auf; auch die Statue der Siegesgöttin, »weil sie sich in schlechter Gesellschaft befand«, wie Cicero bemerkte, wurde mit Schweigen aufgenommen. Der in Abwesenheit des Dictators eingeführte Herrscherkult erregte den Unwillen der Römer.

Caesar selbst bekam nach seiner Rückkehr die Verärgerung zu spüren. Als er Anfang Oktober 45 während des spanischen Triumphs mit seinem Prunkwagen an der Bank der Tribunen vorbeifuhr, verweigerte der Volkstribun Pontius Aquila die Begrüßung und blieb ostentativ sitzen. Caesar reagierte mit Spott: »So fordere doch, Tribun Aquila, den Staat von mir zurück!« Noch über mehrere Tage versah der gereizte Dictator seine Beschlüsse mit der sarkastischen Einschränkung: »Sofern es mir Pontius Aquila erlaubt.«

Sein alleiniges Consulat legte Caesar nieder, und für die letzten drei Monate des Jahres ließ er Fabius Maximus, vordem Statthalter in Spanien, und Gaius Trebonius zu Consuln wählen. Anscheinend erkannte Caesar die wahre Gesinnung des Trebonius nicht. Ohnedies erregten sein unmotivierter Amtsverzicht und die widergesetzliche Neuwahl Aufsehen und Widerstand. Bei einer Theateraufführung rief das Volk dem Fabius Maximus zu, er sei kein Consul.

Möglicherweise verzichtete Caesar auf sein Consulat, um sich seiner weitgespannten Gesetzgebung und seinen Plänen besser widmen zu können. Außerdem beschäftigten ihn seine umfassenden Bauvorhaben, auch sie am Ende unverwirklicht. Der Förderung des Verkehrs sollte eine Heeres- und Handelsstraße dienen, von der Adria über den Apennin bis zum Tiber führend. In Rom sollte das Marsfeld bebaut werden und einen dem Mars geweihten Tempel erhalten, größer als jedes andere Heiligtum.

Der Bau eines Theaters von ungewöhnlichem Ausmaß, angelehnt an den Felshang des Capitols, wurde geplant. Eine riesige Bibliothek sollte die gesamte griechische und römische Literatur zusammenfassen. Mit der Sammlung beauftragte Caesar den gelehrten Schriftsteller Marcus Terentius Varro, den einstigen pompeianischen Statthalter in Südspanien.

Der Fall Varro ist ein deutliches Beispiel der fortgesetzten Versöhnungspolitik. Allen Gegnern gestand Caesar die straffreie Rückkehr nach Rom zu, ihre uneingeschränkte Gleichstellung in der Bürgerschaft. Nicht wenigen seiner ehemaligen Feinde übertrug er Ämter und Würden.

Doch neben dem Versöhnungswerk, neben allen imponierenden Maßnahmen und Vorhaben zum Nutzen Roms mehrten sich die Folgen von glücklosen Entscheidungen in der Regierung, von Mißgriffen und Mißachtung der verfassungsmäßigen Ordnung. Irgend etwas Unwägbares, eine Unruhe, ein Ungenügen schien Caesar zu treiben.

War nicht in Rom genug zu tun, mehr, als ein einzelner Mann selbst von der Energie und staatsordnenden Fähigkeit Caesars in begrenzter Zeit leisten konnte? Aber schon bewegte ihn ein neuer Kriegsplan, ein gewaltiger Feldzug gegen die Parther. Was lag dem zugrunde? Eine Welteroberungssucht? Der Plan, durch die Eroberung der Ostreiche als zweiter Alexander dessen »Weltmonarchie« unter römischer Führung wiederherzustellen? Wollte Caesar die Niederlage und den Tod des Crassus rächen? Ohne Zweifel gab es konkrete Gründe. Die Parther bedrohten die römischen Ostprovinzen. Die römischen Schutztruppen waren den Parthern nicht gewachsen, erlitten um die Jahreswende 45/44 eine verlustreiche Niederlage. Doch Caesars Vorbereitungen und die Ausmaße seiner Planung weisen über einen bloßen Verteidigungskrieg hinaus.

»Erst wenn er das Staatswesen geordnet habe, werde er gegen die Parther ziehen«, äußerte Caesar im Mai 45. Aber schon im Herbst begannen konzentrierte Zurüstungen. Die ersten Legionen einer Streitmacht, die sechzehn Legionen und zehntausend Reiter umfassen sollte, wurden in der Gegend von Apollonia zusammengezogen. Im Frühjahr 44, am 18. März, sollte der Kriegszug beginnen, auf drei Jahre geplant, denn nach der Unterwerfung der Parther wollte Caesar am Kaspischen Meer entlang nach Nordwesten vordringen, Germanien erobern und über Gallien nach Rom zurückkehren. Ein gigantisches Unternehmen.

Im Spätjahr 45 ordnete der Dictator die politischen Mandate für die Zeit seiner (geplanten) Abwesenheit und ließ die Magistrate wählen. Die Zahl der Quaestoren wurde auf vierzig erhöht, die der Praetoren auf sechzehn, entsprechend der Zahl der praetorischen Provinzen und der verfügten einjährigen Statthalterschaft. Die künftigen Statthalter ernannte Caesar selbst, während er auf das ihm ebenfalls übertragene Recht der Bestellung der Magistrate verzichtete, was bei der Machtfülle des Dictators kaum ins Gewicht fiel.

Das Consulat im nächsten Jahr sollten Marcus Antonius und – nach Caesars Abreise, da er zunächst selbst amtieren wollte – der noch nicht dreißigjährige Publius Cornelius Dolabella übernehmen. Antonius als Leidtragender der früheren aufrührerischen Umtriebe des Dolabella erhob Einspruch und schmähte seinen künftigen Mitconsul überaus heftig. Selbst im Senat trugen die designierten Consuln ihren haßerfüllten Streit aus, so daß ein Unbeteiligter den Dictator warnte, diese Emotionen könnten sich auch gegen ihn selbst, Caesar, wenden. Die Rivalität seiner beiden Gefolgsleute verdroß Caesar. Aber alle Verdächtigungen wehrte er mit der Sentenz ab: »Nicht vor diesen wohlbeleibten und schön frisierten Männern fürchte er sich, wohl aber vor den blassen und hageren.« Offenbar wußte er, was er sagte, war er zumindest im Besitz von Andeutungen über eine Verschwörung gegen ihn.

Unterdessen überschüttete der Senat den Dictator mit weiteren Ehrungen. Im Ersinnen dieser Unterwürfigkeitsgesten erwiesen die Senatoren einen unglaublichen Einfallsreichtum, eine alles bisher Bekannte überbietende Schmeichelwut, die sich ins Maßlose steigerte.

Caesar erhielt den Titel eines *pater patriae*, sein Geburtstag wurde staatlicher Feiertag, und sein Geburtsmonat, der Quinctilis, wurde nach seinem Namen Julius umbenannt, wie er noch heute heißt. Zu Ehren des Friedensbringers sollten ein Concordiatempel errichtet und ein Jahresfest gefeiert werden. In allen Tempeln Roms und der Munizipien sollte Caesar durch sein Standbild gegenwärtig sein. Ihm wurde die Unverletzlichkeit, die *sacrosanctitas*, zuerkannt. Die Senatoren leisteten einen Eid zum Schutze seines Lebens, und alle Beamten verpflichteten sich, derzeitige wie künftige Regierungshandlungen des Dictators vollgültig anzuerkennen. Nach dem vererblichen Imperatornamen sollte nun auch der hohe Titel des Pontifex Maximus auf seinen Sohn oder Adoptivsohn übergehen. In jedem vierten Jahr sollten Festspiele zu Ehren Caesars stattfinden und ihm bei sämtlichen Gladiatorenspielen in Rom und Italien ein Tag gewidmet sein. Lorbeerzweige sollten die Rutenbündel seiner Lictoren schmücken. Ihm wurde erlaubt, statt des gewöhnlichen curulischen Stuhls einen goldenen Sessel zu benutzen. Anstelle der üblichen *toga prae-*

*texta* mit dem Purpurstreifen durfte er nun uneingeschränkt das mit Goldornamenten versehene Ganzpurpurgewand der altrömischen Könige tragen, dazu die hochschäftigen roten Schuhe.

Gewiß schmeichelten die Huldigungen seiner Eitelkeit und seinem Ehrgeiz. Manche der überschwenglichen Ehrbeschlüsse, zumal die Anknüpfung an das altrömische Königtum, wird Caesar befürwortet und über seine Anhänger im Senat beeinflußt haben. Wo die Grenze zwischen dem in seinen Augen Erwünschten und Unerwünschten verlief, läßt sich schwer sagen. Nicht durchweg reagierte der Geehrte erfreut, und einige Anerbieten lehnte er ab. Aber spürte er nicht, wie die Ehrungen jedes menschenwürdige Maß überschritten, oder war es das, wonach ihn verlangte? Ahnte er nicht, daß die grenzenlosen Ehrungen umschlagen und ihn am Ende zu einem Popanz machen und dem Spott und wachsendem Haß ausliefern mußten? Neben den wohlmeinenden, ihm gefälligen Parteigängern gab es genug verschlagene Senatoren, die nichts anderes im Sinn hatten als seine Beschämung. »Sie überhäuften ihn mit immer größeren Ehren, teils aus übertriebener Schmeichelei, teils aus Hohn . . . Sie handelten so in der Absicht, ihn schnellstens zum Mittelpunkt des allgemeinen Neides und Hasses werden zu lassen und dadurch seinen Untergang zu beschleunigen.«

Aber Caesar ließ sie gewähren. Hierin, in seiner offensichtlichen Empfänglichkeit für Schmeichelei und Vergötzung, und in der Unruhe seiner letzten Jahre, liegen die persönlichen Rätsel, die seine Zeit als unumschränkter Herrscher Roms überschatten.

*Puteoli, 19. Dezember 45*

Dem beliebtesten und fröhlichsten Volksfest Roms, den Saturnalien, entflieht der Dictator. An diesen Tagen zum Abschluß der Feldarbeit geht es in den Straßen und bei Gastmählern turbulent zu, und die Herren bewirten ihre Sklaven. Caesar reitet mit großem Gefolge nach Campanien. Das Ansinnen des Senats, eine ständige Leibwache aus Senatoren und Rittern mitzuführen, hat er abgelehnt. Aber ihn begleiten zweitausend Freunde, Mitarbeiter, Freigelassene, Sklaven und Soldaten. Ist er nun doch um sein Leben besorgt, oder verlangt seine Repräsentationssucht ein solches Aufgebot?

Am Abend des zweiten Saturnalientages erreicht die Kolonne

Puteoli, und Caesar kehrt im Landhaus des Lucius Marcius Philippus ein, der durch seine Ehe mit Caesars Nichte Atia Stiefvater des Octavius geworden ist. Den Villennachbarn Cicero, wie Philippus dem milden Klima an der campanischen Bucht zugetan, will Caesar am nächsten Tag besuchen. Cicero bangt schon wegen der Menschenmenge. Er stellt Wachen auf, um sein gepflegtes Anwesen vor Schaden zu bewahren.

Am Morgen bis ein Uhr mittags arbeitet der Dictator, läßt niemand in sein Zimmer außer Cornelius Balbus, mit dem er Finanzfragen bespricht. Dann geht er am Strand entlang zu Ciceros Villa und nimmt dort gegen zwei Uhr ein Bad. Noch im Bad erfährt er, daß Mamurra, sein tüchtiger Pionierkommandeur in Gallien, gestorben ist. »Er verzog keine Miene«, berichtet der Hausherr Cicero. Wahrscheinlich war der einstige Freund wegen seines frivolen, affärenreichen Lebens längst in Ungnade gefallen. Caesar läßt sich ölen, ruht ein wenig und begibt sich zum Gastmahl. Cicero setzt seinem Gast die delikatesten Speisen vor, auch den Gefolgsleuten, die an drei Tafeln »geradezu exquisit« bewirtet werden.

Caesar genießt das prachtvolle Mahl unbekümmert und mit bestem Appetit, denn er beabsichtigt, das übliche Brechmittel zu nehmen. Er ist vergnügt und fühlt sich wohl. Man spricht höchst angeregt miteinander, nicht über Politik, um so mehr über Literatur. »Wir können uns sehen lassen«, schreibt Cicero am Abend seinem Freunde Atticus; aber auch: »Welch ein unsympathischer Gast! Und doch ist es mir nicht leid; er war nämlich voll der angenehmsten Laune.«

Noch einmal beweist Caesar seine gute Laune, als er nach der Verabschiedung von Cicero am Landsitz des Dolabella vorbeikommt und zu Pferde mit seiner Begleittruppe eine Parade aufführt, den designierten Consul wie keinen anderen ehrend. Am nächsten Tag, dem 20. Dezember, reitet der Dictator nach Rom zurück.

*Rom, 31. Dezember 45*

Seit sieben Uhr morgens sind die Wahlgruppen des Volkes auf dem Marsfeld versammelt, um die Quaestoren zu wählen. Die Auguren melden für die Tributcomitien günstige Vorzeichen. Die Wahl verläuft ordnungsgemäß. Nur der Amtssessel des für drei

Monate bestellten Consuls Fabius Maximus bleibt leer. Dann trifft die Nachricht ein, daß Fabius Maximus in der Morgenfrühe gestorben ist. Caesar setzt sich über alle Formalitäten hinweg. Sogleich läßt er den Stuhl des Consuls forttragen, verfügt, aus den Versammelten Centuriatscomitien zu bilden, jene Klassengruppen zur Wahl der höchsten Magistrate. Gegen ein Uhr mittags ist Caninius Rebilus, ein hoher Offizier Caesars, zum Consul für einen halben Tag gewählt.

Cicero hört in der Curie von der Wahl und macht sich mit einigen Begleitern auf den Weg zum Marsfeld. »Laßt uns eilen«, spottet er, »damit wir noch hinkommen, ehe der Mann das Consulat niederlegt.« Später schreibt er ebenso spöttisch einem Freund in Patrae, daß der neue Consul »außerordentlich wachsam war, denn er hat während seiner ganzen Amtszeit keinen Schlaf gekannt«. Und er fügt hinzu, was so lächerlich erschiene, treibe jedem, der dabei war, die Tränen in die Augen.

Natürlich weiß Cicero wie jedermann in Rom, daß es kaum jemals unbeeinflußte Wahlen gab. Aber immer noch war den legal denkenden Römern ihr Wahlrecht und die Berufung auf den gesetzlichen Vorgang geblieben. Die Consulswahl am Mittag des letzten Jahrestages fand ohne Auspizien statt, ohne ordentliche Einberufung und Zusammensetzung der Wahlcomitien. So gering schätzte der Dictator die Institutionen der Republik? Was er trieb, schlug jedem republikanisch Gesinnten ins Gesicht, war anmaßend und selbstherrlich, ein Hohn auf das Consulatsamt.

*Rom, im Januar 44*

Caesar hält sich in seinem neuangelegten Forum Julium auf. Er sitzt in der Vorhalle des Tempels der Venus Genetrix, umgeben von Mitarbeitern, Pläne zur Ausgestaltung Roms besprechend, als ihm die ranghöchsten Magistrate und Senatoren ihre Aufwartung machen. Sie sind gekommen, um dem Dictator neue Ehrbeschlüsse vorzulegen. Ein feierlicher Aufzug, wie sich denken läßt, denn die Beschlüsse gelten der Vergöttlichung Caesars. Auf silbernen Tafeln, die zu Füßen des capitolinischen Jupiter aufgestellt werden sollen, sind die göttlichen Ehren mit goldenen Buchstaben festgehalten.

Um eine freie Entscheidung zu bekunden, hat der Senat die Ehrungen in Abwesenheit des Dictators beschlossen. Nur Gaius

Cassius Longinus, Praetor in diesem Jahr wie Brutus, hat die Zustimmung verweigert. Seine offene Opposition hat Aufsehen erregt, jedoch nichts am überwältigenden Mehrheitsvotum geändert.

Nun also stehen die höchsten Würdenträger Roms vor Caesar, und etwas Merkwürdiges geschieht. Der Dictator, schon zum Aufstehen bereit, bleibt, von seinem Vertrauten Cornelius Balbus dazu gedrängt, sitzen. Er brüskiert diejenigen, die ihn ehren wollen, beleidigt sie. Gereizt, aber nun nicht unbegründet, sagt er, die Ehrungen solle man eher vermindern als vermehren. Etwas in ihm scheint sich gegen die maßlos gehäuften Huldigungen zu wehren. Die Kränkung durch seine selbstherrliche Pose ist eine andere Sache. Betroffen und erbittert verlassen ihn die Magistrate und Senatoren.

Offenbar spürt Caesar, daß sein Verhalten das erträgliche Maß überschreitet und Haß sät. Zur Entschuldigung läßt er verbreiten, ein Unwohlsein oder, nach anderer Version, seine »gewöhnliche Krankheit« habe ihn befallen. Tatsächlich spricht man von Schwindelgefühlen, von epileptischen Anfällen in diesen Tagen. Kopfschmerzen, Magenbeschwerden scheinen ihn zu plagen. Man sagt, er »kümmere sich nicht um seine angegriffene Gesundheit«.

Nach den wichtigsten Beschlüssen des Senats soll Caesar als *Divus Julius* gemeinsam mit der *clementia Caesaris* in einem neuen Tempel verehrt werden. Als sein Priester, sein *flamen*, wird Marcus Antonius vorgesehen. Caesars Haus, vermutlich die Regia des Pontifex Maximus, soll einen Tempelgiebel erhalten, und nach seinem Tode soll ihm die Ehre der Beisetzung innerhalb der sakralen Stadtgrenze zuteil werden.

Die Frage, ob und wann die Vergöttlichung Caesars vollzogen wurde, ist heftig umstritten. Mit Recht werden in der jüngsten Forschung als Kriterien einer verwirklichten Divinisierung genannt: »das Vorhandensein eines Kultnamens, einer Kultstätte und eines funktionierenden Kultes, d.h. das Amtieren eines staatlichen Priesters«. Aber Marcus Antonius hatte sein Priesteramt im Herbst 44 noch nicht angetreten. Zu Lebzeiten Caesars gab es weder einen Tempel noch ein Kultbild in ihrer vollen Bedeutung. Ein Beweis für die Verehrung des lebenden Caesar als Divus Julius ist nicht überliefert. Der zuerkannte Kultname konnte nach damaliger Auffassung »nur postum, also bezogen auf einen bereits Verstorbenen, Verwendung finden«.

Diese nachweisbaren Feststellungen legen den Schluß nahe, daß die Vergöttlichung Caesars »nicht im Sinne einer zu Lebzeiten vollzogenen Apotheose verstanden« werden kann. Aufschlußreich fügt sich zu den göttlichen Ehren die ja auch vorweg bestimmte, Caesar zugedachte Begräbnisart. Was unbezweifelt vor seinem Tode beschlossen wurde, war »von vornherein erst für den verstorbenen Caesar vorgesehen«.

*Rom, 26. Januar 44*

Der Dictator kehrt zurück aus dem Albanergebirge, von der Feier des alljährlichen Bundesfestes der Latinerstädte, dem er in dreifacher Eigenschaft die Ehre gab, als Pontifex Maximus, Dictator und Consul. Ganz Rom ist auf den Beinen, ihn zu empfangen. Das Volk säumt die mit Girlanden geschmückten Straßen, durch die Caesar mit seinem Gefolge zum Forum zieht. Mag auch seine Popularität Einbußen erlitten haben, bei derlei Anlässen siegt die Neugierde. Zahlreich sind seine Anhänger unter den Plebejern; den Rest besorgen die gutverteilten Stimmungsmacher. Und welcher Römer wäre nicht empfänglich für das Schauspiel des prunkvollen Aufzugs?

Zum erstenmal genießt der Dictator das vom Senat bewilligte Sonderrecht der Ovatio, des kleinen Triumphs. Die Lictoren mit den lorbeerbekränzten Rutenbündeln ziehen voran. Caesar reitet auf seinem weißen Pferd, bekleidet mit dem goldbesetzten Purpurornat und den hohen roten Schuhen. Flötenspieler begleiten ihn und das buntgemischte Gefolge von Senatoren, Magistraten und Vertrauensleuten.

Das Volk jubelt dem Dictator zu. Seine Popularität bei den Massen beruht auf seinen sozialen Leistungen, dem Frieden und der Ordnung, die er Rom gebracht hat. Obwohl Caesar dem Parteienstreit längst entwachsen ist und seine eigene politische Position wahrt, hat das Volk doch nie seine populare Herkunft, seinen Kampf gegen die sullanische Oligarchie und sein Einstehen für populare Forderungen vergessen.

Je näher der festliche Zug dem Forum kommt, um so dichter und unüberschaubarer drängt das Volk gegen die Absperrketten der Soldaten, um so lauter werden die Zurufe. Plötzlich, unüberhörbar, einige Stimmen, die dem Dictator etwas Neues, Unglaubliches zurufen: Sie grüßen ihn als König. Caesar zügelt sein Pferd, wendet sich den Rufern zu. Er ist in bester Verfassung, reagiert ungereizt und schlagfertig; allen vernehmbar ruft er: »Ich bin Caesar und nicht König« *(Caesarem se, non regem esse).*

Denkt man daran, daß seine Vorfahren mütterlicherseits, die Marcii Reges, den Königstitel trugen? Und hat nicht der Senat dem Dictator das Purpurgewand der altrömischen Könige bewilligt? Aber diese Rückbeziehung ist nur dekorativ, bleibt im vertrauten und legitimen Rahmen. Die Zurufe bedeuten anderes, die politische Königsherrschaft, die in der Vorstellung der Römer einer Tyrannis gleichkommt, hassenswert wie keine andere Regierungsform. Caesar wird sich hüten, die Herausforderung anzunehmen. Er wehrt den Zuruf ab. Außerdem – das weiß man doch – bedarf er nicht des politisch anrüchigen Titels, denn praktisch beherrscht er Rom in unangefochtener monarchischer Willkür. »Ich bin Caesar und nicht König.« Eine vortreffliche, völlig angemessene, stolze Antwort, kein »mißglückter Witz«, wie ein Historiker vermutet.

Den Anstifter und lautesten Zurufer lassen zwei Volkstribunen unter allgemeiner Zustimmung ergreifen und abführen. Es sind dieselben Tribunen, die vor ein paar Tagen, als Caesars Standbild auf der Rednerbühne mit dem Diadem geschmückt war, dem lorbeerbekränzten weißen Stirnband, dieses Wahrzeichen des hellenistischen Königtums entfernten. Sie erklärten, den Ruf Caesars wahren zu wollen. Nun sorgen sie dafür, daß das Volksgericht den unerwünschten Zurufer aburteilt. Ohne Zweifel ist der Verurteilte ein Anhänger Caesars, und das bringt den Dictator in eine Zwangslage. Er reagiert mit ungewöhnlicher Härte. Er beschuldigt die beiden Tribunen, durch ihr Eingreifen das Volk gegen ihn aufgehetzt zu haben. Im Senat wird ihre Absetzung beantragt und beschlossen.

*Rom, 15. Februar 44*

Rom feiert die Lupercalia, jenes alte Hirtenfest der »Wolfsabwehrer«, das zum Staatsfest erhoben wurde und in seiner Mischung aus herkömmlichen Riten und Volksbelustigung einer der Höhepunkte des Jahres ist. Das diesjährige Fest steht unter einem besonderen Stern. Zu Ehren Caesars wurde eine dritte Bruderschaft der Luperci gegründet und zu deren Oberpriester der Consul Marcus Antonius bestellt. Das Volk drängt sich auf dem Forum. Man will sehen, wie nach der rituellen Opferung eines Bokkes und eines Hundes der traditionelle Umlauf beginnt oder endet.

Nackt, nur mit einem Schurz aus Ziegenfell bedeckt, der wohlbeleibte Marcus Antonius voran, laufen die Luperci einmal um den Palatin. Sie haben ihre Leiber zum Schutz gegen winterliche Kälte mit Öl eingerieben. Aber der Lauf und das Schlagen mit dem Riemen aus dem Fell des geopferten Bockes machen warm. Wer den Luperci begegnet, bekommt seinen Schlag. Frauen stellen sich den Läufern gern in den Weg, halten ihre Hände offen, denn der Schlag mit dem härenen Riemen soll die Fruchtbarkeit fördern und Schwangeren die Geburt erleichtern.

Caesar thront auf seinem goldenen Sessel in der Mitte der Rednerbühne, umgeben von Praetoren, Aedilen, Senatoren und Mitarbeitern. Er trägt den Purpurornat. Um sein kahl gewordenes Haupt liegt der goldene Kranz der altrömischen Könige. Zum erstenmal führt er den Titel *Dictator perpetuus*, Dictator auf Lebenszeit, ihm zuerkannt vom Senat und von allen Ehrbeschlüssen der weitreichendste. Nach römischer Auffassung dient die Dictatur, die höchste militärische und zivile Verfügungsgewalt, der Abwendung eines Staatsnotstands. Sie ist allenfalls befristet auf ein halbes Jahr. Nichts widerspricht dem inneren Gesetz der alten Republik mehr als die lebenslängliche Dictatur. Er weiß es, er muß es wissen. Oder überblickt Caesar selbst nicht mehr, in welches »Spiel zwischen Anspruch undVerhehlung, zwischen Liebedienerei und bösartiger Provokation seiner nicht mehr zu unterscheidenden, ja meist in sich selbst zwiespältigen Freunde und Gegner« er geraten ist? Aber er entscheidet, er allein treibt das gefährliche Spiel voran.

Er ist am Höhepunkt seiner Macht, die Gleichsetzung von Rom und Caesar scheint in allen Äußerlichkeiten verwirklicht. Aber in dieser Verwirklichung gewinnt sie absurde Züge, die immer noch intensivierte Vergötzung Caesars durch seine Anhänger, von ihm, wenn nicht inspiriert, so doch auch nicht verhindert, bekommt etwas Fratzenhaftes, Würdeloses, das den auf Legalität und Würde eingeschworenen Adel Roms abstoßen mußte. Aber Caesar scheint das nicht zu kümmern, er muß sich der Provokation bewußt sein, die er seinen Feinden zumutet, aber er scheint sie zu unterschätzen, vielleicht zu verachten.

Es ist nicht wahr, daß er sich in den letzten Lebensmonaten treiben läßt, passiv, resigniert, geistig und körperlich müde und verbraucht. Keine »decadenza intelletuale«, kein geistiger Verfall, wie behauptet wurde, lähmt ihn, vermindert seine Leistungen, auch wenn er in einem verständlichen Anflug von Erschöpfung zwei Jahre vor seinem Tod sagte, er habe »lange genug gelebt, für die menschliche Natur wie für den Ruhm«. Erst danach leistet er staats- und gesellschaftspolitisch, gesetzgebend vor allem, was ihm zu höchstem Ruhm gereicht. Seine ungewöhnliche Arbeitsleistung und die Fülle unvollendeter Entwürfe zeigen ihn bis zuletzt aktiv, kraftvoll, weit in die Zukunft planend, uneingeschränkt in seiner intellektuellen Denkschärfe und Lebensenergie.

Auch jetzt, am Festtag der Lupercalia, handelt Caesar entschieden. Die Luperci haben ihren rituellen Lauf beendet und stehen vor der Rednerbühne. Marcus Antonius löst sich aus ihren Reihen, er geht die Stufen zur Rostra empor. Einer seiner Vertrauensleute gibt ihm einen verdeckten Gegenstand, den er sogleich enthüllt und dem Dictator überreichen will. Es ist das mit dem goldenen Lorbeerkranz umwundene weiße Königsdiadem. Caesar weist es zurück. Marcus Antonius versucht wiederholt, dem Dictator den weißgoldenen Kranz aufzusetzen, sagt, er übergebe das Königszeichen im Auftrag des römischen Volkes. Das römische Volk? Nur wenige Anhänger Caesars und offensichtliche Claqueure spenden Beifall. Um so lebhafter jubelt die Menge, als Caesar ablehnt, dann der mißlungenen Szene ein Ende bereitet und den Goldkranz den Umstehenden zuwirft.

Er befiehlt, man möge das Diadem zum Tempel des capitolinischen Jupiter tragen, Jupiter allein sei König der Römer. Und weiterhin ordnet er an, in den Staatskalender zum Lupercaliafest einzutragen, der *Dictator perpetuus* habe die ihm durch den Consul angetragene Königswürde zurückgewiesen.

Modern ausgedrückt ist die Szene der mißglückte Versuch einer Königskrönung. Aber das ist zu nüchtern, es ging nach zeitgenössischer Auffassung um mehr, um die Einführung oder Nichteinführung des hellenistischen Gottkönigtums, dessen Zeichen das Diadem war.

Caesars Ablehnung am Lupercaliatag scheint eindeutig zu sein. Doch handelte er aus Überzeugung? Oder war er unterrichtet oder gar der heimliche Veranlasser, der schließlich nur verzichtete, weil das Volk die Zustimmung verweigerte? Macht Caesars Verhalten, seine Politik, ein Verlangen nach dem Gottkönigtum unwahrscheinlich, oder strebte er es an? Abwegig wäre der letzte Gedanke keineswegs, bedenkt man die Ansätze einer über den Stadtstaat hinausführenden Imperiumspolitik, unterstellt man ihm die Idee, daß das Weltreich von dem »einheitlichen Willen« eines erhabenen Gottkönigs geleitet werden müsse, wie es im hellenistischen Staatsdenken vorgegeben war.

In der historischen Forschung bleibt die Deutung umstritten. Aber wenn der Vollzug des Senatsbeschlusses zur Vergöttlichung nicht den lebenden Caesar betraf, dann überzeugt auch die These vom erstrebten Gottkönigtum nicht mehr. Zudem ist Caesar, wäre er wirklich darauf aus gewesen, kaum eine so stümperhafte und offensichtlich schlecht vorbereitete Szene zuzutrauen. Sein Verhalten läßt eher vermuten, daß er sich das Streben nach dem Diadem versagte. Es sei denn, man wolle ihm »politische Unvernunft, taktische Unklugheit und das Fehlen eines Blickes für das politisch Mögliche unterstellen«. Er wußte, wie sehr das Königtum dem römischen Volk verhaßt war und wie seine Gegner einen Verstoß gegen dieses Tabu nutzen würden.

Aufsehen erregte in der jüngeren Forschung eine Entdeckung, die den Nachweis erbrachte, daß Caesar auf den Münzbildnissen der Spätzeit nicht, wie fälschlich angenommen wurde, den verpönten Lorbeerkranz mit dem Diadem trägt, sondern den feinblättrigen etruskischen Goldkranz. Dieser gehörte zum Schmuck der altrömischen Könige und war Bestandteil des gebräuchlichen Triumphalgewandes. So bestätigen auch die Bildnisse zumindest die Unbeweisbarkeit seiner Einführung des hellenistischen Gottkönigtums. Die einleuchtenderen realpolitischen Gründe sprechen dagegen, daß der Dictator nach dem Diadem griff oder greifen wollte. Rätselhaft bleibt trotzdem, warum er solche Gerüchte nicht durch eine klarere Haltung im Keim erstickte.

Rom war von jeher ein überheizter Gerüchteherd. Erst recht jetzt, als man Gründe suchte, um den Dictator zu vernichten. So besagte ein geschickt konstruiertes Gerücht, nach einem sibyllinischen Spruch könne nur ein König die Parther besiegen. Folglich werde in der nächsten Senatssitzung beantragt, Caesar zum König zu ernennen. Doch es gab überhaupt kein Orakel dieser Art, wie Cicero nach Caesars Tod bestätigte. Gerüchte behaupteten, Caesar wolle seinen Regierungssitz nach Alexandria oder Ilion verlegen. Andere Gerüchte spielten mit der Vermutung, Caesar wolle ein Gesetz vorlegen, das ihm die Ehe mit mehreren Frauen erlaubte, um doch noch Kinder zu bekommen, vielleicht auch um neben Calpurnia die geliebte Kleopatra ehelichen zu können. Unsicher ist, ob das »Geschwätz« vor oder erst nach dem Tod des Dictators aufkam. Aber mit größter Gewißheit war die Stimmung in Rom im Monat vor den Iden des März aufgeladen und heillos vergiftet.

## 47 Die Iden des März

Den Dictator beschäftigten die Vorbereitungen für den Partherkrieg, den großen Feldzug, zu dem er am 18. März aufbrechen wollte. Was trieb ihn dazu, schon nach fünfeinhalb Monaten Rom wieder zu verlassen, einen neuen, auf drei oder gar fünf Jahre berechneten Kriegszug zu beginnen? War es vielleicht doch eine Flucht aus den innerrömischen Schwierigkeiten in die ihm vertraute militärische Aktion? Erhoffte er durch neue Siege und die endgültige Befriedung des Ostreiches eine Rückwirkung auf die römische Innenpolitik?

Unleugbar hat Caesar in den fünfeinhalb Monaten in Rom durch seine Verwaltungsmaßnahmen, seine Gesetzgebung Unübertreffliches zum Nutzen Roms geleistet. »Im eigentlichen Bereich der alten *res publica* jedoch, dem institutionellen, herrschten augenscheinlich Planlosigkeit und Improvisation.« Die staatspolitischen Entscheidungen waren unberechenbar geworden, abhängig von der Willkür des Dictators. Ein paradoxer Mechanismus war in Gang gekommen. Je mehr Ehrungen, je mehr Machtbefugnisse dem Dictator zuerkannt wurden, um so unaufhaltsamer breiteten sich Unsicherheit und Mißtrauen aus. Der Senat, der ehedem die öffentliche Politik beriet und festlegte, war nur noch Vollzugsorgan von Entschlüssen, die vorweg hinter verschlossenen Türen, im Beraterkreis Caesars, getroffen wurden.

Caesar selbst schien in der Frage der konstitutionellen Regierungsform unschlüssig zu sein. Formal erhielt er die verfassungsmäßigen Institutionen aufrecht. Doch er setzte sich rücksichtslos über sie hinweg, wenn seine Pläne es forderten. Wir sahen die Ansätze zu einem gerechteren Ausgleich im sozialen Gefüge, zur Anerkennung bisher unterprivilegierter Schichten, Ansätze zum Aufbrechen des immer untauglicher gewordenen stadtstaatlichen Primats und zur Förderung regionaler, provinzialer Interessen, Anfänge einer Politik zum »Wohle des Imperiums«. Solche Versuche rührten an den Lebensnerv der Republik. Was sich da anbahnte, was der Dictator versuchte, teilweise schon autokratisch praktizierte, fand strukturell keinen Rückhalt im politischen Denken der Oberschicht und wenig Verständnis im Volk.

Was Caesar von der Republik hielt, hat er unmißverständlich gesagt. Er nannte sie »ein Nichts, einen bloßen Namen ohne Körper und Gestalt«. Aber wie er die Republik verachtete, so verschmähte sie ihn. »Seine außergewöhnliche Begabung scheiterte bei dem undurchführbaren Versuch, die Republik für die Herrschaft über das Imperium zu befähigen, und so wandte er sich aus Verachtung und vielleicht auch in Verbitterung dem Despotismus zu.« Tatsächlich befand sich der so mächtige Beherrscher Roms in einer beklemmenden Lage, deren gegenwärtige Ausweglosigkeit allenfalls durch Zeitgewinn überwindbar gewesen wäre. Insofern ließe die geplante mehrjährige Abwesenheit während des Partherkriegs auf realistische Überlegungen schließen.

Nicht nur politisch, auch persönlich, menschlich war Caesar in eine erschreckende Krise geraten. Der Mann, dessen Liebenswürdigkeit und persönlicher Charme bezaubern konnten, der niemals kleinlich handelte, der seine Freunde großzügig beschenkte und seine Gegner durch Milde und Großmut überraschte, derselbe Mann gab sich zunehmend selbstherrlich, hochmütig und zynisch.

Was bewirkte diesen offensichtlichen Charakterwandel? Es liegt nahe, eine Wechselwirkung zwischen Politik und persönlichem Verhalten anzunehmen. Die »innere Stimmigkeit seiner primär politischen Natur« ließ keine abgetrennte Privatheit zu. Aber was Caesar zuletzt bewegte, war doch wohl weniger »eine zynisch verhüllte Resignation vor der Aufgabe der Ordnung des Staatslebens«. Er resignierte niemals vor »Aufgaben«; mit größerer

Wahrscheinlichkeit wurde ihm bewußt, daß seinem politischen Wollen nahezu unüberwindbare Sperren entgegenstanden. Obgleich er erkannte, wie sehr das herkömmliche Staatswesen nach einer Neuordnung verlangte, erzwangen die realen Gegebenheiten ein unbefriedigendes andauerndes Übergangsstadium. »Das Problem war einfach für den direkten Zugriff politischen Handelns noch nicht reif.« Aus einer tiefen Enttäuschung und aus der für ihn typischen Ungeduld mag Caesars unberechenbares, despotisches Verhalten entstanden sein.

Im Dezember 45, bei der Begegnung mit Cicero, dem immer umworbenen, der freilich seine republikanische Gesinnung nie verhehlte, hatte sich Caesar noch einmal von seiner liebenswertesten Seite gezeigt. Und Cicero ist ein glaubhafter Zeuge. Doch in den letzten zwei, drei Monaten seines Lebens – das ist ebenso erwiesen – verfiel der Dictator einer frostigen Unnahbarkeit, nahmen seine Entfremdung und Vereinsamung zu. Das könnte als Preis für die Ehrungen und Erhöhungen, die ihn schließlich als künftigen Gott vorsahen, gerade noch verständlich sein. Sieht man genauer hin, so enthüllt die Vereinsamung, bezogen auf Freunde und Vertraute, eine tiefe menschliche Tragik. Caesar, selbst ein nicht nur freigebiger, sondern verläßlicher Freund, Patron, der Untergebenen beistand, Kamerad, der mit anderen teilte, stand am Ende allein. Er hatte keine Freunde mehr. Eine Gruppe der von ihm geförderten Vertrauten plante seine Ermordung.

Marcus Antonius, der nicht zu den Verschwörern gehörte, hatte am 15. Februar die mißglückte Krönung inszeniert. Wenn trotz Caesars Ablehnung des Diadems die Gerüchte über sein Streben nach dem Königtum nicht verstummen wollten, so darum, weil dieses Vorhaben vor allem die Verschwörung rechtfertigen konnte. »Wenn Caesar nach dem Königtum strebte, stellte er sich außerhalb des Gesetzes; und damit war jeder Römer nicht nur berechtigt, sondern verpflichtet, an ihm das Urteil zu vollziehn«: den Tyrannenmord.

Im Untergrund schwelten Haß und Verbitterung, ausgelöst durch die Annahme der lebenslänglichen Dictatur, aus römisch-republikanischer Sicht der unverzeihlichste Mißgriff Caesars. Beispiele aus der frühen Geschichte lehrten die Römer, wie mit Herrschern umzugehen sei, die über die geltende Verfassung hinweg zu Tyrannen wurden. Vor allem eine Überlieferung gewann aktuelle Bedeutung und wurde eifrig zitiert. Als Tarquinius Superbus, der letzte der altrömischen Könige, zum Despoten wurde, stürzte ihn Lucius Iunius Brutus, und das Volk leistete den heiligen Eid, nie wieder einen König über Rom zu dulden. Der Befreier und Begründer der Republik galt als Ahnherr des Marcus Brutus.

Rund sechzig Männer, davon zwanzig uns namentlich bekannte, planten den Tyrannenmord. An ihrer Spitze standen einige, die Caesars Gunst genossen. Handelten sie wirklich aus uneigennützigen, idealistischen Beweggründen? Wollten sie die Republik vor der Gewaltherrschaft retten, wie es dem geschichtlichen Vorbild entsprach? Man wird das Mitspielen solcher Gründe nicht leugnen können. Entscheidender aber waren sicherlich Machthunger, Ehrgeiz, Neid, Haß, Unzufriedenheit und der Wunsch nach Vergeltung.

Nach der Mordtat versicherte der Consul Antonius, als einziger habe Marcus Brutus aus lauteren, patriotischen Absichten gehandelt. Aber ähnliche Motive leiteten wohl auch den Namensvetter Decimus Brutus, der Caesar nahestand und der im Testament Caesars als Erbe zweiten Grades vorgesehen war. Bei den anderen Beteiligten, soweit überhaupt erkundbar, geraten die Motive ins Zwielicht, erscheint die sogenannte vaterländische Pflicht als Vorwand. Ein englischer Historiker spricht von einer »Mehrzahl aus ehrlosen, eifersüchtigen und eigennützigen Männern, Männern, die glaubten, Caesar habe sie nicht so schnell befördert, wie sie es eigentlich verdienten, Männern, die auf eine Besserung hofften, wenn Caesar tot wäre, Männern, von denen einige träumten, selbst in Caesars Klischee zu passen«.

Der eigentliche Anstifter war Gaius Cassius Longinus, der im Januar gegen erneute Ehrbeschlüsse des Senats opponiert hatte. Plutarch charakterisiert ihn als »hitzigen, jähzornigen Mann, der bei vielen Gelegenheiten aus Eigennutz von der Gerechtigkeit abwich«. Als überzeugter Republikaner und aus persönlichen Gründen haßte er Caesar. Der ehemalige Pompeianer war nach Pompeius' Tod zu Caesar gestoßen. Die Fürsprache seines Schwagers Marcus Brutus verschaffte ihm eine ehrenvolle Aufnahme. Für das Jahr 44 wurde er Praetor. Aber die vornehme städtische Praetur erhielt nicht er, wie er erwartet hatte, sondern Marcus Brutus. Beim geplanten Partherfeldzug war für ihn kein höheres Kommando vorgesehen, obwohl er sich früher bei Kämpfen im Osten ausgezeichnet hatte. Cassius fühlte sich gekränkt, und das nicht nur aus republikanischem Stolz.

Dieser Cassius vor allem bedrängte Marcus Brutus, der lange zauderte. Da die Mehrzahl der Beteiligten aus persönlichen oder zumindest zwiespältigen Gründen die Ermordung Caesars plante, war die Gewinnung des Marcus Brutus geradezu eine Notwendigkeit. Den einundvierzigjährigen Praetor zeichnete nicht nur seine republikanische Gesinnung aus, sein Stolz auf den Ahnherrn Lucius Brutus, sondern er genoß wegen seines untadeligen Charakters höchstes Ansehen. Er war »von starkem Geist, aufrecht und treu, von ernstem und zurückhaltendem Benehmen, schien seinen Zeitgenossen jenes Charakterideal zu verkörpern, das die bewunderten, die ihm nicht nachzueifern gedachten«.

Zum politischen Aktivisten fehlte dem eher intellektuell geprägten Brutus die Eignung. Seine nicht einfache Lage kennzeichnet, daß er zwischen zwei Frauen stand, zwischen seiner Mutter Servilia, der Geliebten Caesars, und seiner Frau Porcia, der Tochter Catos und Witwe des einstigen Caesarfeindes Bibulus. Nach seiner Abwendung von Pompeius hatte ihn Caesar mit hohen Ämtern ausgezeichnet. Alles deutet darauf hin, daß er seinerseits Caesar verehrte, obwohl ihm dessen Liebschaft mit Servilia weniger gefiel. Dann mehrten sich die Aufforderungen, die an seine republikanische Ehre appellierten. Morgens, auf seinem Praetorenstuhl, fand er Täfelchen mit den Worten: »Brutus, du schläfst!« Oder: »Du bist kein Brutus!« An der Bildsäule des Lucius Brutus, der Rom von der ersten Tyrannei befreite, las man ebenso eindeutige Hinweise: »Daß du jetzt da wärest!« Oder: »Brutus sollte jetzt leben!« Durch solche Ansprachen zunehmend herausgefordert, dürfte Brutus' entscheidende Wendung gegen Caesar durch dessen Annahme der lebenslänglichen Dictatur ausgelöst worden sein.

Brutus bestand allerdings, wie Plutarch versichert, auf einer feinen Unterscheidung. Er verabscheute nicht Caesar persönlich (wie Cassius), sondern die Tyrannei, die Caesar lediglich verkörperte. An Cicero schrieb er, seinen eigenen Vater würde er töten, wenn dieser nach der Tyrannei strebe. So wurde Brutus neben dem Anstifter Cassius zum Kopf der Verschwörer. Mit größter Wahrscheinlichkeit hätte »ohne das ungeheure Ansehen, das

Brutus' Persönlichkeit besaß und das durch seine Ehe mit Porcia noch gewachsen war, die Verschwörung niemals stattfinden können«.

Ziemlich bald einigten sich die Verschwörer zur Ausführung ihrer Tat auf den 15. März. An diesem Tag, den Iden des März, sollte der Senat über den Einspruch des Marcus Antonius gegen dessen designierten Mitconsul Dolabella verhandeln. Für Caesar war es eine längst beschlossene Sache, daß an seiner Stelle Dolabella das Consulamt übernehmen sollte. Der Dictator wollte die höchsten Staatsämter in seinem Sinne besetzt wissen, bevor er – wie geplant – am 18. März aufbrach, um in den Partherkrieg zu ziehen.

Die Verschwörer schafften es, ihre Absprache geheimzuhalten, und bekanntlich wurde nicht einer der sechzig oder mehr Beteiligten zum Verräter. Dennoch ist es unwahrscheinlich, daß Caesar nichts von dem Komplott gewußt haben sollte. Wenige Tage vor den Märziden wurde ihm gemeldet, »die Pferde, die er beim Überschreiten des Rubikon dem Flußgott geweiht und frei hatte laufen lassen, würden ihre Nahrung verweigern und sehr häufig Tränen vergießen«. Konkreter warnte der Augur Spurinna, der bei einer Opferhandlung feststellte, daß Caesar bis zu den Iden des März um sein Leben fürchten müsse. Auch wenn manche solcher Prophezeiungen wohl eher als nachträgliche Erfindung einzuschätzen sind, wäre die Annahme, Caesar habe nicht über irgendeinen seiner Spitzel oder Vertauensmänner wenigstens einen Hinweis auf die Verschwörung erhalten, ziemlich unrealistisch.

Caesar verwarf jegliche Vorsichtsmaßnahmen. Wie er schon früher die ihm angebotene Schutzbegleitung aus Senatoren und Rittern abgelehnt hatte, so entließ er seine spanische Leibwache und verweigerte deren Wiedereinsetzung. »Es gebe nichts Unglücklicheres als eine ständige Wache«, so soll er gesagt haben, »sie ist ein Zeichen immerwährender Angst, oder, einmal sterben sei besser als immerzu gewärtig sein«.

Ob er sich sicher fühlte, weil er der Anhänglichkeit seiner Parteigänger und der Dankbarkeit seiner begnadigten Feinde bedenkenlos vertraute? Das wäre eine sehr fragwürdige Vermutung. Sueton überliefert eine Äußerung Caesars, die ihm durchaus angemessen erscheint: »Es sei weniger in seinem Interesse als in dem des Staates, daß er am Leben bleibe«; wenn ihm etwas zustoße, würden Unruhen und »schlimmere Bürgerkriege« als zuvor ausbrechen. Tatsächlich erfüllte sich die Voraussage. Nur liegt der Verdacht nahe, daß solche und ähnliche Redewendungen Caesar im nachhinein zugeschrieben wurden. Damals wie späterhin verlockte sein rätselhaftes Verhalten zu Erklärungsversuchen und Spekulationen. So liest man, er habe auf persönlichen Schutz aus »aristokratischem Stolz und Gleichgültigkeit« verzichtet. Oder er soll der Mordtat »mit einer Mischung von Verachtung und Fatalismus« entgegengesehen haben. Die wohl kühnste Behauptung sieht Caesar in den letzten Lebenswochen resigniert, lebensüberdrüssig und, daraus folgernd, als einen Mann, der seine eigene Ermordung selbst »inszeniert« habe, seine Überlegenheit bis zum Ende ausspielend, um sich einen ihm gemäßen Abgang von der Lebensbühne zu verschaffen.

So reizvoll solche Vermutungen sind, eher scheint plausibel, daß Caesars Lebensenergie und politische Aktivität bis zuletzt ungebrochen waren, worauf ja auch der geplante Partherzug deutet. Er wußte sicherlich von der Verschwörung, scheint jedoch teils aus überhöhtem Selbstbewußtsein, teils aus einem Nichtglaubenwollen die letzte Konsequenz mißachtet oder ausgeschlossen zu haben.

Am Abend des 14. März speiste Caesar im Hause des Marcus Lepidus, den er zum *magister equitum*, zum Stellvertreter des Dictators, ernannt hatte. Während des Essens brachte irgendwer das Gespräch auf die Frage, welche Todesart wohl die beste sei. Caesar gab einem »plötzlichen, unerwarteten Tod den Vorzug«.

*Rom, 15. März 44*

Als Caesar am Morgen des 15. März zur Senatssitzung aufbrechen will, beschwört ihn seine Gattin Calpurnia, »heute nicht auszugehen, sondern die Sitzung des Senats zu verschieben«. Dem ist eine unruhige, von bösen Träumen erfüllte Nacht vorausgegangen. Alle Türen und Fenster des Schlafzimmers sind plötzlich aufgesprungen. Calpurnia hat im Traum den Giebel ihres Hauses einstürzen und Caesar erdolcht in ihrem Schoße liegen sehen. Offenbar zögert Caesar und ist schon bereit, Marcus Antonius zu beauftragen, die Sitzung abzusagen. Doch unterdessen haben die versammelten Senatoren Decimus Brutus geschickt, der Caesar bedrängt, er möge durch sein Fernbleiben den wartenden Senat nicht enttäuschen, man sei ja auf seinen Befehl zusammengekommen. Wenn er aufgrund der schlechten Vorzeichen an einen Unglückstag glaube, dann könne er persönlich in der Curie einen anderen Tag bestimmen. Gegen elf Uhr verläßt Caesar in der Tragsänfte sein Haus in der Via Sacra.

Auf dem Weg zur Versammlungshalle, die noch Pompeius neben seinem neuen Theater auf dem Marsfeld errichten ließ, eilen – wie üblich – Bittsteller zu Caesar, darunter auch ein Grieche namens Artemidoros. Der gebildete Grieche weiß durch Freunde des Brutus von der Verschwörung. Es gelingt ihm, dem Dictator eine Schrift zu überreichen, und er bittet eindringlich, das Geschriebene sogleich zu lesen. Doch zu viele Leute drängen an die Sänfte, übergeben Bittgesuche, und jene Schrift, die den Mordplan enthüllt, bleibt ungelesen in der Hand Caesars.

Als Caesar schon die Stufen zur Curie des Pompeius emporsteigt, sieht er den Auguren Spurinna, der ihn gewarnt hat, und lächelt ihn spöttisch an: »Nun, die Iden des März sind da.« Der Augur antwortet mit leiser Stimme: »Ja, sie sind da, aber noch nicht vorüber.«

Marcus Brutus hat ausdrücklich darauf bestanden, daß der Consul Marcus Antonius geschont werden müsse. Um Antonius fernzuhalten, spricht Gaius Trebonius ihn vor der Curie an, gibt vor, ihm Wichtiges mitteilen zu müssen, derselbe Trebonius, der vor sieben Monaten Antonius zu einem Mordanschlag auf Caesar gewinnen wollte. Was unterdessen in der Versammlungshalle geschieht, überliefert Sueton in dramatischen Sätzen, die keiner Ergänzung bedürfen:

»Während Caesar Platz nahm, umstanden ihn die Verschworenen, scheinbar um ihm ihre Ergebenheit zu bezeugen, und sogleich trat Cimber Tillius, der die erste Rolle übernommen hatte, näher an ihn heran, wie um Caesar eine Bitte vorzutragen. Als Caesar eine abschlägige Antwort erteilt und ihn mit einem Wink auf eine andere Zeit vertröstet, faßt Tillius ihn an beiden Schultern an der Toga; Caesar ruft: ›Das ist ja Gewalt.‹ Da verwundet ihn einer der beiden Casca von hinten wenig unter der Kehle. Caesar hält den Arm Cascas fest und durchsticht ihn mit dem Schreibgriffel. Als er versucht aufzuspringen, wird er durch eine zweite Verwundung daran gehindert. Wie er nun von allen Seiten gezückte Dolche auf sich gerichtet sieht, verhüllt er das Haupt mit der Toga und glättet sie zugleich mit der Linken bis hinab zu den Füßen, um mit Anstand zu fallen und auch den unteren Teil des Körpers zu verhüllen. In dieser Stellung wurde er, ohne einen Laut von sich zu geben, durch dreiundzwanzig Stiche durchbohrt; nur beim ersten Stoß hatte er einen Seufzer hören lassen. Allerdings berichten einige, er habe zu dem auf ihn eindringenden Marcus Brutus auf griechisch gesagt: ›Auch du, mein Sohn?‹«

Nach Plutarch sank Caesar tödlich getroffen am Standbild des Pompeius nieder, das wohl am Kopfende der Halle stand. Ein merkwürdiger Zufall, daß Caesar sterbend Halt suchte am Bildnis des Mannes, der seinen Lebensweg wie kein anderer wechselhaft begleitete, als Schwiegersohn, Verbündeter im Triumvirat, schließlich als Rivale und erbitterter Bürgerkriegsgegner.

Als die Verschwörer den Getöteten zu Füßen des Standbildes liegen sahen, stürzten sie und die übrigen, von der Bluttat überraschten Senatoren hinaus. Für den Rest des Tages herrschten Angst, Bestürzung, lähmendes Entsetzen im Rom. Selbst Marcus Antonius und Lepidus, »die vertrautesten Freunde Caesars, schlichen sich heimlich davon und suchten in fremden Häusern Zuflucht«. Eine Zeitlang blieb Caesars Leiche liegen, »bis sie von drei Sklaven in eine Sänfte gelegt und nach Hause gebracht wurde«.

Zunächst hatten die Verschworenen geplant, Caesars »Leichnam in den Tiber zu werfen, seine Güter zu konfiszieren und alle seine Anordnungen für ungültig zu erklären«. Doch es kam anders, und schon die unmittelbar folgenden Ereignisse zeigen, daß die Pläne der Verschwörer kläglich scheiterten und Caesar noch im Tode triumphierte. »Am nächsten Tag kam Marcus Brutus mit seinen Anhängern vom Capitol herab und hielt eine Rede an das Volk. Dieses hörte ihn an, ohne das Geschehene zu mißbilligen oder gutzuheißen; es gab vielmehr durch ein tiefes Schweigen zu erkennen, daß es Caesar sehr bedauere und vor Brutus großen Respekt habe. – Der Senat erließ die Verordnung, daß Caesar als ein Gott verehrt und in allem, was er während seiner Regierung angeordnet habe, nicht die geringste Veränderung getroffen werden dürfe.«

Der Consul Marcus Antonius ließ ein feierliches Staatsbegräbnis rüsten. »Das Totenbett trugen amtierende und ehemalige Magistratspersonen zur Rednerbühne auf dem Forum. Während die einen ihn im Allerheiligsten des Jupitertempels auf dem Capitol verbrennen lassen wollten, die anderen aber in der Curie des Pompeius, legten plötzlich zwei Unbekannte brennende Wachsfakkeln an das Gerüst.« Das versammelte Volk trug Reisig herbei, Holz von den rasch zertrümmerten Richterstühlen und Bänken. In das entfachte Feuer warfen die zum Leichenbegängnis anwesenden Musikanten ihre Festgewänder, die Veteranen ihre Waffen und Siegeskränze; die Frauen opferten ihre Schmucksachen und nährten damit die Flammen. So wurde der Leichnam Caesars auf der Rostra den Flammen übergeben.

»Er starb in seinem sechsundfünfzigsten Lebensjahr und wurde nicht nur durch einen offiziellen Beschluß, sondern auch der tiefsten Überzeugung des Volkes entsprechend unter die Götter erhoben.«

## 48 Wie groß war Caesar?

Sueton schreibt, man kann »der Ansicht sein«, Caesar »habe seine Herrschaft mißbraucht und sei mit Recht umgebracht worden«. Aber diese so lapidar geäußerte »Ansicht« verliert an Gewicht, wenn wir ihr die eigennützigen Motive der meisten Attentäter, eher geleitet von Haß und Neid, entgegenhalten. Goethe, gewiß kein Verehrer Caesars und dessen Triumphen aus humanen Gründen ausdrücklich widerstehend, nannte die Ermordung Caesars »die abgeschmackteste Tat, die jemals begangen worden«.

Die unterschiedliche Bewertung der Mordtat macht noch einmal bewußt, wie schwierig die wertende Argumentation im Falle Caesars ist, »weil die Aussagen der antiken Quellen doch zu widersprüchlich sind, als daß man aus ihnen eine eindeutige Vorstellung von und ein objektiv richtiges Urteil über Caesar gewinnen könnte«. Folglich steht bei den Interpreten und Biographen Urteil gegen Urteil, abhängig vom geschichtlichen Standort und von der subjektiven Befangenheit oder vom Betroffensein des Urteilenden. Nach Seneca ließen »Ruhm und Ehrgeiz und kein Maß darin, über andere emporzuragen ... Caesar in sein eigenes und zugleich in das allgemeine Verderben rennen«. Septimius Severus dagegen erklärte im Jahre 197 vor dem Senat, »Pompeius und Caesar seien wegen ihrer Milde gescheitert«, was als Tadel gemeint war, denn der Kaiser hob demgegenüber »an den Beispielen von Sulla, Marius und Augustus die Vorzüge der Grausamkeit« hervor.

Auch Cicero nennt einmal die Milde als Grund für Caesars Untergang, doch mehren sich bei ihm am Ende und nach der Mordtat die negativen Aussagen bis zur Verurteilung von Caesars Herrschsucht, seinem Drang zur Macht um der Macht willen, seiner militärischen Dictatur: »Mit dem Heer des römischen Volks unterdrückte er das römische Volk.«

Wie kein anderer wäre Cicero als geschichtlicher Zeuge und wortmächtige moralische Autorität befähigt gewesen, ein klares und gültiges Bild Caesars zu überliefern. Aber wir sahen gerade bei Cicero ein Schwanken zwischen höchster Lobpreisung und radikaler Verwerfung Caesars. Der Versuch einiger Historiker, diesen Meinungswandel als »Charakterschwäche und Unaufrichtigkeit« zu deuten, ist unzureichend und läßt das eigentliche Problem außer acht. Caesar ist »für Cicero immer ein Rätsel geblieben, weil er sich nicht in irgendeine Kategorie von Ciceros moralisch getönter Staatsphilosophie fügte . . . Ciceros Widersprüche drücken in Wirklichkeit seine Verwirrung unter dem Einfluß von Caesars mächtiger Persönlichkeit aus«. Er bewundert »Caesars hervorragende Eigenschaften – seine Genialität im Handeln, seine magnitudo animi, seine humanitas, seine moderatio. Auf der anderen Seite aber konnte Cicero nie das Hinschwinden der alten res publica verwinden.«

Cicero hatte an der Ermordung keinen Anteil, aber Marcus Antonius bezeichnete ihn später als den »intellektuellen Urheber der Tat«. Die Anschuldigung entbehrt freilich eines präzisen Beweises, zumal die Beteiligten ihren Plan auch vor Cicero geheimhielten. Doch wie Brutus noch im Senat angesichts des Ermordeten laut »Ciceros Namen ausrief und ihm zu der wiedergewonnenen Freiheit gratulierte«, so beteuerte auch Cicero nicht weniger emphatisch seine Genugtuung über die vollendete Tat. Dann allerdings, gut zwei Monate nach den Iden, bewegt ihn bittere Enttäuschung, und er erklärt die Ermordung Caesars geradezu für überflüssig: »Die Freude an den Iden des März ist mir vergangen. Er wäre nie [aus dem Partherkrieg] zurückgekommen.«

Ciceros erstaunliche Bemerkung führt uns zurück zu den Ereignissen, die der Mordtat unmittelbar folgten. Was hätte den Mord rechtfertigen können, ja nach den vorgegebenen Gesetzen zur Pflicht gemacht? Doch allein das politische Grundmotiv: die Beseitigung des Tyrannen, der »seine Herrschaft mißbraucht habe« (Sueton), der die Republik mißachtete und deren verfassungsmäßige Wiederherstellung verweigerte. Demnach hätten nach dem Tod des Tyrannen dessen Gesetze und Maßnahmen für nichtig erklärt werden müssen, wäre der Weg zum Wiederaufbau der Republik frei gewesen. Aber was geschah? Dieselben Männer, die den Tyrannen ermordeten, erklärten wenige Tage nach dem Mord alle Gesetze und Maßnahmen Caesars für rechtmäßig und bestätigten sie einschließlich der noch nicht rechtskräftigen Entwürfe.

Wurden damit nicht nachträglich Caesars Handlungen als staatsdienlich und gut anerkannt? Bezeugt nicht die Legalisierung der *acta Caesaris* das »indirekte Eingeständnis [der Verschwörer], daß Caesar doch kein Tyrann war, womit also der Mord jede Rechtfertigung einbüßte und als Befreiungstat ad absurdum geführt wurde«?

Es muß unterschieden werden zwischen Caesars politischem Handeln und seinem persönlichen Anspruch. Offensichtlich konzentrierte sich der Haß der Verschwörer auf letzteres, denn die Fortführung von Caesars reichsorientierter Politik durch seine Nachfolger ist eine glänzende Bestätigung ihrer historischen Notwendigkeit. So paradox es sein mag, letztlich richtete sich der Zorn der Mörder weniger gegen Inhalte und Ziele als gegen die Formen von Caesars Herrschaft, und aus den Formen zogen sie ihre Legitimation: Caesar wollte Alleinherrscher sein, unter seiner Dictatur blühten Unfreiheit, Günstlingsherrschaft, Würdelosigkeit – deshalb mußte er fallen. Seine Gesetze und Maßnahmen blieben unbehelligt, auch wenn Cicero klagte: »Wir jubeln über seine Ermordung, aber seine Taten lassen wir bestehen.« Dieser zwiespältigen Haltung dem Dictator gegenüber entspricht die Tatsache, daß Caesar nach dem Mord nicht geächtet, ja sogar bald darauf vergöttlicht wurde.

Caesars Voraussage, falls sie denn wirklich aus seinem Munde stammt, erfüllte sich: Nach seinem Tod kam der Staat nicht mehr zur Ruhe, ein dreizehnjähriger Bürgerkrieg, verlustreicher als der vorhergehende, begann. »Von seinen Mördern überlebte ihn sozusagen keiner länger als drei Jahre, und keiner starb eines natürlichen Todes. Nach ihrer Verurteilung ereilte jeden ein anderes Schicksal: einige kamen zur See um, andere im Kampf; wieder andere töteten sich selbst mit dem selben Dolch, mit dem sie Caesar ermordet hatten.« So starben von eigener Hand die Anführer Cassius und Brutus, der eine im Frühjahr, der andere im November des Jahres 42, nachdem sie in der Doppelschlacht bei Philippi von Marcus Antonius besiegt worden waren.

Die Republik, von der Cicero träumte, wurde nicht wiederhergestellt. Sie verlor im Bürgerkrieg nach Caesars Ermordung ihren letzten Rest an politischer Kraft. Aber schon die späte Republik vor Caesar entsprach kaum noch dem moralisch-staatlichen Wunschgebilde Ciceros, gegründet auf Recht und Humanität, geführt von den Gutgesinnten und Besten, den *boni* und *optimates.* Ciceros Staatsauffassung widersprach den realen Gegebenheiten. Die kraft ihres Geburtsrechts herrschende optimatische Senatsoligarchie hatte lange vor Caesar skrupellos ihre Herrschaftsgewalt den eigenen Interessen untergeordnet und setzte sich »im Verkehr mit Untergebenen und fremden Völkern nur allzu leicht über Recht und Moral hinweg, wenn der Eigennutz solches Verhalten nahelegte«.

Konkret gesagt: »Die libertas, nach der sich Cicero so sehnte, für die Cato sein Leben gelassen hatte, war in Wirklichkeit ein Freibrief für einige wenige hundert Männer, um die Mittelmeerwelt ausbeuten zu können, und die Freiheit solcher Verbrecher wie Clodius und Milo, die die Hauptstadt in Angst und Schrecken versetzten.«

Lebensfähig, überlebensfähig war diese bis in die Führungsspitze korrumpierte, krampfhaft private wie stadtstaatliche Vorrechte bewahrende Republik längst nicht mehr. Die historischen Ereignisse, die Caesars Leben bestimmten, lassen erkennen, daß die späte Republik bereits vor dem dictatorischen Zugriff Caesars strukturell erschüttert und krisenanfällig war, daß sie nach einer neuen staatlichen Ordnung verlangte, die die Interessen Roms mit denen des Reichs versöhnte.

Natürlich »kann man es nicht [ausschließlich] Kurzsichtigkeit oder Borniertheit nennen, wenn zahlreiche Senatoren sich im Hinblick auf die politische Neuordnung davon nicht überzeugen ließen. Sie waren nur befangen in einer Wirklichkeit, die es durchaus noch gab«. Immerhin hatte diese Wirklichkeit, die alte Republik, zumindest in ihren Formen noch genug Beharrungsvermögen, um Caesar an ihr scheitern zu lassen. Für seine Zeitgenossen, zumal für Cicero und Brutus, war der Despot, vor dem Republikaner sich zu beugen hatten, eine ungeheuerliche Provokation, der sie sich nur durch blanken Mord erwehren konnten.

Caesars Verhalten deutet darauf hin, daß er das Überholte und politisch Untaugliche der alten Republik erkannt hatte und insofern realistischer und fortschrittlicher dachte als die Mehrheit seiner Zeitgenossen. Allerdings bleibt im dunkeln, nach welchem konstitutionellen Programm Caesar das Staatswesen hätte neu ordnen wollen. Seine »letzten Absichten lassen sich nur vermuten, aber nicht mit Sicherheit bestimmen, denn die Taten und Pläne seiner Dictatur enthüllen nichts«. Ob dieser unstrittige Befund hinreicht, um auf eine Konzeptionslosigkeit in Hinblick auf die Neuordnung des Staates zu schließen, scheint zweifelhaft zu sein. Es wäre denkbar, daß Caesar angesichts seiner politischen »Ohnmacht« gegenüber der Beharrungskraft der alten Republik und der in herkömmlichen Vorstellungen befangenen Mehrheit seine letzten Pläne verschwieg.

Caesar handelte politisch als Pragmatiker, aus den Erfordernissen des Augenblicks, dann aber mit untrüglichem Augenmaß für das Notwendige und Mögliche, mit unbeirrter, rasch zupackender Entschiedenheit, wie es seinem Naturell entsprach. Und doch – wie der Historiker Matthias Gelzer bemerkte – »kann sich der redlich forschende Betrachter dem Eindruck nicht entziehen, daß sich die ungemein bunte Reihe von Einzelaktionen zuletzt zu einem großartigen Zusammenhang schließt«. Vielleicht sollte man eher von Ansätzen und Tendenzen sprechen, die aber ohne Zweifel auf eine geschlossene Zielrichtung verweisen, wenn wir an die Reformgesetze, an die Kolonisations- und Bürgerrechtspolitik, auch an die wirtschaftlichen, finanziellen und sozialen Maßnahmen denken. Was Caesar in diesen Bereichen in Gang setzte, teilweise durchaus noch fragmenthaft, weist über seine rigorose Verwerfung der alten Staatsverfassung hinaus auf eine konstruktive Neuordnung zum »Wohle des Imperiums«.

Mehr läßt sich kaum sagen, zumal »über Caesars staatsmännischer Leistung ... in der gesamten antiken Überlieferung ein eigentümlich böses Schweigen« liegt. Es mag sein, »daß man von

Caesars Zeitgenossen, in der Regel Optimaten, keine adäquate Würdigung etwa seiner Kolonisations- und Bürgerrechtspolitik erwarten« konnte und auch kaum »Objektivität«. Es war ja, wie gesagt, vor allem Caesars despotisches, anmaßendes, arrogantes Verhalten in der letzten Phase, das ihn seinen Mitbürgern entfremdete und ihren Haß weckte. Andererseits notierte Cicero drei Wochen nach der Mordtat eine Bemerkung des Gaius Matius, die zeigt, daß man Caesars politische Fähigkeiten keineswegs gering schätzte: »Wenn ER [Caesar] mit seinem Genie schon keinen Ausweg fand, wer soll ihn jetzt finden?«

Das Provozierende, die »Herausforderung von Urteil und Qualitätssinn, eine Beunruhigung, ein Betroffensein« bestimmt nicht nur die zeitgenössischen Aussagen, sondern im Grunde alle Deutungsversuche bis heute. Jeder Betrachter findet, was er sucht, in dieser »eigen- und einzigartig spannungsreichen, widerspruchsvollen, zugleich faszinierenden und erschreckenden Gestalt«.

Theodor Mommsen stilisierte Caesar zum »demokratischen General«, zur fehlerfreien Idealgestalt; er habe »nie zu Brutalitäten gegriffen«, und »nie hat ihn der Tyrannenschwindel erfaßt«. Der gelehrte Georgianer Friedrich Gundolf übertraf seinen Vorgänger noch, indem er in Caesar »die Entfaltung der menschlichen Gaben und Spannen bis zur göttlichen Vollkommenheit« entdeckte. »Unter den Weltwundern ist er der richtigste Mensch.« Aber wie vertragen sich diese hohen Wertungen mit dem hinterhältigen Völkermord an den Usipetern und Tencterern und anderen Brutalitäten im Gallischen Krieg? Wie können sie einem Mann gelten, der in einem ressentimentgeladenen Pamphlet Cato mit Gehässigkeiten überschüttet, was selbst den besonnen urteilenden Historiker Gelzer zu der Bemerkung veranlaßte, »daß Caesar jeder Seelenadel entweder immer gefehlt hatte oder jedenfalls damals abhanden gekommen war«?

Was zeigt Caesars Lebensgeschichte, wenn wir sie auf die einfachen geschichtlichen Tatsachen zurückführen? Ein unvergleichlich reich begabter Mann nimmt spät, aber dann mit Entschiedenheit seine Aufstiegschancen wahr. Er ist heiter, freisinnig, großzügig, den Freuden und Eitelkeiten des Lebens zugetan, aber ebenso verläßlich, standhaft, mutig, hart gegen sich selbst, wenn er gefordert wird. Nichts an ihm ist klein oder kleinlich. Wer ihm begegnet, gerät in den Bann seiner faszinierenden Persönlichkeit. Wie kein anderer seiner Zeit beherrscht er die Kunst, Menschen zu gewinnen und zu führen. Seine Bildung, seine Redekunst, seine Geschichtsschreibung preisen bereits die Zeitgenossen. Sein geschriebenes Wort setzt über die Jahrhunderte hinweg Maßstäbe der Einfachheit, Klarheit und Anmut.

Er ist rasch im Erkennen und sicher im Handeln, unübertrefflich als Feldherr, der seine Truppen aus Niederlagen zu den größten Siegen führt, beispielgebend als Stratege wie als Kriegsmann, der mit seinen Soldaten marschiert und kämpft. Was er leistet, leistet er ganz, sich selbst am wenigsten schonend. Politisch beherrscht er nahzu vollkommen die Kunst des Möglichen auf dem Weg zur Macht. Er erweist sich als Meister der politischen Praxis, klug, besonnen, vorausdenkend in seinen Maßnahmen und Gesetzen, den Einzel- und Gruppeninteressen seiner Zeit weit überlegen.

Das alles *ist* Caesar, ist das, was wir seine Größe nennen, wenn wir »Größe« als herausragende Qualität eines Menschen begreifen und sie nicht zum entrückten Vollkommenheitsideal stilisieren. Im Falle Caesars liegt die Über- wie die Unterschätzung nahe. Eduard Meyer geht in seinem 1918 erschienenen beachtenswerten Caesarbuch entschieden zu weit, wenn er über eine berechtigte Korrektur Mommsens hinaus Caesar zugunsten seines Rivalen Pompeius abwertet. Pompeius fehlte, was Caesar in hohem Maße zu eigen war: die zielbewußte Kraft des politisch Handelnden. Aber Größe als historisch faßbarer Rang schließt nicht menschliche Schwächen und Anfechtungen aus.

Die genannten Beispiele und sein Verhalten in der letzten Lebensphase zeigen, daß Caesar nicht in das der Geschichte fremde Schema eines unfehlbaren Mannes paßt. Es ist sicherlich auch nicht angebracht, aus seiner »aristokratischen Unbefangenheit«, seinem starken Selbstbewußtsein auf ein völliges Fehlen von Anfechtungen und Schuldgefühlen zu schließen. Nach der Niederlage bei Dyrrhachion »quälten ihn furchtbare Gedanken«; einen Monat später, nach dem Sieg bei Pharsalos am 9. August 48, nachdem sechstausend Römer gefallen waren, erkannte er durchaus die »sittliche Problematik« seines Sieges. Damals sagte er: »Das haben sie gewollt; bei allen meinen Großtaten wäre ich, Gaius Caesar, verurteilt worden, hätte ich nicht bei meinem Heer Hilfe gesucht.« Der Historiker Otto Seel bemerkt hierzu mit Recht: »Der Satz ist defensiv auch gegenüber dem eigenen Gefühl, aus dem deutlichen Bewußtsein einer zwar rational zu eskamotierenden, aber existenziell nicht zu behebenden Schuld, nämlich eben der Schuld dessen, der, aus welchen Gründen auch immer, sich mit der Macht einläßt.«

Caesar hat Macht gewollt und erlangt in der ihm eigentümlichen Weise, die keine Trennung zuließ zwischen dem eigenen Bedürfnis und der allgemeinen politischen Zielsetzung, zwischen seiner selbstgestellten und der historischen Aufgabe Roms. Er brauchte die Macht, um politisch handeln zu können, und im Umgang mit der Macht ist er ihrer korrumpierenden Wirkung nicht entgangen. Soviel darf und muß man sagen. Die weitergehende Behauptung, Caesar sei generell »von der absoluten Macht verführt und verdorben« worden, wie der Amerikaner John H.Collins in einer neueren Untersuchung nahelegt, weckt eher Zweifel. Auch der so ergiebig argumentierende Collins vermag doch nur einen Teilaspekt aufzudecken, eine halbe Wahrheit, die den Blick auf die komplexe Wirklichkeit Caesars verstellt.

Trotz des rätselhaften und kaum jemals ganz faßbaren Verhaltens in den letzten Lebenswochen kann man nicht darüber hinwegsehen, daß Caesar auch als Dictator von seinem Versöhnungswillen, seiner Milde und Großmut im Grundsätzlichen nicht abließ. Cicero nannte dies Caesars *mitis clemensque natura.* Eigenschaften, die Caesar vor allen anderen Staats- und Kriegsführern seiner Zeit auszeichneten. Viel zuwenig, so scheint mir, wurde gewürdigt, wie sehr Caesar während seines ganzen Lebens Schutzbefohlenen ein verläßlicher Patron war, daß er Treueverhältnisse ernst nahm gegenüber Untergebenen wie Freunden und Anhängern und dabei nicht selten Schwächungen und Ärgernisse in Kauf nahm.

Caesar ist in der staatlichen und moralischen Krise der späten Republik groß geworden. Mit dem sicheren Instinkt des zum politischen Handeln Berufenen hat er aus der Krise Nutzen gezogen und zugleich den Weg zu ihrer Überwindung gewiesen.

»Der tote Caesar wurde zu einem Gott und zu einem Mythos, der aus dem Reich der Geschichte in das der Literatur und Legende, der Deklamation und Propaganda überging.« Aber damit beginnt Caesars Nachgeschichte und Nachruhm. Was überdauert, ist die Faszination seiner Persönlichkeit, die groß war noch in ihren Widersprüchen, die sich in den Höhen und Tiefen des politischen Handelns erfüllte und weiterwirkte in der Geschichte Roms und Europas. Er war der Begründer einer Neuordnung des Imperiums, die sein Adoptivsohn Augustus nach einer Übergangszeit verwirklichte und die im Kaisertum seinen Namen, der zum Begriff höchster Macht wurde, bewahrte: Caesar.

# Nachwort

Meine mehrjährige Arbeit kann ich nicht abschließen ohne Dank zu sagen für vielfältige Hilfeleistungen von der oft schwierigen Beschaffung historischer Dokumente und der neuesten Literatur bis zu vielen brieflichen und mündlichen Hinweisen. Besonderen Dank schulde ich den Professoren Thomas Würtenberger und Hermann Strasburger für ihre Ermutigung und ihren Rat, der mir zur eigenen Urteilsbildung unentbehrlich wurde. Dr. Elisabeth Wolken, der Direktorin der Deutschen Akademie Rom, danke ich dafür, daß sie mir ungestörte Studien in Rom ermöglichte. Der Zuspruch von Freunden und die verständige Anteilnahme meiner Frau Eva halfen mir, manche kritische Situation während des langwierigen Schreibprozesses zu überwinden.

Mein Buch widme ich dem Gedenken zweier Männer, Joseph Hoster und Raymund van Sante, die mir in jungen Jahren auf ihre unorthodoxe Weise eine Wegrichtung gaben.

Eberhard Horst

# Anhang

# Zeittafel

| | |
|---|---|
| v. Chr. | |
| 100 | 13. Juli: Caesar geboren |
| 91–89 | Bundesgenossenkrieg. Italiker südlich des Po erkämpfen die Bürgerrechte |
| 88 | Sulla Consul. Marius geächtet. Sulla erhält den Oberbefehl gegen Mithridates |
| 88–84 | 1. Krieg gegen Mithridates |
| 87 | Cinna Consul. Mit Marius Vorgehen gegen die Optimaten |
| 87–82 | Rom unter *popularer* Gewaltherrschaft |
| 86 | Marius gestorben |
| 84 | Caesar heiratet Cornelia, Cinnas Tochter. Ernennung zum *flamen Dialis* |
| 83 | Caesars Tochter Julia geboren |
| 82 | Sullas Rückkehr nach Rom |
| 82–79 | Dictatur Sullas. Proscriptionen |
| 81 | Caesar verweigert die Scheidung von Cornelia. Ächtung und Flucht |
| 80–79 | Militärdienst in Asia |
| 78 | Kriegsdienst in Kilikien. Nach Sullas Tod Rückkehr nach Rom |
| 77–76 | Caesar als Ankläger |
| 75 | Reise nach Rhodos. In der Gewalt von Seeräubern |
| 73–71 | Sklavenaufstand unter Spartacus |
| 73 | Pontifex und Wahl zum Militärtribun |
| 70 | Pompeius und Crassus Consuln |
| 69 | Caesars Gattin Cornelia und Tante Julia gestorben. Grabreden. – Quaestor in Hispania ulterior |
| 67 | Caesar heiratet Pompeia. Verbindung mit Crassus. Curator für die Via Appia |
| 65 | Curulischer Aedil |
| 63 | Cicero Consul. Agrargesetz des Rullus. Wahl Caesars zum Pontifex Maximus. Verschwörung des Catilina. – Gaius Octavius, Großneffe Caesars, geboren |
| 62 | Praetor. Clodius-Skandal und Scheidung von Pompeia |
| 61 | Propraetor in Hispania ulterior |
| 60 | Erstes Triumvirat: Caesar, Pompeius und Crassus |
| 59 | Consul (mit Bibulus). Agrar- und Siedlungsgesetz<br>Caesars Tochter Julia heiratet Pompeius, Caesar Calpurnia |
| 58–50 | Proconsul in Gallien |
| | 58 Feldzüge gegen die Helvetier und Ariovist |
| | 57 Kämpfe gegen die Belger |
| | 56 Feldzüge in der Bretagne, Normandie und in Aquitanien. Unterwerfung der Veneter |

55 Vernichtung der Usipeter und Tencterer. 1. Rheinübergang. 1. Expedition nach Britannien
54 2. Expedition nach Britannien
53 Nordgallischer Aufstand. 2. Rheinübergang
52 Gesamtgallischer Aufstand unter Vercingetorix. Niederlage bei Gergovia, Sieg bei Alesia
51 Vollständige Befriedung Galliens. Caesar veröffentlicht sein *Bellum Gallicum*

58–57 Ciceros Verbannung
56 In Luca Erneuerung des Triumvirats mit Pompeius und Crassus
55 2. Consulat von Pompeius und Crassus
54 Tod von Caesars Mutter und seiner Tochter Julia
53 Terror in Rom. Clodius und Milo
52 Ermordung des Clodius. Pompeius alleiniger Consul
51 Beginn der Auseinandersetzungen um Caesars Abberufung und seine Consulwahl
50 Der Volkstribun Curio verhindert die Entscheidung gegen Caesar
49 Beginn des Bürgerkriegs. Pompeius erhält dictatorische Vollmacht (7. 1.). Caesar überschreitet den Rubikon (10. 1.). Er erobert Italien und Spanien. Pompeius nach Griechenland. Caesar für elf Tage Dictator
48 Caesars 2. Consulat. Niederlage bei Dyrrhachion, Sieg bei Pharsalos. Pompeius entflieht und wird vor Alexandria ermordet. Caesar in Ägypten
47 Caesar siegt am Nil und setzt Kleopatra als Königin ein. Nilreise mit Kleopatra. Besiegung des Pharnakes. Rückkehr nach Rom. Dictator für ein Jahr
46 Feldzug in Africa, Sieg bei Thapsus. Selbstmord des Cato. – Caesars 3. Consulat. Dictator für zehn Jahre. Beginn des Krieges in Spanien
45 Sieg bei Munda. Rückkehr nach Rom. Caesars 4. Consulat. Triumphe und Ehrbeschlüsse des Senats
44 Caesars 5. Consulat. Weitere Ehrungen. Dictator auf Lebenszeit. Ermordung am 15. März, an den Iden des März

# Anmerkungen

Literaturangaben mit Kurztiteln, die das Nachschlagen in der alphabetischen Bibliographie erleichtern.

RE = Paulys Realencyclopädie der classischen Altertumswissenschaft. BG = Bellum Gallicum. BC = Bellum Civile.

*Kapitel 1. Geboren in der Subura*

Die genannten Weissagungen: Norden, Die Geburt. Dort, Augustus betreffend, S. 154ff.

»iam nova progenies«: Vergil, Bucolica IV, 7. Die IV. Ekloge, die berühmteste antike Weissagung, wurde von antiken Autoren mehrfach auf Augustus gedeutet. Octavius-Augustus war der Enkel von Caesars Schwester Julia, die mit Marcus Atius Balbus verheiratet war – also der Großneffe Caesars.

Caesars Geburtsdatum gilt heute als sicher, gestützt auf: Sueton, Caes. 88; Appian 2, 620; Plutarch, Caes. 69, 1; Dio Cassius 47, 18, 6. Anders bei Mommsen, der in Röm. Gesch. III, S. 16 A, den 12. Juli 102 v. Chr. nannte. Hierzu: Gelzer, Caesar Politiker, S. 1; Gesche, Caesar, S. 11.

»der Name eines Menschen«: Oppermann, Caesar Wegbereiter, S. 10. »energisch logisches Naturell«: Mommsen, Röm. Gesch. III, S. 468.

Zum Haus in der Subura: Sueton, Caes. 46.

Mythische Herkunft: Sueton, Caes. 6. Hierzu: 14. Kap.

Zur Familie der Julier: RE 10, 1, Art. 129, 130, 131. Ferner: Münzer, Röm. Adelsparteien, S. 23, 134, 135.

Grant, Caesar, S. 16, nennt irrtümlich mehrere Consuln als Vorfahren. Münzer, Röm. Adelsparteien, S. 23, erwähnt nur einen Julischen Consul, der zudem nach Gelzer, Caesar Politiker, S. 17, »nicht zu den Vorfahren unseres Caesar« gehörte.

Zum Beinamen Caesar: Oppermann, Caesar in Selbstz., S. 7. Dort wird nach Aelius Spartianus, Verus 1, zitiert: »Die besten Gelehrten.« Hierzu ausführlich: RE 10, 1, S. 182.

Auf der Legende, Caesar oder ein Familienmitglied sei durch die *sectio caesarea* zur Welt gekommen, gründet der Begriff »Kaiserschnitt«, noch erwähnt bei Grant, Caesar, S. 16. Eine unbewiesene, höchst fragwürdige Legende; siehe: Montgomery, Caesar; Gesche, Caesar, S. 13.

Beide Schwestern Caesars hießen Julia. Mädchen hatten nach römischem Brauch keinen Vornamen, sondern wurden mit dem Namen des Geschlechts genannt. Zu Marcus Atius Balbus: Sueton, Aug. 4.

Zu Caesars Agrargesetz: Kapitel 22.

Zur Mutter Caesars: Sueton, Caes. 1, 26, 74; Plutarch, Caes. 9; Tacitus, dialogus de oratoribus 28, 6. Ausführlich, mit Herkunft und den drei Aurelii Cottae: Münzer, Röm. Adelsparteien, S. 324–327.

Über die Stellung der römischen Frau: Friedländer, Sittengeschichte I, S. 276ff.; Syme, Röm. Revolution, S. 18.

»Wie allen denen«: Mommsen, Röm. Gesch. III, S. 462.

Über Caesars Vater und dessen Tod: RE 10, 1, S. 186; Gelzer, Caesar Politiker, S. 17.

Über Marcus Antonius Gnipho: Sueton, gramm. et rhet. 7.

Caesars Jugendwerke nennt: Sueton, Caes. 56. Im Zusammenhang mit dem Verbot des Augustus weist Walter, Caesar, S. 15, auf die frechen, gewagten Jugendverse.

Caesars körperliche Leistung und Vorbild: Sueton, Caes. 57; Plutarch, Caes. 17, 18. Dort: »Schon von Kindheit an war er ein ausgezeichneter Reiter.« Auf Caesars zarte Statur verweisen: Sueton, Caes. 45; Plutarch, Caes. 17.

Marius wurde 156 v. Chr. geboren, zählte also im Geburtsjahr Caesars bereits 56 Jahre. Plutarch nennt zwar »ganz geringe und arme Eltern«, doch ist Mommsens »eines armen Tagelöhners Sohn« reichlich untertrieben. Gelzer, Caesar Politiker, S. 14, betont die Herkunft des Marius »aus ritterlichem Municipalenhause«; Heuss, Das Zeitalter, S. 201, spricht von »anspruchslosen Municipalhonoratioren«. Das wäre eher glaubhaft.

Über Marius: Plutarch, Marius; Sallust, Jugurtha; RE Suppl. 6 (1935), S. 1363–1425; Mommsen, Röm. Gesch. II, S. 189 ff.; Heuss, Das Zeitalter, S. 201–207. Zur Heeresreform des Marius u. a.: siehe 4. Kapitel.

*Kapitel 2. Römische Krisen und Revolten*

»Die Welt des römischen Aristokraten«: Strasburger, Caesars Eintritt, S. 133.

Gelzer, Caes. und Aug., S. 122, bezeichnete Roms Aufstieg zur Weltmacht als »Werk der römischen Nobilität«. Hierzu auch: Gelzer, Caesar Politiker, S. 4 ff; Strasburger, Matthias Gelzer, S. 62.

»höchst verwickelte Gebilde«: Kunkel, Röm. Rechtsgeschichte, S. 40.

Aufschlußreich zur sittlichen Begründung der altrömischen Politik die kritischen Ausführungen von Hampl, Röm. Politik und »Stoische Staatsethik«.

Überlegenheit der Römer über die Griechen: Cicero, Tusc. I, 1. Ciceros Staatsethik zitiert aus: rep. 1, 25.

»daß die römische Republik«: Heuss, Das Zeitalter, S. 177.

Zum Versagen der Nobilitätsherrschaft: Gelzer, Caes. und Aug., S. 123; Vom röm. Staat, S. 135 ff.; Caesar Politiker, S. 5 ff. Hierzu auch: Strasburger, Matth. Gelzer, S. 62 ff.

»vornehmlich bestimmt«: Hampl, Röm. Politik, S. 499.

»die im ganzen doch«: Strasburger, Caesar im Urteil, S. 81.

»außerordentliche Kommandos« und »dankbares Objekt«: Kunkel, Röm. Rechtsgesch., S. 47 und 49.

»Im Jahre 62 v. Chr.«: Oppermann, Caesar in Selbstz., S. 15. Zum Staatsland und seiner Bemächtigung durch die Reichen: Appian 1, 7, 8; Plutarch, Tib. Gracchus 8. Über die Gracchen: Appian 1, 35 ff. und 91 ff.; Plutarch, Tib. und Gaius Gracchus. Der Reformversuch, gestützt auf die frühere *lex Licinia*, war ziemlich milde. Demnach sollte niemand mehr als 500 Morgen Land (125 Hektar) besitzen. Außerdem sollte jedem Sohn nochmals die Hälfte zustehen.

Über das Volkstribunat: siehe 3. Kapitel.

»an Talent, Charakter«: Mommsen, Röm. Gesch. II, S. 103.

»das Bewußtsein eines politisch«: Heuss, Das Zeitalter, S. 193.

Mommsen, Röm. Gesch. II, S. 115, 117, betonte bei Gaius Gracchus das Revolutionäre, Umstürzlerische. Er nennt G. G. einen »politischen Brandstifter«, »politischen Verbrecher«. Besonnener und glaubhafter wertet Heuss, Das Zeitalter, S. 190–196, den Gracchen. Dort auch: S. 187 »Charakter einer Volksbewegung« und S. 205 »Zerrbild der Gracchen«. Zu Marius siehe 4. Kapitel.

*Kapitel 3. Die manipulierte Demokratie*

Die Erweiterung der Zahl der Praetoren und Quaestoren, auch die Vergrößerung des Senats von 300 auf 600 Mitglieder im Jahre 80 v. Chr. verfügte der Dictator Sulla. Siehe 6. Kapitel. Sulla schränkte auch die Befugnisse der Volkstribunen ein, so in der Gesetzgebung, die wieder an die Zustimmung des Senats gebunden wurde.

Zum Klientenwesen, »Nah- und Treueverhältnisse«: Gelzer, Caesar Politiker, S. 2; Gelzer, Kl. Schriften I, S. 71 f.; Chr. Meier, M. Gelzers Beitrag, S. 31, 38, 43.

Nach Heuss, Das Zeitalter, S. 198, beruhte das römische Gesellschaftssystem »ganz auf der Observanz der unteren Schichten gegenüber den oberen und auf einer Vielzahl von inneren Bindungen jener an diese«.

»ihre Herrenstellung«: Gelzer, Caesar Politiker, S. 4.

»aristokratisch geführte Demokratie«: Oppermann, Caesar in Selbstz., S. 11.

»manipulierte Demokratie«: Heuss, Das Zeitalter, S. 183.

»eigentliches Regierungsorgan«: Gelzer, Caesar Politiker, S. 4; Chr. Meier, M. Gelzers Beitrag, S. 48.

Zu den Aufgaben der beiden Censoren gehörte auch: die Prüfung der Bürgerliste (für Ständeeinteilung, Steuererhebung), die Überwachung der öffentlichen Bauten, die Verpachtung der Staatsländer und Steuererträge.

Zu Optimaten und Popularen: RE 18, 1, S. 773–798 (Strasburger); RE Suppl. 10, S. 549–615 (Chr. Meier).

Chr. Meier, M. Gelzers Beitrag, S. 41: »Die Popularen waren Adelige, welche als Demagogen ihre Ziele zu erreichen suchten (ohne je die römische Gesellschaftsordnung zu bedrohen).« – »Der Gegensatz zwischen Optimaten und Popularen bezog sich also auf die Frage, ob der Schwerpunkt der politischen Entscheidung in den Senat oder in die demagogisch gehandhabten Volksversammlungen zu legen sei.« (Gelzer, Kl. Schr. I, S. 188 f.)

»Von Anfang an«: Gelzer, Caesar Politiker, S. 13.

»Alle, die nach jener Zeit«: Sallust, Catilina 38, 3. Hierzu auch: Sall. Jug. 41, 5; Livius 2, 30, 2.

Zu Mithridates VI. Eupator: Mommsen, Röm. Gesch. II, S. 263–302. Mithridates versprach »Schuldenbefreiung« und mobilisierte vor allem die Massen der unteren Volksschichten gegen die Römer. Da Zahlenangaben oft differieren, entnehme ich die Angabe von 80 000 Opfern der »asiatischen Vesper«: Heuss, Das Zeitalter, S. 222. Dort, S. 217, werden die bewaffneten Helfer des Sulpicius Rufus mit »300 Rittern« angegeben. Mommsen, Röm. Gesch. II, S. 253, nennt 3000 gedungene Leute und einen »Gegensenat« von 600 jungen Männern. Plutarch, Sulla 8: »3000 Mann mit Schwertern.«

Sullas Rettung in das Haus des Marius: Plutarch, Mar. 35; Mommsen, Röm. Gesch. II, S. 253.

Schon Gaius Gracchus (vgl. 2. Kapitel) hatte die Ausweitung der Bürgerrechte und das Bündnis mit den Rittern angestrebt, typische »populare« Forderungen. Sulpicius Rufus brachte auch das Gesetz ein, das Senatoren mit mehr als 2000 Denaren Schulden aus dem Senat ausschloß. Offensichtlich gegen Sulla gerichtet, der zu den großen Schuldenmachern zählte. Vielleicht war Marius der Initiator dieser Vorlage.

Zu Sulla: Plutarch, Sulla. Zu Sulla und der »Sulpicischen Revolution«: Mommsen, Röm. Gesch. II, S. 250–274.

»an Macht und Ansehen«: Plutarch. Mar. 33.

»sie forderten ihn auf«: Appian 1, 57. Die Soldaten fürchteten um ihren Feldzug gegen Mithridates.

*Kapitel 4. Marius, der Retter und Versager*

»ohne Recht«: Cicero, Brut. 227.

Caesars enge, das übliche Verhalten überbietende Bindung an die Familie ist mehrfach belegt. Sie wird später bezeugt: durch die Grabrede auf seine Tante Julia, durch die außergewöhnliche Totenehrung für Marius und den Vater, zwanzig Jahre nach dessen Tod: Sueton, Caes. 6, 10 und 11; Plutarch, Caes. 5 und 6. Hierzu auch: Dio Cassius 44, 39, 1–2. Ebenso: Strasburger, Caesars Eintritt, S. 136.

Sulla kehrte 82 v. Chr. nach Rom zurück, vgl. 6. Kapitel.

Caesars Treue zur »Popularpartei«, »im Gegensatz zum häufigen politischen Stellungswechsel« seiner Zeitgenossen, betont auch: Oppermann, Caesar in Selbstz., S. 21. Hierzu: Seel, Caesar-Studien, S. 64 ff.

»Er habe seine Provinz«: Caesar, BC 1, 22. Strasburger, Caesars Eintritt, S. 129, betont: »Die Unverletzlichkeit römischer Bürger . . . gehörte zu den unveräußerlichen Grundsätzen der popularen Tradition.«

Zu den Kämpfen in Rom nach Sullas Ausfahrt: Plutarch, Mar. 41; Heuss, Das Zeitalter, S. 218 f.; Mommsen, Röm. Gesch. II, S. 306 f.

»magischen Namen«: Heuss, Das Zeitalter, S. 219.

Fluchterlebnisse des Marius: Plutarch, Mar. 36–40.

Die »anrüchige Freischar« des Marius bestand neben einer mitgebrachten afrikanischen Reiterschar aus freigesetzten, meist fremdländischen Sklaven.

»in die Stadt einzuziehen«: Plutarch, Mar. 43, 1.

Zur Heeresreform des Marius: Plutarch, Mar. 9, 1; Sallust, Jugurtha 86, 2–3. Auch: Mommsen, Röm. Gesch. II, S. 192 ff.; Heuss, Das Zeitalter, S. 204.

»härtete er sie ab«: Plutarch, Mar. 13,1.

Caesars »Vorbild«: Plutarch, Mar. 6, Caes. 1.

»Vertrauensmann des Volkes«: Gelzer, Caesar Politiker, S. 14.

»peinliche Unsicherheit« und »sein Haß«: Heuss, Das Zeitalter, S. 202.

»täglich erneuerten« und »dessen Gruß«: Plutarch, Mar. 43.

»optimatisch gefärbte Überlieferung«: Gelzer, Caesar Politiker, S. 18. Dort auch Quellenhinweise.

Plutarch, Mar. 46, nennt als Todestag des Marius den »siebzehnten Tag seines Consulats«. Mommsen, Röm. Gesch. II, S. 314, nennt den 13. Januar 86 v. Chr. Dort auch, S. 311, der Hinweis auf die »Schreckensherrschaft«, deren »Urheber« Marius war: »fünf Tage und Nächte währte die Schlächterei«. Das ist glaubhaft. Nur irritiert dann, jedenfalls auf Marius bezogen, wenn Mommsen weiter schreibt: »monatelang ging die Blutjagd durch ganz Italien«.

Zu Cinna: Gelzer, Caesar Politiker, S. 16 und 18, mit Quellenangaben. Dort auch: »Es drängte sich bloß«. Cinnas Tod: Appian 1, 357. Hierzu auch: Mommsen, Röm. Gesch. II, S. 317f.

»daß einer der Legaten«: Gelzer, Caesar Politiker, S. 17 A 9. Berufung auf: Appian 1, 348; Livius, perioch. 83. Ein Beispiel für die triftige Kombinationstechnik der Historiker.

Bei Sueton, Caes. 1, 1, stirbt der Vater in Caesars 16. Lebensjahr: *Annum agens sextum decimum patrem amisit*. Daraus folgert Münzer, RE 10, 1, S. 186: »in der zweiten Hälfte 85 in Pisae.« Im Gegensatz hierzu setzt Oppermann, Caesar in Selbstz., S. 10, den Tod des Vaters nach Caesars Übernahme der *toga virilis* an. Ebenso: Walter, Caesar, S. 13.

*Kapitel 5. Caesar heiratet Cornelia*

Gundolf, Caesar, S. 29 und 31, charakterisiert die Biographen Sueton und Plutarch wie folgt: »Sueton, ein gelehrter Antiquar und Sammler«, »Plutarch, ein vielseitig gebildeter, künstlerisch beanlagter Sittenlehrer«. – »Sueton bedeutet für unsere Caesar-Kenntnis, was Pompeji für unsere Altertumskunde« – »Sueton ist genauer« (in Grenzen, würde ich hinzufügen), hingegen Plutarch »dichterisch prägsam und regsam. Er hat von Caesars Leben erzählt, nicht seine Geschichte vermeldet«.

Caesars Ernennung zum *flamen Dialis* und Heirat mit Cornelia: Sueton, Caes. 1,1. Die Heirat: Plutarch, Caes. 1,1. Daß sich Caesar nach Plutarch, Caes. 1,3, unter Sulla um das Priesteramt »bewarb«, gilt als Mißverständnis, wäre auch zu unglaubhaft. Hierzu: Gelzer, Caesar Politiker, S. 19; Strasburger, Caesars Eintritt, S. 80.

Neben den drei *maiores* (flamen Dialis, Martialis, Quirinalis) gab es in Rom noch zwölf *minores*, Opferpriester für den Kult der »kleineren« Götter.

Zum Selbstmord des L. Cornelius Merula: Velleius Paterculus 2, 43, 1; Appian 1, 342. Auch: Gelzer, Caesar Politiker, S. 18, hiernach zitiert: »sich selbst« und »im capitolinischen«. Der andere römische Historiker, der die Ernennung zum Flamen früher ansetzt: Velleius Paterculus 2, 43, 1.

Zum Verlöbnis und zur Heirat der Römer: Friedländer, Sittengeschichte I, S. 270–275.

Verlobung mit Cossutia »fast noch als Knabe«: Sueton, Caes. 1,1.

Nach Mommsen, Röm. Gesch. II, S. 318, wäre der Tod Cinnas vor Caesars Hochzeit, die ja wohl nach der Verleihung der *toga virilis* stattfand, anzusetzen. So bei: Stöver, Die Römer, S. 288, der von der Witwe Cinnas spricht. Meyer legt Caesars Monarchie, S. 333, die Hochzeit »kurz vor Cinnas Ermordung«.

»ist das erste Beispiel«: Oppermann, Caesar in Selbstz., S. 139.

»Übereinstimmung von persönlichem Empfinden«: Oppermann, Caesar in Selbstz., S. 21; Oppermann, Probleme und heutiger Stand, S. 492.

Auf eine »Liebesheirat«, »trotz des politischen Hintergrundes«, verweist: Oppermann, Caesar in Selbstz., S. 21 und 139.

Zu Julia, Caesars Tochter: Sueton, Caes. 1,1 und 6,1; Plutarch, Caes. 5,7. Zum Geburtsjahr Julias: Münzer, RE 10,1, S. 894. Das hier und gewöhnlich angenommene Geburtsjahr 83 scheint glaubhafter als das von Gelzer, Caesar Politiker, S. 19, angenommene Geburtsjahr 76 (Begründung dort).

»die liebenswerten Eigenschaften«: Gelzer, Caesar Politiker, S. 133.

»das friedliche und strenge Leben«: Walter, Caesar, S. 18. Dem entgegen hat Taylor, Caesar's early career, S. 115 f., nachgewiesen, daß Caesar nicht inauguriert wurde. Nach Tacitus, Annalen 3, 58, 2, und Dio Cassius 54, 36, 1 wurde ein Nachfolger des *flamen Dialis* Merula erst 10 v. Chr. eingesetzt. Hierzu auch: Gelzer, Caesar Politiker, S. 18.

*Kapitel 6. Sullas Rückkehr nach Rom*

Brundisium war das heutige Brindisi.

Zum Abschluß des 1. Mithridatischen Krieges: Plutarch, Sulla 24 u. 25; Mommsen, Röm. Gesch. II, S. 299–303; Heuss, Das Zeitalter, S. 223.

Sullas Brief an den römischen Senat »im Namen des Vaterlandes«: Appian 1, 77.

Kämpfe vor dem Einzug Sullas in Rom: Plutarch, Sulla 27–30; Appian 1, 94. Auch: Volkmann, Sullas Marsch.

»von Natur zornig«: Plutarch, Sulla 6.

»ans Pathologische«: Heuss, Das Zeitalter, S. 224.

»auf seinen Befehl«: Plutarch, Sulla 30.

»ließ seine Rachsucht« und »von Furcht und Ungewißheit«: Plutarch, Sulla 31.

Sulla ließ sich zum *dictator legibus scribendis et rei publicae constituendae* wählen. Dies und »um den Schein«: Appian 1, 99. 4700 Proscribierte nennt: Valerius Maximus 9, 2, 1. Bei Appian, 1, 95, sind es: 40 Senatoren und etwa 1600 Ritter, was jedoch der Gesamtzahl nicht widerspricht. Hierzu: Mommsen, Röm. Gesch. II, S. 339.

»verschenkte sie«: Plutarch, Sulla 33.

Das Picenum war das Küstengebiet an der Adria, etwa zwischen Ancona und Pescara.

»brachte in kurzer Zeit«: Plutarch, Pomp. 6.

»Imperator«: Plutarch, Pomp. 8. »aktiver Sullaner«: Strasburger, Gesch. u. Politik, S. 39.

Zu Crassus: Plutarch, Crassus 6; Cicero, Sext. Roscius 6.

»Crassus pflegte«: Syme, Röm. Revolution, S. 18. Die Kosten für eine Legion (bis zu 6000 Mann) damals: 3 Millionen Sesterzen. Dies und den Tagessold für einen Legionär entnommen: Stöver, Die Römer, S. 195. Nach Volkmann, Sullas Marsch, S. 19.

»Nichts aber schien« (auch das Folgende zu Catilina): Plutarch, Sulla 32, 3. Quellen zu Catilinas »Vorleben«: Drexler, Catilin. Verschwörung, S. 62–73.

»kein Sklave von Gefühlen«: Heuss, Das Zeitalter, S. 224.

»sehr unbeständig«: nach Plutarch, Sulla 6.

»Sulla sieht der Maulbeere«: Plutarch, Sulla 2.

»die stärkste staatsmännische«: Heuss, Das Zeitalter, S. 227.

Machiavelli schrieb in »Il Principe«, 8. Kapitel: »Gewalttaten muß man alle auf einmal begehen, damit sie weniger empfunden werden und dadurch weniger erbittern. Wohltaten dagegen muß man nach und nach erweisen, damit sie nachhaltiger wirken.« Ein aktuelles Verhaltensmuster für »Tyrannen« und »Diktatoren«.

Zu Sullas neuer Verfassung: Mommsen, Röm. Gesch. II, S. 335–390; Heuss, Das Zeitalter, S. 227–231.

»eine ausgesprochen negative«: Heuss, Das Zeitalter, S. 230.

Puteoli war das heutige Pozzuoli.

Sullas Ende: Appian 1, 104. Grabinschrift »kein Freund«: Plutarch, Sulla 38.

*Kapitel 7. Dem Dictator die Stirn bieten*

»über der blutigen Jagd«: Plutarch, Caes. 1.

Verlust des Priesteramtes: Sueton, Caes. 1, 2; Velleius Paterculus 2, 43, 1. Im Gegensatz hierzu schreibt Plutarch, Caes. 1, 3, Caesar habe sich erst unter Sulla um das Priesteramt beworben und sei abgewiesen worden, was jedoch unglaubhaft ist. Hierzu: Strasburger, Caesars Eintritt, S. 80; Taylor, Caesar's early career, S. 116.

Die Scheidung des Pompeius: Plutarch, Sulla 33, 4 und Pomp. 9, 2. Eine andere Scheidung auf Befehl Sullas: Velleius Paterculus 2, 41, 2, M. Pupius Piso betreffend.

Caesars Ablehnung der Scheidung, Verlust der Mitgift und seines Vermögens: Sueton, Caes. 1, 2; Plutarch, Caes. 1, 1. Caesars Flucht und Loskauf: Sueton, Caes. 1, 2 und 74, 1; Plutarch, Caes. 1, 5.

»Zu nächtlicher Stunde«: Velleius Paterculus 2, 41, 2.

Die Bittsteller: Sueton, Caes. 1, 2. Auch: Walter, Caesar, S. 20.

»sie sollten ihren Willen«: Sueton, Caes. 1, 3. »mehr als *ein* Marius«: auch bei Plutarch, Caes. 1, 4.

»Hütet euch«: Dio Cassius 43, 43, 4. Auch Sueton, Caes. 45, 3, spricht von dem »schlecht gegürteten Jungen«, *male praecinctum puerum caverent.* Bei Macrob. Saturn. 2, 3, 9, richtet sich die Warnung vor dem »schlecht gegürteten« an Pompeius, der wohl auch zu den Bittstellern gehörte.

»Um sein Aussehen«: Sueton, Caes. 45. Dort ebenso die Hinweise zu Caesars Statur und die spätere Bewitzelung wegen der Glatze. Auf Sueton, Caes. 45, 2 u. 51, bezieht sich Goethes Vers in der Elegie »Hermann und Dorothea« (Artemis-Gedenkausgabe, Zürich 1961–66, Bd. 1, S. 207): »Kränzte doch Cäsar selbst nur aus Bedürfnis das Haupt.«

»Auch er hatte«: Mommsen, Röm. Gesch. III, S. 461.

»nach einem hohen«, »politischer Weg«, »sprungweise zupackender«: Strasburger, Caesars Eintritt, S. 140, 137, 140.

Strasburger wendet sich gegen die Auffassung, Caesars politische Karriere sei von Jugend an einem konsequent vorgefaßten Plan gefolgt. Einen Überblick über die konträren Meinungen in dieser Frage gibt: Gesche, Caesar, S. 14–17.

»Caesars Persönlichkeitsbild«: Seel, Caesar-Studien, S. 24. Von Otto Seel, dem genannten Caesar-Forscher und -Herausgeber, auch die Zitate: »Zucht und Unzucht« und »Es finden sich«, ebenso »fast monströs«, S. 25.

*Kapitel 8. Militärdienst in Asia*

Militärdienst unter M. Minucius Thermus und Entsendung zu Nikomedes IV.: Sueton, Caes. 2; Vir. ill. 78, 1. Nach Plutarch, Caes. 1, 5–7, »eilte« Caesar sofort nach der Bestechung des Cornelius Phagita nach Bithynien zu Nikomedes, was jedoch nicht zutrifft.

Zu Nikomedes IV. Philopator: Geyer, RE 17, S. 497–499. Auch: Walter, Caesar, S. 22–23; Mommsen, Röm. Gesch. II, S. 279–284, III., S. 54. Nach Mommsen starb Nikomedes III. im Jahre 75, wäre Caesar also am Hof *dieses* Königs gewesen, ein Irrtum. Nikomedes III. starb ca. 95 v. Chr., sein Sohn und Nachfolger Nikomedes IV. Philopator regierte Bithynien ca. 95 bis 74. Belagerung von Mytilene: Sueton, Caes. 2; Plutarch, Lucullus 4.

Die Zitate zum Aufenthalt am Hof des Nikomedes IV., auch Ciceros Äußerung und die beiden Zoten: Sueton, Caes. 49, 1–4. Caesars »ungebührliche Beziehungen«: Sueton, Caes. 2, 1. Ein weiterer Hinweis, auf die homoerotischen Beziehungen anspielend: Sueton, Caes. 22, 2. Bei Plutarch kein Gerücht dieser Art. Caesar widerspricht der Nachrede: Dio Cassius 43, 20, 4. Er erwähnt die Gastfreundschaft des Nikomedes: Gellius 5, 13, 6.

Zotenlieder auf ihren Imperator sangen die Soldaten nach altem Brauch im Triumphzug, so auch 46 v. Chr., zur Feier des vierfachen Triumphes über Gallien, Ägypten, Pontos und Africa.

Die Verteidigung Nysas: Sueton, Caes. 49, 3 – ohne Datenangabe. Daß Caesar nochmals in einer bithynischen Repetundenklage auftrat, entnehme ich: Gelzer, Caesar Politiker, S. 26. Gelzer beruft sich auf: H. Dahlmann, Caesars Rede für die Bithynier, in: Hermes 73, 1938, S. 341 ff. Hierzu auch: Gesche, Caesar, S. 19, mit Hinweis auf andere Deutungen.

Repetundenprozesse waren »Rückforderungs«-Prozesse gegen ausbeuterische und erpresserische Statthalter Roms. Es gab zahlreiche solcher Prozesse. Der bekannteste: Ciceros Anklage gegen Verres, den Propraetor in Sizilien (73–71).

»wegen meiner Gastfreundschaft«: Gellius 5, 13, 6.

»angeblich um für einen«: Sueton, Caes. 2, 2.

Auszeichnung mit der *corona civica:* Sueton, Caes. 2, 2. Ausführlich zur *corona civica:* Gelzer, Caesar Politiker, S. 20 A 25, ebenso A 1. Dort Quellen und zitiert die vermutliche »Bevorzugung in der Ämterlaufbahn«.

Zweifel an einer »derartigen Heldentat« äußert: Walter, Caesar, S. 24. Dort auch: »unter den verschiedensten«.

Daß Minucius Thermus ein Sullaner war: Münzer, RE 15, Art. 64.

Caesars kurzer Aufenthalt in Kilikien bei Publius Servilius Vatia (als Unterwerfer der Isaurier meist P. Servilius Isauricus genannt): Sueton, Caes. 3. Der Proconsul (Consul 79, Censor 55) gehörte zu den wenigen korrekten und ehrenhaften Statthaltern. Er wird im Jahre 63 die angestrebte Wahl zum Pontifex Maximus gegen den Mitbewerber Caesar verlieren.

*Kapitel 9. Pompeius triumphiert*

»halb ironische Leichtfertigkeit«: Mommsen, Röm. Gesch. II, S. 376.

»staatsmännische Potenz«: Heuss, Das Zeitalter, S. 227.

»politischer Analphabet«: nach Sueton, Caes. 77: *Sullam nescisse litteras, qui dictaturam deposuerit.*

Caesar betont ausdrücklich am Anfang des Bürgerkriegs 49 v. Chr., er wolle Sulla nicht nachahmen: Cicero, ad Att. 9, 7c, 1; Dio Cassius 43, 50, 2.

»Leben und Besitz«: Strasburger, Geschichte und Politik, S. 40.

Antisullaner wollen die »standesgemäße Bestattung« Sullas verhindern: Plutarch, Sulla 38.

Marcus Aemilius Lepidus, Consul 78, darf nicht verwechselt werden mit dem Bittsteller für Caesar im Jahr 81, Mamercus Aemilius Lepidus, Consul 77.

Zur Charakterisierung des Marcus Aemilius Lepidus: Mommsen. Röm. Gesch. III, S. 18; Heuss, Das Zeitalter, S. 231. Walter, Caesar, S. 25–27, versucht diesen Lepidus etwas positiver zu charakterisieren wegen der Getreidezuteilung und seiner Absicht, bei der Rückgabe konfiszierter Güter ein Beispiel zu geben. Aber Walter erwähnt z. B. nicht, daß Lepidus zur Opposition überging, um der Anklage wegen seiner Ausplünderung Siziliens zu entgehen. Mommsen, Heuss u. a. urteilen negativ, wohl mit Recht. »Schmarotzer«: Stöver: Die Römer, S. 238. Bemerkenswert zu Caesars Zurückhaltung: Strasburger, Caesars Eintritt, S. 90–91.

»in der Hoffnung«, »durch glänzende Angebote« und »den Fähigkeiten«: Sueton, Caes. 3.

Gnaeus Pompeius wurde 106 v. Chr. geboren.

Syme, Röm. Revolution, S. 32: »Die Laufbahn des Pompeius begann mit Betrug und Gewalttaten; sie wurde in Krieg und Frieden durch Ungesetzlichkeit und Verrat fortgesetzt.«

Der Unterschlagungsprozeß betraf seinen inzwischen verstorbenen Vater Pompeius Strabo, aber auch ihn selbst: Plutarch, Pomp. 4. Dort auch die Heirat mit Antistia.

Verstoßung der Antistia »schimpflich«: Plutarch, Pomp. 9. Aemilia starb bei der Entbindung.

Pompeius' Triumph gegen den Willen Sullas: Plutarch, Pomp. 14.

»als sich«: Meyer, Caesars Monarchie, S. 6.

Vergleich mit Alexander: Plutarch, Pomp. 2. Dort auch die Hinweise auf das Gesicht und »sanft zurückfallende Haar«.

Des Pompeius Wahlhilfe für Lepidus und Sullas Reagieren: Plutarch, Pomp. 15, 1 und Sulla 34, 3.

Pompeius kämpfte in Spanien in einem vierjährigen Krieg gegen den Propraetor Sertorius. Nach nahezu sechsjähriger Abwesenheit kehrte er im Jahr 71 nach Rom zurück.

*Kapitel 10. Caesar als Ankläger*

Zu Caesars »Glück«: Erkell, Caesar und sein Glück; Bömer, Caesar und sein Glück. Mommsen, Röm. Gesch. III, S. 463, schreibt: »Das Gefühl wich doch nie aus seiner Brust, daß in allen Dingen das Glück, das heißt der Zufall das gute Beste tun müsse.« Eine solche Behauptung führt gerade bei Caesar zum Mißverständnis. Überzeugend relativierte vor allem Erkell, S. 60, die Auffassungen Mommsens und Holmes, Roman republic III, S. 41, die Caesar »ein an Mystizismus grenzendes Vertrauen auf einen glücklichen Stern zuschreiben wollen«. Hierzu auch: Gesche, Caesar, S. 188–189.

»Seine Tafel«: Plutarch, Caes. 4, 2.

»bithynisches Freudenhaus«: Sueton, Caes. 49, 2.

Zu Caesars Schulden: Plutarch, Caes. 5, 4, berichtet, Caesar habe, »wie man sagt, ehe er noch zu einem Amt gelangte, eine Schuldenlast von 1300 Talenten« gehabt (nicht weniger als etwa 6,5 Millionen Goldmark). Das ist eine sehr relative Umrechnung. Darum hier ein gemäßer Vergleich: 1 Talent entsprach dem Wert von 6000 Silber-Denaren. Ein römischer Arbeiter verdiente in der späten Republik jährlich etwa 180 Denare. (Entnommen: Hankel, Caesar, S. 168, 169.) Stimmt die Rechnung, dann wäre Caesars Schuldenlast so groß gewesen, wie ein Arbeiter in 43 333 Jahren verdient hätte! Zu den Einkommens- und Besitzverhältnissen: Hankel, Caesar, S. 265–286.

Anklage gegen Dolabella: Sueton, Caes. 4, 1; Plutarch, Caes. 4, 1–2; Velleius Paterculus 2, 43, 3.

Zu Gerichtsverfahren und Repetundenklage: Kunkel, Röm. Rechtsgeschichte, S. 66–67.

Dolabellas Beschimpfung »Nebenbuhlerin«: Sueton, Caes. 49, 2.

»die Verteidigungsrede Cottas«: Valerius Maximus 8, 9, 3. Dort wird fälschlich L. Cotta genannt, so übernommen von Walter, Caesar, S. 29, und Oppermann, Caesar in Selbstz., S. 27. Die Richtigstellung, Gaius Aurelius Cotta, entnommen: Gelzer, Caesar Politiker, S. 20 A 30. Zur oft mißverständlich bestimmten Verwandtschaft mit Gaius Aurelius Cotta siehe 1. Kapitel.

Anklage gegen Gaius Antonius Hybrida: Plutarch, Caes. 4, 2–4.

»skandalöserweise«: Gelzer, Caesar Politiker, S. 21. Dort auch, A 32, zu Gaius Antonius und dem Praetor M. Lucullus.

Caesars Ruf als Redner: Plutarch, Caes. 3, 2; Cicero, Brut. 261; Velleius Paterculus 2, 43, 3; Tacitus, dial. 34, 7.

Ciceros Anwesenheit im Dolabella-Prozeß: Cic., Brut. 317.

»höchste Rang« und »die publizierte Rede«: Lexikon der Antike, Literatur, Bd. 4, S. 121.

*Kapitel 11. Die Reise nach Rhodos*

Fahrt nach Rhodos und Kaperung durch Piraten: Sueton, Caes. 4. Bei Plutarch in falscher Zeitfolge: Caes. 1, 8 u. 2: Kaperung und Episode mit den Seeräubern; dann, Caes. 3, 1: Rückkehr nach Rom und Fahrt nach Rhodos zu Apollonios Molon. Zur Richtigstellung: Strasburger, Caesars Eintritt, S. 9. »bei Apollonios Molon«: Sueton, Caes. 4, 1.

»erneut die Bank« und die genannten Gegengründe bringt: Walter, Caesar, S. 31–32.

Cicero war 78 zum Studium auf Rhodos: Cic., Brut. 316.

»sie wüßten nicht«, »so verächtlich« und »achtunddreißig Tage«: Plutarch, Caes. 2.

»unterließ es«: Velleius Paterculus 2, 41, 3. Auch Valerius Maximus 6, 9, 15 berichtet das Ereignis und nennt 50 Talente als Loskaufsumme. Etwas abweichend berichtet Polyaen, strat. 8, 23, 1, Caesar habe Wein holen lassen, ein Festgelage bereitet, die Wärter trunken gemacht und dann beseitigen lassen. Das von Milet gekommene Lösegeld habe er den Milesiern zurückgegeben. Vgl. Gesche, Caesar, S. 20.

Übereinstimmend berichten Plutarch, Velleius Paterculus und Valerius Maximus, daß die Seeräuber gekreuzigt wurden.

»gefundene Reichtümer«: Plutarch, Caes. 2.

»wie er es ihnen oft«: Plutarch, Caes. 2. Fast wörtlich auch bei Sueton, Caes. 4.

Auf die vermutliche nochmalige Reise Caesars nach Bithynien weist hin: Walter, Caesar, S. 38.

Das Redefragment »diesen hier« bereits zitiert im 8. Kapitel: Gellius 5, 13, 6.

Nicht zutreffen kann, daß Caesar »ungefähr ein Jahr« auf Rhodos blieb, wie zu entnehmen ist: RE 10, 1, S. 188.

Die Mithridatischen Kriege: der Erste, schon genannte: 88–84 (röm. Feldherr Sulla siegreich); der Zweite: 83–81 (röm. Feldherr Murena); der Dritte: 74–63 (röm. Feldherren Lucullus, dann Pompeius Magnus, der Kleinasien neu ordnet).

»den Statthalter des Königs«: Sueton, Caes. 4, 2.

Caesars eigenmächtiges Handeln: Velleius Paterculus 2, 42, 2–3. »Um 73 zwei dort ansässige«: Gelzer, Caesar Politiker, S. 22.

Zur Überfahrt auf »kleinem Boot«: Velleius Paterculus 2, 43, 1–2. Hierzu auch: Strasburger, Caesars Eintritt, S. 84. Gelzer, Caesar Politiker, S. 22 A 41, erinnert daran, daß Caesar das Wagnis einer solchen Bootsfahrt im Jahre 49 wiederholte.

*Kapitel 12. Erste Ämter*

Caesars Wahl zum *flamen Dialis*: vgl. 5. Kapitel. Sein Desinteresse an diesem Priesteramt nach Sullas Tod: vgl. 9. Kapitel.

Nach Grant, Caesar, S. 21, hätte Caesar »vom Tode des Gaius Cotta gehört, und es gelang ihm nun, dessen Sitz im Priesterkollegium für sich zu gewinnen«. Eine irreführende Bemerkung, die unterschlägt, daß Caesar in Abwesenheit gewählt wurde. Er kam als bereits Zugewählter nach Rom zurück.

Die Namen der Pontifices: Macrob. Sat. 3, 13, 11. Zu den Pontifices und ihrer Cooptation: Taylor, Caesar's early career, S. 117–120. Hierzu auch: Gelzer, Caesar Politiker, S. 23. Gelzer vermutet, Mamercus Aemilius Lepidus habe Caesar vorgeschlagen.

Pontifex Maximus als »Haupt der staatlichen Religion«: Lexikon der Antike, Religion, Bd. 2, S. 168.

Dio Cassius »Niemand gab sich schneller«, zitiert nach Walter, Caesar, S. 48.

Zur bereits parteiischen Überlieferung, die Dio Cassius vorfand: Als seine Hauptquelle gilt Livius. Der aber erklärte, »es sei ungewiß, ob Caesars Geburt mehr ein Glück oder ein Unglück für Rom gewesen sei, und der als Historiker für Pompeius Partei nahm«. Entnommen: Strasburger, Caesar im Urteil, S. 12. Dort auch, S. 13: »uns ein richtig proportioniertes.«

»beim Volk beliebt« und »Den ersten Beweis«: Plutarch, Caes. 4, 2 und 5, 1.

Caesars Militärtribunat: Plutarch, Caes. 5, 1; Sueton, Caes. 5, 1. Die Datierung des Militärtribunats setzt Gelzer, Caesar Politiker, S. 25, auf das Jahr 72 an. Taylor, Caesar's early career, nennt 72 oder 71.

Die Kämpfe gegen die von Spartacus angeführten Sklaven: 73–71.

»Als Militärtribun«: Sueton, Caes. 5, 1.

Die Rede des Licinius Macer: Sallust, hist. 3, 48. Hierzu: Walter, Caesar, S. 46, 47; Strasburger, Caesars Eintritt, S. 93. Caesars Unterstützung des Volkstribuns Plautius und Eintreten für die Rückkehr des Lucius Cinna: Sueton, Caes. 5; Gellius 13, 3, 5; Dio Cassius 44, 47, 4. Nach Gelzers, Caesar Politiker, S. 26 A 6, hier korrigierter Datierung fällt das Plebiszit für die Lex Plotia in das Jahr 70. So auch bei Taylor, Caesar's early career, S. 121. Hierzu auch: Gesche, Caesar, S. 21, 22. Taylors und Gelzers Argumente für 70 sind überzeugender als der Hinweis von Walter, Caesar, S. 43, 44, für das Jahr 73.

Zu Sertorius, dem (ehemaligen) Statthalter von Hispania citerior, waren nach dem mißlungenen Aufstand des Aemilius Lepidus (78) Reste der antisullanischen

Legionen unter Perperna Veiento geflohen, ebenso zahlreiche Antisullaner. Ihre Lage wurde seit 74 durch den Vormarsch des Pompeius zusehends aussichtsloser. Sertorius wurde 72 von seinen Anhängern ermordet. Kurz darauf endete der Spanische Krieg durch den Sieg des Pompeius. Er ließ Perperna Veiento, den Nachfolger des Sertorius, hinrichten.

Caesar ließ am Nemisee »mit großen Kosten« eine Villa errichten, »obwohl damals noch in bescheidener Stellung und sehr verschuldet«: Sueton, Caes. 46.

»mit seinen Pfunden zu wuchern«: Gelzer, Caesar Politiker, S. 23.

*Kapitel 13. Pompeius und Crassus*

Zur »inneren Stimmigkeit« im Leben Caesars: Oppermann, Caesar Wegbereiter, S. 24, 25. »Persönliches als Triebkraft« sieht: Strasburger, Caesars Eintritt, S. 135 und 140. Vgl. hierzu das 7. Kapitel.

»Nach Sullas Tod« und »die Stellung Sullas«: Meyer, Caesars Monarchie, S. 7.

Zum Sklavenaufstand unter Spartacus: Appian 1, 539ff.; Plutarch, Crassus 8–11.

»Diese ließ er alle« und »Die Liebe und Zuneigung«: Plutarch, Pomp. 21.

Nach der Regel sollte ein Consul 43 Jahre alt sein. Pompeius war bereits als Nichtmitglied des Senats und außerhalb der Regel für den Spanienkrieg zum Proconsul ernannt worden. Das erleichterte die Umgehung der *lex Villia annalis*, wonach die Stufenfolge der Ämter, Zwischenzeiten und Altersgrenzen einzuhalten waren. Hierzu: Heuss, Das Zeitalter, S. 234.

Zur Situation in den Jahren 71, 70 und Koalition mit Crassus: Mommsen, Röm. Gesch. III, S. 101 ff.; Meyer, Caesars Monarchie, S. 8, 9. Heuss, Das Zeitalter, S. 235, nennt des Pompeius abtrünniges Verhalten im Jahr 71 »aus Gründen billiger Effekthascherei und Popularität« mit Recht »einen politischen Dilettantismus sondergleichen«.

Zu Crassus: Plutarch, Crassus; Gelzer, RE 13, 1, S. 295–331.

Zeitweilig, in Krisenzeiten, betrug in Rom bei Geldgeschäften der Jahreszins 24 bis 48 Prozent. Erst Caesar begrenzte den Zinssatz auf 12 Prozent pro Jahr. Hierzu: Hankel, Caesar, S. 161 u. 273.

»der reichste, beredteste und vornehmste«: Plutarch, Pomp. 22.

»diffuser Betriebsamkeit«: Chr. Meier, in: Lexikon der Antike, Geschichte, Bd. 1, S. 254.

Daß Pompeius und Crassus ihr Consulat »erpreßten«, schreibt Gelzer, Caesar Politiker, S. 27.

»Bald nach ihrem Amtsantritt«: Plutarch, Pomp. 22.

Irreführend wendet vor allem Mommsen gerade in diesem Zusammenhang, Röm. Gesch. III, S. 101 ff., die Begriffe »demokratisch« und »Demokraten« auf die Popularen an. Zur Bestimmung der Popularen: vgl. 3. Kapitel mit Anmerkungen, auch: Gelzer, Vom röm. Staat I, S. 135.

»Es gab keine auf Demokratie«: Chr. Meier, M. Gelzers Beitrag, S. 41.

»lediglich ein Triebrad«: Gelzer. Caesar Politiker, S. 28; dort auch: »Zeit böser anarchischer.«

»Ich glaube, entsprechend unserer Verwandtschaft«: Gellius, Noctes Atticae 13, 3, 5.

*Kapitel 14. Grabreden*

Zum *cursus honorum:* siehe 3. Kapitel. Caesars Quaestur: Sueton, Caes. 6 u. 7; Plutarch, Caes. 5, 6; Velleius Paterculus, 2, 43, 3.

Seit Taylor, Caesar's early career, gilt das Jahr 69 für Caesars Quaestur als gesichert. So auch bei Gelzer, Caesar Politiker, S. 28. Velleius Paterculus nennt als Propraetor Antistius Vetus, rühmt ihn als rechtschaffenen Mann.

Zur Totenbestattung und Leichenzug: Friedländer, Sittengeschichte Bd. 2, S. 357. Die alte Sitte, älteren Frauen »wie Männern eine Lobrede nach ihrem Tode« zu widmen, bei Livius V, 50, 7 (aus dem frühen 4. Jh. v. Chr.); auch Plutarch, Caes. 5, 2–4, nennt es »alte Sitte«.

»Geschrei gegen Caesar« und Beifall: Plutarch, Caes. 5, 2–3. Nicht die Begleitumstände, doch im Wortlaut Caesars Rede: Sueton, Caes. 6, 1.

Oppermann, Caesar in Selbstz., S. 34, rückte den Tod von Caesars Frau vor den Tod der Julia. Die zeitliche Umkehrung ist den Quellen nicht zu entnehmen.

Ob sich Caesar bei der Laudatio auf Cornelia auch politisch im Sinne der Popularen bekannte, ist nicht belegt. Plutarch legt das Gewicht auf die menschliche Betroffenheit. »Neuerung« und »die Herzen des Volkes«: Plutarch, Caes. 5, 4–5.

Den Propraetor Antistius Vetus »verehrte Caesar«: Plutarch, Caes. 5, 6. Als Hauptaufgabe »Einzug der Abgaben«: Walter, Caesar, S. 55. Keineswegs war die Rechtsprechung die Hauptaufgabe des Quaestors, wie Grant, Caesar, S. 23, fälschlich behauptet.

»an verschiedenen Orten«: Sueton, Caes. 7, 1.

»Seit Beginn meiner Quaestur«: Bell. Hisp. 42, 1.

Die Anekdote »Beim Anblick des Standbildes«: Sueton, Caes. 7, 1–2; auch bei Dio Cassius 37, 52, 2. Der Vergleich mit Alexander (hier nach der Lektüre einer Alexander-Vita): Plutarch, Caes. 11, 5–6. Der »greuliche Traum« (»als wenn er unnatürlicherweise seine Mutter beschliefe«): Plutarch, Caes. 32, 9.

Strasburger, Caesars Eintritt, S. 95, hält Suetons Anekdote für falsch datiert, ebenso Gelzer, Caesar Politiker, S. 28 A 10. Heuss, Das Zeitalter, S. 250, sieht an der Anekdote »bestimmt nichts Wahres«. Ähnlich auch: RE 10, 1, S. 189 (»ein Märchen«).

»legalen Formen«: Heuss, Das Zeitalter, S. 252.

Caesars Aufenthalt bei den Transpadanern nur bei: Sueton, Caes. 8. Hierzu: Gelzer, Caesar Politiker, S. 28, 29. Sueton mag übertrieben haben, doch generell kann ich mit Gelzer Caesars Aufenthalt und sein Eintreten für die Transpadaner nicht anzweifeln. Anders Strasburger, Caesars Eintritt, S. 97 u. 127, der dies »unsicher bezeugt« nennt. Vgl. Gesche, Caesar, S. 22.

Die italischen Bundesgenossen in den Gebieten bis zum Po hatten sich 91/89 das römische Bürgerrecht erkämpft.

»Caesar hätte sie«: Sueton, Caes. 8.

*Kapitel 15. Politik und Liebe*

»Glanzvoll war nämlich seine Karriere bis ins Jahr 59 nicht«, schreibt: Seel, Caesar-Studien, S. 65. Auch Strasburger, Caesar im Urteil, S. 16, betont, »in politischen Kreisen« habe Caesar bis 59, seinem Consulatsjahr, nicht jene »Aufmerksamkeit« gefunden, »welche imstande gewesen wäre, in der Geschichtsschreibung eine feste Spur zu hinterlassen«. Nicht ganz folgen kann ich der überspitzten

Bemerkung Strasburgers, Caesars Eintritt, S. 126/27, wonach bis zum Triumvirat im Jahre 60 »alle Unternehmungen, die nicht mit dem cursus honorum zusammenhängen, eine fast ununterbrochene Kette von Fehlschlägen« gewesen wären. Einem solchen Mann hätten Pompeius und Crassus wohl kaum die Partnerschaft angeboten. Vgl. Seel, Caesar-Studien, S. 65 A 86.

Caesars zweite Heirat: Sueton, Caes. 6, 2; Plutarch, Caes. 5, 7. Bei Gelzer, Caesar Politiker, S. 29, ist Pompeia eine Enkelin des Pompeius Rufus, während RE 10, 1, S. 190, und Strasburger, Caesars Eintritt, S. 135, sie als Tochter desselben bezeichnen, was wohl eher stimmt.

»ein politischer Handel« und »verschwägert« mit Pompeius: Walter, Caesar, S. 57. Auch RE 10, 1, S. 190, und Oppermann, Caesar in Selbstz., S. 34, nennen Pompeia eine »Verwandte des Pompeius«. Nachweislich bestand keine Verwandtschaft, lag der Eheschließung keine »politische Absicht« zugrunde: Strasburger, Caesars Eintritt, S. 135; Holmes, Roman republ. I, S. 225; Gelzer, Caesar Politiker, S. 29.

Zur Scheidung im Jahre 62: siehe 20. Kapitel. Caesars außereheliche Beziehungen: Sueton, Caes. 50.

Die Servilia geschenkte Perle und »neben anderen Geschenken«: Sueton, Caes. 50, 2. »rasend in ihn verliebt«, schreibt Plutarch, Brut. 5. »ehrgeizig«, »ein Netz«: Grant, Caesar, S. 25.

Zu Servilia: »das einzige Verhältnis Caesars, das keinen politischen Hintergrund erkennen läßt«: Oppermann, Caesar in Selbstz., S. 141. Dort auch zu den anderen Liebesverhältnissen.

Zu Mucia, Tertulla, Lollia: Sueton, Caes. 50, 1. Mucias »sehr ausschweifendes Leben«: Plutarch, Pomp. 42; Cicero, ad Att. I, 12, 3. Catulls Spottvers ist ein bemerkenswerter zeitgenössischer Beleg, Liebesgedichte, carm. 113:

»Als Pompeius erstmals Consul war, hatte Maecilia / zwei, die's ihr machten; jetzt wo er's zum zweitenmal ist, / blieben die zwei, doch zu jedem, Cinna, erwuchsen noch jeweils / tausend. Wahrlich, es ist fruchtbar des Ehebruchs Saat!« (Maecilia: Kosename für Mucia. Der angeredete Cinna: ein Freund Catulls.)

Zu Tertulla: Plutarch, Cic. 25; Cicero, pro Cael. 9; Cicero, ad fam. V, 8, 2. Lollia nur bei Sueton.

Zum Seeräuberkrieg: Plutarch, Pomp. 24 u. 25. Auch: Gelzer, Pompeius, S. 71 ff.

Lex Gabinia: Plutarch, Pomp. 25. Dort das Zitat »am allerwenigsten aus Rücksicht«.

Curator für die Via Appia: Plutarch, Caes. 5, 8–9.

Daß Caesar als einziger Senator, wie Plutarch schreibt, die Lex Gabinia unterstützt haben soll, ist zu bezweifeln. Hierzu: Gesche, Caesar, S. 23. Dort auch Hinweise zu unterschiedlichen Auffassungen über Caesars Eintreten für beide Gesetzesvorlagen. Im Gegensatz zu Gelzer hält Strasburger, Caesars Eintritt, S. 101, nur eine einmalige Unterstützung für glaubhaft, wahrscheinlich für die Lex Gabinia. Hierzu auch: Gelzer, Caesar Politiker, S. 30, 31; Gelzer, Pompeius, S. 80; Heuss, Das Zeitalter, S. 236–238.

Zu Ciceros Eintreten für die Lex Manilia: RE 7 A, S. 855; Giebel, Cicero, S. 34–37; Gelzer, Caesar Politiker, S. 31. Caesars Eintreten für die Lex Manilia nur bei: Dio Cassius 36, 43, 2–4. Auch in der plumpen Beschuldigung Ciceros (»daß er der Partei, zu der er sich schlüge, das Übergewicht verschaffen könne«) ist Dio Cassius unglaubwürdig. »Ehrungen die Neid- und Haßgefühle«: Dio Cassius wie oben.

»Nach allen diesen Taten«: Plutarch, Pomp. 42.

*Kapitel 16. Ein ehrgeiziger Aedil*

»volksfreundlich«, »guten Gesinnung«: Cicero, Catil. 4, 9.

»einen jungen Mann«: Cicero, ad Att. 2, 1, 6. Zit. nach Strasburger, Caesar im Urteil, S. 15. Dort auch die Zitate »wachsend von gleichzeitigen« und »Mit Sicherheit«.

Veranstaltungen als Aedil: Sueton, Caes. 10; Plutarch, Caes. 5, 9; Dio Cassius 37, 8, 1–2. Mitaedil Bibulus: Sueton, Caes. 10; Caesar BC 3, 16, 3; Dio Cassius 37, 8, 2.

»seine Vorgänger«: Plutarch, Caes. 5, 9. »geschmückt«, »einen Teil« und »Er teile«: Sueton, Caes. 10, 1.

Die Gladiatorenspiele: Sueton, Caes. 10, 2; Plutarch, Caes. 5, 9; Plinius n. h. 33, 53. Allgemein: Friedländer, Sittengeschichte, Bd. 2, S. 50 ff.

Wiederaufrichtung der Marius-Bildnisse: Sueton, Caes. 11; Plutarch, Caes. 6; dort das Zitat »greife sie jetzt mit Sturmmaschinen«; Velleius Paterculus 2, 43, 3. Caesars Rede ist nicht erhalten. Doch sein Sieg zeigt, daß die Sullaner im Senat nicht mehr die absolute Oberhand hatten, daß Caesar keineswegs »isoliert« dastand: Gelzer, Caesar Politiker, S. 34.

»Da er seinen politischen Standpunkt«: Plutarch, Crassus 7, 7. Zur versuchten Bürgerrechtsverleihung an die Transpadaner im Jahre 65: Dio Cassius 37, 9, 3. Hierzu: Gelzer, Caesar Politiker, S. 36; Meyer, Caesars Monarchie, S. 12 mit A 2; Drexler, Catilin. Verschwörung, S. 245 A 5.

»sanftmütigste Mann«: Plutarch, Crassus 13, 1.

*Die ägyptische Affäre:* Zum Testament des ägyptischen Königs: Appian 1, 467–477. König Ptolemaios XII. Neos Dionysos Auletes wird in der Caesar-Literatur meist als Ptolemaios XIII. bezeichnet. Ich halte mich an Namensbestimmung und Stammtafel in: Lexikon der Antike, Geschichte, Bd. 3, S. 113 u. Abb. 19. Dort wird überzeugender Ptolemaios XII. genannt.

Zum Annektierungsplan im Jahre 65: Sueton, Caes. 11; Plutarch, Crassus 13, 2; Cicero, de lege agr. 1, 1 u. 2, 44. Fragmente von Ciceros diesbezüglicher Rede *de rege Alexandrino* bei: Fr. Schoell, Ciceronis Orationum deperditarum Fragmenta 1917, S. 457; hier »unrichtig ins Jahr 56 datiert« (Gelzer, Caesar Politiker, S. 36 A 43).

Auf Suetons falsche Begründung verweisen: Drumann-Groebe III. S. 139; Meyer, Caesars Monarchie, S. 12 A 4; Strasburger, Caesars Eintritt, S. 113, 114; RE 10, 1, S. 191.

Zu unterschiedlichen Auffassungen über die ägyptische Affäre: Gesche, Caesar, S. 24. Das für Caesar geplante *extraordinarium imperium:* Sueton, Caes. 11. Hierzu auch: Gelzer, Caesar Politiker, S. 36; Holmes, Roman republ. I, S. 227. Zu undifferenziert übernimmt Walter, Caesar, S. 65, die Vorgänge im Jahre 65.

Amtsverzicht von Catulus und Crassus: Plutarch, Crassus 13, 2.

Zu Catilina: siehe 6. und 18. Kapitel.

Catos Charakterfestigkeit: Plutarch, Cato min. 1. Seine Tätigkeit als Quaestor:

Plutarch, Cato min. 17. Hierzu und zu Caesars Gerichtsvorsitz als *iudex quaestionis:* Gelzer, Caesar Politiker, S. 37, 38. Dort das Zitat »am Urteilsspruch der Geschworenen«.

Caesars Richterrolle: Sueton, Caes. 11; Dio Cassius 37, 10, 1–3; Cicero, pro Lig. 12. Hierzu: Strasburger, Caesars Eintritt, S. 117–119. Catilinas Freispruch: Dio Cassius 37, 10, 3; Cicero, ad Att. 1, 16, 9. Vgl. Gelzer, Caesar Politiker, S. 38 A 57.

Ciceros Verhältnis zu Caesar belegt ausführlich: Strasburger, Caesars Eintritt, S. 45 ff.: Ihre Bekanntschaft reicht in die achtziger Jahre zurück. Bis 65 »operierte er [Cicero] zeitweilig mit der popularen Politik«. Im Jahre 64: Cicero ganz den Optimaten verschrieben, damit gegen Caesar Stellung nehmend. Bruch des Verhältnisses. Vor diesem Hintergrund, um die Wahl Ciceros zu verhindern, wird Caesars Wahlhilfe für Catilina verständlich. Eine »im Wahlkampf gebräuchliche Taktik, die ein sonstiges politisches Zusammengehen der Kontrahenten keineswegs zur Voraussetzung hat«: Strasburger, Caesars Eintritt, S. 110.

Zu Cicero bemerkt Plutarch, Caes. 4, 8 (vgl. Kapitelanfang): »Cicero, der als erster die lächelnde Miene seiner [Caesars] Staatskunst gleich der lächelnden Stille des Meeres verdächtig gefunden zu haben scheint und hinter der Maske der Freundlichkeit und Heiterkeit einen kühnen, unternehmenden Charakter versteckt sah . . .« Eine durch das poetische Bild betont vorsichtige Formulierung, wonach auch für Cicero etwas Unheimliches, nicht ganz zu Packendes in Caesar steckte.

*Kapitel 17. Ciceros Consulat*

Agrargesetz des *Rullus:* Ciceros drei erhaltene Reden *de lege agraria;* Cicero, Pis. 4; Plutarch, Cic. 12, 2–3; Dio Cassius 37, 25, 4.

»weitblickenden sozialen Tendenzen«: Gelzer, Caesar Politiker, S. 38. Gelzer, S. 38–40 und A 58, betont Caesars Beteiligung an der Aktion des Rullus und begründet seine Annahme. Ebenso: Klass, Cicero und Caesar, S. 28. Caesar als »Urheber«: Drumann-Groebe III, S. 143; C. als Beteiligter: Meyer, Caesars Monarchie, S. 14; C. als »geistiger Urheber«: Walter, Caesar, S. 71; »Ohne Zweifel gehörte Caesar zu den Hintermännern«: RE 10, 1, S. 191. Undifferenziert, als blanke Tatsache stellen die angebliche Anstiftung dar: Oppermann, Caesar in Selbstz., S. 38; Grant, Caesar, S. 31; Stöver, Die Römer, S. 295.

Entschiedene Skepsis gegen die Behauptung von Caesars Anstiftung oder Urheberschaft: Strasburger, Caesars Eintritt, S. 114/116. Ebenso: Sumner, Cicero, Pomp. and Rullus, S. 579. Weitere unterschiedliche Auffassungen: Gesche, Caesar, S. 29–33. Dort auch zur strittigen Frage, ob das Agrargesetz gegen Pompeius (Meyer, Caesars Monarchie, S. 14) oder zugunsten des Pompeius (Sumner, S. 582) tendierte. Weitere Literaturbelege: Drexler, Catilin. Verschwörung, S. 238–240 u. 253.

Der Wahlmodus entsprach dem Verfahren bei der Wahl des Pontifex Maximus nach der *lex Domitia de sacerdotis*. Hierzu: Drumann-Groebe III, S. 146; Cicero, leg. agr. 2, 18.

»als ein neuer großangelegter Versuch«: Gelzer, Caesar Politiker, S. 38.

»eine dauernde gute Gesinnung«, »auf das Wohl«: Cicero, Catil. 4, 9 (Vierte Catilinarische Rede vom 5. Dezember 63).

Prozeß gegen *Piso:* Sallust, Catil. 49, 2; Cicero, Flacc. 98. Hierzu: Drumann-Groebe III, S. 155; Strasburger, Caesars Eintritt, S. 97.

Prozeß gegen *Rabirius:* Sueton, Caes. 12; Dio Cassius 37, 26–28; Cicero, pro Rab. Ausführliche Darstellung: Meyer, Caesars Monarchie, S. 549–563. Die Frage, ob es sich um einen »Multprozeß« (Gelzer, RE 7 A, S. 870–872) oder einen »Perduellionsprozeß« (Meyer, Caesars Monarchie, S. 549 ff.) handelte, spielt in unserem Zusammenhang keine Rolle.

Caesar als »Drahtzieher«: Walter, Caesar, S. 75; als »Urheber«: Drumann-Groebe III, S. 152. »recht frivoles Spiel«: Gelzer, Caesar Politiker, S. 41. Gelzer sieht ein Zusammenwirken Caesars mit Labienus.

Die Gegenposition, Zweifel an Caesars Urheberschaft begründet: Strasburger, Caesars Eintritt, S. 119/120. Dort das Zitat »einer caesarfeindlichen Rede«. Weitere kontroverse Auffassungen: Gesche, Caesar, S. 33–35. Literaturbelege: Drexler, Catilin. Verschwörung, S. 254/255.

Zum lückenhaften, teils »vergifteten« Quellenmaterial: Strasburger, Caesars Eintritt, S. 62, 74, 106.

Caesars möglicher Kriegsdienst mit *Labienus:* Cicero, pro Rab. 21; Münzer, RE 12, S. 260; Holmes, Rom. republ. I, S. 242.

Ehrenbeschlüsse für Pompeius: Dio Cassius 37, 21, 3; Velleius Paterculus 2, 40, 4.

Wahl zum *Pontifex Maximus:* Sueton, Caes. 13; Plutarch, Caes. 7, 1–4; Dio Cassius 37, 37, 1–3; Velleius Paterculus 2, 43, 3; Sallust, Catil. 49, 2. Hierzu: Huber, Untersuchungen. Kontroverse Auffassungen über Zeitpunkt und Wahlmodus: Gesche, Caesar, S. 36–38.

»Auf energisches Betreiben«: Dio Cassius 37, 37, 1. Cicero, de lege agr. 2, 17, nennt als zuständigen Wahlkörper 17 der insgesamt 35 Tribus.

»er würde die Sache«: Plutarch, Caes. 7. Dort auch »Heute wirst du deinen Sohn«; sinngemäß auch bei Sueton, Caes. 13. »selbst in den eigenen Wahlkreisen«: Sueton, Caes. 13.

Wohnsitzwechsel in die Via Sacra: Sueton, Caes. 46. Hierzu: Plinius n. h. 19, 23; Dio Cassius 54, 27, 3.

Fälschlich setzt Dio Cassius 37, 37 die Wahl nach der Verurteilung des Catilina an. Wahl und Amtsübernahme erfolgten jedoch in der ersten Jahreshälfte 63, vor der Catilina-Affäre, vor Caesars Wahl zum Praetor: Sallust, Catil. 49, 2; Velleius Paterculus 2, 43, 3; ebenso Sueton und Plutarch. Hierzu: Meyer, Caesars Monarchie, S. 15 A 1; Drexler, Catilin. Verschwörung, S. 256.

*Kapitel 18. Die Verschwörung des Catilina*

Zu Catilina: Gelzer, RE 2 A, S. 1693–1711.

*Verschwörung:* Verlauf und Quellenzeugnisse: Gelzer, RE 7 A, S. 873–890. Jüngste Gesamtdarstellung, Quellen- und Literaturbelege: Drexler, Catilin. Verschwörung (1976). Forschungsbericht: Gesche, Caesar, S. 24–29 (1976).

Sueton, Caes. 14; Plutarch, Caes. 7 und 8, Cic. 10–23, Cato min. 22–24, 26; Sallust, Catil.; Cicero, Catil.; Dio Cassius 37, 29–36 u. 39–42; Appian 2, 2–7.

Consularcomitien im Juli 63. Nachgewiesen bei: Drexler, Catilin., S. 117/118. Damit dürften andere Datierungen (Holmes, Roman republ., S. 459; Carcopino, Histoire romaine II, S. 675 A 186; auch Giebel, Cicero, S. 43) überholt sein. Drexler, S. 124ff., belegt, daß erst nach der Wahlniederlage die eigentliche Verschwörung begann.

»von gefährlich schwankendem«: Grant, Caesar, S. 34.

»Herren vom Senat«: Gelzer, Caesar Politiker, S. 43.

Catilinas Anhänger: Cicero, Catil. 2, 17 ff.

»Ausschweifung« Catilinas: Cicero, Catil. 1, 25 u. 2, 7–11, 25.

»Von früher Jugend an«: Sallust, Catil. 15.

Cicero veröffentlichte seine Reden im Jahre 60: Cicero, ad Att. 2, 1, 3.

»Gerechtigkeit, Mäßigung«: Cicero, Catil. 2, 25.

»moralisierende Tendenz«: Drexler, Catilin., S. 304. Dort, S. 303 ff., Belege zu Sallusts Unrichtigkeiten und Tendenz. Sallusts Zeitangaben »ein Muster an Verschwommenheit«: Drexler, Catilin., S. 319.

»Schuldentilgung«: Sallust, Catil. 21.

»war ein Putsch«: Drexler, Catilin., S. XV. Das lateinische Zitat: Sallust, Catil. 14, 1.

»wegen Wahlbestechung« und das Folgende nach: Dio Cassius 36, 44, 3–5. Auch bei: Sallust, Catil. 18, 5; Cicero, Catil. 1, 15.

*Erste Verschwörung* im Jahre 66: Sueton, Caes. 9. Hierzu: Drexler, Catilin., S. 86–102; Gesche, Caesar, S. 24–28.

»gegen das Schweigen«: Strasburger, Caesars Eintritt, S. 107. Dort, S. 107–109, Nachweis der verleumderischen Zeugnisse.

»offenbar zuerst«: Gelzer, Caesar Politiker, S. 35.

Strasburger und Gelzer verweisen auf Ciceros verlorene Schrift *de consiliis suis:* Asconius Pedianus p. 74, zu Cic. tog. cand. – Zitiert bei Drexler, Catilin., S. 100.

»ein tödlicher Schlag«: Grant, Caesar, S. 35.

»die erste Catilinarische Verschwörung niemals gegeben«: Drexler, Catilin., S. 87.

Catilina am 31. Dezember auf dem Forum: Cicero, Catil. 1, 15. Torquatus als Verteidiger Catilinas: Cicero, pro Sulla 81. Kontroverse Meinungen belegt bei Drexler und Gesche, auch bei Strasburger, Caesars Eintritt, S. 107 A 34 u. 35.

*Consulatswahl 64* (für 63): Sallust, Catil. 23, 5 und 24, 1; Plutarch, Cic. 11, 2. Hierzu: Drexler, Catilin., S. 107–113; Strasburger, Caesars Eintritt, S. 110.

Crassus und Caesar als »feste Stütze« Catilinas im Jahre 64: Asconius Pedianus p. 73/74, zu Cic. tog. cand. – Zitiert bei Drexler, Catilin., S. 110/111.

»Crassus und Caesar ganz recht«: Meyer, Caesars Monarchie, S. 25.

»Die starke und radikale Umsturzbewegung«: Gelzer, Caesar Politiker, S. 43. »so heiß um die traditionsgebundene«: Strasburger, Caesars Eintritt, S. 122.

*Zweite Verschwörung* im Jahre 63: Quellen siehe Kapitelanfang. Hierzu: Drexler, Catilin., S. 128 ff.; Gesche, Caesar, S. 28/29; Strasburger, Caesars Eintritt, S. 120–125 (quellenkritisch). Catilina mußte Pompeius zuvorkommen: Sallust, Catil. 16, 5; Plutarch, Cic. 10, 2 u. 14, 1; Meyer, Caesars Monarchie, S. 25. Die Mitverschwörer: Drexler, Catilin., S. 327 ff.; Sallust, Catil. 17. Dort die Zitate »Adelige«, »der größte Teil«, »die auf eine Gewaltherrschaft«.

*27. und 28. Oktober:* Cicero, Catil. 1, 7. Ciceros Schutzpanzer: Plutarch, Cic. 14, 7; Dio Cassius 37, 29, 4.

Fulvias Aufdeckung: Sallust, Catil. 23, 1–4 (falsche Datierung ins Jahr 64. Drexler, Catilin., S. 303).

Crassus' anonymer Brief: Plutarch, Cic. 15, 1–3; Plutarch, Crassus 13, 4; Dio Cassius 37, 31, 1.

Caesars Benachrichtigung Ciceros: Sueton, Caes. 17, 2. Hierzu: Drexler, Catilin., S. 167 A 7.

»damit der Staat keinen Schaden leide«: die bekannte Formel des sogenannten *Senatus Consultum ultimum: Videant consules, ne quid res publica detrimenti capiat.*

*7. November* (Haus des Laeca und vereitelter Mordanschlag): Cicero, Catil. 1, 8–10; Cicero, pro Sulla 52; Sallust, Catil. 27 und 28. Hierzu: Drexler, Catilin., S. 132–136.

*8. November* (Senatsversammlung, Catilinas Anwesenheit): Quellen wie 7. Nov. Zum Datum und zu Ciceros 1. Catilinaria: Drexler, Catilin., S. 141–150.

*Quo usque tandem,* »Wie lange noch«: Cicero, Catil. 1, 1.

»gesenktem Blick«, »hergelaufener«, »Wenn ich also«: Sallust, Catil. 31.

Die Allobroger und Verhaftung der Rädelsführer: Cicero, Catil. 3, 5–15; Sallust, Catil. 40, 41, 44–47; Plutarch, Cic. 18.

Zur Verdächtigung Caesars und Crassus': Drexler, Catilin., S. 165–170; Strasburger, Caesars Eintritt, S. 120 ff.

Crassus' angebliche Botschaft für Catilina: Sallust, Catil. 48, 3–8; Plutarch, Crassus 13, 3–5.

Catulus und Piso zeigen Caesar an: Plutarch, Caes. 7, 5; Sallust, Catil. 49, 1–4. Dort das Zitat »konnten Q. Catulus und Gaius Piso«.

Hinweis auf Ciceros postume Veröffentlichung zur Schuld Caesars und Crassus': Plutarch, Crassus 13, 4. Hierzu: Strasburger, Caesars Eintritt, S. 121.

»politische Überlegungen«: Diese Ansicht vertritt: Meyer, Caesars Monarchie, S. 33; vgl. Gesche, Caesar, S. 29.

»aus Furcht«: Plutarch, Cic. 20, 7.

»wie niemandem sonst« und »Vater des Vaterlandes«: Cicero, Pis. 6.

»historisch ausgemachte Tatsache« nennt Mommsen, Röm. Gesch. III, S. 192, Caesars und Crassus' Beteiligung.

Zu Lebzeiten Caesars kein Verdacht Ciceros: Strasburger, Caesars Eintritt, S. 121. Cicero, Catil. 2, 19, kann nicht Caesar gemeint haben, wie Drumann-Groebe Bd. 5, S. 491, fälschlich annahm, denn Caesar war bereits Amtsträger und keinesfalls »ohne Hoffnung«.

»in Caesar durchaus«: Strasburger, Caesars Eintritt, S. 121.

»dauernde gute Gesinnung«: Cicero, Catil. 4, 9.

*5. Dezember* (Senat, Verurteilung der Catilinarier): Cicero, Catil. 4; Sallust, Catil. 50–53, 1; Velleius Paterculus 2, 34, 4–35; Plutarch, Cic. 20, 4–22; Plutarch, Caes. 7–8; Dio Cassius 37, 35, 4–36, 3; Appian 2, 18–22. Hergang und Reden: Drexler, Catilin., S. 170–208; Gelzer, Caesar Politiker, S. 44–49. Crassus' Fernbleiben: Cicero, Catil. 4, 10. Hierzu: Gelzer, Caesar Politiker, S. 45 A 92; Drexler, Catilin., S. 193.

*Caesars Rede* »einheitlich überliefert«: Strasburger, Caesars Eintritt, S. 121. Sallust, Catil. 51; Cicero, Catil. 4, 7–10; Sueton, Caes. 14; Plutarch, Caes. 7, 8–9. Redezitat nach Sallust. »staatsmännisch« nennt auch Chr. Meier, Die Ohnmacht, S. 23, Caesars Rede.

»was im Augenblick«: Chr. Meier, Pompeius' Rückkehr, S. 125. Ähnlich auch:

Gelzer, Caesar Politiker, S. 47; Oppermann, Caesar in Selbstz., S. 41. Keine »verdeckte Schutzmaßnahme« zugunsten der Catilinarier sieht: Strasburger, Caesars Eintritt, S. 122. Dort auch »als der Hüter«.

»wahrte er die popularen Grundsätze«: Gelzer, Caesar Politiker, S. 47.

Umschwung nach Caesars Rede: Sueton, Caes. 14, 2. Nur Catulus (dann Cato) widersprach Caesar: Plutarch, Cic. 21, 4; Caes. 8, 1.

*Catos Rede:* Plutarch, Cato min. 23, 1–2. Nach Plutarch, Cato min. 23, 3, einzige aufgezeichnete Rede. Sallust, Catil. 52, ist eine indirekte Wiedergabe (Gelzer, Caesar Politiker, S. 47 A 103).

Es will mir nicht einleuchten, daß Sallusts Caesar-Rede nur »eitel Blendwerk« sei, in ihr »bloß der große Parteiführer« zu Wort komme (Lämmli, Sallusts Stellung, S. 103). Ein Widerspruch zu Lämmli, S. 105, wonach Sallust »zwei Männern wirkliche Größe zugesteht: Cato und Caesar« und wo Lämmli dem Zitat »Es geht nicht an, das klare Lob in sein Gegenteil zu verkehren« voll zustimmt. Die Problematik liegt bereits bei Sallust. Er stellt Catos Lob überschwenglich dar: Catil. 53, 1: *senatus magna pars sententiam Catonis laudant, virtutem animi ad caelum ferunt,* lobt dann aber, Catil. 54, 1, beider, Catos und Caesars *magnitudo animi par, item gloria*. Letzte Klärung ist nicht zu erlangen.

Zu Sallust und zum Redepaar Caesar-Cato bemerkenswert: Seel, Caesar-Studien, S. 78–83. Seel, S. 81, nennt Sallust mehr »Darsteller« als korrekten »Berichterstatter«, spricht von einer »dialektischen Aufbereitung komplexer Sachverhalte durch ein ... Redepaar«. Offenbar lag Sallust der Stoizismus Catos näher, obwohl er »Caesarianer« war, was zu gewissen Unsicherheiten führte.

Brief der Servilia für Caesar: Plutarch, Cato min. 24; Brutus 5. Vielleicht eine Anekdote, aber kennzeichnend. Zu Servilia siehe 15. Kapitel.

Hinrichtung der Catilinarier: Plutarch, Cic. 22, 1–4; Sallust, Catil. 55, 2–6; Appian 2, 21–22.

Bedrohung Caesars: Sueton, Caes. 14, 2; Plutarch, Caes. 8, 3. Nur bei Plutarch das Eingreifen Ciceros. Caesars Fernbleiben vom Senat: Sueton, Caes. 14, 2.

*Kapitel 19. Skandal im Hause Caesars*

Anschuldigung des Catulus: Sueton, Caes. 15. Nach Dio Cassius 37, 44, 1 hätte Pompeius den Catulus ablösen sollen. »Aber Sueton scheint korrekt«: Gelzer, Caesar Politiker, S. 50 A 114. Hierzu: Cicero, ad Att. 2, 24, 3.

Antrag des Metellus Nepos, unterstützt von Caesar: Sueton, Caes. 16; Plutarch, Cato min. 26, 27; Plutarch, Cic. 23, 4.

Endkampf und Tod Catilinas: Sallust, Catil. 56 ff.

Februar 62: Gelzer, Caesar Politiker, S. 52.

»solange er lebe«: Plutarch, Cato min. 26, 3.

Vorfälle vor dem Castortempel: Plutarch, Cato min. 27, 28, nach dem Augenzeugen Munatius Rufus (27, 6). Plutarch und Sueton berichten von Caesars Beteiligung, während Cicero, Sest. 62 und Dio Cassius 37, 43, 1–3 nur Metellus erwähnen. Hierzu: Strasburger, Caesars Eintritt, S. 102–104.

Absetzung Caesars und Metellus': Sueton, Caes. 16, 1. Nach Plutarch, Cato min. 29, 3 widerspricht Cato der Amtsenthebung des Metellus, Caesar ungenannt. Auch bei Dio Cassius 37, 43, 4 keine Amtsenthebung. Metellus reist zu Pompeius: Plutarch, Cato min. 29, 1–4; Dio Cassius 37, 43, 4.

Wiedereinsetzung Caesars: Sueton, Caes. 16, 2.

*Vettius-Affäre:* Sueton, Caes. 17. Hiernach zitiert. Suetons Bericht gilt »heute allgemein ... als glaubwürdig«: Gesche, Caesar, S. 29. So auch: Gelzer, Caesar Politiker, S. 52, 53. Hingegen fragt Strasburger, Caesars Eintritt, S. 124, ob Sueton nicht »einer kontaminierenden Fälschung« folge. Er verweist auf das widersprüchliche Verhalten des Vettius im Jahre 62 gegen Caesar, im Jahre 59 »von Caesar instruiert«. Umgekehrt zu Strasburgers Vermutung hält Holmes, Roman republ. I, S. 481 f., den Vorfall im Jahre 62 für historisch, den im Jahre 59 für zweifelhaft.

»drastisches Verfahren«, »Doch handelte Caesar«: Gelzer, Caesar Politiker, S. 53. Zum »geltenden Recht«: Mommsen, Röm. Staatsrecht I, S. 153, 160.

Ohne Caesars Nennung berichtet die Denunziation: Dio Cassius 37, 41. »ganz unsauberer Denunziant«: Meyer, Caesars Monarchie, S. 33. Zur Denunziation des Vettius im Jahre 59: Cicero, ad Att. 2, 24, 2 ff. Hierzu das 22. Kapitel. Zu Curius: Drexler, Catilin., S. 335.

»ohne Zwischenfälle«: Plutarch, Caes. 9, 1. »keine bemerkenswerten Nachrichten« findet: Stöver, Die Römer, S. 315.

*Bona-Dea-Skandal:* Plutarch, Caes. 9. 10; Cic. 28. 29; Sueton Caes. 6, 2 u. 74, 2; Dio Cassius 37, 45, 2; Cicero, ad Att. 1, 13, 3.

»Weil ich verlange«: Plutarch, Caes. 10, 8. Ähnlich bei Sueton, Caes. 74, 2. Caesars Begründung seiner Scheidung datiert Plutarch falsch, anläßlich der Gerichtsverhandlung gegen Clodius im Mai 61 (Cicero, ad Att. 1, 16, 9). Um diese Zeit war Caesar bereits als Propraetor in Spanien. Darum nennt Strasburger, Caesars Eintritt, S. 111 A 55, Caesars Ausspruch »eine Erfindung der biographischen Anekdote«. Demgegenüber wäre jedoch möglich, wie Gelzer, Caesar Politiker, S. 54 A 131, bemerkt, daß Caesar in einer früheren Senatssitzung, vielleicht im Januar 61, befragt wurde und antwortete.

Clodius' inzestuöses Verhältnis: Cicero, pro Milo 73; Plutarch, Cic. 29.

Clodia wird in mehreren Briefen Ciceros »Boopis« genannt. Als »Quadrantaria«: Plutarch, Cic. 29. Metellus Celer als »alberner Tropf«: Catull, Liebesgedichte, c. 83. Catull lebte um 84 bis um 54 v. Chr., geboren in Verona. In Sirmio am Gardasee besaß seine Familie ein großes, noch heute als Ruine sehenswertes Haus. Der mit dem Vater befreundete Caesar war oft Gast.

Terentias Eifersucht, ihre Befürchtung, Clodia wolle Cicero »gern zum Manne haben« (Plutarch, Cic. 29), kann auch Stadtklatsch sein, wird aber von Meyer, Caesars Monarchie, S. 48 A 2, als »völlig treffend« bezeichnet.

Clodius als Verteidiger Catilinas im Repetundenprozeß im Jahre 65: Asconius Pedianus p. 75/76; zit. bei Drexler, Catilin., S. 76. Clodius der Mitverschwörung verdächtigt: Asconius Pedianus p. 44; zitiert bei Drexler, Catilin., S. 348/349. Hierzu: Cicero, pro Milo 37 u. 55. Clodius als »Freund Ciceros« und Leibwächter: Plutarch, Cic. 29, 1.

Gerichtsverhandlung im Mai 61 und Bestechung der Richter: Cicero, ad Att. 1, 16, 5; Plutarch, Cic. 29. Caesar konnte nicht anwesend sein. Hierzu: Drumann-Groebe III, S. 173 mit A 6. Er war sofort nach der Zuweisung seiner Provinz vor Mitte März (Cicero, ad Att. 1, 13, 5 und 1, 15, 1) abgereist, »gegen Recht und Sitte«, nämlich ohne die nötigen Anweisungen abzuwarten (Sueton, Caes. 18, 1).

*Kapitel 20. Propraetor in Südspanien*

*Hispania ulterior* umfaßte bis zur Trennung im Jahre 27 v. Chr. die beiden Provinzen Baetica mit der Hauptstadt Corduba und Lusitania mit der späteren Hauptstadt Emerita Augusta (Mérida in der Estremadura. Mérida galt als eine der schönsten Römerstädte. Noch heute sehenswerte Relikte aus der Römerzeit). Zu den Provinzen: Drumann-Groebe III, S. 172 A 3; Lexikon der Antike, Geschichte, Bd. 3, S. 217 ff.

Gerichtsverhandlung gegen Clodius im Mai 61 und Zuweisung der Provinzen im März 61: siehe Ende 19. Kapitel.

Caesars Schulden: Appian 2, 26: »Ich brauche 25 Millionen [Sesterzen], um nichts zu haben.« Wahrscheinlich meinte Appian Sesterzen (Meyer, Caesars Monarchie, S. 56 A 1), nicht Denare, wie Gelzer, Caesar Politiker, S. 55, annimmt. Derartige Zahlenangaben mögen nach Gerüchten zustande gekommen sein und sind nicht überprüfbar. Nicht Appian, aber Plutarch, Caes. 11, 2–3, beziffert die Bürgschaft des Crassus auf 830 Talente, etwa 4,15 Millionen Goldmark, eine enorme Summe.

»die nötigen Instruktionen«, »gegen Recht und Sitte«: Sueton, Caes. 18, 1.

»lieber hier der Erste«: Plutarch, Caes. 11, 3–4.

»Solche Geständnisse«: Drumann-Groebe III, S. 174.

Guadalquivir nannten die Mauren den Fluß Baetis, der auch der Provinz Baetica den Namen gab. In der Betischen Kordillere, dem andalusischen Gebirgsland, ist der Name erhalten.

Erweiterung der Truppe um 10 Kohorten: Plutarch, Caes. 12, 1. Dort auch: Feldzug gegen Lusitaner und Kallaiker. Ausführlich bei: Dio Cassius 37, 52, 3–53, 4.

»Imperator« und Beuteverteilung: Plutarch, Caes. 12, 4.

Überweisung an die Staatskasse: Appian 2, 27. »beträchtliche Summen«: Gelzer, Caesar Politiker, S. 56, auch A 139 (zur rechtsgültigen Verwendung der Beute).

»zur Bezahlung«, »erbettelt«: Sueton, Caes. 54, 1. Meyer, Caesars Monarchie, S. 56 A 4: »Die Notiz geht, wie so manche bei Sueton, auf eine Caesar feindliche Quelle zurück.«

Catull, Liebesgedichte, c. 29, 18–19, schreibt: Caesars »zweite Beute war der Pontus, Spanien dann / die dritte (das bezeugt der Tajo und sein Gold)«.

Dankfest, Triumph: Appian 2, 27; Sueton, Caes. 18, 1; Dio Cassius 44, 41, 3.

*Hispania citerior* war identisch mit der Provinz Tarraconensis, deren Hauptstadt war Tarraco (Tarragona).

»reicher Mann«: Plutarch, Caes. 12, 4.

»wer sich ihm anschloß«: Meyer, Caesars Monarchie, S. 57.

Befreiung von der Kriegssteuer: Bell. Hisp. 42, 1–2; sieht auch: BC 2, 20, 2. Die Kriegssteuer hatte Quintus Metellus Pius, der mit Pompeius gegen Sertorius kämpfte, den Gemeinden auferlegt.

Neuordnung der Schuldentilgung: Plutarch, Caes. 12, 3.

Streitschlichtung in Gades: Cicero, pro Balbo 43; Plutarch, Caes, 12, 2.

Cornelius Balbus als praefectus fabrum: Cicero, pro Balbo 63. Hierzu: Gelzer, Caesar Politiker, S. 57 A 144.

*Kapitel 21. Verbündet mit Pompeius und Crassus*

Rückkehr, »ohne seinen Nachfolger abzuwarten«: Sueton, Caes. 18; Dio Cassius 37, 54, 1. Im Juni 60 vor Rom: Cicero, ad Att. 2, 1, 9.

Vor dem Triumph kein Überschreiten des Pomeriums: Mommsen, Röm. Staatsrecht I, S. 66 ff., 128 ff., 638. Die Vorschrift zur persönlichen Bewerbung des Consulatskandidaten ist nach Gelzer, Caesar Politiker, S. 57 A 147, seit 63 belegbar. Hierzu: Mommsen, Röm. Staatsrecht I, S. 503 f.

Caesars Gesuch und Catos Dauerrede: Sueton, Caes. 18, 2; Plutarch, Caes. 13, 1–2; Dio Cassius 37, 54, 1–2; Appian 2, 29–30; Plutarch, Cato min. 31, 3–5. Dort auch Caesars Verzicht auf den Triumph und Bewerbung für das Consulat.

Wahlbündnis mit Lucceius: Sueton, Caes. 19, 1; Cicero, ad Att. 1, 17, 11; Lucceius war im Jahre 67 Praetor. Im Bürgerkrieg kämpfte er auf Pompeius' Seite, wurde aber von Caesar begnadigt.

»der gerade den Wind«: Cicero, ad Att. 2, 1, 6.

»Aufsicht über Waldungen und Triftwege«: Sueton, Caes. 19, 2 ( . . .*minimi negotii, id est silvae callesque*). Vgl. Tacitus, ann. 4, 27, 2.

Bibulus als Mitbewerber, Catos doppelte Moral »im Staatsinteresse«: Sueton, Caes. 19, 1.

Caesar und Bibulus gewählt: Sueton, Caes. 19, 2; Plutarch, Caes. 14, 1–2; Velleius Paterculus 2, 41, 1; Appian 2, 34; Dio Cassius 37, 54, 3; Plutarch, Cato min. 31, 6. Pomp. 47, 5. Crass. 14, 4.

»Verärgert«: Sueton, Caes. 19, 2. Dort und Appian 2, 33; Plutarch, Cato min. 31, 6, Verbindung mit Pompeius.

Der Zeitpunkt des *1. Triumvirates* oder eine mögliche Vorabsprache ist in der Forschung umstritten. Hierzu: Gesche, Caesar, S. 42 ff.

Bereits auf die Unterstützung des Consulatsbewerbers durch Pompeius und Crassus verweisen: Meyer, Caesars Monarchie, S. 60; Carcopino, César, S. 204; Gesche, Caesar, S. 43. Diese frühe Datierung beruft sich auf: Plutarch, Caes. 13 f.; Crass. 14; Appian 2, 9; Dio Cassius 37, 54, 3 ff. (ausführlichste Schilderung der Vorgänge). Hingegen erwähnen Gelzer und Strasburger diese Unterstützung oder Vorabsprache nicht. Gelzer, Caesar Politiker, S. 61/62, datiert die Verständigung mit Pompeius auf Dezember 60, das Hinzukommen des Crassus »vermutlich Anfang 59«. Strasburger, Caesars Eintritt, S. 112, datiert auf »Ende 60 oder noch eher Anfang 59«. Beide Historiker berufen sich auf: Cicero, ad Att. 2, 3, 3. Von den antiken Autoren nennt nur Velleius Paterculus 2, 44, 1 für das Triumvirat das Jahr 59.

*Zu Pompeius:* siehe Ende 15. Kapitel. Gerüchte und Entlassung seiner Legionäre: Plutarch, Pomp. 43, 1; Velleius Paterculus 2, 40, 3; Dio Cassius 37, 20, 5 u. 37, 50, 6. Hierzu: Mommsen, Röm. Gesch. III, S. 206: »Zum zweiten Male hatte Pompeius abgedankt.« Doch ist fraglich, ob Pompeius überhaupt die »Krone« wollte. Eher zutreffend vermutet Heuss, Das Zeitalter, S. 254, Pompeius wäre »der Gedanke, in Rom eine Monarchie zu errichten, absurd erschienen«.

Pompeius' Triumph: Plutarch, Pomp. 45; Plinius n. h. 7, 98.

Wahl des Afranius zum Consul für 60: Plutarch, Pomp. 44, 4–6; Cato min. 30, 7; Cicero, ad Att. 1, 16, 12. Cicero über Afranius: ad Att. 1, 18, 3. 19, 4. 20, 5.

Pompeius' Anträge und seine Abfuhr: Dio Cassius 37, 49–50; Velleius Paterculus 2, 40; Appian 2, 9; Plutarch, Pomp. 46. Cato min. 31. Hierzu: Gelzer. Pompeius, S. 126–129; Meyer, Caesars Monarchie, S. 51–54.

»von Pompeius Schutz«: Gelzer, Caesar Politiker, S. 61.

*Zu Mucia:* siehe 15. Kapitel mit Anmerkung. Pompeius' Scheidung: Dio Cassius 37, 49, 3; Cicero, ad Att. 1, 12, 3.

»sehr ausschweifend«: Plutarch, Pomp. 42.

»Invektive gegen Caesar«: um 55 von dem Consular Scribonius Curio. Cicero, Brut. 218–219. »seufzend seinen ›Aegisth‹«: Sueton, Caes. 50, 1. Sueton bezieht sich auf Curio. Hierzu: Gelzer, Caesar Politiker, S. 60 A 161. Das Zweifelhafte dieser Invektiven betont: Strasburger, Caesars Eintritt, S. 38. Caesar versöhnt Pompeius und Crassus: Sueton, Caes. 19, 2; Plutarch, Caes. 13, 3–5. Crass. 14. Pomp. 47, 2; Appian 2, 33; Dio Cassius 37, 55–56, 1.

*1. Triumvirat:* Sueton und Appian wie vorstehend; Dio Cassius 37, 57, 1; Velleius Paterculus 2, 44, 1; Cicero, ad Att. 2, 9, 2. Geheimhaltung: Dio Cassius 37, 58, 1. 38, 5, 5. Cicero durch Balbus informiert: ad Att. 2, 3, 3–4.

»politischer Partner«: Cicero, ad fam. 5, 7, 3.

»nichts im Staate«: Sueton, Caes. 19, 2 *(ne quid ageretur in re publica, quod displicuisset ulli e tribus).*

»Verschwörung«: Meyer, Caesars Monarchie, S. 59/60.

Catos »zum Umsturz«: Plutarch, Caes. 13, 6. Pomp. 47, 4.

»dreiköpfige Ungeheuer«, der Trikáranos des Varro: Appian 2, 9. Hierzu: Strasburger, Caesars Eintritt, S. 37 A 67.

Unwetterkatastrophen Ende 60: Dio Cassius 37, 58, 2f.

*Kapitel 22. Consul im Jahre 59*

»die fromme Verehrung«: Cicero, nat. deor. 1, 117.

Keine »religiösen Bedenken«: Sueton, Caes. 59, 1.

*Caesarkopf aus Tusculum:* 1825 auf dem Forum von Tusculum entdeckt, 1940 durch Maurizio Borda als authentisch erkannt. Hierzu: Simon, Neue Literatur; Herbig, Neue Studien. Abbildungen: Rasmussen, Caesar, Nr. 6, 10–13. Der Kopf befindet sich nicht mehr, wie in der Literatur angegeben ist, im Castello Agliè, sondern im Museo d'Antichità in Turin.

»eine feine« und kein »strahlender«: Bömer, Caesar und sein Glück, S. 84.

Erneuerung der alten Sitte (Lictoren) und öffentliche Berichterstattung: Sueton, Caes. 20, 1.

Angebot zur Zusammenarbeit: Dio Cassius 38, 1, 1–2; Appian 2, 10, 34. Appian spricht fälschlich von »Heuchelei«.

Lex Julia agraria: Dio Cassius 38, 1, 3–5. Zur Datierung der Gesetze: Gesche, Caesar, S. 47–51. Agrargesetze: Meyer, Caesars Monarchie, S. 62–71.

Zur Zwanziger-Kommission gehörten u. a. Pompeius, Crassus, Marcus Atius Balbus, Caesars Schwager, und Marcus Terentius Varro: Dio Cassius 38, 1, 7; Sueton, Aug. 4, 2; Cicero, ad Att. 2, 12, 1; Plinius n. h. 7, 176.

»bereit, zu ändern«: Dio Cassius 38, 2, 1.

Inhaftierung Catos, Caesar gezwungen zur Volksabstimmung: Dio Cassius 38, 2, 1–3 u. 38, 3.

Bibulus' »und wenn ihr«: Dio Cassius 38, 4, 1–3.

Vorgänge bei der Abstimmung: Dio Cassius 38, 6, 1–3; Sueton, Caes. 20, 1; Plutarch, Pomp. 48, 2. Cato min. 32, 3. Luc. 42, 6; Appian 2, 38–41.

Bibulus' Himmelsbeobachtung: Dio Cassius 38, 6, 1.

»Im Consulatsjahr«: Sueton, Caes. 20, 2.

Bibulus' Verleumdungen: Sueton, Caes. 9, 2. 49, 2; Cicero, ad Att. 2, 19, 2 u. 5. 2, 20, 4 u. 6.

Acta des Pompeius: Dio Cassius 38, 7, 5; Appian 2, 13, 46; Plutarch, Pomp. 48.

Herabsetzung der Steuerpacht: Dio Cassius 38, 7, 4; Appian 2, 13, 47; Sueton, Caes. 20, 3.

Zu Vatinius: Cicero, Vatin. 13. 16. 29. Hierzu: RE 8 A, S. 495 ff.

Ptolemaios XII. Auletes: siehe 16. Kapitel, *Die ägyptische Affäre*. Anerkennung im Jahre 59: Cicero, ad Att. 2, 16, 2. »gegen 6000 Talente« (36 Mill. Denare, etwa 30 Mill. Goldmark): Sueton, Caes. 54, 3. Solche Zahlen beruhen auf Gerüchten, unter Vorbehalt zu übernehmen. Als ein Kreditgeber wird Rabirius Postumus genannt: Cicero, Rab. Post. 4.

Pompeius heiratet Julia: Sueton, Caes. 21; Plutarch, Caes. 14, 7. Pomp. 47, 10; Dio Cassius 38, 9, 1; Appian 2, 50.

Caesar heiratet Calpurnia: wie vorstehend.

Caesars »Perle« (vielleicht auch Perlen) für Servilia: Sueton, Caes. 50, 2 (6 Mill. Sesterzen gleich 1,5 Mill. Denare).

»durch Heiraten«: Plutarch, Caes. 14, 8.

»Was bedeutet diese«: Cicero, ad Att. 2, 17, 1.

Zweites Agrargesetz (Campanien): Sueton, Caes. 20, 3; Dio Cassius 38, 7, 3; Velleius Paterculus 2, 44, 2; Appian 2, 10, 35. Hierzu: Meyer, Caesars Monarchie, S. 63 ff.

Pompeius dränge zur Alleinherrschaft: Cicero, ad Att. 2, 17, 1.

Apollinische Spiele: Cicero, ad Att. 2, 19, 3.

Valerius Maximus 6, 2, 9 spricht von »tollsten Frechheiten gegen Pompeius«, setzt aber fälschlich Pompeius' Anwesenheit voraus. Pompeius war derzeit in Campanien.

Reform der Geschworenengerichte: Cicero, Vatin. 38. Hierzu: Carcopino, César, S. 206.

»eher würdig«: Plutarch, Caes. 14, 1.

Repetundengesetz *(Lex Julia de repetundis):* Cicero, Vatin. 29. Sest. 135. Pis. 37. 50. Rab. Post, 8. 12; Dio Cassius 38, 7, 4–5. Nach Cicero, ad fam. 8, 8, 3 über 100 Kapitel. Hierzu: Gelzer, Caesar Politiker, S. 84/85, mit Begründung der Datierung auf August.

*Vettius-Affäre:* vgl. 19. Kapitel. Ciceros erster Bericht: ad Att. 2, 24, 2 ff. Beschuldigung des Vatinius: Cicero, Vatin. 24–26. Sest. 132.

»durch Bestechung« des Vettius: Sueton, Caes. 20, 5. Eine Verschwörung der Optimaten sehen: Dio Cassius 38, 9, 4; Appian 2, 12. Übersicht bei Gesche, Caesar, S. 53–56. Caesar als Anstifter bei: Meyer, Caesars Monarchie, S. 84–87; Gelzer, Caesar Politiker, S. 82 (Caesar benutzte Vatinius). Hingegen bezweifelt Caesars Mitwirkung: Holmes, Roman republic I, S. 481.

»so heiklen«: Walter, Caesar, S. 131, mit Hinweis auf Lucullus als Anstifter. Caesars Beeinflussung des Vettius *nach* der Inhaftierung: Carcopino, César, S. 218–220.

Vettius' Ermordung: Sueton, Caes. 20, 5 (vergiftet); Appian 2, 12 (durch Schwert); Dio Cassius 38, 9, 4 (ermordet durch Optimaten); Plutarch, Luc. 42, 8 (Spuren von Erdrosselung); Cicero, Vatin. 26 (erwürgt durch Vatinius).

»unsauberen Geschäft«: Gelzer, Caesar Politiker, S. 82.

»weil auf verfassungswidrigem«: Gelzer, Caesar Politiker, S. 76. Hierzu: Cicero, prov. cons. 45. 46.

Für sich persönlich nichts beantragen: Dio Cassius 38, 1, 7.

*Lex Vatinia:* Sueton, Caes. 22; Cicero, prov. cons. 36–37. Vatin. 35–36. Sest. 135; Dio Cassius 38, 8, 5.

»einen Tyrannen«: Plutarch, Cato min. 33.

Tod des Metellus Celer (April 59): Cicero, ad Att. 2, 5, 2. Cael. 59. Vatin. 19.

*Gallia ulterior* für Caesar: Cicero, ad Att. 8, 3, 3; Sueton, Caes. 22. »erneutes Plebiszit«: Sueton, Caes. 22.

Catos Fernbleiben: Cicero, Sest. 63.

»übermütiger Freude« und Dialog: Sueton, Caes. 22. Hierzu: Gelzer, Caesar Politiker, S. 79 A 95. Die bithynische Episode: vgl. 8. Kapitel.

»Markstein«: Gelzer, Caesar Politiker, S. 90. »daß mehr in ihm«: Meyer, Caesars Monarchie, S. 91. »die einzigen Nutznießer«: Walter, Caesar, S. 137. »große staatsmännische Schöpfungen«: Meyer, Caesars Monarchie, S. 91.

*Kapitel 23. Vorbereitungen in Rom*

»die durch die Eroberungen«: Hankel, Caesar, S. 59.

»große Befehlsgewalt«: Sallust, Catil. 54, 4. Gelzer, Caesar Politiker, S. 83 A 120, macht auf die unzureichende Übersetzung des Wortes *virtus* aufmerksam, hier mit »Tüchtigkeit« versucht, sonst auch »Fähigkeit«, »Tatkraft« oder ähnlich. Auf jeden Fall wertet Sallust mit *virtus* positiv, über die bloße Ruhmbegierde hinaus.

»um für die inneren«: Heuss, Das Zeitalter, S. 261.

»Versuch, für Ruhe«: Oppermann, Caesar in Selbstz., S. 50.

Ariovist *rex atque amicus:* BG 1, 35, 2. 40, 2. 43, 4.

»durchschaute«, »erst im Laufe«: Oppermann, Caesar in Selbstz., S. 50.

»es sei tatsächlich«: Gelzer, Caesar Politiker, S. 86.

Anklage der beiden Praetoren: Sueton, Caes. 23, 1. Nero 2, 2; Cicero, Sest. 40. Caesar wollte sich dem Senat stellen: Cicero, Vatin. 15. Er verfaßte drei nicht erhaltene Verteidigungsreden: Sueton, Caes. 73. Hierzu: Meyer, Caesars Monarchie, S. 94 A 1. Domitius Ahenobarbus wurde 54 Consul, als Optimat im Bürgerkrieg auf Pompeius' Seite; er fiel im Jahre 48 bei Pharsalos. Gaius Memmius war 57 Propraetor in Bithynien, wo Catull unter ihm diente. Catulls Spott auf ihn: Liebesgedichte, carm. 10 und 28.

Der anklagende Volkstribun war Lucius Antistius: Sueton, Caes. 23, 2.

Bona-Dea-Skandal: siehe 19. Kapitel.

Clodius' *traductio ad plebem:* Cicero, de domo 41; Sueton, Caes. 20, 4; Dio Cassius 38, 10, 1–3 (hier mit falscher Zeitbestimmung). Zur richtigen Zeitbestimmung, Ende März: Cicero, ad Att. 2, 7, 2. 2, 9, 1. Hierzu: Gelzer, Caesar Politiker, S. 69/70; Carcopino, César, S. 724.

Ciceros Gerichtsrede: zur Verteidigung des Gaius Antonius, seines Mitconsuls im Jahre 63, vor einem Repetundengericht. Gaius Antonius war der Erpressung während seiner Statthalterschaft in Makedonien angeklagt, sicherlich zu Recht. Er wurde verurteilt, mußte ins Exil: Cicero, Flacc. 5, 95. Vatin. 28; Dio Cassius 38, 10, 1–3.

Clodius verhindert Bibulus' Rede: Dio Cassius 38, 12, 3.

Clodius' erste Gesetze wurden schon am 3. Januar 58 angenommen: Cicero, Pis. 9; Dio Cassius 38, 13, 1–2.

»Warnungszeichen für Cicero«: Gelzer, Caesar Politiker, S. 70. Clodius wird kurzgehalten, seine Übertrittsdrohung: Cicero, ad Att. 2, 7, 2–3. 9, 1. 12, 2. Sest. 15.

Ciceros Ablehnung von Caesars Angeboten: Cicero, ad Att. 2, 18, 3. 19, 5. prov. cons. 41. Pis. 79.

Clodius' gegen Cicero gerichtetes Ächtungsgesetz: Cicero, ad Att. 3, 1; Plutarch, Cic. 31; Dio Cassius 38, 17, 4–7. Bei Velleius Paterculus 2, 45 heißt es »von Wasser und Feuer ausgestoßen«. Das Gesetz ging auf ein bestehendes Gesetz des Gaius Gracchus zurück, auf das sich Caesar am 5. 12. 63 berufen hatte.

Clodius' Gesetz zur Provinzzuweisung für die beiden Consuln: Cicero, de domo 24. 55. 60. 70. 124 Sest. 24. 53. 55; Plutarch, Cic. 30, 2.

Ciceros vergebliches Hilfesuchen: Cicero, Pis. 77. Sest. 39–41. ad Att. 10, 4, 3; Dio Cassius 38, 17, 3; Plutarch, Cic. 31; Appian 2, 15.

Volksversammlung im Circus Flaminius: Dio Cassius 38, 16; Cicero, Pis. 14. Sest. 33. post. red. in sen. 13.

Cicero blieb 16 Monate in der Verbannung.

Catos Kommando für Zypern, als Quaestor mit propraetorischer Amtsgewalt: Plutarch, Cato min. 34; Strab. 14, 684; Livius, perioch. 104; Velleius Paterculus 2, 45, 4; Appian 2, 85.

»hinterlistige Machenschaft«: Plutarch, Cato min. 34.

Caesars Aufbruch Ende März: BG 1, 6, 4. 7, 1.

»daß Cato künftighin«: Gelzer, Caesar Politiker, S. 90.

*Kapitel 24. Kelten und Germanen*

Grundlegend über die Vorgegebenheiten um Gallien und den gallischen Krieg: Jullian, Histoire III; Holmes, Caesar's Conquest. Forschungsbericht: Gesche, Caesar, S. 68–112.

»unabwendbare Folgerichtigkeit«, »zersetzende Tätigkeit«: Walter, Caesar, S. 150.

Catos »man müsse Caesar«: Plutarch, Caes. 22.

»›Täglich‹, heißt es«: Mommsen, Röm. Gesch. III, S. 301.

Mommsen zitiert: Cicero, prov. cons. 22.

Es gab rund 200 Stämme in Gallien. Nach Mommsen, Röm. Gesch. II, S. 160, waren die Arverner in Mittelgallien »effektiv führend«. Sie konnten »bis 180 000 Mann ins Feld stellen«. Arverner und Allobrogen wurden in der Entscheidungsschlacht im Jahre 121 am Einfluß der Isère in die Rhone von Quintus Fabius Maximus und Gnaeus Domitius Ahenobarbus im Bündnis mit den Haeduern geschlagen. 118 wurde Narbo (Narbonne) als erste außeritalische Bürgerkolonie der Römer gegründet, wonach die Provinz benannt wurde.

Eine für die junge Provinz gefährliche Bedrohung brachte der Völkerzug der germanischen Cimbern und Teutonen. Sie waren über die Alpenpässe nach Süden vorgedrungen, vernichteten 105 v. Chr. bei Arausio (Orange) eine römische Armee. Erst ihre Besiegung durch Marius 102 bei Aquae Sextiae und im Folgejahr bei Vercellae befreite die Römer von den drohenden weiteren Vorstößen der Germanen (siehe Ende 1. Kapitel).

Aufstand der Allobrogen im Jahre 62: Dio Cassius 37, 47, 1–48, 2; Cicero, prov. cons. 32; BG 1, 6, 2.

Diviciacus in Rom, Haeduer als *Amici populi Romani:* BG 1, 31, 9. 35, 4.

Ariovist, als Kriegshelfer der Sequaner, besetzt keltisches Land: BG 1, 31, 3–11.

Auswanderungspläne der Helvetier im Jahre 61: BG 1, 3–4; Cicero, ad Att. 1, 19, 2.

»um ohne Hoffnung«: BG 1, 5.

»Tafeln« der Helvetier mit Auswandererzahlen: BG 1, 29, 1–3. Nach Jullian, Histoire III, S. 194, sind Caesars Zahlenangaben »nicht übertrieben«. Zur Herabsetzung der Kopfzahl auf ca. 157 000: Gesche, Caesar, S. 90; Gelzer, Caesar Politiker, S. 93 mit A 2.

»die Sitte und das Beispiel«: BG 1, 8.

Caesars erste Begründung: BG 1, 10.

»unter das Joch«: BG 1, 12, 5–7. Die Helvetier, genauer ihr Stamm der Tiguriner, hatten sich dem Cimbern-Zug angeschlossen.

Bündnis zwischen Orgetorix (Helvetier), Dumnorix (Haeduer) und Casticus (Sequaner): BG 1, 3.

Vergobret: höchster Magistrat, Vorstand des Rates und Rechtsprecher der Haeduer, jeweils für ein Jahr gewählt: BG 1, 16, 4–5; RE VIII A, S. 1544 f.

Tod des Orgetorix, bei Caesar »Verdacht auf Selbstmord«: BG 1, 4.

Zur Waffenhilfe Caesars und zu Dumnorix' Verhalten: BG 1, 16–18.

»So groß sei«, »Da sagte sich Caesar«: BG 1, 11. Ferner erwähnt Caesar, daß auch die Ambarrer und die jenseits der Rhone wohnenden Allobrogen bei ihm Hilfe suchten. Titus Labienus war 63 Volkstribun (siehe 17. Kapitel), in Gallien Caesars tüchtigster Unterfeldherr, Legat mit praetorischer Amtsgewalt; im Bürgerkrieg Mitkämpfer des Pompeius, dem er schon früher nahestand. Er fiel bei Munda im Jahre 45.

Caesars »selbstherrliche Truppenaufstellung«: Gelzer, Caesar Politiker, S. 93 u. 94 A 6.

»Vierzig Tagesmärsche«: Walter, Caesar, S. 152.

Zum Weg Caesars mit seinen Legionen: Jullian, Histoire III, S. 203; Napoleon III., Histoire II, S. 64. Vermutlich zog Caesar durch das Susatal, über den Mont Genèvre, dann über Briançon nach Grenoble und weiter zur Rhone, zunächst bis Lyon.

*Kapitel 25. Sieg über die Helvetier und Ariovist*

Kampf an der Saône, damals Arar genannt: BG 1, 12. Nach Plutarch, Caes. 18, kommandierte Titus Labienus die Römer.

Gespräch Caesars mit Divico: BG 1, 13–14.

Rambaud, L'art de la déformation, S. 127, behauptet, Caesar habe eine »falsche Diskussion« aufgezeichnet, um Objektivität seiner Berichte vorzutäuschen. Eine sehr fragwürdige, schwerlich nachzuvollziehende Deutung.

Bei der Verfolgung der Helvetier hielten die Römer 7 bis 9 km Abstand: BG 1, 15. Hier auch das Reitergefecht. Rechenschaft der Haeduerfürsten und ausführlich zu Dumnorix: BG 1, 16–20. Caesars nachsichtiges Verhalten gegenüber Dumnorix ist nicht allein durch die Bitten des Bruders Diviciacus erklärbar, sondern zeigt, daß er auf die Hilfe der Haeduer angewiesen war und jede Härte vermeiden mußte. Bibracte: durch Ausgrabungen auf dem Mont Beuvray südwestlich von Autun festgestellt.

*Schlacht bei Bibracte:* BG 1, 23–26. Nicht genau lokalisierbar, wohl zwischen Bibracte und Toulon-sur-Arroux. Befehl zur Heimkehr der Helvetier und Zahlenangaben: BG 1, 28–29.

»Dies tat er aus Furcht, die Germanen könnten den Rhein überschreiten und die Länder in Besitz nehmen«, motiviert Plutarch, Caes. 18, Caesars Anordnung.

*Zu den Sueben:* Nach Strab. 7, 290 ein Sammelbegriff für verschiedene germanische Stämme zwischen Rhein und Elbe. Nach Tacitus, Germania 38 ff., gehörten dazu: Semnonen, Langobarden, Hermunduren, Quaden u. a. Caesar BG 1, 51 nennt: Haruden, Marcomannen, Tribocer, Vangionen u. a. Als Hauptstamm galten die Semnonen.

»Gradmesser«: Norden, Der Germanenexkurs, S. 94.

Zur Charakterisierung Ariovists, auch durch Diviciacus: BG 1, 31, 12–15. 40, 9. 47, 6.

*Zu Ariovist:* BG 1, 30–54; Dio Cassius 38, 34–50; Plutarch, Caes. 19. Siehe auch: Jullian, Histoire III, S. 221–241; Holmes, Caesar's conquest, S. 627–642; Diller, Caesar und Ariovist; Walser, Caesar und die Germanen, S. 8 ff.

Keltenfürsten bitten um Erlaubnis zum Landtag: BG 1, 30. Diviciacus als Wortführer und Bitte um Hilfe gegen Ariovist: BG 1, 31–33. Die Haeduer besaßen nun gegenüber den Sequanern die Vormacht, offenbar durch des Diviciacus Beziehung zu Caesar. Zu den vertretenen Stämmen: Holmes, Caesar's conquest, S. 626.

Aufforderung an Ariovist und Bedingungen: BG 1, 34–35.

Besetzung von Vesontio (Besançon): BG 1, 38.

*Panik im Heer* und Caesars Rede: BG 1, 39–41, 3; Dio Cassius 38, 35–46. Nach Plutarch, Caes. 19, »schoben die Legionen die Schuld auf ihre Offiziere«. Caesar nennt zuerst die »Militärtribunen, Praefekten und jungen Leute, die ihm aus Rom gefolgt waren«.

»nur der persönliche Ehrgeiz«: Dio Cassius 38, 35, 2. Zur Abweichung von Caesar: Gelzer, Caesar Politiker, S. 100 A 24. Caesar, BG 1, 40, 1, befahl »einen Kriegsrat und alle Centurionen« zu sich. Sonst nahmen nur die ranghöchsten Centurionen an Beratungen teil, nur 6 aus jeder Legion. Da eine Legion 60 Centurien (Hundertschaften) umfaßte, waren möglicherweise bis zu 360 Centurionen versammelt.

*Zusammenkunft mit Ariovist:* BG 1, 42–46; Dio Cassius 38, 47, 3–4. Vor allem Rambaud, L'art de la déformation, S. 115–117, und Walser, Caesar und die Germanen, S. 31 ff., bezweifeln die Glaubwürdigkeit von Caesars Bericht. Ihnen zufolge habe Caesar seinen eigenen Aggressionskrieg verschleiern wollen, indem er Ariovist zum Angreifer machte. Das mag zutreffen, kann aber nicht zur Verdrehung aller Tatsachen führen, denn es gab Augenzeugen. Nicht jeder kritische Einwand ist für die historische Beurteilung tatsächlich beweiskräftig. Hierzu: Gesche, Caesar, S. 92–94.

*Schlacht im Elsaß:* BG 1, 49–53; Dio Cassius 38, 47, 4–50. Zur Örtlichkeit: Gesche, Caesar, S. 95–96. Gelzer, Caesar Politiker, S. 100, 101, nennt die Gegend bei Rappoltsweiler (nach Kromeyer-Veith, Schlachtenatlas zur antiken Kriegsgeschichte, S. 70). Andere Historiker nennen die Gegend um Belfort, so: R. Schmittlein, La première campagne de César, S. 139 ff.

»wie die wilden Tiere«: Appian, Celtica 1, 3, 16.

Plutarch, Caes. 19, nennt 80 000 gefallene Germanen, was kaum glaubhaft sein dürfte.

»indem er jedem gab«: Plutarch, Caes. 20.

*Kapitel 26. Die Unterwerfung der Belger*

*Zur Rheingrenze:* BG 4, 16, 4: *populi Romani imperium Rhenum finire.* Der stoische Philosoph Poseidonios (um 135–51/50 v. Chr.), der auf Rhodos lehrte, den Cicero und wohl auch Caesar hörten, nannte erstmals den Rhein als Völkerscheide zwischen Kelten und Germanen. Ob Caesars ethnische Differenzierung (BG 6. Buch) auf Poseidonios beruht, ist ungeklärt (Heinrich Dörrie, in: Der Kleine Pauly, Bd. 4, S. 1080). Doch dürfte Poseidonios »die Trennungslinie zunächst weniger scharf gezogen haben als Caesar« (Seel, Ambiorix, S. 57 A 16).

Caesars ethnische Differenzierung wird in der Forschung kontrovers beurteilt. Hierzu: Gesche, Caesar, S. 97.

Walser, Caesar und die Germanen, S. 77 – auch Rambaud, L'art de la déformation, S. 334 ff. – sieht darin ein »tendenziöses Literaturprodukt« (zur Rechtfertigung von Caesars Grenzziehung am Rhein). Eine einleuchtende Widerlegung dieser Caesar unterstellten Tendenz bringt: Seel, Ambiorix, S. 56–60. Caesar schreibt selbst, BG 2, 4, 1, »die meisten Belger stammten von den Germanen ab«, was wiederum nur teilweise der Fall war.

Besorgnis der Belger und »eine Verschwörung«: BG 2, 1; Dio Cassius 39, 1, 2. Galba, König der Suessionen, als Befehlshaber der Belger-Armee: BG 2, 4.

Caesar hebt zwei neue Legionen aus: BG 2, 2, 1.

Der *Legionssoldaten* »hoher Lebensstandard«: Hankel, Caesar, S. 268. An Sold erhielt ein einfacher Legionär, natürlich bei freier Verpflegung, Unterkunft, Bekleidung, jährlich 480 Sesterzen, von Caesar erhöht auf 900 Sesterzen, nach: Mommsen, Röm. Gesch. III, S. 509. Ein römischer Arbeiter verdiente jährlich 720 Sesterzen, nach: Hankel, Caesar, S. 168/169.

Heeresreform des Marius: vgl. 4. Kapitel.

Eine Kampfstärke von 40 000 Mann nennt: Gelzer, Caesar Politiker, S. 104.

Numider, Kreter, Balearen: BG 2, 7, 1. 10, 1.

Aufbruch im Frühsommer: BG 2, 2.

Kampflose Unterwerfung der Remer: BG 2, 3.

Rund 300 000 Belger: BG 2, 4 (nach der Kampfstärke der Stammesverbände).

*Kämpfe an der Aisne* und Auflösung der Belger: BG 2, 5–11; Dio Cassius 39, 1, 3–2, 2; Plutarch, Caes. 20, 5.

»Vernichtungsstrategie«: Veith, Caesar als »Vater der Strategie«, S. 373; ausführlich über Caesars Kriegführung.

Unterwerfung der Suessionen, Bellovaker, Ambianer: BG 2, 12–14.

*Schlacht an der Sambre:* BG 2, 15, 3–28, 3; Dio Cassius 39, 1–5; Plutarch, Caes. 20. Gute Zusammenfassung bei: Holmes, Caesar's conquest, S. 654–660. Mit den Nerviern kämpften Truppen der Atebraten (Arras) und Viromanduer (Vermandois).

»Die Soldaten der XII. Legion«: BG 2, 25. Übersetzung: Oppermann, Caesar in Selbstz., S. 63.

»einzig dastehend«: Adcock, Caesar als Schriftsteller, S. 49, mit Analyse des

Schlachtberichts. Vgl. auch: Oppermann, Caesar, der Schriftsteller, S. 56 ff.; Gesche, Caesar, S. 185.

Caesars Verlustangaben der Nervier (BG 2, 28) werden von einigen Historikern als übertrieben oder verfälschend bezeichnet, denn bereits im Jahre 54 (BG 5, 38–39) stellten die Nervier eine Hilfstruppe, im Jahre 52 (BG 7, 75, 3) eine Truppe von 5000 oder 6000 Soldaten. Doch weist eine neuere Analyse von Oppermann, Probleme und heutiger Stand, S. 514–516, plausibel nach, daß die Angaben nicht widersprüchlich sind. Bei Oppermann auch der Hinweis, daß mit »Senatoren« die »Führer einer Hundertschaft« gemeint sein könnten.

*Unterwerfung der Atuatuker:* BG 2, 29–33. Caesar gibt präzise Angaben zur Belagerungstechnik, z. B., daß der Wall um die Atuatukerstadt 3,60 m hoch und im Umkreis von 22,5 km angelegt wurde. Der »Widder« war ein schwerer Baumstamm, am Kopf mit Eisen beschlagen, der waagerecht in einem Gerüst hing und gegen die Mauer gerammt wurde. Anderes schweres Kriegsgerät: *catapultae,* Pfeilgeschütze nach dem Prinzip einer großen, auf einen Holzbock montierten Armbrust; *onager,* schwerste Wurfgeschütze nach Hebelprinzip. Der Schleuderarm war unten durch ein Sehnenbündel gespannt, während der obere Teil mittels dicker Taue und einer Winde zurückgezogen wurde. Am Kopfende hing das Steingeschoß. Beim Wurf schlug der Schleuderarm gegen ein Widerlager und schleuderte schwere Geschosse etwa 40 m hoch und 30 m weit.

Nicht alle Atuatuker wurden versklavt, denn im Jahre 54 waren sie wieder kampffähig (BG 5, 38–39).

Nachricht von Publius Crassus: BG 2, 34. Hierzu: Jullian, Histoire III, S. 273–275.

Neben den Venetern wurden unterworfen die Veneller, Osismer, Coriosoliten, Essuvier, Aulercer und Redonen.

*Gallia est pacata:* BG 3, 7, 1.

Winterquartiere im Jahre 57: BG 2, 35. 3, 1–6 (mit Aufstand im Wallis); Dio Cassius 39, 5, 2–4.

*Kapitel 27. Rom feiert Caesar und mißtraut ihm*

Dankfest für Caesar: BG 2, 35, 4; Cicero, prov. cons. 27; Dio Cassius 39, 5, 1; Plutarch, Caes. 21, 1–2.

Rückkehr Ciceros: Ciceros, ad Att. 4, 1, 4–5; Velleius Paterculus 2, 45, 3; Plutarch, Cic. 33.

Clodius' Treiben 58 und 57, ausführlich bei: Meyer, Caesars Monarchie, S. 102–112. Clodius gegen Caesar: Cicero, dom. 40. harusp. resp. 48.

Milo und Sestius stellen eine Gegentruppe auf: Cicero, p. red. in sen. 19–20. Sest. 84. 90. 92; Dio Cassius 39, 8, 1.

*Getreidebeschaffungsamt für Pompeius:* Cicero, ad Att. 4, 1, 6–7; Dio Cassius 39, 9, 1–10, 1. Nach Plutarch, Pomp. 49, beschuldigte Clodius den Pompeius, wohl zu Unrecht, er selbst habe den Getreidemangel herbeigeführt, um das Amt zu erhalten. – Pompeius erhielt als *curator annonae* 15 Legaten. Tatsächlich begehrte er weitreichendere Vollmachten: Verfügung über die Staatskasse, Heer und Flotte, höhere Amtsgewalt über die Provinzstatthalter. Dem kamen die Consuln durch ihren Gegenantrag zuvor. Hierzu: Meyer, Caesars Monarchie, S. 116/119.

Caesar am 2. März 56 in Aquileia: Gelzer, Caesar Politiker, S. 108 A 66.

Angriff des Rutilius Lupus: Cicero, ad Q. fr. 2, 1, 1.

Abfuhr des Vatinius: Cicero, Vat. 38.

Domitius Ahenobarbus, »was er als Praetor«: Sueton, Caes. 24, 1; Plutarch, Cato min. 41, 3 (hier zeitlich nach Luca).

Cicero beschuldigt Vatinius: Cicero, Vat. 16–18. 23. 35. 36. 39.

»Mord der hergebrachten«: Gelzer, Caesar Politiker, S. 109. Mitchell, Cicero before Luca, deutet Ciceros Angriffe gegen Vatinius als nicht direkt gegen Caesar gerichtet. Eine bedenkenswerte, aber im Zusammenhang der Ereignisse bis April 56 nicht ganz überzeugende Variante.

Anträge zu Caesars Gunsten: Cicero, ad Q. fr. 2, 4, 5.

Senatsdebatte am 5. April: Cicero, ad Q. fr. 2, 5, 1. fam. 1, 9, 8.

»in Gallien ein selbständiges«: Meyer, Caesars Monarchie, S. 125.

Pompeius drängt auf verzögerte Bekanntgabe der Berichte: Dio Cassius 39, 25. Hierzu: Meyer, Caesars Monarchie, S. 125 A 3.

»ein Meister in der Kunst«: Gelzer, Caesar Politiker, S. 107 A 61.

*Streit um die Ägyptenfrage,* Ptolemaios XII. Auletes in den Jahren 57 und 56 in Rom: Dio Cassius 39, 12, 1–16, 3; Cicero, Cael. 23–24. 51–55. ad Q. fr. 2, 2, 3. 3, 2; Plutarch, Pomp. 48–49. Cato min. 35, 4–7. Zu Ptolemaios XII.: vgl. 16. und 22. Kapitel.

Erst Gabinius, Consul 58, dann 57–55 Statthalter in Syrien, führt mit seinen Truppen Ptolemaios XII. im Jahre 55 nach Ägypten zurück.

Crassus trifft Caesar in Ravenna: Cicero, ad fam. 1, 9, 9.

Cicero bei Pompeius, kein Wissen über Luca: Cicero, ad Q. fr. 2, 5, 3. Quintus Tullius, jüngerer Bruder Ciceros, war 62 (mit Caesar) Praetor, 61–59 Statthalter in Asia, Ende 57 bis 56 Legat des Pompeius in Sardinien, 54–51 in Gallien Legat Caesars.

*In Luca erneutes Triumvirat:* Sueton, Caes. 24; Plutarch, Caes. 21. Pomp. 51. Cato min. 41. Crass. 14; Appian 2, 62; Cicero, ad fam. 1, 9. Dio Cassius 39, 26, 3 übergeht Luca, nennt aber fälschlicherweise ein Bündnis des Pompeius mit Crassus gegen Caesar.

120 Lictoren, über 200 Senatoren: Plutarch, Caes. 21, 5. Pomp. 51, 4. »arge Übertreibung«: Gelzer, Caesar Politiker, S. 110 A 75. Verhandlung ohne Zeugen: Plutarch, Crass. 14, 6.

Daß Caesar durch Luca »unendlich verlor«, einen »argen politischen Fehler« machte (Mommsen, Röm. Gesch. III, S. 321/322), nennt Meyer, Caesars Monarchie, S. 141, mit Recht »völlig unhaltbar«. Auch die Behauptung, Caesar habe eine »überlegene Stellung ohne Not« aufgegeben (Mommsen, S. 321), widerspricht der Situation in Rom. Luca war durchaus ein Wendepunkt.

Beschlüsse in Luca: Gesche, Caesar, S. 62–65 (mit Forschungsbericht); Meyer, Caesars Monarchie, S. 143 f.; Gelzer, Caesar Politiker, S. 110 f.; Gelzer, Pompeius, S. 152. Zusätzlich zu Meyer nennt Gelzer die Absprache zu Caesars zweitem Consulat im Jahre 48.

*Ciceros Verhalten:* Gesche, Caesar, S. 66/67; Meyer, Caesars Monarchie, S. 144–149. Ciceros Fernbleiben am 15. Mai: Cicero, ad Q. fr. 2, 6. fam. 1, 9, 9–10. Kostenübernahme für 4 Legionen, Bewilligung der Legaten: Cicero, fam. 1, 7, 10. prov. cons. 28. Balb. 61; Dio Cassius 39, 25. »Bevollmächtigung«: Gelzer, Caesar Politiker, S. 112 A 84.

Ciceros Rede pro Caesar Anfang Juni: Cicero, prov. cons., vor allem 29. 32–35.

»Da die, die nichts« und »Denn was ist widriger«: Cicero, ad Att. 4, 6. 7. Übersetzung: Giebel, Cicero, S. 63.

*Kapitel 28. Der Aufruhr der Seevölker*

Vormachtstellung der romtreuen Haeduer und Remer: BG 6, 12, 7.

»leicht und schnell zum Krieg«: BG 3, 10, 3.

Galba befehligte die XII. Legion. Kämpfe im Wallis und Rückzug: BG 3, 1–6.

Aufstand der Veneter, ihre Vorrangstellung: BG 3, 7–8. Hierzu: Jullian, Histoire III, S. 297–300.

Hilfe der Briten: BG 3, 9, 10.

Befehl zum Bau der Flotte: BG 3, 9, 1.

Caesar erreichte seine Truppen bei Angers wohl Anfang Mai, verzögert wegen Luca.

Aussendung der Legaten: BG 3, 11. Mit drei Legionen zog Quintus Titurius Sabinus in die Normandie. Seine Unternehmungen: BG 3, 17–19. Hierzu: Jullian, Histoire III, S. 300–303.

Kämpfe gegen die Veneter und Seekrieg: BG 3, 12–15; Dio Cassius 39, 40, 1–43, 5. Hierzu: Holmes, Caesar's conquest, S. 674–676.

»damit die Barbaren«: BG 3, 16.

Feldzug des Legaten Crassus und Sieg in Aquitanien: BG 3, 20–27; Dio Cassius 39, 45, 1–46, 4. Hierzu: Jullian, Histoire III, S. 303–311.

Zu *iustissimum imperium* und »Die Unterwerfung«: Timpe, Rechtsformen, S. 288.

Feldzug gegen die Moriner: BG 3, 28–29; Dio Cassius 39, 44.

*Kapitel 29. Ein ungewöhnlicher Feldherr*

»ganz neuem Leben«: Plutarch, Caes, 15, 1.

Caesars Commentarien schildern hauptsächlich die Kriegsereignisse, weniger das Politische oder Verwaltungsmaßnahmen. Hinweise zur politischen Überwachung und Bindung der gallischen Stämme: Gelzer, Caesar Politiker, S. 120.

»zartes, blasses Gesicht«: Plutarch, Caes. 17. Hier auch zum persönlichen Verhalten.

»Bei Märschen«: Sueton, Caes. 57, 1.

»Als sein Reisebegleiter«: Sueton, Caes, 72, 1.

Verhältnis zur Truppe, »seine Soldaten wüßten«: Sueton, Caes. 65–67. Hierzu: Vogt, Caesar und seine Soldaten.

»guter Teil« und weiteres Zitat: Gelzer, Caesar Politiker, S. 123. Rambauds Bemerkung, Caesar habe aus selbstgerechten Gründen die Leistungen seiner Offiziere »deformiert« (L'art de la déformation, S. 295, 301), trifft wohl kaum zu. Hierzu: Gesche, Caesar, S. 188.

Titus Labienus als Stellvertreter: BG 1, 21.

»Caesar galt als groß«: Sallust, Catil. 54, 2.

*Zu Mamurra* (im *Bellum Gallicum* nicht erwähnt): Cicero, ad Att. 7, 7, 6; Plinius n. h. 36, 48; Catull, Liebesgedichte, carm. 29.41.43.57, auch: 94.105.114.115. Caesar war mit Catulls Vater befreundet, gelegentlich in Verona dessen Gast. Catulls Entschuldigung: Sueton, Caes. 73.

*Zu Gaius Oppius:* Cicero, ad Q. fr. 3, 1, 8; 10; 13; 18. ad Att. 4, 17, 7. Er hat eine Biographie Caesars geschrieben, nicht mehr vorhanden, aus der wohl Plutarch, Caes. 17, und Sueton, Caes. 53. 72, schöpften. Hierzu: Meyer, Caesars Monarchie, S. 505 A 2.

*Kanzlei:* BG 5, 47, 2. Leiter in den ersten Jahren: Pompeius Trogus, ein Gallier mit römischem Bürgerrecht: Iustin. 43, 11–12; zit. bei: Gelzer, Caesar Politiker, S. 122 A 140. Kanzleichef ab 54 wahrscheinlich Aulus Hirtius, der das achte Buch BG verfaßte: BG 8 praef. Zu Hirtius: Broughton, The Magistrates II, S. 274; Der Kleine Pauly, Bd. 2, S. 1183; Gelzer, Caesar Politiker, S. 123 A 141.

»Meist schlief er«: Plutarch, Caes. 17, 4–7. Gleichzeitiges Diktieren mehrerer Briefe auch: Plinius n. h. 7, 91.

*Caesars Werk De Analogia:* Sueton, Caes. 56, 5; Aulus Gellius 1, 10. H. Drexler, Parerga caesariana, Hermes 1935, S. 203–234. Hierzu: Gesche, Caesar, S. 182–183.

»reines, gewähltes Latein«: E. Zinn, in: Lexikon der Antike, Literatur, Bd. 1, S. 281. »Wie der Schiffer«: Übersetzung von Gelzer, Caesar Politiker, S. 126 *(tamquam scopulum, sic fugias inauditum atque insolens verbum).*

Caesars Widmung: Cicero, Brut. 253. Hierzu: Gelzer, Caesar Politiker, S. 126. Dort, A 158, auch zu Ciceros Befragung seines Bruders: Cicero, ad Q. fr. 2, 15, 5. Ciceros Plan eines Britannien-Epos: Cicero, ad Q. fr. 2, 14, 2. Begonnen: ad Q. fr. 2, 16, 4. Abbruch im September 54: ad Q. fr. 3, 4, 4. 5, 4.

»trotz allem Trennenden«: Gelzer, Caesar Politiker, S. 124.

Briefwechsel: allein Ende August bis September 54 schrieb Caesar dreimal an Cicero: ad Q. fr. 3, 1, 17; 25. ad Att. 4, 18, 5. Begünstigung des Quintus, seit 54 Legat: Cicero, ad Att. 4, 19, 2.

Friedländer, Sittengeschichte I, S. 397, nennt neben den bekannten Villen Ciceros bei Tusculum und Arpinum solche bei: Antium, Astura, Formiae, Cumae, Puteoli und Pompeji.

Darlehen für Cicero (wohl 200 000 Denare): Cicero, ad Q. fr. 2, 10, 5. ad Att. 5, 1, 2. 4, 3. Hierzu und zusätzliche Geldquellen: Meyer, Caesars Monarchie, S. 200/201.

Bitten Ciceros für Schützlinge: Cicero, fam. 7, 5, 2. 8, 1. ad Q. fr. 2, 13, 3. 3, 1, 10. »möge doch nicht«: Gelzer, Caesar Politiker, S. 125.

Ciceros Verteidigung des Balbus, September 56, gemeinsam mit Pompeius und Crassus: Cicero, Balb. 17.

Verteidigung des Vatinius, August 54: Cicero, ad Q. fr. 2, 15, 3.

Erfolglose Verteidigung des Gabinius: Dio Cassius 39, 63, 3–5.

Ärgernis über Ciceros Verhalten kommt in einer im August 54 verfaßten Invektive gegen ihn zum Ausdruck, deren Verfasser (Sallust?, Piso?) ungewiß ist: Meyer, Caesars Monarchie, S. 163–165. Aufschlußreich ist: F. Oertel, Sallusts Invektive gegen Cicero, in: Klein, Das Staatsdenken, S. 446–471.

»behandelte ihn Caesar«: Gelzer, Caesar Politiker, S. 124. Dargelegt bei: Cicero, fam. 1, 9, 11–18. Gelzer, S. 123–125, erschließt überzeugend Ciceros Verhalten.

»Unter allen Leuten«: Cicero, ad Q. fr. 3, 5, 4.

Rückzug Ciceros aus der Tagespolitik: Giebel, Cicero, S. 65.

»weil ich dadurch«: Cicero, de div. II 1, 4, 6.

Wahl der Consuln für 55, verzögert auf Januar 55: Dio Cassius 39, 31; Plutarch, Cato min. 41, 3–42, 1. Pomp. 52, 1–2.

Zuteilung der Provinzen für Pompeius und Crassus: Dio Cassius 39, 33, 2; Plutarch, Pomp. 52, 4. Cato min. 43, 1–7.

Tod des Crassus bei Carrhae: Plutarch, Crass. 31–33.

»geistig und moralisch«: Gelzer, RE 13, S. 331.

Verlängerung von Caesars Statthalterschaft um weitere fünf Jahre: Dio Cassius 39, 36, 2; Plutarch, Pomp. 52, 4. Cato min. 43, 8; Appian 2, 65.

*Kapitel 30. Über den Rhein und nach Britannien*

Frühere Rückkehr zum Heer: BG 4, 6, 1.

Ungute Nachrichten: BG 4, 5, 1.

*Unternehmen gegen die Usipeter und Tencterer:* BG 4, 4–15; Dio Cassius 39, 47, 1–48, 2; Plutarch, Caes. 22, 1–5; Appian Celt. 18, 1–4. Hierzu: Jullian, Histoire III, S. 319 ff.; Holmes, Caesar's conquest, S. 680–693.

Westlich von Koblenz: Caesar selbst nennt, BG 4, 15, 2, den »Zusammenfluß von Maas und Rhein«, was von der Forschung als fälschlich erkannt wurde. Es müßte wohl heißen: »Zusammenfluß von Mosel und Rhein«, wie es dem Zug der beiden Völker, BG 4, 6, entspräche. Hierzu: Gelzer, Caesar Politiker, S. 116 A 110.

430 000 Köpfe: BG 4, 15, 3. 400 000: Plutarch, Caes. 22, 5.

300 000: Plutarch, Cato min. 51, 1. Nach BG 4, 16, 3 befand sich die Reitertruppe der Germanen jenseits des Rheins und vereinigte sich mit den Geflohenen.

*Catos Anklage:* Plutarch, Cato min. 51, 1–5. Caes. 22, 4; Appian Celt. 18, 2. Hierzu: Gelzer, Caesar Politiker, S. 119 A 118. Religiöse Begründung: Zwei Monate zuvor hatte Cicero gegen Caesars Schwiegervater Calpurnius Piso ähnlich argumentiert: Cicero, Pis. 84. 85.

Dankfest (wohl im November 55): BG 4, 38, 5; Dio Cassius 39, 53, 2; Cicero, ad Att. 4, 13, 1. Cicero fehlte in der Senatssitzung. Fälschlich nennt Plutarch, Cato min. 51, 1, die Vernichtung der Germanen als Grund für das Dankfest.

*Erster Rheinübergang:* BG 4, 16–19; Dio Cassius 39, 48, 3–49, 2; Plutarch, Caes. 22, 6–23, 1; Cicero, Pis. 81; Sueton, Caes. 25. Aus der umfangreichen Literatur, zumal wegen des Brückenbaues, seien als maßgebend genannt: Gesche, Caesar, S. 96–99; Saatmann, Caesars Rheinbrücke; Holmes, Caesar's conquest, S. 694–709. Jullian, Histoire III, S. 321, vertritt die sonst abgewiesene und nicht glaubhafte Meinung, Caesar habe jenseits des Rheins weitere Kriegsunternehmungen geplant. Lokalisierung der Brücke im »Neuwieder Becken«: Gelzer, Caesar Politiker, S. 117; Oppermann, Caesar in Selbstz., S. 72.

»Wunderwerk«: Plutarch, Caes. 22, 6. »in großartiger Weise«: Dio Cassius 39, 48, 4.

*Erster Zug nach Britannien:* BG 4, 22–38; Dio Cassius 39, 51–53, 1; Plutarch, Caes. 23; Livius, perioch. 105; Velleius Paterculus 2, 46, 1. Hierzu: Gesche, Caesar, S. 99–101; Holmes, Ancient Britain, S. 310–325; Dion, Les campagnes de César, S. 186–209.

»direkte Vorstufe«: Gesche, Caesar, S. 100. Vor allem Dion, Les campagnes, wies den vorbereitenden Zusammenhang mit der Rheinüberquerung nach.

Reichtum Britanniens: BG 5, 12, 3–5; Strab. 4, 199. Hoffnung auf besonders große Perlen: Sueton, Caes. 47.

Caesars eigene Begründung: BG 4, 20.

»dauernde Besitzergreifung«: Gelzer, Caesar Politiker, S. 118.

Napoleon III., Histoire II, S. 166–171, auch Holmes, Caesar's conquest, S. 432 ff., sahen Caesars Portus Itius (BG 5, 2) noch anstelle des heutigen Boulogne. Nach neuerer Forschung, nachgewiesen durch Dion, Les campagnes, S. 204 ff., lag der Einschiffungshafen westlich von Calais.

»des großen Caesar Siegesmale«: Catull, Liebesgedichte, carm. 11, 10–12. Catull wurde dreißig Jahre alt, er starb wohl im Jahre 54.

»während des Winters«: BG 5, 1, 1–4.

Abwehr der Piruster: BG 5, 1, 5–9.

Zug zu den Treverern: BG 5, 2, 4–4, 4.

Widerstand des Dumnorix: BG 5, 6–7. Zu Dumnorix: BG 1, 17–19. Vgl. auch 24. Kapitel.

*Zweiter Zug nach Britannien* im Jahre 54: BG 5, 8–23; Dio Cassius 40, 1–3; Plutarch, Caes. 23, 4; Appian Celt. 1, 5, 19. Cicero war durch seinen Bruder Quintus, der als Legat mitfuhr, gut informiert: Cicero, ad Q. fr. 2, 15, 4. 3, 1, 10. 3, 4. ad Att. 4, 15, 10. 16, 7. 18, 5. fam. 7, 6, 2. 7, 1. 17, 3.

»wegen gewisser Unruhen«: BG 5, 22.

Nach einem Brief des Quintus vom 25. September 54 befand er sich wieder auf gallischem Boden. Hierzu: Gelzer, Caesar Politiker, S. 129 A 165 u. 166.

*Kapitel 31. Aufstände zwischen Seine und Rhein*

Aufruhr der Carnuten: BG 5, 25.

Verteilung der Winterlager wegen schlechter Ernte: BG 5, 24.

Aufstand der Eburonen (Ambiorix) und Nervier: BG 5, 26–52; Dio Cassius 40, 5–10; Plutarch, Caes. 24; Sueton, Caes. 25, 2. Hierzu: Seel, Ambiorix; Jullian, Histoire III, S. 365–408. 15 Kohorten bildeten eineinhalb Legionen. Nach Sollstärke etwa 9000 Krieger, nach Caesars vermuteter Einsatzstärke etwa 7500.

Caesar ließ sich Haar und Bart wachsen: Sueton, Caes. 67, 2.

Aufstand der Treverer, Tötung des Indutiomarus: BG 5, 47. 55–58.

Senonen verjagen ihren König: BG 5, 54.

Aufstellung von drei Legionen, davon eine von Pompeius: BG 6, 1.

Zug gegen die Nervier: BG 6, 3, 1–3.

Hauptquartier nach Lutecia (Paris): BG 6, 3, 4–6.

Unterwerfung der Senonen und Carnuten: BG 6, 4.

»Der Sommer«: BG 6, 4, 3.

Labienus besiegt die Treverer: BG 6, 7–8; Dio Cassius 40, 31, 2–6.

Plünderungszug gegen die Menapier: BG 6, 5–6.

*Zweiter Rheinübergang:* BG 6, 9–10. 29, 1–3; Dio Cassius 40, 32, 1–2. Bei Caesar ist eingeschoben (BG 6, 11–28) der Bericht über die Sitten der Gallier und Germanen zur ethnographischen Unterscheidung beider Völker. Die Kapitel 6, 11–24 sind als echt anerkannt; siehe Rasmussen, Caesar, S. 365 ff. Zum Forschungsstand, zumal der fraglichen Verfasserschaft für BG 6, 25–28: Gesche, Caesar, S. 83–87.

Vernichtung der Eburonen: BG 6, 29, 4–43, 6; Dio Cassius 40, 32, 3–5. Caesar sah in den Eburonen cisrhenanische Germanen (hierzu: Seel, Ambiorix, S. 50 A 1). Vielleicht mit ein Grund zu ihrer totalen Ausrottung.

Landtag in Reims, Tötung des Acco: BG 6, 44. Dort auch Winterlager der Legionen.

Zu den politischen Krisenverhältnissen in Rom: siehe 34. Kapitel.

*Kapitel 32. Der Freiheitskampf des Vercingetorix*

*Der Kampf des Vercingetorix:* BG 7, 1–90; Plutarch, Caes. 25–27; Dio Cassius 40, 33–41; Florus 1, 45, 20–26; Velleius Paterculus 2, 47, 1; Livius, perioch. 107. 108; Orosius 7, 11, 1–11. Aus der umfangreichen Literatur hier die wohl wichtigsten Darstellungen: Jullian, Histoire III, S. 418–535; Jullian, Vercingétorix; Gorce, Vercingétorix; Gelzer, Vercingetorix, RE 8 A, S. 981 ff.; Forschungsbericht: Gesche, Caesar, S. 101–112.

Vercingetorix »Freund Roms«: Dio Cassius, 40, 41, 1.

Sein Vater, der Arvernerfürst Celtillus: BG 7, 4, 1; Plutarch, Caes. 25, 5. Nach Gorce, Vercingétorix, S. 105, war Celtillus »der Papst der Druiden«, etwa »das geistige Oberhaupt aller Gallier«.

Aufstand der Carnuten: BG 7, 2–3.

Mordversuch an Commius: BG 8, 23, 4–6.

Zur Datierung von Caesars Rückkehr Ende Februar 52: Gelzer, Caesar Politiker, S. 136 A 206 u. S. 141.

Situation in Narbo, über die Cevennen: BG 7, 7–8. Caesar stellte 22 Kohorten in der Provinz auf: BG 7, 65, 1.

Zerstörung von Cenabum: BG 7, 11.

400 germanische Reiter: BG 7, 13.

Belagerung und Eroberung von Avaricum: BG 7, 16–28; Dio Cassius 40, 34; Orosius 6, 11, 1–4.

Nachschubbasis Noviodunum, Teilung des Heeres: BG 7, 55, 1–3. 34,2; Dio Cassius 40, 38, 2.

Revolte der Haeduer: BG 7, 37–40. 42–43.

*Niederlage vor Gergovia:* BG 7, 43–53; Sueton, Caes. 25, 2; Orosius 6, 11, 6. Caesar habe seinen Mißerfolg untertrieben, bemerken: Jullian, Histoire III, S. 465–479; Holmes, Caesar's conquest, S. 211–214; noch stärker betont bei: Rambaud, L'art de la déformation, S. 170.

Vernichtung von Noviodunum: BG 7, 55.

Keltischer Bund ohne Remer, Lingonen, Treverer: BG 7, 63.

Truppenzusammenführung bei Agedincum: BG 7, 62.

Germanische Reitertruppe: BG 7, 65, 4–5.

Sieg bei Dijon: BG 7, 66–67; Plutarch, Caes. 26; Dio Cassius 40, 39, 2–3. Zur Lokalisierung bei Dijon: Gelzer, Caesar Politiker, S. 146 A 262.

»Er lächelte«: Plutarch, Caes. 26, 4.

*Belagerung von Alesia:* BG 7, 69–74. Kampf und Sieg Caesars: BG 7, 75–89. Dio Cassius 40, 40, 1–4; Plutarch, Caes. 27, 1–4. Zu Alesia: Harmand, Une campagne; Gelzer, RE 8 A, S. 999–1001; Gesche, Caesar, S. 103–108 (auch zur Wertung des Vercingetorix); Carcopino, Alésia; Jullian, Histoire III, S. 502–504 (mit der Lokalisierung auf Alise-Sainte-Reine auf dem Mont Auxois).

Von Caesar genannte Zahlen: BG 7, 75–76.

Ausweisung der Kampfunfähigen aus Alesia: BG 7, 78. Der grausame Entschluß wird von Gorce, Vercingétorix, S. 255–256, dahingehend gedeutet oder abgemildert, daß mit ihren Frauen auch die Männer der Mandubier ihre Stadt verlassen mußten. Aber das ist Vermutung.

»größten und entscheidendsten Kriegstaten«, »Offensive und Defensive«: Veith, Caesar als »Vater der Strategie«, S. 373, 374. Auf den Einsatz der »beweglichen Reserve« verweist auch: Oppermann, Caesar in Selbstz., S. 87.

*Vercingetorix kapituliert:* BG 7, 89; Dio Cassius 40, 41. 43, 19, 4; Plutarch, Caes. 27, 8–10; Florus 1, 45, 23–26; Orosius 6, 11, 11. Mommsen, Röm. Gesch. III, S. 292, schreibt zu Vercingetorix: »Das ganze Altertum kennt keinen ritterlicheren Mann in seinem innersten Wesen wie in seiner äußeren Erscheinung.« Bei aller erkennbaren und erkannten Größe des Vercingetorix bleibt diese Charakterisierung doch sehr fraglich. Gerade dem von Mommsen so singulär hervorgehobenen »Ritterlichen« widerspricht das Verhalten des Galliers, etwa bei der Preisgabe der mandubischen Frauen, Kinder und Greise. Zur Wertung des Vercingetorix: Gesche, Caesar, S. 107/108.

Vorzugsbehandlung der Haeduer und Arverner: BG 7, 89, 5–90, 3.

Die Legionen blieben in Mittelgallien und nördlich bei den Remern. Caesar blieb in Bibracte.

Zwanzigtägiges Dankfest: BG 7, 90, 8.

*Kapitel 33. Rechenschaft über Gallien*

Caesar in Bibracte: BG 7, 90, 8. 8, 4, 2.

Aufstand der Biturigen: BG 8, 1–4.

Revolte der Bellovaker und Niederwerfung: BG 8, 6–23, 2; Dio Cassius 40, 42–43, 1. Hierzu: Gelzer, Caesar Politiker, S. 150 A 277.

Eine Legion, die XV., in die Cisalpina: BG 8, 24, 3.

Verwüstung des Eburonenlandes: BG 8, 24–25.

Aufstand und Kapitulation von Uxellodunum: BG 8, 30. 32–37. 39–43; Orosius 6, 11, 20–28. Uxellodunum ist nicht genau zu lokalisieren. Meist wird Puy d'Issolu bei der Dordogne genannt. Napoleon III., Histoire II, S. 345–346, hat Ausgrabungen vornehmen lassen, wobei römische Minengänge entdeckt wurden.

Bestrafung der Rebellen, »Caesar wußte«: BG 8, 44; Orosius 6, 11, 29–30.

Caesar in Aquitanien und der Narbonensis: BG 8, 46.

Winter 51/50 in Arras: BG 8, 46.

Commius, der auch zu den Befehlshabern des gallischen Massenheeres vor Alesia gehörte, ergab sich dem Quaestor Marcus Antonius: BG 8, 47–48.

Aulus Hirtius, der Verfasser des 8. Buches BG, war wohl seit 54 bei Caesar in Gallien. Hierzu: Gelzer, Caesar Politiker, S. 123 A 141; Broughton, The Magistrates II, S. 274; von der Mühll, RE 8 A, 1963 ff.

»durch berechnete Abwechslung«: Meyer, Caesars Monarchie, S. 251.

»Kein Krieg sollte«: BG 8, 49.

»Caesar anklagen«: Sueton, Caes. 30, 3. Nur ohne Kommando, als Privatmann konnte Caesar angeklagt werden. Darum sein Bemühen um Verlängerung des Proconsulats: Appian 2, 25, 97; Plutarch, Caes. 29, 1. Innerrömische Situation: vgl. 34. Kapitel.

*Publikation der sieben Bücher BG im Frühjahr 51:* Gelzer, Caesar Politiker, S. 155; Knoche, Caesars Commentarii, S. 144; Oppermann, Probleme und heutiger Stand, S. 509.

»den gebührenden propagandistischen«: Gesche, Caesar, S. 82.

»sollte die römische Öffentlichkeit«: Diller, Caesar und Ariovist, S. 189.

»seien zu ungenau«: Sueton, Caes. 56, 4. Asinius Pollio (76 v.–5 n. Chr., Consul 40) war Caesarianer und Freund Catulls. Sueton, Plutarch, Appian haben sein Geschichtswerk, das verlorenging, gekannt. Hierzu: Gesche, Caesar, S. 8, 71, 72, 77; Meyer, Caesars Monarchie, S. 608–609, 615.

*Historische Glaubwürdigkeit:* Gesche, Caesar, S. 71–78.

»Deformation«: Rambaud, L'art de la déformation. Schon der Titel läßt die Tendenz dieser Abhandlung erkennen. Ähnlich unterstellt Walser, Caesar und die Germanen (auf die Germanen-Berichte bezogen), eine tendenziös verzerrte und verfälschte Darstellungsweise. Zu Rambaud bemerkt Oppermann, Neuere Forschungen zur Glaubwürdigkeit Caesars, S. 265: »Die ganze These Rambauds stellt eine große petitio principii dar. Alle seine so scharfsinnig entwickelten Gedanken setzen Caesars Absicht, die Wahrheit zu seinem Vorteil zu entstellen, voraus, ohne sie zu beweisen.« Hierzu auch: Oppermann, Probleme und heutiger Stand, S. 518–522. Knoche, Caesars Commentarii, setzt trotz Caesars Einflußnahme auf die »Urteils- und Willensbildung« auf die historische Wahrheitstreue.

Seel, Ambiorix, S. 86/87, betont die »Selbstrepräsentation eines der geprägtesten und prägendsten Römer ... Trotzdem ist es, wie mir scheint, nicht nur unangemessen, sondern geradezu sachlich falsch, von gröblicher Fälschung, tendenziöser Propaganda und barer Lüge zu reden.«

»voll von Verschleierungen«: Meyer, Caesars Monarchie, S. 620, auch S. 245.

»allein schon die im Grunde«: Gesche, Caesar, S. 77.

»teilweise ungeheuerlicher«: Strasburger, Caesar im Urteil, S. 73.

*Abfassungszeit des Bellum Gallicum:* Gesche, Caesar, S. 78–83. Jahrweise Abfassung und Publikation: vor allem Barwick, Caesars Commentarii und Zur Entstehungsgeschichte. Die einheitliche Abfassung vertreten: Mommsen, Röm. Gesch. III, S. 615 f.; Oppermann, Probleme und heutiger Stand, S. 506–508 (ausführlich erörtert); Knoche, Caesars Commentarii, S. 144; Seel, Caesar-Studien, S. 11–12. Pascucci, La Compositione, legt dar, wie die Jahresberichte als Grundlage der einheitlichen Darstellung dienten. Gelzer, Caesar Politiker, S. 155, betont die »zusammenfassende Bearbeitung seiner Feldzugsberichte«.

»setzt das Ganze voraus«: Seel, Caesar-Studien, S. 12.

»vorzüglich geeignet«: E. R. Curtius, Europäische Literatur, S. 61 A 1.

»Wunderwerk von Präzision«: Seel, Caesar-Studien, S. 12.

»Befähigung zum Schreiben«: Hirtius, BG 8 praef. 7.

»ungekünstelte und lichtvolle Kürze« *(nihil est enim in historia pura et inlustri brevitate dulcius):* Cicero, Brut. 75, 262. Dort auch: »nüchtern, zutreffend«. Übernommen von Sueton, Caes. 56.

»weiter entwickelt«: Oppermann, Probleme und heutiger Stand, S. 505. Dort auch, S. 499–505, zum Gattungsbegriff des *commentarius.* Zum Autor Caesar: Gesche, Caesar, S. 70 ff., 182–186; Oppermann, Caesar, der Schriftsteller; Adcock, Caesar als Schriftsteller; Gelzer, Caesar als Historiker; Deichgräber, Elegantia Caesaris. Vgl. auch 29. Kapitel zu Caesars *De Analogia.*

Für Gallien »Wünschbaren«: hierzu Strasburger, Caesar im Urteil, S. 73.

Zahlen der Besiegten, Gefangenen, Getöteten: Plutarch, Caes. 15, 5. Appian Celt. 1, 6 nennt 4 Millionen Besiegte. 1 192 000 Getötete: Plinius n. h. 7, 92.

Jährlicher Tribut: Sueton, Caes. 25, 1. 40 Millionen Sesterzen (10 Millionen Denare) entsprachen etwa 7 bis 8 Millionen Goldmark.

Finanzierung von Bauwerken: Sueton, Caes. 28, 1. Für die Basilica Aemilia im Jahre 50 1500 Talente (etwa 10 Millionen Denare): Plutarch, Caes. 29, 3. Pomp. 58, 2. Bau der Basilica Iulia im Jahre 54 begonnen: Sueton, Caes. 26, 2; Cicero, ad Att. 4, 16, 8.

Plünderung keltischer Heiligtümer: Sueton, Caes. 54, 2.

Verminderung des Goldpreises um 30 Prozent: Sueton, Caes. 54, 2.

»natürlichen Freiheitsliebe«: BG 3, 10, 3.

»ob Caesar einen vorsätzlichen«: Gesche, Caesar, S. 110. Galliens Unterwerfung nicht »von langer Hand her« vorgeplant: Oppermann, Caesar in Selbstz., S. 50; Hoffmann, Zur Vorgeschichte von Caesars Eingreifen in Gallien. Vgl. auch 23. Kapitel. Hauptgründe gegen einen *vorbereiteten* Eroberungskrieg: die Interessenlage Roms, Unkenntnis und Informationsmängel in bezug auf Gallien und die Helvetier, der überstürzte Anfang, die unzureichende militärische Ausstattung (eine Legion). Hierzu: Timpe, Caesars Gallischer Krieg, S. 212–213; Drexler, Die moralische Geschichtsauffassung; Timpe, Rechtsformen.

»Sendungsbewußtsein«: Drexler, Die moralische Geschichtsauffassung, S. 170.

»Du bist ein Römer«: Vergil, Aeneis VI, 847 ff. Übersetzung nach Ed. Norden. Ähnlich lautet eine von Tacitus, ann. 13, 56, 1, überlieferte Bemerkung, als die germanischen Ampsivarier Land forderten: »Sie hätten dem Gebot der Besseren sich zu beugen; denn es sei Ratschluß der Götter, die sie anriefen, daß die freie Entscheidung, zu geben oder zu nehmen, bei den Römern liege, die keine anderen Richter duldeten als nur sich selbst.« (Entnommen: Drexler, Die moralische Geschichtsauffassung, S. 173.)

*Kapitel 34. Terror in Rom*

»große Taten«: Plutarch, Caes. 28, 2.

»zahlreichere und längere«: Sueton, Caes. 24, 3.

*Tod der Julia:* Sueton, Caes. 26, 1. 84, 1; Plutarch, Caes. 23, 5–7. Pomp. 53, 2–7; Cicero, ad Q. fr. 3, 1, 17; 25. 8, 3. ad fam. 7, 9, 1. (Kurze Zeit vorher war Caesars Mutter gestorben.)

»Bald ungünstige Auspicien«: Meyer, Caesars Monarchie, S. 208. Dort, S. 207–245, ausführlich mit Quellen zur Anarchie und Vorbereitung des Bruchs zwischen Pompeius und Caesar.

Milo »Günstling der Optimaten«: Syme, Röm. Revolution, S. 41.

Cicero auf der Via Sacra angegriffen: Cicero, pro Mil. 37.

Ermordung des Clodius: Cicero, pro Mil. 29; Asconius, in Milon. argum. 4–6. Verbrennung und Brand der Curie: Asconius, in Milon. argum. 7–9.

*Pompeius' Wahl zum alleinigen Consul (sine collega):* Plutarch, Cat. min. 47. Pomp. 54; Dio Cassius 40, 50.

Milo wurde am 8. April 52 verurteilt und verbannt: Asconius, in Milon, argum. 29–32. Cicero, der Milo verteidigte, konnte seine Rede nicht halten. Seine Rede *pro Milo* verfaßte er nachträglich. Hierzu: Meyer, Caesars Monarchie, S. 236 A 2.

*Caesar in Ravenna:* Datierung nach BG 7, 6, 1 u. 7, 8, 2. Offenbar war Pompeius schon zum Consul gewählt.

Caesars Heiratsvorschlag: Sueton, Caes. 27, 1.

Pompeius heiratet Cornelia: Plutarch, Pomp. 55; Dio Cassius 40, 51, 2–3; Lucan. 3, 23; Appian 2, 95.

Pompeius' Zusage zur Kandidatur Caesars in Abwesenheit: Sueton, Caes. 26, 1; Dio Cassius 40, 51, 2; Caesar BC 1, 9, 2. 32, 3. Ciceros Unterstützung: Cicero, ad Att. 7, 1, 4. 3, 4. 6, 2. ad fam. 6, 6, 5.

Zustandekommen des Plebiszits gegen Catos Widerspruch: BC 1, 32, 3; Dio Cassius 40, 51, 2.

»welche eine Rechtsgrundlage«: Gelzer, Caesar Politiker, S. 138.

*Gesetze des Pompeius:* fünfjährige Wartezeit für die Statthalterschaft: Dio Cassius 40, 30, 1. 56, 1; BC 1, 6, 5. Persönliche Anwesenheit des Bewerbers: Dio Cassius 40, 56, 1–3; Sueton, Caes. 28, 3.

Gelzer, Pompeius, S. 178, auch Caesar Politiker, S. 139 A 218, glaubt »nicht an Arglist des Pompeius«. Anders Meyer, Caesars Monarchie, S. 243 A 1, wonach Pompeius »sehr wohl wußte, was er tat«.

»er redet gern anders«: Cicero, ad fam. 8, 1.

»Nichts hat unser Pompeius«: Cicero, ad Att. 8, 3, 3. Übersetzung: H. Kasten, Atticus-Briefe.

Caesars Antrag und Publizierung des BG: siehe 33. Kapitel.

Erklärung des Consuls Marcus Marcellus: Sueton, Caes. 28, 2. Zur Datierung: Cicero, ad Att. 5, 2, 4.

Aufhebung des Bürgerrechts für Novum Comum: Sueton, Caes. 28, 3; Plutarch, Caes. 29, 2 (mit Auspeitschung, die an keinem römischen Bürger vorgenommen werden durfte).

Votum Scipios für den 1. März 50: Caelius an Cic. fam. 8, 5, 2–3. 9, 5. Beschluß des Senats: Caelius an Cic. fam. 8, 8, 5–10. »Was, wenn mein Sohn«: Caelius an Cic. fam. 8, 8, 9.

Umfassend zur Problematik des Stichtages 1. März 50: Gesche, Caesar, S. 113–121. Hierzu auch: Meyer, Caesars Monarchie, S. 255–257; Gelzer, Caesar Politiker, S. 159–161, besonders A 328. Der offizielle Endtermin 1. März 50 gilt als gesichert. Eine Problematik ergab sich aus der Berechnung von Caesars Statthalterschaft, beginnend Anfang 58, sofern das zweimalige *quinquennium* auf zwei volle Fünfjahresperioden angerechnet wurde. Gesche, Die quinquennale Dauer, bietet eine überraschend neue Lösung mit der kürzeren Befristung der sogenannten *quinquennien* auf jeweils ca. 4 Jahre. Das würde die Unsicherheit der Terminierung beseitigen.

Doppelter Sold: Sueton, Caes. 26, 3. Weitere Rüstungen Caesars: Dio Cassius 40, 60, 1. Verhalten Caesars (Freigebigkeit, Finanzierungen, Bauten usw.): Sueton, Caes. 26, 2–28, 2. Siehe hierzu 33. Kapitel.

*Kapitel 35. Über den Rubikon*

*Zu Curio:* Velleius Paterculus 2, 48, 3–4; Caelius an Cic. fam. 8, 10, 3–4. 6, 4–5; Dio Cassius 40, 60–62, 2; Appian 2, 26, 101–102; Sueton, Caes. 29. Hierzu: Meyer, Caesars Monarchie, S. 259–263; Gelzer, Caesar Politiker, S. 162/163; W. K. Lacey, The Tribunate of Curio.

»genialen Taugenichts«: Chr. Meier in: Lexikon der Antike, Geschichte, Bd. 3, S. 166. »gefeiert«: Appian 2, 27, 103–106; Dio Cassius 40, 62, 3–4.

*Senatssitzung am 1. März 50:* Meyer, Caesars Monarchie, S. 261–263; Gelzer, Caesar Politiker, S. 163. Nach Cicero, ad Att. 6, 3, 4, soll Curio mit dem amtierenden Consul Paullus zusammengearbeitet haben.

Vorschlag für den 13. November 50: Caelius an Cic. fam. 8, 11, 3. Abstellung von zwei Legionen: BG 8, 54, 2; Appian 2, 29, 115; Plutarch, Caes. 29, 4. Hierzu: Meyer, Caesars Monarchie, S. 265 A 2.

Caesars Armee »Ende des Jahres«: Meyer, Caesars Monarchie, S. 264.

Entscheidung Mai/Juni, »ohne daß er«: Caelius an Cic. fam. 8, 13, 2.

»überraschende Stimmungsumschwung«, Verbindung zu Pompeius' Abwesenheit: Ottmer, Rubikon-Legende, S. 74.

Pompeius' Erkrankung und triumphale Rückkehr: Plutarch, Pomp. 57.

Pompeius' und Caesars Forderungen im September 50: Caelius an Cic. fam. 8, 14, 2. Dort auch »verborgene Rivalität«.

»Stolz und aufgeblasen«: Plutarch, Caes. 29, 4.

»einen augenfälligen«: Plutarch, Caes. 30, 1. Auch: Pomp. 58, 2; BG 8, 52, 4.

*Caesar in der Cisalpina:* Hirtius BG 8, 50–51. Hirtius' Zeitangabe ist ungenau, denn die Augurwahl fand im September statt: Plutarch, Ant. 5, 2; Caelius an Cic. fam. 8, 14, 1; Cicero, Brut. 324.

Calpurnius Piso vermittelte im Oktober 50 zugunsten Caesars, verurteilte jedoch Caesars Kriegseröffnung scharf, verhielt sich dann neutral: Cicero, ad Att. 7, 13, 1; Strasburger, Caesar im Urteil, S. 36.

Acht Legionen in Gallien: Hirtius BG 8, 54, 3–5.

»Etwa Anfang Juli«: Ottmer, Rubikon-Legende, S. 18.

XIII. Legion nach Oberitalien: Hirtius BG 8, 54, 1–2.

*Am 15. Oktober* »vier Legionen nach Placentia«: Cicero, ad Att. 6, 9, 5. »Dem war freilich nicht so«, schreibt Gelzer, Caesar Politiker, S. 168. Dort auch »bewaffnete Drohung«. Mommsen, Röm. Gesch. III, S. 369: »vollständige Grundlosigkeit des Gerüchts«.

»offenbar den Tatsachen entsprach«: Ottmer, Rubikon-Legende, S. 36. Hier, S. 15–38, ausführlich und präzis zu Caesars Armeestärke im Herbst 50 und vor Ausbruch des Krieges, auch zu den Legionen VIII und XII »im Herbst 50« (S. 28) in Oberitalien. Ottmer, S. 98, spricht von »subtiler, systematischer Geschichtsfälschung«, indem Hirtius im 8. Buch BG (nicht Caesar!) »wichtige Informationen« verschwieg.

Demgegenüber gab Caesar nach Gelzer, Caesar Politiker, S. 170/171, erst nach dem 10. Dezember den beiden Legionen und 22 Kohorten der Gallia Narbonensis den Marschbefehl nach Oberitalien. Ebenso Meyer, Caesars Monarchie, S. 278. Jedoch betont Meyer, S. 265, starke Rekrutierungen in der Provinz Cisalpina, aus denen »mindestens zwei neue Legionen gebildet« wurden, dazu »noch eine Anzahl noch nicht zu Legionen formierter Kohorten«.

22 Kohorten in der Provinz Cisalpina neuaufgestellt, *ex novis Galliae dilectibus:* BC 1, 18, 5. Von »Transpadani«, neben »elf Legionen, Reiterei, soviel er will«, spricht Cicero, ad Att. 7, 7, 6.

»krasser Führungsfehler«, »spätestens seit«: Ottmer, Rubikon-Legende, S. 35, 36.

*Die letzte Phase,* Dezember 50 bis 10. Januar 49, ausführlich bei: Meyer, Caesars Monarchie, S. 271–291; Gelzer, Caesar Politiker, S. 170–178.

Abstimmung im Senat 1. Dezember 50 (370 gegen 22 Stimmen): Appian 2, 30, 119; Plutarch, Pomp. 58, 6–10; Dio Cassius 40, 64, 1–4.

Marcellus überträgt Pompeius das Kommando: Appian 2, 31, 120–123; Plutarch, Pomp. 59, 1–2; Dio Cassius 40, 66, 1–3.

Zugeständnisse Caesars, Vermittlung Ciceros: Plutarch, Caes. 31. Pomp. 59; Sueton, Caes. 29. Aufschlußreich zur Situation: Cicero, ad Att. 7, 3–9.

»in der Tat kein Mittel«: Gelzer, Caesar Politiker, S. 171. Hierzu: Hirtius BG 8, 55, 2.

Die »Rechtsfrage« vor allem von Mommsen, Die Rechtsfrage, in den Vordergrund gerückt. Hierzu: Gesche, Caesar, S. 114 ff.

»der Nachdruck«: Strasburger, Caesar im Urteil, S. 31.

»Letzten Endes«: Syme, Röm. Revolution, S. 49.

Zum Begriff *dignitas:* Drexler, Dignitas. In der neueren Forschung als Beweggrund Caesars begründet bei: Strasburger, Caesar im Urteil, S. 31–33; Meier, Caesars Bürgerkrieg; Raaflaub, Dignitatis Contentio; Bruhns, Caesar und die röm. Oberschicht. Belege bei Caesar: BC 1, 7, 7. 9, 2. 32, 4; 3, 91, 2 (»Ist der Krieg erst zu Ende, wird Caesar seine *dignitas* wiedererlangen«). Auch: Cicero, ad Att. 7, 11, 1 (»er tue dies alles, um seine *dignitas* zu wahren«).

»ungeheuerliche Zumutung«: Meier, Die Ohnmacht, S. 53/54. Dort auch »ohne Schmach«.

»tief und ehrlich gekränkt«: Strasburger, Caesar im Urteil, S. 32.

»die in ihrer politischen«: Gelzer, Caesar Politiker, S. 172. Belegt bei Cicero, ad Att. 7, 7, 5. 11, 1.

*Entscheidung am 7. Januar 49 (senatus consultum ultimum):* BC 1, 5, 2–5; Cicero, ad fam. 16, 11, 2; Appian 2, 129–133; Dio Cassius 41, 3, 1–3; Plutarch, Caes. 30, 4–6; Livius, perioch. 109. Zusammenfassend: Meyer, Caesars Monarchie, S. 287–291.

*Über den Rubikon:* »Der Verzicht«: Appian 2, 35, 140; Plutarch, Caes. 32, 7. »Noch können wir«, »Ein großgewachsener«: Sueton, Caes. 31, 2–32.

»Der Würfel soll«: nach Asinius Pollio bei Appian und Plutarch wie vorstehend. Die vielfach zitierte lateinische Wiedergabe bei Sueton, Caes. 32 *(alea iacta est),* ist unzutreffend. Caesars griechische Zitierung: Plutarch, Pomp. 60, 4. Zusammenfassend: Gelzer, Caesar Politiker, S. 176; Gesche, Caesar, S. 129.

*Kapitel 36. Caesar vor Senat und Volk*

Verhandlungen von Ariminum aus: BC 1, 9, 5–6; Cicero, ad fam. 16, 12, 3. Picenum erobert: BC 1, 15, 1; Cicero, ad Att. 7, 16, 2.

Verhalten der Bevölkerung: Bruhns, Caesar und die röm. Oberschicht, S. 85–87.

19 Kohorten nach Corfinium, 12 schon dort unter Domitius Ahenobarbus: Cicero, ad Att. 8, 11 A.

Caesars XII. Legion bei Cingulum: BC 1, 15. Die VIII. bei Corfinium: BC 1, 18, 5. Datierung bei: Meyer, Caesars Monarchie, S. 279 A 1.

Drei gallische Legionen nach Narbo: BC 1, 37, 1–2.

Truppendisposition zusammengefaßt bei: Ottmer, Rubikon-Legende, S. 38.

Übertritt des Labienus: Cicero, ad Att. 7, 12, 5. 13, 1; Plutarch, Caes. 34, 2; Dio Cassius 41, 4, 3.

»feindselige Stimmung«: BC 1, 6, 2. Dort auch »zehn Legionen«. »auf italischen Boden«: Plutarch, Pomp. 57, 8–9.

*Vorgänge Mitte Januar 49:* Plutarch, Pomp. 60–61, 1. Cat. min. 52; Dio Cassius 41, 6–9.

Aufgabe Roms, Pompeius und Senat nach Campanien: BC 1, 14, 1–3; Cicero, ad Att. 7, 11, 3. 12, 2. 13, 1; Plutarch, Caes. 33, 6.

»Was für eine schändliche«: Cicero, ad Att. 8, 8, 1.

*Sieg von Corfinium:* BC 1, 23; Sueton, Caes. 34, 1; Plutarch, Caes. 34. Caesars Milde: Cicero, ad Att. 9, 16, 1; Sueton, Caes. 75, 1; Plutarch, Caes. 34. Hierzu: Gelzer, Caesar Politiker, S. 184–185.

»Eurem Rat folge ich«: Cicero, ad Att. 9, 7 C.

*Caesar vor Brundisium:* Seine Legionen seit Corfinium auf sechs ergänzt: BC 1, 25, 1. Ausfahrt der Consuln: BC 1, 25, 2. Belagerung Caesars, vergebliches Angebot an Pompeius: BC 1, 26. Ausfahrt des Pompeius: BC 1, 27–28; Plutarch, Pomp. 62, 3. Caes. 35, 2; Dio Cassius 41, 12, 1.

Curio nach Sizilien, Nordafrika; der Legat Valerius nach Sardinien; Entschluß, nach Spanien aufzubrechen: BC 1, 30. Im BC ungenaue Zeitfolge, denn Curio ging mit nach Rom und brach von dort nach Sizilien auf.

»er ziehe gegen«: Sueton, Caes. 34, 2.

*Verhalten Ciceros:* Gelzer, Caesar Politiker, S. 188–190; Giebel, Cicero, S. 86–87.

Stimmungsumschlag bei den Landleuten: Cicero, ad Att. 8, 13. 9, 13, 4. Cicero lobt die »Milde«: ad Att. 9, 11 A, 3. 16, 1.

»das persönlichste«: Oppermann, Caesar in Selbstz., S. 106.

»Richtig vermutest Du«: Cicero, ad Att. 9, 16, 2.

»Deren Lage« und Dialog (bei Cicero in dieser Form): ad Att. 9, 18, 1.

*In Rom Anfang April 49:* BC 1, 32–33. Dort auch »die Leitung«. Der Senat tagte außerhalb des Pomeriums, weil der Imperator die Stadt nicht betreten durfte: Dio Cassius 41, 15, 2. Vor dem Volk, Versprechungen: Dio Cassius, 41, 16, 1; Appian 2, 163. Affäre um den Staatsschatz, im BC nicht erwähnt: Plutarch, Caes. 35 (Berufung Caesars auf Kriegsrecht); Appian 2, 164. Schatzsumme bei: Plinius n. h. 33, 56; Orosius 6, 15, 5. Zu Caesars vermuteter »Verschleierung« der Vorgänge: Oppermann, Probleme und heutiger Stand, S. 512–513.

Letzte Maßnahmen Caesars: Gelzer, Caesar Politiker, S. 194–195. »vor der Abreise«: Cicero, ad Att. 10, 4, 8 (nach einem Bericht Curios, auch die Staatsschatzaffäre).

»nicht gelungen«: Gelzer, Caesar Politiker, S. 193.

*Kapitel 37. Auf dem Landweg nach Spanien*

Caesar vor Massilia: BC 1, 34–26; Dio Cassius 41, 19. Truppenstärke bei Ilerda: BC 1, 39.

Caesars Ankunftsdatum läßt sich aus BC 2, 32, 5 (Feldzugsdauer 40 Tage) errechnen.

Stellungskrieg und Hochwasserkatastrophe: BC 1, 40–51; Dio Cassius 41, 20, 2–21, 1; Appian 2, 168; Lucan 4, 24–120. Nachricht nach Rom: BC 1, 53.

Bei Pompeius in Thessalonike 200 Senatoren: Dio Cassius 41, 43, 2.

Überwindung der Katastrophe: BC 1, 54–55.

*Seesieg vor Massilia:* BC 1, 57–58.

Wichtige Städte zu Caesar (die heutigen Huesca, Tarragona u. a.): BC 1, 60.

Caesars Verfolgungstaktik: BC 1, 61–71.

Toleranz, »durch Klugheit«, Verärgerung der Truppe: BC 1, 72. Auch: BC 1, 81. Verbrüderung der Soldaten, »Seine frühere Milde«: BC 1, 74; Sueton, Caes. 75.

Kapitulation der Pompeianer, Caesars Bedingung: BC 1, 84–85; Appian 2, 172; Lucan 4, 363.

Zwei Legionen nach *Hispania ulterior:* BC 2, 19, 1. Zur Provinz: Siehe 20. Kapitel.

Versammlung in Corduba: BC 2, 21. Corduba, Italica, auch Gades und andere Städte schlossen vor Varro ihre Tore. Übergabe der Provinz: BC 2, 20.

Quintus Cassius Longinus als Statthalter: BC 2, 21, 4; Dio Cassius 41, 24, 2. 42, 15–16. Longinus kam im Jahre 47 bei einem Schiffbruch in der Ebromündung ums Leben.

Massilia kapituliert: BC 2, 22. Auch in Massilia verwehrte Caesar das Plündern, mit ein Grund zur Meuterei bei Placentia.

Caesar zum Dictator ernannt: BC 2, 21, 5; Dio Cassius 41, 36. Bei Appian 2, 48 und Plutarch, Caes. 37, unkorrekt. Hierzu: Meyer, Caesars Monarchie, S. 355 A 2. Zur Rechtsfrage: Mommsen, Röm. Staatsrecht II, S. 147.

40 Schiffe verloren, Niederlage in Illyricum: Orosius 4, 15, 8; Appian 2, 47, 191; Livius, perioch. 110; Dio Cassius 41, 40. Von Caesar, BC 3, 10, 5, nur kurz erwähnt; nach BC 3, 8, 4 ging der Bericht verloren. Hierzu: Meyer, Caesars Monarchie, S. 357 A 3.

Curios Kampf und Vernichtung in der Provinz Africa ausführlich geschildert: BC 2, 23–44.

Meuterei bei Placentia: Appian 2, 47, 191–195; Dio Cassius 41, 26–35; Sueton, Caes. 69; Lucan 5, 246. Die frühere Meuterei bei Besançon: siehe 25. Kapitel.

*Kapitel 38. Dictator für elf Tage*

»von Schrecken erfaßt«: Appian 2, 48, 196. Auch nach Plutarch, Caes. 37, 1–2, wurde Caesar erst in Rom zum Dictator gewählt. Die Übereinstimmung bezeugt einmal mehr, daß Appian und Plutarch aus der gleichen, nicht bekannten Quelle schöpften. Hierzu: Meyer, Caesars Monarchie, S. 608. Dort S. 355 A 2 zur Unstimmigkeit. Richtig bei: Dio Cassius 41, 36; BC 2, 21, 5.

Zu Marius und Sulla: siehe 4. und 6. Kapitel.

Elf Tage in Rom: BC 3, 2, 1; Plutarch, Caes. 37, 2.

Maßnahmen des Dictators: BC 3, 1; Appian 2, 48, 196–199; Dio Cassius 41, 36–38; Plutarch, Caes. 37. Zusammengefaßt bei: Meyer, Caesars Monarchie, S. 364–367.

Den Transpadanern gegebenes Versprechen: siehe 14. Kapitel.

»Nah- und Treuverhältnisse«: Gelzer, Kl. Schriften I, S. 71 f.

Verleihung der Bürgerrechte: Dio Cassius 41, 36, 3. 41, 24, 1. Hierzu: Meyer, Caesars Monarchie, S. 365, 354; Gelzer, Caesar Politiker, S. 204.

Einsetzung der Schiedsmänner und Schuldenregulierung: BC 3, 1, 2–3. 3, 20, 1; Dio Cassius 41, 37, 3. 42, 22, 3; Appian 2, 48, 198; Plutarch, Caes. 37, 2.

Zur wirtschaftlichen Situation: Cicero, ad Att. 7, 18, 4. 9, 9, 4. 10, 11, 2.

Kapitalbegrenzung auf 15 000 Denare: Dio Cassius 41, 38; Tacitus, ann. 6, 16, 1. (15 000 Denare entsprachen etwa 10 000 Goldmark, für die römischen Kapitalisten eine ziemlich harte Limitierung. Zur Umrechnung siehe 10. Kapitel, Anmerkungen.)

»die Schuldner zur Zahlung«: Dio Cassius 41, 38.

Wahl zum Consul für 48: BC 3, 1, 1. Für sein zweites Consulat hatte Caesar die gesetzlich vorgeschriebene Zehnjahresfrist eingehalten.

Nach Gelzer, Caesar Politiker, S. 204, brach Caesar Ende Dezember 49 auf, nach Meyer, Caesars Monarchie, S. 367, Mitte Dezember. Das letztere Datum ist eher glaubhaft, wenn Caesar mit seiner Flotte Brundisium am 4. Januar 48 verließ (BC 3, 6).

Getreidezuteilung an die Plebejer: nur bei Appian 2, 48, 198.

Verabschiedung Caesars und Deutung der Auguren: Appian 2, 48, 199; Dio Cassius 41, 39, 1–4. Dio Cassius hebt die für Caesar günstigen Omina hervor. Anders bei Lucan 5, 395, der absichtsvoll negativ wertet. Mitnahme der Weihegeschenke und Kinderkämpfe bei Dio Cassius.

*Kapitel 39. Der bittere Sieg von Pharsalos*

*Brundisium:* BC 3, 2; Plutarch, Caes, 37, 3.

Nur 5 Legionen am Ort: Plutarch, Caes. 37, 3. 2 weitere Legionen trafen noch ein, denn 7 wurden eingeschifft: BC 3, 6. Nach Holmes, Roman republ. III, S. 434, gingen nicht 15 000 (BC 3, 2, 2), sondern 21 000 Mann an Bord. Hierzu: Ottmer, Rubikon-Legende, S. 7 A 27. Gelzer, Caesar Politiker, S. 205, nennt rund 20 000 Mann.

*Überraschende Landung bei Palaeste:* BC 3, 6, 3; Appian 2, 214. 221–223; Dio Cassius 41, 44, 2–3; Sueton, Caes. 58, 2.

Bibulus vernichtet 30 Frachter: BC 3, 8. Erschwernisse für Bibulus: BC 3, 15. Sein Tod: BC 3, 18, 1.

*Caesars Friedensangebot:* BC 3, 10; Dio Cassius 41, 53, 2–54, 3. Der Vermittler war Lucius Vibullius Rufus, Praefect des Pompeius, bei Corfinium und nochmals in Spanien in Caesars Hand gefallen, beide Male freigelassen.

Panik im pompeianischen Heer: BC 3, 13, 2–4; Appian 2, 230.

Nach Plutarch, Pomp. 65, 3–5, hielt Pompeius das Angebot für eine »Falle«. »Caesars Gnade«: BC 3, 18, 3–5.

Eilmärsche nach Dyrrhachion: BC 3, 13. Dort auch: beide Heere am Apsus. Appian 2, 231–232; Dio Cassius 41, 47, 1–2.

*Zwischenfall mit Labienus:* BC 3, 19; Dio Cassius 41, 47, 2–3.

Zu Labienus: Plutarch, Caes. 34, 5.

Unruhen in Rom: BC 3, 20–22. Caesars Mißtrauen: BC 3, 25.

*Caesars versuchte Bootsfahrt,* »Vorwärts, Freund«: Plutarch, Caes. 38, 3. Ebenso Appian 2, 57, 236. Eine kürzere Fassung bei: Dio Cassius 41, 46, 4; Lucan 5, 585; Florus 2, 13, 37. *(quid times? Caesarem vehis!).* Doch sprach Caesar griechisch. Die Frage nach Caesars »Glück« wurde oft behandelt. Siehe auch: 10. Kapitel mit Anmerkung. Bömer, Caesar und sein Glück, weist für das obige Ereignis nach, daß die Überlieferung nicht von Fortuna spricht (der launischen Glücksgöttin), sondern griechisch von der Tyche, nicht als »blinde hellenistische Tyche, sondern allenfalls als jene personale Tyche der Könige«, hier auf die »charismatische

Kraft der überlegenen Persönlichkeit« Caesars bezogen. Hierzu: Gesche, Caesar, S. 189.

Die Transportflotte landete bei Lissos: BC 3, 26–28.

»Mit eigenen Augen«: BC 3, 30. Auch die Vereinigung der Armeen.

*Caesars Armeestärke:* Gelzer, Caesar Politiker, S. 210/211; Holmes, Roman republ. III, S. 434. Ottmer, Rubikon-Legende, S. 93 A 361, schließt aus BC 3, 89 u. 3, 84, 4 auf 31 000 Mann. Dort, S. 92–95, ausführlich zum Kräfteverhältnis der beiden Heere. Nach Ottmer, A 361, sind Caesars Zahlen über den Gegner übertrieben (54 000 Mann nach BC 3, 88, 5. 84, 4).

»Ermattungsstrategie«: Ottmer, Rubikon-Legende, S. 95. Hierzu: BC 3, 44. 45. Nach Thessalien, Makedonien und Aetolien schickte Caesar 3 Legionen, 5 Kohorten, dazu Berittene.

*Einkreisung des Pompeius:* BC 3, 41–43; Dio Cassius 41, 49–50, 1. Hierzu: Veith, Dyrrhachium, S. 162. Befestigungslinie: BC 3, 44. Nach Gelzer, Caesar Politiker, S. 212, waren es 25,5 km. Ottmer, Rubikon-Legende, S. 95, korrigiert auf 21 km und Pompeius' Befestigung auf 15 km.

Wurzelbrot aus einer dem Aronsstab verwandten Wurzel: BC 3, 48. »wilden Tieren«: Plutarch, Caes. 39, 2–3; Sueton, Caes. 68, 2. »lieber von Baumrinde«: BC 3, 49, 1.

*Niederlage bei Dyrrhachion:* Pompeius' erster Durchbruchsversuch 8. Juli: BC 3, 51–53. Datierung nach Holmes, Roman republ. III, S. 480. Die Deserteure, Allobroger, Reiteroffiziere, hatten Sold und Beute unterschlagen. Caesar tadelte sie, ohne zu strafen, vorläufig. Offenbar fürchteten beide eine spätere Bestrafung und gingen zu Pompeius über: BC 3, 59–61.

Pompeius' Durchbruch 17. Juli: BC 3, 62–70; Dio Cassius 41, 50, 4–51, 1; Appian 2, 256–260; Lucan 6, 263–313. »Alles war voll Lärm«: BC 3, 69, 4. Bedrohung durch den Fahnenträger: Appian 2, 258–259. Bei Plutarch, Caes. 39, 7, hob ein Flüchtiger das Schwert gegen Caesar.

Caesars Verluste: BC 3, 71, 1. »bisherigen Pläne gescheitert«: BC 3, 73, 1. Auch 3, 70, 1. »Heute hätten«: Plutarch, Caes. 39, 8. Ähnlich bei Sueton, Caes. 36; Appian 2, 62, 260.

*Zu Dyrrhachion:* maßgebend Veith, Dyrrhachium. Zu Dyrrhachion und Pharsalos: Holmes, Roman republ. III, S. 430–481; Drumann-Groebe III, S. 739–752.

*Zu Pharsalos:* Béquignon, RE Suppl. 12, 1970, 1038–1084.

2 Legionen unter Domitius Calvinus stießen bei Aeginium zu Caesar: BC 3, 79.

Plünderung von Gomphi: BC 3, 80.

»alle thessalischen Städte«: BC 3, 81; Plutarch, Caes. 41, 6–8; Dio Cassius 41, 51, 4–5; Appian 2, 267–269.

*Sieg bei Pharsalos:* Caesars Zahlenangaben: BC 3, 84, 4. 88, 3–5. 89, 2; Plutarch, Caes. 42, 3–4.

»dem caesarischen um mehr«: Gelzer, Caesar Politiker, S. 218, ebenso dort A 211. Die Angaben bezweifelt: Ottmer, Rubikon-Legende, S. 93 A 361 u. S. 99. Ottmer, S. 96, nennt Pompeius »um ein paar tausend Mann und seine Reiterei der gegnerischen weit überlegen«.

Vor der Schlacht im Pompeius-Lager: BC 3, 82, 2–83, 4; Plutarch, Caes. 42, 2. Pomp. 67, 9; Appian 2, 285. »Caesars Gärten«: Cicero, ad Att. 11, 6, 6.

»Niemals habe er«: BC 3, 90. Ähnliches Verhalten in Spanien: BC 1, 72, 3.

Der Kampf: BC 3, 91–95; Plutarch, Caes. 44–45. Domitius Ahenobarbus gefallen: BC 3, 99, 5.

Verlustangaben: BC 3, 99. Nach Plutarch, Caes. 46, 4, übernahm Caesar die meisten Gefangenen in sein Heer. Ebenso: Dio Cassius 41, 62, 1; BC 3, 107, 1. 6000 römische Bürger gefallen: Plutarch, Caes. 46, 3. Pomp. 72, 4 (nach Asinius Pollio).

»düsteren Ruhm«: Grant, Caesar, S. 152.

»Das haben sie gewollt« *(Hoc voluerunt . . .)*: Sueton, Caes. 30, 4; Plutarch, Caes. 46, 2. Berufung auf Asinius Pollio.

*Kapitel 40. Caesars Milde*

Luxus der Pompeianer: BC 3, 96, 1–2; Plutarch, Pomp. 72.

Verbrennen der Pompeiusbriefe: Dio Cassius 41, 63, 5.

»tröstete sie«: BC 3, 98.

Zur »Milde« Caesars: Dahlmann, Clementia Caesaris; Treu, Zur clementia Caesaris; Wickert, Zur Reichspolitik, S. 234–240; Gesche, Caesar, S. 138–141.

»das Maßhalten«: Seneca, de clementia 2, 3, 1. Nach Dahlmann, S. 33.

»hinterhältige Milde« *(insidiosa clementia):* Cicero, ad Att. 8, 16, 2. »großen Nachsicht«: Cic., Marc. 1. »bewundernswerte Milde«: Cic., Lig. 6. *»clementissimus dux«:* Cic., Deiot. 34. »Großherzigkeit«: Cic., ad fam. 4, 4, 4.

»milde Natur« *(mitis clemensque natura):* Cic., ad fam. 6, 6, 8. »Wie es scheint«: Plutarch, Caes. 57.

»hat fast alle«: Meier, Die Ohnmacht, S. 59.

»Was wir jedesmal«: Cicero, Deiot. 33/34.

»Clementia als bestimmende«: Dahlmann, Clementia, S. 20.

»versuchen, auf diese Weise«: Cicero, ad Att. 9, 7 C. Vgl. 36. Kapitel.

»daß Caesar seine Milde«: Wickert, Zur Reichspolitik, S. 238.

»Wenn ich mein Leben«: Plutarch, Cat. min. 66, 2. Auch: 64, 7–9.

Zu Catos und Ciceros Haltung: Strasburger, Caesar im Urteil, S. 44–45.

*Zu Brutus:* Gelzer, RE 10, 1 (1918), S. 973–1020. Nach der Adoption durch seinen Onkel: Quintus Servilius Caepio Brutus.

»aus Gefälligkeit«: Plutarch, Brut. 5. Dort auch fälschlich: »am feurigsten geliebt«. Nur Plutarch und Appian 2, 112, 468 bekräftigen das Gerücht von Caesars Vaterschaft.

Geburt des Brutus im Jahre 85: Cicero, Brut. 324. Nach Velleius Paterculus 2, 72 im Jahre 78. Beide Geburtsdaten schließen Caesars Vaterschaft aus. Hierzu: Meyer, Caesars Monarchie, S. 451 A 2.

Brutus' Vater, ein Volkstribun, war Anhänger des Marcus Aemilius Lepidus, wurde im Jahre 77 bei Mutina (Modena) von Pompeius besiegt und hingerichtet: Plutarch, Pomp. 16. Brut. 4. Sein Sohn verweigerte Pompeius bis zum Bürgerkrieg den Gruß: Plutarch, Brut. 4.

Brutus wird in Larissa von Caesar aufgenommen: Plutarch, Brut. 6, 1–4; Appian 2, 464; Dio Cassius 41, 63, 6.

*Pompeius' Flotte:* Decimus Laelius blockierte den Hafen von Brundisium. Gaius Cassius (der spätere Caesarmörder) steuerte seine Schiffe gegen Messina, verbrannte 35 Schiffe Caesars: BC 3, 100.101.

Kampflose Übergabe der 10 Kriegsschiffe am Hellespont: Sueton, Caes. 63; Dio Cassius 42, 6, 1–3; Appian 2, 370–372. Erstaunlich, daß Pompeius selbst seine Flotte nicht nutzte, was Appian 2, 297 tadelte.

*Caesar in Troja:* Lucan 9, 964–999; Strab. 13, 593. 594–595. Wunderzeichen in Asia: BC 3, 105, 2–5.

*Rettung des Tempelschatzes in Ephesos:* BC 3, 105, 1.

Steuerentlastung: Dio Cassius 42, 6, 3; Appian 5, 19; Plutarch, Caes. 48, 1.

Denkmal für Caesar, zitiert nach: Gelzer, Caesar Politiker, S. 225. Siehe Taeger, Charisma, S. 56.

Einschiffung auf Rhodos: BC 3, 106.

»engen Beziehungen«: BC 3, 106, 1. Zu Ptolemaios XII. Auletes, den »Oboebläser«: siehe 27. Kapitel mit Anmerkung.

Caesars Verhalten nach Pompeius' Ermordung: BC 3, 106, 4; Plutarch, Caes. 48, 2–4. Pomp. 80, 6–7; Dio Cassius 42, 8, 1–3; Lucan 9, 1010–1108.

Den Tempel der Nemesis ließ Caesar zur Bestattung des Pompeiuskopfes errichten: Appian 2, 90, 380.

*Kapitel 41. Kleopatra und Kaisarion*

Nordwinde, die Etesien: BC 3, 107, 1.

Nahezu neun Monate: 2. Oktober 48 bis Mitte Juni 47. Hierzu: Heinen, Rom und Ägypten, S. 148–158. Appian 2, 90, 378 nennt 9 Monate. Cicero schreibt am 19. Juni 47 (ad Att. 11, 18, 1) aus Brundisium, man habe »von einer Abreise noch nichts gehört«; am 5. Juli (ad Att. 11, 25, 2) nennt er das »Gerücht«, Caesar habe Alexandria verlassen.

Schuldsumme 17 1/2 Mill. Denare und Herabsetzung auf 10 Millionen: Plutarch, Caes. 48, 8.

Versuch der Streitschlichtung, politische Situation: BC 3, 107. 108.

*Theodotos von Chios* überreichte Caesar den Kopf des Pompeius. Er flüchtete bald, wurde 43 oder 42 in Asia durch Brutus hingerichtet: Plutarch, Pomp. 77. 80. Caes. 48. Brut. 33.

*Die Ptolemäer,* die Diadochendynastie in Ägypten, 323–30 v. Chr., entstammten einem kleinen makedonischen Adelsgeschlecht. Stammtafel: Lexikon der Antike, Geschichte Bd. 3, S. 110/111. Namen und Alter nach Stammtafel und: Der Kleine Pauly, Bd. 4, S. 1221, 1222. Bd. 3, S. 249, 250.

»nahm Kleopatra«: Plutarch, Caes. 49. »In wilder Raserei«, »allen ihren Wünschen«: Dio Cassius 42, 35. Dort auch: Caesar übergibt Zypern Ptolemaios XIV. und Arsinoë.

Pothinos' Vergiftungsversuch: Plutarch, Caes. 49. Er läßt Achillas kommen: BC 3, 108, 2. 109, 1. Zum Heer: BC 3, 110.

*Zu Kleopatra:* »gekrönte Hure« *(regina meretrix):* Properz III, II, 30 u. 39. »ein durch Ausschweifungen«: Plinius n. h. 357, 359, 370. »Venus«: Dio Cassius 51, 15, 4.

»weder Caesar noch Kleopatra gerecht«: Collins, Caesar and the Corruption, S. 464.

»Kleopatra mehr als eine«: Seel, Cicero, S. 245. Hier, S. 244–248, eine prägnante Schilderung des Verhältnisses. *»non humilis mulier«:* Horaz c. 1, 37, 32. »Für Auge und Ohr«: Dio Cassius 42, 34. 4.

Zu Kleopatra auch: Plutarch, Ant. 27.

»beide sind Spieler«: Seel, Caesar-Studien, S. 49.

Cicero, ad Att. 11, 17a, 3, schrieb Mitte Juni 47, seit dem 13. Dezember 48 habe Caesar keinen Brief nach Rom gesandt.

Gegen die »feindselige Unterstellung«, Caesar habe in Ägypten römische Interessen völlig aus den Augen verloren: Gesche, Caesar, S. 135; Heinen, Rom und Ägypten, S. 161; Gelzer, Caesar Politiker, S. 236 mit A 303.

»Die Königin war die letzte Erbin«: Meyer, Caesars Monarchie, S. 521/22. Zur unterstellten Neigung zum hellenistischen Gottkönigstum: siehe 46. Kapitel.

Achillas' Angriff: BC 3, 109. 110; Dio Cassius 42, 36, 2–37, 2.

Brand der ägypt. Flotte: BC 3, 111, 6. Brand der Bibliothek: Plutarch, Caes. 49, 6; Dio Cassius 42, 38, 2. Nur Oros. 6, 15, 31 (nach Livius) nennt 400 000 vernichtete Bücher, ebenso Senec. dial. 9, 9, 5. Vgl. Gelzer, Caesar Politiker, S. 230 A 275.

Pothinos' Hinrichtung, Flucht der Arsinoë, Ermordung des Achillas: BC 3, 112; B. Al. 4; Dio Cassius 42, 39, 1. 40, 1.

Dies die letzte Schilderung im *Bellum Civile*. Die weiteren Ereignisse im *Bellum Alexandrinum*, Verfasser unbekannt, vermutlich Hirtius: Sueton, Caes. 56, 1. Auf Hirtius als Verfasser verweisen: Klotz, Caesarstudien, S. 180–204; Holmes, Roman republ. III, S. 483; Gelzer, Caesar Politiker, S. 231. Hirtius, schon Kanzleichef in Gallien, verschwieg die Kleopatra-Episode. Er fiel 43 als Consul im Kampf gegen Antonius. (Für das B. Afr. und B. Hispan. wird ihm aus stilistischen Gründen die Verfasserschaft abgesprochen).

Kämpfe im Februar 47: B. Al. 17–21; Dio Cassius 42, 40, 3–5; Sueton, Caes. 64.

Freigabe des Ptolemaios XIII.: B. Al. 22–25; Dio Cassius 42, 42. Hierzu: Gelzer, Caesar Politiker, S. 231 A 283.

Letzte Kämpfe und Sieg, Mithilfe des Mithridates von Pergamon: B. Al. 26–32; Dio Cassius 42, 41. 43; Plutarch, Caes. 49, 9.

Jüdische Kampftruppe unter Antipatros: Joseph. Bell. Iud. 1, 187–192. Ant. Iud. 14, 127–136.

*Die Nilreise:* Sueton, Caes. 52, 1; Appian 2, 90, 379. Sicherlich länger als eine knappe Woche (Grant, Caesar, S. 162) und weniger als zehn Wochen (Benoist-Méchin, Kleopatra, S. 120). Ein paar Wochen wird die aufwendige Nilfahrt gedauert haben, zumal Caesar erst Mitte Juni Alexandria verließ: Heinen, Rom und Ägypten, S. 148–158; Gelzer, Caesar Politiker, S. 235 A 301; vgl. Anmerkung Kapitelanfang.

*Letzte Verfügungen* in Alexandria: B. Al. 32, 1–2; Sueton, Caes. 35, 1; Dio Cassius 42, 44, 1–4. 43, 19, 2; Appian 2, 90, 378.

*Zu Kaisarion:* 23. Juni 47 geboren, nach einer demotischen Grabinschrift: Stähelin, RE 11, 754; Taylor, The divinity, S. 103–104; Volkmann, RE 23, 1760. Hierzu: Gelzer, Caesar Politiker, S. 237 A 306 (positiv).

Kaisarion als Sohn Caesars: Plutarch, Caes. 49, 10. Ant. 54, 6; Cicero, ad Att. 14, 20, 2. Unbezweifelt auch bei: Meyer, Caesars Monarchie, S. 522, 525; Heuss, Das Zeitalter, S. 283.

Vor allem Carcopino, César et Cléopâtre, S. 35–77, bestreitet Caesars Vaterschaft, die er zuerst Antonius, dann, in César, S. 429 A 1, einem unbekannten Vater zuschrieb.

»von Kleopatra erfunden«: Balsdon, Die Iden, S. 87.

Antonius bestätigt Caesars Anerkennung: Sueton, Caes. 52, 2. Dort ebenso der Hinweis auf die Gegenschrift von Oppius. »Octavian zuliebe«: Meyer, Caesars Monarchie, S. 522 A 5.

Tötung Kaisarions durch Octavian (als Ptolemaios XV. war Kaisarion von 44 bis 30 Mitregent Kleopatras): Sueton, Aug. 17, 5; Dio Cassius 51, 15, 5.

»steht der Möglichkeit«: Heinen, Caesar und Kaisarion, S. 203. Geburt im Jahre 47 gilt als nachgewiesen: Gesche, Caesar, S. 133.

Belohnung der jüdischen Kampfhilfe: Joseph. Bell. Iud. 1, 194–200. Ant. Iud. 14, 137. 143–144. 190–195.

Verhalten Caesars in Kleinasien: B. Al. 65, 1. 4. 78, 1. Landtag in Tarsos: B. Al. 66, 2.

*Sieg über Pharnakes:* B. Al. 72–76; Sueton, Caes. 35, 2; Plutarch, Caes. 50; Dio Cassius 42, 47, 5; Appian 2, 91, 381–383.

*veni, vidi, vici:* Plutarch, Caes. 50, 3. Beim späteren Triumph Caesars: Sueton, Caes. 37, 2. Der vielzitierte Ausspruch ist keine eigene Schöpfung Caesars: Gesche, Caesar, S. 135.

*Kapitel 42. Ich halte dich, Africa!*

*Zweite Dictatur:* Ernennung kaum vor Oktober 48, weil nach Pompeius' Tod erfolgt. Caesar bezeichnet sich noch Anfang Oktober lediglich als Consul (BC 3, 107, 2).

Auf ein Jahr begrenzen: Dio Cassius 42, 18, 3. 20, 3 und Plutarch, Caes. 51, 2. Hingegen nennt Meyer, Caesars Monarchie, S. 370, eine »Dictatur auf unbestimmte Zeit«, faktische Dauer bis ins dritte Consulat im Jahre 46, was Münzen mit der Einprägung *cos. tert. dict. iter* beweisen (Meyer, S. 370 A 5).

Zusätzliche Vollmachten: Dio Cassius 42, 20.

Revolte des Caelius und Milo: BC 3, 20–22; Dio Cassius 42, 22–25.

Revolte des Dolabella: Dio Cassius 42, 30, 3–33, 1; Livius, perioch. 113; Plutarch, Ant. 9. Cicero denkt an die Scheidung seiner Tochter von Dolabella: Cic., ad Att. 11, 23, 3.

Antonius als *magister equitum:* Dio Cassius 42, 21, 1. 27, 2; Cicero, Phil. 2, 59. 62; Plutarch, Ant. 9. Caesar rügt Antonius: Cicero, Phil. 2, 71; Plutarch, Ant. 10, 2. Caes. 51, 3.

»keine homogene Gruppe«, »entstandene Machtvakuum«: Bruhns, Caesar und die röm. Oberschicht, S. 136, 180 ff. (ausführlich zu den Ereignissen 49 bis 44).

Ciceros Ablehnung des Oberbefehls: Plutarch, Cic. 39, 1. Cato min. 55, 2. Seine Versöhnung mit Caesar: Plutarch, Cic. 39, 3–4.

Nach Caesars Rückkehr Oktober 47: Dio Cassius 42, 50–51. Hierzu und zu den Wahlen für 47 und 46: Meyer, Caesars Monarchie, S. 378–382.

Revolte der Legionen: Appian 2, 92–94, 388–396; Dio Cassius 42, 52, 1–55, 3. *Quiriten:* Plutarch, Caes. 51, 1. »Alles aber«: Appian 2, 93. Besançon und Placentia: siehe 25. und 37. Kapitel.

*Bellum Africanum:* Einschiffung in Lilybaeum (Marsala): B. Afr. 1. 2. Landung bei Hadrumetum: B. Afr. 3, 1; Plutarch, Caes. 52, 1.

»Ich halte dich«: Sueton, Caes. 59. Zum Afrikanischen Krieg: Holmes, Roman republ. III, S. 516–540.

Gefecht bei Ruspina, 4. Januar 46: B. Afr. 8, 5. 57, 2–6; Dio Cassius 43, 5, 1–2.

Sieg bei Thapsus: B. Afr. 80–85; Dio Cassius 43, 7–9, 1; Appian 2, 96–97; Sueton, Caes. 35, 2; Plutarch, Caes. 53. – B. Afr. 86, 1 nennt 10000 niedergemachte Feinde; Plutarch, Caes. 53, 4 nennt 50000 und Caesars Verluste 50 Mann.

*Epileptische Anfälle,* »üblichen Krankheit«: Plutarch, Caes. 53, 6. Ferner: Plutarch, Caes. 17, 2. 60, 7; Sueton, Caes. 45, 1; Dio Cassius 43, 32, 7; Appian 2, 110, 459; Nikolaos Damasc. Fr. gr. Hist. 130 F 83. Bestätigende medizinische Zusammenfassung: Esser, Caesar und die julisch-claudischen Kaiser im biologisch-ärztlichen Blickfeld. Dem widerspricht (»normales Kranksein«): Donnadieu, La prétendue épilepsie de Jules César, S. 27–36.

Meyer, Caesars Monarchie, S. 465, schreibt von der »weitverbreiteten Ansicht«: »Die Krankheiten und Schwindelanfälle . . . hätten seine [Caesars] Reizbarkeit und daneben seine Unbedachtsamkeit und Willensschwäche noch gesteigert.« Eine nicht haltbare Behauptung, widerlegt auch von dem kritischen Collins, Caesar and the Corruption, S. 461, der auf Caesars »gewaltigen Arbeitsertrag« in der letzten Lebenszeit und »physische und geistige Aktivität« verweist. »Lebensenergie« nicht beeinträchtigt: Gelzer, Caesar Politiker, S. 302 A 258.

*Catos Ende in Utica:* B. Afr. 87–88; Dio Cassius 43, 10–11; Plutarch, Cato min. 65–71; Appian 2, 99, 406–412.

»Diesen Tod mißgönne ich«: Plutarch, Caes. 54, 1–2. Cato min. 72. Ergänzend: Cato min. 66.

Flucht des Labienus, Ende der Anführer: B. Afr. 94–96; Dio Cassius 43, 12, 2. 29, 2. 30, 4; Appian 2, 100, 417; Livius, perioch. 114 (Scipio).

Begnadigungen: B. Afr. 89. 86, 2. 88, 6. »die meisten«: Gelzer, Caesar Politiker, S. 249 mit A 353.

Sallust als Statthalter: B. Afr. 97, 1; Dio Cassius 43, 9, 2–4; Appian 2, 100, 415.

Zu den Tributen: B. Afr. 97, 2–4. Ansiedlung von Veteranen: Dio Cassius 43, 14, 1.

*Kapitel 43. Caesars Triumphe*

»in dieser Nacht«: Cicero, Brut. 11. 22. 330. »nichts leichtfertig«, »außer daß man«: Cicero, ad fam. 9, 16. Auch: fam. 7, 3, 33. »Er hat sich«: Cicero, fam. 9, 17.

Senatsbeschlüsse, Dictator für 10 Jahre u. a.: Dio Cassius 43, 14. Nach 43, 14, 7 seien dies nur die von Caesar angenommenen Ehrungen.

»jährlich 200000 attische Scheffel«: Plutarch, Caes. 55, 1. Caesars Rede: Dio Cassius 43, 15, 2–18, 5.

»eine bewunderungswürdige«: Sueton, Caes. 75, 1.

Mit Achtung von Pompeius gesprochen: Cicero, ad fam. 6, 6. Standbilder wieder aufgerichtet: Sueton, Caes. 75, 5.

Cicero zu Caesars Versöhnungswillen: Cic., Phil. 2, 8, 10. Hierzu: Gelzer, Caesar Politiker, S. 259 A 23.

*Sallust* hatte schon vor 4 Jahren, vor dem Übergang über den Rubikon, eine erste Denkschrift verfaßt. Hierzu: Gelzer, Caesar Politiker, S. 166/67 mit A 357. Zu den *Epistulae ad Caesarem:* Meyer, Caesars Monarchie, S. 388–399 u. 563–588; O. Seel, Sallusts Briefe. Kritik an der historischen Echtheit äußert: R. Syme, Pseudo-Sallust.

»Versuch, den politischen«: Hankel, Caesar, S. 314. Vgl. S. 311–318.

»Die Republik ist ein Nichts«: Sueton, Caes. 77.
»wenn sie sich aus Furcht«: BC 1, 32, 7.
Ciceros Rede zur Begnadigung des Marcellus zitiert nach: Cic., pro Marc. 1. 16. 12 und 27 *(ut rem publicam constituas).* Seine zwei weiteren Reden: pro Ligario und pro rege Deiotario, zur Begnadigung des Quintus Ligarius (46) und des Königs Deiotaros (November 45).
*Vierfacher Triumph:* Sueton, Caes. 37; Livius, perioch. 115; Dio Cassius 43, 20–23.
2822 goldene Kränze (fast 7100 kg), 65 000 Talente (fast 350 Millionen Goldmark): Appian 2, 102, 421.
Hinrichtung des Vercingetorix: Dio Cassius 43, 19, 4.
Die Spottverse: Sueton, Caes. 49, 4 u. 51. Auch: Dio Cassius 43, 20; Plinius n. h. 19, 144. Zu Nikomedes: vgl. 8. Kapitel.
Bruch des Triumphwagens: Dio Cassius 43, 21, 1–2.
Kleopatra in Rom: Dio Cassius 43, 27, 3. Auch: Cicero, ad Att. 14, 20, 2. 15, 15, 2.
Verärgerung wegen der Bilder von Cato, Scipio und Petreius: Appian 2, 102, 420.
Festmahl, Naturalien, Geld für das Volk: Plutarch, Caes. 55, 4; Sueton, Caes. 38, 2; Dio Cassius 43, 22, 3. Umgerechnet erhielt jeder 87 Liter Getreide, 32,75 Kilogramm Öl. 100 Denare entsprachen etwa 80 Goldmark.
Belohnung der Veteranen: Sueton, Caes. 38, 1; Appian 2, 102, 422; Dio Cassius 43, 21, 3. Hinrichtung der unzufriedenen Aufrührer: Dio Cassius 43, 24, 3.
Spiele, Veranstaltungen: Sueton, Caes. 39; Plutarch, Caes. 55; Appian 2, 102, 421. 424; Dio Cassius 43, 22–24. Mißstimmung gegen Verschwendung: Dio Cassius 43, 24, 1–2.
Erzwungener Auftritt des Laberius: Cicero, ad fam. 12, 18, 2. Seine Verse: Macrob. Saturn. 2, 7, 2–9. Auch: Senec. contr. 7, 3, 9.

*Kapitel 44. Der letzte Kriegszug: Spanien*

*Forum Julium* mit Tempel: Dio Cassius 43, 22, 2; Appian 2, 102, 424; Sueton, Caes. 26, 2. *Basilica Julia:* Cicero, ad Att. 4, 16, 8. Hierzu: Meyer, Caesars Monarchie, S. 388. 200 A 5.
»das Gerichtswesen«: nach Cicero, pro Marc. 23.
Auflösung politischer Vereine: Sueton, Caes. 42,3.
Neue Gerichts- und Strafordnung: Sueton, Caes. 41, 2. 42, 3. 43, 1; Dio Cassius 43, 25, 1; Cicero, Phil. 1, 19, 24. 5, 12–16.
Gesetze gegen den Luxus: Sueton, Caes. 43, 2; Dio Cassius 43, 25, 2; Cicero, ad fam. 9, 15, 5. 26, 3. ad Att. 12, 13, 2. 35, 2. 36, 1; 13, 7, 1.
Zu Cassius Longinus: vgl. 37. Kapitel.
Heeresstärke der Pompeianer: Dio Cassius 43, 29; B. Hisp. 7, 4.
Abreise Caesars: Plutarch, Caes. 56, 1. Anfang November: Gelzer, Caesar Politiker, S. 272 mit A 88.
*Kalenderreform* (Julianischer Kalender): Sueton, Caes. 40; Plutarch, Caes. 59; Dio Cassius 43, 26; Plinius n. h. 18, 211; Macrob. Saturn. 1, 14, 2–3.
*Fahrt nach Spanien:* Oros. 6, 16, 6 (17 Tage bis Saguntum); Strab. 3, 160; Appian 2, 103, 429; Dio Cassius 43, 32, 1.

»gesteigerte Willensschwäche«: Meyer, Caesars Monarchie, S. 465.

Das Versepos *Iter* (nicht erhalten): Sueton, Caes. 56, 5. Dort auch das grammatische Werk *De Analogia* erwähnt; vgl. hierzu 29. Kapitel.

*Zum Spanienfeldzug:* Holmes, Roman republ. III, S. 541–552. Caesars Truppenstärke: B. Hisp. 7, 5. 30, 1.

Befreiung von Ulia: B. Hisp. 3–4; Dio Cassius 43, 32. Dort auch »Seine Soldaten« und Caesars Krankheit. Hierzu: Walter, Caesar, S. 532. Doch ist Caesar nicht, wie Walter behauptet, nach Spanien geritten. Zu Pferd hätte er *Iter* nicht schreiben oder diktieren können.

Belagerung von Ategua und Erfolg: B. Hisp. 6–19; Dio Cassius 43, 33–35, 2.

*Schlacht bei Munda:* B. Hisp. 20–31; Flor. 2, 13, 82–83 (Caesar vor der Schlacht bedrückt); Appian 2, 104, 432–433 (»hier werde er sterben«); Plutarch, Caes. 56 (»sie sollten«, »er habe oft«); Dio Cassius 43, 37, 4–5; Velleius Paterculus 2, 55, 2–4.

Unterwerfung der Städte, Vergeltung: B. Hisp. 32–41. Beraubung des Tempels in Gades: Dio Cassius 43, 39, 4–5.

Ciceros *»Cato«:* einziges wörtliches Zitat: Macrob. Saturn. 6, 2, 33. Auch: Cicero, Phil. 13, 30. orat. 35.

Caesars *»Anticato«:* Plutarch, Caes. 3, 4. 54. Cic. 39, 5. Cato min. 11, 7. 36, 4–5. 52, 5–7; Sueton, Caes. 56, 5 (nennt 2 Bücher Caesars); Dio Cassius 43, 13, 4. Hierzu: Meyer, Caesars Monarchie, S. 433–444; Klotz, Caesarstudien, S. 156–159.

»mit der ganzen Gehässigkeit«: Gelzer, Caesar Politiker, S. 280.

Bürgerkolonien in Spanien und Lusitanien: Plinius n. h. 3, 10–12. 4, 117. Hierzu: Vittinghoff, Röm. Kolonisation, S. 72–80.

Zur »Reichspolitik«: Wickert, Zu Caesars Reichspolitik; Gesche, Caesar, S. 152–154.

*Kapitel 45. Gesetze und Pläne*

*Marcus Antonius* u. a. bei Caesar: Plutarch, Ant. 11, 1; Cicero, Phil. 2, 78; Velleius Paterculus 2, 59, 3. Von Trebonius geplanter Anschlag: Plutarch, Ant. 13, 2; Cicero, Phil. 2, 34.

*Brutus* von Caesar gelobt: Plutarch, Brut. 6, 10. Brutus mit Porcia vermählt: Plutarch, Brut. 13, 3. Vorher, Mitte Juni, hatte er sich von Claudia scheiden lassen (Cicero, ad Att. 13, 9, 2. 10, 3).

»Viel kommt darauf an«: Cicero, ad Att. 14, 1, 2.

Cicero kommentiert Brutus' Meldung: Cicero, ad Att. 13, 40, 1 (datiert 17. August 45).

*Zu den Bürgerkolonien* in der Gallia Narbonensis: Gelzer, Caesar Politiker, S. 277; Meyer, Caesars Monarchie, S. 487 f.

*Koloniegründungen* insgesamt: Vittinghoff, Röm. Kolonisation; neueste Zusammenfassung: Bögli, Studien zu den Koloniegründungen Caesars; Gesche, Caesar, S. 143–147.

»Stadt-Zentralismus«: Seel, Caesar-Studien, S. 64. »dem gemeindestaatlichen«: Gelzer, Caesar Politiker, S. 276.

»Umwandlung des bisherigen«: Wickert, Zu Caesars Reichspolitik, S. 232. Dort auch »Reichsgedanken«. »Bemühen« Caesars: Gesche, Caesar, S. 153.

*»quietem Italiae«:* BC 3, 57, 4. Gelzer, Caesar Politiker, S. 253. 213 mit A 191,

wertet den Ausspruch als »etwas wie ein politisches Programm«. Anders Strasburger, Caesar im Urteil, S. 49, der die programmatische Deutung ablehnt.

Bürgerkolonie Karthago: Dio Cassius 43, 50, 3; Plutarch, Caes. 57, 8. Sinope: Plinius n. h. 5, 149; Strab. 12, 542. 546.

Korinth: Strab. 8, 381; Plutarch, Caes. 57, 8. Plan der Durchstechung des Isthmus: Sueton, Caes. 44, 2; Plutarch, Caes. 58, 8.

Zu Sizilien: Cicero, ad Att. 14, 12, 1.

Verfassungen, *Lex Julia municipalis:* Cicero, ad fam. 6, 18, 2. Hierzu Gesche, Caesar, S. 146–147. Dort auch: »daß sich Caesar«. Gelzer, Caesar Politiker, S. 276; Seel, Caesar-Studien, S. 63–64.

»deren Umfang«, »seinen Leistungen«: Meyer, Caesars Monarchie, S. 412.

»der größten politischen«: Seel, Caesar-Studien, S. 63. Dort auch, A 85, »Caesar selbst würde«; nach: Cicero, Phil. 1, 18.

*Zur Veteranenversorgung:* Gelzer, Caesar Politiker, S. 262 mit A 36; Meyer, Caesars Monarchie, S. 413–415.

Trockenlegung des Fuciner Sees u. a. Pläne: Sueton, Caes. 44; Plutarch, Caes. 58.

Zu Plutarchs Bericht über Caesars Projekte als »direkte Vorlage« zu Goethes Faust II, 4. u. 5. Akt bis zur »Grablegung«, verfaßte Seel eine beachtenswerte Abhandlung, Caesar-Studien, S. 92–136.

*80 000 Bürger-Kolonisten:* Sueton, Caes. 42, 1. Hierzu: Vittinghoff, Röm. Kolonisation, S. 56. Reduzierung der Getreideempfänger: Sueton, Caes. 41, 3; Plutarch, Caes. 55, 5–6 (verwechselt jedoch Empfänger und Gesamtbürgerzahl). Ein Drittel Freie auf Landgütern: Sueton, Caes. 42, 1.

»Das Zivilrecht«: Sueton, Caes. 44, 2. »Ächtung und Verlust«: Hankel, Caesar, Goldne Zeiten, S. 315. Hier Weiteres zum Schuldrecht (S. 99, 140–143, 313–315) und zum Finanzwesen, zur Bedeutung des *Aureus* (S. 101, 184–185, 224–247, 317).

Zölle auf ausländische Waren: Sueton, Caes. 43, 2.

Prämien für Kinderreiche: Dio Cassius 43, 25, 3.

Verbot von Auslandsreisen: Sueton, Caes. 42, 1.

Bürgerrechte für Ärzte und Lehrer: Sueton, Caes. 42, 1.

*Erweiterung des Senats auf 900:* Dio Cassius 43, 47, 3. 48, 22, 3. Hierzu: Syme, Röm. Revolution, S. 75–90. Begrenzung der Statthalterschaft: Dio Cassius 43, 25, 3. Die Spottverse: Sueton, Caes. 80.

*acta Caesaris:* Cicero, Phil. 5, 10. ad Att. 16, 16A, 6. 16C, 11; Dio Cassius 44, 53, 2. 45, 23, 5.

*Zum Testament:* Sueton, Caes. 83; Livius, perioch. 116; Nikol. Dam. F 128, 30. 130, 48; Appian 3, 22, 82. 23, 89; Velleius Paterculus 2, 59, 1. Hierzu: Gesche, Caesar, S. 175–179; Gelzer, Caesar Politiker, S. 284 mit A 173; Meyer, Caesars Monarchie, S. 523–525. Dort auch »tatsächlich, wenn auch«. Im Gegensatz zu den oben Genannten bestreitet Schmitthenner, Octavian und das Testament, S. 39 ff., die politische Bedeutung der Adoption.

Patrizischer Adel für Octavius: Sueton, Aug. 2, 1; Dio Cassius 45, 2, 6. Seine Designierung zum *magister equitum:* Appian 3, 9, 30; Dio Cassius 43, 51, 7–8. Hierzu: Gesche, Caesar, S. 178.

Caesar Anfang Oktober in Rom: Velleius Paterculus 2, 56, 3.

*Kapitel 46. Nicht König, sondern Caesar*

*Ehrungen nach Munda:* Pariliafest, fünfzigtägiges Dankfest: Dio Cassius 43, 42, 2–3. *Praenomen* Imperator: Dio Cassius 43, 44, 2. Caesar hat den Titel nicht geführt, doch auf Münzen ab Februar 44 erscheint der Titel Imperator: Alföldi, Studien, S. 29–34. Lorbeerkranz: Dio Cassius 43, 43,1. Zehnjähriges Consulat: Dio Cassius 46, 45. Hoheit über Militär und Finanzen: Dio Cassius 43, 44, 2. 6.

Zu den Münzbildnissen: Alföldi, Studien u. a.; Herbig, Neue Studien, S. 72ff.; Volkmann, Caesars letzte Pläne; Simon, Neue Literatur, S. 297–299. Zum Kopf aus Tusculum: Herbig, Neue Studien, S. 74–75. Vgl. auch 22. Kapitel.

Standbilder: Dio Cassius 43, 44, 1. 45, 2–4. Cicero, ad Att. 12, 45, 2. Ärgernis der Römer: Cicero, ad Att. 13, 44, 1. pro Deiot. 33.

Vorfall mit Pontius Aquila: Sueton, Caes. 78, 2.

Dreimonatsconsulat, Mißachtung des Consuls: Dio Cassius 43, 46, 2; Sueton, Caes. 80, 3.

Weitere Baupläne: Sueton, Caes. 44.

Versöhnungspolitik: Dio Cassius 43, 50, 1–2; Sueton, Caes. 75, 4.

*Geplanter Partherkrieg,* »Weltmonarchie«: Meyer, Caesars Monarchie, S. 472–475. Bedrohung der Parther, Niederlage 45/44: Cicero, ad Att. 14, 9, 3; Dio Cassius 47, 27, 2–5.

»Erst wenn er«: Cicero, ad Att. 13, 31, 3.

Heeresaufgebot: Appian 2, 110, 460. Geplantes Datum der Abreise: Appian 2, 111, 462. Ausdehnung des Kriegszugs: Plutarch, Caes. 58, 6–7.

Wahl der Magistrate: Dio Cassius 43, 47, 1. 49, 1. 51, 3. Verzicht auf deren Ernennung: Dio Cassius 46, 45. Ernennung der Statthalter: Dio Cassius 43, 47,1.

Marcus Antonius und Dolabella als Consuln designiert: Cicero, Phil. 2, 79; Velleius Paterculus 2, 58, 2; Plutarch, Ant. 11, 3. Dort auch: »Nicht vor diesen wohlbeleibten«.

*Weitere Ehrungen:* Dio Cassius 44, 4, 2–5. 5, 2–3. 6, 1–4; Sueton, Caes. 76, 1; Appian 2, 106, 442–443; Livius, perioch. 116. Die zeitliche Abfolge ist quellenmäßig kaum abzusichern. Ich folge in etwa: Gelzer, Caesar Politiker, S. 292 mit A 207, 208. Summarisch, freilich ungeordnet, bei: Groebe, RE 10, 1, S. 250–251.

»Sie überhäuften ihn«: Dio Cassius 44, 9, 1. Nikol. Dam. F 130, 67 beschränkt sich auf wenige Senatoren, die Caesar verhaßt machen wollten.

*Puetoli, 19. 12. 45:* nach Cicero, ad Att. 13, 52. Zitate dort. Ablehnung der Leibwache: Dio Cassius 44, 6, 1; Plutarch, Caes. 57, 4. Zu Mamurra: siehe 29. Kapitel.

*Rom, 31. 12. 45:* nach Cicero, ad fam. 7, 30. Zitate dort. Auch: Dio Cassius 43, 46, 2–4; Macrob. Saturn, 2, 3, 6; Sueton, Caes. 76, 2. »Laßt uns eilen«: Plutarch, Caes. 58, 2.

*Rom, Januar 44:* Die Datierung ist strittig. Ich halte mich an: Balsdon, in: Wlosok, Röm. Kaiserkult, S. 354–356. Die Szene bei Dio Cassius 44, 8; Plutarch, Caes. 60, 4–6; Appian 2, 107, 445; Nikol. Dam. F 130, 78; Sueton, Caes. 78, 1. Silberne Tafeln: Dio Cassius, 44, 7, 1. Dort auch Opposition des Cassius. Caesars Verhalten und »gewöhnliche Krankheit« nach Plutarch. »kümmere sich nicht«: Sueton, Caes. 86, 1.

*Vergöttlichungsbeschlüsse:* Dio Cassius 44, 6, 3–7, 1; Cicero, Phil. 2, 110; Sueton, Caes. 76, 1. Forschungsbericht bei: Gesche, Caesar, S. 162–169. Zitiert nach: Gesche, Die Vergottung, S. 10., 31ff., 40ff. »von vornherein«: Gesche, Caesar,

S. 168. Ebenso ablehnend: Balsdon, in: Wlosok, Röm. Kaiserkult, S. 354–359. 364; Die Iden, S. 84. Anders Meyer, Caesars Monarchie, S. 513 ff., wonach Caesar »als Juppiter Julius geradezu unter die Staatsgötter aufgenommen« wird. Ähnlich auch: Dobesch, Caesars Apotheose.

*Rom, 26. 1. 44:* Dio Cassius 44, 10, 1; Sueton, Caes. 79, 2; Appian 2, 108, 450. »mißglückter Witz«: Meyer, Caesars Monarchie, S. 526. Das Diadem: Dio Cassius 44, 9, 1–3. Absetzung der Volkstribunen: Dio Cassius 44, 10, 3; Sueton, Caes. 79, 1; Plutarch, Caes. 61, 10.

*Rom, 15. 2. 44:* Cicero, Phil. 2, 85–87; Dio Cassius 44, 11, 1–3; Sueton, Caes. 79, 2; Livius, perioch. 116; Nikol. Dam. F 130, 71. 75 (sehr ausgeschmückt, abweichend von obigen Berichten).

*Lupercalia:* Plutarch, Rom. 21. Caes. 61; Ov. fast. 2, 282. 425 ff.; Marbach, RE 13, 1816 ff. Antonius als Oberpriester: Dio Cassius 46, 5, 2.

*Dictator perpetuus:* Cicero, Phil. 2, 87. »Spiel zwischen«: Seel, Caesar-Studien, S. 70. »decadenza intelletuale«: Ferrero, Grandezza II, S. 468. »lange genug gelebt«: Cicero, pro Marc. 25.

Aussprüche bei der Überreichung des Diadems: Cicero, Phil. 2, 87; Dio Cassius 44, 11, 3.

»einheitlichen Willen«: Meyer, Caesars Monarchie, S. 509.

»politische Unvernunft«: Gesche, Caesar, S. 156.

*Gottkönigtum:* Forschungsbericht: Gesche, Caesar, S. 154–161. Ein Bemühen Caesars unterstellen: Meyer, Caesars Monarchie, S. 508 ff.; Dobesch, Caesars Apotheose; gemildert auf ein römisches Königtum: Alföldi, Studien, S. 19 ff. Demgegenüber lehnen ein Streben nach Diadem und Königtum ab: Mommsen, Röm. Gesch. III, S. 484 f.; Holmes, Roman republ. III, S. 335 ff.; Balsdon, Die Iden, S. 84–85; Kraft, Der goldene Kranz; Gesche, in: Wlosok, Röm. Kaiserkult, S. 374.

Die Münzbildnisse *ohne* den Lorbeerkranz: Kraft, Der goldene Kranz; Gesche, Caesar, S. 156.

*Gerüchte:* Orakel und geplante Königsernennung: Sueton, Caes. 79, 4; Dio Cassius 44, 15, 3. Orakel als unwahr: Cicero, divin. 2, 110. Hierzu: Holmes, Roman republ. III, S. 336; Kraft, Der goldene Kranz, S. 56; Balsdon, Die Iden, S. 85. Anders Meyer, Caesars Monarchie, S. 520 ff., der von »durchaus zutreffenden« Plänen spricht.

Alexandria oder Ilion als Residenz: Sueton, Caes. 79, 4; Nikol. Dam. F 130, 68.

Plan zur Erlaubnis der Vielehe: Sueton, Caes. 52, 3; Dio Cassius 44, 7, 3. »Geschwätz«: so Gelzer, Caesar Politiker, S. 300, zu den Gerüchten.

*Kapitel 47. Die Iden des März*

Partherzug als Flucht: Chr. Meier, Die Ohnmacht, S. 94; Strasburger, Caesar im Urteil, S. 60. Zumindest ein bedenkenswerter Gedanke, auch wenn Appian 2, 110, 459 Caesars Motive zu flach und phantasievoll ausmalt, wie Balsdon, Die Iden, S. 91, bemerkt.

»Im eigentlichen Bereich«: Bruhns, Caesar und die röm. Oberschicht, S. 177.

»ein Nichts«: Sueton, Caes. 77. Hierzu: Collins, Caesar and the Corruption, S. 452; Holmes, Roman republ. III, S. 315 ff., 328 ff. »seine außergewöhnliche Begabung«: Collins, wie oben, S. 465.

»innere Stimmigkeit«: Oppermann, Caesar Wegbereiter, S. 101.
»zynisch verhüllte Resignation«: Bruhns, wie oben, S. 177.
»Das Problem war«: Chr. Meier, Die Ohnmacht, S. 98. Daß Caesar einen Ausweg aus der Krise suchte, zeigt eine Bemerkung des Gaius Matius zu Cicero: »Wenn ER [Caesar] mit seinem Genie schon keinen Ausweg fand, wer soll ihn jetzt finden?«: Cicero, ad Att. 14, 1, 1 (7. 4. 44).
»Wenn Caesar«: Meyer, Caesars Monarchie, S. 534.
Sturz des Tarquinius Superbus und Eidleistung: Livius 2, 1; Cicero, rep. 1, 62. Marcus Brutus »galt« als Nachkomme des älteren Brutus (Plutarch, Brut. 1, 1), obwohl Lucius Brutus ohne Kinder starb (Dion. Hal. 5, 18; Dio Cassius 44, 12).
*Der Mordplan:* 60 Beteiligte: Sueton, Caes. 80, 4. 20 namentlich, darunter 6 Caesarianer, 10 Pompeianer, 4 parteilich unbestimmt: Groebe, RE 10, 1, S. 255. Gesche, Caesar, S. 172, nennt hingegen 16 namentlich bekannt.
Gelzer, Caesar Politiker, S. 301, lehnt den Begriff »Verschwörung ab, weil die Mordplaner mit Absicht keinen Schwur leisteten (Plutarch, Brut. 12, 8).
»Edle Motive«, die Republik vor der Tyrannei zu bewahren, sieht: Meyer, Caesars Monarchie, S. 530 ff. Vorwiegend niedrige Beweggründe, Habgier, Mißgunst usw. sieht: Holmes, Roman republ. III, S. 341. Nach Plutarch, Brut. 29, 7, sagte Antonius, allein Brutus habe aus lauteren Motiven gehandelt.
»Mehrzahl aus ehrlosen«: Balsdon, Die Iden, S. 94.
*Gaius Cassius:* »hitzigen, jähzornigen«: Plutarch, Brut. 29. Cassius' republikanische Gesinnung: Cicero, Phil. 2, 26. Von Caesar aufgenommen: Cicero, ad fam. 15, 15, 3; Dio Cassius 42, 13, 1. Vorgang um die Praetur: Plutarch, Brut. 7. Positiver wertet Cassius: Meyer, Caesars Monarchie, S. 535.
*Marcus Brutus:* Gelzer, RE 10, 1, S. 973 ff. Siehe auch 40. Kapitel. »von starkem Geist«: Syme, Röm. Revolution, S. 58.
»Brutus, du schläfst« u. a.: Plutarch, Brut. 9; Sueton, Caes. 80. Nicht Caesar persönlich, sondern die Tyrannei: Plutarch, Brut. 8, 5. Seinen eigenen Vater töten: Cicero, ad Brut. 1, 17, 6. »ohne das ungeheure«: Balsdon, Die Iden, S. 94.
*Senatssitzung, 15. 3. 44:* Begründung der Einberufung: Cicero, Phil. 2, 83. 88. Der Zeuge Cicero ist glaubhafter als Dio Cassius 44, 15, 4, der von der geplanten Verleihung des Königstitels aufgrund des früher genannten Orakels spricht.
»die Pferde, die er« und Spurinnas Warnung: Sueton, Caes. 81. Dort auch andere Vorzeichen, ebenso: Plutarch, Caes. 63, 1–6; Dio Cassius 44, 17, 1. 18, 4.
»Es gebe nichts«: Gelzer, Caesar Politiker, S. 302. Hierzu: Velleius Paterculus 2, 57, 1; Sueton, Caes. 86, 2. 87; Appian 2, 109, 455. »Es sei weniger«: Sueton, Caes. 86. »aristokratischem Stolz«, »mit einer Mischung«: Grant, Caesar, S. 204.
Seine Ermordung selbst »inszeniert«: Jens, Die Verschwörung.
Abend des 14. 3. bei Lepidus: Sueton, Caes. 87; Plutarch, Caes. 63, 7.
Calpurnias Warnung: Sueton, Caes. 81, 4; Plutarch, Caes. 63, 8.
Decimus Brutus überredet Caesar: Sueton, Caes. 81; ausführlicher bei Plutarch, Caes. 64.
Warnschrift des Artemidoros: Plutarch, Caes. 65; als »Unbekannter« bei Sueton, Caes. 81, 5. Begegnung mit Spurinna: Plutarch, Caes. 63, 2; Sueton, Caes. 81.
»Während Caesar Platz nahm«: Sueton, Caes. 82; auch: Plutarch, Caes. 66; Dio Cassius 44, 17–19; Nikol. Dam. F 130, 82–90; Appian 2, 490–498.
Caesars berühmter Ausruf »Auch du, mein Sohn« nur bei Sueton und Dio Cas-

sius – von beiden als »angeblich« hingestellt, wahrscheinlich eine spätere Erfindung.

»die vertrautesten«: Plutarch, Caes. 67, 1. »bis sie von drei«, »Leichnam in den Tiber«: Sueton, Caes. 82.

»Am nächsten Tag«: Plutarch, Caes. 67, 3. »Das Totenbett«: Sueton, Caes. 84, 4.

»Er starb«: Sueton, Caes. 88, 1.

*Kapitel 48. Wie groß war Caesar?*

»der Ansicht sein«: Sueton, Caes. 76, 1.

»die abgeschmackteste Tat«: Goethe, Materialien zur Geschichte der Farbenlehre, Zweite Abt., Römer. Artemis Zürich 1961–66, Bd. 16, S. 337. Allzuoft ungenau zitiert: bei Collins, Caesar, S. 455, »die sinnloseste Tat«; bei Benoist-Méchin, Kleopatra, S. 203, »das dümmste Verbrechen« usw.

»weil die Aussagen«: Gesche, Caesar, S. 180.

»Ruhm und Ehrgeiz«: Seneca, epist. 94, 56. »Pompeius und Caesar«: Dio Cassius 75, 8, 1, als Ohrenzeuge berichtet.

*Zu Cicero:* Milde als Caesars Verderbnis: Cic., ad Att. 14, 22, 1. »Mit dem Heer«: Cic., off. 3, 84. Ausführlich über Ciceros Haltung: Collins, Caesar and the Corruption, S. 450–452.

»Charakterschwäche« Ciceros: Carcopino, Les secrets de la correspondance de Cicéron. Hinweis bei Collins, wie oben, S. 450, auf Carcopino und Drumann. Mommsen, Röm. Gesch. III, S. 179, beurteilt Cicero aus völligem Mißverständnis, nennt ihn »notorisch ein politischer Achselträger« und zugehörig »der Partei der materiellen Interessen«. Das ist in dieser Ausschließlichkeit unhaltbar. »für Cicero immer«, »Caesars hervorragende«: Collins, wie oben, S. 451.

»intellektuellen Urheber«: Meyer, Caesars Monarchie, S. 543, mit der Bemerkung, Antonius habe »nicht unrecht gehabt«.

Mordplan vor Cicero geheimgehalten: Plutarch, Brut. 12, 1.

»Ciceros Namen«: Cic., Phil. 2, 28. Auch: Dio Cassius 44, 20, 4.

»Die Freude«: Cic., ad Att. 15, 4, 3. Gelzer, Caesar Politiker, S. 303 A 261 u. 304 A 267.

»indirekte Einverständnis«: Gesche, Caesar, S. 175. Hierzu: Gesche, Die Vergottung, S. 56–63. Oppermann, Probleme und heutiger Stand, S. 490, spricht vom »tragischen Irrtum seiner Mörder«. Einzig Cicero hat die Absurdität erkannt: »Wir jubeln über seine Ermordung, aber seine Taten lassen wir bestehen« (ad Att. 14, 9, 2), oder er spricht vom »Mannesmut« der Verschwörer und beklagt deren »Kinderverstand« (ad Att. 14, 21, 3).

Caesars Voraussage: Sueton, Caes. 86.

»Von seinen Mördern«: Sueton, Caes. 89. Selbstmord von Cassius und Brutus: Plutarch, Brut. 43. 52. Ant. 22.

»im Verkehr mit«: Hampl, Römische Politik, S. 499.

»die libertas«: Collins, Caesar and the Corruption, S. 456.

»kann es nicht Kurzsichtigkeit«: Chr. Meier, Die Ohnmacht, S. 98.

»letzten Absichten«: Syme, Röm. Revolution, S. 54.

»Ohnmacht«: sehr plausibel entwickelt bei: Chr. Meier, Die Ohnmacht, S. 96 ff.

»kann sich der redlich«: Gelzer, Caesar Politiker, S. 306. Selbst Meyer, Caesars Monarchie, S. 472, bemerkt: »Aber der oft erhobene Vorwurf, er [Caesar] habe nur nach den Bedürfnissen des Moments gehandelt und keinen organischen Bau aufgeführt, und darum auch nichts Bleibendes geschaffen, trifft ihn in keiner Weise.«

»über Caesars staatsmännische«: Strasburger, Caesar im Urteil, S. 65. »daß man von Caesars«: Gesche, Caesar, S. 193. Gelzer, War Caesar ein Staatsmann? – Gegenüber Strasburgers negativer Einschätzung des Staatsmannes Caesar betont Gelzer, daß man »einem Politiker, der so gewaltig in die Geschichte seines Volkes eingriff, den Titel eines Staatsmannes nicht vorenthalten dürfe« (S. 288). Zur Kontroverse zwischen Strasburger und Gelzer: Gesche, Caesar, S. 191–194.

»Wenn ER«: Cicero, ad Att. 14, 1, 1.

»Herausforderung«, »eigen- und einzigartig«: Seel, Caesar-Studien, S. 44.

*Mommsens Caesarbild:* Mommsen, Röm. Gesch. III, S. 466–467. Zitate dort. »demokratischer General«: Röm. Gesch. III, S. 615.

»die Entfaltung«: Gundolf, Caesar, S. 24. »Unter den Weltwundern ist er [Caesar] der richtigste Mensch« (S. 8).

»daß Caesar jeder Seelenadel«: Gelzer, Caesar Politiker, 1921, S. 215. Der Satz fehlt in der 6. Auflage, 1959, aber auch hier urteilt Gelzer nicht weniger scharf, S. 280.

Die Kritik Eduard Meyers an Mommsens Caesarbild mündet in die Feststellung: »Ein Mensch wie Mommsens Caesar hat überhaupt niemals existiert« (Caesars Monarchie, S. 328).

»aristokratischen Unbefangenheit«: Gelzer, Caesar Politiker, S. 306. Hierzu: Seel, Caesar-Studien, S. 84–87. Dort, S. 86: »sittlichen Problematik«, »Der Satz ist«.

»quälten ihn«: Plutarch, Caes. 39. »Das haben sie gewollt«: Sueton, Caes. 30, 4. Siehe auch 39. Kapitel.

»von der absoluten Macht verführt«: Collins, Caesar and the Corruption, S. 461. Aufschlußreich die ergänzenden Bemerkungen von: Seel, Caesar-Studien, S. 71–75.

*»mitis clemensque natura«:* Cicero, ad fam. 6, 6, 8. Siehe hierzu: 40. Kapitel.

»Der tote Caesar«: Syme, Röm. Revolution, S. 54.

# Quellen

*Zeitgenössische Quellen*

C. Iulii Caesaris Commentarii rerum gestarum, ed. Otto Seel. I. *Bellum Gallicum*. 1961. (Buch I–VII verfaßte Caesar; Buch VIII Aulus Hirtius.) – (Zit.: BG.)

Deutsch: Der Gallische Krieg. Übersetzt u. erläutert von Victor Stegemann. Leipzig 1939. – Der Gallische Krieg. Lateinisch u. deutsch, ed. Georg Dorminger. München 4/1977.

C. Iulii Caesaris Commentarii, ed. A. Klotz. II. *Bellum Civile*. 1957. (Vermutlich nach Caesars Tod von seinen Freunden herausgegeben, jedoch gilt als sicher, daß Caesar das Bellum Civile verfaßt hat.) – (Zit.: BC.)

Deutsch: Der Bürgerkrieg. Übersetzung, Anmerkungen und Nachwort von Marieluise Deissmann-Merten. Stuttgart 1971. – Der Bürgerkrieg. Lateinisch u. deutsch, ed. Georg Dorminger. München 4/1976.

C. Iulii Caesaris Commentarii, ed. A. Klotz. III. *Bellum Alexandrinum. Bellum Africanum. Bellum Hispaniense*. Caesaris et Hirti fragmenta. 1927, neu 1966. (Die Verfasser, auch Caesar-Fortsetzer genannt, sind unbekannt, für das B. Al. vermutlich Hirtius.)

Deutsch: Die Bürgerkriege. Die Geschichte der Kriege gegen Pompeius in Alexandria, in Africa, in Spanien. Übersetzt u. mit Erläuterungen, ed. Gerhard Wirth. Reinbek 1966.

*Cicero* (Marcus Tullius Cicero, 106–43 v. Chr.). Aus Gründen der Zeitgenossenschaft und der Verbindung mit Caesar dienen nahezu alle Briefe und Schriften als Zeugnisse. Besonders sind zu nennen: die Briefe an Atticus *(ad Atticum)*, die vier Reden gegen Catilina *(In Catilinam Orationis)*, die Reden für Marcellus, Ligarius und Deiotarus *(pro Marcello, pro Ligario, pro rege Deiotaro)*, die Philippinischen Reden *(Orationes Philippicae)*. Ferner sind im engeren Zusammenhang hervorzuheben: Über die consularischen Provinzen *(de provinciis consularibus)*, Vom pflichtgemäßen Handeln *(de officiis)*, Über den Staat *(de re publica)*.

*Sallust* (C. Sallustius Crispus, 86–34 v. Chr.): *Catilinae coniuratio – Bellum Iugurthinum – Orationes et epistulae excerptae de Historiis – Epistulae ad Caesarem senem*. Ed. H. Haas und E. Römisch. Heidelberg 1959.

Deutsch: Sallust, Werke und Schriften. Übers. W. Schöne. München 1969. – Sallust, Die Verschwörung des Catilina. Übersetzt von K. Büchner. Stuttgart 1967.

Sallust war Volkstribun, Gegner der Nobilitätsherrschaft, Anhänger Caesars, dessen Größe er erkannte, den er allerdings auch mit wachsender Skepsis betrachtete. Aufschlußreich ist der brillant geschriebene Essay über »Catilina«. In zwei Sendschreiben *(Epistulae)* gibt er Caesar politische Ratschläge. Sein Geschichtswerk *(Historiae)* ist nur bruchstückhaft erhalten.

*Catull* (C. Valerius Catullus, um 84–54 v. Chr.): Liebesgedichte und sonstige Dichtungen. Lateinisch und deutsch. Übersetzt und herausgegeben von Otto Weinrich. Hamburg 1960.

Caesar war mit Catulls Vater befreundet, besuchte ihn oft in Verona, wenn er sich im cisalpinischen Gallien aufhielt. Einige Verse des jungen Dichters Catull, der in Verona und Rom lebte, sind auf Caesar bezogen, satirisch-kritisch: carm. 11, 29, 54, 57, 93.

*Antike Autoren nach Caesars Tod*

*Plutarch* (um 46–120 n. Chr.). Der Grieche aus Chaironeia verfaßte parallellaufende Lebensbeschreibungen, darunter eine Biographie Caesars, weiterhin Lebensbilder von Cicero, Pompeius, Crassus, Cato d. J., Brutus, Marcus Antonius u. a. Deutsch: Lebensbeschreibungen. Übersetzt von J. F. Kaltwasser, 1799–1806, bearbeitet von Hanns Floerke, 1913; Neudruck rev. von Ludwig Kröner, München 1964–1967.

Als grundlegende Quelle für Plutarchs »Caesar« wird heute allgemein das verlorengegangene, aber häufig zitierte Geschichtswerk des Asinius Pollo vermutet. Asinius Pollo war Offizier Caesars, jedoch bekannt für seine objektive Geschichtsschreibung.

*Sueton* (um 75–150 n. Chr.) beginnt mit einer Caesar-Biographie sein Werk »Leben der Caesaren« *(De vita Caesarum).* Leider fehlt in dieser beachtlichen »Faktenbiographie« (wie auch bei Plutarch) der Anfang zu Caesars Jugend. Deutsch: Leben der Caesaren. Übersetzung und Anmerkungen von A. Lambert, Zürich 1955. Neuausgabe Reinbek 1960.

Nach den vorgenannten wichtigsten Quellen sind vor allem zu nennen:

*Livius* (59 v.–17 n. Chr.), von dessen großer Römischer Geschichte *(Ab urbe condita)* nur ein Viertel erhalten blieb. Für Caesar und seine Zeit wichtig sind die Bücher CII–CXVI.

*Velleius Paterculus* (um 19 v.–30 n. Chr.), aus dessen Römischer Geschichte *(Historiae Romanae)* für Caesar wichtig Buch II, 41–58.

*Lucan* (39–65 n. Chr.) verfaßte ein Epos über den Bürgerkrieg: *Bellum Civile,* auch *Pharsalia* genannt (9,985). Caesar wird auffallend negativ gesehen. Manche Ungenauigkeiten und melodramatischen Ausmalungen schmälern den Quellenwert. Dennoch für den kritischen Leser reich an Details zum Krieg zwischen Caesar und Pompeius. Deutsch-Lateinisch herausgegeben und übersetzt von W. Ehlers, München 1978.

*Appian* aus Alexandria (2. Jh. n. Chr.) schrieb eine Römische Geschichte (griech.), von deren 24 Büchern elf und Fragmente erhalten sind. Für Caesar wichtig Buch II. Offensichtlich benutzte Appian als Quelle dasselbe (verlorengegangene) Geschichtswerk wie Plutarch.

*Dio Cassius* aus Nicaea (um 150–235 n. Chr.), ebenfalls Verfasser einer Römischen Geschichte (griech.), deren Bücher XXXVI–LIV (68–10 v. Chr.) vollständig erhalten sind. Dio Cassius griff teilweise auf Livius zurück, verarbeitete jedoch sein Quellenmaterial selbstsicher und unabhängiger als etwa Appian.

# Ausgewählte Bibliographie

Die selbst für den Fachgelehrten kaum noch überschaubare Fülle der Caesar-Literatur kann hier nur in Auswahl, vor allem, soweit sie benutzt oder zitiert wurde, berücksichtigt werden. Darum sei ergänzend hingewiesen auf die jüngsten Bibliographien von J. Kroymann, *Caesar und das Corpus Caesarianum* (1973), und H. Gesche, *Caesar* (1976), der letztere Bericht allein mit 1907 Titeln aus den letzten fünfzig Jahren. – Die durchgehende alphabetische Ordnung erwies sich als nützlich, um das Suchen einzelner Titel zu erleichtern.


Adcock, Frank E.: Caesar's dictatorship. Cambridge Ancient History IX, 1932, S. 691–740.

ders.: Caesar as Man of Letters. Cambridge 1956. Dt.: Caesar als Schriftsteller. Göttingen 1959.

Alföldi, Andreas: Studien über Caesars Monarchie. Bulletin de la société royale des lettres de Lund. 1953.

ders.: Das wahre Gesicht Caesars. In: Antike Kunst 2, 1959, S. 27–31.

ders.: Die Denarprägung des Jahres 44 v. Chr. als Quelle für die Geschichte Caesars. Antiquitas Reihe 3, Bd. 13, 1974.

Badian, E.: Caesar's cursus and the intervalls between offices. In: Journal of Roman Studies 49, London 1959, S. 81–89.

Balsdon, J. P. V. D.: Caesar's Gallic command. In: Journal of Roman Studies 29, London 1939, S. 167–183.

ders.: Die Iden des März. In: Historia 7, 1958, S. 80–94. Auch in: Klein, Das Staatsdenken, S. 597–622.

ders.: Julius Caesar and Rome. London 1967.

Barwick, Karl: Caesars Commentarii und das Corpus Caesarianum. Philologus Suppl. 31,2, Leipzig 1938.

ders.: Caesars Bellum Civile. Tendenz, Abfassungszeit, Stil. Leipzig 1951.

ders.: Zur Entstehungsgeschichte des Bellum Gallicum. In: Rhein. Museum 98, 1955, S. 51–72. Auch in: Rasmussen, Caesar, S. 255–278.

Beckmann, Franz: Geographie und Ethnographie in Caesars Bellum Gallicum. Dortmund 1930.

Benoist-Méchin, J.: Kleopatra. Dt.: Stuttgart 1966.

Bernoulli, Johann Jacob: Römische Ikonographie I. Stuttgart 1882, Nachdruck Hildesheim 1969, S. 145–181.

Birt, Theodor: Römische Charakterköpfe. Caesar. Heidelberg 1954.

Bleicken, Jochen: Der Begriff der Freiheit in der letzten Phase der römischen Republik. In: Histor. Zeitschr. 195, 1962, S. 1–21.

ders.: Gedanken zu dem Buch Gelzers über die römische Nobilität (1912). In: Frankf. Althistor. Studien 9, 1977, S. 7–28.

Bochénski, Jacek: Göttlicher Julius. Dt.: München 1961 (aus dem Polnischen, Warschau 1961).

Bögli, H.: Studien zu den Koloniegründungen Caesars. Diss. Basel, Murten 1966.
Boer, Willem den: Caesar tweeduizend jaar na zijn dood. In: Museum 62, 1957. Auch in: Rasmussen, Caesar, S. 413–437 (Caesar zweitausend Jahre nach seinem Tode).
Bömer, Franz: Caesar und sein Glück. In: Gymnasium 73, 1966, S. 63 ff. Auch in: Rasmussen, Caesar, S. 89–115.
Brandes, Georg: C. Julius Caesar. Berlin 1925.
Brecht, Berthold: Die Geschäfte des Herrn Julius Caesar. Berlin 1957.
Broughton, T. Robert S.: The Magistrates of the Roman Republic. I. Bd. 1951, II. Bd. 1952.
Bruhns, Hinnerk: Caesar und die römische Oberschicht in den Jahren 49–44 v. Chr. Hypomnemata 53, Göttingen 1978.
Brutscher, C.: Caesar und sein Glück. In: Museum Helveticum 15, 1958, S. 74–83.
Buzzi, G.: Caesar und seine Zeit. Dt.: Wiesbaden 1970 (aus dem Italienischen, Verona 1967).
Canali, Luca: Personalità e stile di Cesare. Rom 1963.
Carcopino, Jérôme: Sur l'épilepsie de Jules César et l'identité de morbus sacer et de morbus divinus. Bulletin de la Société Nationale des Antiquaires de France 102, Paris 1934.
ders.: Jules César. Paris 1935, 5. erweit. u. veränderte Aufl. 1968.
ders.: César et Cléopâtre. In: Annales de l'école des hautes études de Gand I, 1937, S. 35–77.
ders.: Les secrets de la correspondance de Cicérin. Paris 1947.
ders.: Passion et politique chez les Césars. Paris 1958.
ders.: Alésia et les ruses de César. Paris 1958, 2. erweit. Aufl. 1970.
ders.: Profils de conquérants. Paris 1961.
Collins, John H.: Propaganda, ethics and psychological assumptions in Caesar's writings. Diss. Frankfurt 1952.
ders.: Caesar and the corruption of Power. Dt.: Caesar und die Verführung der Macht. In: Historia 4, 1955, S. 445–465. Auch in: Rasmussen, Caesar, S. 379–412.
ders.: A selectiv survey of Caesar scholarship since 1935. In: Classical Weekly 57, 1963–64, S. 41–51 u. 82–88.
Cowell, F. R.: Cicero and the Roman Republic. London 1948.
ders.: The Revolutions of Ancient Rome. London 1962.
Curtius, Ernst Robert: Europäische Literatur und lateinisches Mittelalter. 4. Aufl. Bern 1963.
Dahlmann, Hellfried: Clementia Caesaris. In: Neue Jahrb. f. Wiss. u. Jugendbildg. 10. Jg., 1934, S. 17–26. Auch in: Rasmussen, Caesar, S. 32–47.
Deichgräber, Karl: Elegantia Caesaris. In: Gymnasium 57, 1950, S. 112–123. Auch in: Rasmussen, Caesar, S. 208–223.
Diller, Hans: Caesar und Ariovist. In: Humanist. Gymnasium 46. Jg., 1935, S. 189–202. Auch in: Rasmussen, Caesar, S. 189–207.
Dion, R.: Les campagnes de César en l'année 55. In: Revue des Études Latines 41, Paris 1963, S. 186–209.
Dobesch, Gerhard: Caesars Apotheose zu Lebzeiten und sein Ringen um den Königstitel. Wien 1966.

Dodge, Th. A.: Caesar. New York 1963.
Donnadieu, A.: La prétendue épilepsi de Jules César. Mem. Soc. AF 80, Paris 1937, S. 27–36.
Drexler, Hans: Parerga caesariana. In: Hermes 70, 1935, S. 203–234.
ders.: Dignitas. Götting. Univ. Reden 15, 1944. Auch in: Klein, Das Staatsdenken, S. 231–254.
ders.: Die moralische Geschichtsauffassung der Römer. In: Gymnasium 61, 1954, S. 168–190. Auch in: Klein, Das Staatsdenken, S. 255–287.
ders.: Die Catilinarische Verschwörung. Ein Quellenheft. Darmstadt 1976.
Drumann-Groebe: Geschichte Roms in seinem Übergange von der republikan. zur monarchisch. Verfassung. Leipzig 1899. 2. Aufl. 3. Bd. 1906, 5. Bd. 1919.
Erkell, Harry: Caesar und sein Glück. In: Eranos 42, 1944, S. 57–69. Auch in: Rasmussen, Caesar, S. 48–60.
ders.: Augustus, Felicitas, Fortuna. Diss. Göteborg 1952.
Esser, A.: Caesar und die julisch-claudischen Kaiser im biologisch-ärztlichen Blickfeld. Janus Suppl. I, Leiden 1958.
Ferrabino, Aldo: Giulio Cesare. Grandi Italiani, I. Turin 1941.
ders.: La fortuna della creazione politica di Cesare. Rom 1956.
Ferrero, Guglielmo: Grandezza e Decadenza di Roma. Milano 1902. Dt.: Größe und Niedergang Roms. Stuttgart 1922.
ders.: Julius Caesar. Wien/Leipzig 1925.
Fränkel, Hermann: Über philologische Interpretation am Beispiel von Caesars Gallischem Krieg. In: Neue Jahrb. f. Wiss. u. Jugendbildg. 9, 1933. Auch in: Rasmussen, Caesar, S. 165–188.
Friedländer, Ludwig: Darstellungen aus der Sittengeschichte Roms. 2 Bde. Leipzig 1919/20.
Fuller, J. F. C.: Julius Caesar. Man, soldier and tyrant. London 1965.
Gelzer, Matthias: Die Nobilität der römischen Republik. Freiburg 1912. In: Kleine Schriften I, Wiesbaden 1962, S. 17 ff.
ders.: Caesar. Der Politiker und Staatsmann. 1921, 6. Aufl. Wiesbaden 1960.
ders.: Caesar und Augustus. Meister der Politik I. 1922.
ders.: Caesar. In: Vom römischen Staat I, Leipzig 1943, S. 125–140.
ders.: Pompeius. München 1949, 2. Aufl. 1959.
ders.: Die römische Gesellschaft zur Zeit Ciceros. In: Kleine Schriften I, Wiesbaden 1962, S. 154 ff.
ders.: War Caesar ein Staatsmann? In: Kleine Schriften II, Wiesbaden 1963, S. 286–306.
ders.: Caesar als Historiker. In: Kleine Schriften II, Wiesbaden 1963, S. 307 ff. Auch in: Rasmussen, Caesar, S. 438–473.
Gesche, Helga: Die Vergottung Caesars. Frankf. Althistor. Studien 1, 1968.
dies.: Die quinquennale Dauer und der Endtermin der gallischen Imperien Caesars. In: Chiron 3, 1973, S. 179–220.
dies.: Caesar. (Erträge der Forschung, Bd. 51.) Darmstadt 1976.
Giebel, Marion: Marcus Tullius Cicero in Selbstzeugnissen und Bilddokumenten. Reinbek 1977.
Goldschmit-Jentner, Rudolf: Die Begegnung mit dem Genius. Caesar und Brutus. Frankfurt 1954.

Gorce M.-M.: Vercingétorix, chef des Gaulois. Paris 1935.
Grant, Michael: Julius Caesar. London 1969. Dt.: München 1977.
ders.: Kleopatra. London 1972. Dt.: Bergisch-Gladbach 1977.
Gundolf, Friedrich: Caesar. Geschichte seines Ruhms. Berlin 1924. Neudruck Darmstadt 1968.
ders.: Caesar im neunzehnten Jahrhundert. Berlin 1926. Neudruck Darmstadt 1968.
ders.: Zur Geschichte von Caesars Ruhm. Neue Jahrb. f. Wiss. u. Jugendbildg. 6, 1930, S. 369–382.
ders.: Paracelsus und Dante. Ein Nachtrag zur Geschichte von Caesars Ruhm. Neue Schweiz. Rundschau 38/39, 1930, S. 105–106.
Hampl, Franz: »Stoische Staatsethik« und frühes Rom. In: Histor. Zeitschr. 184, 1957, S. 249–271. Auch in: Klein, Das Staatsdenken. S. 116–142.
ders.: Römische Politik in republikanischer Zeit und das Problem des »Sittenverfalls«. In: Histor. Zeitschr. 188, 1959, S. 497–525. Auch in: Klein, Das Staatsdenken, S. 143–177.
Hanell, Krister: Bemerkungen zu der politischen Terminologie des Sallustius. In: Klein, Das Staatsdenken, S. 500–513.
Hankel, Wilhelm: Caesar. Goldne Zeiten führt' ich ein. München/Berlin 1978.
Harmand, Jacques: Une campagne césarienne: Alésia. Paris 1967.
ders.: César en Gaule. In: L'Information d'histoire de l'art 31, 1969, S. 155–164 (Lit. ber.), und 32, 1970, S. 112–120.
ders.: Une composante scientifique du Corpus Caesarianum: le portrait de la Gaule dans le De Bello Gallico I–VII. In: Aufstieg u. Niedergang der röm. Welt, I, 3, Berlin 1973, S. 523–595.
Hegel, G. W. F.: Caesar als »Geschäftsführer des Weltgeistes«, 1837. In: Rasmussen, Caesar, S. 1–6.
Heinen, H.: Rom und Ägypten von 51 bis 47 v. Chr. Diss. Tübingen 1966.
ders.: Caesar und Kaisarion. In: Historia 18, 1969, S. 181–203.
Herbig, Reinhard: Neue Studien zur Ikonographie des C. Julius Caesar. In: Köln. Jahrb. f. Vor- u. Frühgesch. 4, 1959, S. 7 ff. Auch in: Rasmussen, Caesar, S. 69–88.
Herescu, N. J.: Bibliographie de la littérature latine. Paris 1943, S. 49–59.
Hering, Wolfgang: Die Recensio der Caesarhandschriften. Berlin 1963.
ders.: Zur Tendenz des Bellum Gallicum. In: Acta Classica Universitatis Scientiarum Debreceniensis III, 1967, S. 55–62.
Heuss, Alfred: Der Untergang der römischen Republik und das Problem der Revolution. In: Histor. Zeitschr. 182, 1956, S. 1–28.
ders.: Das Zeitalter der Revolution. In: Propyläen-Weltgeschichte IV, 1, Frankfurt/Berlin 1963, S. 175–316.
Hoffmann, Wilhelm: Zur Vorgeschichte von Caesars Eingreifen in Gallien. In: Der Altsprachl. Unterricht 4, 1952, S. 5–22.
Holmes, T. Rice: The Roman republic and the founder of the empire. Oxford 1923.
ders.: Caesar's conquest of Gaul. Oxford 1911, 2. Aufl. 1931. Dt.: Caesars Feldzüge in Gallien, Berlin 1913.
ders.: Ancient Britain and the invasions of Julius Caesar. Oxford 1936.

Huber, G.: Untersuchungen zu Caesars Oberpontifikat. Diss. Tübingen 1971/72.
Isenburg, Irwin: Iulius Caesar. London 1964. Dt.: ed. H. Pleticha, Reutlingen 1965.
Jelusich, Mirko: Caesar. Wien/Leipzig 1929.
Jens, Walter: Die Verschwörung. München 1974.
Jonson, B.: Catilina, his conspiracy. Oxford 1921.
Jullian, Camille: Vercingétorix. Paris 1911. Neuausgabe 1965.
ders.: Histoire de la Gaule III, Paris 1923. Nachdruck Paris 1971.
Kalinka, E.: Caesar und seine Fortsetzer. In: Jahresber. Fortschritte der klass. Altertumswissenschaft 224 Suppl. 1929, S. 1–256 (1898–1928), und 264, 1939, S. 169–256 (1929–1936).
Kassner, Rudolf: Die Iden des März. In: Merkur, 3, 1956, S. 201–211. Auch in: Rasmussen, Caesar, S. 18–31.
Kasten, Helmut (Hrsg.): Cicero, Atticus-Briefe. Lateinisch-deutsch. 2. Aufl. München 1976.
Klass, Justinus: Cicero und Caesar. Ein Beitrag zur Aufhellung ihrer gegenseitigen Beziehungen. Diss. Gießen 1939, Berlin 1939.
Klein, Richard (Hrsg.): Das Staatsdenken der Römer. (Wege der Forschung, Bd. XLVI.) Darmstadt 1966.
Kleine Pauly, Der. Lexikon der Antike in fünf Bänden. dtv, München 1979.
Klingner, Friedrich: C. Julius Caesar. In: Klingner, Römische Geisteswelt, 4. Aufl. München 1961, S. 90–109.
Klotz, Alfred: Caesarstudien. Leipzig/Berlin 1910.
ders.: Zu Caesars Bellum Civile. Rhein. Museum 1911, S. 80 ff.
ders.: Geographie und Ethnographie in Caesars Bellum Gallicum. In: Rhein. Museum 83, 1934, S. 66–96.
ders.: Caesar und Livius. In: Rhein. Museum 96, 1953, S. 62–67.
Knoche, Ulrich: Caesars commentarii, ihr Gegenstand und ihre Absicht. In: Gymnasium 58, 1951, S. 139–160. Auch in: Rasmussen, Caesar, S. 224–254
Koch, Karl: Gottheit und Mensch im Wandel der römischen Staatsform. In: Das Neue Bild der Antike II, 1941. Auch in: Klein, Das Staatsdenken, S. 39–64.
Kogon, Eugen: Caesar. In: Die Großen der Weltgeschichte 2, Zürich 1972, S. 36–97.
Kraft, Konrad: Der goldene Kranz Caesars und der Kampf um die Entlarvung des »Tyrannen«. In: Jahrb. Numismat. 3/4, 1952/53, S. 7–97.
Kroymann, Jürgen: Res publica restituende. Festschr. R. Stark, Wiesbaden 1969, S. 254–266.
ders.: Caesar und das Corpus Caesarianum in der neueren Forschung (1945–1970). In: Aufstieg u. Niedergang der röm. Welt, I, 3, Berlin 1973, S. 457–487.
Kunkel, Wolfgang: Römische Rechtsgeschichte. Köln/Wien 1973, 7. Aufl.
Kytzler, Bernhard: Shakespeare, Julius Caesar. Dichtung und Wirklichkeit. Frankfurt/Berlin 1963.
Lacey, W. K.: The Tribunate of Curio. In: Historia 10, 1961, S. 319–329.
Lämmli, Franz: Sallusts Stellung zu Cato, Caesar, Cicero. In: Museum Helveticum 3, 1946, S. 94–117. Auch in: Klein, Das Staatsdenken, S. 514–551.
Leeman, A. D.: Sallusts Prologe und seine Auffassung von der Historiographie.

In: Mnemosyne 7, 1954, S. 323–339, und 8, 1955, S. 38–48. Auch in: Klein, Das Staatsdenken, S. 472–499.
Lehmann, W.: Die Methode der Propaganda in Caesars Schriften unter besonderer Berücksichtigung der Commentarien vom Bürgerkrieg. Diss. Marburg 1951.
Lexikon der Antike: Literatur 1–4; Religion 1–2; Kunst 1–2; Geschichte 1–3; Kulturgeschichte 1–2. dtv, München 1969–71.
Lissner, Ivar: Die Cäsaren. Olten/Freiburg 1956.
Maier, Ulrich: Caesars Feldzüge in Gallien in ihrem Zusammenhang mit der stadtrömischen Politik. Bonn 1978.
Matthies, O.: Entstehungszeit und Abfassungszeit von Caesars »Bellum Gallicum«. Diss. Berlin 1955.
Maurach, G.: Caesar-Interpretationen (BC 3, 41–93). In: Gymnasium 81, 1974, S. 49–63.
Meier, Christian: Zur Chronologie und Politik in Caesars erstem Konsulat. In: Historia 10, 1961, S. 68–96.
ders.: Pompeius' Rückkehr aus dem Mithridatischen Kriege und die Catilinarische Verschwörung. In: Athenaeum 40, 1962, S. 103–125.
ders.: Res publica amissa. Eine Studie zur Verfassung und Geschichte der späten römischen Republik. Wiesbaden 1966.
ders.: Caesars Bürgerkrieg. In: Entstehung des Begriffs »Demokratie«. Frankfurt 1970, S. 70–150.
ders.: Matthias Gelzers Beitrag zur Erkenntnis der Struktur von Gesellschaft und Politik der späten römischen Republik. In: Frankf. Althistor. Studien 9, 1977, S. 29–56.
ders.: Die Ohnmacht des allmächtigen Dictators Caesar. Vortragsmanuskript, gedruckt, Siemensstiftung, München 1978.
Merguet, H.: Lexikon zu den Schriften Caesars und seiner Fortsetzer, Jena 1886. Nachdruck Hildesheim 1963.
Meusel, H.: Lexicon Caesarianum. Berolini 1887–1893. Nachdruck Hildesheim 1958.
Meyer, Eduard: Caesars Monarchie und das Principat des Pompeius. Stuttgart 1918. Nachdruck der 3. Aufl. (1922) Darmstadt 1974.
Meyer, Ernst: Vom griechischen und römischen Staatsgedanken. In: Eumusia, Festschr. Ernst Howald, Zürich 1947. Auch in: Klein, Das Staatsdenken, S. 65–86.
ders.: Römischer Staat und Staatsgedanke. Zürich, 2. Aufl. 1961.
Mitchell, Th. N.: Cicero before Luca. Transactions of the American Philological Association 100, Ithaka 1969, S. 295–320.
Mommsen, Theodor: Zur Geschichte der caesarischen Zeit. In: Hermes 28, 1893, S. 599–618.
ders.: Römische Geschichte I–III. Berlin, 9. Aufl. 1902–04. Neudruck dtv, München 1976, 8 Bde.
ders.: Die Rechtsfrage zwischen Caesar und dem Senat. In: Gesammelte Schriften IV, Berlin 1906, S. 92–145.
Montgomery, H. C.: Julius Caesar and the sectio caesarea. In: Classical World 28, 1935, S. 88 ff.
Münzer, Friedrich: Römische Adelsparteien und Adelsfamilien. Stuttgart 1920.

Napoleon I.: Préces des guerres de Jules César. Paris 1836. Dt.: Darstellung der Kriege Caesars, Turennes, Friedrich des Großen. Stuttgart 1936.
Napoleon III.: Histoire de Jules César. I–III. Paris 1865–1887.
Norden, Eduard: Der Germanenexkurs in Caesars Bellum Gallicum. In: Norden, Die Germanische Urgeschichte in Tacitus' Germania, 1920. Neudruck 1949. Auch in: Rasmussen, Caesar, S. 116–137.
ders.: Die Geburt des Kindes. Stuttgart 1924. Neudruck Darmstadt 1958.
Oppermann, Hans: Caesar, der Schriftsteller und sein Werk. Stuttgart 1933.
ders.: Zu den geographischen Exkursen in Caesars Bellum Gallicum. In: Hermes 68, 1933, S. 182–195.
ders.: Drei Briefe Caesars. In: Gymnasium 44, 1933, S. 129–142.
ders.: Neuere Forschungen zur Glaubwürdigkeit Caesars. In: Gymnasium 68, 1961, S. 258–269.
ders.: Caesar, Wegbereiter Europas. Göttingen 1958, 2. Aufl. 1963.
ders.: Probleme und heutiger Stand der Caesarforschung. In: Rasmussen, Caesar, S. 485–522.
ders.: Julius Caesar in Selbstzeugnissen und Bilddokumenten. Reinbek 1968.
Ottmer, Hans-Martin: Die Rubikon-Legende. Caesars und Pompeius' Strategie vor und nach Ausbruch des Bürgerkrieges. Diss. Freiburg 1977.
Paratore, Ettore: Il Bellum Civile di Cesare. Rom 1965.
ders.: Das Caesarbild des zwanzigsten Jahrhunderts in Italien. In: Rasmussen, Caesar, S. 474–484.
Pareti, Luigi: Cesare e la Gallia. In: Stud. Rom 3, 1955, S. 1–10.
ders.: L'essenza della concezione politica di C. Giulio Cesare. In: Stud. Rom 4, 1956, S. 129 ff.
Pascucci, Giovanni: La compositione del Bellum Gallicum. In: Archivio storico per le province napoletane, Neapel 1933, S. 301–319.
ders.: Interpretazione linguistica e stilistica del Cesare autentico. In: Aufstieg u. Niedergang der röm. Welt, I, 3, Berlin 1973, S. 488–522.
Paulys Realencyclopädie der classischen Altertumswissenschaft. Bd. 10,1 (C. Iulius Caesar) u. a. Zitiert: RE.
Raaflaub, Kurt: Dignitas Contentio. Studien zur Motivation und politischen Taktik im Bürgerkrieg zwischen Caesar und Pompeius. Vestigia 20, München 1974.
Rambaud, Michel: L'art de la déformation historique dans les Commentaires de César. Paris 1952, 2. Aufl. 1966.
ders.: César. Coll. Que Sais-Je? Heft 1049. Paris 1963, 2. Aufl. 1967.
ders.: Le caractère de Jules César. In: Hommages à J. Bayet. Brüssel 1964, S. 599–610.
Rasmussen, Detlef (Hrsg.): Caesar. (Wege der Forschung, Bd. XLIII.) Darmstadt 1967.
ders.: Caesars commentarii. Stil und Stilwandel am Beispiel der direkten Rede. Göttingen 1963.
Rintelen, K. L.: Cicero und Caesar. Diss. Marburg 1955.
Rossi, R. F.: Bruto, Cicerone e la congiura contro Cesare. In: La Parola del Passato 8, Neapel 1953, S. 26–47.
Saatmann, K. (Jüngst, E., und Thielscher, P.): Caesars Rheinbrücke. In: Bonner Jahrb. 143, 1939, S. 83–208. Gesondert: Berlin 1939.

Schmid, W.: Sallust, die Reden Caesars und Catos. In: Gymnasium 69, 1962, S. 336–350.
Schmitthenner, Walter: Octavian und das Testament Caesars. Zetemata 4, München 1952, 2. Aufl. 1973.
ders.: Das Attentat auf Caesar am 15.3.44. In: Geschichte in Wiss. u. Unterricht, Stuttgart 1962, S. 685–695.
Schmittlein, R.: La première campagne de César contre le Germains. Paris 1957.
ders.: Avec César en Gaul. Paris 1970.
Seager, R.: The first Catilinarian conspiracy. In: Historia 13, 1964, S. 338–347.
ders. (Hrsg.): The crisis of the Roman republic. Cambridge 1969.
Seel, Otto: Caesar und seine Gegner. Erlanger Univ. Reden 24, 1939.
ders.: Zur Kritik der Quellen über Caesars Frühzeit. In: Klio 34, 1942, S. 196–238.
ders.: Cicero. Wort, Staat, Welt. Stuttgart 1953.
ders.: Ambiorix. Beobachtungen zu Text und Stil in Caesars Bellum Gallicum. In: Jahrb. f. fränkische Landesforschung 20, 1960, S. 49–89. Auch in: Rasmussen, Caesar, S. 279–338.
ders.: Sallusts Briefe und die pseudosallustische Invektive. Nürnberg 1966.
ders.: Caesar-Studien. Stuttgart 1967.
Semi, Francesco: Il sentimento di Cesare. Padua 1966.
Simon, Erika: Neue Literatur zum Caesarporträt. In: Gymnasium 4, 1957, S. 295–299. Auch in: Rasmussen, Caesar, S. 61–66.
Stevens, C. E.: The bellum Gallicum as a work of propaganda. In: Latomus 11, 1952, S. 3–18 u. S. 165–179.
ders.: The terminal date of Caesar's command. In: American Journal of Philology 1938, S. 169–208.
Stoessl, F.: Caesars Politik und Diplomatie im Helvetierkrieg. In: Schweiz. Beiträge z. allg. Geschichte 8, 1950, S. 5–36.
Stöver, Hans Dieter: Die Römer. Düsseldorf 1976.
Strasburger, Hermann: Caesars Eintritt in die Geschichte. München 1938. Neudruck Darmstadt 1966.
ders.: Caesar im Urteil seiner Zeitgenossen. In: Histor. Zeitschr. 175, 1953, S. 225–265. Gesonderter Neudruck Darmstadt 1968.
ders.: Geschichte und Politik im Altertum. In: Historia Integra, Festschr. Erich Hassinger, Berlin 1977, S. 33–50.
ders.: Matthias Gelzer und die großen Persönlichkeiten der ausgehenden römischen Republik. In: Frankf. Althistor. Studien 9, 1977, S. 57–96.
Sumner, G. V.: Cicero, Pompeius and Rullus. In: Transactions of the American Philological Association 97, Ithaka 1966, S. 569–582.
Sydenham, Edward A.: The Roman Republican Coinage. 1952.
Syme, Ronald: The Roman Revolution. Oxford 1939. Dt.: Die römische Revolution. Stuttgart 1957 u. München 1962.
ders.: Caesar, the senat and Italy. In: Papers of the British school at Rome 14, London 1939, S. 1–32.
ders.: Imperator Caesar. A study in nomenclature. In: Historia 7, 1958, S. 172–177.
ders.: Pseudo-Sallust. In: Museum Helveticum 15, 1958, S. 46–55. Auch in: Klein, Das Staatsdenken, S. 429–445.

Taeger, Fritz: Das Altertum. Geschichte und Gestalt. 2. Bd., Stuttgart 1940.
ders.: Charisma. Bd. II. Stuttgart 1960.
Taylor, Lily Ross: Divus Julius. In: Transactions of the American Philological Association 58, 1927, XV–XVI.
dies.: The divinity of the Roman emperor. Middletown 1931.
dies.: Caesar's early career. In: Classical Philology 36, 1941, S. 113–132.
dies.: Party Politices in the age of Caesar. Berkeley 1949, 2. Aufl. 1964.
Timpe, Dieter: Caesars Gallischer Krieg und das Problem des römischen Imperiums. In: Historia 14, 1965, S. 189–214.
ders.: Rechtsformen der römischen Außenpolitik bei Caesar. In: Chiron 2, 1972, S. 277–295.
Toynbee, J. M. C.: Portraits of Julius Caesar. In: Greece and Rome, Oxford 1957, S. 2–9.
Treu, M.: Zur clementia Caesaris. In: Museum Helveticum 5, 1948, S. 197–217.
Veith, Georg: Caesar. Leipzig 1912, 2. Aufl. 1922.
ders.: Der Feldzug von Dyrrhachium zwischen Caesar und Pompeius. Wien 1920.
ders.: Caesar als »Vater der Strategie«. 1928. In: Rasmussen, Caesar, S. 372–378.
Vittinghoff, Friedrich: Römische Kolonisation und Bürgerrechtspolitik unter Caesar und Augustus. Abhdlg. Akad. Wissensch. Mainz, Geistes- u. sozialwissensch. Kl. 14, 1951. Wiesbaden 1952.
Vogt, Josef: Römische Politik in Aegypten. Beitr. z. Alten Orient II, Leipzig 1924.
ders.: Caesar und seine Soldaten. In: Neue Jahrb. f. Antike u. dt. Bildung 1940, S. 120–135.
ders.: Zum Herrscherkult bei Julius Caesar. In: Stud. pres. to D. M. Robinson II, St. Louis 1953, S. 1138–46.
Volkmann, Hans: Kleopatra. Politik und Propaganda. München 1953.
ders.: Caesars letzte Pläne im Spiegel seiner Münzen. In: Gymnasium 64, 1957, S. 299–309. Auch in: Klein, Das Staatsdenken, S. 581–596.
ders.: Sullas Marsch auf Rom. Der Verfall der Römischen Republik. Darmstadt 1973.
Vollenweider, M. L.: Die Gemmenbildnisse Caesars. In: Archiv f. Kulturgeschichte 3, 1960, S. 81–88.
ders.: Die Porträtgemmen der römischen Republik. Mainz 1972/74.
Walser, Gerold: Caesars Entdeckung der Germanen und die Tendenz des Bellum Gallicum. In: Schweiz. Beitr. z. Alten Geschichte 11, 1953, S. 5–26.
ders.: Caesar und die Germanen. Studien zur politischen Tendenz römischer Feldzugsberichte. Historia, Einzelschr. 1, 1956.
Walter, Gérard: Jules César. Paris 1947. Dt.: Stuttgart 1955.
Weinstock, Stefan: Divus Julius. Oxford 1971.
Wickert, Lothar: Zu Caesars Reichspolitik. In: Klio 30, 1937, S. 232–253. Auch in: Klein, Das Staatsdenken, S. 555–580.
ders.: Caesars Monarchie und das Prinzipat des Augustus. In: Neue Jahrb. f. Antike u. dt. Bildung 4, 1941, S. 12–23.
Wilder, Thornton: The Ides of March. New York 1948. Dt.: Die Iden des März. Amsterdam 1949.
Wlosok, Antonie (Hrsg.): Römischer Kaiserkult. (Wege der Forschung, Bd. 372.) Darmstadt 1978.

Wyss, E.: Stilistische Untersuchungen zur Darstellung von Ereignissen in Caesars Bellum Gallicum. Diss. Bern 1930.
Yavetz, Zvi: Caesar in der öffentlichen Meinung. Schriftenreihe des Institus für Deutsche Geschichte der Universität Tel Aviv. Düsseldorf 1979.
Zielinski, Thaddäus: Cicero im Wandel der Jahrhunderte. 3. Aufl. Leipzig 1912, 6. Aufl. Darmstadt 1973.

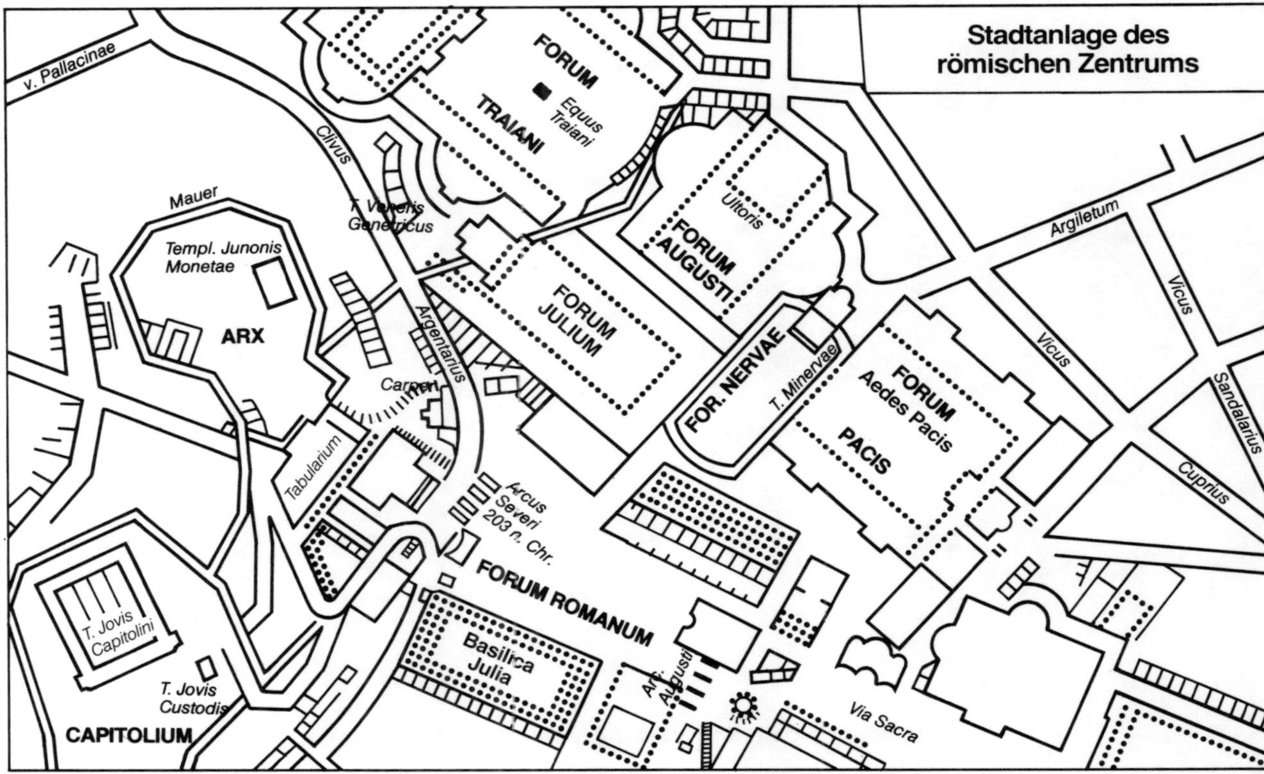
Stadtanlage des
römischen Zentrums
FORUM
TRAIANI
Equus
Traiani
v. Pallacinae
Clivus
Mauer
Templ. Junonis
Monetae
ARX
Ultoris
FORUM
AUGUSTI
FORUM
JULIUM
Argiletum
Vicus
Vicus
Sandalarius
Cuprius
FOR. NERVAE
T. Minervae
FORUM
Aedes Pacis
PACIS
Argentarius
Carcer
Tabularium
Arcus
Severi
203 n. Chr.
FORUM ROMANUM
Basilica
Julia
Arc.
Augusti
Via Sacra
T. Jovis
Capitolini
T. Jovis
Custodis
CAPITOLIUM

## Die Verteilung der Provinzen an Caesar, Pompeius und Crassus

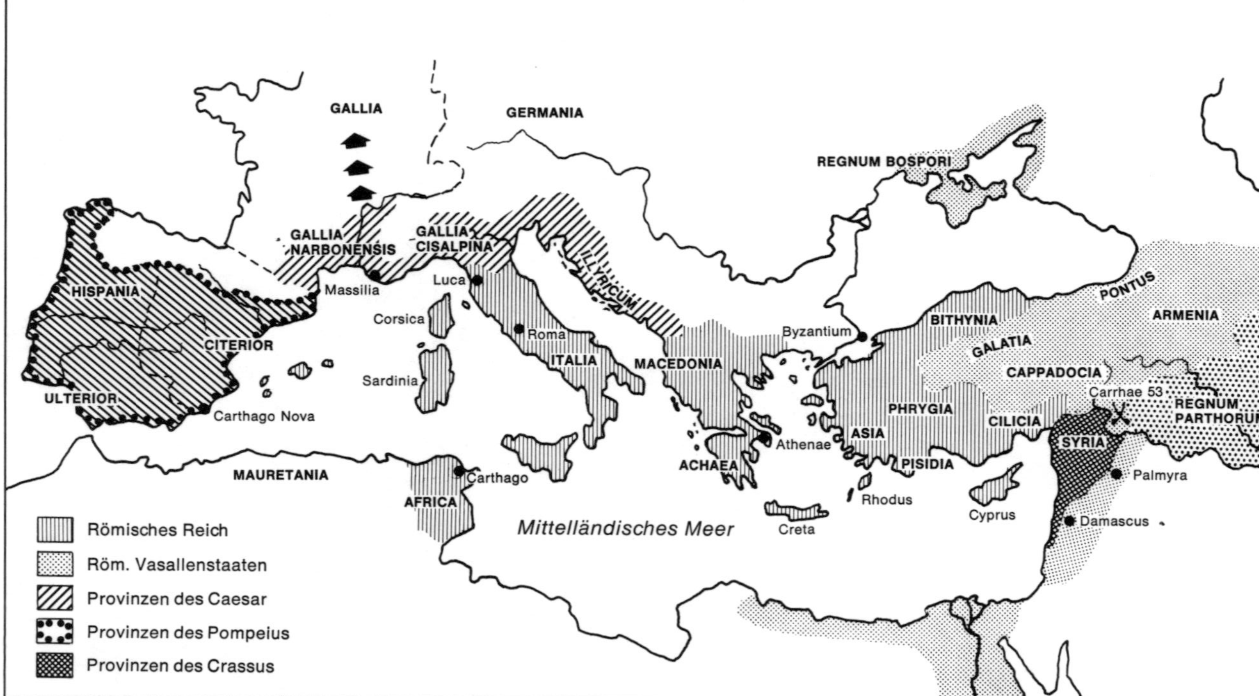

## Die Neuordnung des Ostens durch Pompeius

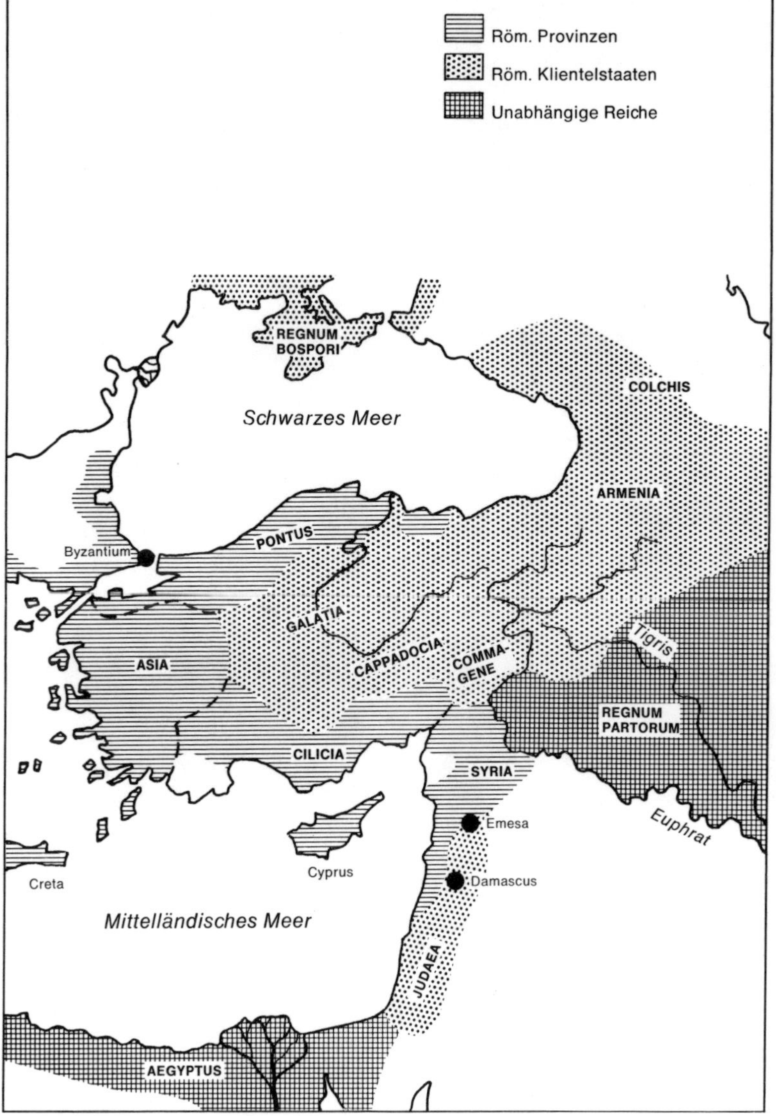

# Personenregister

# Orts- und Sachregister

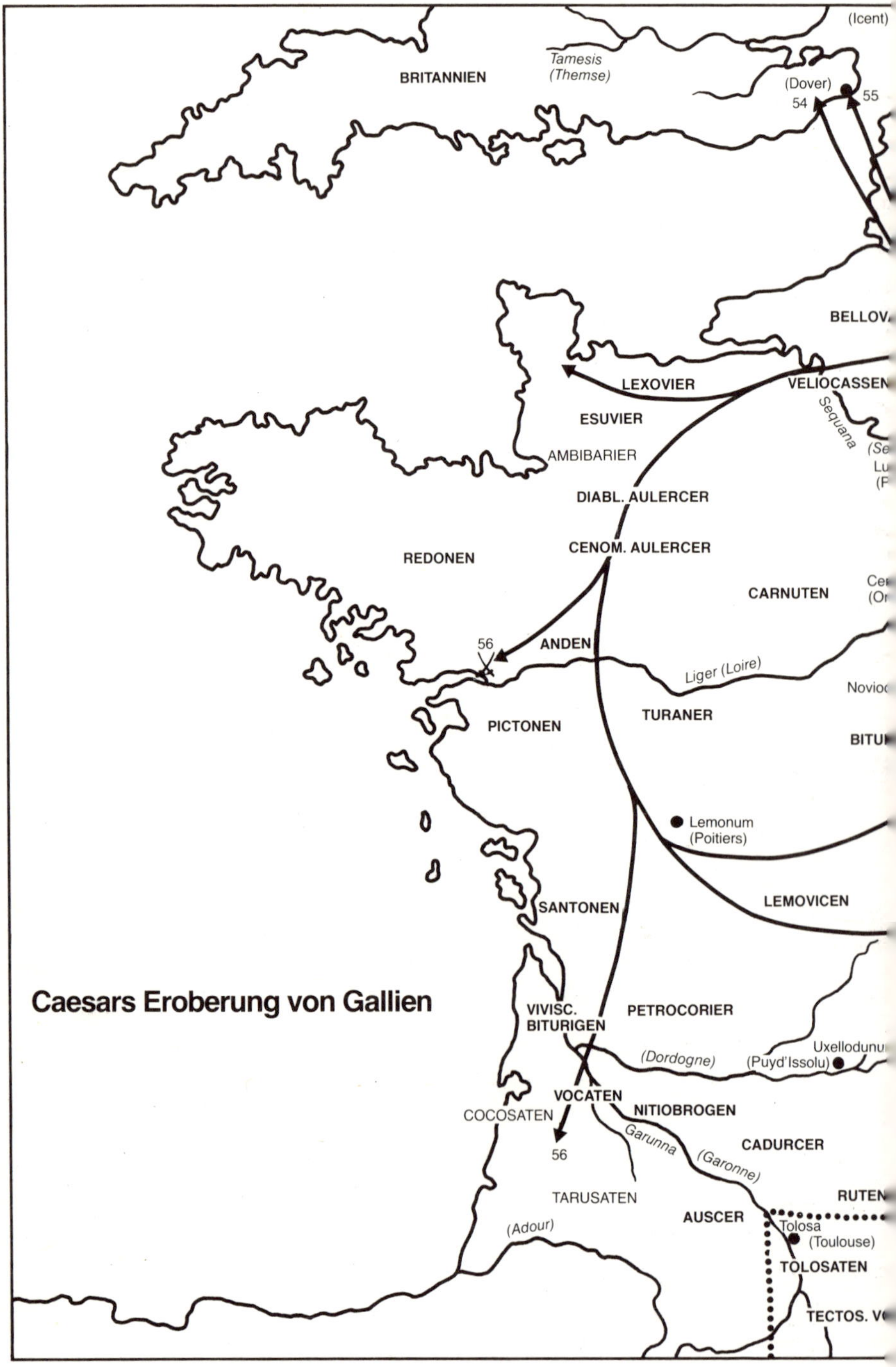


Caesars Eroberung von Gallien